Schlickel

Der QM-Methodenkompass

Ihr Plus – digitale Zusatzinhalte!
Auf *plus.hanser-fachbuch.de* gibt es kostenloses Zusatzmaterial zu diesem Buch. Den Zugangscode finden Sie am Ende des Werkes.

Maik Schlickel

Der QM-Methodenkompass

Passende Tools auswählen und richtig einsetzen

HANSER

Print-ISBN: 978-3-446-48526-6
E-Book-ISBN: 978-3-446-48527-3

Die allgemein verwendeten Personenbezeichnungen gelten gleichermaßen für alle Geschlechter.

Bibliografische Information der Deutschen Nationalbibliothek:
Die Deutsche Nationalbibliothek verzeichnet diese Publikation in der Deutschen Nationalbibliografie; detaillierte bibliografische Daten sind im Internet unter http://dnb.d-nb.de abrufbar.

Vilshofener Straße 10 | 81679 München | info@hanser.de
www.hanser-fachbuch.de
Covergestaltung: Thomas West
Titelmotiv: © AdobeStock / peterschreiber.media
Satz: le-tex publishing services GmbH, Leipzig
Druck: Elanders Waiblingen GmbH, Waiblingen
Printed in Germany

Stets die richtige Lösung finden

Qualitätsmanagementmethoden sind der Schlüssel zu dauerhaftem Unternehmenserfolg. Sie machen Prozesse messbar und gezielt steuerbar – für mehr Effizienz, weniger Fehler und maximale Kundenzufriedenheit. Ob FMEA, Ishikawa oder PDCA-Zyklus: Mit den richtigen Werkzeugen lassen sich Ursachen aufdecken, Risiken minimieren und Abläufe nachhaltig verbessern. Durch den methodischen Ansatz wird sichergestellt, dass nicht nur punktuell reagiert, sondern systematisch agiert wird. Die Anwendung bewährter QM-Methoden sorgt für Transparenz, Nachvollziehbarkeit und Standardisierung. Das fördert nicht nur die Produkt- und Dienstleistungsqualität, sondern auch die Kundenzufriedenheit und Mitarbeiterbeteiligung. Gleichzeitig unterstützt es die Einhaltung gesetzlicher und normativer Anforderungen, etwa nach ISO 9001 oder IATF 16949.

Die praktische Erfahrung hat gezeigt, dass es noch viel Unwissenheit darüber gibt, welche Methode für welches Problem geeignet ist. In meiner beruflichen Praxis habe ich wiederholt beobachtet, dass Fertigungsprozesse instabil waren und Abweichungen im Produkt und Produktionsprozess auftraten. Die Verantwortlichen versuchten, diese Schwächen mit Lean-Management-Methoden wie „5S" zu beheben, wobei diese Methode weder für dieses Problem geeignet noch ursprünglich für diesen Zweck konzipiert wurde. Die Anwendung erfolgte primär aufgrund ihrer Bekanntheit und der vorhandenen Erfahrung im Umgang mit der Methode. Außerdem zeigte 5S unmittelbare Ergebnisse auf dem Shopfloor. Das kam gut an. Allerdings wurden die zugrunde liegenden Probleme mit dieser Vorgehensweise nicht gelöst.

Häufig werden auch Begriffe verwendet, ohne diese zu beherrschen. So wird gerne die statistische Prozessregelung herangezogen, welche es einzuführen gälte, um Prozesse abzusichern. Allerdings oft ohne, dass beispielsweise klar ist, was dies voraussetzt.

Aus diesem Grund habe ich das vorliegende Buch verfasst. Ich habe in dem Werk etwa 100 verschiedene Methoden zusammengefasst, die im Kontext von Qualitätsmanagement und Prozessoptimierung ihren Einsatz finden können. Jede Methode wird in einer kurzen Beschreibung veranschaulicht und die Vorgehensweise erläutert. Dabei habe ich die präsentierten Methoden spezifischen Einsatzbereichen zugeordnet, damit Sie auf Anhieb die zu Ihrem Problem passende Lösung finden. Zusätzlich erhalten Sie zum Download auf *plus.hanser-fachbuch.de* praktische Arbeitshilfen, die Sie direkt einsetzen können.

Ich wünsche Ihnen mit der Lektüre des Buches viele neue Erkenntnisse und stets die richtige Wahl der Methode!

Herbst 2025, Maik Schlickel

Inhalt

Vorwort ... **V**

Teil I Einführung ... **1**

Teil II Methoden der Produktentwicklung ... **5**

1 Projektmanagement und Entwicklungsabläufe ... **11**

1.1 Methoden des Projektmanagements ... 12

1.1.1 Projektmanagement ... 12

1.1.2 Stage Gate Prozess ... 22

1.2 Methoden der Entwicklungsabläufe ... 26

1.2.1 Das Wasserfallmodell ... 26

1.2.2 Das V-Modell ... 29

1.2.3 Agile Methoden ... 33

1.2.4 Automotive Spice ... 41

2 Methoden zur Entwicklung von Produkt und Prozess ... **45**

2.1 Methoden der Anforderungsdefinition ... 45

2.1.1 Das Kano-Modell ... 46

2.1.2 Quality Function Deployment ... 50

2.1.3 Lastenheft und Pflichtenheft ... 54

2.2 Methoden der Produktentwicklung ... 57

2.2.1 Machbarkeitsstudien ... 58

2.2.2 Funktionale Sicherheit ... 60

2.2.3 Design for Six Sigma ... 66

2.2.4 Zuverlässigkeitsgestaltung in der Produktentwicklung ... 69

2.2.5 Prozessvisualisierung ... 81

2.2.6 Failure Mode and Effects Analysis ... 86

2.2.7 Design Review Based on Failure Mode ... 97
2.2.8 Design Verification und Process Validation ... 100
2.2.9 Statistische Toleranzanalyse ... 105
2.2.10 Design Reviews ... 112
2.2.11 Bemusterungen ... 115
2.3 Methoden der Prozessentwicklung ... 121
2.3.1 Produktionslenkungsplan ... 122
2.3.2 Annahmestichproben ... 125
2.3.3 Qualitätssicherungsvereinbarungen ... 131
2.3.4 Kapazitätsbestätigung ... 134
2.3.5 Produkt- und Prozessfreigabeverfahren ... 139

Teil III Methoden zur Optimierung bestehender Wertschöpfung ... 149

3 Methoden zur Prozessoptimierung in der Tiefe – Six Sigma ... 151
3.1 Methoden zur Problembeschreibung ... 155
3.1.1 Der Projektauftrag ... 156
3.1.2 Das SIPOC-Diagramm ... 159
3.2 Methoden für die Datenerhebung ... 162
3.2.1 Messmittelfähigkeitsuntersuchung ... 162
3.2.2 Die Fehlersammelkarte ... 178
3.3 Methoden für die Ursachenanalyse ... 180
3.3.1 5-Warum-Methode ... 181
3.3.2 Ishikawa-Diagramm ... 185
3.3.3 Fehlerbaumanalyse ... 187
3.3.4 Zaltman Metaphor Elicitation Technique ... 198
3.4 Methoden der Problemlösung ... 202
3.4.1 Theorie des erfinderischen Problemlösens ... 203
3.4.2 Statistische Versuchsplanung ... 209
3.5 Methoden zur Überprüfung von Wirksamkeit ... 225
3.5.1 Hypothesentests ... 226
3.5.2 Fähigkeiten von Maschinen und Prozessen ... 230

3.5.3 Statistische Prozessregelung 242
3.5.4 Part Average Testing 254

4 Methoden zur Prozessoptimierung in der Breite – Lean Production 259

4.1 Methoden zur Reduzierung von Verschwendung 262
4.1.1 Die Wertstromanalyse 263
4.1.2 Die sieben Arten der Verschwendung 267
4.1.3 Kaizen 271
4.1.4 Qualitätszirkel 274
4.1.5 Die Methode 5S 278
4.1.6 Visuelles Management 281
4.1.7 Plan Do Check Act 286
4.2 Methoden zur Gestaltung einer Fließfertigung 288
4.2.1 Das Fließprinzip 289
4.2.2 Standardisierte Arbeit 296
4.2.3 Andon und Jidoka 301
4.2.4 Push- und Pull-Prinzip 306
4.2.5 Das Kanban-Prinzip 313
4.3 Methoden für die hochvariante Massenfertigung 321
4.3.1 Schnelles Rüsten 322
4.3.2 Heijunka 335
4.3.3 Poka Yoke 338
4.3.4 Low Cost Automation 341
4.3.5 Total Productive Maintenance 345

Teil IV Methoden bei Problemen im Feld 353

5 Methoden zum Einsatz bei Feldausfällen 357

5.1 Basiswerkzeuge der Problemlösung 357
5.1.1 Der 8D-Bericht 358
5.1.2 Methode zur Fehlervermeidung 362
5.1.3 Der Problemlösungsprozess A3 371
5.1.4 Die sieben Qualitäts- und Managementwerkzeuge 375

5.2 Methoden für Prognosen bei Ausfällen im Feld 379
5.2.1 Grundlagen der Statistik 380
5.2.2 Monte-Carlo-Simulationen 395
5.2.3 Zuverlässigkeitsanalyse basierend auf Feldausfalldaten 399

6 Visualisierung und Identifikation von Mustern in Daten 417

6.1 Methoden zur Visualisierung von quantitativen Informationen 418
6.1.1 Die Veränderung von Daten über Zeit 420
6.1.2 Die Visualisierung von Vergleichen 425
6.1.3 Die Visualisierung von Zusammenhängen 432
6.1.4 Die Darstellung von räumlichen Daten 441
6.1.5 Die Visualisierung von Verhältnissen und Kompositionen 444

Teil V Methoden für die Weiterentwicklung von Unternehmen 455

7 Methoden integrierter Managementsysteme 459

7.1 Methoden, die definieren, was gute Unternehmen ausmacht 460
7.1.1 Total Quality Management 461
7.1.2 Integriertes Managementsystem 466
7.2 Methoden zur Beurteilung von Produkt oder Prozess 473
7.2.1 Audits 473
7.2.2 Gesamtqualitätskosten 480

8 Methoden zur Entwicklung einer Strategie 483

8.1 Methoden zur Entwicklung einer Unternehmensstrategie 484
8.1.1 Die Produkt-Markt-Matrix 484
8.1.2 Die Wettbewerbsmatrix 487
8.1.3 Die SWOT-Analyse 490
8.1.4 Die Branchenstrukturanalyse 494
8.1.5 Die Balanced Scorecard 500
8.2 Methoden zur Entwicklung einer Produktstrategie 503
8.2.1 Produktlebenszyklus 504
8.2.2 Die Technologie-Portfolio-Analyse 509

9 Methoden zum Vergleich eines Zustands gegen ein Ideal 513
9.1 Methoden zur Reifegradbeurteilung ... 514
9.1.1 Capability Maturity Model Integration ... 514
9.2 Methoden zur Beurteilung eines Unternehmens ... 517
9.2.1 Ludwig-Erhard-Preis ... 517
9.2.2 Deming-Preis ... 519
9.2.3 Malcolm Baldridge National Quality Award ... 521

Literatur ... 525

Abkürzungsverzeichnis ... 533

Downloadmaterial ... 537

Der Autor ... 539

Index ... 541

Teil I
Einführung

Um den Lesenden eine Orientierung über die Vielzahl der präsentierten Methoden zu ermöglichen, wurde eine Übersichtsgrafik entwickelt (Bild I.1), die eine Zuordnung der Methoden zu spezifischen Einsatzbereichen ermöglicht. Dafür wurden die Methoden in vier verschiedene Einsatzbereiche kategorisiert, nämlich Produktentwicklung, Prozessoptimierung in der Tiefe mittels Six Sigma, Prozessoptimierung in der Breite mit Hilfe von Lean Production, Methoden für den Einsatz im Feld und Methoden für die Unternehmensentwicklung. Diese Grafik ist zusätzlich als Online-Anhang verfügbar und kann als ergänzendes Material zu diesem Buch heruntergeladen werden.

Zentraler Gedanke dieses Buches und der Grafik ist es, die Leserinnen und Leser von einem Ausgangspunkt (in der Regel ein Problem oder eine Fragestellung) zum Zielpunkt (die geeignete Methode) zu führen. Gleichzeitig zeigt die Grafik auch, welche Methoden zu welchem Fachgebiet gehören und welche nicht. Dies vereinfacht es, sich auf bestimmte Methoden zu konzentrieren und den Fokus nicht zu verlieren.

Darüber hinaus ist zu Beginn jedes der vier Einsatzbereiche (Produktentwicklung, Prozessoptimierung, Feld und Unternehmen) ein Flussdiagramm aufgeführt, welches die einzelnen Methoden in einer logischen Nutzungsreihenfolge anordnet. So setzt die statistische Prozessregelung beispielsweise voraus, dass für die entsprechenden Prozesse Fähigkeitsuntersuchungen durchgeführt wurden und die dafür benötigten Messmittel eine bestandene Messmittelfähigkeitsanalyse aufwiesen. Ebenso wird in diesen Flussdiagrammen auf Methoden referenziert, die ursprünglich für einen anderen Einsatzbereich konzipiert wurden, aber sich an jenen Stellen ideal einfügen lassen und den Ablauf optimal ergänzen.

Und auch zu Beginn jedes Kapitels bzw. Abschnittsübersicht werden die jeweiligen Methoden mittels einer Übersichtsgrafik visualisiert, bei denen ebenfalls zu geeigneten Methoden anderer Disziplinen referenziert wird. So versucht dieses Buch mittels verschiedener Grafiken den Leserinnen und Lesern Orientierung zu geben und ihnen den Überblick über die ungefähr 100 Methoden zu verschaffen.

Keine der vorgestellten Methoden ist völlig überschneidungsfrei. Vielmehr gibt es Interaktionen zwischen den einzelnen Bereichen. Ebenso kommen etablierte Methoden in neuen Anwendungsbereichen zum Einsatz. Ein Beispiel ist die Methode Kanban, die ihren Ursprung im Methodenbaukasten der Lean Production hat und gegenwärtig auch im Bereich der agilen Softwareentwicklung Anwendung findet. Die Methoden der Ursachenanalyse können sowohl bei Problemen im Produktionsprozess als auch in der Produktentwicklung oder in sonstigen Kontexten angewendet werden.

Dieses Buch kann als Kompass genutzt werden, der Sie von einem Problem zu einer Lösung führt. Es grenzt die Methoden inhaltlich voneinander ab und stellt durch verschiedene Grafiken eine visuelle Unterstützung bei der Auswahl der Methoden bereit. Zu jeder Methode werden die Referenzen zu anderen Methoden aufgezeigt und sie wird in kompakter Weise erklärt. Darüber hinaus wird umfassend weiterführende Literatur aufgeführt.

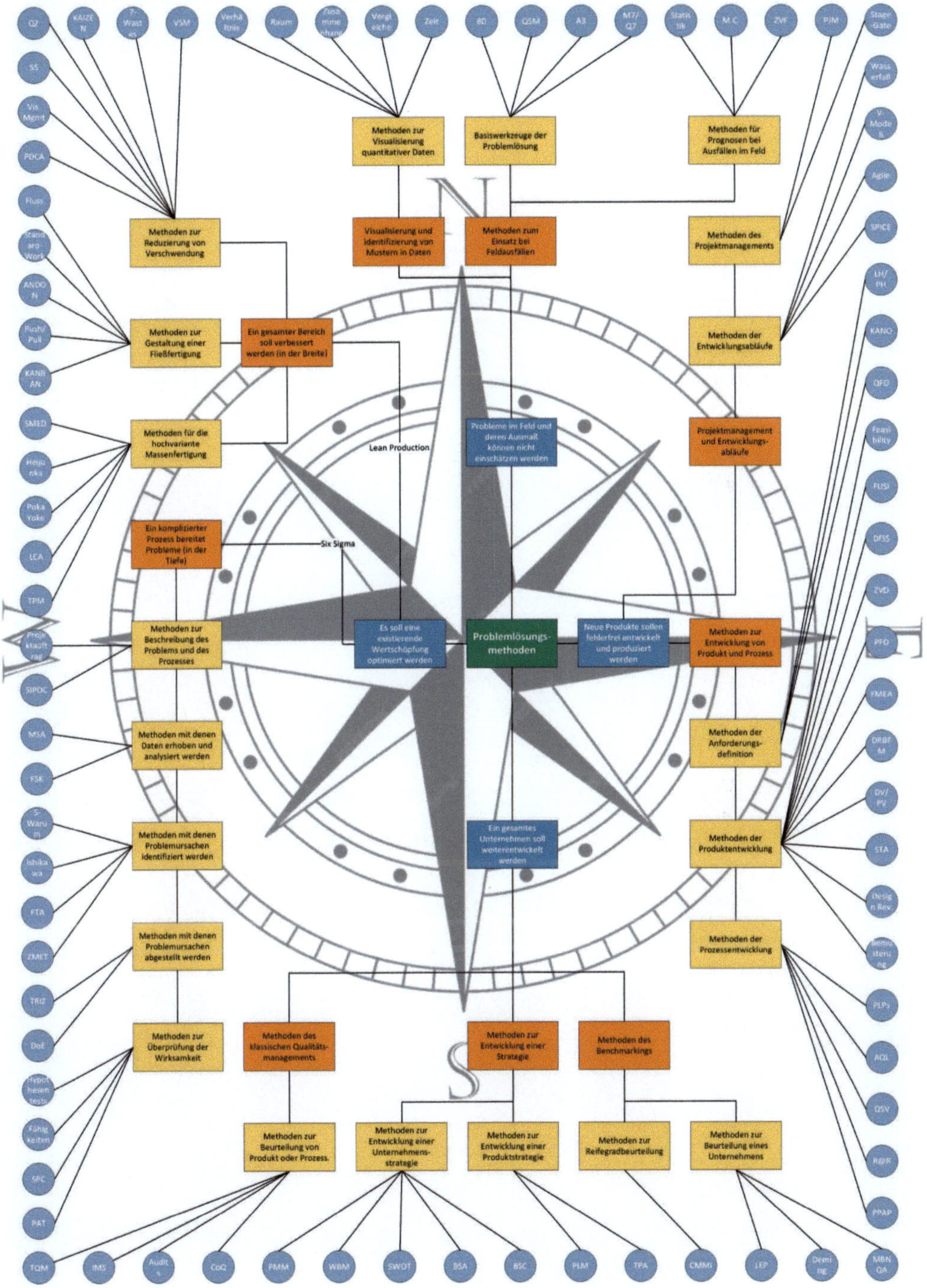

Bild I.1 Der QM-Methodenkompass (zum Download verfügbar)

Teil II

Methoden der Produktentwicklung

In der heutigen Produktentwicklung ist der Einsatz von Qualitätsmanagementmethoden sinnvoll und unabdingbar. Moderne Produkte werden immer komplexer, sei es durch technologische Fortschritte, neue Materialien oder zunehmende Funktionalitäten. Qualitätsmanagementmethoden bieten strukturierte Ansätze, um diese Komplexität zu bewältigen. Sie stellen sicher, dass Produkte den erforderlichen Qualitätsstandards entsprechen und zuverlässig funktionieren. QM-Methoden helfen dabei, Kundenanforderungen genau zu verstehen, zu definieren und umzusetzen. In einer globalisierten Welt werden viele Produkte in komplexen Lieferketten hergestellt, die verschiedene Länder, Unternehmen und Partner umfassen. Qualitätsmethoden ermöglichen es Unternehmen, die Qualität entlang der gesamten Lieferkette zu überwachen und sicherzustellen, dass alle Komponenten und Prozesse den erforderlichen Standards entsprechen.

In vielen Branchen existieren strenge regulatorische Anforderungen und Normen, die Produkte erfüllen müssen, um auf dem Markt zugelassen zu werden. QM-Methoden unterstützen Unternehmen dabei, diese Anforderungen zu verstehen, zu erfüllen und nachzuweisen, um die Einhaltung von Vorschriften sicherzustellen und Haftungsrisiken zu minimieren. Qualitätsmethoden fördern eine Kultur der kontinuierlichen Verbesserung, indem sie Unternehmen dazu ermutigen, ihre Prozesse, Produkte und Dienstleistungen ständig zu überprüfen, zu bewerten und zu optimieren. Dadurch können Unternehmen wettbewerbsfähig bleiben und sich an sich ändernde Marktbedingungen anpassen. Der Einsatz von Methoden ermöglicht es Unternehmen, potenzielle Risiken frühzeitig zu erkennen, zu bewerten und zu minimieren. Dies beinhaltet nicht nur Risiken bezüglich der Produktqualität und -leistung, sondern auch Risiken in Bezug auf Lieferanten, Technologien, Marktbedingungen und regulatorische Anforderungen.

Die Automobilindustrie hat diesbezüglich über viele Jahre hinweg Pionierarbeit geleistet, indem Standards wie Advanced Product Quality Planning und Production Part Approval Process genau für diesen Zweck entwickelt und im Laufe von Jahrzehnten verfeinert wurden. All dies kulminierte in der QS 9000, welche aus der US-amerikanischen Automobilindustrie erwuchs (Kartha 2004) und die auch in Europa weit verbreitet wurde und sich als Standard etablierte. Neben den sich aus der QS 9000 ergebenden Methoden wird im Folgenden auch auf weitere Methoden eingegangen, die sich im Rahmen der Produktentwicklung als nützlich und hilfreich erwiesen haben. Der Ablauf der Methoden wird in Bild II.1 illustriert. In der Horizontalen werden Swimlanes nach grundlegenden Rollen aufgeführt, die innerhalb einer Produktentwicklung Relevanz haben. Zur Vereinfachung ist die Rolle der Projektleitung mit der des Systemingenieurs/der Systemingenieurin verbunden. In der Vertikalen werden grundlegende Sequenzen einer Produktentwicklung aufgeführt.

Zunächst sind grundlegende Themen der Produktentwicklung zu entscheiden. Hierzu zählen insbesondere die Befähigung zum Projektmanagement sowie die Entscheidung, ob ein Projekt eher agil oder im klassischen Stage-Gate-Prozess durchgeführt werden soll. Diese Entscheidung ist jedoch nicht situativ, sondern hängt maßgeblich von der

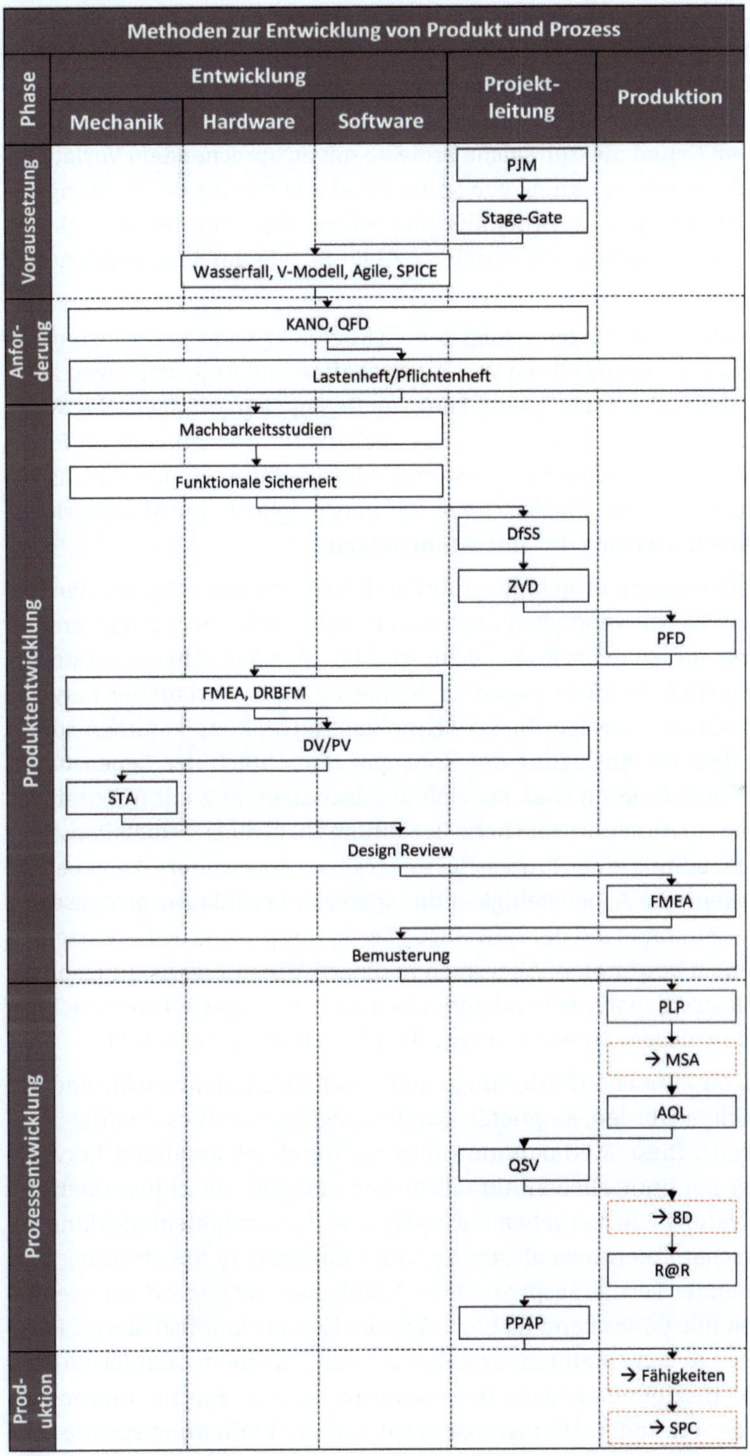

Bild II.1 Methoden für die Entwicklung von Produkt und Prozess (zum Download verfügbar)

Komplexität des zu entwickelnden Produkts sowie der Art der Entwicklung (Softwareentwicklung oder mechatronische Systeme) ab. Dies ist darauf zurückzuführen, dass im letztgenannten Fall oft auch mechanische Werkzeuge entwickelt werden (beispielsweise Spritzgießwerkzeuge), die oft eine Herstellzeit von einem halben Jahr und mehr aufweisen. Aus diesem Grund müssen solche Projekte mit entsprechendem Vorlauf geplant werden. Im Falle der Entwicklung von Software ist zudem eine Bestimmung des Ablaufs für die Durchführung in der Fachdisziplin erforderlich. Für die Entwicklung von Software existieren verschiedene etablierte Abläufe, wie das Wasserfallmodell oder das V-Modell.

Nach Klärung dieser Voraussetzungen erfolgt der wichtige Schritt der Anforderungsdefinition. Die Ableitung und Ausarbeitung von Eigenschaften und Anforderungen kann mittels des Kano-Modells oder auch Quality Function Deployment erfolgen. Nur wenn Anforderungen klar bekannt sind, können diese auch erfüllt werden. Sind Anforderungen definiert, können diese in einem Lastenheft festgeschrieben und daraus ein Pflichtenheft entwickelt werden. Im Anschluss daran ermöglicht eine Machbarkeitsstudie eine allgemeine Bewertung der Durchführbarkeit.

Ebenso ist in einer sehr frühen Projektphase anhand des Einsatzzwecks und der Produktfunktionen auch die Notwendigkeit nach funktionaler Sicherheit zu klären und gegebenenfalls ein entsprechendes Konzept zur funktionalen Sicherheit zu erstellen. Des Weiteren ist vor dem Entwicklungsstart zu definieren, ob im Verlauf der Entwicklung spezielle Methoden des Design for Six Sigma zur Anwendung kommen sollen. Damit einher geht, dass die Auslegung der Konzepte hinsichtlich der Lebensdauer und Zuverlässigkeit zu definieren sind. Speziell in Zusammenhang mit funktionaler Sicherheit kommt diesem Abschnitt eine hohe Bedeutung zu. In einer frühen Phase der Entwicklung ist die Erstellung eines Prozessflussdiagramms eine weitere Aufgabe und Methode, die dazu dient, die Arbeitsteiligkeit des späteren Produktionsprozesses zu verdeutlichen und die Funktion mit dem jeweiligen Fertigungsprozess in den einzelnen Produktionsschritten zu bestimmen. Aber auch in dieser frühen Entwicklungsphase müssen potenzielle Risiken analysiert und deren Vermeidung erarbeitet werden. Mögliche Methoden sind in diesem Zusammenhang die FMEA oder auch DRBFM.

Um zu überwachen, ob Kundenanforderungen und Produktfunktionen während der Entwicklung eingehalten werden, empfiehlt sich die Anwendung eines Produkt- und/oder Prozessreifegrads. Diese Methode unterliegt während des gesamten Entwicklungsprozesses einer kontinuierlichen Aktualisierung und gibt Aufschluss über den Reifegrad der Entwicklung. Ebenso geben auch während der Produktentwicklung die Anwendung statistischer Toleranzanalysen Auskunft darüber, ob die Streuung und Verteilungen bestehender Fertigungsprozesse zu Problemen mit gegebenen oder geforderten Toleranzen führt. Dies kann insbesondere im Kontext automatisierter Fügeprozesse in der Montage von signifikanter Relevanz sein. Zu einem definierten Zeitpunkt sind sämtliche Disziplinen angehalten, ein Design Review durchzuführen, das in einem Design Freeze mündet. Dies ist essenziell, um die Einhaltung spezifischer

Fristen, beispielsweise bei der Erstellung von Spritzgießwerkzeugen, zu gewährleisten und somit den Gesamtzeitplan nicht zu gefährden. Nach Abschluss des Design Freeze sind jegliche Anpassungen an den betreffenden Elementen ausgeschlossen, vor allem betrifft dies die mechanische Konstruktion.

In der Regel behalten sich Disziplinen wie die Softwareentwicklung zu diesem Zeitpunkt noch Änderungen vor. Dies funktioniert aber nur, solange dies keine Änderung in der Hardware verursacht, welche sich dann negativ auf das thermische Konzept des Produkts auswirken würden, in Folge dessen sich auch die mechanische Konstruktion nochmals ändern müsste, beispielsweise durch geänderte Kühlkonzepte des Gehäuses. In der Regel befinden sich entsprechende Elemente im kritischen Pfad des jeweiligen Projekts. Darüber hinaus ist im Anschluss eine Risikobewertung des Produktionsprozesses erforderlich, da auch durch eine unsachgemäße Montage Fehler und Fehlfunktionen verursacht werden können. Bestehende Risikobewertungen müssen immer dem aktuellen Stand entsprechen und Änderungen am Produkt oder Prozess berücksichtigen. Ein wesentlicher Meilenstein und entsprechender Übergang in die nächste Entwicklungsphase stellt die Erstellung entsprechender Musterstände dar, welche zum Ende des Entwicklungsprozesses in Erstmustern endet.

Der Control Plan, auch Produktionslenkungsplan, rückt die Beteiligung und Verantwortung der Produktion in den Mittelpunkt. Dieser Plan definiert den Produktionsprozess mit seinen Parametern sowie die Messung der Produktionsmerkmale. Mittels einer Messmittelfähigkeitsuntersuchung wird dazu untersucht, ob die einzusetzenden Messmittel für die Messaufgabe auch geeignet und zuverlässig sind. Ebenso notwendig ist auch die Einbindung der Lieferanten. Sei es um die Anlieferqualität mittels Acceptable Quality Limit zu definieren oder auch um diese Qualitätsanforderungen in Qualitätssicherungsvereinbarungen zu dokumentieren. Für den Fall von Reklamationen ist mit dem Lieferanten der Ablauf und Einsatz von 8D-Reporten zu vereinbaren. Die abschließenden Elemente der Phase der industriellen Prozessentwicklung sind die des Run@Rates, bei dem im Beisein des Kunden unter Vollast seriennahe Teile produziert werden, welche anschließend freigegeben werden. Die vollständige Dokumentation, einschließlich der Maßberichte und der Erstmuster, wird dem Kunden als Abschluss des Production Part Approval Process vorgelegt. Die finale Produktion stellt den Abschluss der Produktentwicklung dar. Sie wird unter Anwendung von Methoden wie Prozessfähigkeiten und anschließender statistischer Prozessregelung in das normale Seriengeschäft übergeben und markiert damit typischerweise das Ende eines Projekts und dessen Produktentwicklung.

1 Projektmanagement und Entwicklungsabläufe

Die Produktentwicklung ist ein komplexer Prozess, der die Schaffung neuer Produkte oder die Verbesserung bestehender Produkte umfasst. Um erfolgreich innovative und qualitativ hochwertige Produkte zu entwickeln, sind eine Vielzahl von Methoden und Produktentwicklungsprozessen unerlässlich. Sie ermöglichen es Unternehmen, innovative Produkte effizient zu entwickeln, Risiken zu minimieren, die Qualität zu verbessern und Wettbewerbsvorteile zu erlangen. Daher sollten Unternehmen diese Methoden und Prozesse in ihren Entwicklungsprozessen integrieren, um langfristigen Erfolg zu sichern.

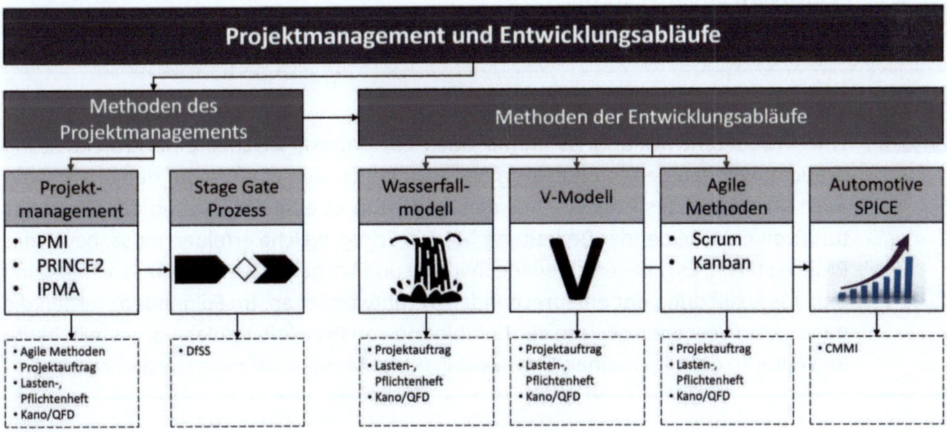

Bild 1.1 Projektmanagementmethoden und Entwicklungsabläufe

1.1 Methoden des Projektmanagements

Die Entwicklungsprozesse für mechatronische Systeme und Softwareentwicklung unterscheiden sich in mehreren Aspekten aufgrund der unterschiedlichen Natur der Produkte und der involvierten Technologien. Mechatronische Systeme kombinieren mechanische, elektronische und softwarebasierte Komponenten. Daher erfordert ihre Entwicklung eine enge Zusammenarbeit zwischen verschiedenen Fachbereichen wie Maschinenbau, Elektrotechnik und Informatik. Im Gegensatz dazu konzentriert sich die Softwareentwicklung in der Regel auf die Programmierung und das Testen und erfordert möglicherweise weniger interdisziplinäre Zusammenarbeit. Mechatronische Systeme werden häufig linear durchgeplant, wohingegen Softwareentwicklungsprojekte oft auch agil durchgeführt werden. Unterschiedliche Produkte benötigen also teilweise deutlich unterschiedliche Entwicklungsumgebungen. Im Folgenden werden daher einige grundsätzliche Themen der Entwicklungsumgebung beschrieben.

1.1.1 Projektmanagement

Leitfragen im Umgang mit Projektmanagement:

- Ist die Projektleitung qualifiziert, um komplexe Projekte zu leiten?
- Hat die Organisation Erfahrung im Umgang mit Projektmanagement?
- Welche Aufgaben müssen nur abgearbeitet werden und welche Aufgaben haben wirklich Projektcharakter?

Wann benötigen Sie diese Methode?

Eine Produktentwicklung ist immer auch ein Projekt, welches eine Projektleitung braucht. Eine fähige Projektleitung hat entscheidenden Einfluss auf den Erfolg oder auch Misserfolg des Projekts. Aus diesem Grund ist eine Befähigung der Projektleitung von entscheidender Bedeutung für den Erfolg, welche erfolgen muss, bevor das Projekt startet. Es gibt verschiedene Institute und Vorgehensweisen zur Projektleitung und zur Ausbildung der entsprechenden Verantwortlichen. Im Folgenden werden die gängigsten Vorgehensweisen zur Befähigung von Projektleitenden vorgestellt, bevor im Weiteren die allgemeinen Entwicklungsumgebungen definiert werden müssen.

Es ist wichtig, Projektmanagement zu beherrschen und anzuwenden, um Projekte effektiv zu planen, zu steuern und erfolgreich abzuschließen. In jedem Projekt gibt es komplexe Herausforderungen, wie knappe Ressourcen, enge Zeitpläne, Risiken und wechselnde Anforderungen. Ohne ein strukturiertes Vorgehen können Projekte schnell außer Kontrolle geraten, Budgets überschritten und Fristen verfehlt werden.

Projektmanagementmethoden helfen, klare Ziele zu definieren, Verantwortlichkeiten festzulegen und den Fortschritt kontinuierlich zu überwachen. Sie bieten Werkzeuge zur Risikobewältigung und Entscheidungsfindung, was die Kommunikation zwischen Teammitgliedern und Stakeholdern verbessert. Durch standardisierte Prozesse ermöglichen sie eine bessere Ressourcennutzung, eine strukturierte Vorgehensweise bei Änderungen und eine höhere Wahrscheinlichkeit, die Projektziele zu erreichen. Aus diesem Grund ist das Thema Projektmanagement auch in der Normreihe DIN 69901 definiert (DIN 2009a). Auch in Krisensituationen oder bei unerwarteten Problemen bietet ein fundiertes Projektmanagementsystem Handlungsanweisungen, um das Projekt wieder auf Kurs zu bringen. Im Folgenden wird daher auf die gängigsten Standards zur Projektmanagementausbildung eingegangen, namentlich Project Management Institute (PMI), Projects in Controlled Environments (PRINCE2) und International Project Management Association (IPMA).

Weiterführende Literatur – Bücher:

Bernd-J. Madauss (2025). *Project Management: A comprehensive description of Theory and Practice.* Springer Nature, Conny Lang und Marita Schöps (2022). *Praxisleitfaden Projektmanagement: Tipps, Tools und Tricks aus der Praxis für die Praxis.* Carl Hanser Verlag oder Project Management Institute (2021). „A Guide to the Project Management Body of Knowledge (PMBOK Guide) – Seventh Edition and The Standard for Project Management". In: Project Management Institute.

1.1.1.1 PMI

Das PMI ist eine weltweit anerkannte Institution im Bereich des Projektmanagements und wurde 1969 in den USA gegründet. Es bietet eine Vielzahl von Standards, Methoden und Zertifizierungen, die in der Projektmanagementgemeinschaft hohe Akzeptanz genießen. Besonders hervorzuheben ist der Guide des Project Management Body of Knowledge (PMBOK), der das Rahmenwerk für die von PMI propagierte Methodik bildet. Im Weiteren werden der Aufbau und der Inhalt der PMI-Methodik beschrieben und wie diese in der Praxis umgesetzt wird.

Das PMI stützt sich auf eine strukturierte Methodik, die durch den PMBOK Guide beschrieben wird, welches ein umfassendes Regelwerk ist, das sich auf Best Practices, Tools, Techniken und Prinzipien des Projektmanagements konzentriert. Der PMBOK Guide wird regelmäßig aktualisiert, um auf neue Entwicklungen im Projektmanagement zu reagieren, und spiegelt die Erfahrungen von Fachleuten weltweit wider. Die Methodologie von PMI basiert auf fünf Prozessgruppen, die den Lebenszyklus eines Projekts abdecken. Diese Gruppen sind darauf ausgelegt, eine systematische Herangehensweise für die Durchführung von Projekten zu gewährleisten:

1. **Initiierung:** In der Initiierungsphase wird das Projekt formell gestartet. Hier wird ein Projektauftrag erstellt, der die Projektziele, den Umfang und die Stakeholder

festlegt. Es geht darum, sicherzustellen, dass das Projekt einen klaren Zweck hat und die Organisation einen Nutzen daraus ziehen wird.

2. **Planung:** Die Planungsphase ist entscheidend, um die Projektziele klar zu definieren und einen Fahrplan zu erstellen, der die Erreichung dieser Ziele sicherstellt. Der Projektmanagementplan ist das zentrale Dokument, das sämtliche Teilpläne, wie Zeitmanagement, Kostenmanagement und Risikomanagement, integriert. Eine zentrale Aufgabe dieser Phase ist es, den Projektumfang zu definieren und die Anforderungen zu klären.
3. **Ausführung:** Die Ausführungsphase bezieht sich auf die Umsetzung des Projekts. Hier werden die im Plan definierten Aufgaben und Aktivitäten ausgeführt. Die Ressourcen werden zugewiesen, die Teams koordinieren ihre Arbeiten, und die Produkte oder Dienstleistungen werden entwickelt. Die Überwachung der Qualität, die Verwaltung der Kommunikation und das Management der Stakeholder spielen hier eine große Rolle.
4. **Überwachung und Steuerung:** In dieser Phase wird der Fortschritt des Projekts fortlaufend überprüft. Die Einhaltung der Zeit- und Budgetpläne, die Kontrolle der Qualität sowie das Management von Risiken und Änderungen sind zentrale Aufgaben. Bei Abweichungen vom Plan greift das Projektmanagement ein, um Korrekturmaßnahmen zu ergreifen und den Projektverlauf wieder auf Kurs zu bringen.
5. **Abschluss:** Der Abschluss eines Projekts umfasst die formale Abnahme der Projektergebnisse, die Übergabe an den Auftraggeber und die Dokumentation der Ergebnisse und Lessons Learned. Dies beinhaltet auch die Auflösung des Projektteams und eine abschließende Bewertung, um Erkenntnisse für zukünftige Projekte festzuhalten.

Weiterführende Literatur – Bücher:

Project Management Institute (2021). „A Guide to the Project Management Body of Knowledge (PMBOK Guide) – Seventh Edition and The Standard for Project Management". In: Project Management Institute.

Die PMI-Methodik deckt zehn Wissensgebiete ab, die jeweils spezifische Aspekte des Projektmanagements betreffen. Diese Wissensgebiete sind miteinander verknüpft und helfen dabei, die verschiedenen Anforderungen eines Projekts effizient zu steuern:

1. Das **Integrationsmanagement** sorgt dafür, dass alle Teile eines Projekts kohärent zusammenarbeiten. Der Projektmanagementplan wird erstellt und überwacht, Änderungen werden kontrolliert und das Projekt wird als Ganzes betrachtet, um sicherzustellen, dass die Ziele erreicht werden.
2. Das **Umfangsmanagement** ist entscheidend, um den Projektumfang klar zu definieren und sicherzustellen, dass nur die vereinbarten Arbeiten durchgeführt werden. Aufgaben wie die Erstellung eines Projektstrukturplans sind hierbei zentral.

3. **Zeitmanagement** konzentriert sich auf die Planung, Steuerung und Überwachung des Projektzeitplans. Es umfasst Techniken zur Festlegung von Meilensteinen, Zeitabschätzungen und die Erstellung von Zeitplänen, um sicherzustellen, dass das Projekt fristgerecht abgeschlossen wird.
4. Im **Kostenmanagement** wird das Budget des Projekts geplant, überwacht und gesteuert. Dazu gehört die Schätzung der Kosten, die Budgetierung und die Kontrolle der Ausgaben, um sicherzustellen, dass das Projekt innerhalb des genehmigten Budgets bleibt.
5. Das **Qualitätsmanagement** stellt sicher, dass die Projektleistungen die festgelegten Anforderungen und Standards erfüllen. Dies beinhaltet die Planung und Durchführung von Qualitätsprüfungen sowie kontinuierliche Verbesserungsmaßnahmen.
6. Das **Ressourcenmanagement** kümmert sich um die Planung, Zuweisung und Verwaltung von Personal und Materialien, um sicherzustellen, dass das Projekt effizient ausgeführt wird. Hierzu gehören auch die Entwicklung von Teams und die Motivation der Mitarbeitenden.
7. Das **Kommunikationsmanagement** stellt sicher, dass die richtigen Informationen zur richtigen Zeit an die richtigen Stakeholder gelangen. Es umfasst die Planung und Steuerung von Kommunikationsprozessen und -werkzeugen, um eine klare und effektive Zusammenarbeit zu gewährleisten.
8. Ziel des **Risikomanagements** ist es, potenzielle Risiken zu identifizieren, zu bewerten und zu steuern. Ein Risikoregister wird erstellt, um Bedrohungen und Chancen systematisch zu erfassen und angemessene Reaktionsstrategien zu entwickeln.
9. Das **Beschaffungsmanagement** konzentriert sich auf die Prozesse zur Beschaffung von externen Dienstleistungen oder Produkten, die für das Projekt benötigt werden. Es umfasst die Auswahl von Lieferanten, das Management von Verträgen und die Überwachung der erbrachten Leistungen.
10. Das **Stakeholdermanagement** stellt sicher, dass alle Projektbeteiligten identifiziert und deren Interessen berücksichtigt werden. Ein klarer Plan zur Einbindung und Kommunikation mit den Stakeholdern wird entwickelt, um deren Erwartungen zu managen und sicherzustellen, dass ihre Anforderungen erfüllt werden.

Der PMBOK Guide bietet eine Vielzahl von Tools und Techniken, die zur Steuerung von Projekten eingesetzt werden. Dazu gehören standardisierte Ansätze wie Netzplantechniken, kritischer Pfad, Earned Value Management und Stakeholderanalyse. Darüber hinaus fördert PMI den Einsatz von Softwarelösungen, um die Verwaltung von Projekten zu erleichtern. Spezialisierte Projektmanagementsoftware (beispielsweise *Project* von Microsoft) werden oft verwendet, um Aufgaben zu organisieren, Ressourcen zuzuweisen und den Fortschritt in Echtzeit zu überwachen. In der Praxis wird der PMI-Ansatz je nach Größe und Komplexität des Projekts angepasst.

Für kleinere Projekte kann die Methodologie in vereinfachter Form angewendet werden, indem weniger formale Berichte erstellt oder Prozesse wie die Risikoanalyse auf das Wesentliche reduziert werden. Größere und komplexere Projekte erfordern hingegen eine strengere Anwendung der PMI-Prozesse und -Werkzeuge, um eine umfassende Steuerung zu gewährleisten. Die klare Definition von Rollen und Verantwortlichkeiten ist ein wesentlicher Bestandteil der PMI-Methodik. In der Praxis übernehmen die Projektleitung und der Projektsponsor die führenden Rollen, denn die Projektleitung ist für die Planung und Ausführung verantwortlich, während der Projektsponsor als Auftraggeber fungiert und strategische Entscheidungen trifft. Unterstützt wird die Projektleitung oft durch ein Projektmanagementbüro, das administrative und operative Aufgaben übernimmt.

Fazit:

PMI bietet sich an für das Management von Projekten aller Größenordnungen und Branchen. Der PMBOK Guide dient als Leitfaden, um Projekte systematisch zu planen, zu steuern und abzuschließen. Die fünf Prozessgruppen und zehn Wissensgebiete decken alle relevanten Aspekte des Projektmanagements ab, von der Initiierung über die Planung und Ausführung bis hin zur Überwachung und dem Abschluss. In der Praxis erweist sich der PMI-Ansatz als flexibel und anpassungsfähig. Die Methodologie kann je nach Projektanforderungen skaliert und angepasst werden, um eine effektive Steuerung sicherzustellen. Durch die Verwendung bewährter Tools und Techniken sowie die kontinuierliche Überwachung des Projektfortschritts hilft PMI dabei, Projekte erfolgreich und effizient zum Abschluss zu bringen.

1.1.1.2 PRINCE2

PRINCE2 ist ebenfalls eine weltweit anerkannte und prozessorientierte Methode des Projektmanagements. Sie wurde Ende der 1980er-Jahre von der britischen Regierung entwickelt und hat sich seitdem als Standard in verschiedensten Branchen etabliert. Die Methode zielt darauf ab, Projekte zu strukturieren und zu steuern, um Risiken zu minimieren und die Wahrscheinlichkeit des Erfolgs zu maximieren. Der Aufbau von PRINCE2 basiert auf drei wesentlichen Säulen: Prinzipien, Themen und Prozessen. Diese Elemente sind darauf ausgelegt, Projekte von der Initiierung bis zum Abschluss in einem klar definierten Rahmen zu steuern. Die Methode legt großen Wert auf kontinuierliche Kontrolle, transparente Entscheidungen und klare Rollenverteilungen.

Die **sieben Prinzipien** von PRINCE2 sind Leitlinien, die in jedem Projekt angewendet werden müssen. Diese Prinzipien stellen sicher, dass die Methode konsistent bleibt und auf eine bestmögliche Weise auf die Anforderungen eines Projekts abgestimmt wird:

1. Das erste Prinzip, die fortlaufende geschäftliche Rechtfertigung, bedeutet, dass ein Projekt nur dann durchgeführt wird, wenn es einen klaren Nutzen für die Organisation bringt. Dieser Business Case wird während des gesamten Projektverlaufs überprüft, um sicherzustellen, dass die Investition gerechtfertigt bleibt.
2. Das zweite Prinzip, Lernen aus Erfahrung, besagt, dass aus vergangenen Projekten systematisch Lehren gezogen werden sollen. Diese Erkenntnisse werden do-

kumentiert und in das laufende Projekt einbezogen, um Fehler zu vermeiden und bewährte Vorgehensweisen zu nutzen.

3. Ein weiteres grundlegendes Prinzip ist die klare Definition von Rollen und Verantwortlichkeiten. PRINCE2 legt großen Wert darauf, dass jeder Beteiligte genau weiß, welche Aufgaben er hat und wem er berichten muss. Dies stellt sicher, dass es keine Unklarheiten gibt und alle Beteiligten ihre Rollen effektiv ausfüllen können.
4. Das vierte Prinzip, Steuern über Managementphasen, bedeutet, dass jedes Projekt in klar abgegrenzte Phasen unterteilt wird. Jede Phase endet mit einer formalen Überprüfung durch den Projektvorstand, bevor die nächste Phase gestartet wird. So kann das Projekt kontinuierlich überprüft und gegebenenfalls angepasst werden.
5. Ein weiteres wichtiges Prinzip ist das Steuern nach Ausnahme. Hierbei werden Toleranzgrenzen für Kosten, Zeit, Qualität und Risiken festgelegt. Die Projektleitung steuert das Projekt im vorgegebenen Rahmen und meldet sich beim Vorstand nur dann, wenn diese Grenzen überschritten werden.
6. Das Prinzip der Produktorientierung stellt sicher, dass der Fokus stets auf klar definierten Ergebnissen liegt. Diese werden vorab spezifiziert und ihre Qualität wird kontinuierlich überprüft.
7. Das siebte und letzte Prinzip, die Anpassung an die Projektumgebung, unterstreicht die Flexibilität von PRINCE2. Die Methode muss an die speziellen Anforderungen und Gegebenheiten des Projekts angepasst werden, ohne ihre grundlegenden Prinzipien zu verletzen.

Weiterführende Literatur – Fachzeitschriften:

Primadhika Marnada u. a. (2022). „Agile project management challenge in handling scope and change: A systematic literature review". In: *Procedia Computer Science* 197, S. 290–300 oder auch Sandra Matos und Eurico Lopes (2013). „Prince2 or PMBOK – a question of choice". In: *Procedia Technology* 9, S. 787–794.

Neben den Prinzipien gibt es in PRINCE2 **sieben Themen**, die während des gesamten Projekts berücksichtigt und gesteuert werden müssen. Diese Themen bieten eine umfassende Perspektive auf verschiedene Aspekte des Projektmanagements und helfen dabei, ein Projekt kontrolliert durchzuführen:

1. Das erste Thema ist der Business Case, der den geschäftlichen Nutzen eines Projekts definiert. Er wird während des Projekts aktualisiert, um sicherzustellen, dass das Projekt weiterhin den erwarteten Wert liefert.
2. Das Thema Organisation befasst sich mit der Struktur des Projektteams. PRINCE2 legt klare Rollen und Verantwortlichkeiten fest, damit jeder weiß, welche Aufgaben er übernehmen muss. Die verschiedenen Rollen in einem Projekt werden in Tabelle 1.1 erklärt.

Tabelle 1.1 Die Rollen und deren Aufgaben in einem Projekt

Rolle	Aufgabe
Projektsponsor	Gibt ein Projekt in Auftrag und unterstützt das Team mit finanziellen, zeitlichen und personellen Ressourcen.
Projektleitung	Die Projektleitung muss das Projekt im vordefinierten Rahmen umzusetzen. Dazu hört auch die fachliche Führung des Projektteams.
Lenkungsausschuss	Eine Gruppe, die in regelmäßigen Abständen die Entwicklung des Projekts überprüft und im Zweifel die Vorgaben macht. Die Lenkungskreismitglieder nehmen eine beratende, entscheidende und genehmigende Funktion im Projekt ein.
Systemingenieur	Wird auch technische Projektleitung genannt. Verantwortet in großen technischen Projekten die technischen Aspekte eines Teams, während sich die Projektleitung eher auf kaufmännische und administrative Aufgaben konzentriert.
Teilprojektleiter	In großen und umfangreichen Projekten können einzelne Disziplinen so viele Teammitglieder umfassen (z. B. in der Softwareentwicklung), dass es notwendig ist, eigene Teilprojektleiter zu besetzen. Die Teammitglieder berichten an den Teilprojektleiter und entlasten damit die Projektleitung oder die technische Projektleitung.
Teammitglieder	Mitglieder im Kernteam vertreten die einzelnen Disziplinen wie Entwicklung, Produktion, Softwareentwicklung oder Logistik und arbeiten eng und regelmäßig am Projektfortschritt. Darüber hinaus gibt es auch Mitglieder im erweiterten Team, meistens zu Disziplinen, die nur selten oder unregelmäßig im Projekt mitarbeiten, wie beispielsweise das Controlling oder der Vertrieb.
PMO	Das Projektmanagementoffice berät das Projektteam in operativen und organisatorischen Fragen und organisiert Ausschüsse oder Lenkungskreissitzungen.

3. Das Thema Qualität beschreibt, wie sichergestellt wird, dass die Projektergebnisse den Anforderungen entsprechen. Ein Qualitätsmanagementplan legt die Standards und Prüfverfahren fest, um die Qualität der Arbeit zu gewährleisten.
4. Die Pläne stellen den Fahrplan für das Projekt dar und beschreiben, wann und wie die Projektziele erreicht werden sollen. Dabei gibt es Pläne auf verschiedenen Ebenen, von der groben Übersicht bis hin zu detaillierten Phasenplänen.
5. Das Risikomanagement ist ein weiteres zentrales Thema in PRINCE2. Risiken müssen identifiziert, bewertet und gesteuert werden, um potenzielle Probleme frühzeitig zu erkennen und zu verhindern. Ein Risikoregister dient als zentrales Dokument, das Risiken und Gegenmaßnahmen festhält.
6. Das Thema Änderungen befasst sich mit der Kontrolle von Abweichungen und Anpassungen im Projekt. PRINCE2 stellt sicher, dass Änderungen stets formell geprüft und genehmigt werden, um negative Auswirkungen auf das Projekt zu vermeiden.

7. Das letzte Thema ist der Fortschritt, der kontinuierlich überwacht wird. Es werden regelmäßige Berichte erstellt, um sicherzustellen, dass das Projekt im Plan bleibt und die Ziele erreicht werden.

Die **sieben Prozesse** von PRINCE2 beschreiben die Prozessschritte, die ein Projekt von der Vorbereitung bis zum Abschluss durchläuft. Jeder dieser Prozesse besteht aus einer Reihe von Aktivitäten, die systematisch durchgeführt werden:

1. Der erste Prozess, Vorbereiten eines Projekts, legt den Grundstein für das gesamte Vorhaben. In dieser Phase wird das Projektmandat erstellt, das die Gründe und den Nutzen des Projekts skizziert. Auch die Organisationsstruktur wird festgelegt.
2. Im nächsten Schritt, dem Initiieren eines Projekts, werden detaillierte Pläne erstellt und Risiken analysiert. Diese Phase endet mit einer Entscheidung des Projektvorstands, ob das Projekt gestartet wird.
3. Lenken eines Projekts ist die Phase, in der die Projektleitung das Projekt überwacht, so dass es im geplanten Rahmen bleibt. Sie trifft strategische Entscheidungen und genehmigt die Freigabe von Ressourcen für die nächsten Phasen.
4. Die Steuerung einer Phase ist der operative Teil, in dem die Projektleitung den Fortschritt überwacht und das Tagesgeschäft koordiniert.
5. Der Prozess Managen der Produktlieferung bezieht sich auf die operative Arbeit der Teams. Hier wird sichergestellt, dass die Produkte des Projekts den Qualitätsanforderungen entsprechen.
6. Am Ende jeder Phase erfolgt der Prozess Managen eines Phasenübergangs, in dem die Ergebnisse bewertet und Pläne für die nächste Phase erstellt werden. Der Vorstand entscheidet dann, ob das Projekt in die nächste Phase übergeht.
7. Der letzte Prozess, Abschließen eines Projekts, befasst sich mit dem formellen Abschluss des Projekts. Es werden Berichte erstellt, die Leistung bewertet und Lehren für zukünftige Projekte dokumentiert.

In der Praxis muss PRINCE2 oft an die Anforderungen des Projekts und der Organisation angepasst werden. Für kleinere Projekte kann die Methode vereinfacht und der Dokumentationsaufwand reduziert werden. In großen, komplexen Projekten hingegen wird PRINCE2 in vollem Umfang genutzt, um die Kontrolle und Transparenz zu gewährleisten. Die Rollendefinition ist besonders wichtig, um sicherzustellen, dass alle Beteiligten wissen, was von ihnen erwartet wird. In kleineren Projekten kann die Projektleitung mehrere Rollen übernehmen, während in größeren Projekten die Rollen strikt getrennt werden, um eine klare Verantwortungsstruktur zu schaffen. Die Verwendung von Managementphasen ermöglicht es, das Projekt regelmäßig zu überprüfen und Anpassungen vorzunehmen, bevor größere Ressourcen verbraucht werden. Durch Fortschritts- und Ausnahmeberichte wird der Projektvorstand auf dem Laufenden gehalten, ohne in das Tagesgeschäft eingreifen zu müssen.

Fazit:

PRINCE2 bietet einen bewährten und skalierbaren Rahmen für das Projektmanagement, der in einer Vielzahl von Branchen und Projekttypen erfolgreich eingesetzt wird. Die Methode gewährleistet durch ihre klaren Prinzipien, Themen und Prozesse eine umfassende Kontrolle und Transparenz in jedem Projekt. Durch ihre Flexibilität kann PRINCE2 an spezifische Projektanforderungen angepasst werden, ohne die grundlegenden Prinzipien zu verletzen. In der Praxis hat sich gezeigt, dass PRINCE2 besonders erfolgreich ist, wenn es auf die spezifischen Bedürfnisse eines Projekts zugeschnitten wird und eine klare Trennung von Verantwortlichkeiten besteht.

1.1.1.3 IPMA

Die IPMA wurde 1965 gegründet und ist ein von Europa ausgehender weltumspannender Projektmanagementverband und eine Zertifizierungsstelle für die hauseigenen Standards hinsichtlich Projektmanagement. Unter dem Dach der IPMA sind 70 nationale Projektmanagementvereinigungen mit weltweit mehr als 40.000 Mitgliedern zusammengeschlossen. Die nationalen Vereinigungen professionalisieren Projektmanagement unter Berücksichtigung landesspezifischer kultureller Anforderungen. Um eine einheitlich hohe Qualität zu gewährleisten und gemeinsame Standards zu wahren, gibt die IPMA die Individual Competence Baseline (ICB) heraus, welche die Basis für die nationalen Zertifizierungsprogramme ist.

Die ICB ist der weltweite Standard für individuelle Kompetenzen in den Domänen Projektmanagement, Programmmanagement und Projektportfoliomanagement und beschreibt ein umfassendes Kompetenzinventar. Die aktuelle ICB 4.0 wurde 2015 verabschiedet und umfasst 29 generische Kompetenzelemente in den drei Kompetenzbereichen Kontextkompetenzen, persönliche und soziale Kompetenzen sowie technische Kompetenzen und sind in Tabelle 1.2 zusammengefasst.

Tabelle 1.2 Die Kompetenzelemente der ICB 4.0

Kompetenz	Elemente
Kontext-kompetenz	1) Strategie 2) Governance, Strukturen und Prozesse 3) Compliance, Standards und Regularien 4) Macht und Interessen 5) Kultur und Werte
Persönliche und Soziale Kompetenz	1) Selbstreflexion und Selbstmanagement 2) Persönliche Integrität und Verlässlichkeit 3) Persönliche Kommmunikation 4) Beziehungen und Engagement 5) Konflikte und Krisen 6) Vielseitigkeit 7) Verhandlungen 8) Ergebnisorientierung 9) Führung 10) Teamarbeit
Technische Kompetenz	1) Projekt-, Programm- bzw. Portfoliodesign 2) Anforderungen und Ziele 3) Leistungsumfang und Lieferobjekte 4) Organisation, Information und Dokumentation 5) Kosten und Finanzierung 6) Ressourcen 7) Beschaffung 8) Planung und Steuerung 9) Chancen und Risiken 10) Stakeholder 11) Change und Transformation 12) Ablauf und Termine 13) Qualität 14) Projektselektion und Portfoliobalance

Die ICB in der jeweils gültigen Version stellt die inhaltliche Grundlage für die Zertifizierung in allen 70 Ländervertretungen dar. Die IPMA bietet Projektmanagementzertifizierungen mit folgenden Zertifikatsleveln an:

- IPMA Level A: Certified Projects Director: Diese höchste Stufe richtet sich an Personen, die nicht nur Projekte, sondern auch Programme und Portfolios auf Unternehmensebene managen. Hier ist ein tiefes Verständnis der organisatorischen Strategie und der Leitung von Multiprojektsystemen erforderlich.
- IPMA Level B: Certified Senior Project Manager: Diese Stufe ist für erfahrene Projektmanager gedacht, die größere und komplexe Projekte leiten. Hierbei wird besonderes Augenmerk auf die Fähigkeit gelegt, komplexe Projekte zu steuern und strategische Verantwortung zu übernehmen.
- IPMA Level C: Certified Project Manager: Diese Stufe richtet sich an Projektmanager, die bereits kleine bis mittelgroße Projekte leiten. Der Fokus liegt auf der Anwendung der Projektmanagementtechniken und der Führung von Teams.
- IPMA Level D: Certified Project Management Associate: Diese Stufe ist für Anfänger oder diejenigen im Projektmanagement, die an Projekten beteiligt sind, aber keine Führungsrolle übernehmen. Sie beweist Grundkenntnisse in allen Bereichen des Projektmanagements.

Weiterführende Literatur - Fachzeitschrift:

Mladen Vukomanovic, Michael Young und Sven Huynink (2016). „IPMA ICB 4.0 – A global standard for project, programme and portfolio management competences“. In: *International journal of project management* 34.8, S. 1703–1705.

Ein entscheidender Vorteil der IPMA-Methodik in der Praxis ist ihre Flexibilität. Im Gegensatz zu streng prozessorientierten Ansätzen wie PRINCE2 lässt die IPMA der Projektleitung einen größeren Spielraum, ihre individuellen Fähigkeiten und Erfahrungen einzusetzen. Dies bedeutet, dass die Kompetenzen je nach Projektanforderungen und organisatorischem Umfeld angepasst werden können. Eine erfahrene Projektleitung (Level B oder A) wird in der Regel selbst entscheiden, welche Techniken und Methoden für ein bestimmtes Projekt am besten geeignet sind.

Dabei greift die Projektleitung auf die in der ICB definierten Kompetenzen zurück und passt sie an die Projektanforderungen an. In der Praxis legt die IPMA großen Wert auf klare Rollendefinitionen. Auch hier sei auf Tabelle 1.1 verwiesen.

Ein wesentlicher Bestandteil der IPMA-Philosophie ist die kontinuierliche Entwicklung der Projektmanagement-Kompetenzen. Dies wird durch regelmäßige Schulungen, Zertifizierungen und berufliche Weiterentwicklung sichergestellt. Projektmanager werden ermutigt, sich durch die Teilnahme an Schulungen und durch den Austausch mit anderen Fachleuten weiterzuentwickeln. Die IPMA-Methodik eignet sich für Projekte jeder Größe, von kleinen Projekten bis hin zu komplexen Programmen und Portfolios.

Die Kompetenzanforderungen variieren nach Größe und Komplexität des Projekts. Für kleinere Projekte kann die Methodologie in vereinfachter Form angewendet werden, während größere Projekte eine detailliertere Anwendung der Kompetenzen und Techniken erfordern. Da die IPMA ein starkes Augenmerk auf Kontextkompetenzen legt, spielt das Verständnis für die kulturellen und organisatorischen Rahmenbedingungen eine entscheidende Rolle in der Praxis. Projektmanager, die mit internationalen oder funktionsübergreifenden Teams arbeiten, müssen in der Lage sein, kulturelle Unterschiede und verschiedene organisatorische Prozesse zu verstehen und zu managen.

Die ICB stellt die Handlungskompetenzen der beteiligten Mitarbeiter in den Vordergrund, beschreibt aber keine Prozesse, Schritte, Vorgehensweisen, Methoden oder Tools. Neben der IPMA gibt es weitere Projektmanagementorganisationen, die sich in Best-Practice-Ansätzen und Prozessmodellen stärker mit den Prozessen und Abläufen im Projektmanagement auseinandersetzen und Anleitungen geben, wie Projekte erfolgreich durchgeführt werden können.

Im Vergleich zu den skalierbaren Prozessstandards von PMI und PRINCE2 definiert die IPMA ICB Gebrauchsfähigkeiten für die Durchführung von Projekten und empfiehlt keine bestimmten Prozesse oder eine Projektmethodik. Kompetenzen werden nicht hinsichtlich spezifischer Rollen und Verantwortlichkeiten innerhalb eines Projektmanagementteams besprochen, sondern vielmehr hinsichtlich des Programm-, Projekt- und Projektportfoliomanagements. Die Kompetenzen hinsichtlich der drei Domänen werden in der ICB 4.0 in drei verschiedenen Publikationen beschrieben, was einen Vergleich der Kompetenzunterschiede zwischen den Domänen erschwert.

Fazit:

Da die IPMA ICB nur eine Richtlinie ist, wird das in den einzelnen Ländervertretungen vertretene Projektmanagement, in Anlehnung an den Aufbau der ICB, mit jeweils eigenen umfassenderen Fachbüchern ergänzt (in Deutschland mit dem PM4). Auch unterscheidet sich das Zertifikatslayout je nach Ländervertretung, was zu Problemen bei der Anerkennung im Ausland führen kann.

1.1.2 Stage Gate Prozess

Leitfragen im Umgang mit dem Stage Gate Prozess:

- Sind alle Kundenanforderungen bekannt?
- Wie wahrscheinlich ist es, dass sich Kunden oder Anforderungen noch ändern?
- Besteht bereits ein Business Case und gibt es Zielkunden oder -märkte?
- Handelt es sich um eine vollständige Neuentwicklung oder kann auf vorhandenen Artefakten aufgebaut werden?

Wann benötigen Sie diese Methode?

Nach der Klärung der Projektorganisation muss definiert werden, wie das Projekt durchzuführen ist. Auch heutzutage gibt es Alternativen zu agilen Ansätzen, wenn nämlich das Projekt komplex ist und eine lange Laufzeit hat. Hier bieten sich Konzepte wie der Stage Gate Process (SGP) an. Ein SGP ist ein strukturierter Innovationsprozess, der in verschiedene Phasen unterteilt ist, die jeweils durch Gates voneinander getrennt sind. An diesen Gates werden die Ergebnisse jeder Phase bewertet und entschieden, ob das Projekt fortgeführt oder abgebrochen wird. Durch diese Struktur soll sichergestellt werden, dass nur vielversprechende Projekte weiterverfolgt werden und Ressourcen effizient eingesetzt werden.

Der SGP ist ein Verfahren in der Produktentwicklung, das Unternehmen dabei unterstützt, neue Produkte von der ersten Idee bis zur Markteinführung systematisch und effizient zu entwickeln. Insbesondere in der Entwicklung komplexer Systeme, wie etwa mechatronische Systeme, die Mechanik, Elektronik und Software eng miteinander verzahnen, bietet dieser Prozess eine wertvolle Struktur und Orientierung. Der von Robert Cooper (Cooper, Edgett und Kleinschmidt 2002a; Cooper, Edgett und Kleinschmidt 2002b) entwickelte Prozess teilt den Entwicklungszyklus in verschiedene Phasen, sogenannte Stages, auf, die durch Entscheidungspunkte, die sogenannten Gates, voneinander getrennt sind.

Weiterführende Literatur – Fachzeitschriften:

Robert G. Cooper (2022). „The 5-th generation stage-gate idea-to-launch process". In: *IEEE Engineering Management Review* 50.4, S. 43–55, Tim Smolnik und Thorsten Bergmann (2020). „Structuring and managing the new product development process-review on the evolution of the Stage-Gate process." In: *Journal of Business Chemistry* 2 oder Johan Grönlund, David Rönnberg Sjödin und Johan Frishammar (2010). „Open innovation and the stage-gate process: A revised model for new product development". In: *California management review* 52.3, S. 106–131.

Jeder dieser Entscheidungspunkte dient dazu, die Fortsetzung des Projekts zu überprüfen und sicherzustellen, dass die bisher erreichten Ergebnisse den festgelegten Anforderungen entsprechen. Der SGP ist besonders nützlich in komplexen Entwicklungsprojekten, bei denen unterschiedliche Fachdisziplinen koordiniert werden müssen. Er ermöglicht eine regelmäßige Überprüfung des Projektfortschritts und stellt sicher, dass das Produkt sowohl den technischen Anforderungen als auch den Marktbedürfnissen entspricht. Relevant ist in diesem Zusammenhang auch der Produktentwicklungsprozess (PEP). Empirische Untersuchungen haben gezeigt, dass ein erfolgreiches Management des PEP den Unternehmen hilft, ihre Konkurrenten über lange Zeiträume hinweg zu übertreffen und ein angemessenes Management des PEP für die Unternehmen unerlässlich geworden ist.

Der SGP dient als Rahmenwerk für die Entwicklung neuer Produkte, das den gesamten Innovationsprozess von der ersten Idee bis zur Markteinführung abdeckt. Sein Hauptziel ist es, die Erfolgsaussichten von Produktentwicklungen zu maximieren, indem er eine strukturierte Abfolge von Phasen mit klar definierten Entscheidungspunkten bereitstellt. Durch diesen methodischen Ansatz wird das Risiko von Fehlentscheidungen minimiert, Ressourcen werden effizient eingesetzt und die Time-to-Market, also die Zeit bis zur Markteinführung, kann reduziert werden. Durch die klare Struktur und die regelmäßige Überprüfung des Fortschritts ermöglicht der Prozess eine präzise Steuerung und Minimierung von Risiken, indem er sicherstellt, dass nur vielversprechende Projekte weitergeführt werden. Der vollständige Prozess ist in Bild 1.2 abgebildet. Je nach zeitlicher Kritikalität und Größe des Projekts kann der SGP in seinem Umfang adaptiert und entsprechend eingekürzt werden, wie es in Bild 1.3 zu sehen ist.

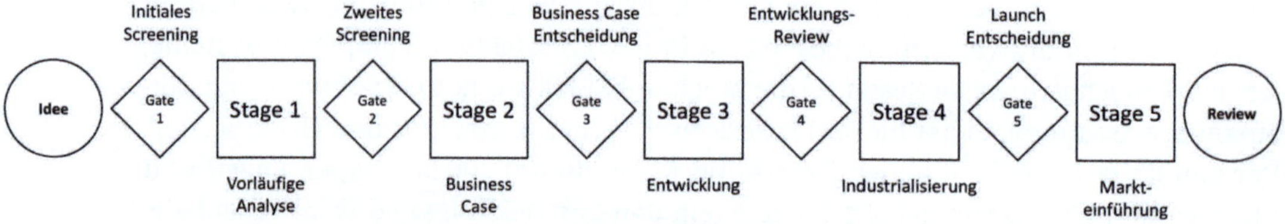

Bild 1.2 Ablauf des SGP nach Cooper, Edgett und Kleinschmidt (2002b, S. 45)

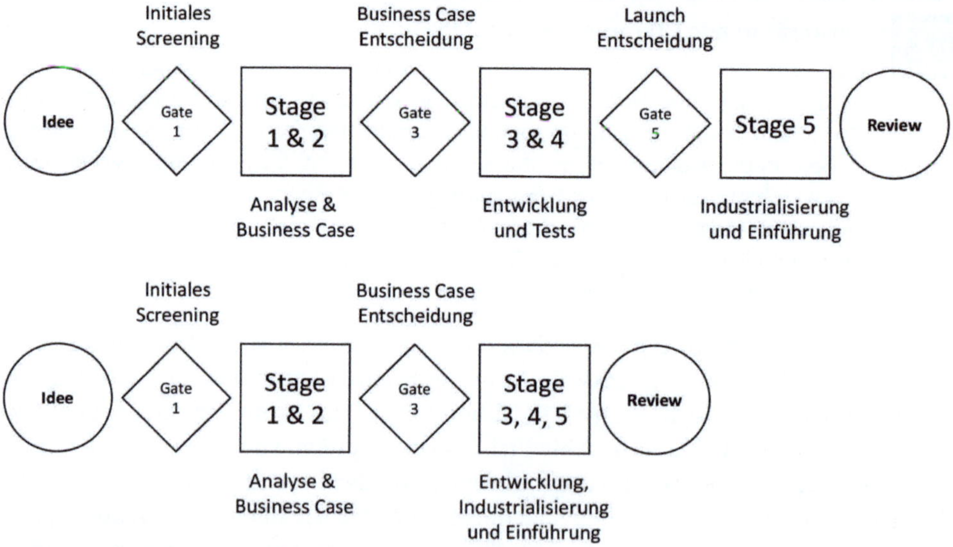

Bild 1.3 Adaptation des SGP nach Cooper, Edgett und Kleinschmidt (2002b, S. 45)

Die erste Phase des SGP ist die Ideenfindung, bei der neue Produktideen generiert und in Bezug auf ihr Marktpotenzial sowie ihre technische Machbarkeit grob bewertet werden. Hierbei kommen kreative Prozesse wie Brainstorming zum Einsatz, um eine Vielfalt an Ideen zu sammeln. Anschließend wird eine erste Auswahl getroffen, die in die nächste Phase, die Vorstudie, übergeht. In der Vorstudie werden die ausgewählten Ideen detaillierter untersucht. Der Fokus liegt dabei auf einer ersten technischen Machbarkeitsanalyse sowie einer groben Markt- und Kosten-Nutzen-Analyse. Ziel ist es, ein grundlegendes Verständnis für die Umsetzbarkeit der Idee zu entwickeln und ihre wirtschaftlichen Potenziale einzuschätzen.

Die darauffolgende Phase, das Entwicklungskonzept, beinhaltet die Ausarbeitung eines detaillierten Geschäftsplans für das Produkt. Dieser Plan umfasst eine vertiefte Marktanalyse, detaillierte technische Spezifikationen, eine Ressourcenplanung sowie eine umfassende Wirtschaftlichkeitsanalyse. Am Ende dieser Phase steht ein fundierter Business Case, der als Entscheidungsgrundlage für die Weiterführung des Projekts dient. In der Entwicklungsphase wird das Produkt technisch umgesetzt. Hier werden das finale Design erstellt, erste Prototypen entwickelt und die Softwarekomponenten bei mechatronischen Systemen programmiert. Diese Phase bildet das Herzstück der Produktentwicklung, in der aus Konzepten und Ideen ein greifbares Produkt entsteht.

Nach der Entwicklung folgt die Test- und Validierungsphase, in der das Produkt umfassend geprüft wird, um sicherzustellen, dass es den Anforderungen entspricht. Technische Tests, Pilotproduktionen und Markttests sind entscheidende Elemente dieser Phase. Ziel ist es, das Produkt intensiv zu prüfen, bevor es in den Markt eingeführt wird. Die letzte Phase des SGP ist die Markteinführung. In dieser Phase werden alle Aktivitäten durchgeführt, die erforderlich sind, um das Produkt erfolgreich in den Markt zu bringen. Dazu gehören die Produktionsvorbereitung, die Umsetzung von Marketingstrategien und der Aufbau von Vertriebskanälen. Am Ende steht ein erfolgreich eingeführtes Produkt, das bereit ist, Umsatz zu generieren.

Die Gates im SGP spielen eine wichtige Rolle, da sie als Kontrollpunkte fungieren, an denen über die Fortsetzung des Projekts entschieden wird. Diese Entscheidungspunkte basieren auf klar definierten Kriterien, die sicherstellen, dass das Projekt nur dann fortgesetzt wird, wenn es die Anforderungen erfüllt. Ein Gate Review umfasst typischerweise eine Bewertung der Ergebnisse der vorhergehenden Phase sowie eine fundierte Entscheidung über die nächsten Schritte, die von einer Weiterführung über eine Modifikation bis hin zum Abbruch des Projekts reichen kann.

Fazit:

Der SGP sorgt für eine klare Strukturierung des PEP, ermöglicht die frühzeitige Erkennung von Fehlern, stellt eine effiziente Nutzung der Ressourcen sicher und fördert die Transparenz im gesamten Projektverlauf. Besonders in der Entwicklung mechatronischer Systeme, bei denen die Koordination verschiedener technischer Disziplinen von entscheidender Bedeutung ist, erweist sich dieser Prozess als äußerst effektiv.

1.2 Methoden der Entwicklungsabläufe

Es gibt mehrere Entwicklungsabläufe, speziell im Rahmen der Softwareentwicklung, die je nach den Anforderungen eines Projekts und den Präferenzen des Entwicklungsteams eingesetzt werden können. Das Wasserfallmodell ist ein sequenzieller Prozess, bei dem jede Phase nacheinander durchlaufen wird, beginnend mit der Anforderungsdefinition, gefolgt von Design, Implementierung, Test und Wartung. Jede Phase baut auf der vorherigen auf, und Änderungen während des Prozesses sind schwierig umzusetzen. Agile Methoden betonen Flexibilität, Zusammenarbeit und iterative Entwicklung. Diese Prozesse bieten verschiedene Ansätze, um Software effizient zu entwickeln, wobei jede Methode ihre eigenen Vor- und Nachteile hat. Die Wahl des richtigen Prozesses hängt von den spezifischen Anforderungen des Projekts, den Fähigkeiten des Entwicklungsteams und den Präferenzen der Stakeholder ab.

1.2.1 Das Wasserfallmodell

Leitfragen im Umgang mit dem Wasserfallmodell:

- Sind die Kundenanforderungen bekannt?
- Wie wahrscheinlich ist es, dass sich die Anforderungen noch ändern?
- Existiert ein klares Einführungsdatum für das Produkt oder Artefakt?

Wann benötigen Sie diese Methode?

Das Wasserfallmodell wird in der Softwareentwicklung angewendet, wenn die Anforderungen klar definiert und stabil sind, das Projekt komplex ist und eine strenge Struktur erfordert, die Kundenanforderungen genau spezifiziert sind und sich nicht ändern werden und eine sequenzielle Abarbeitung der Phasen sinnvoll ist. Es ist jedoch zu beachten, dass das Wasserfallmodell unflexibel ist und Änderungen während des Projekts schwierig umzusetzen sind.

Das Wasserfallmodell ist eines der traditionellsten und bekanntesten Modelle im Bereich der Softwareentwicklung. Es wurde erstmals 1970 von Winston Royce beschrieben und hat seitdem eine bedeutende Rolle bei der Strukturierung und Planung von Softwareprojekten gespielt. Das Wasserfallmodell zeichnet sich durch seine sequenzielle und phasenweise Vorgehensweise aus, bei der jede Phase vollständig abgeschlossen sein muss, bevor die nächste beginnt. Dies sorgt für eine klare Struktur und eine gute Nachvollziehbarkeit des Entwicklungsprozesses. Der praktische Nutzen des Wasserfallmodells zeigt sich besonders in Projekten mit klar definierten und stabilen Anforderungen.

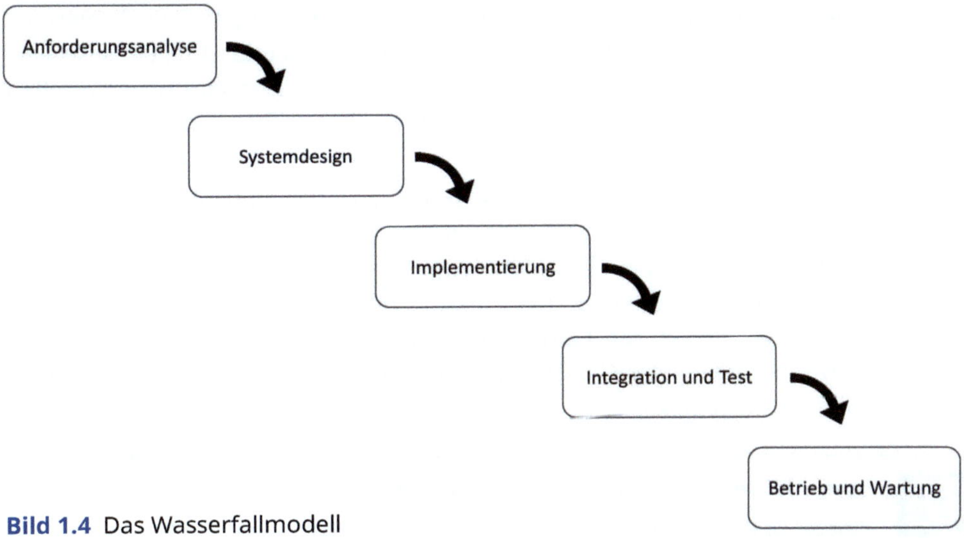

Bild 1.4 Das Wasserfallmodell

Der Aufbau des Wasserfallmodells umfasst mehrere klar definierte Phasen, so wie in Bild 1.4 zu sehen ist:

1. Die erste Phase ist die **Anforderungsanalyse**, in der alle Anforderungen an das zu entwickelnde System gesammelt und dokumentiert werden. Diese Phase ist von entscheidender Bedeutung, da sie die Grundlage für alle nachfolgenden Phasen bildet. Verschiedene Techniken wie Interviews, Fragebögen und Workshops werden eingesetzt, um die Bedürfnisse der Nutzer und Stakeholder umfassend zu erfassen und in einem Anforderungsdokument festzuhalten.
2. Nach der Anforderungsanalyse folgt die Phase des **Systemdesigns**. Diese Phase besteht aus zwei Teilschritten: dem Grob- und dem Feinentwurf. Im Grobentwurf wird die Gesamtarchitektur des Systems festgelegt, während im Feinentwurf die detaillierte Planung der Systemkomponenten erfolgt. Hierbei werden verschiedene Aspekte wie Datenbankdesign, Benutzeroberflächen und Schnittstellen berücksichtigt. Das Ergebnis dieser Phase sind umfangreiche Dokumente, die als Bauplan für die Implementierung dienen.
3. Die **Implementierungsphase** ist die dritte Phase des Wasserfallmodells. In dieser Phase wird der in den vorherigen Phasen entworfene Plan in Quellcode umgesetzt. Die Entwickler programmieren die einzelnen Module des Systems gemäß den Spezifikationen aus der Designphase. Diese Phase erfordert sorgfältiges Codieren und Testen, um sicherzustellen, dass die Module fehlerfrei funktionieren. Entwicklertests werden durchgeführt, um die Funktionalität der einzelnen Module zu überprüfen.
4. Nach der Implementierung folgt die **Integrations- und Testphase**. In dieser Phase werden die einzelnen Module zusammengeführt und als Gesamtsystem getestet. Es

wird überprüft, ob das System die Anforderungen erfüllt und frei von Fehlern ist. Verschiedene Testarten wie Integrationstests, Systemtests und Akzeptanztests werden durchgeführt, um die Qualität und Funktionalität des Systems sicherzustellen. Identifizierte Fehler werden dokumentiert und behoben, bevor das System in die nächste Phase übergeht.

5. Die letzte Phase des Wasserfallmodells ist die Phase des **Betriebs und der Wartung**. In dieser Phase wird das System in der realen Umgebung eingesetzt und überwacht. Zudem werden notwendige Änderungen und Verbesserungen durchgeführt, um das System aktuell und funktionsfähig zu halten. Wartungsarbeiten umfassen Fehlerkorrekturen, Leistungsverbesserungen und Anpassungen an geänderte Anforderungen. Diese Phase stellt sicher, dass das System langfristig genutzt und optimiert werden kann.

Weiterführende Literatur – Fachzeitschriften:

Robert G. Cooper (2024). „Stage-Gate is Not Waterfall... Find Out Why & How". In: *IEEE Engineering Management Review* oder Antonios Saravanos und Matthew X. Curinga (2023). „Simulating the software development lifecycle: The Waterfall model". In: *Applied System Innovation* 6.6, S. 108.

Das Wasserfallmodell bietet mehrere Vorteile, wie eine klare Struktur und einfache Verwaltung, da jede Phase klare Ziele und Ergebnisse hat. Die umfangreiche Dokumentation sorgt für Transparenz und Nachvollziehbarkeit, während die stabile Anforderungserhebung für Projekte mit gut definierten Anforderungen ideal ist. Allerdings hat das Modell auch Nachteile, wie die geringe Flexibilität bei Änderungen und das späte Feedback, da Kundenfeedback erst nach Abschluss der Implementierung erfolgt. Dies kann zu späten Anpassungen führen. Außerdem können Missverständnisse in frühen Phasen das gesamte Projekt beeinflussen und schwer zu korrigieren sein. Die hohen Dokumentationskosten stellen einen weiteren Nachteil dar, da der Aufwand für die Erstellung und Pflege der umfangreichen Dokumentation erheblich sein kann.

Weiterführende Literatur – Bücher:

Ian Sommerville (2015). *Software Engineering*. Addison-Wesley oder Roger S. Pressman (2014). *Software Engineering: A Practitioner's Approach*. McGraw-Hill.

Um das Wasserfallmodell erfolgreich zu implementieren, sollten einige Rahmenbedingungen gegeben sein. Eine gründliche und detaillierte Anforderungserhebung ist entscheidend, wobei alle relevanten Stakeholder einbezogen und verschiedene Techniken wie Interviews und Workshops verwendet werden sollten. Eine realistische Planung der Zeit- und Ressourcenanforderungen ist unerlässlich, wobei Pufferzeiten eingeplant und mögliche Risiken berücksichtigt werden sollten.

Die Dokumentation sollte präzise und umfassend sein, um die Nachvollziehbarkeit und Verständlichkeit der Projektfortschritte sicherzustellen. Testen sollte nicht nur in der Integrations- und Testphase erfolgen, sondern kontinuierlich während der Implementierung. Entwicklertests und Modultests tragen dazu bei, Fehler frühzeitig zu identifizieren und zu beheben. Schließlich ist eine regelmäßige Kommunikation und Abstimmung mit den Stakeholdern wichtig, um sicherzustellen, dass das entwickelte System den Erwartungen entspricht. Dies kann durch regelmäßige Statusberichte und Reviews erreicht werden. Insgesamt ist das Wasserfallmodell ein bewährter und strukturierter Ansatz zur Softwareentwicklung, der sich besonders für Projekte mit klar definierten und stabilen Anforderungen eignet.

Fazit:

Das Wasserfallmodell ist ein Vorgehensmodell in der Softwareentwicklung, bei dem die Phasen sequenziell abgearbeitet werden. Das Modell bietet klare definierte Phasen, einfache Planung und Steuerung sowie gute Dokumentation. Allerdings hat das Wasserfallmodell auch den Nachteil, dass es unflexibel ist und Änderungen während des Projekts schwierig umzusetzen sind. Das Wasserfallmodell eignet sich für Projekte mit klar definierten Anforderungen und wenig erwarteten Änderungen. Es ist besonders geeignet für komplexe Projekte, bei denen eine strenge Struktur erforderlich ist.

1.2.2 Das V-Modell

Leitfragen im Umgang mit dem V-Modell:

- Sind die Kundenanforderungen bekannt?
- Wie umfassend sind das Projekt und dessen Produktentwicklung, d. h. mechanische Konstruktion, Hardware und Software?
- Hat die Organisation Erfahrung mit interdisziplinärer Produktentwicklung?

Wann benötigen Sie diese Methode?

Das V-Modell kommt in der Produktentwicklung und im Projektmanagement zur Anwendung, wenn komplexe Systeme entwickelt werden, Sicherheit und Zuverlässigkeit von großer Bedeutung sind, eine klare Struktur und Dokumentation erforderlich sind und eine hohe Qualität und Fehlerfreiheit gewährleistet werden muss. Prädestiniert sind dafür Projekte in Bereichen wie Luft- und Raumfahrt, Automotive, Medizintechnik oder Verteidigung. Das V-Modell ist besonders geeignet für Projekte, bei denen eine strenge Qualitätskontrolle und eine umfassende Dokumentation erforderlich sind.

Das V-Modell ist ein weit verbreitetes Vorgehensmodell für die Entwicklung komplexer Systeme, insbesondere in den Bereichen Software, Hardware und mechanische Konstruktionen, welches bereits in den 1990er-Jahren eingeführt (Bertram, Bröhl und Blönnigen 1993) und seitdem weiterentwickelt wurde. Es bietet einen strukturierten Ansatz zur Entwicklung, der eine klare Trennung und Definition von Entwicklungsphasen ermöglicht, wobei jede Phase spezifische Ziele und Ergebnisse hat. Das Modell ist besonders bekannt für seine Anwendung in sicherheitskritischen Bereichen wie der Luftfahrt, Automobilindustrie und Medizintechnik, wo hohe Qualitätsstandards, Nachvollziehbarkeit und ein klarer Fokus auf Tests und Verifikation unabdingbar sind.

Der Name V-Modell leitet sich von der charakteristischen Form des Prozesses ab, die wie ein „V" aussieht. Auf der linken Seite des V stehen die Spezifikation und der Entwurf des Systems, während auf der rechten Seite die Test- und Verifikationsphasen abgebildet sind, die direkt den Phasen auf der linken Seite entsprechen. Der tiefste Punkt des V stellt die Implementierung dar, an der sich die Entwicklung und die nachfolgenden Testphasen orientieren. Eine Visualisierung des Modells ist in Bild 1.5 dargestellt.

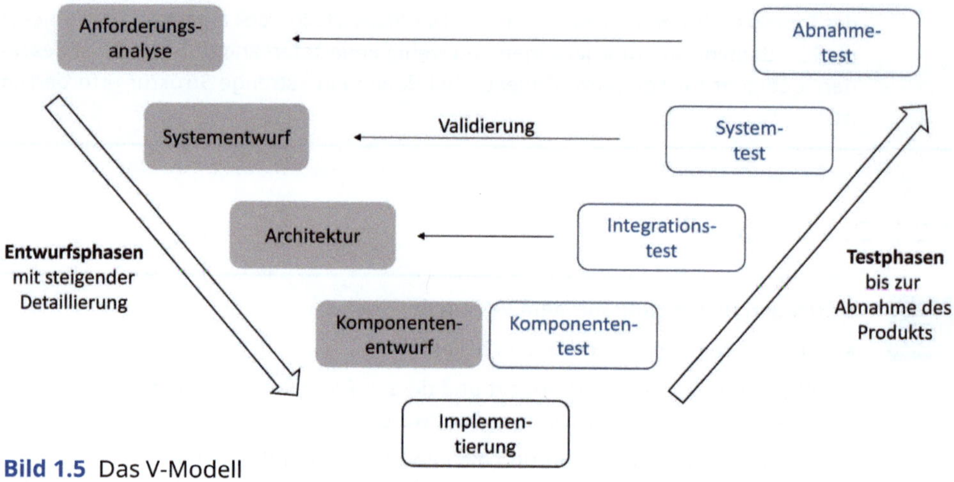

Bild 1.5 Das V-Modell

Weiterführende Literatur – Bücher:

Jan Friedrich u. a. (2009). *Das V-Modell XT*. Springer oder Reinhard Höhn und Stephan Höppner (2008). *Das V-Modell XT: Grundlagen, Methodik und Anwendungen*. Springer.

Das V-Modell besteht aus mehreren Phasen, die in einer linearen Abfolge durchlaufen werden, wobei jede Phase klar definierte Aufgaben und Ziele hat. Der Aufbau des V-Modells lässt sich in zwei Hauptteile unterteilen. Die linke Seite des V, die die Spezifikation und den Entwurf darstellt, und die rechte Seite, die sich mit den Test- und Verifikationsaktivitäten befasst:

- Die linke Seite des V-Modells beginnt mit einer Systemanforderungsanalyse, in der die grundlegenden Anforderungen an das System erfasst werden. Diese Phase umfasst die Definition von funktionalen und nichtfunktionalen Anforderungen, welche die Grundlage für das gesamte Projekt bilden. Zu diesem frühen Zeitpunkt werden die Erwartungen an das System definiert, die Ziele festgelegt und die wesentlichen Rahmenbedingungen bestimmt. Die Anforderungen beziehen sich nicht nur auf die funktionalen Aspekte, sondern auch auf Sicherheitsanforderungen, Leistungsziele und Umgebungsbedingungen.
- Nach der Systemanforderungsanalyse folgt der Systementwurf, in dem das System in einzelne Subsysteme oder Module unterteilt wird. Hier wird festgelegt, wie die verschiedenen Teile des Systems miteinander interagieren und welche Schnittstellen sie benötigen. Diese Architektur definiert die grobe Struktur des Systems und ermöglicht es, die Entwicklung in überschaubare, modulare Einheiten zu zerlegen. In diese Phase integriert werden kann auch die Software- und Hardwareanforderungsanalyse, in der die spezifischen Anforderungen an die jeweiligen Software- und Hardwarekomponenten detailliert ausgearbeitet werden. Diese Phase baut auf den Systemanforderungen auf und konkretisiert die Anforderungen für die einzelnen Systemkomponenten. Es geht darum, die funktionalen und technischen Anforderungen für jede Komponente des Systems präzise zu spezifizieren. Diese Phase kann aber auch als eigene Phase im V-Modell dargestellt werden.
- Der Entwurf der Software- und Hardwarearchitektur folgt daraufhin, wobei die genaue Struktur der Softwaremodule und Hardwareelemente entworfen wird. Diese Phase beschreibt, wie die verschiedenen Komponenten des Systems zusammenarbeiten und wie sie organisiert werden. Es wird detailliert festgelegt, welche Schnittstellen existieren und wie die Kommunikation zwischen den Komponenten erfolgt.
- In der Phase des Moduldesigns (auch Komponentenentwurf genannt) wird auf die einzelnen Software- und Hardwaremodule eingegangen, die das System ausmachen. Hier werden die Spezifikationen auf Detailebene definiert, sodass die einzelnen Komponenten entwickelt werden können. Jedes Modul erhält eine genaue Definition, die später in der Implementierungsphase umgesetzt wird.
- Schließlich endet die linke Seite des V-Modells am unteren Punkt mit der Implementierung. In dieser Phase wird der zuvor entworfene Plan in die Praxis umgesetzt. Softwaremodule werden programmiert, Hardwarekomponenten gefertigt und mechanische Systeme konstruiert. Die Implementierung ist der zentrale Punkt des V-Modells, an dem alle Vorarbeiten der Spezifikations- und Entwurfsphasen realisiert werden.

Weiterführende Literatur – Fachzeitschriften:

Lars Ullrich u. a. (2024). „Expanding the Classical V-Model for the Development of Complex Systems Incorporating AI". In: *IEEE Transactions on Intelligent Vehicles* oder Iris Grässler u. a. (2021). „V-model based development of cyber-physical systems and cyber-physical production systems". In: *Procedia CIRP* 100, S. 253–258.

Die rechte Seite des V-Modells spiegelt die linke Seite wider und umfasst die Test- und Verifikationsphasen, die sicherstellen, dass das System den definierten Anforderungen entspricht. Jeder Schritt auf der linken Seite des V hat eine korrespondierende Testphase auf der rechten Seite:

- Der Modultest/Komponententest bildet den ersten Schritt auf der rechten Seite des V. In dieser Phase wird jedes einzelne Software- oder Hardwaremodul isoliert getestet, um sicherzustellen, dass es die spezifizierten Anforderungen erfüllt. Beim Softwaremodultest werden häufig Unit-Tests durchgeführt, bei denen die Funktionalitäten der einzelnen Module auf korrekte Implementierung überprüft werden.
- Nach den Modultests folgt der Integrationstest, in dem die verschiedenen Module des Systems zusammengeführt und auf ihre Interoperabilität getestet werden. Hier wird überprüft, ob die Module korrekt miteinander kommunizieren und ob die Schnittstellen wie vorgesehen funktionieren.
- Daraufhin folgt der Systemtest, der das gesamte System als Ganzes überprüft. In dieser Phase wird sichergestellt, dass das integrierte System den ursprünglichen Spezifikationen und Anforderungen entspricht. Es werden umfassende Tests durchgeführt, um die Funktionalität, Leistung und Zuverlässigkeit des gesamten Systems zu verifizieren.
- Der letzte Schritt auf der rechten Seite des V ist der Abnahmetest, der häufig in Zusammenarbeit mit dem Kunden oder Endanwender durchgeführt wird. Ziel ist es sicherzustellen, dass das System den vertraglichen Anforderungen entspricht und für den produktiven Einsatz bereit ist. Der Abnahmetest ist der finale Validierungsschritt, der bestätigt, dass das System in seiner Gesamtheit den Anforderungen gerecht wird.

Das V-Modell legt großen Wert auf ein strukturiertes Projektmanagement und umfassende Qualitätskontrolle. Während des gesamten Entwicklungsprozesses werden definierte Meilensteine gesetzt, an denen der Fortschritt überprüft und freigegeben wird. Diese Meilensteine stellen sicher, dass die Anforderungen in jeder Phase erfüllt sind, bevor zur nächsten Phase übergegangen wird. Diese Kontrolle minimiert das Risiko von Fehlern, die erst spät im Entwicklungsprozess entdeckt werden könnten. Besonders in sicherheitskritischen Projekten sind solche Mechanismen unerlässlich, um die Einhaltung hoher Qualitätsstandards sicherzustellen. Das V-Modell ist besonders in der Softwareentwicklung, aber auch in der Hardware- und Mechanikentwicklung weit verbreitet. In der Entwicklung von Software eignet es sich besonders für Projekte, bei denen die Anforderungen zu Beginn weitgehend stabil sind.

Das V-Modell bietet eine Reihe von Vorteilen, die es besonders für sicherheitskritische und regulierte Bereiche attraktiv machen. Zu den wichtigsten Vorteilen gehören die klare Strukturierung des Entwicklungsprozesses, die enge Kopplung zwischen Spezifikation und Test sowie die hohe Nachvollziehbarkeit. Durch die strikte Abfolge der Phasen können Fehler frühzeitig erkannt und behoben werden, was dazu beiträgt, teure Nacharbeiten am Ende des Projekts zu vermeiden. Das Modell fördert außerdem eine umfassende Dokumentation, die nicht nur im Projektverlauf von Nutzen ist, sondern auch für spätere Wartungs- und Weiterentwicklungsphasen unerlässlich sein kann.

Trotz seiner Vorteile bringt das V-Modell auch einige Nachteile mit sich. Ein Hauptkritikpunkt ist die geringe Flexibilität. Da das Modell eine strikte Reihenfolge der Phasen vorsieht, ist es weniger geeignet für Projekte, bei denen sich die Anforderungen im Laufe der Entwicklung stark verändern. In solchen Fällen können agilere Methoden wie Scrum (siehe Abschnitt 1.2.3) oder Kanban besser geeignet sein. Zudem erfordert das V-Modell einen hohen Planungsaufwand und eine detaillierte Spezifikation zu Beginn des Projekts, was es besonders für kleinere Projekte oder Projekte mit unklaren Anforderungen weniger effizient macht. Ein weiteres Problem ist die Länge der Entwicklungszyklen, die bei komplexen Projekten zu erheblichen Verzögerungen führen können.

Fazit:

Das V-Modell ist ein Vorgehensmodell in der Produktentwicklung, das die Entwicklung und den Testprozess in einer V-förmigen Struktur darstellt. Es besteht aus zwei Hauptphasen: der linken Seite des V, auf der die Anforderungen definiert und das System entworfen wird, und der rechten Seite, auf der die Tests und Validierungen durchgeführt werden. Das V-Modell betont die Bedeutung von Tests und Validierungen auf allen Ebenen der Entwicklung, von der Anforderungsspezifikation bis hin zum Gesamtsystemtest. Es ist besonders geeignet für komplexe Systeme und Projekte, bei denen Sicherheit und Zuverlässigkeit von großer Bedeutung sind. Durch die klare Struktur und die Betonung von Tests soll das V-Modell dazu beitragen, Fehler frühzeitig zu erkennen und zu beheben.

1.2.3 Agile Methoden

Leitfragen im Umgang mit agilen Methoden:

- Sind die Kundenanforderungen bekannt?
- Hat die Organisation Erfahrung mit agilen Projekten?
- Hat das Projekt einen engen Zeitplan?
- Kann das Team auf bestehenden Artefakten aufbauen oder handelt es sich um ein komplett neues Projekt oder Produkt?

Wann benötigen Sie diese Methode?

Gegenüber herkömmlichem Projektmanagement sind agile Ansätze dann zu bevorzugen, wenn die Anforderungen

- sich häufig ändern oder unklar sind,
- Flexibilität und Anpassungsfähigkeit erforderlich sind,
- das Projekt komplex ist und eine iterative Entwicklung erforderlich macht
- und auch wenn das Team selbstorganisiert und motiviert ist.

Demgegenüber sind agile Ansätze nicht zielführend, wenn die Anforderungen klar definiert und stabil sind oder auch, wenn das Projekt sehr klein oder einfach ist und die Teammitglieder nicht ausreichend qualifiziert oder motiviert sind. Ebenso können unter agilen Bedingungen nur schwerlich langfristige Projektpläne skizziert oder eingehalten werden. Agile Methoden sind nicht immer die beste Wahl, aber sie können in vielen Fällen helfen, komplexe Projekte erfolgreich zu meistern.

Agile Entwicklungsansätze wie Scrum und Kanban sind eng miteinander verwandt, aber sie unterscheiden sich leicht in ihren Schwerpunkten und der Qualität der zu erwartenden Arbeitsergebnisse. Agile Methoden ist ein übergeordneter Begriff für eine Gruppe von Ansätzen, die auf den Werten und Prinzipien des „Agile Manifests" basieren. Agile Methoden betonen Flexibilität, kontinuierliche Verbesserung, Kundenzufriedenheit und die Fähigkeit, schnell auf Veränderungen zu reagieren. Es handelt sich nicht um eine spezifische Methodik, sondern um ein Rahmenwerk, das verschiedene Methoden wie Scrum oder Kanban umfasst.

Scrum ist ein spezifisches Framework, welches auf Sprints basiert, die typischerweise zwei bis vier Wochen dauern. Es ist darauf ausgelegt, komplexe Projekte zu managen, indem es klare Rollen, Ereignisse und Artefakte definiert. In Scrum gibt es drei Hauptrollen. Der Product Owner ist für das Product Backlog und die Priorisierung der Anforderungen verantwortlich. Der Scrum Master unterstützt das Team, beseitigt Hindernisse und stellt sicher, dass entsprechende Praktiken befolgt werden. Und das Entwicklungsteam, ein multifunktionales Team, das die Arbeit durchführt und das Produkt entwickelt. Jeder Sprint endet mit einer Überprüfung und einer Retrospektive, bei der das Team reflektiert und Verbesserungsmöglichkeiten identifiziert. Zu den wichtigsten Artefakten in Scrum gehören das Product Backlog, das die priorisierte Liste der Anforderungen und Features enthält, und das Sprint Backlog, das die Aufgaben des aktuellen Sprints umfasst.

Kanban hingegen ist eine agile Methode zur Prozessvisualisierung, die ursprünglich in der Fertigungsindustrie (siehe Abschnitt 4.2.5) entwickelt wurde und mittlerweile auch in der Softwareentwicklung weit verbreitet ist. Im Gegensatz zu Scrum legt Kanban keinen Wert auf festgelegte Zeitabschnitte, sondern auf einen kontinuierlichen Arbeitsfluss. In Kanban wird die Arbeit auf einem Kanban Board visualisiert, das in Spalten wie „to do", „in progress" und „done" unterteilt ist. Jede Aufgabe oder

Anforderung wird auf einer Karte dargestellt, die durch die verschiedenen Phasen des Prozesses bewegt wird. Eine zentrale Regel in Kanban ist die Begrenzung der gleichzeitig in Arbeit befindlichen Aufgaben, um Überlastung zu vermeiden und den Fokus auf die Fertigstellung von Aufgaben zu legen. Im Gegensatz zu Scrum gibt es in Kanban keine festen Sprints oder Iterationen, wodurch Arbeit kontinuierlich aufgenommen und abgeschlossen werden kann. Dies macht Kanban besonders geeignet für Umgebungen mit häufigen Änderungen und nicht planbaren Aufgaben.

1.2.3.1 Scrum

Scrum ist ein weit verbreitetes Framework zur agilen Projektsteuerung, welches vor allem in der Softwareentwicklung weit verbreitet ist. Es zeichnet sich durch seine Struktur, Flexibilität und Fokussierung auf iterative Prozesse aus. Es ermöglicht Teams, komplexe Projekte in kleinen, überschaubaren Einheiten zu bearbeiten, um frühzeitig und kontinuierlich wertvolle Produktinkremente zu liefern. Scrum wurde in den 1990er-Jahren von Ken Schwaber und Jeff Sutherland entwickelt und ist seitdem zu einem der populärsten Frameworks innerhalb der agilen Methoden geworden. Es basiert auf den Prinzipien der Transparenz, Überprüfung und Anpassung, die zusammen den Rahmen für kontinuierliche Verbesserungen schaffen.

Scrum wird in Sprints von zwei bis vier Wochen durchgeführt, wobei am Ende jedes Sprints ein potenziell auslieferbares Produktinkrement bereitgestellt wird. Der iterative Charakter von Scrum erlaubt es, schnell auf Veränderungen zu reagieren und das Produkt kontinuierlich zu verbessern. Dabei ist Scrum aber nicht nur für große, umfangreiche Entwicklungsprojekte ausgelegt, sondern kann auch sehr gut in kleineren Entwicklungsteams angewendet werden (Rising und Janoff 2000).

In Scrum gibt es drei Hauptrollen, die zusammenarbeiten, um den Entwicklungsprozess effektiv zu gestalten, nämlich den Product Owner, den Scrum Master und das Entwicklungsteam. Jede dieser Rollen hat spezifische Verantwortlichkeiten, die entscheidend für den Erfolg des Projekts sind. Der Product Owner ist die zentrale Figur in Scrum, die für den geschäftlichen Erfolg des Projekts verantwortlich ist. Er fungiert als Brücke zwischen den Stakeholdern, wie Kunden und Management, und dem Entwicklungsteam. Die Hauptaufgabe des Product Owners besteht darin, das Product Backlog zu erstellen und zu pflegen, welches die priorisierte Liste aller Anforderungen und Features des Projekts darstellt. Zu seinen weiteren Aufgaben gehören das Anforderungsmanagement, die Priorisierung der Aufgaben, die Abstimmung mit den Stakeholdern und die Release-Planung. Der Product Owner muss über detailliertes Verständnis des Marktes und der Kundenbedürfnisse verfügen und in der Lage sein, diese in klare, umsetzbare Anforderungen für das Entwicklungsteam zu übersetzen.

Weiterführende Literatur – Bücher:

Boris Gloger und Carsten Rasche (2024). *Scrum Think big: Scrum für wirklich große Projekte, viele Teams und viele Kulturen*. Carl Hanser Verlag.

Der Scrum Master ist der Hüter des Prozesses und stellt sicher, dass die entsprechenden Praktiken korrekt angewendet werden und das Team in einer produktiven Umgebung arbeiten kann. Er agiert als Coach, Unterstützer und Vermittler, aber nicht als traditioneller Projektmanager. Zu den Aufgaben des Scrum Masters gehören die Prozessverantwortung, die Beseitigung von Hindernissen, die Moderation von Meetings und der Schutz des Teams vor externen Störungen. Der Scrum Master benötigt ein tiefes Verständnis für agile Prinzipien und muss in der Lage sein, das Team zu coachen und zu unterstützen, ohne direkt in die inhaltliche Arbeit einzugreifen.

Das Entwicklungsteam besteht aus Fachleuten, die die Arbeit an der Produktentwicklung durchführen. Es handelt sich um ein selbstorganisiertes, funktionsübergreifendes Team, das über alle notwendigen Fähigkeiten verfügt, um die Aufgaben im Sprint Backlog zu erledigen und ein funktionsfähiges Produktinkrement zu liefern. Die Aufgaben des Entwicklungsteams umfassen die Umsetzung der Anforderungen, die Planung von Sprints, die Teilnahme am Daily Scrum und die Lieferung eines fertigen Produktinkrements am Ende jedes Sprints. Das Team muss selbstorganisiert und eigenverantwortlich arbeiten und eng zusammenarbeiten, um die Ziele zu erreichen und eine hohe Produktqualität sicherzustellen.

Der Scrum-Prozess ist iterativ und inkrementell, was bedeutet, dass die Entwicklung in kurzen Zyklen, den sogenannten Sprints, erfolgt und das Produkt kontinuierlich verbessert wird. Der Prozess (siehe Bild 1.6) besteht aus mehreren festgelegten Ereignissen und Artefakten, die eine strukturierte, aber flexible Arbeitsweise ermöglichen. Das Product Backlog ist die zentrale Planungsgrundlage in Scrum. Es enthält eine priorisierte Liste von Features, User Stories und Aufgaben, die das Produkt benötigt. Der Product Owner ist verantwortlich für die Pflege und Priorisierung des Product Backlogs, um sicherzustellen, dass das Team an den wertvollsten und dringlichsten Anforderungen

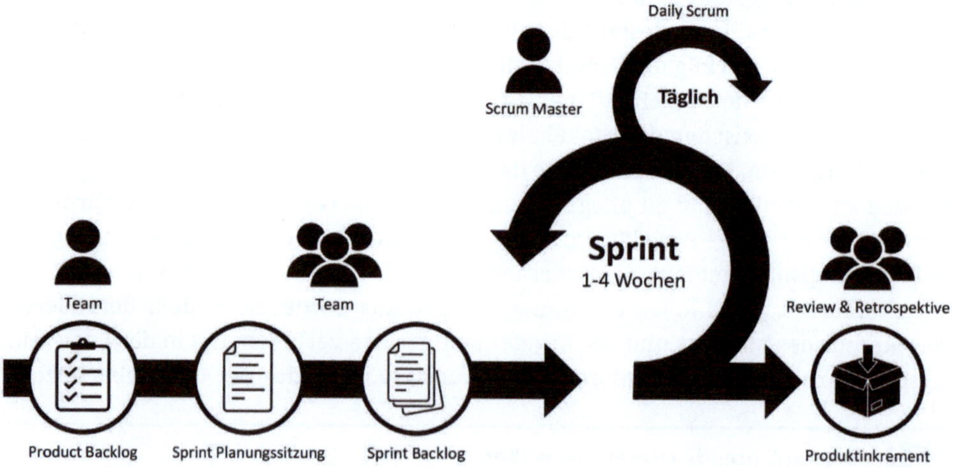

Bild 1.6 Der Ablauf von Scrum nach Permana (2015, S. 199)

arbeitet. Das Backlog ist ein lebendes Dokument, das sich ständig weiterentwickelt, wobei neue Anforderungen jederzeit hinzugefügt werden können.

Jeder Sprint beginnt mit dem Planning, einem Meeting, in dem das Team entscheidet, welche Aufgaben aus dem Backlog in den kommenden Sprint aufgenommen werden. Das Sprint Planning besteht aus zwei Hauptteilen. Zuerst wird festgelegt, was im Sprint erreicht werden soll, indem das Team und der Product Owner die Einträge im Backlog diskutieren und die Aufgaben für den nächsten Sprint auswählen. Anschließend plant das Team, wie es diese Aufgaben umsetzen möchte, und erstellt ein Sprint Backlog, das alle Aufgaben enthält, die für die Umsetzung der Ziele erforderlich sind. Der Sprint selbst ist ein fest definierter Zeitraum, in dem das Entwicklungsteam autonom an den ausgewählten Aufgaben arbeitet. Neue Anforderungen dürfen während eines laufenden Sprints nicht hinzugefügt werden, um die Fokussierung des Teams nicht zu stören.

Das Daily Scrum ist ein tägliches, kurzes Meeting, das in der Regel nicht länger als 15 Minuten dauert und der Synchronisation des Teams und der Identifizierung von Hindernissen dient. Die Teammitglieder beantworten im Daily Scrum drei Fragen: Was habe ich seit dem letzten Daily Scrum erreicht? Was werde ich bis zum nächsten Daily Scrum tun? Welche Hindernisse stehen mir im Weg? Dieses Meeting hilft dem Team, den Fortschritt zu verfolgen und sicherzustellen, dass alle Mitglieder auf dem gleichen Stand sind.

Am Ende des Sprints steht das Sprint Review, bei dem das Entwicklungsteam das fertige Produktinkrement präsentiert. Hier überprüft das Team das Inkrement, um das Product Backlog bei Bedarf anzupassen. Das Entwicklungsteam präsentiert seine Ergebnisse und es wird überprüft, ob das zu Beginn gesteckte Ziel erreicht wurde. Das Team und die Stakeholder besprechen die Ergebnisse und was als Nächstes zu tun ist. Im Sprint Review ist die Beteiligung von Kunden und Anwendern wichtig, da diese die fertige Funktionalität des Inkrements benutzen und validieren können. Hieraus ergibt sich wichtiges Feedback für die weitere Produktgestaltung. Die Funktionalität kann alle Abnahmekriterien erfüllen und dennoch aus der Perspektive des Benutzers unbrauchbar sein, beispielsweise wenn ein Button an einer schwer auffindbaren Stelle platziert wurde.

Häufig entsteht während des Reviews ein lebhafter Dialog, in dem den Anwesenden neue Funktionalitäten einfallen. Das Ergebnis des Sprint Review ist das vom Product Owner notierte Feedback der Stakeholder. Dies ist eine notwendige Information bei der weiteren Gestaltung des Product Backlogs im nächsten Product Backlog Refinement. Es ist Aufgabe des Product Owners, die entwickelten Funktionalitäten zu begutachten. Das Sprint Review dauert maximal eine Stunde je Woche. Der Product Owner, die Stakeholder und das Team prüfen gemeinsam, ob die im Sprint geplanten Ziele erreicht wurden. Das Feedback fließt direkt in das Product Backlog ein, um den nächsten Sprint vorzubereiten. So wird sichergestellt, dass das Produkt kontinuierlich verbessert und an die Bedürfnisse der Nutzer angepasst wird.

Die Sprint-Retrospektive steht am Ende eines Sprints. Hierbei überprüft das Team seine bisherige Arbeitsweise, um sie in Zukunft effizienter und effektiver zu machen. Der Scrum Master unterstützt das Team darin, gute Praktiken und Verbesserungen zu finden, die im nächsten Sprint umgesetzt werden. Die Retrospektive ist ein gemeinsames Ereignis des Scrum Teams. Das Team soll seine Arbeitsweise offen und ehrlich überprüfen können. Dazu müssen Kritik und unangenehme Wahrheiten offen geäußert werden können.

Die Verbesserungsmaßnahmen werden dokumentiert und geplant. Einige Teams nutzen eine eigene Liste mit Hindernissen und Verbesserungsmaßnahmen, andere Teams nehmen Hindernisse und die entsprechenden Aufgaben in das Sprint Backlog auf. Die Sprint-Retrospektive dauert maximal 45 min je Woche, also maximal drei Stunden für einen vierwöchigen Sprint. Unterschied zwischen einer Retrospektive und einem Review sind, dass das Review der Retrospektive vorausgeht und dazu dient, die Ergebnisse eines Sprints im Team zu präsentieren. Die verantwortliche Person stellt während des Sprint Reviews fest, ob das Team die festgelegten Ziele erreicht hat und, ob der Output die Kriterien erfüllt.

Die Retrospektive fokussiert sich mehr auf die Effektivität und Effizienz des Teams während des Sprints. Dabei wird diskutiert, ob alle Prozesse funktioniert haben und was gegebenenfalls verbessert werden könnte. Die Retrospektive bietet Teams die Möglichkeit, Verbesserungen einzuplanen und erfolgreiche Praktiken aufzubauen oder im folgenden Sprint fortzusetzen. Als Struktur einer Retrospektive haben sich fünf Phasen bewährt:

1. Zuerst werden die Voraussetzungen für eine offene Atmosphäre geschaffen. Die Teilnehmer sollen sich wohl dabei fühlen, offene Punkte zu diskutieren. Dabei gilt die Annahme, dass jeder die bestmögliche Arbeit geleistet hat, die er oder sie leisten konnte, und zwar unabhängig davon, welche offenen Punkte festgestellt werden.
2. Zweitens werden Informationen gesammelt. Dies geschieht, indem man zurückblickt und ermittelt, was gut gelaufen ist und was nicht.
3. Im dritten Schritt werden Erkenntnisse gewonnen. In dieser Phase klären Teams normalerweise, warum Dinge geschehen sind, damit nicht nur Symptome kuriert, sondern die tatsächlichen Ursachen erkannt werden.
4. Viertens entscheidet man, was zu tun ist. Das umfasst Vereinbarungen über sinnvolle und realistische Schritte, die im nächsten Sprint umgesetzt werden sollen.
5. Abschließend wird die Retrospektive abgeschlossen.

Fazit:

Scrum ist eine Methode für agiles Projektmanagement, das auf iterative und inkrementelle Entwicklung setzt. Ein Scrum-Team besteht aus einem Product Owner, einem Scrum Master und den Entwicklern. Der Product Owner priorisiert die Anforderungen (Backlog), der Scrum Master unterstützt das Team bei der Umsetzung. Das Team arbeitet in Sprints, in denen es ein potenziell lieferbares Produktinkrement erstellt. Jeden Tag findet ein Daily Scrum statt, um den Fortschritt zu besprechen und Probleme zu identifizieren. Nach jedem Sprint wird das Produktinkrement überprüft und das Team reflektiert seine Arbeit, um Verbesserungen für den nächsten Sprint zu implementieren. Scrum fördert Flexibilität, Transparenz und kontinuierliche Verbesserung, um komplexe Projekte erfolgreich zu meistern.

1.2.3.2 Kanban

Kanban ist eine agile Methode, die in den letzten Jahren zunehmend auch in der Softwareentwicklung Anwendung gefunden hat. Ursprünglich in der japanischen Automobilindustrie entwickelt, hat sich Kanban als flexible und skalierbare Methode etabliert, die sich insbesondere durch ihren Fokus auf den kontinuierlichen Fluss von Aufgaben und die Optimierung bestehender Prozesse auszeichnet. Im Gegensatz zu anderen agilen Methoden, die auf feste Iterationen setzen, ermöglicht Kanban eine asynchrone und kontinuierliche Bearbeitung von Aufgaben, ohne starre Zeitrahmen wie Sprints vorzugeben. Dies macht Kanban besonders geeignet für Projekte, in denen sich Anforderungen häufig ändern oder in denen unvorhersehbare Arbeiten regelmäßig anfallen.

Kanban basiert auf einigen grundlegenden Prinzipien, die den Rahmen für die Anwendung der Methode bilden. Zunächst fordert Kanban, mit dem zu beginnen, was bereits vorhanden ist. Dies bedeutet, dass bestehende Prozesse und Strukturen nicht grundlegend verändert werden müssen, sondern die Methode auf die aktuellen Arbeitsabläufe aufgesetzt wird. Durch diese schrittweise Anpassung wird das Risiko von Störungen minimiert, und Teams können sofort mit Kanban starten, ohne ihre gesamte Arbeitsweise umstellen zu müssen.

Ein weiteres Prinzip ist das Streben nach inkrementeller, evolutionärer Veränderung. Kanban fördert eine kontinuierliche Verbesserung durch kleine, inkrementelle Änderungen statt durch große, riskante Transformationen. Diese inkrementellen Änderungen, auch bekannt als Kaizen, ermöglichen es dem Team, den Arbeitsfluss schrittweise zu optimieren. Ebenso respektiert Kanban bestehende Rollen und Verantwortlichkeiten. Kanban erfordert nicht die Einführung neuer Rollen oder das Entfernen bestehender Positionen, sondern arbeitet mit dem bestehenden System und respektiert die aktuelle Organisationsstruktur. Schließlich ermutigt Kanban zur Führung auf allen Ebenen. Diese Methode fördert Eigenverantwortung und die Führung durch alle Teammitglieder, wobei jeder im Team dazu angehalten ist, zur Verbesserung des Prozesses beizutragen und Verantwortung für seine Arbeit zu übernehmen.

Weiterführende Literatur – Fachzeitschriften:

Muhammad Ovais Ahmad, Jouni Markkula und Markku Oivo (2013). „Kanban in software development: A systematic literature review". In: *2013 39th Euromicro conference on software engineering and advanced applications*. IEEE, S. 9–16 und Emam Hossain, Muhammad Ali Babar und Hye-young Paik (2009). „Using scrum in global software development: a systematic literature review“. In: *2009 Fourth IEEE International Conference on Global Software Engineering*. Ieee, S. 175–184.

Zusätzlich zu diesen Grundprinzipien umfasst Kanban sogenannte Kernpraktiken, die die effektive Anwendung von Kanban in Projekten unterstützen. Eine zentrale Praxis ist die Visualisierung des Workflows. Die Arbeit wird auf einer Kanbantafel dargestellt (siehe Bild 1.7), das in verschiedene Spalten unterteilt ist, die die verschiedenen Phasen des Entwicklungsprozesses repräsentieren. In der Softwareentwicklung könnte ein Kanban Board beispielsweise die Spalten „to do“, „in progress“, „code review“, „testing“ und „done“ enthalten. Jedes Arbeitselement, wie eine User Story oder ein Bug, wird auf einer Karte dargestellt, die durch diese Spalten bewegt wird, wenn sich der Status der Aufgabe ändert. Diese Visualisierung macht den Arbeitsfluss transparent und hilft dem Team, den Fortschritt zu überwachen und Engpässe zu identifizieren.

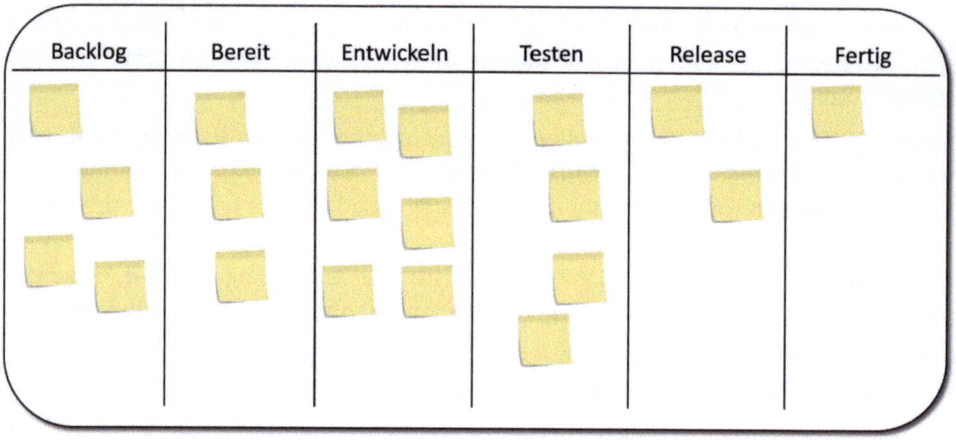

Bild 1.7 Beispiel eines Kanban Boards nach Lei u. a. (2017, S. 4)

Eine weitere zentrale Praxis von Kanban ist die Begrenzung der laufenden Arbeit, auch bekannt als Work in Progress (WIP). Durch die Begrenzung der Anzahl der gleichzeitig bearbeiteten Aufgaben wird verhindert, dass das Team überlastet wird, was zu einer effizienteren Arbeitsweise führt. Wenn das Maximum an WIP in einer Spalte erreicht ist, darf das Team keine neuen Aufgaben beginnen, bis eine der laufenden Aufgaben abgeschlossen ist. Dies zwingt das Team, sich auf die Fertigstellung bestehender Aufgaben zu konzentrieren, bevor neue Arbeit aufgenommen wird, was die Effizienz steigert und die Durchlaufzeiten verkürzt.

Ein weiteres Kernelement von Kanban ist die Steuerung und Optimierung des Flusses. Dies geschieht durch die kontinuierliche Überwachung des Arbeitsflusses, um Engpässe zu identifizieren und zu beseitigen. Ein typisches Werkzeug zur Analyse des Flusses ist das „Cumulative Flow Diagram", das den Fortschritt der Arbeit über die Zeit hinweg darstellt und dabei hilft, den Fluss der Arbeit durch die verschiedenen Phasen zu visualisieren. Das Ziel ist es, einen gleichmäßigen, stabilen Fluss zu erreichen, bei dem Arbeitselemente schnell und ohne unnötige Verzögerungen durch den Prozess fließen.

Obwohl Kanban weniger strukturierte Meetings als Scrum vorsieht, spielen regelmäßige Feedbackschleifen dennoch eine zentrale Rolle. Typische Kanbanmeetings umfassen das Daily Standup, bei dem das Team den Fortschritt bespricht und Hindernisse identifiziert, das Replenishment Meeting, in dem das Team neue Aufgaben in den Workflow aufnimmt, und Retrospektiven, in denen der gesamte Entwicklungsprozess reflektiert und Verbesserungen identifiziert werden. Diese Feedbackschleifen stellen sicher, dass das Team kontinuierlich lernt und den Prozess optimiert.

Fazit:

Kanban ist eine agile Entwicklungsmethodik, die auf visuelle Steuerung setzt. Ein Kanban Board visualisiert den Workflow und zeigt die verschiedenen Phasen der Arbeit. Darüber hinaus ist die Begrenzung der parallelen Arbeit wichtig, um den Fokus zu verbessern. Ebenso die regelmäßige Reflektion über den Workflow, um Möglichkeiten der kontinuierlichen Verbesserung zu identifizieren. Kanban ist flexibel und kann in verschiedenen Kontexten eingesetzt werden.

1.2.4 Automotive Spice

Leitfragen im Umgang mit Automotive SPICE:

- Hat das Team Erfahrung mit Softwareentwicklung?
- Hat das Unternehmen Kunden aus der Automobilindustrie?
- Besteht Erfahrung im Umgang mit Ansätzen zur Reifegradermittlung?

Wann benötigen Sie diese Methode?

Die Methode Automotive Software Process Improvement and Capability Determination (SPICE) kommt in der Automobilindustrie zum Einsatz, wenn Software- und Systementwicklung für Fahrzeuge durchgeführt wird, eine hohe Qualität und Zuverlässigkeit der Software gewährleistet werden muss, die Prozesse und Fähigkeiten von Zulieferern und Entwicklungspartnern bewertet werden sollen und eine Zertifizierung nach ISO IEC 15504 erforderlich ist. Automotive SPICE hilft dabei, die Prozesse in der Softwareentwicklung zu verbessern und die Qualität der entwickelten Software zu gewährleisten.

Automotive SPICE ist ein für die Automobilindustrie entwickeltes Reifegradmodell. Es wird zur Bewertung der Entwicklungsprozesse für Elektronik- und Softwarebasierte-Systeme angewendet. Es basiert auf einer Initiative der „Special Interest Group Automotive“ und des „Qualitäts Management Center“ im Verband der Automobilindustrie (VDA Working Group 13 2023). Die Methode Automotive SPICE kombiniert ein Referenzmodell und ein Bewertungsmodell. Obwohl es sich um ein Modell zur Reifegradbewertung handelt (siehe Abschnitt 9.1.1), wird es hier im Abschnitt der Entwicklungsmethodiken aufgeführt, da es in der Softwareentwicklung angewendet wird.

Automotive SPICE ist ein spezifisches Reifegradmodell, das in der Automobilindustrie weit verbreitet ist. Es zielt darauf ab, die Qualität und Zuverlässigkeit der Softwareentwicklung und -wartung zu verbessern. Es basiert auf dem generischen Process Assessment Model ISO IEC 15504 und ist speziell auf die Bedürfnisse der Automobilbranche zugeschnitten. Automotive SPICE ist in mehrere Schichten gegliedert.

Das Prozessreferenzmodell beschreibt die grundlegenden Prozesse, die für die Softwareentwicklung relevant sind. Diese Prozesse sind in verschiedene Kategorien unterteilt, darunter primäre, unterstützende und organisatorische Prozesse. Das Prozessbewertungsmodell bietet eine detaillierte Beschreibung, wie die Prozesse zu bewerten sind. Es enthält Prozessattribute und Bewertungsgrade zur Messung der Prozessfähigkeit.

Die primären Prozesse umfassen die Softwareanforderungen und -entwicklung sowie die Systemanforderungen und -entwicklung. Eine Übersicht des Prozessreferenzmodells zeigt Bild 1.8. Für die Bewertung sieht das Prozessbewertungsmodell sogenannte Bewertungsgrade vor. Diese reichen von CL0 (unvollständig) bis hin zu CL5 (optimierend).

Die Anwendung von Automotive SPICE beginnt mit der Vorbereitung. Zunächst werden die Ziele des Assessments definiert, wie beispielsweise die Verbesserung der Prozessqualität oder die Erfüllung von Kundenanforderungen. Es ist wichtig, dass die Ziele klar und messbar sind, um den Erfolg des Assessments bewerten zu können. Anschließend wird der Scope festgelegt, also die zu bewertenden Prozesse und Projekte. Dies kann je nach Organisation und Projektumfang variieren.

Das Assessment-Team wird zusammengestellt und besteht aus internen und externen Assessoren. Es ist von entscheidender Bedeutung, dass das Team über ausreichende Kenntnisse und Erfahrung in der Anwendung von Automotive SPICE verfügt, um eine genaue und objektive Bewertung durchführen zu können.

Während der Durchführung des Assessments werden Daten gesammelt, indem Interviews mit relevanten Stakeholdern geführt und Dokumentationen sowie Nachweise gesammelt werden. Diese Interviews umfassen in der Regel Gespräche mit Projektleitern, Entwicklern, Testern und anderen Schlüsselpersonen, die in den Entwicklungsprozess involviert sind. Die gesammelten Daten werden dann mit den Prozessanforderungen verglichen und die Prozesse werden nach den Bewertungsgraden eingestuft. Dies erfolgt durch die Analyse der Prozessattribute und die Bewertung der Erfüllung der jeweiligen Kriterien.

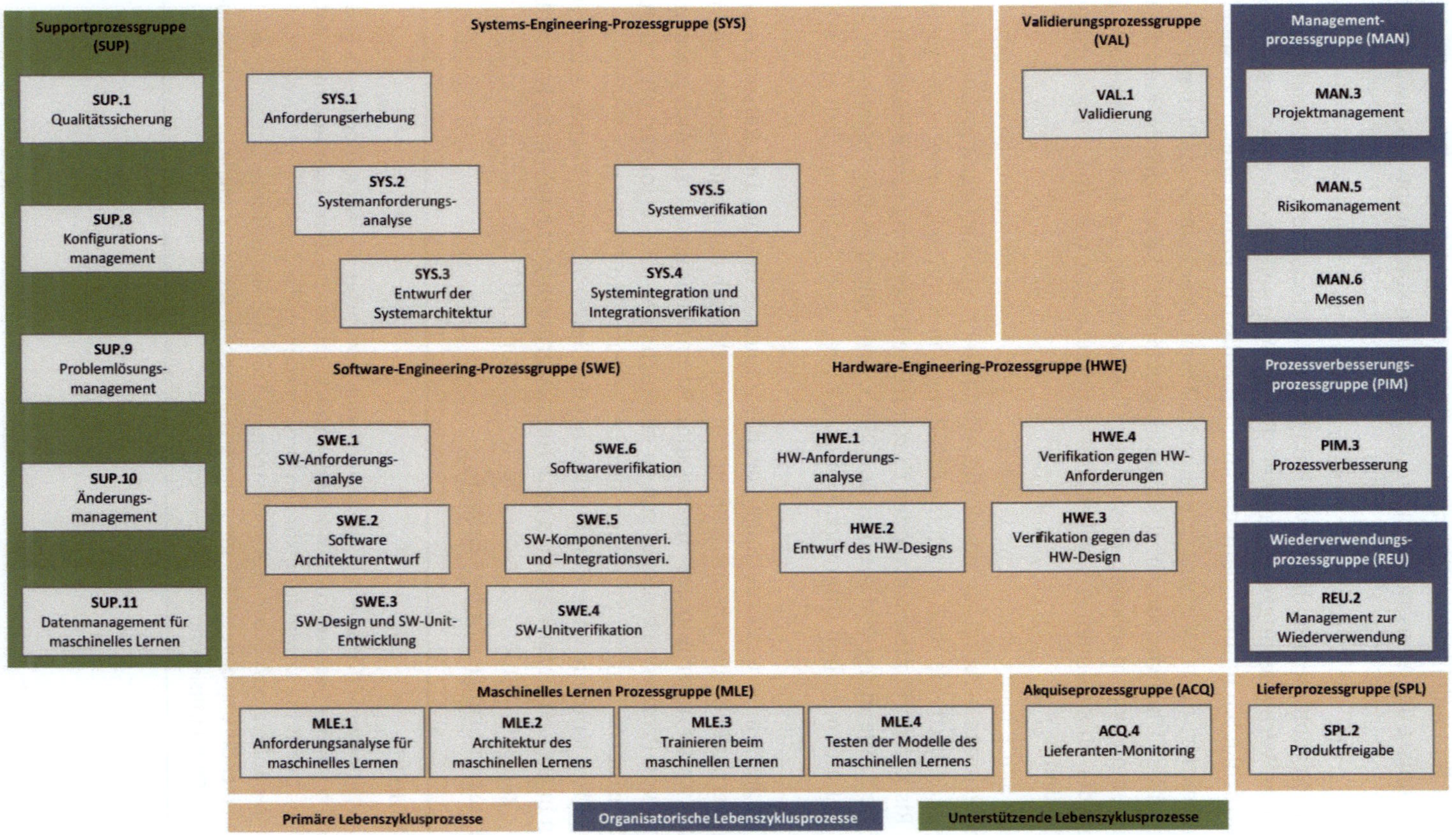

Bild 1.8 Das Prozessreferenzmodell von Automotive SPICE nach VDA Working Group 13 (2023, S. 15) (zum Download verfügbar)

Ein wichtiger Bestandteil des Assessments ist die Erstellung eines detaillierten Berichts, der die Ergebnisse des Assessments zusammenfasst und Stärken sowie Schwächen der Prozesse hervorhebt. Dieser Bericht dient als Grundlage für die Nachbereitung und die Identifizierung von Verbesserungsmaßnahmen. Die Nachbereitung umfasst die Analyse der Ergebnisse und die Entwicklung eines Aktionsplans zur Umsetzung der identifizierten Verbesserungsmaßnahmen. Dieser Plan sollte konkrete Maßnahmen, Verantwortlichkeiten und Zeitpläne enthalten, um die Umsetzung effektiv zu steuern.

Die Implementierung der Verbesserungsmaßnahmen ist ein kontinuierlicher Prozess, der regelmäßige Überwachung und Anpassung erfordert. Es ist wichtig, dass die Organisation einen systematischen Ansatz zur Überwachung der Fortschritte und zur Anpassung der Maßnahmen entwickelt, um sicherzustellen, dass die Verbesserungen nachhaltig sind.

Automotive SPICE bietet zahlreiche Vorteile. Es verbessert systematisch die Softwareentwicklungsprozesse, sorgt für Standardisierung innerhalb der Organisation und steigert die Kundenzufriedenheit durch die Erfüllung von Kundenanforderungen. Zudem wird das Risiko von Prozessschwächen durch frühe Erkennung und Beseitigung minimiert. Die Anwendung von Automotive SPICE ermöglicht es Organisationen, ihre Prozesse auf einem hohen Qualitätsniveau zu halten und kontinuierlich zu verbessern.

Es gibt jedoch auch Herausforderungen bei der Implementierung. Der Ressourcenaufwand kann erheblich sein, sowohl in Bezug auf Zeit als auch auf personelle Ressourcen. Ein Kulturwandel innerhalb der Organisation ist notwendig, um die Akzeptanz und Umsetzung von Prozessverbesserungen zu gewährleisten. Dies erfordert oft Schulungen und Sensibilisierungsmaßnahmen, um das Bewusstsein für die neuen Prozesse zu fördern. Zudem kann die hohe Komplexität bei der Bewertung und Verbesserung von Prozessen in großen Organisationen eine Herausforderung darstellen. Es ist wichtig, dass die Organisation über ausreichende Ressourcen und Unterstützung verfügt, um diese Herausforderungen zu bewältigen.

Fazit:

Automotive SPICE ist ein umfassendes und bewährtes Reifegradmodell zur Bewertung und Verbesserung von Softwareentwicklungsprozessen in der Automobilindustrie. Durch die Anwendung können Organisationen die Qualität und Zuverlässigkeit ihrer Softwareprodukte erheblich steigern. Trotz der Herausforderungen bei der Implementierung bietet SPICE einen klaren Rahmen für die kontinuierliche Verbesserung und Standardisierung von Softwareprozessen.

2 Methoden zur Entwicklung von Produkt und Prozess

Während der eigentlichen Produktentwicklung ist es wichtig, die Kundenanforderungen sorgfältig herauszuarbeiten, um sicherzustellen, dass das Endprodukt den Bedürfnissen und Erwartungen der Kunden entspricht. Diese Informationen dienen als Grundlage für die Gestaltung des Produktdesigns. Die Analyse von Use Cases oder Anwendungsfällen hilft, die verschiedenen Szenarien, in denen das Produkt verwendet werden soll, sowie die damit verbundenen Anforderungen und Funktionen zu identifizieren. Der Einsatz von Anforderungsmanagementwerkzeugen ermöglicht es Unternehmen, Kundenanforderungen systematisch zu erfassen, zu dokumentieren, zu verfolgen und zu verwalten. Diese Tools helfen sicherzustellen, dass keine Anforderungen übersehen werden und dass das Produkt genau den definierten Spezifikationen entspricht.

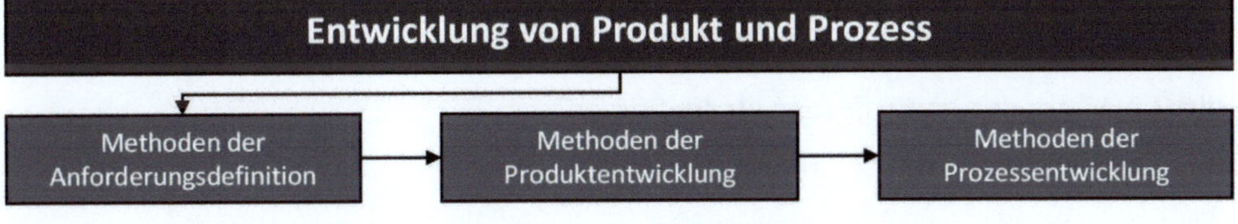

Bild 2.1 Methoden zur Entwicklung von Produkt und Prozess

2.1 Methoden der Anforderungsdefinition

Warum sind Methoden des Anforderungsmanagements so wichtig? Durch die sorgfältige Entwicklung von Kundenanforderungen können Unternehmen sicherstellen, dass ihre Produkte tatsächlich die Bedürfnisse und Erwartungen ihrer Kunden erfüllen.

Dies trägt zur Kundenzufriedenheit bei und stärkt die Kundenbindung. Durch eine genaue Analyse und Dokumentation der Kundenanforderungen können Unternehmen potenzielle Risiken frühzeitig erkennen und minimieren. Indem sie sicherstellen, dass das Produkt genau den Anforderungen entspricht, können sie teure Nachbesserungen und Kundenreklamationen vermeiden. Unternehmen, die ihre Kundenanforderungen genau verstehen und umsetzen können, sind in der Lage, Produkte anzubieten, die sich von denen ihrer Wettbewerber abheben und ihren Kunden einen echten Mehrwert bieten.

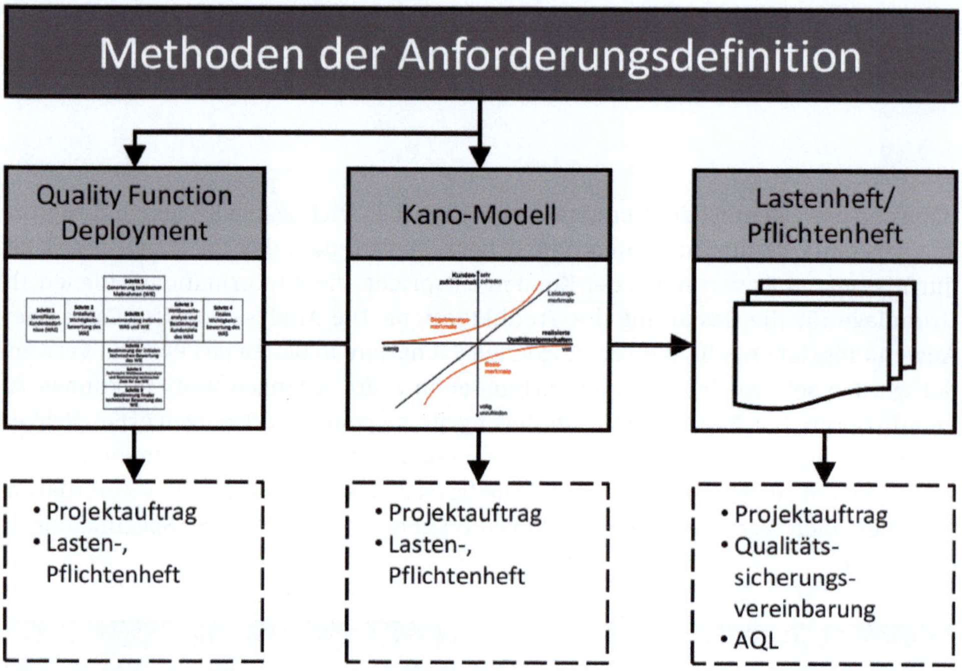

Bild 2.2 Methoden zur Anforderungsdefinition

2.1.1 Das Kano-Modell

Leitfragen im Umgang mit dem Kano-Modell:

- Wer ist mein Kunde?
- Was ist meinem Kunden wichtig?
- In welcher Ausprägung ist es meinem Kunden wichtig?
- Was ist meinem Kunden unwichtig?

Wann benötigen Sie diese Methode?

Das Kano-Modell wird angewendet, wenn Kundenanforderungen und -erwartungen identifiziert und priorisiert werden sollen, die Beziehung zwischen Produktmerkmalen und Kundenzufriedenheit analysiert werden soll, Entscheidungen über Produktentwicklung und -gestaltung getroffen werden müssen und die wichtigsten Treiber für Kundenzufriedenheit identifiziert werden sollen.

Das Kano-Modell ist ein Modell zur systematischen Erreichung von Kundenzufriedenheit in einem Projekt oder für ein komplexes Produkt. Es beschreibt den Zusammenhang zwischen dem Erreichen bestimmter Produkteigenschaften und der zu erwartenden Kundenzufriedenheit. Noriaki Kano leitete aus der Analyse von Kundenwünschen ab, dass Kundenanforderungen unterschiedlicher Art sein können. Das nach ihm benannte Kano-Modell ermöglicht es, die Erwartungen der Kunden zu erfassen und bei der Produktentwicklung zu berücksichtigen.

Das Kano-Modell ist in Bild 2.3 dargestellt und unterscheidet fünf Ebenen der Qualität. Basismerkmale, die so grundlegend und selbstverständlich sind, dass sie dem Kunden erst bei Nichterfüllung bewusst werden (implizite Erwartungen). Werden die Basisanforderungen nicht erfüllt, entsteht Unzufriedenheit, werden sie erfüllt, entsteht keine Zufriedenheit. Aus Kundensicht stellen sie selbstverständliche Eigenschaften des Produkts oder der Dienstleistung dar. Ein Kühlschrank muss Lebensmittel gut kühlen, sonst ist er nutzlos.

Bild 2.3 Das Kano-Modell

Leistungsmerkmale sind dem Kunden bewusst, sie beseitigen Unzufriedenheit oder schaffen Zufriedenheit je nach Erfüllungsgrad. Leistungsmerkmale werden auch als Qualitätsmerkmale bezeichnet. Sie bieten die Chance, Kundenanforderungen besser als der Wettbewerb zu erfüllen. Kunden ziehen die Leistungsmerkmale häufig zum Vergleich zwischen den Angeboten heran, wenn sie ihre Kaufentscheidung treffen: Der Kühlschrank ist beispielsweise besonders leise und verbraucht weniger Strom als vergleichbare Produkte. Hält das Produkt im Anschluss auch, was es verspricht, steigern die Qualitätsmerkmale die Kundenzufriedenheit.

Begeisterungsmerkmale sind Nutzen stiftende Merkmale, die der Kunde nicht unbedingt erwartet. Sie heben das Produkt vom Wettbewerb ab und erzeugen Begeisterung. Eine kleine Leistungssteigerung kann zu einem überproportionalen Nutzen führen. Die Differenzierung zum Wettbewerb kann gering sein, der Nutzen aber enorm. Die Begeisterungsmerkmale haben das größte Potenzial, den Kunden positiv zu beeinflussen. Das Angebot überrascht ihn, da er vor dem Kauf keine spezifischen Erwartungen an diese Produkteigenschaft hatte. Beim Kühlschrank könnte dies, wie bei vielen anderen Produkten, ein besonderes Design sein. Oder eine Einkaufsliste, die der Kühlschrank über die Verbindung mit dem Smartphone erstellt. Die Begeisterungsmerkmale sind am ehesten mit dem klassischen Alleinstellungsmerkmal zu vergleichen. Sie erzeugen einen großen Wettbewerbsvorteil, obwohl es meist nur kleine Veränderungen im Zusammenhang mit dem Gesamtprodukt sind.

Weiterführende Literatur – Bücher:

Elmar Sauerwein und Elmar Sauerwein (2000). *Das Kano-Modell der Kundenzufriedenheit*. Springer.

Unerhebliche Merkmale sind für den Kunden sowohl bei Vorhandensein als auch bei Nichtvorhandensein ohne Bedeutung. Sie können daher keine Zufriedenheit erzeugen, führen aber auch nicht zu Unzufriedenheit. Es gibt Produkteigenschaften oder Features, bei denen oft nicht klar ist, warum diese vorhanden sind. Diese werden im Kano-Modell als unerhebliche Merkmale bezeichnet. Sie spielen für die Zufriedenheit oder Unzufriedenheit des Kunden keine Rolle. Wenn sie nicht vorhanden sind, wird ihr Fehlen nicht bemerkt. Beim Kühlschrank erzeugt die Möglichkeit, die innere Beleuchtung in verschiedenen Farben einzustellen, keinen Mehrwert für den Kunden.

Rückweisungsmerkmale führen bei Vorhandensein zu Unzufriedenheit, bei Nichtvorhandensein aber nicht zu mehr Kundenzufriedenheit. Hin und wieder gibt es Merkmale, die direkt zur Unzufriedenheit des Kunden führen. Kühlschränke dürfen seit 1995 aus Umweltgründen kein FCKW mehr enthalten. Stellt sich bei einem Produkttest heraus, dass ein bestimmtes Modell FCKW einsetzt, würde dies bei Kunden zu einer Rückweisung führen und das Markenimage des Herstellers beschädigen. Sind die Rückweisungsmerkmale nicht vorhanden, also der Kühlschrank wie gesetzlich vorgeschrieben FCKW-frei, steigert dies nicht die Zufriedenheit.

Weiterführende Literatur – Fachaufsätze:

Noriaki Kano (1984). „Attractive quality and must-be quality“. In: *Journal of the Japanese society for quality control* 31.4, S. 147–156 oder Franz Bailom u. a. (1996). „Das Kano-Modell der Kundenzufriedenheit“. In: *Marketing: ZFP; journal of research and management* 18.2, S. 117–126.

Beispiele der fünf Merkmalsarten sind in der Tabelle 2.1 aufgelistet. Es ist zu berücksichtigen, dass die Erwartungshaltung an eine Produkteigenschaft nicht für alle Individuen gleich ist. Während Person A ein Produktmerkmal als Begeisterungsmerkmal einstuft, kann derselbe Umstand für Person B ein Basismerkmal und für Person C ein Ablehnungsmerkmal sein. Ebenfalls differenziert zu betrachten ist die Tatsache, dass die Bewertung von Produkteigenschaften immer mit dem Produktpreis zusammenhängt. Im Laufe der Zeit verändern sich die Eigenschaften, da ein Gewöhnungseffekt eintritt. Aus einer Begeisterungseigenschaft kann eine Leistungseigenschaft und später eine Basiseigenschaft werden.

Tabelle 2.1 Beispiele der Merkmale nach Kano

	Produkt	Dienstleistung
Merkmal	**Küchenschrank**	**Webseitenerstellung**
Basis	Schrank lässt sich öffnen	Einrichtung der URL
Leistung	Verfügbarer Stauraum	Änderbarkeit
Begeisterung	Komfortfeatures	Leichte Handhabbarkeit
Unerheblich	Automatisierung der Fertigung	Verwendete Hardware
Rückweisung	Produktfehler	Seite nicht erreichbar

Die Erhebung der Kundenerwartungen kann in Form eines strukturierten Interviews oder einer schriftlichen Befragung erfolgen. Professor Kano hat dazu eine bipolare Befragung entwickelt. Die Befragten antworten in Bezug auf die zu messende Produkteigenschaft zweifach, funktional (positiv formuliert) und dysfunktional (negativ formuliert). Beispiel: Was würden Sie sagen, wenn das Produkt xyz hätte? Und auch: Was würden Sie sagen, wenn das Produkt *nicht* xyz hätte? Im Kano-Modell ist es sinnvoll, standardisierte Fragen zu verwenden, um den Einfluss des Interviewers auf den Befragten so gering wie möglich zu halten. Hilfreich ist in jedem Fall die Erhebung relevanter demografischer Merkmale, um in der Auswertung Zusammenhänge zwischen einer Merkmalstypisierung und demografischen Merkmalen ermitteln zu können.

Fazit:

Das Kano-Modell ist eine Methode zur Analyse von Kundenanforderungen und -zufriedenheit. Es hilft dabei, die Kundenanforderungen in Basismerkmale, Leistungsmerkmale und Begeisterungsmerkmale einzuteilen. Dadurch können Unternehmen ihre

Produkte und Dienstleistungen besser an den Kundenbedürfnissen ausrichten und die Kundenzufriedenheit maximieren.

2.1.2 Quality Function Deployment

Leitfragen im Umgang mit Quality Function Deployment (QFD):

- Was sind die Kundenanforderungen?
- Können Kundenanforderungen gewichtet werden?
- Welche Produktmerkmale können aus den Anforderungen abgeleitet werden?
- Welche technischen Zielwerte der Produktmerkmale können festgelegt werden?
- Wie werden die Kundenanforderungen durch den aktuellen Stand erfüllt?

Wann benötigen Sie diese Methode?

QFD ist eine Methode, die Unternehmen dabei unterstützt, die Stimme des Kunden in alle Phasen der Produkt- oder Dienstleistungsentwicklung einzubinden. Ziel ist es, die Bedürfnisse und Erwartungen der Kunden systematisch zu erfassen und in technische Spezifikationen zu übersetzen, um Produkte und Dienstleistungen zu entwickeln, die maximalen Kundennutzen bieten.

QFD erfordert eine enge Zusammenarbeit zwischen Abteilungen wie Marketing, Entwicklung, Fertigung und Qualitätssicherung. Probleme werden frühzeitig identifiziert und gelöst, bevor sie in der Produktion oder beim Kunden auftreten. Subjektive Kundenanforderungen werden in technische Parameter übersetzt, die gemessen und verfolgt werden können. Diese Methode ist besonders wertvoll in wettbewerbsintensiven Märkten, in denen Qualität und Kundenzufriedenheit entscheidend für den Erfolg sind. Die Methode hilft, Missverständnisse zwischen Kunden und Entwicklungsteams zu vermeiden, Ressourcen optimal einzusetzen und die Markteinführung zu beschleunigen.

QFD wurde in den 1960er-Jahren in Japan entwickelt und erstmals in der Schiffbauindustrie eingesetzt. Seitdem hat es sich weltweit verbreitet und wird in zahlreichen Branchen, von der Automobilindustrie bis hin zur Softwareentwicklung, erfolgreich angewandt. Im Zentrum von QFD steht das sogenannte House of Quality (HoQ), ein Diagramm, das die Beziehung zwischen Kundenanforderungen und technischen Merkmalen visualisiert und die Entscheidungsfindung erleichtert.

2.1.2.1 Grundlagen von QFD

QFD basiert auf der Philosophie, dass die Qualität eines Produkts oder einer Dienstleistung nicht durch technische Perfektion, sondern vor allem durch die Erfüllung der

Kundenbedürfnisse definiert wird. Die Methode verfolgt einen ganzheitlichen Ansatz, indem sie nicht nur technische, sondern auch organisatorische und wirtschaftliche Faktoren berücksichtigt.

Die Implementierung von QFD beginnt mit der Erfassung der Kundenanforderungen. Diese können durch Interviews, Umfragen, Fokusgruppen oder Datenanalysen gewonnen werden. Anschließend werden die Anforderungen priorisiert und in technische Merkmale übersetzt, die die Basis für die Entwicklung und Produktion bilden. Dabei berücksichtigt QFD die Wechselwirkungen zwischen verschiedenen Merkmalen, um mögliche Zielkonflikte frühzeitig zu erkennen und zu lösen.

Weiterführende Literatur – Bücher:

Heiko Asum und Klaus Kerth (2023). *Die besten Strategietools in der Praxis: Welche Werkzeuge brauche ich wann? Wie wende ich sie an? Wo liegen die Grenzen?* Carl Hanser Verlag, James L. Bossert (2021). *Quality function deployment: The practitioner's approach*. CRC Press oder Gerhard Linß u. a. (2011). *Qualitätsmanagement für Ingenieure*. Carl Hanser Verlag.

2.1.2.2 House of Quality

Das HoQ ist das zentrale Werkzeug von QFD. Es ist eine Matrix, die in Form eines Hauses dargestellt wird und die Beziehungen zwischen Kundenanforderungen und technischen Merkmalen visualisiert (siehe Bild 2.4). Das „Haus" besteht aus mehreren Elementen:

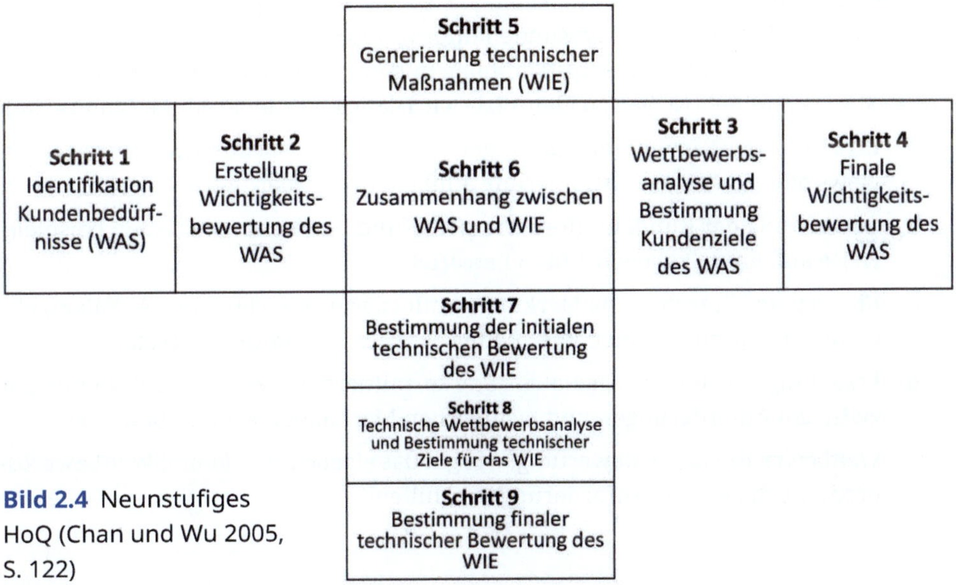

Bild 2.4 Neunstufiges HoQ (Chan und Wu 2005, S. 122)

- Kundenanforderungen: Diese befinden sich auf der linken Seite des Hauses und listen die Bedürfnisse und Erwartungen der Kunden auf.
- Technische Merkmale: Diese werden oberhalb der Matrix dargestellt und zeigen, wie die Kundenanforderungen technisch umgesetzt werden können.
- Beziehungsmatrix: Diese zentrale Matrix stellt die Stärke der Beziehung zwischen Kundenanforderungen und technischen Merkmalen dar. Eine starke Beziehung wird mit einem hohen Wert gekennzeichnet, während eine schwache Beziehung mit einem niedrigen Wert bewertet wird.
- Priorisierung: Auf Basis der Gewichtung der Kundenanforderungen werden die wichtigsten technischen Merkmale ermittelt.
- Dach: Das Dach des Hauses zeigt die Wechselwirkungen zwischen den technischen Merkmalen auf, um Synergien und Zielkonflikte zu identifizieren.

Das HoQ ermöglicht es, komplexe Zusammenhänge zwischen Kundenbedürfnissen und technischen Spezifikationen übersichtlich darzustellen, um Entscheidungen zu treffen.

2.1.2.3 Die vier Phasen von QFD

Der Prozess von QFD ist in vier aufeinanderfolgende Phasen unterteilt, die sicherstellen, dass die Kundenanforderungen über den Entwicklungszyklus hinweg berücksichtigt werden:

1. **Produktplanung:** In der ersten Phase werden die Kundenanforderungen erhoben und priorisiert. Diese Anforderungen werden mit technischen Merkmalen verknüpft, die deren Erfüllung ermöglichen. Ziele der Produktplanung sind die Identifikation und Priorisierung der Kundenanforderungen, die Übersetzung dieser Anforderungen in technische Spezifikationen und der Vergleich mit der Konkurrenz, um Stärken und Schwächen zu identifizieren. Die Schritte der Produktplanung sind:
   a. Erhebung der Kundenanforderungen: Sammeln der Bedürfnisse durch Interviews oder Umfragen. Gruppierung ähnlicher Anforderungen.
   b. Gewichtung der Kundenanforderungen: Kundenprioritäten werden beispielsweise auf einer Skala von 1 bis 5 bewertet.
   c. Übersetzung in technische Merkmale: Anforderungen wie „lange Akkulaufzeit“ werden in Spezifikationen wie „Batteriekapazität in mAh“ übersetzt.
   d. Erstellung der Beziehungsmatrix: Starke, mittlere und schwache Beziehungen zwischen Anforderungen und technischen Merkmalen werden bewertet.
   e. Wettbewerbsanalyse: Bewertung, wie gut das eigene Produkt und Wettbewerbsprodukte die Kundenanforderungen erfüllen.

   f. Priorisierung der technischen Merkmale: Berechnung der relativen Bedeutung jedes technischen Parameters basierend auf den Kundenprioritäten.

   Ergebnis ist eine detaillierte Matrix (das Haus), die als Grundlage für die nächsten Phasen dient.

2. **Produktdesign/Komponentendesign:** Die technischen Merkmale aus der ersten Phase werden in detaillierte Designparameter übersetzt, die die Grundlage für die Produktgestaltung bilden. Die Schritte im Komponentendesign sind:
   a. Analyse der technischen Anforderungen: Identifizierung von Baugruppen und Bauteilen, die die technischen Spezifikationen erfüllen können.
   b. Priorisierung: Bestimmung, welche Komponenten am stärksten zu den Kundenanforderungen beitragen.
   c. Festlegung von Zielwerten: Definition spezifischer Parameter für jede Komponente, wie Materialeigenschaften oder Gewicht.
3. **Prozessplanung:** Designparameter werden in Prozessmerkmale umgewandelt, die den Produktionsprozess definieren. Schritte der Prozessplanung:
   a. Definition von Produktionsschritten: Erstellung eines Prozessflussdiagramms, das alle Schritte beschreibt.
   b. Ermittlung von Prozessanforderungen: Festlegung der Maschinen, Werkzeuge und Arbeitskräfte, die benötigt werden.
   c. Integration von Qualitätsprüfungen: Entwicklung von Prüfmethoden, die sicherstellen, dass die Produkte den Spezifikationen entsprechen.
4. **Produktionsplanung:** Integration der Prozessmerkmale in die Produktions- und Qualitätspläne. Schritte der Produktionsplanung:
   a. Optimierung der Produktionslinien: Festlegung von Produktionsvolumen und -zeiten.
   b. Implementierung von Qualitätskontrollverfahren: Sicherstellung, dass fehlerfreie Produkte hergestellt werden.
   c. Schulung der Mitarbeiter: Vorbereitung der Mitarbeiter auf neue Prozesse und Technologien.

Jede Phase baut auf der vorherigen auf, wodurch eine durchgängige Rückverfolgbarkeit der Kundenanforderungen gewährleistet wird.

2.1.2.4 Integration von QFD in Entwicklungsprozesse

Die Integration von QFD und des HoQ in Entwicklungsprozesse bietet Vorteile, um Produkte und Dienstleistungen kundenorientiert zu gestalten. In einer Zeit, in der agile Methoden, digitale Werkzeuge und datenbasierte Entscheidungen dominieren, wird QFD zunehmend in Frameworks integriert, um den steigenden Anforderungen gerecht zu werden.

In der digitalen Produktentwicklung, insbesondere bei Software und technologiebasierten Dienstleistungen, wird QFD mit datengetriebenen Ansätzen kombiniert. Viele Unternehmen verwenden Tools wie Jira, Trello oder spezielle QFD-Software, um die Struktur des HoQ abzubilden und zu verwalten.

Agile Methoden wie Scrum und Kanban (Abschnitt 1.2.3) zielen darauf ab, Entwicklungszyklen zu verkürzen, flexibel auf Änderungen zu reagieren und kontinuierlich Wert für den Kunden zu schaffen. Die strukturierte Herangehensweise von QFD ergänzt agile Ansätze hervorragend. Bei der Integration von QFD in Scrum hilft das HoQ dabei, Anforderungen zu priorisieren, die in das Product Backlog aufgenommen werden. Kundenanforderungen werden in User Stories übersetzt, die in jeder Iteration bearbeitet werden. Dazu können während des Sprint Plannings die technischen Merkmale des HoQ als Grundlage für die Aufgabenplanung dienen. Das HoQ wird kontinuierlich aktualisiert, um Feedback aus jedem Sprint zu integrieren. Dies gewährleistet, dass die Kundenanforderungen auch langfristig erfüllt werden.

Fazit:

QFD ist ein leistungsstarkes Werkzeug, das Unternehmen dabei unterstützt, kundenzentrierte Produkte und Dienstleistungen zu entwickeln. Durch die strukturierte Übersetzung von Kundenanforderungen in technische Spezifikationen und die Priorisierung kritischer Merkmale hilft QFD, die Qualität zu steigern und Wettbewerbsvorteile zu sichern. Das HoQ als zentrales Element visualisiert komplexe Zusammenhänge und unterstützt fundierte Entscheidungen. Trotz seiner Vorteile bringt QFD auch Herausforderungen mit sich. Dazu gehören der hohe Zeit- und Kostenaufwand sowie die Komplexität großer Datenmengen. Diese können jedoch durch den Einsatz von Software und interdisziplinärer Zusammenarbeit bewältigt werden. Workshops und Schulungen helfen Teams, die Methode zu verstehen und effektiv anzuwenden.

2.1.3 Lastenheft und Pflichtenheft

Leitfragen im Umgang mit Lastenheft und Pflichtenheft:

- Was soll gemacht werden und was soll *nicht* gemacht werden?
- Wie soll es umgesetzt werden und womit?
- Was genau sind die einzelnen Spezifikationen des Kunden?

Wann benötigen Sie diese Methode?

Lastenhefte und Pflichtenhefte kommen bei komplexen Projekten und Ausschreibungen zum Einsatz, um sicherzustellen, dass alle Anforderungen und Erwartungen klar definiert sind.

In der Produktentwicklung bilden das Lasten- und Pflichtenheft die Grundlage für den Entwicklungsprozess und helfen den beteiligten Parteien, ein gemeinsames Verständnis der Anforderungen, Spezifikationen und Ziele des Projekts zu entwickeln. Begriff und Inhalt von Lasten- und Pflichtenheft sind in der DIN 69901-5 definiert (DIN 2009b).

2.1.3.1 Das Lastenheft

Das Lastenheft, auch als Anforderungsspezifikation oder Kundenspezifikation bezeichnet, definiert die Gesamtheit der Anforderungen des Auftraggebers an die Lieferungen und Leistungen eines Auftragnehmers. Die Anforderungen in einem Lastenheft sollten demnach so allgemein wie möglich und so einschränkend wie nötig formuliert werden. Der Auftragnehmer ist in der Lage, eine adäquate Lösung zu erarbeiten, ohne dass er durch zu konkrete Anforderungen in seiner Lösungskompetenz eingeschränkt wird.

Das Lastenheft kann seitens des Auftraggebers im Rahmen einer Ausschreibung verwendet und an mehrere potenzielle Auftragnehmer verschickt werden. In der Folge erstellen die Auftragnehmer jeweils ein Pflichtenheft, welches in konkreterer Form beschreibt, wie sie die Anforderungen im Lastenheft zu lösen gedenken. Der Auftraggeber wählt schließlich aus den Vorschlägen der möglichen Auftragnehmer den für ihn geeignetsten aus. Das Lastenheft definiert demnach die vom Auftraggeber festgelegte Gesamtheit der Forderungen an die Lieferungen und Leistungen eines Auftragnehmers innerhalb eines Auftrags. Im Rahmen eines Werkvertrags oder Werkliefervertrags und der dazugehörenden formellen Abnahme beschreibt das Lastenheft präzise die nachprüfbaren Leistungen und Lieferungen.

Das Lastenheft definiert folglich die Spezifikationen des zu erbringenden Auftrags. Die primären Adressaten des Lastenhefts sind die Auftragnehmer. Darüber hinaus sind weitere Adressaten wie der Auftraggeber als Genehmiger des Lastenhefts, der Projektleiter, der Anforderungssteller sowie andere Stakeholder als (Projekt-)Beteiligte zu nennen. Häufig wird das Lastenheft in Textform verfasst. Detaillierungen und Präzisierungen erfolgen beispielsweise mittels Tabellen, durch Zeichnungen oder Grafiken. Ein typisches Lastenheft enthält die folgenden Elemente:

- **Produktbeschreibung:** Eine detaillierte Beschreibung des Produkts, einschließlich seiner Funktionen, Eigenschaften und Anwendungsbereiche.
- **Funktionalitätsanforderungen:** Die spezifischen Funktionen und Merkmale, die das Produkt aufweisen soll, wie beispielsweise Benutzerfreundlichkeit, Zuverlässigkeit, Leistungsfähigkeit oder Kompatibilität mit anderen Systemen.
- **Leistungs- und Qualitätsanforderungen:** Die erwartete Leistung und Qualität des Produkts, einschließlich der zu erfüllenden technischen Spezifikationen und Qualitätsstandards.
- **Nichtfunktionale Anforderungen:** Zusätzliche Anforderungen, die nicht direkt mit der Funktionalität des Produkts zusammenhängen, wie Sicherheit, Datenschutz, Wartungsfreundlichkeit oder Umweltverträglichkeit.

- **Liefer- und Abnahmekriterien:** Die Bedingungen, unter denen das Produkt geliefert und abgenommen wird, einschließlich Lieferfristen, Garantiebedingungen und Prüfverfahren.

Das Lastenheft dient als Ausgangspunkt für die Entwicklung des Pflichtenhefts und legt die Rahmenbedingungen und Anforderungen fest, die das Produkt erfüllen muss. Es ermöglicht den Entwicklern, die Anforderungen und Erwartungen der Kunden zu verstehen und sicherzustellen, dass das Endprodukt diese Anforderungen erfüllt.

2.1.3.2 Das Pflichtenheft

Das Pflichtenheft definiert die spezifischen Vorgaben des Auftraggebers für die Erfüllung der zu erbringenden Leistungen des Auftragnehmers. Der Auftraggeber hat im Vorfeld im Lastenheft die Gesamtheit der Forderungen präzise zu definieren, die er in Bezug auf die Entwicklung oder Produktion von Produkten oder Dienstleistungen als essenziell erachtet. Die eigentliche Umsetzungsarbeit seitens des Auftragnehmers darf erst beginnen, wenn der Auftraggeber das Pflichtenheft akzeptiert hat.

In der Praxis finden sich neben dem Begriff Pflichtenheft auch unscharfe Bezeichnungen wie fachliche Spezifikation, Sollkonzept, funktionale Spezifikation, oder englisch Software Requirements Specification, Feature Specification, Functional Specification oder System Specification. Da diese Terminologie in der Regel keiner Standardisierung unterliegt, kann die Interpretation in der Praxis voneinander abweichen. So kann ein Dokument, das primär die Funktion eines Pflichtenhefts erfüllt, ebenso als Fachspezifikation oder fachliche Spezifikation bezeichnet werden.

Das Pflichtenheft wird durch den Auftragnehmer formuliert und auf dessen Wunsch durch den Auftraggeber bestätigt. Idealerweise beginnen die Entwicklungsarbeiten erst nach erfolgter Bestätigung. Der Auftragnehmer hat gemäß Vertrag einen Anspruch auf diese Bestätigung. Die Erstellung eines Pflichtenhefts erfolgt gemäß dem bewährten Verfahren unter Anwendung des Ein- und Ausschlussprinzips. Dies impliziert die explizite Ein- oder Ausschließung konkreter Fälle. Im Rahmen der Lieferung erfolgt eine förmliche Abnahme, welche die Ausführung des Werkvertrags oder auch des Kaufvertrags beschließt. Diese Abnahme wird in der Regel über einen Akzeptanztest durchgeführt, der feststellt, ob die Forderungen des Lastenhefts in dem Verständnis des Bestellers erfüllt wurden.

Des Weiteren definiert der Auftraggeber in einem Pflichtenheft die Entwicklungslogik, die Überprüfungen, Reviews und zu liefernden Dokumente für die Entwicklung, Fertigung und Verifizierung des gemäß Anforderungsspezifikation zu liefernden Produkts. Der Auftragnehmer erwidert mit verschiedenen Plänen (Entwicklungsplan, Design and Development Plan, Fertigungsplan usw.), die im Detail die Umsetzung der Leistungsbeschreibung beschreiben (beispielsweise, wer das Protokoll einer Besprechung schreibt und in welchem Zeitrahmen die beteiligten Parteien zustimmen müssen).

Fazit:

Durch das Lasten- und Pflichtenheft wird sichergestellt, dass das Endprodukt die Anforderungen des Kunden erfüllt und technisch machbar und wirtschaftlich realisierbar ist. Diese beiden Dokumente dienen als Grundlage für die Planung, Durchführung und Überwachung des Entwicklungsprozesses und ermöglichen es den beteiligten Teams, effektiv zusammenzuarbeiten und das Projektziel zu erreichen.

2.2 Methoden der Produktentwicklung

Der Einsatz spezifischer Methoden während der Entwicklung des eigentlichen Produkts ist von entscheidender Bedeutung, um die Effizienz, Qualität und Wettbewerbsfähigkeit moderner Produkte zu gewährleisten. Viele dieser Methoden sind Teil des

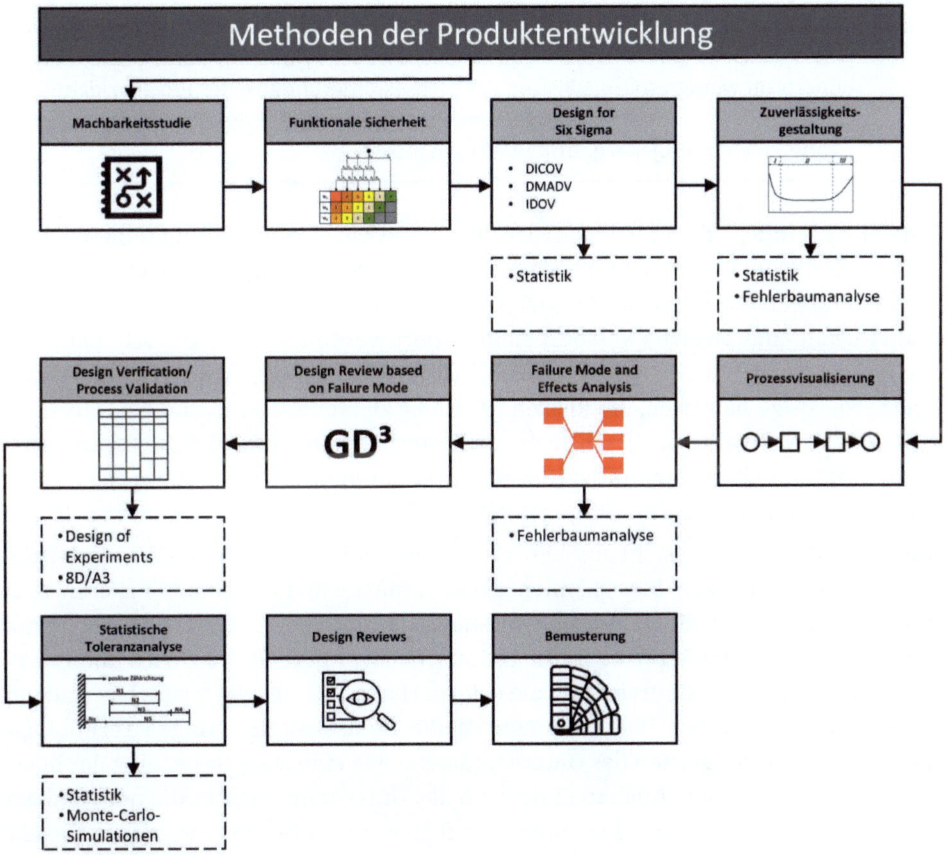

Bild 2.5 Methoden der Produktentwicklung

Advanced Product Quality Planning (APQP), um während einer Produktentwicklung sicherzustellen, das Kundenanforderung zu jeder Projektphase berücksichtigt und erfüllt werden.

2.2.1 Machbarkeitsstudien

Leitfragen im Umgang mit Machbarkeitsstudien:

- Haben wir die Voraussetzungen, um das Produkt zu entwickeln?
- Haben wir die Voraussetzungen, um das Produkt zu fertigen?
- Können wir das Produkt wirtschaftlich herstellen?
- Halten wir den geforderten Zeitplan?

Wann benötigen Sie diese Methode?

Die Machbarkeitsstudie wird benötigt, wenn ein neues Produkt entwickelt wird, wenn die technische, wirtschaftliche oder organisatorische Durchführbarkeit eines Projekts überprüft werden soll, die Risiken und Herausforderungen eines Projekts identifiziert und bewertet werden sollen oder eine Entscheidung über die Fortführung oder den Abbruch eines Projekts getroffen werden muss.

Feasibility Studies, auch als Machbarkeitsstudien bezeichnet, spielen eine wichtige Rolle in der Produktentwicklung. Sie bieten Unternehmen die Möglichkeit, fundierte Entscheidungen über die Realisierbarkeit eines Vorhabens zu treffen, bevor signifikante finanzielle und zeitliche Ressourcen investiert werden. Ziel dieser systematischen Analyse ist es, technische, wirtschaftliche, rechtliche und organisatorische Faktoren eines Projekts zu bewerten, um Risiken frühzeitig zu identifizieren und die Erfolgsaussichten realistisch einzuschätzen, bevor ein Unternehmen umfangreiche Investitionen in die Produktentwicklung tätigt. Damit wird eine fundierte Grundlage für die Entscheidung geschaffen, ob ein Projekt weiterverfolgt oder eingestellt werden soll.

Eine Feasibility Study besteht aus mehreren Komponenten, die alle relevanten Aspekte eines Projekts abdecken. Diese können je nach Branche und Projektart variieren, doch es gibt einige zentrale Bereiche, die typischerweise untersucht werden. Der erste und einer der wichtigsten Bereiche ist die technische Machbarkeit. Hier wird untersucht, ob die technischen Ressourcen und die erforderliche Technologie verfügbar sind, um das Projekt umzusetzen. Dies beinhaltet die Verfügbarkeit der nötigen Technologie, die technischen Fähigkeiten des Unternehmens sowie eine erste Bewertung der Machbarkeit von Prototypen. Auch die Frage, ob das Unternehmen über die notwendigen personellen und materiellen Ressourcen verfügt, wird in dieser Phase geklärt. Gegebenenfalls werden Prototypen oder Machbarkeitsnachweise erstellt, um die technischen Annahmen zu validieren und das Risiko technischer Misserfolge zu minimieren.

nischen Systemen (E/E/PE) befasst. Mit dem zunehmenden Einsatz solcher Systeme in sicherheitskritischen Bereichen steigen auch die Anforderungen an ihre Funktionssicherheit. Ziel ist es, potenziell gefährliche Situationen zu vermeiden oder zu kontrollieren, wenn Fehler auftreten. Dies schützt Menschen, Umwelt und Sachwerte vor Schäden.

FUSI hat sich als Konzept etabliert, um sicherzustellen, dass diese Systeme im Fehlerfall keine unakzeptablen Risiken verursachen. Sie ist Bestandteil von Branchen wie Automobiltechnik, Industrieautomation oder Medizintechnik. FUSI ist keine isolierte Disziplin, sondern eng mit der allgemeinen Sicherheitstechnik und der IT-Sicherheit verbunden. Die Norm IEC 61508 dient als internationaler Standard, der die Entwicklung und Implementierung sicherer Systeme regelt. In der Automobilindustrie ist die ISO 26262 eine spezifische Erweiterung dieses Standards.

FUSI beschreibt den Aspekt der Systemsicherheit, der darauf abzielt, gefährliche Zustände zu verhindern oder zu beherrschen, die durch Fehlfunktionen von E/E/PE-Systemen entstehen können. Dabei werden zwei wesentliche Prinzipien verfolgt: Fehlervermeidung durch präventive Maßnahmen während der Entwicklung und Fehlerbeherrschung durch Schutzmechanismen, die das System bei Fehlfunktionen in einen sicheren Zustand versetzen. Ein klassisches Beispiel ist ein Bremssystem in einem Fahrzeug: Selbst bei einem Ausfall der Sensorik oder der Steuerung muss gewährleistet sein, dass das Fahrzeug sicher gestoppt werden kann.

Weiterführende Literatur - Normen:

IEC (2011). *IEC 61508:2010 - Funktionale Sicherheit sicherheitsbezogener elektrischer/ elektronischer/ programmierbarer elektronischer Systeme*. Techn. Ber. International Electronical Comission; ISO (2018). *ISO 26262-1:2018 Road vehicles - Functional Safety - Part 1: Vocabulary*. Techn. Ber. International Organization for Standardization.

2.2.2.1 Grundlagen der funktionalen Sicherheit

Ein wesentlicher Bestandteil der FUSI ist das Fail-Safe-Prinzip, das sicherstellt, dass Systeme auch bei Fehlern keine Gefährdungen verursachen. Darüber hinaus spielt die Risikoanalyse eine zentrale Rolle. Risiken werden identifiziert, bewertet und durch Sicherheitsfunktionen minimiert. Diese Funktionen werden anhand von sogenannten Safety Integrity Levels (SIL) oder Automotive Safety Integrity Levels (ASIL) eingestuft, die die Anforderungen an Zuverlässigkeit und Risikoreduktion definieren.

FUSI wird in der Norm IEC 61508 als „der Teil der Gesamtsicherheit, bezogen auf das überwachte Gerät und dessen Steuerungssystem, der von der korrekten Funktion des sicherheitsbezogenen E/E/PE-Systems abhängt“ definiert. Dabei steht die Fähigkeit eines Systems im Vordergrund, Sicherheitsfunktionen zuverlässig und spezifikationsgemäß auszuführen.

Das Hauptziel von FUSI ist es, Risiken auf ein akzeptables Maß zu reduzieren. Dabei geht es nicht um absolute Sicherheit, sondern um die Beherrschung von Risiken, die durch Fehlfunktionen entstehen können. Die Anforderungen richten sich sowohl an zufällige Fehler, wie den Ausfall von Hardwarekomponenten, als auch an systematische Fehler, die durch unzureichendes Design, menschliches Versagen oder fehlerhafte Prozesse entstehen.

FUSI und IT-Sicherheit sind eng miteinander verwandt, haben jedoch unterschiedliche Zielsetzungen. Während FUSI darauf abzielt, dass ein System seine sicherheitskritischen Funktionen zuverlässig ausführt, konzentriert sich die IT-Sicherheit auf den Schutz vor unautorisiertem Zugriff, Datenmanipulation und Cyberangriffen. In der Praxis gibt es Überschneidungen zwischen beiden Disziplinen, insbesondere bei eingebetteten Systemen. Hier ist es wichtig, sowohl die funktionale als auch die IT-Sicherheit zu gewährleisten. Ein Angriff auf die IT-Sicherheit könnte beispielsweise die funktionale Sicherheit gefährden, indem ein sicherheitskritisches System manipuliert wird.

2.2.2.2 Lebenszyklus funktionaler Sicherheit

FUSI folgt einem strukturierten Lebenszyklus, der in der IEC 61508 definiert ist. Dieser Lebenszyklus stellt sicher, dass alle sicherheitsrelevanten Aspekte über die gesamte Lebensdauer eines Systems hinweg berücksichtigt werden; von der Konzeption über die Entwicklung und den Betrieb bis hin zur Außerbetriebnahme. Die Phasen des Sicherheitslebenszyklus sind dabei:

1. **Analyse- und Konzeptphase:** Der Lebenszyklus beginnt mit einer umfassenden Risikoanalyse. Ziel ist es, potenzielle Gefährdungen zu identifizieren und die Risiken zu bewerten. Hierbei werden verschiedene Werkzeuge und Methoden eingesetzt, darunter die Gefährdungs- und Risikoanalyse und die Fehlerbaumanalyse. In dieser Phase werden auch Sicherheitsziele definiert, die die Grundlage für die weiteren Entwicklungsphasen bilden.
2. **Spezifikation der Sicherheitsanforderungen:** Basierend auf der Analysephase werden die funktionalen und technischen Anforderungen an das System spezifiziert. Diese Anforderungen werden in einem Sicherheitsanforderungsdokument festgehalten und dienen als Leitfaden für die Systementwicklung.
3. **Entwicklung und Implementierung:** In dieser Phase wird das System so entwickelt, dass es die definierten Sicherheitsanforderungen erfüllt. Dies umfasst die Hardware, also die Entwicklung redundanter und fehlertoleranter Architekturen, und die Software durch Implementierung sicherheitskritischer Funktionen mit robusten Programmiertechniken. Die Entwicklung erfolgt unter Berücksichtigung spezifischer Anforderungen, die von der Sicherheitsstufe des Systems abhängen.
4. **Verifikation und Validierung:** Die Verifikation stellt sicher, dass das System korrekt implementiert wurde, während die Validierung überprüft, ob das System die

definierten Sicherheitsziele in der Praxis erreicht. Dies geschieht durch umfangreiche Tests, Simulationen und Inspektionen.

5. **Betrieb und Wartung:** Während des Betriebs müssen Systeme regelmäßig gewartet und überwacht werden, um ihre Sicherheit zu gewährleisten. Auch die Schulung des Personals ist ein wichtiger Aspekt, um Fehlbedienungen zu vermeiden.
6. **Außerbetriebnahme:** Am Ende des Lebenszyklus wird das System sicher außer Betrieb genommen, um verbleibende Risiken zu minimieren.

Weiterführende Literatur – Bücher:

Thor Myklebust und Tor Stålhane (2021). *Functional safety and proof of compliance.* Springer.

2.2.2.3 Normen für die funktionale Sicherheit: IEC 61508

Die IEC 61508 ist die zentrale Norm für FUSI in E/E/PE-Systemen und dient als Grundlage für branchenspezifische Normen. Sie gliedert sich in sieben Teile, die von allgemeinen Anforderungen über Richtlinien für Hardware und Software bis hin zu unterstützenden Methoden reichen.

Ein Kernkonzept ist die Definition von vier SIL (SIL 1 bis SIL 4), die die Wahrscheinlichkeit beschreiben, mit der eine Sicherheitsfunktion korrekt ausgeführt wird. Je höher das SIL, desto strenger sind die Anforderungen an Design, Verifikation und Validierung. Die Klassifikation erfolgt anhand der Ausfallwahrscheinlichkeit pro Stunde: SIL 1 (für weniger kritische Anwendungen) liegt zwischen 10^{-1} und 10^{-2}, während SIL 4 (für Anwendungen mit extrem hohen Sicherheitsanforderungen) Werte von 10^{-4} bis 10^{-5} verlangt. Einen Risikographen zur Ermittlung des SIL zeigt Bild 2.6.

Der Lebenszyklus umfasst die Konzeptionsphase, die Entwicklung von Sicherheitsfunktionen, die Verifikation und Validierung sowie den Betrieb. Die Norm fordert, dass systematische und zufällige Fehler beherrscht werden. Hierfür kommen Maßnahmen wie Redundanz, Fehlerdetektion und Fehlerkorrektur zum Einsatz.

2.2.2.4 Normen für die funktionale Sicherheit: ISO 26262

Die ISO 26262 ist eine branchenspezifische Norm, die sich aus der IEC 61508 ableitet und auf die Anforderungen der Automobilindustrie zugeschnitten ist. Sie berücksichtigt die besonderen Herausforderungen der Automobilbranche, wie die Integration komplexer Software und die Interaktion vieler Subsysteme. Die ISO 26262 adressiert spezifische Herausforderungen der Automobilbranche, wie die hohe Vernetzung von Systemen und die Notwendigkeit, Echtzeitfunktionen sicherzustellen.

Ein zentrales Element der ISO 26262 ist die Klassifikation von Risiken anhand der ASIL. Diese reichen von ASIL A (niedrigstes Risiko) bis ASIL D (höchstes Risiko), beispiels-

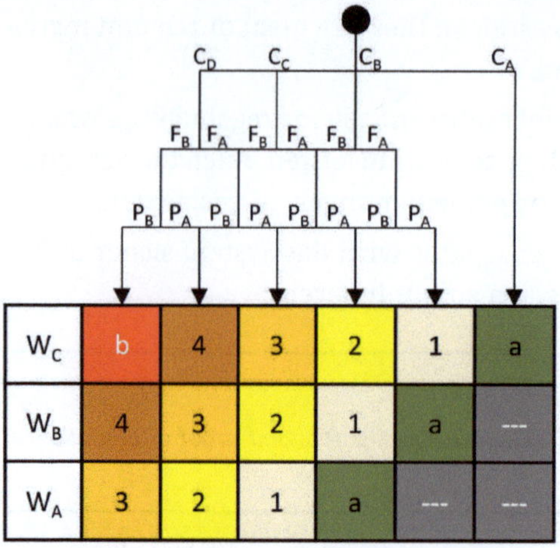

1 – 4: Safety Integrity Level (SIL)

a: Keine besonderen Sicherheitsmaßnahmen erforderlich

b: Ein einzelnes Safety Instrumented System reicht nicht aus

C = Auswirkung

C_A: Leichte Verletzung

C_B: Schwere Verletzungen einer oder mehrerer Personen, Tod einer Person

C_C: Tod mehrerer Personen

C_D: sehr viele Tote

F = Häufigkeit und Dauer des Aufenthalts im Gefahrenbereich

F_A: Selten bis öfters

F_B: Häufig bis dauernd

P = Möglichkeit der Abwendung des gefährlichen Ereignisses

P_A: Möglich unter bestimmten Bedingungen

P_B: Kaum möglich

W = Eintrittswahrscheinlichkeit

W_A: Sehr gering (10-100 Jahre)

W_B: Gering (1-10 Jahre)

W_C: Relativ hoch (<1 Jahr)

Bild 2.6 Risikograph zur Ermittlung des SIL-Levels

weise für Brems- und Lenksysteme. Die Einstufung erfolgt durch die Bewertung von drei Parametern:

- **Schweregrad:** Wie gravierend sind die Folgen eines Fehlers?
- **Exposition:** Wie häufig tritt die gefährliche Situation auf?
- **Beherrschbarkeit:** Wie gut kann der Fahrer die Situation bewältigen?

Die Norm umfasst alle Phasen der Fahrzeugentwicklung: von der Konzeptphase über die Produktentwicklung auf System-, Hardware- und Softwareebene bis hin zu Produktion und Wartung. Für die Verifikation und Validierung wird häufig das V-Modell (Abschnitt 1.2.2) verwendet, das sicherstellt, dass jede Entwicklungsstufe überprüft und mit den ursprünglichen Anforderungen abgeglichen wird.

2.2.2.5 Vergleich von IEC 61508 und ISO 26262

Obwohl beide Normen ähnliche Prinzipien verfolgen, unterscheiden sie sich in ihrem Anwendungsbereich und ihren spezifischen Anforderungen. Die IEC 61508 ist generisch und branchenübergreifend, während die ISO 26262 spezifisch für Fahrzeuge entwickelt wurde. Zudem verwendet die IEC 61508 SIL-Stufen, während die ISO 26262 ASIL-Stufen nutzt, die stärker auf die Automobilanwendung zugeschnitten sind. Beide Normen legen großen Wert auf eine systematische Risikoreduktion und die Beherrschung systematischer und zufälliger Fehler. Gemeinsam bilden sie die Grundlage für die Entwicklung sicherheitskritischer Systeme, die in unterschiedlichen Branchen eingesetzt werden.

2.2.2.6 Modelle der funktionalen Sicherheit

Die IEC 61508 unterscheidet zwischen verschiedenen Arten von Ausfällen und Maßnahmen zur Risikoreduktion. Zum einen sind dies **zufällige Ausfälle**. Diese entstehen unvorhersehbar und sind oft auf Materialermüdung oder externe Einflüsse zurückzuführen. Ihre Wahrscheinlichkeit wird durch statistische Modelle vorhergesagt. Die andere Art von Ausfällen sind **systematische Ausfälle**. Diese resultieren aus menschlichen Fehlern, wie fehlerhaftem Design oder unzureichenden Spezifikationen. Systematische Ausfälle können durch strenge Entwicklungsprozesse und Qualitätskontrollen minimiert werden oder auch durch ein entsprechendes Managementsystem, Safety Lifecycle oder Sicherheitslebenszyklus genannt.

FUSI geht davon aus, dass es schwierig ist, das Verhalten des Systems durch eine Prüfung vollständig aufzudecken. Durch ein Managementsystem soll erreicht werden, dass Fehler nicht erst aus dem fertigen System heraus geprüft werden müssen oder dort verbleiben, sondern gar nicht erst hineinkommen. Ferner werden bestimmte Techniken zur Vermeidung systematischer Fehler vorgeschrieben, wie zum Beispiel umfangreiche Prüfungen oder das Verbot bestimmter Programmierarten.

Zur Risikominderung werden Maßnahmen wie Redundanz, Fehlererkennung und präventive Tests eingesetzt. Diese Maßnahmen sind oft abhängig von der Sicherheitsstufe (SIL oder ASIL) und müssen speziell auf die Anforderungen des Systems abgestimmt sein. Mit der steigenden Komplexität moderner Systeme, insbesondere durch Vernetzung und Softwareintegration, wird die Gewährleistung der funktionalen Sicherheit immer anspruchsvoller. Die Umsetzung von FUSI erfordert erhebliche Ressourcen, sowohl finanziell als auch personell. Besonders bei Systemen mit hohen Sicherheitsanforderungen (SIL 3 und 4) steigen die Kosten exponentiell.

Fazit:

Die Umsetzung von FUSI ist mit vielen Herausforderungen verbunden. Die steigende Komplexität moderner Systeme, die zunehmende Vernetzung und Softwareabhängigkeit sowie neue Technologien erschweren die Einhaltung von Sicherheitsstandards. Hinzu kommen hohe Kosten für die Entwicklung, Verifikation und Validierung sowie die Notwendigkeit interdisziplinärer Zusammenarbeit. Zukünftig werden Anpassungen bestehender Normen erforderlich sein, um technologische Innovationen abzudecken. Dennoch bleibt FUSI ein unverzichtbarer Bestandteil der Entwicklung sicherer Systeme, die Mensch, Umwelt und Vermögenswerte schützen.

2.2.3 Design for Six Sigma

Leitfragen im Umgang mit Design for Six Sigma (DfSS):

- Können Fertigungs- oder Felddaten anderer Produkte oder Varianten für die Entwicklung genutzt werden?
- Sind die Verteilungsformen dieser Daten bekannt?
- Sind die Wechselwirkungen zwischen den verschiedenen Anforderungen bekannt?

Wann benötigen Sie diese Methode?

Mit DfSS können Produkte und Prozesse entwickelt werden, die robust, und zuverlässig sind, und die Kundenanforderungen erfüllen. DfSS wird benötigt, wenn ein neues Produkt oder Prozess entwickelt wird, eine Verbesserung eines bestehenden Produkts oder Prozesses erforderlich ist, hohe Anforderungen an Qualität und Zuverlässigkeit bestehen oder komplexe Systeme oder Produkte entwickelt werden, die viele Variablen und Wechselwirkungen aufweisen.

DfSS ist eine Sammlung einzelner Methoden zur Entwicklung neuer Produkte und Prozesse. DfSS wurde bei General Electric entwickelt, um auf dem Erfolg aufzubauen, den das Unternehmen mit dem traditionellen Six Sigma hatte. Im Gegensatz zur Prozessverbesserung konzentriert sich DfSS jedoch auf die Entwicklung neuer Produkte. DfSS basiert auf der Verwendung von statistischen Instrumenten und ermöglicht empirische Untersuchungen. DfSS zielt darauf ab, die Bedürfnisse der Kunden und des Unternehmens zu ermitteln und in die Produktlösung einfließen zu lassen. Im Gegensatz zu Six Sigma, das einen bestehenden und funktionierenden Prozess voraussetzt, verwendet DfSS Werkzeuge und eine spezifische Reihenfolge, um dieses Ziel zu erreichen.

Im Gegensatz zur Prozessverbesserung wird DfSS für die Gestaltung von Produkten oder Prozessen eingesetzt. Die Messung ist der wichtigste Teil der meisten Six-Sigma- oder DfSS-Werkzeuge. Während bei Six Sigma die Messungen anhand eines bestehenden Prozesses vorgenommen werden, konzentriert sich DfSS darauf, einen tiefen Einblick in die Kundenbedürfnisse zu gewinnen. Diese Erkenntnisse dienen als Grundlage für jede Gestaltungsentscheidung. Das zu erwartende Prozess-Sigma-Level für ein DfSS-Produkt oder einen entsprechenden Prozess sollte mindestens 4,5 Sigma betragen, kann aber auch sechs Sigma oder bei Bedarf noch höher sein. Um ein Produkt oder eine Dienstleistung mit einer so geringen Fehlerhäufigkeit zu gewährleisten, müssen die für den Kunden entscheidenden Erwartungen und Bedürfnisse (Critical to Quality (CtQ)) vollständig verstanden werden, bevor das Produkt oder die Dienstleistung fertiggestellt und eingeführt werden kann. Im Gegensatz zum Define Measure Analyze Improve Control (DMAIC)-Kernprozess von Six Sigma (Six Sigma wird im Kapitel 3 erklärt) sind die Phasen oder Schritte für DfSS-Kernprozesse nicht universell anerkannt oder definiert. Das liegt unter anderem daran, dass jedes Unternehmen oder jede Trainingsorganisation DfSS unterschiedlich definiert. Es existieren Nuancen unterschiedlicher Ansätze, die alle einen ähnlichen Ansatz verfolgen, sich jedoch in Details unterscheiden. Die drei gängigsten Ansätze von DfSS werden am Ende dieses Kapitels näher erläutert.

Weiterführende Literatur – Bücher:

Jürgen Gamweger u. a. (2009). *Design for Six Sigma: kundenorientierte Produkte und Prozesse fehlerfrei entwickeln*. Carl Hanser Verlag.

DfSS zielt darauf ab, Probleme im Fertigungs- und Dienstleistungsprozess präventiv zu vermeiden. Um dies zu erreichen, werden Techniken wie Vorhersage, Modellierung und Simulation eingesetzt. DfSS ist eng mit dem *Operations Research* verbunden. Es handelt sich größtenteils um eine Designaktivität, die verschiedene Werkzeuge erfordert, wie beispielsweise Quality Function Deployment (Abschnitt 2.1.2), TRIZ (Abschnitt 3.4.1), Design-for-*X*, Design-of-Experiments (Abschnitt 3.4.2) oder Toleranzdesign (Abschnitt 2.2.9). Während diese Werkzeuge gelegentlich im klassischen DMAIC-Prozess verwendet werden, kommen sie bei DfSS fast ausschließlich zur Analyse neuer und bisher unbekannter Produkte und Prozesse zum Einsatz. Es handelt sich um eine simultane Analyse, die auf die Optimierung der Fertigung im Zusammenhang mit dem Design ausgerichtet ist.

Bei der Response-Surface-Methode und anderen DfSS-Tools werden statistische Modelle verwendet. Selbst das beste statistische Modell stellt jedoch nur eine Annäherung an die Realität dar. In der Praxis sind sowohl die Modelle als auch die Parameterwerte unbekannt und unterliegen neben der Unkenntnis auch der Unsicherheit. Ein geschätzter optimaler Punkt kann aufgrund von Schätzfehlern und Modellunzulänglichkeiten in der Realität von der optimalen Lösung abweichen.

Befürworter von DMAIC und Lean-Techniken könnten behaupten, dass DfSS unter die allgemeine Rubrik von Six Sigma oder Lean Six Sigma fällt. Beide Methoden konzentrieren sich auf die Erfüllung von Kundenbedürfnissen. Es wird häufig festgestellt, dass die für DfSS-Techniken verwendeten Werkzeuge sich stark von denen unterscheiden, die für DMAIC verwendet werden. DMAIC-Praktiker nutzen oft mechanische Zeichnungen und Fertigungsanweisungen als Ausgangspunkt für ihre Analyse. DfSS-Praktiker hingegen verwenden häufig Simulationen und parametrische Analysewerkzeuge, um sowohl die Kosten als auch die Leistung von Systemarchitekturen vorherzusagen.

2.2.3.1 Ansätze des DfSS

Eine beliebte DfSS-Methode ist das **DMADV**, welches zur Neuentwicklung verwendet werden kann, wenn bereits Vorgängerprozesse oder -produkte vorhanden sind und zumindest Vergleiche oder Messungen zu vorhandenen Prozessen oder Produkten möglich sind. Die fünf Phasen des DMADV sind ähnlich wie bei DMAIC wie folgt definiert:

- Define: Definieren der Projektziele und Kundenwünsche (intern und extern)
- Measure: Messen und Festlegen von Kundenbedürfnissen und Spezifikationen
- Analyze: Analysieren der Prozessmöglichkeiten, um Anforderungen zu erfüllen
- Design: Designen (detailliert) des Prozesses, um Kundenbedürfnisse zu erreichen
- Verify: Sicherstellen der Designleistung und Möglichkeit, die Kundenbedürfnisse zu erreichen

Eine Alternative zu DMADV ist **DICOV**, welches dann angewendet werden kann, wenn nicht auf vorhandene Prozesse oder Vorgängerprodukte zurückgegriffen werden kann, also etwas völlig Neues entwickelt werden soll:

- Define: Definition von Projekt und Ziel
- Identify: Ermittlung und Strukturierung der Kundenanforderungen
- Charachterize: Funktionsanalyse, Konzeptgenerierung und -bewertung
- Optimize: Optimierung des ausgewählten Konzepts
- Validate: Sicherstellung der Anforderungserfüllung

IDOV ist eine Designmethode speziell im Herstellungsbereich, die sich ableitet aus Identify, Design, Optimize und Validate. Das Vorgehen von IDOV ähnelt daher dem des DICOV und setzt Neuentwicklung ohne Vorgängerprodukte voraus:

- Identify: Ermitteln der Kundenwünsche und Spezifikationen
- Design: übersetzt die Kundenbedürfnisse in funktionelle Bedürfnisse und in alternative Lösungen. Ein Auswahlprozess selektiert die Liste der Lösungen bis zur besten Lösung.
- Optimize: Optimieren benützt Statistiktools und Modelle, um die Leistung vorauszusagen oder zu berechnen und das Design oder die Leistung zu optimieren.
- Validate: Bestätigen heißt sicherzustellen, dass das Design, welches entwickelt wird, die Kunden-CtQ erreicht.

Fazit:

DfSS zielt darauf ab, bei der Entwicklung von Produkt oder Prozess, Qualität und Zuverlässigkeit von Anfang an zu optimieren. DfSS nutzt statistische Methoden und Werkzeuge, um Kundenanforderungen zu identifizieren, Produkte und Prozesse robust und fehlerfrei zu gestalten, Risiken und Variabilität zu minimieren und die Qualität und Zuverlässigkeit zu maximieren.

2.2.4 Zuverlässigkeitsgestaltung in der Produktentwicklung

Leitfragen im Umgang mit Zuverlässigkeitsgestaltung:

- Wie kritisch sind die Funktionen meines Produkts?
- Habe ich Erfahrung über das Ausfallverhalten meiner Produkte?
- Gibt es Tests, mit denen ich das Ausfallverhalten simulieren kann?

Wann benötigen Sie diese Methode?

Methoden der Zuverlässigkeitsgestaltung werden in der Produktentwicklung angewendet, wenn die Zuverlässigkeit und Verfügbarkeit von Produkten oder Systemen kritisch ist, die Sicherheit von Menschen, Umwelt oder Sachwerten gefährdet sein kann, Produkte oder Systeme komplex sind und viele Komponenten enthalten, die Produktlebensdauer und -wartung optimiert werden sollen oder gesetzliche oder regulatorische Anforderungen für Zuverlässigkeit bestehen.

Es ist stets anzustreben, potenzielle Fehlerquellen möglichst frühzeitig zu identifizieren und zu eliminieren. Eine Analyse während der Entwicklung eines Produkts ist am effektivsten. Die Gestaltung und Auslegung der Zuverlässigkeit eines Produkts ist ähnlich zu betrachten. Um dies sicherzustellen, bietet das Qualitätsmanagement verschiedene Möglichkeiten und Methoden, um dies während verschiedener Phasen zu berücksichtigen. Den umfangreichsten und gängigsten Methoden sind daher eigene Abschnitte gewidmet, beispielsweise FMEA (Abschnitt 2.2.6), Fehlerbaumanalysen (Abschnitt 3.3.3) oder Design Review Based on Failure Mode (DRBFM) (Abschnitt 2.2.7). Die genannten Methoden werden separat betrachtet, da sie sowohl im Rahmen einer Zuverlässigkeitsanalyse als auch unabhängig davon durchgeführt werden können. In diesem Abschnitt erfolgt eine detaillierte Betrachtung von Methoden, die im Rahmen der Gestaltung von Systemen zur Steigerung der Zuverlässigkeit zum Einsatz kommen. Zu diesen Methoden zählen beispielsweise Reliability Growth Management (RGM), Highly Accelerated Life Testing (HALT) oder Highly Accelerated Stress Screening (HASS).

Die Anwendung dieser Methoden zielt immer darauf ab, die Ausfallraten der Produkte im Feld zu reduzieren, welche oft mittels der sogenannten „Badewannenkurve" (siehe Bild 2.9) beschrieben werden können. Der erste Teil der Badewannenkurve zeigt eine abfallende Ausfallrate und ist typisch für Frühausfälle aufgrund von Fertigungs- und Montagefehlern. Frühausfallverhalten bedeutet, dass die Wahrscheinlichkeit für einen Ausfall im folgenden Zeitabschnitt bei Beanspruchungsbeginn hoch ist und mit der Zeit abnimmt. Diese Ausfälle können typischerweise durch Qualitätskontrollen aufgefangen werden.

Der Mittelteil der Badewannenkurve zeigt eine konstante Ausfallrate, typisch für Zufallsausfälle, beispielsweise aufgrund von Bedienfehlern und Verunreinigung. Hier ist die Wahrscheinlichkeit für einen Ausfall im folgenden Zeitabschnitt unabhängig von der Vorgeschichte des Erzeugnisses. Innerhalb gleich großer Zeitabschnitte fällt stets der gleiche Anteil der am Anfang jedes Zeitabschnitts noch intakten Erzeugnisse aus. Ausfälle können hier durch eine korrekte Benutzung vermieden werden.

Der letzte Teil der Badewannenkurve weist eine ansteigende Ausfallrate und ist typisch für Degradation, Verschleiß und Ermüdung. In diesem Bereich wird es immer wahrscheinlicher, dass ein bis dahin noch intaktes Erzeugnis innerhalb des folgenden Zeitabschnitts ausfällt. Ausfälle in diesem Bereich können nur durch eine richtige Auslegung vermieden werden.

Zentrales Element dieser Badewannenkurve ist das Ausfallverhalten, welches durch die Ausfallrate λ charakterisiert ist:

$$\lambda(t) = \frac{f(t)}{R(t)} \tag{2.1}$$

wobei mit $f(t)$ die Ausfallwahrscheinlichkeitsdichtefunktion und mit $R(t)$ die Überlebenswahrscheinlichkeit zum Zeitpunkt t bezeichnet wurden. Die Ausfallrate zu einem bestimmten Zeitpunkt kann empirisch abgeschätzt werden, indem die Anzahl der Ausfälle pro Zeiteinheit auf die Summe der noch nicht ausgefallenen Teile bezogen wird. Diese Schätzung wird *Ausfallquote* genannt.

Die *Ausfallrate* lässt sich als Maß für die Wahrscheinlichkeit interpretieren, dass ein Teil ausfällt, wenn es bis zu diesem Zeitpunkt nicht ausgefallen ist. Bei der Ausfallrate handelt es sich um eine relative Größe: Die Ausfälle werden auf die Anzahl der noch intakten Einheiten bezogen. Die Rate ist außerdem eine zeitbezogene Größe: Die Ausfälle werden pro Zeiteinheit (Periode, Jahr, Stunde) angegeben. Insofern ist die Angabe „X-ppm“ keine Ausfallrate.

Um der verbreiteten Verwendung der Begriffe, insbesondere im deutschsprachigen Raum, Rechnung zu tragen, wird die in Bild 5.19 dargestellte, hierarchische Abgrenzung verwendet (C/QMM 2011). Bei der Verlässlichkeit handelt es sich somit um einen Oberbegriff für Zuverlässigkeit, Verfügbarkeit, Sicherheit und Vertraulichkeit, welche die Attribute der Verlässlichkeit bilden. Schwerpunkt der vorliegenden Beschreibung bildet die Gestaltung der Zuverlässigkeit von Systemen (siehe auch Tabelle 2.2).

Weiterführende Literatur – Technische Berichte:

C/QMM (2011). *Heft 13 – Methoden der Zuverlässigkeitsgestaltung, Verifizierung und Validierung*. Techn. Ber. Robert Bosch GmbH.

2.2.4.1 Generelle Konzepte zur Gestaltung von Zuverlässigkeit

Die Erreichung der Zuverlässigkeit kann auf Basis einer Reihe von Ansätzen erfolgen. Allen Ansätzen ist gemein, dass die erreichte Zuverlässigkeit verifiziert und validiert werden muss. Eine Möglichkeit stellt die testbasierte Auslegung von Systemen dar. Im

Tabelle 2.2 Grundbegriffe der Zuverlässigkeit nach Pfeifer und Schmitt (2021, S. 578)

Begriff	Erklärung	Typische Frage	Kenngröße
Zuverlässigkeit *(reliability)*	Zuverlässigkeit wird verbunden mit Ausfallfreiheit, d. h. kein Versagen von Funktion und Komponenten im Betrieb.	Wie viele Störungen, Unterbrechungen oder Reparaturen sind zu erwarten?	Ausfallrate λ Anzahl Ausfälle pro Jahr MTTF *(mean time to failure)* MTBF *(mean time between failure)*
Sicherheit *(safety)*	Sicherheit ist definiert wie Zuverlässigkeit, jedoch hinsichtlich sicherheitsgefährdender Ausfälle.	Wie viele gefährliche Ausfälle sind zu erwarten?	Die gleiche Kenngröße wie für Zuverlässigkeit, ergänzt durch ein S, z. B. MTTSF.
Risiko *(risk)*	Risiko berücksichtigt zusätzlich zur Sicherheit das Ausmaß von sicherheitsgefährdenden Ausfällen und gewichtet nach Akzeptanz.	Sind Konsequenzen für Mensch und Umwelt akzeptabel?	Eine Kennzahl, ermittelt aus Eintrittshäufigkeit und Schadensausmaß.
Verfügbarkeit *(availability)*	Verfügbarkeit berücksichtigt zusätzlich zur Zuverlässigkeit die Ausdauer sowie die Standzeit für präventive Wartung.	Wie wahrscheinlich ist es, dass das System gerade dann nicht funktioniert wenn dies verlangt wird?	Verfügbarkeit *A (availability)*: Verhältnis von verfügbarer Betriebszeit zur Missionszeit.
Instandhaltbarkeit *(maintainability)*	Beschreibt die Eigenschaften eines Produkts hinsichtlich dessen Eignung für die Instandhaltung.	Sind die Bauteile einfach austauschbar, reparierbar, prüfbar?	MTTR *(mean time to repair)*
Wartung *(maintenance)*	Instandhaltung umfasst alle Maßnahmen zur Erhaltung und Wiederherstellung des Sollzustands.	Welche Maßnahmen sind erforderlich, damit das Produkt die geforderte Funktion erfüllen kann.	MTTM *(mean time to maintain)*
Reparatur *(repair)*			MTD *(mean timedown)*

Rahmen dieses Ansatzes erfolgt die Gestaltung der Funktionalität während des Designs. Schwachstellen hinsichtlich der Zuverlässigkeit werden durch Tests offengelegt und anschließend durch eine konstruktive Maßnahme behoben. Im Anschluss erfolgen weitere Tests, um die Effektivität der implementierten Maßnahme zu verifizieren.

Der Zyklus „Design → Test → Fix → Test“ wird abgebrochen, sobald die geforderte Zuverlässigkeit nachgewiesen wurde. Der Vorteil der testbasierten Auslegung besteht darin, dass kein Vorwissen beim Design erforderlich ist, stattdessen erfolgt die Verifikation am Designelement. Als Nachteile sind der Aufwand für die Tests, die Rekursionen sowie der Zeitbedarf zu nennen. Zudem ist die Übertragbarkeit begrenzt und bei einem hohen Neuheitsgrad ist die Methode nur schlecht einsetzbar.

Als Alternative kann die erfahrungsbasierte Auslegung genannt werden. Aufgrund empirischer und qualitativer Erfahrungen ist der Entwickler in der Lage, das Design so zu gestalten, dass es zuverlässig ist. Der hier beschriebene Ansatz erfordert Kenntnisse über das Zuverlässigkeitsverhalten früherer Produkte sowie ein Wissen um deren Übertragbarkeit auf das aktuelle Produkt. Diese Kenntnisse resultieren in der Regel aus früheren test-, norm- und/oder overdesignbasierten Ansätzen sowie der Auswertung von Felddaten. Der Vorteil dieses Ansatzes ist, dass der Aufwand relativ gering ist. Der Nachteil dieser Methode ist, dass es dafür Erfahrungsträger braucht, jedoch die Übertragbarkeit der Erfahrung auf andere Personen oft nur bedingt gegeben ist. Diese Vorgehensweise ist lediglich bei einer evolutionären Entwicklung zielführend.

Des Weiteren ist die overdesignbasierte Auslegung zu nennen. Das Design wird so gestaltet, dass die Zuverlässigkeitsanforderungen deutlich übertroffen werden. Dazu wird ein besonders großer Sicherheitsabstand zwischen Beanspruchung und Beanspruchbarkeit angestrebt. Die Wahl des Sicherheitsabstands basiert nicht auf der Kenntnis der Verteilungen von Beanspruchung und Beanspruchbarkeit, sondern erfolgt vielmehr auf Basis von Erfahrungswerten oder Normen und Regelwerken. Der Vorteil dieser Vorgehensweise liegt in der Möglichkeit, auf Erfahrungswerte und Normen und Regelwerke zurückzugreifen, und in der Schnelligkeit der Umsetzung. Zudem bietet sie eine hohe Rechtssicherheit. Als Nachteile sind erhöhte Kosten zu nennen.

Eine weitere Möglichkeit stellt die norm- und regelwerkbasierte Auslegung dar. Die Auslegung erfolgt gemäß der Vorgaben oder Auslegungsrichtlinien von Normen und Regelwerken. Die Vorteile dieser Vorgehensweise sind, dass der Aufwand relativ gering ist; zudem ist die Rechtssicherheit gewährleistet und die Akzeptanz hoch. Als Nachteile sind auch hier erhöhte Kosten durch eventuelles overdesign zu nennen.

Schließlich kann auch eine Auslegung basierend auf der Gestaltung des Designs hinsichtlich der Zuverlässigkeit getroffen werden. Im Rahmen dieses Ansatzes erfolgt eine bewusste und aktive Integration der Zuverlässigkeit in das Designelement bereits während der Designphase. Das Ziel besteht in der Erreichung einer hohen Treffsicherheit, d. h. der Vermeidung von underdesign ebenso wie von overdesign. Die Übertragbarkeit, Treffsicherheit sowie die Berücksichtigung physikalischer Prinzipien machen diesen Ansatz auch bei Neuentwicklungen zu einem zielführenden Vorgehen.

Vor dem Hintergrund der Bestimmung von Belastung, Beanspruchung, Beanspruchbarkeit sowie des Auslegungskonzepts sind jedoch Entwicklungsvorleistungen erforderlich. Ausgehend von den aufgrund der Belastungen zu erwartenden Schädigungsmechanismen wird das Designelement so gestaltet, dass die Beanspruchungen innerhalb der Gebrauchsdauer entsprechend den Zuverlässigkeitsanforderungen kleiner bleiben als seine Beanspruchbarkeiten. Die Gestaltung erfolgt durch die optimale Wahl von Systemstruktur, Lösungsprinzip, Dimensionierung, Werkstoff und Herstellprozess. Die Prognose der Zuverlässigkeit erfolgt im Anschluss durch die Anwendung von Auslegungskonzepten, welche auf der rechnerischen Überlagerung von Beanspruchung und Beanspruchbarkeit basieren.

Weiterführende Literatur – Bücher:

Arno Meyna u. a. (2023). *Sicherheit und Zuverlässigkeit technischer Systeme*. Carl Hanser Verlag oder Gerhard Linß (2016). *Qualitätssicherung – Technische Zuverlässigkeit*. Carl Hanser Verlag.

2.2.4.2 Reliability Growth Management

Der Begriff des RGM, englisch für „Zuverlässigkeitswachstum“, bezeichnet die Fortschritte, die im Rahmen der Entwicklung von Bauteilen und Komponenten erzielt werden. Häufig ist es das Ziel, Entwicklungsfortschritte aufzuzeigen und das Erreichen von Zielen zu prognostizieren. Das RGM wurde in den 1960er-Jahren bei der General Electric Motors Division für militärische Systeme entwickelt. Eine wesentliche Verbesserung und Erweiterung des Ansatzes wurde als Crow-AMSAA-Modell (Abschnitt 5.2.3) bei der U.S. Army Material Systems Analysis Activity entwickelt (Crow 1984).

RGM bezeichnet einen systematischen Ansatz zur kontinuierlichen Verbesserung der Zuverlässigkeit eines Produkts über dessen Lebenszyklus hinweg. Das Ziel besteht in der Reduzierung der Ausfallraten sowie der Steigerung der Produktzuverlässigkeit durch gezielte Maßnahmen und systematische Tests. Der Aufbau eines RGM-Programms beginnt mit der Festlegung klarer Zuverlässigkeitsziele. Die Definition der Ziele erfolgt auf Basis der Anforderungen des Kunden, der Betriebsbedingungen sowie der Wettbewerbsanforderungen. Eine detaillierte Analyse der bisherigen Ausfallraten und Zuverlässigkeitsdaten ist dabei von essenzieller Bedeutung, um realistische und erreichbare Ziele zu definieren. Die zuvor definierten Ziele stellen die Grundlage für alle weiteren Schritte im Rahmen des RGM-Prozesses dar.

Ein wesentlicher Bestandteil des Aufbaus von RGM sind die Identifikation und Analyse von Ausfallmechanismen. Dies impliziert die Sammlung und Auswertung von Feld-, Test- und weiteren relevanten Daten, um die häufigsten und kritischsten Ausfallarten zu identifizieren. Zur Untersuchung und zum Verständnis der Ursachen von Ausfällen werden Methoden wie die Fehlermöglichkeits- und -einflussanalyse (Abschnitt 2.2.6) und die Ursachenanalyse (Abschnitt 3.3) eingesetzt. Auf Basis der ermittelten Ausfallmechanismen werden gezielte Maßnahmen zur Verbesserung der Zuverlässigkeit entwickelt. Die genannten Maßnahmen können in Designänderungen, Materialverbesserungen, Prozessoptimierungen sowie Schulungsprogramme unterteilt werden. Die Implementierung jeder Maßnahme erfolgt mit der gebotenen Sorgfalt und unterliegt einer Evaluierung, um deren Effektivität und die Erzielung der intendierten Verbesserungen zu gewährleisten. Ein umfassender Testplan wird erstellt, um die Effektivität der implementierten Verbesserungsmaßnahmen zu evaluieren.

Die Durchführung von RGM erfolgt in mehreren Phasen, die aufeinander aufbauen und sich gegenseitig ergänzen. Zu Beginn werden beschleunigte Lebensdauerprüfungen HALT durchgeführt, um die Auswirkungen der geplanten Verbesserungsmaßnahmen unter extremen Bedingungen zu testen. Diese Tests dienen der Identifizierung und Behebung potenzieller Schwachstellen, sodass eine Inkorporation dieser in die Serienproduktion vermieden wird. Im Anschluss an die beschleunigten Tests erfolgt die Phase der Zuverlässigkeitstests unter realen Betriebsbedingungen. Hierbei werden die Produkte über längere Zeiträume hinweg in ihrer tatsächlichen Einsatzumgebung getestet, um die langfristige Zuverlässigkeit und Robustheit zu überprüfen. Während dieser Tests werden kontinuierlich Daten gesammelt und analysiert, um die Fortschritte zu überwachen und weitere Verbesserungsmöglichkeiten zu identifizieren.

Ein weiterer Aspekt von RGM ist das Feedbackschleifenkonzept, bei dem die aus den Tests gewonnenen Daten und Erkenntnisse in den Entwicklungsprozess zurückgeführt werden. Dies ermöglicht eine kontinuierliche Anpassung und Optimierung der Produkte und Prozesse. Regelmäßige Überprüfungen und Audits stellen sicher, dass die festgelegten Zuverlässigkeitsziele erreicht und aufrechterhalten werden. Die Anwendung von RGM ist insbesondere in Industrien mit hohen Zuverlässigkeitsanforderungen weit verbreitet. In der Luft- und Raumfahrtindustrie findet RGM Anwendung, ebenso ermöglicht RGM in der Automobilindustrie eine Verbesserung der Lebensdauer und Zuverlässigkeit von Fahrzeugkomponenten, was zu einer höheren Kundenzufriedenheit und geringeren Garantiekosten führt. Des Weiteren findet RGM auch in der Medizintechnik und der Elektronikindustrie Anwendung, um die Zuverlässigkeit von Geräten und Systemen zu gewährleisten, die in kritischen Anwendungen zum Einsatz kommen.

2.2.4.3 Sudden-Death-Test

Sudden-Death-Tests (auch End-of-Life-Test genannt) stellen ein Instrument in der Zuverlässigkeitsgestaltung und Qualitätssicherung dar, insbesondere bei der Bewertung der Lebensdauer und Robustheit von Produkten unter extremen Bedingungen. Die Tests fokussieren auf das plötzliche und vollständige Versagen von Bauteilen oder Systemen, um die Grenzen ihrer Belastbarkeit zu identifizieren. Der Aufbau von Sudden-Death-Tests beginnt mit der Testvorbereitung, bei der zunächst die zu testenden Produkte oder Komponenten ausgewählt werden. Diese müssen eine repräsentative Stichprobe der Gesamtproduktion darstellen. Im Anschluss werden die Testparameter festgelegt, welche die Bedingungen des Tests definieren, darunter Temperatur, Feuchtigkeit, mechanische oder elektrische Belastungen. Die Parameter werden in der Regel auf ein Niveau erhöht, das deutlich über den normalen Betriebsbedingungen liegt, um die Zeit bis zum Versagen zu verkürzen. Die Testumgebung erweist sich als maßgeblich für Sudden-Death-Tests. Spezielle Prüfkammern werden verwendet, um extreme Umweltbedingungen wie Temperaturschwankungen, Vibrationen, Feuchtigkeit und Druck zu simulieren. Die Steuerung und Überwachung dieser Kammern muss sehr präzise erfolgen. Des Weiteren sind Überwachungseinrichtungen wie Sensoren und Datenerfassungssysteme von Bedeutung, da sie während des Tests die kontinuierliche Erfassung von Daten gewährleisten.

Im Rahmen der Testdurchführung erfolgt eine kontinuierliche oder zyklische Belastung des Produkts, bis dieses vollständig versagt. Die Dauer des Versuchs ist abhängig von der Art des Produkts und den festgelegten Testbedingungen und kann Stunden, Tage oder sogar Wochen betragen. Dabei werden alle relevanten Daten aufgezeichnet, um die genauen Umstände und Bedingungen des Versagens zu dokumentieren. Im Anschluss an die Durchführung des Tests erfolgt eine detaillierte Analyse des versagten Produkts, um die genaue Ursache des Versagens zu bestimmen. Dies kann mechanische Brüche, elektrische Fehlfunktionen, Materialermüdung oder andere Defekte umfassen. Die gesammelten Daten werden einer statistischen Auswertung unterzogen, um Muster und Trends zu erkennen, die Rückschlüsse auf die Zuverlässigkeit und Lebensdauer des Produkts unter den getesteten Bedingungen zulassen. Sudden-Death-Tests werden in einer Vielzahl von Industrien und für verschiedene Produktarten angewendet. In der Elektronikindustrie werden Sudden-Death-Tests beispielsweise bei Halbleiterbauelementen eingesetzt, um deren Robustheit gegenüber thermischen und elektrischen Belastungen zu bewerten. In der Automobilindustrie werden mechanische Komponenten wie Motoren und Getriebe getestet, um deren Lebensdauer und Zuverlässigkeit unter extremen Betriebsbedingungen zu ermitteln. Auch elektronische Steuergeräte, die in Fahrzeugen zum Einsatz kommen, werden Belastungstests unterzogen, um ihre Zuverlässigkeit bei Hitze, Kälte und Vibrationen zu überprüfen.

Die Vorteile von Sudden-Death-Tests liegen in der frühen Identifikation von Schwachstellen sowie der Möglichkeit, diese zu beheben, bevor die Produkte auf dem Markt eingeführt werden. Dies führt zu einer gesteigerten Zuverlässigkeit der Produkte und kann die Entwicklungszyklen verkürzen, was wiederum die Markteinführungszeiten reduziert. Allerdings sind Sudden-Death-Tests auch mit Herausforderungen verbunden. Sudden-Death-Tests können mit hohen Kosten und einem beträchtlichen Zeitaufwand verbunden sein, insbesondere wenn spezielle Prüfkammern und Überwachungseinrichtungen erforderlich sind. Des Weiteren ist die Übertragung der Testergebnisse auf normale Betriebsbedingungen komplex und erfordert eine sorgfältige Analyse sowie Modellierung.

2.2.4.4 Step-Stress-Test

In der Zuverlässigkeitsprüfung und -gestaltung stellen Step-Stress-Tests ein zentrales Element dar. Insbesondere bei der Bewertung der Lebensdauer und Belastbarkeit von Produkten unter variierenden Stressbedingungen sind sie von großer Bedeutung. Im Gegensatz zu traditionellen Belastungstests, bei denen die Belastung eher konstant gehalten wird, erfolgt bei Step-Stress-Tests eine schrittweise Erhöhung des Stressniveaus. Dadurch lässt sich die Reaktion eines Produkts auf ansteigende Belastungen beobachten und analysieren. Ähnlich wie beim Sudden-Death-Test müssen auch hier Produkte ausgewählt und Testparameter definiert werden. Im Anschluss werden die Stressparameter festgelegt, die während des Tests variiert werden sollen. Die initialen Stressniveaus werden so gewählt, dass sie innerhalb der normalen Betriebsbedingungen liegen, und dann schrittweise erhöht, um die Belastungsgrenzen des Produkts zu testen.

Die Testumgebung stellt einen weiteren entscheidenden Aspekt von Step-Stress-Tests dar. Spezielle Prüfkammern werden eingesetzt, die in der Lage sind, die definierten Stressbedingungen präzise zu steuern und zu überwachen. Im Rahmen der Testdurchführung wird das Produkt über einen definierten Zeitraum einem festgelegten Stressniveau ausgesetzt, bevor der Stress in festgelegten Intervallen erhöht wird. Der Prozess wird fortgesetzt, bis das Produkt versagt oder die maximalen Testbedingungen erreicht sind. Die kontinuierliche Überwachung und Aufzeichnung aller relevanten Daten sind dabei wichtig, um die genaue Reaktion des Produkts auf die steigenden Belastungen zu dokumentieren. Im Anschluss erfolgt eine Analyse der gesammelten Daten, um die Bedingungen und Mechanismen des Versagens zu identifizieren.

Ähnlich des Sudden-Death-Tests werden auch die Step-Stress-Tests in unterschiedlichsten Industrien eingesetzt. Die Vorteile von Step-Stress-Tests liegen in der Fähigkeit, potenzielle Schwachstellen in Produkten frühzeitig zu identifizieren und zu beheben. Die schrittweise Erhöhung der Belastung erlaubt die Identifikation kritischer Stresspunkte sowie möglicher Ausfallmechanismen. Dies führt zu einer Verbesserung der Produktzuverlässigkeit und kann zu einer Verkürzung der Entwicklungszyklen beitragen, da potenzielle Probleme frühzeitig erkannt werden. Allerdings haben Step-Stress-Tests auch Limitationen. Ihre Durchführung erfordert eine sorgfältige Planung und Durchführung, um sicherzustellen, dass die Ergebnisse aussagekräftig und auf reale Betriebsbedingungen übertragbar sind. Des Weiteren können die Tests zeit- und kostenintensiv sein, insbesondere wenn spezielle Prüfkammern und Überwachungseinrichtungen erforderlich sind.

2.2.4.5 High Accelerated Life Testing

HALT stellt neben HASS eine Testmethode dar, die in der Zuverlässigkeitsgestaltung und Qualitätssicherung zum Einsatz kommt. Ihr Ziel ist es, die Grenzen und Schwachstellen eines Produkts zu identifizieren und zu beheben. Die Tests simulieren extreme

Bedingungen, die weit über den normalen Betriebsbedingungen liegen, um Design-Schwächen frühzeitig zu entdecken und die Lebensdauer von Produkten zu maximieren. Die Methode findet insbesondere bei elektrischen und elektronischen Komponenten Anwendung, während sie bei mechanischen Komponenten weniger häufig zum Einsatz kommt. Die Grundidee dieses Testverfahrens ist es, ähnlich wie bei der Step-Stress-Methode, ausgehend von der Nennlast des Erzeugnisses durch schrittweise Laststeigerungen einer einzigen Lastgröße bis zum Ausfall die relevanten Ausfallmechanismen in kürzester Zeit zu ermitteln. Die Dauer der einzelnen Stufen ist dabei konstant. Da HALT mit Lasten deutlich über dem relevanten Belastungsniveau im Betrieb arbeitet, handelt es sich um eine qualitative Methode zur Ermittlung der Einsatzgrenzen. Statistisch relevante Zuverlässigkeitswerte können hier nicht ermittelt werden. Dies stellt den wesentlichen Unterschied zur verwandten Step-Stress-Methode dar. Im Fall eines Ausfalls ist zunächst zu eruieren, ob dieser auch unter den vorgesehenen normalen Betriebsbedingungen eintreten kann.

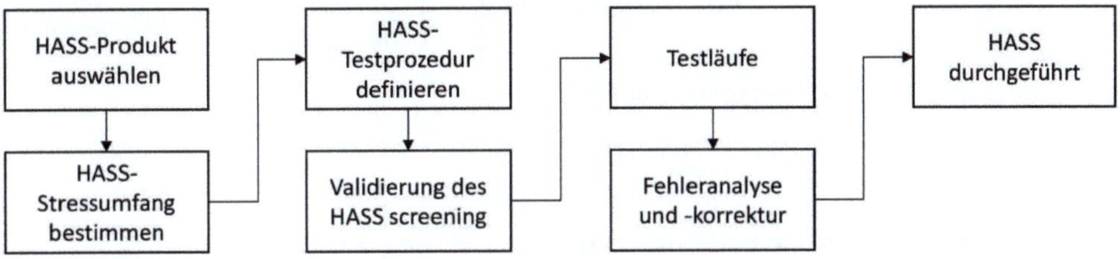

Bild 2.7 Ablauf von HASS und HALT (Lu und Yang 2021)

Der typische Ablauf einer HALT-Prüfung (analog auch HASS) ist in Bild 2.7 skizziert. Auch HALT beginnt mit der bewussten Auswahl von Prüflingen und der Definitionen von Testparametern und deren Grenzen. Die Testumgebung stellt einen essenziellen Bestandteil von HALT dar. Die Testumgebung muss über spezielle Prüfeinrichtungen und Kammern verfügen, die in der Lage sind, extrem hohe und niedrige Temperaturen, schnelle Temperaturwechsel, hohe Vibrationspegel und andere extreme Bedingungen zu erzeugen. Die Steuerung und Überwachung der Kammern muss präzise erfolgen, um die definierten Stressbedingungen exakt zu treffen.

Während der HALT-Durchführung wird das Produkt schrittweise und zyklisch steigenden Stressbedingungen ausgesetzt. Im ersten Schritt werden die zulässigen Temperaturgrenzen ermittelt und das Produkt wird abwechselnd extremen hohen und niedrigen Temperaturen ausgesetzt. Im Anschluss erfolgt die Exposition des Produkts gegenüber hohen Vibrationspegeln, um mechanische Schwachstellen zu identifizieren. Die Kombination aus thermischen und mechanischen Belastungen wird wiederholt, wobei die Intensität der Belastungen schrittweise erhöht wird, bis das Produkt versagt oder seine Belastungsgrenzen erreicht sind. Wie sich die verschiedenen Belastungsintensitäten über die HALT- und HASS-Tests unterscheiden, ist in Bild 2.8 skizziert.

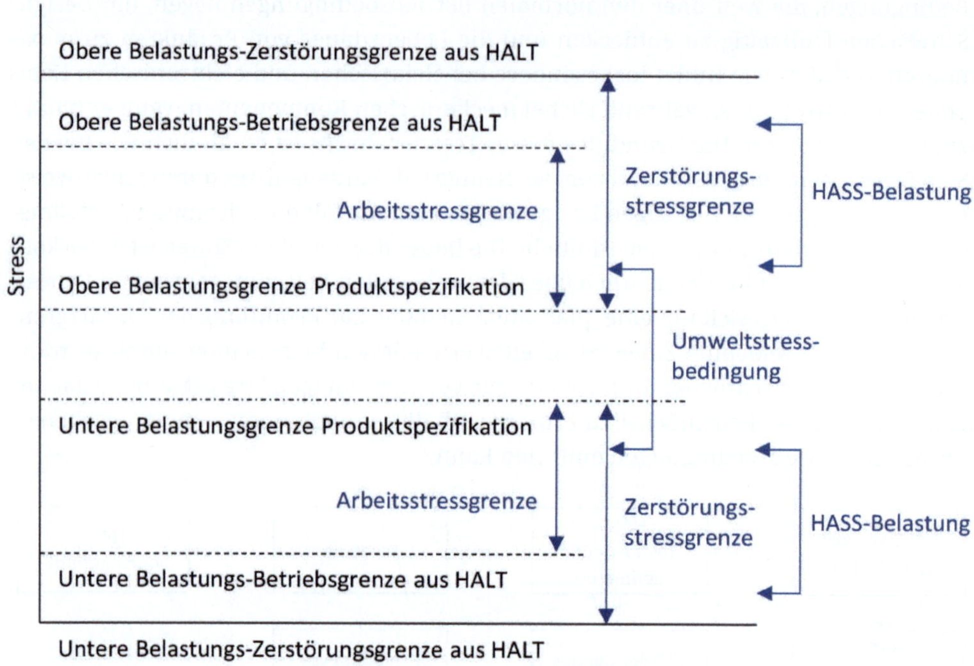

Bild 2.8 Stressgrenzen von HASS und HALT (Lu und Yang 2021)

Auch hier folgt anschließend das bekannte Vorgehen. Die gesammelten Daten werden verwendet, um die genaue Reaktion des Produkts auf die steigenden Belastungen zu dokumentieren und die Bedingungen und Mechanismen des Versagens zu identifizieren. Im Anschluss an die Testdurchführung erfolgt eine detaillierte Analyse des versagten Produkts, um die spezifischen Schwachstellen und Fehlerursachen zu ermitteln. Diese Informationen sind von Bedeutung für die Optimierung des Designs sowie die Steigerung der Zuverlässigkeit des Produkts.

In der Elektronikindustrie findet HALT häufig Anwendung, um die Belastbarkeit von Halbleiterbauelementen, Leiterplatten und anderen elektronischen Komponenten unter extremen thermischen und mechanischen Bedingungen zu testen. Auch in der Luft- und Raumfahrtindustrie findet HALT Anwendung, um die Belastbarkeit von Strukturkomponenten und Avioniksystemen unter extremen Umweltbedingungen zu evaluieren.

Die Vorteile von HALT liegen in der Fähigkeit, Schwachstellen in Produkten frühzeitig zu identifizieren und zu beheben. Die extreme Beschleunigung der Testbedingungen erlaubt die Aufdeckung kritischer Stresspunkte und potenzieller Ausfallmechanismen, bevor diese in der realen Nutzung auftreten. Dies führt zu einer Verbesserung der Produktzuverlässigkeit sowie zu einer Verkürzung der Entwicklungszyklen, da potenzielle

Probleme frühzeitig erkannt und adressiert werden können. HALT erlaubt die Ermittlung der Belastungsgrenzen eines Produkts sowie die darauf basierende Optimierung des Designs.

Ein Kernelement von HALT ist die beschleunigte thermische Alterung, welche meist nach der sehr verbreiteten, relativ einfachen, aber trotzdem meist verhältnismäßig realitätsnahen Arrhenius-Gleichung berechnet wird. Die Arrhenius-Gleichung beschreibt näherungsweise eine quantitative Temperaturabhängigkeit bei physikalischen und vor allem chemischen Prozessen, bei denen auf molekularer Ebene eine Aktivierungsenergie überwunden werden muss. Sie beschreibt eine phänomenologische Beziehung und gilt für sehr viele chemische Reaktionen.

$$t_E = t_Q \cdot e^{\frac{E_A}{R} \cdot \left(\frac{1}{T_E} - \frac{1}{T_Q}\right)} \tag{2.2}$$

mit E_A = Aktivierungsenergie; eine Materialkonstante

R = Gaskonstante

t_E = Qualifizierte Lebensdauer bei absoluter Einsatztemperatur T_E

t_Q = Prüfdauer bei absoluter Prüftemperatur T_Q

Es wird allgemein angenommen, dass HALT zur Verbesserung der Zuverlässigkeit eingesetzt werden kann. Der Einsatz von HALT für den beabsichtigten Zweck ist jedoch mit einigen Vorbehalten verbunden. Thomas (2015) beschreibt zum Beispiel einen Fall, in dem Hunderttausende von Fernseh-Transformatoren hergestellt und in Betrieb genommen worden waren. Ein Ingenieur führte ein HALT-Experiment durch, bei dem eine neue Fehlerart festgestellt wurde. Durch eine Neukonstruktion wurde die Fehlerart korrigiert. Allerdings ist kein Transformator der alten Bauart jemals wegen der neuen Fehlerart ausgefallen. In diesem Fall war die Neukonstruktion unnötig. Wenn es also während eines HALT-Experiments zu einem Ausfall kommt, ist es notwendig, die Fehlerursache zu finden und sorgfältig zu untersuchen und zu prüfen, ob die Fehlerart unter tatsächlichen Einsatzbedingungen auftreten könnte. Fachwissen (oft kombiniert mit Modellierung der beobachteten Fehlerart) ist für eine solche Feststellung unerlässlich.

2.2.4.6 Highly Accelerated Stress Screening

HASS basiert auf den Prinzipien von HALT und wird hauptsächlich in der Produktionsphase eingesetzt, um sicherzustellen, dass jedes gefertigte Produkt die festgelegten Qualitäts- und Zuverlässigkeitsstandards erfüllt. Der Aufbau eines HASS-Programms beginnt mit der Definition der Testparameter, welche auf den Erkenntnissen aus dem HALT basieren. Während HALT dazu dient, die Grenzen und Schwachstellen eines Produkts zu identifizieren, zielt HASS darauf ab, diese Erkenntnisse zu nutzen, um eine schnelle und effektive Screening-Methode zu entwickeln. Die Stressparameter werden so festgelegt, dass sie innerhalb der Grenzen bleiben, die das Produkt im HALT überlebt hat, jedoch hoch genug sind, um latente Defekte in der Produktion aufzudecken.

Die Testumgebung für HASS ist ähnlich wie die bei HALT, allerdings mit einigen Anpassungen, um den Anforderungen der Serienproduktion gerecht zu werden. Die Verwendung spezieller Screening-Kammern, welche die präzise Steuerung und Überwachung schneller Temperaturwechsel, hoher Vibrationspegel und anderer Stressbedingungen ermöglichen, ist erforderlich. Die Kammern müssen robust und zuverlässig sein, um einen konstanten Betrieb in der Produktionsumgebung zu gewährleisten.

Nach der Auswahl der zu prüfenden Produkte werden diese den festgelegten Stressbedingungen ausgesetzt, welche in der Regel eine Kombination aus thermischen und mechanischen Belastungen umfassen. Der Stress wird in Zyklen angewendet, wobei jeder Zyklus eine definierte Dauer aufweist. Dadurch wird sichergestellt, dass latente Defekte ausreichend Zeit haben, sich zu manifestieren. Im Rahmen des HASS erfolgt eine kontinuierliche Erfassung und Überwachung aller relevanten Daten. Jede Abweichung von den festgelegten Testbedingungen wird umgehend registriert und einer Analyse unterzogen, um die korrekte Durchführung des Tests zu gewährleisten. Produkte, die während des HASS versagen, werden aus der Produktionslinie entfernt und einer detaillierten Fehleranalyse unterzogen, um die genaue Ursache des Defekts zu ermitteln. In der Elektronikindustrie findet HASS eine hohe Verbreitung, da elektronische Komponenten und Systeme anfällig für latente Defekte sind, die während der üblichen Qualitätskontrollen nicht entdeckt werden. Die Anwendung von HASS ermöglicht es, sicherzustellen, dass nur fehlerfreie Produkte die Fabrik verlassen, was zu einer Erhöhung der Zuverlässigkeit und Kundenzufriedenheit führt.

Weiterführende Literatur – Fachaufsätze:

Peng Lu und Xuerui Yang (2021). „Research on the Highly Accelerated Stress Screening (HASS) Test Process of Civil Aircraft Airborne Equipment". In: *IOP Conference Series: Materials Science and Engineering*. Bd. 1043. 5. IOP Publishing, S. 052007 oder Edward V. Thomas (2015). *A Statistical Perspective on Highly Accelerated Testing*. Techn. Ber. Sandia National Lab.(SNL-NM), Albuquerque, NM (United States) oder Do Sun Bai, M. S. Kim und S. H. Lee (1989). „Optimum simple step-stress accelerated life tests with censoring". In: *IEEE transactions on reliability* 38.5, S. 528–532.

Bild 2.9 zeigt die Badewannenkurve zur Veranschaulichung der Gefährdungsfunktion als Funktion der Zeit. Die verschiedenen Abschnitte im Diagramm (getrennt durch gestrichelte Linien) entsprechen verschiedenen Arten von Ausfällen und dem entsprechenden Verfahren (entweder HALT oder HASS), das zur Verringerung der jeweiligen Fehlerart eingesetzt wird.

Fazit:

Mit der Zuverlässigkeitsgestaltung können potenzielle Schwachstellen identifiziert werden, um die Produktzuverlässigkeit und -sicherheit zu erhöhen. Zu der Zuverlässigkeitsauslegung gehören neben klassischen Methoden wie FMEA und Fehlerbaumanalyse vor allem Ansätze zur Zuverlässigkeitsprognose, um eine Vorhersage der Produktzuverlässigkeit anhand von Daten und Modellen zu erlangen, oder auch der Einsatz redundanter Komponenten zur Erhöhung der Zuverlässigkeit.

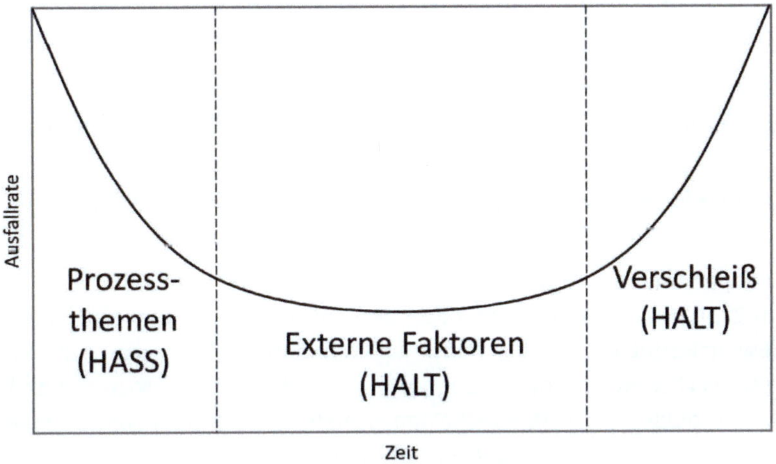

Bild 2.9 Einsatz von HALT und HASS (Collins u. a. 2013)

2.2.5 Prozessvisualisierung

Leitfragen im Umgang mit Prozessvisualierungen:

- Wie ist der Ablauf des Prozesses?
- Wer muss was machen?
- Sind verschiedene Rollen oder Abteilungen beteiligt?

Wann benötigen Sie diese Methode?

Prozessvisualisierungen werden eingesetzt, um Prozesse und Abläufe zu visualisieren und zu dokumentieren, komplexe Prozesse zu vereinfachen und zu verstehen, Schwachstellen und Verbesserungspotenziale zu identifizieren, Prozesse zu optimieren und zu standardisieren und Kommunikation und Zusammenarbeit zwischen Teams und Abteilungen zu verbessern.

Die Anfänge zu Prozessvisualisierungen liegen weit zurück. Die erste strukturierte Methode zur Dokumentation von Prozessabläufen wurde von Frank und Lillian Gilbreth 1921 vor Mitgliedern der American Society of Mechanical Engineers (ASME) vorgestellt. 1947 nahm die ASME einen aus Gilbreths ursprünglicher Arbeit abgeleiteten Symbolsatz als „ASME Standard: Operation and Flow Process Charts“.

Seitdem verging viel Zeit und verschiedene Formen der Prozessvisualisierung etablierten sich, immer abhängig vom Einsatz- und Verwendungszweck. Sterneckert (2003) schlug vor, dass Flussdiagramme aus der Perspektive verschiedener Benutzergruppen (wie Manager, Systemanalytiker und Sachbearbeiter) modelliert werden können und dass es vier allgemeine Typen gibt:

- Dokumentenflussdiagramme, die einen Dokumentenfluss durch ein System zeigen.
- Datenflussdiagramme, die einen Datenfluss in einem System darstellen.
- Systemflussdiagramme, die Abläufe auf einer physischen oder Ressourcenebene darstellen.
- Programmablaufdiagramm, das den Ablauf eines Programms innerhalb eines Systems darstellt.

Prozessvisualisierungen sind ein Teil des APQP, welches sicherstellen soll, dass ein Produktentwicklungsprozess die Anforderungen des Kunden erfüllt und eine hohe Produktqualität gewährleistet. Prozessvisualisierungen dienen als Werkzeuge zur Darstellung, Analyse und Verbesserung von Produktions- und Entwicklungsprozessen und sind ideal, um die komplexen Abläufe einer Neuproduktentwicklung, insbesondere die der Industrialisierung, zu verstehen und zu optimieren.

Ein Ziel von Prozessvisualisierungen besteht darin, komplexe Prozesse und deren Abläufe verständlich und nachvollziehbar darzustellen. In der Phase der Qualitätsvorausplanung ist es entscheidend, dass alle Aspekte des Entwicklungs- und Herstellungsprozesses klar dokumentiert werden, um ein gemeinsames Verständnis zu gewährleisten und eine fundierte Basis für die Identifikation von Risiken und Schwachstellen zu schaffen. Diese frühzeitige Identifikation ermöglicht es, präventive Maßnahmen zu ergreifen und so die Wahrscheinlichkeit von Fehlern in späteren Phasen der Produktentwicklung erheblich zu reduzieren. Darüber hinaus fördern Prozessflussdiagramme das Verständnis und die Kommunikation zwischen verschiedenen Abteilungen. Sie erleichtern den Austausch über Prozessschritte, Verantwortlichkeiten und Schnittstellen und tragen dazu bei, dass alle Beteiligten über den gleichen Prozessverlauf informiert sind.

Durch die visuelle Darstellung der Prozessabläufe können ineffiziente Abläufe und Engpässe schnell erkannt und durch verbesserte Prozessschritte ersetzt werden, was zu einer höheren Effizienz und Qualität führt. Zudem bieten diese Visualisierungen eine detaillierte Dokumentation der Prozesse, die nicht nur während der Entwicklung, sondern auch für zukünftige Referenzen und Audits von Nutzen ist. Prozessvisualisierungen können vielfältig angewendet werden, beispielsweise im Business Process Management. Im Rahmen der Produktentwicklung und als Teil der Qualitätsvorausplanung ist aber die Hauptanwendung die der Entwicklung des Produktionsprozesses. Hierbei kommen Diagramme zum Einsatz, die die Abfolge von Produktionsschritten sowie den Informations- und Materialfluss visualisieren.

Prozessvisualisierungen bieten eine strukturierte und visuelle Darstellung, die es ermöglicht, Risiken frühzeitig zu erkennen, die Kommunikation zu verbessern und die Prozessqualität zu optimieren. Durch ihren Einsatz in der Qualitätsvorausplanung tragen sie zur Sicherstellung einer hohen Produktqualität und zur erfolgreichen Markteinführung neuer Produkte bei. Es gibt verschiedene Prozessvisualisierungen, die je nach Anwendungsfall und Zielsetzung verwendet werden. Die wichtigsten Arten sind beispielhaft aufgeführt:

- **Prozessflussdiagramme:** Dies ist die gebräuchlichste Form von Prozessvisualisierungen, die grundlegende Schritte in einem Prozess oder System darstellt. Sie zeigen die Abfolge von Operationen oder Ereignissen und werden oft verwendet, um einfache Prozesse oder Abläufe zu dokumentieren.
- **Funktionsübergreifende Prozessflussdiagramme:** Diese Diagramme unterteilen den Prozess in verschiedene Verantwortungsbereiche oder Abteilungen, die in Schwimmbahnen (Swimlanes) dargestellt werden. Es zeigt nicht nur die Schritte des Prozesses, sondern auch, welche Abteilung oder Funktion für jeden Schritt verantwortlich ist.
- **Arbeitsablaufdiagramme:** Diese Diagramme konzentrieren sich auf den Fluss von Aufgaben, Informationen oder Dokumenten innerhalb eines Geschäftsprozesses. Sie werden verwendet, um zu visualisieren, wie verschiedene Schritte und Aufgaben zusammenwirken, oft in administrativen oder bürokratischen Prozessen.
- **Datenflussdiagramme:** Diese Diagramme stellen den Fluss von Daten innerhalb eines Systems dar. Sie zeigen, wie Daten eingegeben, verarbeitet und ausgegeben werden. Datenflussdiagramme werden häufig in der Softwareentwicklung und Systemanalyse verwendet.
- **Prozesslandkarten:** Prozesslandkarten bieten eine hochrangige Ansicht eines Geschäftsprozesses oder einer Gruppe von Prozessen. Sie stellen die Verbindungen zwischen verschiedenen Prozessen dar und sind ideal für das Verständnis der gesamten Prozesslandschaft eines Unternehmens.
- **Value Stream Mapping:** Diese Art von Flussdiagramm wird in der Lean Production verwendet, um den Material- und Informationsfluss in einem Produktionsprozess darzustellen. Siehe Abschnitt 4.1.1.

Da das einfache Prozessflussdiagramm (PFD) und die sogenannten Swimlanes eine herausgehobene Bedeutung zur Darstellung und Visualisierung von Abläufen eingenommen haben, werden sie im Folgenden noch einmal etwas detaillierter beschrieben.

2.2.5.1 Prozessflussdiagramm

Ein PFD ist eine Art von Diagramm, das einen Arbeitsablauf oder Prozess darstellt. Ein PFD kann auch als eine schematische Darstellung eines Algorithmus definiert werden, ein schrittweiser Ansatz zur Lösung einer Aufgabe. Das PFD zeigt die Schritte als

Kästchen verschiedener Art und ihre Reihenfolge durch die Verbindung der Kästchen mit Pfeilen. Diese diagrammatische Darstellung veranschaulicht ein Lösungsmodell für ein bestimmtes Problem. Prozessflussdiagramme werden bei der Analyse, Gestaltung, Dokumentation oder Verwaltung eines Prozesses in verschiedenen Bereichen eingesetzt. Wie andere Arten von Diagrammen helfen sie, den Prozess zu visualisieren. PFD verwenden in der Regel die folgenden Hauptsymbole: Ein Prozessschritt, in der Regel eine Aktivität genannt, wird durch ein rechteckiges Kästchen dargestellt. Eine Entscheidung wird in der Regel durch eine Raute dargestellt. Ein vereinfachtes Beispiel eines PFD ist in Bild 2.10 dargestellt.

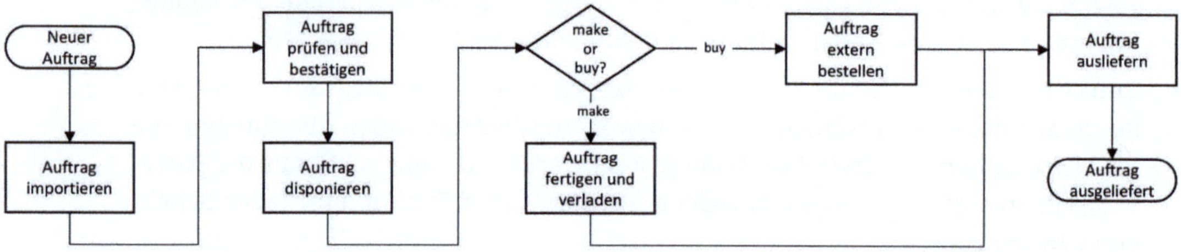

Bild 2.10 Beispiel eines einfachen Prozessflussdiagramms

Prozessflussdiagramme stellen bestimmte Aspekte von Prozessen dar und werden in der Regel durch andere Diagrammtypen ergänzt. Kaoru Ishikawa beispielsweise definierte das Flussdiagramm als eines der sieben grundlegenden Werkzeuge der Qualitätskontrolle (siehe Abschnitt 5.1.4). Auch in der UML, einer Standardnotation für die Konzeptmodellierung in der Softwareentwicklung, ist das Aktivitätsdiagramm, das eine Art PFD ist, nur eine von vielen verschiedenen Diagrammarten. Gängige alternative Bezeichnungen sind: Flussdiagramm, funktionales Flussdiagramm, Prozessmodell, Prozessflussdiagramm oder Arbeitsflussdiagramm.

2.2.5.2 Swimlanes

Ein PFD wird als funktionsübergreifend bezeichnet, wenn das Diagramm in verschiedene vertikale oder horizontale Teile unterteilt ist, um die Kontrolle verschiedener Organisationseinheiten zu beschreiben. Ein Symbol, das in einem bestimmten Teil erscheint, unterliegt der Kontrolle dieser Organisationseinheit. Ein funktionsübergreifendes PFD ermöglicht es dem Autor, die Verantwortung für die Durchführung einer Handlung oder für eine Entscheidung korrekt zu lokalisieren und die Verantwortung jeder Organisationseinheit für verschiedene Teile eines einzigen Prozesses darzustellen.

Ein Swimlanediagramm wird verwendet, um die Aufgabenteilung und die Verantwortlichkeiten für Teilprozesse eines Geschäftsprozesses visuell zu unterscheiden. Swimlanes können entweder horizontal oder vertikal angeordnet werden. Swimlanediagramme tauchten erstmals in den 1940er-Jahren als eine Variante des Flussdiagramms auf, die als Mehrspaltendiagramm bezeichnet wurde. Swimlanes sind auch als Rummler-Brache-Diagramme bekannt. Das Swimlanediagramm unterscheidet sich von anderen Flussdiagrammen dadurch, dass Prozesse und Entscheidungen visuell gruppiert werden, indem sie in Bahnen angeordnet werden. Parallele Linien unterteilen das Diagramm in Bahnen, wobei eine Bahn für jede Person, Gruppe oder jeden Teilprozess steht. Die Beschriftung der Bahnen zeigt, wie das Diagramm aufgebaut ist.

In Bild 2.11 stellt die vertikale Richtung die Abfolge der Ereignisse im Gesamtprozess dar, während die horizontalen Unterteilungen zeigen, welcher Teilprozess diesen Schritt durchführt. Die Pfeile zwischen den Bahnen zeigen, wie Informationen oder Material zwischen den Teilprozessen weitergegeben werden. Alternativ kann der Ablauf auch so gedreht werden, dass die Abfolge horizontal von links nach rechts verläuft, wobei die beteiligten Rollen am linken Rand dargestellt werden. Dies kann einfacher zu lesen und zu gestalten sein, da Computerbildschirme in der Regel breiter als hoch sind, was eine bessere Sicht auf den Ablauf ermöglicht. Die Verwendung von Standardsymbolen ermöglicht es, bei der Darstellung von Abläufen mit komplexen Beziehungen klare Verknüpfungen zwischen zusammenhängenden Ablaufdiagrammen darzustellen.

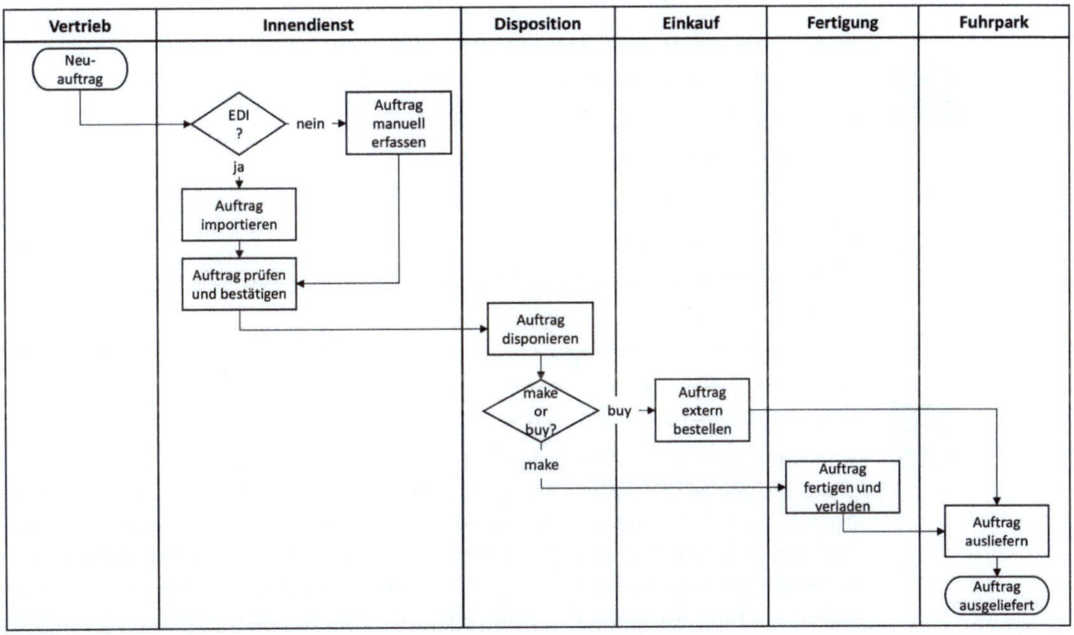

Bild 2.11 Beispiel einer Prozessflussdarstellung mittels Swimlane

Bei der Darstellung eines Geschäftsprozesses, an dem mehr als eine Abteilung beteiligt ist, dienen Swimlanes häufig dazu, nicht nur die einzelnen Schritte und die jeweiligen Zuständigkeiten zu verdeutlichen, sondern auch, wie es zu Verzögerungen, Fehlern oder Betrug kommen kann. Viele Prozessmodellierungsmethoden verwenden das Konzept der Swimlanes als Mechanismus zur Organisation von Aktivitäten in separaten visuellen Kategorien, um verschiedene funktionale Fähigkeiten oder Verantwortlichkeiten (organisatorische Rollen) zu veranschaulichen. Swimlanes werden im Business Process Modeling für Aktivitätsdiagramme verwendet.

Fazit:

Prozessvisualisierungen sind insbesondere nützlich in Bereichen wie Produktion, Prozessoptimierung, Qualitätsmanagement, Projektmanagement, Geschäftsprozessmanagement oder auch Softwareentwicklung. Es handelt sich um visuelle Darstellungen von Prozessen und Abläufen, die Prozesse Schritt für Schritt abbilden, Entscheidungen, Verzweigungen und Schleifen darstellen, komplexe Prozesse vereinfachen und transparent machen und Schwachstellen und Verbesserungspotenziale identifizieren helfen. Sie werden verwendet, um Prozesse zu dokumentieren, zu analysieren, zu optimieren und zu kommunizieren.

2.2.6 Failure Mode and Effects Analysis

Leitfragen im Umgang mit Failure Mode and Effects Analysis (FMEA):

- Was sind potenzielle Fehler?
- Was sind die potenziellen Auswirkungen?
- Wie sind diese Auswirkungen zu bewerten?
- Was sind die möglichen Ursachen?
- Wie hoch ist die Auftretenswahrscheinlichkeit?
- Wie hoch ist die Entdeckungswahrscheinlichkeit des Fehlers?

Wann benötigen Sie diese Methode?

Eine FMEA hilft dabei, potenzielle Fehler und ihre Auswirkungen zu identifizieren, zu bewerten und zu priorisieren, um gezielte Maßnahmen zur Risikominimierung zu ergreifen. Eine FMEA wird benötigt, wenn ein neues Produkt oder Prozess entwickelt wird, ein bestehendes Produkt oder Prozess modifiziert wird, Risiken und potenzielle Fehlerquellen identifiziert und minimiert werden sollen, die Sicherheit und Zuverlässigkeit von Produkten oder Prozessen kritisch ist oder gesetzliche oder regulatorische Anforderungen erfüllt werden müssen.

Die FMEA ist eine bewährte Methode zur präventiven Fehlervermeidung in der Produktentwicklung und Prozessplanung. Durch die strukturierte Analyse potenzieller Fehler, ihrer Ursachen und Auswirkungen, ermöglicht die FMEA es, Schwachstellen frühzeitig zu erkennen und gezielte Maßnahmen zur Risikominimierung zu entwickeln. Sie spielt in Branchen mit hohen Qualitätsanforderungen, wie der Automobil- und Luftfahrtindustrie, eine herausragende Rolle und ist integraler Bestandteil des APQP.

Die FMEA wurde ursprünglich in den 1940er-Jahren von der US-amerikanischen Militärindustrie entwickelt und fand in den 1960er-Jahren Anwendung bei der NASA. Die Methode wurde konzipiert, um mögliche Fehler in Missionen und technischen Systemen frühzeitig zu erkennen, da Fehler im Weltraum fatal wären. Diese Methode fand bald auch Eingang in andere hochentwickelte Industrien, insbesondere die Automobilindustrie, die die FMEA weiterentwickelte und normierte. Heute ist die FMEA eine anerkannte und weltweit genutzte Methode im Qualitätsmanagement.

Das Ziel der FMEA ist es, mögliche Fehlerquellen in einem Produkt oder einem Prozess proaktiv zu identifizieren und Risiken bereits in der Planungsphase zu minimieren, um kostspielige Nacharbeiten und Qualitätseinbußen zu verhindern. Durch die FMEA lassen sich Produkte und Prozesse von Beginn an so gestalten, dass die Wahrscheinlichkeit von Fehlern in der Serienproduktion deutlich reduziert wird. Die FMEA ist damit ein präventives Werkzeug, das nicht nur die Qualität verbessert, sondern auch die Sicherheit und Zuverlässigkeit von Produkten und Prozessen erhöht. Die spezifischen Ziele der FMEA umfassen:

- **Früherkennung von Fehlerpotenzialen:** Identifikation möglicher Fehler in Produktdesigns oder Prozessen, bevor sie auftreten.
- **Bewertung von Risiken:** Quantitative Bewertung der Wahrscheinlichkeit, der Entdeckbarkeit und der Auswirkungen eines Fehlers.
- **Entwicklung und Umsetzung von Präventionsmaßnahmen:** Formulierung konkreter Maßnahmen zur Vermeidung potenzieller Fehler.
- **Verbesserung der Prozessstabilität und Produktqualität:** Sicherstellung, dass das Produkt oder der Prozess die Anforderungen langfristig zuverlässig erfüllt.

Weiterführende Literatur – Bücher:

Hans-Joachim Pfeufer (2021). *FMEA – Fehler-Möglichkeits- und Einfluss-Analyse nach AIAG und VDA*. Carl Hanser Verlag.

2.2.6.1 Durchführung einer FMEA

Die Durchführung einer FMEA erfolgt typischerweise in mehreren strukturierten Schritten (siehe Bild 2.12) und wird in interdisziplinären Teams durchgeführt, um unterschiedliche Fachperspektiven und Expertenwissen zu integrieren (VDA 2020b).

Systemanalyse und Funktionsdefinition: Der erste Schritt in einer FMEA ist die umfassende Analyse des Systems und die Definition aller wesentlichen Funktionen des

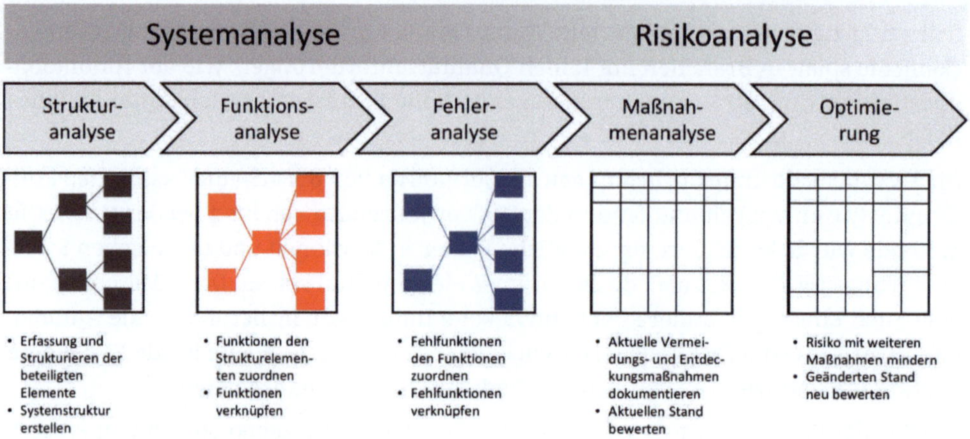

Bild 2.12 Ablauf einer FMEA

Produkts oder des Prozesses. Hierbei geht es darum, die Designstruktur in einzelne Komponenten oder Baugruppen zu unterteilen und ihre jeweiligen Funktionen genau zu definieren. Eine klare Abbildung der Anforderungen, wie sie in den Kunden- und Normenanforderungen festgelegt sind, ist ebenfalls erforderlich. Beispielsweise wird für ein Automobilteil die Funktionalität in Bezug auf mechanische Stabilität, Temperaturbeständigkeit oder elektrische Leitfähigkeit analysiert. Diese Anforderungen werden mit Hilfe eines Funktionsbaums oder Blockdiagramms übersichtlich strukturiert, um sicherzustellen, dass jede Funktion und jedes Bauteil im folgenden Schritt detailliert analysiert werden kann.

Identifikation potenzieller Fehler und Fehlermodi: Im nächsten Schritt werden für jede Komponente und jede Funktion potenzielle Fehlermodi identifiziert. Ein Fehlermodus beschreibt, auf welche Art und Weise eine Komponente oder Baugruppe ausfallen könnte. Typische Fehlermodi könnten mechanische Deformationen, Materialermüdungen oder elektrische Kurzschlüsse sein. Die systematische Analyse der Fehlermodi erfolgt oft in einem multidisziplinären Team, das Fachwissen aus verschiedenen Bereichen einbringt. Dies ermöglicht eine breite Betrachtung und minimiert die Wahrscheinlichkeit, potenzielle Fehlermodi zu übersehen. Werkzeuge wie das Ishikawa-Diagramm oder der „5-Why“ helfen dabei, die Ursachen von Fehlern zu identifizieren.

Weiterführende Literatur – Normen:

VDA (2020b). *Band 4 – Sicherung der Qualität in der Prozesslandschaft. Abschnitt 2: Risikoanalysen*. Techn. Ber. Verband der Automobilindustrie VDA oder VDA (2019). *AIAG und VDA FMEA-Handbuch Design-FMEA, Prozess-FMEA, FMEA-Ergänzung – Monitoring und Systemreaktion*. Techn. Ber. Verband der Automobilindustrie VDA.

Analyse der Auswirkungen: Im Anschluss an die Identifikation der Fehlermodi wird für jeden Fehlermodus eine Analyse der potenziellen Auswirkungen durchgeführt. Diese Analyse zielt darauf ab, die Konsequenzen eines Fehlers auf das Produkt und den Endkunden zu bewerten. Typische Auswirkungen können Sicherheitsrisiken, Funktionsverlust oder eine reduzierte Lebensdauer sein. Die Auswirkungen werden auf der Grundlage einer Bewertungsskala quantifiziert, die den potenziellen Schaden widerspiegelt, der durch den Fehler verursacht werden könnte. Diese Bewertung wird häufig in numerischen Skalen dargestellt, die von einer geringen bis zu einer extremen Schwere reichen. In sicherheitskritischen Anwendungen, wie beispielsweise in der Medizintechnik oder Luftfahrt, ist die Risikobewertung besonders präzise und streng geregelt, um sicherzustellen, dass keine gravierenden Auswirkungen auftreten.

Ursachenanalyse und Eintrittswahrscheinlichkeit: Der nächste Schritt ist die Bestimmung der Ursachen für jeden Fehlermodus und deren Eintrittswahrscheinlichkeit. Jede potenzielle Ursache wird auf die zugrunde liegenden Mechanismen untersucht, die zu einem Ausfall führen könnten. Die Wahrscheinlichkeit eines Fehlers wird dann anhand einer numerischen Skala von niedrig bis hoch bewertet. Für eine fundierte Risikoeinschätzung ist es wichtig, historische Daten und Erfahrungswerte zu berücksichtigen. Erfahrungswerte können aus ähnlichen Projekten oder Versuchsreihen stammen und ermöglichen eine zuverlässigere Abschätzung der Fehlerwahrscheinlichkeit.

Erkennungsmöglichkeiten und Kontrollmechanismen: Je früher ein Fehler entdeckt wird, desto schneller und kosteneffizienter kann er behoben werden. In der FMEA wird die Erkennbarkeit auf einer Skala bewertet, die angibt, wie wahrscheinlich es ist, dass der Fehlermodus während der Produktion, Prüfung oder Nutzung entdeckt wird. Effektive Kontrollmechanismen sind beispielsweise zerstörungsfreie Prüfmethoden, Stichprobenkontrollen und statistische Verfahren. Es ist wesentlich, dass alle ermittelten Kontrollmechanismen dokumentiert und für eine spätere Verifikation verfügbar sind.

Berechnung der Risikoprioritätszahl und neue Risikobewertung: Nachdem die Schwere, die Eintrittswahrscheinlichkeit und die Erkennbarkeit jedes Fehlers bewertet wurden, wird eine Risikoprioritätszahl (RPZ) berechnet, die das Gesamtrisiko eines Fehlermodus repräsentiert. Die RPZ ergibt sich als Produkt der drei Faktoren. Mit der neuen Normung wird jedoch zunehmend auf eine differenzierte Analyse der Schwere gesetzt, bei der die Kritikalität in den Vordergrund tritt. Kritische Merkmale, die sicherheitsrelevant oder funktionsentscheidend sind, erhalten eine gesonderte Priorität, unabhängig vom RPZ-Wert.

Entwicklung und Implementierung von Maßnahmen: Auf Grundlage der Risikobewertung werden anschließend spezifische Maßnahmen entwickelt, um die Eintrittswahrscheinlichkeit oder die Auswirkungen des Fehlers zu reduzieren. Diese Maßnahmen umfassen beispielsweise Designanpassungen, verstärkte Kontrollen und Prüfungen sowie redundante Systeme zur Fehlerprävention. Jede Maßnahme wird einem Verantwortlichen zugewiesen und mit einem Umsetzungsplan versehen. Regelmäßige

Reviews stellen sicher, dass die Umsetzung der Maßnahmen planmäßig erfolgt und die Wirksamkeit der Maßnahmen kontinuierlich überwacht wird.

Bewertung der Maßnahmen und Abschluss der FMEA: Nach der Implementierung der Maßnahmen wird eine erneute Risikobewertung durchgeführt. Ziel ist es, zu überprüfen, ob die eingeleiteten Maßnahmen die Risikowerte reduziert haben und ob kritische Merkmale hinreichend abgesichert sind. In Fällen, in denen Maßnahmen nicht die gewünschte Wirkung erzielen, werden gegebenenfalls zusätzliche Maßnahmen implementiert. Der Abschluss einer FMEA wird durch eine abschließende Dokumentation aller identifizierten Risiken und umgesetzten Maßnahmen festgehalten. Diese Dokumentation dient als Grundlage für die spätere Prozess-FMEA und kann bei zukünftigen Entwicklungsprojekten als wertvolle Referenz dienen. Ein exemplarisches Beispiel für eine Vorlage zur Durchführung einer FMEA ist in Bild 2.13 zu sehen.

FMEA: Formblatt

Prozess-FMEA ☐ Produkt-FMEA ☐

Name / Abteilung: Prozess- /Produktname: Erstellt durch: Datum: Überarbeitet durch/am:

	Merkmal	Potentielle Fehler	Fehlerfolge	Fehler-ursache	Derzeitiger Zustand					Empfohlene Maßnahmen	Verantwortlich	Verbesserter Zustand				
					Kontrollmaßnahmen	A*	B*	E*	RPZ*			Getroffene Maßnahmen	A*	B*	E*	RPZ*
1.									0							0
2.									0							0
3.									0							0
4.									0							0
5.									0							0

A* ... Auftreten

Wahrscheinlichkeit des Auftretens

unwahrscheinlich	= 1
sehr gering	= 2 - 3
gering	= 4 - 6
mäßig	= 7 - 8
hoch	= 9 -10

B* ... Bedeutung

Auswirkungen auf den Kunden

kaum wahrnehmbar	= 1
unbedeutender Fehler	= 2 - 3
mässig schwerer Fehler	= 4 - 6
schwerer Fehler	= 7 - 8
äusserst schwerer Fehler	= 9 -10

E* ... Entdeckung

Wahrscheinlichkeit der Entdeckung

hoch	= 1
mäßig	= 2 - 3
gering	= 4 - 6
sehr gering	= 7 - 8
unwahrscheinlich	= 9 -10

RPZ* ... Risiko-Prioritätszahl

hoch	<= 1000
mittel	<= 250
gering	<= 125
kein	= 1

Bild 2.13 Formblatt einer FMEA (zum Download verfügbar)

Die FMEA erfordert eine gründliche und interdisziplinäre Bearbeitung, um alle potenziellen Fehlerquellen zu identifizieren. Erfolgsfaktoren sind beispielsweise interdisziplinäre Teams, in denen Experten aus verschiedenen Fachgebieten einbezogen werden sollten. Ebenso muss eine FMEA präzise dokumentiert werden, um als Grundlage für zukünftige Verbesserungen zu dienen, und die FMEA sollte fortlaufend aktualisiert und an neue Anforderungen angepasst werden.

Die FMEA wird in verschiedenen Bereichen eingesetzt, wobei insbesondere zwei Arten von FMEA eine besondere Bedeutung haben: die Design-FMEA (DFMEA) und die Prozess-FMEA (PFMEA). Die DFMEA ist eine spezialisierte Variante der FMEA, die insbesondere in der Entwicklungsphase eines Produkts Anwendung findet. Ziel der DFMEA ist es, potenzielle Schwachstellen und Fehlerquellen im Design frühzeitig zu erkennen und durch geeignete Maßnahmen zu minimieren, bevor diese Fehler die Produktion oder den Einsatz des Produkts beeinträchtigen können.

Durch die präventive Natur der DFMEA lassen sich Kosten und Ressourcen sparen, die sonst für spätere Korrekturen im Produktionsprozess oder gar im Feld aufgewendet werden müssten. Die DFMEA ist ein analytischer Prozess, der darauf abzielt, Fehler frühzeitig zu identifizieren und deren Einfluss auf die Funktionalität, Qualität und Sicherheit eines Produkts zu bewerten. Sie fokussiert sich auf das Produktdesign, analysiert die potenziellen Fehlerquellen und bewertet, welche Auswirkungen diese Fehler auf die Sicherheit und Funktion des Produkts haben könnten.

Da die DFMEA bereits in der Planungsphase eines Produkts Anwendung findet, ist es möglich, durch Designänderungen bereits vor der Produktion Risiken zu minimieren und die Qualität zu optimieren. Im Kontext der Automotive-Industrie und anderer hochregulierter Industrien wie der Medizintechnik ist die DFMEA oft Teil des Qualitätsvorausplanungsprozesses. Sie ist außerdem in Branchenstandards wie IATF 16949 verankert und bildet eine wesentliche Grundlage für die Zertifizierungsanforderungen.

Die PFMEA dient dazu, potenzielle Risiken in Produktions- und Fertigungsprozessen zu identifizieren und zu bewerten. Durch die frühe Identifizierung von Prozessfehlern können Kosten und Aufwände, die durch spätere Fehler in der Produktion entstehen könnten, signifikant gesenkt und gleichzeitig die Qualität des Endprodukts optimiert werden. Dies ist besonders wichtig, um die Qualität und Konsistenz der Produktion sicherzustellen und Ausfälle oder Nacharbeiten zu minimieren.

Die PFMEA ermöglicht es, Prozessrisiken frühzeitig zu erkennen und durch gezielte Maßnahmen die Wahrscheinlichkeit oder die Auswirkungen von Fehlern zu reduzieren. Die PFMEA wird in interdisziplinären Teams durchgeführt, die Expertenwissen aus verschiedenen Bereichen, darunter Produktion, Qualitätssicherung und Instandhaltung, vereinen. Diese teamorientierte Herangehensweise hilft dabei, eine umfassende Perspektive auf den Prozess zu erhalten und potenzielle Probleme aus verschiedenen Blickwinkeln zu betrachten.

In der heutigen Zeit, in der Kundenanforderungen und regulatorische Auflagen immer anspruchsvoller werden, bleibt die PFMEA ein unverzichtbares Werkzeug für die erfolgreiche Qualitätssicherung und Risikominimierung in der Prozessentwicklung.

Weiterführende Literatur – Fachaufsätze:

Kapil Dev Sharma und Shobhit Srivastava (2018). „Failure mode and effect analysis (FMEA) implementation: a literature review". In: *J Adv Res Aeronaut Space Sci* 5.1–2, S. 1–17.

2.2.6.2 Besondere Merkmale

Im Rahmen der FMEA stellen die sogenannten „besonderen Merkmale" ein zentrales Element dar, das besondere Aufmerksamkeit auf spezifische Eigenschaften eines

Produkts oder Prozesses lenkt. Diese Merkmale haben eine überdurchschnittliche Relevanz für die Funktionalität, Sicherheit und Qualität eines Produkts.

Laut Verband deutscher Automobilhersteller (VDA) sind besondere Merkmale Produktmerkmale und/oder Prozessmerkmale, die Auswirkungen auf die Funktionssicherheit (Betriebs- und Gebrauchssicherheit), die Einhaltung behördlicher Vorschriften, die Funktion, die Leistung, die Passform, das Erscheinungsbild oder die weitere Verarbeitung des Produkts haben können.

Besondere Merkmale sind Produkt- oder Prozessmerkmale, die eine hohe Relevanz für die Funktionalität, Qualität und Sicherheit aufweisen und daher besondere Anforderungen hinsichtlich ihrer Steuerung und Überwachung haben. Diese Merkmale sind in verschiedenen Industrien, wie der Automobilindustrie oder Luftfahrt, etabliert und standardisiert, da sie sicherstellen, dass sicherheitskritische und qualitätsrelevante Anforderungen erfüllt werden. In der Praxis umfassen besondere Merkmale oft Faktoren, die direkt mit der Sicherheit des Endbenutzers in Verbindung stehen (beispielsweise der Stabilität von medizinischen Geräten).

Die Identifikation dieser Merkmale im FMEA-Prozess hilft dabei, Ressourcen gezielt einzusetzen, um Fehler zu verhindern, die potenziell schwerwiegende Auswirkungen haben könnten. Sie bedingen verstärkte Prüfungen, engere Toleranzvorgaben und eine intensive Überwachung durch zusätzliche Kontrollen. Das Ziel ist es, diese kritischen Merkmale systematisch zu identifizieren und eine gesonderte Risikoanalyse durchzuführen, um die erforderlichen Maßnahmen für deren Steuerung zu entwickeln. Die Ford Motor Company hat zur Kennzeichnung der Besonderen Merkmale eine Nomenklatur eingeführt, die unter anderem vom VDA weiter ausgeführt wurde und in Tabelle 2.3 zu sehen ist.

Tabelle 2.3 Übersicht Besonderer Merkmale in einer FMEA

Abkürzung	Bezeichnung	Verwendung
YC	Yes – could be – Critical	DFMEA
YS	Yes – could be – Special	DFMEA
CC	Critical Characteristic	PFMEA
SC	Special Characteristic	PFMEA
BM S	Sicherheitsrelevanz	DFMEA/PFMEA
BM Z	Gesetzliche und behördliche Vorgaben	DFMEA/PFMEA
BM F	Funktionen und Forderungen	DFMEA/PFMEA

In der DFMEA stehen das Produktdesign und die Produktfunktionalität im Vordergrund. Besondere Merkmale in der DFMEA beziehen sich auf Eigenschaften des Produkts, die dessen Funktionsweise und Sicherheit direkt beeinflussen. Typische Beispiele für Besondere Merkmale in der DFMEA könnten strukturelle Festigkeit, Maßgenauigkeit, elektrische Leitfähigkeit oder die Biokompatibilität von Materialien im medizinischen Bereich sein. Diese Merkmale werden während der Designphase spezifiziert und erhalten besondere Aufmerksamkeit, da sie die grundlegende Leistung und die Einhaltung der Anforderungen an Sicherheit und Zuverlässigkeit des Produkts sicherstellen.

Für die Identifikation Besonderer Merkmale im Rahmen der DFMEA werden alle Produktfunktionen und deren mögliche Fehlermodi analysiert. Dabei wird bewertet, welche Merkmale besonders kritisch für die beabsichtigte Funktion oder für die Sicherheit des Nutzers sind. Die Analyse erfolgt durch eine genaue Betrachtung der Wechselwirkungen und möglichen Auswirkungen dieser Merkmale auf die Gesamtfunktionalität. Ein wesentlicher Aspekt bei der DFMEA ist die Berücksichtigung der Kundenstimme, bei der Anforderungen und Erwartungen des Endnutzers berücksichtigt werden. Das Resultat ist eine gezielte Definition und Klassifizierung von Besonderen Merkmalen, die in den darauffolgenden Entwicklungs- und Produktionsprozessen entsprechend gesteuert und überwacht werden.

Die PFMEA zielt auf die Analyse und Optimierung der Produktionsprozesse ab. Besondere Merkmale in der PFMEA sind daher diejenigen Prozessparameter, die sicherstellen, dass die in der DFMEA festgelegten Produktmerkmale und Qualitätsanforderungen während der Produktion reproduzierbar und stabil erreicht werden. Hierbei handelt es sich um Prozessmerkmale, die Einfluss auf die Fähigkeit des Prozesses haben, die Produktanforderungen zu erfüllen.

Beispiele für solche Merkmale könnten Schweißtemperaturen, Anpressdrücke oder Taktzeiten sein, die maßgeblich die Qualität und Konsistenz der gefertigten Produkte beeinflussen. In der PFMEA werden besondere Merkmale unter Berücksichtigung der Prozessstabilität und -fähigkeit identifiziert. Dies geschieht durch eine Analyse der Produktionsabläufe und -parameter, um sicherzustellen, dass die kritischen Produktmerkmale im laufenden Produktionsprozess konstant eingehalten werden. Ein entscheidender Punkt ist hierbei die Überwachung der Prozessfähigkeit (Abschnitt 3.5.2), um sicherzustellen, dass der Prozess innerhalb der definierten Toleranzgrenzen operiert. Abweichungen bei diesen Besonderen Merkmalen im Produktionsprozess können zu erheblichen Qualitätseinbußen führen und werden daher durch häufige Prüfungen und eine enge Prozesskontrolle überwacht.

Obwohl Besondere Merkmale sowohl in der DFMEA als auch in der PFMEA eine zentrale Rolle spielen, gibt es wesentliche Unterschiede in der Bewertung und Steuerung. In der DFMEA liegt der Fokus darauf, die Merkmale des Produkts zu identifizieren, die aus sicherheits- und funktionskritischen Gesichtspunkten unerlässlich sind. Die Steuerung dieser Merkmale erfolgt durch detaillierte Spezifikationen, die den Designprozess anleiten und sicherstellen, dass das Produkt den Anforderungen entspricht.

Im Gegensatz dazu zielt die PFMEA darauf ab, sicherzustellen, dass die festgelegten Produktmerkmale in der Produktion stabil und konsistent reproduziert werden können. Besondere Merkmale in der PFMEA erfordern eine Überwachung des Produktionsprozesses, häufig durch statistische Prozessregelung und regelmäßige Validierung von

Prozessparametern. Dies bedeutet, dass die Identifikation und Steuerung Besonderer Merkmale in der PFMEA stärker prozessbezogen sind und Maßnahmen zur Sicherstellung der Prozessfähigkeit integrieren.

Ein weiterer Unterschied besteht in der Auswirkung auf die Dokumentation und das Schulungsniveau der Mitarbeiter. Während in der DFMEA das Design-Team stark involviert ist, um kritische Produktmerkmale zu verstehen und umzusetzen, erfordert die PFMEA eine enge Zusammenarbeit mit dem Produktionsteam. Mitarbeiter im Produktionsumfeld müssen in Bezug auf die identifizierten Besonderen Merkmale geschult und sensibilisiert werden, um Fehler bei der Fertigung zu vermeiden und die Qualitätsstandards einzuhalten.

Die Identifikation und Berücksichtigung Besonderer Merkmale in der FMEA erfordern eine umfassende und methodische Herangehensweise, die eine enge Zusammenarbeit zwischen den Teams für Design, Prozessentwicklung und Qualitätssicherung voraussetzt. Um die Effektivität zu maximieren, sollten folgende Ansätze in die FMEA-Methodik integriert werden. Besondere Merkmale sollten bereits in der frühen Entwicklungsphase festgelegt werden, um diese Anforderungen in den nachfolgenden Prozessen zu berücksichtigen und darauf basierende Prüfpläne und Überwachungsmaßnahmen zu erstellen.

Eine klare und präzise Dokumentation besonderer Merkmale ist unerlässlich, um deren Bedeutung über den gesamten Lebenszyklus des Produkts hinweg zu kommunizieren und sicherzustellen, dass alle relevanten Abteilungen die Anforderungen verstehen. Besondere Merkmale sollten standardisierte Bewertungskriterien und Kontrollmethoden unterliegen, um eine konsistente Steuerung und Bewertung im gesamten Unternehmen zu ermöglichen. Mitarbeiter, insbesondere in der Produktion, sollten im Umgang mit besonderen Merkmalen geschult werden, um deren Relevanz für die Produktqualität und -sicherheit zu verstehen.

Besondere Merkmale müssen regelmäßig überprüft werden, um sicherzustellen, dass sie auch in veränderten Produktionsbedingungen noch die erforderlichen Qualitäts- und Sicherheitsanforderungen erfüllen. Besondere Merkmale sind in der FMEA ein Element, um sicherheits- und funktionskritische Anforderungen systematisch zu identifizieren und zu steuern. In der DFMEA sind sie eng mit den Produktanforderungen und Designmerkmalen verknüpft, während sie in der PFMEA die Stabilität und Reproduzierbarkeit des Produktionsprozesses sichern. Die Bewertung und Steuerung dieser Merkmale tragen wesentlich dazu bei, Risiken zu minimieren und eine hohe Produktqualität zu gewährleisten. Welche Bedeutung die Besonderen Merkmale auch in juristischer Hinsicht haben, zeigt Tabelle 2.4 (VDA 2020b).

2.2.6.3 Bewertung einer FMEA

Traditionell wurde das Risiko mittels der RPZ bewertet. Seit der Aktualisierung des Standards FMEA-Handbuch durch AIAG & VDA (VDA 2019) hat sich ein neuer Ansatz

Tabelle 2.4 Besondere Merkmale und juristische Relevanz

Besondere Merkmale	Juristische Relevanz
BM S = Sicherheitsrelevanz: Produktsicherheit oder sicherheitsrelevante Folgen (Bedeutung B = 10 in der FMEA)	Strafrecht: Strafrechtliche Verantwortung von Mitarbeitern bei Verschulden
BM Z = Zertifizierungsrelevanz: Gesetzliche Vorgaben zum Zeitpunkt des Inverkehrbringens (Bedeutung B = 9 in der FMEA)	Öffentliches Recht: Befugnisse von Überwachungsbehörden (Auflagen, Vermarktungsstopp, Warnung, Produktrückruf)
BM F = Funktionsrelevanz: Funktionen und Forderungen (Bedeutung B = 5...8 in der FMEA)	Zivilrecht: Gewährleistung (Nachbesserung, Rücktritt, Minderung, Schadensersatz)

zur Bewertung von Risiken etabliert. Die Action Priority (AP) ersetzt zunehmend die RPZ und bringt entscheidende Veränderungen in der Strukturierung und Priorisierung der FMEA-Maßnahmen mit sich. Die traditionelle RPZ, die ursprünglich als Grundlage für die Priorisierung von Korrekturmaßnahmen diente, ergibt sich aus der Multiplikation der Faktoren Bedeutung, Auftretenswahrscheinlichkeit und Erkennbarkeit eines Fehlers, also $RPZ = B \times A \times E$:

- **Bedeutung (B):** Dieser Faktor bewertet die Auswirkungen eines Fehlers auf das Produkt, die Sicherheit oder den Endnutzer und wird üblicherweise auf einer Skala von 1 bis 10 bewertet.
- **Auftretenswahrscheinlichkeit (A):** Dieser Wert gibt an, wie wahrscheinlich das Auftreten eines Fehlers ist, basierend auf Erfahrungen und Prozessdaten.
- **Erkennbarkeit (E):** Hier wird eingeschätzt, wie wahrscheinlich es ist, dass der Fehler vor dem Erreichen des Endprodukts entdeckt wird.

Die RPZ wurde berechnet, um die Kritikalität eines Fehlers anzugeben: Hohe RPZ-Werte deuteten auf hohe Risiken hin und erforderten Maßnahmen zur Fehlerbehebung. Ein RPZ-Wert von 120 galt traditionell als Grenze. Jedoch war die RPZ aufgrund ihrer Struktur und Interpretation anfällig für Probleme, wie beispielsweise der Nichtlinearität der Bewertung. Durch die Multiplikation der Faktoren konnte ein Fehler mit niedrigem Schweregrad, aber hoher Erkennbarkeit und hoher Auftretenswahrscheinlichkeit denselben RPZ-Wert haben wie ein schwerwiegender Fehler mit niedriger Auftretenswahrscheinlichkeit.

Diese Verzerrung führte dazu, dass Maßnahmen oft nicht priorisiert wurden, wie es der tatsächlichen Dringlichkeit entsprochen hätte. Ebenso konnten sich unklare Handlungsprioritäten ergeben. Die reine Berechnung der RPZ lieferte keine direkte Handlungsempfehlung. Unternehmen hatten oft Schwierigkeiten, die RPZ-Werte so zu interpretieren, dass daraus eine sinnvolle Reihenfolge von Maßnahmen abzuleiten war. Darüber hinaus war die Vermeidung fokussierter Bewertung und Maßnahmen problematisch.

Da die RPZ nur einen aggregierten Wert lieferte, wurden komplexe Fehlerbilder oft auf einen einzigen numerischen Wert reduziert, ohne dass eine spezifische Maßnahme, wie sie im Bereich der besonderen Merkmale notwendig wäre, adäquat adressiert wurde. Angesichts dieser Herausforderungen wurde der Ansatz der AP eingeführt, um eine klarere und präzisere Handlungspriorisierung zu ermöglichen.

Die neue AP wurde entwickelt, um die identifizierten Schwächen der RPZ zu adressieren und eine bessere Entscheidungsgrundlage für die Ableitung von Maßnahmen zu schaffen. Der AP-Ansatz zielt darauf ab, Risiken nicht nur anhand eines einfachen Wertes, sondern unter Berücksichtigung der kontextuellen Bedeutung von Schwere, Auftretenswahrscheinlichkeit und Erkennbarkeit einzuordnen. Die Priorität für Maßnahmen wird hier in drei Stufen eingeteilt: hoch, mittel und niedrig:

- **Hohe Priorität:** Ein hoher AP-Wert weist darauf hin, dass eine sofortige Maßnahme erforderlich ist, um das Risiko zu mindern. Fehler mit hohem Schweregrad, hoher Auftretenswahrscheinlichkeit und geringer Erkennbarkeit fallen in diese Kategorie, da die potenziellen Auswirkungen auf das Produkt oder die Sicherheit kritisch sind.
- **Mittlere Priorität:** Hierbei handelt es sich um Fehler, für die Maßnahmen empfohlen werden, die jedoch nicht mit der höchsten Dringlichkeit umgesetzt werden müssen. Typischerweise betrifft dies Fehler, bei denen die Risiken noch kontrollierbar sind oder eine moderate Erkennbarkeit besteht.
- **Niedrige Priorität:** Fehler, die in diese Kategorie fallen, erfordern oft keine unmittelbaren Maßnahmen. Sie haben entweder eine geringe Schwere oder sind gut erkennbar und daher besser kontrollierbar.

Auf diese Weise wird das Problem der linearen Multiplikation der Faktoren umgangen, und es entsteht eine priorisierte Liste von Fehlermodi, die konkretere Handlungsempfehlungen ermöglicht. Diese Unterteilung erlaubt es Unternehmen, ihre Ressourcen effizienter einzusetzen und sich auf Maßnahmen mit hohem Einfluss auf die Produktsicherheit und Prozessqualität zu konzentrieren.

Kritische Merkmale, beispielsweise im Bereich der Medizintechnik, Luftfahrt oder Automobilindustrie, können über AP besser berücksichtigt werden, da deren Risiken präziser eingeordnet werden. Die Implementierung des AP-Ansatzes in die FMEA-Praxis erfordert ein tiefes Verständnis der Risikostruktur und eine klare Kommunikation im Team. Bei der Einführung von AP sollten folgende Aspekte beachtet werden:

- Schulung des Teams: Da AP eine neue Methodik darstellt, ist es entscheidend, dass das FMEA-Team die Unterschiede zur RPZ versteht und weiß, wie die Prioritäten zu interpretieren sind.
- Konsistente Bewertung: Dafür ist es ratsam, eine standardisierte Bewertungsmatrix zu erstellen. Diese hilft, die Kategorien High, Medium und Low über verschiedene Projekte hinweg einheitlich zu handhaben.
- Fokussierung auf kritische Merkmale: Insbesondere bei hochregulierten Produkten wie in der Medizintechnik oder Luftfahrt sollte die FMEA-Teamleitung sicherstellen,

dass Besondere Merkmale bevorzugt analysiert werden. Da AP die Gewichtung von Schwere, Auftreten und Erkennbarkeit erleichtert, lassen sich diese Merkmale gezielt in die Planung integrieren.

- Dokumentation und Nachverfolgung: Die Dokumentation der AP-Ergebnisse sowie die Nachverfolgung und Umsetzung der Maßnahmen gewinnen durch den klaren Handlungsfokus der Prioritäten an Bedeutung. Es sollte ein transparenter Prozess geschaffen werden, der sicherstellt, dass alle High-Priority-Fehlermodi überwacht und dokumentiert werden.

Fazit:

FMEA ist eine strukturierte Methode zur Identifizierung, Bewertung und Priorisierung potenzieller Fehler und ihrer Auswirkungen auf Produkte oder Prozesse. Durch die Anwendung können potenzielle Schwachstellen und Risiken frühzeitig erkannt und gezielte Maßnahmen zur Fehlervermeidung entwickelt werden. Durch die Anwendung von FMEA können Unternehmen die Zuverlässigkeit, Sicherheit und Qualität ihrer Produkte und Prozesse verbessern und Risiken minimieren.

2.2.7 Design Review Based on Failure Mode

Leitfragen im Umgang mit DRBFM:

- Wurde am Produkt etwas geändert?
- Welche Funktionen haben sich geändert?
- Was für Auswirkungen haben diese Änderungen?

Wann benötigen Sie diese Methode?

DRBFM wird benötigt, wenn ein neues Produkt oder eine neue Technologie entwickelt wird, ein bestehendes Produkt oder Prozess signifikant modifiziert wird, Risiken und potenzielle Fehlerquellen identifiziert und minimiert werden sollen und die Zuverlässigkeit und Sicherheit von Produkten oder Prozessen kritisch ist. DRBFM ist eine Methode, die potenzielle Fehler und Schwachstellen in einem Produkt oder Prozess identifiziert und eliminiert, bevor sie zu Problemen werden. Durch die Anwendung von DRBFM können Unternehmen die Qualität und Zuverlässigkeit ihrer Produkte verbessern und Risiken minimieren.

DRBFM ist eine Methode zur Identifikation und Prävention potenzieller Fehler in einem Produktdesign oder Prozess, die insbesondere auf die Bewertung und sorgfältige Überprüfung von Designänderungen abzielt. Sie wurde ursprünglich von Toyota entwickelt und basiert auf der Idee, dass jede, auch kleinste Änderung in einem Design oder Prozess potenzielle Fehlerquellen mit sich bringen kann. Ziel der DRBFM-Methode ist es, diese Risiken frühzeitig zu identifizieren und durch eine strukturierte Diskussion und Bewertung zu minimieren. In vielen Branchen hat sich DRBFM als praxisnahe Erweiterung zur FMEA (Abschnitt 2.2.6) etabliert, da sie eine gezielte Herangehensweise bietet, um Änderungen besonders intensiv und präventiv zu untersuchen.

Die FMEA und die DRBFM verfolgen zwar beide dasselbe übergeordnete Ziel, nämlich das frühzeitige Erkennen und Verhindern von Fehlern im Entwicklungsprozess, unterscheiden sich jedoch in ihrem Fokus und ihrer Methodik. Die FMEA analysiert potenzielle Fehlerquellen im gesamten Design oder Prozesssystem, während DRBFM sich speziell auf Änderungen konzentriert und diese im Team besonders kritisch hinterfragt. Die Grundidee der DRBFM-Methode ist es, Designänderungen als potenzielle Risikofaktoren zu betrachten. Oft wird bei Produktmodifikationen davon ausgegangen, dass kleinere Anpassungen keine signifikanten Auswirkungen auf die Produktqualität haben, was jedoch ein Trugschluss sein kann.

DRBFM basiert auf dem Grundsatz „think hard and discuss deeply", einem Nachdenken und einer tiefgehenden Diskussion der Änderungen und ihrer möglichen Konsequenzen. Dieses ist Teil des japanischen Ansatzes des Mizenboushi, welcher für good design, good discussion und good dissection steht (GD^3). Ziel ist es, dass das Team jede Änderung umfassend untersucht und kritisch hinterfragt, um so alle potenziellen Fehlerquellen aufzudecken, bevor sie in der Praxis auftreten können. Diese intensive Auseinandersetzung soll verhindern, dass sich vermeintlich kleine Modifikationen als Fehlerquelle entpuppen und zu Qualitätsmängeln oder sicherheitskritischen Problemen führen.

Weiterführende Literatur – Fachaufsätze:

Hirokazu Shimizu, Yuichi Otsuka und Hiroshi Noguchi (2010). „Design review based on failure mode to visualise reliability problems in the development stage of mechanical products". In: *International journal of vehicle design* 53.3, S. 149–165.

Die Umsetzung der DRBFM erfolgt in mehreren Schritten, die darauf abzielen, die Auswirkungen von Änderungen im Design oder Prozess intensiv zu beleuchten und mögliche Fehlerquellen zu erkennen:

- **Ermittlung und Dokumentation der Änderungen:** Der erste Schritt besteht darin, festzustellen und zu dokumentieren, welche konkreten Änderungen am Design oder Prozess vorgenommen wurden. Dies kann von Materialwechseln über Konstruktionsänderungen bis hin zu Anpassungen in der Fertigung reichen. Ziel ist es, sämtliche Modifikationen vollständig zu erfassen und zu dokumentieren.
- **Detaillierte Untersuchung der Änderungen:** Anschließend wird eine umfassende Analyse der identifizierten Änderungen durchgeführt. Das Team untersucht jede Änderung im Detail und erfasst potenzielle Auswirkungen auf das Gesamtsystem. Dabei wird auf potenzielle Fehlerquellen und Risiken geachtet, die durch die Mo-

difikation entstehen könnten. Diese Analyse erfordert ein fundiertes Wissen über das Produkt sowie ein Verständnis der möglichen Wechselwirkungen zwischen den einzelnen Systemkomponenten.

- **Identifikation potenzieller Fehlerarten und -ursachen:** Im nächsten Schritt werden die möglichen Fehlerarten, die durch die Änderungen ausgelöst werden könnten, identifiziert und analysiert. Das Team führt eine intensive Diskussion durch, um alle potenziellen Fehlerarten, deren Ursachen und Folgen zu erfassen. Diese Auseinandersetzung basiert auf der Annahme, dass durch eine detaillierte Diskussion des Teams sämtliche Schwachstellen aufgedeckt werden können. Ein starkes Augenmerk liegt darauf, jede Veränderung genau zu verstehen und die spezifischen Bedingungen zu analysieren, unter denen ein Fehler auftreten könnte.
- **Entwicklung von Maßnahmen zur Risikominimierung:** Basierend auf den erkannten potenziellen Fehlern und deren Ursachen werden präventive und korrektive Maßnahmen definiert. Dies kann die Anpassung von Testmethoden, die Einführung zusätzlicher Prüfprozesse oder die Modifikation der Designänderung selbst umfassen. Die Maßnahmen werden dann implementiert, um das Risiko des Auftretens der identifizierten Fehler zu minimieren oder zu eliminieren.
- **Nachverfolgung und Dokumentation der Ergebnisse:** Der DRBFM-Prozess endet mit der Dokumentation und Nachverfolgung der ergriffenen Maßnahmen und erzielten Ergebnisse. Alle Erkenntnisse, Diskussionen und Entscheidungen werden detailliert protokolliert. Eine kontinuierliche Überwachung stellt sicher, dass alle identifizierten Risiken im Entwicklungsprozess minimiert oder beseitigt werden.

Obwohl DRBFM und FMEA beide auf die Vermeidung von Fehlern im Design- und Entwicklungsprozess abzielen, unterscheiden sie sich in ihrem Ansatz und Anwendungsbereich. Die FMEA verfolgt einen ganzheitlichen Ansatz und betrachtet das gesamte System oder Produkt in seinen Einzelheiten. Sie wird verwendet, um sämtliche potenziellen Fehlerquellen zu identifizieren und deren Auswirkungen systematisch zu bewerten, um umfassende Risikominimierungsmaßnahmen zu entwickeln. DRBFM ist spezifischer ausgerichtet und fokussiert auf Änderungen. DRBFM wird vor allem dann eingesetzt, wenn bestehende Designs oder Prozesse modifiziert werden.

Weiterführende Literatur – Bücher:

Hans-Joachim Pfeufer (2021). *FMEA – Fehler-Möglichkeits- und Einfluss-Analyse nach AIAG und VDA*. Carl Hanser Verlag oder auch Jürgen Gamweger u. a. (2009). *Design for Six Sigma: kundenorientierte Produkte und Prozesse fehlerfrei entwickeln*. Carl Hanser Verlag.

Eine FMEA folgt einem strukturierten Schema, das Schweregrad, Auftretenswahrscheinlichkeit und Erkennbarkeit der Fehler bewertet und die RPZ berechnet, um die Risiken zu priorisieren beziehungsweise mittels AP, einer neuen Methode, die eine gezielte Priorisierung der Risikominimierung ermöglicht. Diese systematische Herangehensweise sorgt für eine quantitative Bewertung der Fehler und deren Risiken. DRBFM basiert hingegen auf qualitativen Bewertungen durch intensive Diskussion und kritische Analyse innerhalb des Teams. Der Fokus liegt weniger auf der Berechnung von Risikowerten als auf der Identifizierung und präventiven Behandlung von Problemen durch Erfahrung und kritisches Hinterfragen.

Die FMEA wird üblicherweise in frühen Entwicklungsphasen angewendet und ermöglicht eine umfassende Risikoanalyse während der gesamten Produktentwicklung. DRBFM wird oft in späteren Phasen und nach der Hauptentwicklungsphase eingesetzt, wenn Änderungen am bestehenden Design oder Prozess vorgenommen werden.

Fazit:

In einem modernen, schnelllebigen Entwicklungsumfeld, in dem Produkte häufig und flexibel an Marktanforderungen angepasst werden müssen, hat DRBFM eine wichtige Rolle eingenommen. Die Methode fördert durch ihre Konzentration auf Diskussion und das Wissen des Teams eine schnelle und effektive Bewertung von Modifikationen und deren potenziellen Auswirkungen. Die Kombination von FMEA und DRBFM bietet Unternehmen eine solide Basis im Risikomanagement, da beide Methoden unterschiedliche Aspekte des Fehlermanagements abdecken.

2.2.8 Design Verification und Process Validation

Leitfragen im Umgang mit Design Verification (DV) und Process Validation (PV):

- Sind alle Funktionen des neuen Produkts bekannt?
- Sind alle Funktionstests während des Entwicklungszyklus geplant?
- Sind Annahme- und Ablehnungskriterien für die Tests definiert?
- Sind alle Kriterien des Fertigungsprozesses definiert, vollständig und geprüft?

Wann benötigen Sie diese Methode?

DV überprüft, ob das Produkt die spezifizierten Anforderungen erfüllt und gilt als Nachweis, dass das Produkt wie vorgesehen funktioniert. PV überprüft, ob der Produktionsprozess konsistent und zuverlässig ist und gilt als Nachweis, dass der Prozess die spezifizierten Anforderungen erfüllt. DV und PV werden benötigt, wenn ein neues Produkt oder Prozess entwickelt wird, ein bestehendes Produkt oder Prozess modifiziert wird, die Zuverlässigkeit, Sicherheit und Qualität von Produkten oder Prozessen kritisch ist oder wenn gesetzliche oder regulatorische Anforderungen erfüllt werden müssen.

Eine DV und eine PV sind Schritte im Produktentwicklungs- und Herstellungsprozess, die darauf abzielen, Qualität und Zuverlässigkeit während aller Phasen der Produktentwicklung zu gewährleisten. Eine DV hat das Ziel, sicherzustellen, dass das Produktdesign die festgelegten Anforderungen und Spezifikationen erfüllt. Dies bedeutet, dass das Produkt den gewünschten Funktionen und den Erwartungen der Kunden entspricht. Durch die frühzeitige Identifizierung von Designfehlern können zeitaufwendige Änderungen in späteren Produktionsphasen vermieden werden. Insbesondere nach der Markteinführung können Designfehler zu erheblichen Kosten führen.

Im Gegensatz dazu konzentriert sich die PV auf die Überprüfung der Produktionsprozesse. Sie stellt sicher, dass diese Prozesse in der Lage sind, das Produkt konsistent und zuverlässig in der geforderten Qualität herzustellen. Dies ist entscheidend, um Nacharbeit, Ausschuss und Produktionsstillstände zu minimieren. In vielen Branchen, wie der Automobil- oder der Luftfahrtindustrie, sind strenge gesetzliche Vorgaben zu erfüllen. DV und PV dienen als Nachweis dafür, dass sowohl das Produkt als auch der Herstellungsprozess alle gesetzlichen und normativen Anforderungen einhalten.

Erkenntnisse aus der DV können genutzt werden, um zukünftige Designs zu optimieren, während die Ergebnisse der PV dazu beitragen können, die Effizienz und Qualität der Produktionsprozesse kontinuierlich zu steigern. Insgesamt sind DV und PV entscheidend, um sicherzustellen, dass sowohl das Produktdesign als auch die Herstellungsprozesse den hohen Standards der Qualität und Zuverlässigkeit entsprechen.

2.2.8.1 Design Verification Plan and Report

Der Design Verification Plan and Report (DVP&R) ist ein zentrales Element im Produktentwicklungsprozess und spielt eine besonders wichtige Rolle in der APQP. Er dient dazu, die Verifizierung eines Produktdesigns systematisch zu planen, durchzuführen und zu dokumentieren. Der DVP&R stellt sicher, dass ein Produktdesign den festgelegten Spezifikationen und Anforderungen entspricht, bevor es in die Serienproduktion übergeht. Diese Methode ist besonders in Industrien mit hohen Anforderungen an Zuverlässigkeit und Sicherheit unverzichtbar. Hier ist es von entscheidender Bedeutung, dass das Produktdesign vor der Produktion umfassend getestet wird, um sicherzustellen, dass es den technischen, regulatorischen und funktionalen Anforderungen genügt.

Weiterführende Literatur - Fachaufsätze:

Mohammadsadegh Mobin u. a. (2019). „An approach for design verification and validation planning and optimization for new product reliability improvement". In: *Reliability Engineering and System Safety* 190, S. 106518 oder Jan Kukulies und Robert Schmitt (2018). „Stabilizing production ramp-up by modeling uncertainty for product design verification using Dempster - Shafer theory". In: *CIRP Journal of Manufacturing Science and Technology* 23, S. 187–196.

Der DVP&R beginnt, sobald das Produktdesign eine ausreichend hohe Reife erreicht hat, sodass es sinnvoll ist, detaillierte Verifikationstests durchzuführen. Zunächst wird ein detaillierter Plan erstellt, der alle Tests und Prüfungen beschreibt, die durchgeführt werden müssen, um das Produktdesign zu verifizieren. Dieser Plan basiert auf den festgelegten Anforderungen und Spezifikationen, die das Produkt erfüllen muss. In dieser Phase werden Testmethoden, Testumgebungen, Testkriterien und die Anzahl der zu testenden Muster definiert. Darüber hinaus wird festgelegt, welche Normen und Standards bei den Tests angewendet werden.

Nach der Planungsphase werden die im Plan festgelegten Tests durchgeführt. Diese können sowohl Labortests als auch Feldtests umfassen, je nach Art des Produkts und den zu prüfenden Parametern. Die Tests werden systematisch durchgeführt, und es wird sichergestellt, dass alle relevanten Aspekte des Designs abgedeckt werden. Typische Tests umfassen funktionale Tests, Lebensdauertests, Umweltprüfungen, Sicherheitsprüfungen und Zuverlässigkeitstests. Nach Abschluss der Tests werden die Ergebnisse analysiert und dokumentiert. Dabei wird überprüft, ob das Produktdesign die festgelegten Anforderungen erfüllt und ob alle Tests erfolgreich abgeschlossen wurden. Falls das Design bei einem oder mehreren Tests nicht den Anforderungen entspricht, müssen die Ursachen identifiziert und entsprechende Korrekturmaßnahmen ergriffen werden. Gegebenenfalls müssen Teile des Designs überarbeitet und erneut getestet werden.

Abschließend wird der DVP&R-Bericht erstellt, der alle durchgeführten Tests, deren Ergebnisse, etwaige Abweichungen und die ergriffenen Korrekturmaßnahmen dokumentiert. Dieser Bericht dient als formaler Nachweis dafür, dass das Produktdesign umfassend verifiziert wurde und den Anforderungen entspricht. Er ist ein wichtiger Bestandteil der Dokumentation für die Produktfreigabe (Abschnitt 2.2.11) und kann auch bei Audits und zur Einhaltung regulatorischer Anforderungen herangezogen werden. Der DVP&R-Bericht wird oft in Vorlagen realisiert, wie sie exemplarisch in Bild 2.14 zu sehen ist. Diese gezeigte Vorlage steht als begleitendes Arbeitsmaterial zum Download zur Verfügung. Die Vorlage einer DVP&R ist denen eines Produktionslenkungsplans

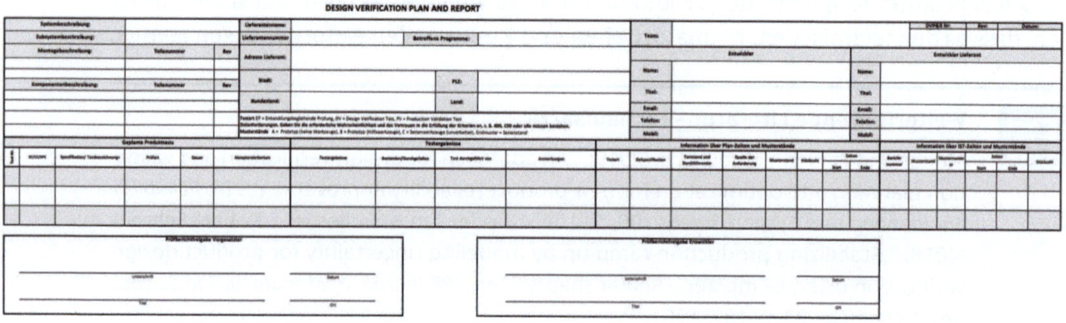

Bild 2.14 Beispielhafte Vorlage eines DVP&R (zum Download verfügbar)

(Abschnitt 2.3.1) ähnlich, orientiert sich allerdings an Tests zur Überprüfung der Produkteigenschaften, statt an Parametern zur Überwachung der Produktion.

Die erfolgreiche Umsetzung eines DVP&R erfordert eine sorgfältige Planung, eine systematische Vorgehensweise und die Berücksichtigung mehrerer wichtiger Aspekte. Eine klare und detaillierte Anforderungsanalyse ist die Grundlage für einen erfolgreichen DVP&R. Alle Anforderungen, die das Produkt erfüllen muss, sollten zu Beginn klar definiert und dokumentiert werden. Dies umfasst funktionale Anforderungen, Leistungsanforderungen, Sicherheitsanforderungen und regulatorische Anforderungen. Die Testplanung muss umfassend und systematisch erfolgen. Es sollten alle relevanten Tests und Prüfungen berücksichtigt werden, um sicherzustellen, dass das Produktdesign vollständig verifiziert wird. Dabei sollten auch potenzielle Szenarien und Randbedingungen berücksichtigt werden, um das Design unter realistischen Bedingungen zu testen. Die Durchführung eines DVP&R erfordert den Einsatz geeigneter Ressourcen, einschließlich Testequipment, Testumgebungen und qualifiziertem Personal. Es muss sichergestellt werden, dass alle benötigten Ressourcen rechtzeitig verfügbar sind und die Tests unter kontrollierten und reproduzierbaren Bedingungen durchgeführt werden können.

Eine gründliche Dokumentation ist ebenfalls entscheidend für den Erfolg eines DVP&R. Alle Testpläne, Testergebnisse und Analysen müssen sorgfältig dokumentiert und archiviert werden. Dies ist wichtig für die Nachverfolgbarkeit und dient als Nachweis für die durchgeführten Verifizierungsmaßnahmen. Wenn im Rahmen des DVP&R Designmängel oder Abweichungen von den Spezifikationen festgestellt werden, müssen entsprechende Korrekturmaßnahmen eingeleitet werden. Dies kann Designänderungen, zusätzliche Tests oder Anpassungen an den Spezifikationen umfassen. Es ist wichtig, dass alle Korrekturmaßnahmen in den DVP&R integriert werden. In der Produktentwicklung ist der DVP&R ein zentraler Bestandteil der Qualitätsvorausplanung und trägt dazu bei, dass Produkte den hohen Anforderungen und Erwartungen der Kunden gerecht werden.

2.2.8.2 Process Validation Plan and Report

Der Process Validation Plan and Report (PVP&R) wird eingesetzt, um die Robustheit und Zuverlässigkeit von Produktionsprozessen sicherzustellen. Im Gegensatz zum DVP&R, der sich auf die Verifizierung des Produktdesigns konzentriert, liegt der Fokus des PVP&R auf der Überprüfung und Validierung der Herstellungsprozesse. Diese Methode stellt sicher, dass die Prozesse stabil und fähig sind, bevor die Massenproduktion beginnt. Dies trägt dazu bei, Fehler zu minimieren, Nacharbeit zu reduzieren und die Kundenzufriedenheit zu gewährleisten. Der PVP&R ist ein strukturiertes Dokument, das die geplanten Aktivitäten zur Validierung von Produktionsprozessen beschreibt und die Ergebnisse dieser Maßnahmen dokumentiert. Ziel des PVP&R ist es, sicherzustellen, dass die Produktionsprozesse in der Lage sind, Produkte in gleichbleibend hoher Qualität und nach den festgelegten Spezifikationen herzustellen. Der PVP&R-Prozess kann in mehrere Phasen unterteilt werden, die einen systematischen Ansatz zur Validierung der Prozesse darstellen:

1. In der ersten Phase, der Planung, wird zunächst identifiziert, welche kritischen Prozesse validiert werden müssen. Diese Prozesse sind in der Regel diejenigen, die einen direkten Einfluss auf die Produktqualität haben oder die für die Einhaltung regulatorischer Anforderungen entscheidend sind. Ein detaillierter Plan wird erstellt, der die spezifischen Prüfmethoden, Prozessparameter, zu verwendenden Messmittel, Prozessfähigkeitskriterien wie C_p und C_{pk} und die erforderlichen Kontrollmethoden beschreibt. Die Planung umfasst auch die Festlegung von Akzeptanzkriterien, die Anzahl der zu prüfenden Prozesse oder Produktionsläufe sowie die Festlegung der Verantwortlichkeiten und den Zeitplan für die Durchführung.
2. In der zweiten Phase, der Durchführung, werden die im Plan definierten Validierungsschritte ausgeführt. Hierbei werden Prozessdaten gesammelt, Prozessfähigkeitsstudien durchgeführt und die Stabilität der Prozesse bewertet. Die Tests und Prüfungen werden systematisch durchgeführt, um sicherzustellen, dass die Produktionsprozesse die festgelegten Anforderungen erfüllen. Dies kann sowohl unter normalen Produktionsbedingungen als auch unter simulierten Störbedingungen geschehen, um die Robustheit der Prozesse zu prüfen. Alle Ergebnisse, einschließlich etwaiger Abweichungen und der ergriffenen Korrekturmaßnahmen, werden umfassend dokumentiert.
3. Nach Abschluss der Validierungsmaßnahmen folgen die Analyse und Bewertung der gesammelten Daten. Diese Phase hilft festzustellen, ob die Prozesse in der Lage sind, konsistent Produkte herzustellen, die den Qualitätsanforderungen entsprechen. Es wird geprüft, ob die festgelegten Prozessfähigkeitsindizes erreicht wurden und ob die Prozesse robust genug sind, um Produktionsschwankungen und andere Variablen zu bewältigen.
4. Die abschließende Phase umfasst die Berichterstellung und Freigabe. Die Ergebnisse der Prozessvalidierung werden in einem Bericht zusammengefasst, der als formaler Nachweis dient, dass die Prozesse validiert wurden und die Anforderungen erfüllen. Dieser Bericht ist entscheidend für die Produktionsfreigabe und wird häufig als Teil der gesamten Produktionsdokumentation verwendet. Er kann auch bei Audits und zur Einhaltung regulatorischer Vorgaben herangezogen werden.

Der PVP&R unterscheidet sich deutlich vom DVP&R, obwohl beide Methoden auf die Verifizierung und Validierung abzielen. Während der DVP&R sich auf die Verifizierung des Produktdesigns konzentriert, um sicherzustellen, dass das Produkt den festgelegten Spezifikationen entspricht, bevor es in die Produktion übergeht, liegt der Fokus des PVP&R auf der Überprüfung der Herstellungsprozesse selbst. Der PVP&R bewertet die Prozessstabilität und -fähigkeit, um sicherzustellen, dass die Produktionsmethoden den Anforderungen genügen. Ähnlich wie der DVP&R ist auch der PVP&R ein unverzichtbares Instrument im Rahmen des Qualitätsmanagements und der Produktionsvorbereitung, das darauf abzielt, die Stabilität und Fähigkeit von Produktionsprozessen zu gewährleisten. Durch die systematische Planung, Durchführung und Dokumentation stellt der PVP&R sicher, dass die Produktionsprozesse in der Lage sind, Produkte in der erforderlichen Qualität und Menge herzustellen.

Fazit:

Durch die Durchführung von DV und PV können Unternehmen sicherstellen, dass ihre Produkte und Prozesse die erforderlichen Qualitäts- und Sicherheitsstandards erfüllen. DV und PV sind zwei wichtige Schritte in der Produkt- und Prozessentwicklung. DV dient als Überprüfung, ob das Produkt die spezifizierten Anforderungen erfüllt und wie vorgesehen funktioniert. PV dient der Überprüfung, ob der Produktionsprozess konsistent und zuverlässig ist und die spezifizierten Anforderungen erfüllt. Beide Schritte dienen dazu, die Qualität, Zuverlässigkeit und Sicherheit von Produkten und Prozessen sicherzustellen.

2.2.9 Statistische Toleranzanalyse

Leitfragen im Umgang mit statistischer Toleranzanalyse:

- Sind die Verteilungsformen von Maßen und Toleranzen bekannt?
- Welche Maße sind kritisch für die Bauteilfunktion?
- Sind die verschiedenen Formen der Toleranzauslegung bekannt?

Wann benötigen Sie diese Methode?

Die statistische Toleranzberechnung kommt zum Einsatz, wenn die Auswirkungen von Toleranzen auf die Funktion und Qualität von Produkten oder Baugruppen analysiert werden sollen, die Wahrscheinlichkeit von Passungsproblemen oder Funktionsfehlern aufgrund von Toleranzen berechnet werden soll und die Toleranzen von Bauteilen oder Komponenten optimiert werden sollen, um die Produktqualität und -zuverlässigkeit zu verbessern. Die statistische Toleranzberechnung hilft dabei, die Auswirkungen von Toleranzen auf die Produktfunktion zu quantifizieren und somit die Produktqualität und -zuverlässigkeit zu verbessern.

Die statistische Toleranzanalyse ist eine wichtige Methode zur Untersuchung von Toleranzen in Fertigungsprozessen, Baugruppen und technischen Systemen. Sie dient dazu, sicherzustellen, dass ein Produkt oder System auch dann funktioniert, wenn die einzelnen Komponenten innerhalb ihrer vorgegebenen Toleranzgrenzen variieren. Im Gegensatz zu rein deterministischen Ansätzen, die nur mit Extremwerten rechnen, berücksichtigt die statistische Toleranzanalyse die Streuungen und Wahrscheinlichkeitsverteilungen der beteiligten Variablen. Dadurch ermöglicht sie eine realistischere Einschätzung der Gesamtstreuung eines Systems.

Die Toleranzanalyse stellt eine Methode zur Beschreibung und Analyse der Auswirkungen von Fertigungsfehlern in mehrstufigen Fertigungsprozessen dar. Das Resultat einer Toleranzanalyse ist ein mathematisches Modell, welches den Zusammenhang zwischen den Prozessfähigkeiten einzelner Fertigungsschritte und der resultierenden Prozessfähigkeit für übergeordnete Produktmerkmale beschreibt. Jedem Fertigungsprozess ist eine endliche Fertigungsgenauigkeit immanent. Folglich weist jedes gefertigte Bauteil eine geringe Abweichung von seiner idealen Geometrie auf. Werden Bauteile mit geometrischen Abweichungen in einem mehrstufigen Fertigungsverfahren weiterverarbeitet, so addieren sich die geometrischen Fehler der Einzelteile. Werden die Bauteile beispielsweise in einem Montageprozess gefügt, so werden die geometrischen Fehler der Einzelteile auf den Zusammenbau übertragen. Die geometrische Qualität des Endprodukts ist maßgeblich von der Qualität der Einzelteile abhängig.

Die Geometrien der Einzelteile sowie die Parameter der Fertigungsprozesse sind so zu tolerieren, dass die übergeordneten Qualitätsansprüche des Kunden bezüglich Funktion und Optik erfüllt werden. Der Wirkzusammenhang zwischen den relevanten Beitragsleistern und einem zu untersuchenden technischen Parameter wird in der Literatur auch als Toleranzkette bezeichnet. Bei geometrischen Größen werden zudem die Begriffe Einzelmaße und Schließmaße verwendet. Die Toleranzkette gibt den Zusammenhang zwischen den Einzelmaßen und dem jeweiligen Schließmaß wieder.

Eine exakte Vorhersage der Ausprägung eines gefertigten Werkstücks ist nicht möglich. Das Verhalten einer signifikanten Anzahl von gefertigten Bauteilen lässt sich jedoch mittels statistischer Methoden beschreiben. Die statistische Toleranzrechnung erlaubt eine Prognose der Verteilung eines Untersuchungsmerkmals, welche sich aus den statistischen Verteilungen der Elemente der Toleranzkette ableitet. Die statistische Toleranzrechnung bildet die Realität besser ab als die arithmetische Toleranzrechnung, indem sie die stochastische Verteilung der Elemente der Toleranzkette berücksichtigt. Die Prognose der Fertigungsqualität durch die Toleranzanalyse erlaubt die Ableitung des Bedarfs an Prozess- und Design-Optimierungsmaßnahmen. Der Optimierungsprozess wird durch das mathematische Modell der Toleranzkette unterstützt, da dieses die Auswirkungen einzelner Toleranzen auf das Untersuchungsmerkmal quantifiziert. In Übereinstimmung mit dem Pareto-Prinzip sollte der Optimierungsprozess auf die wesentlichen Einflussgrößen fokussiert werden, d. h. auf die Einzeltoleranzen mit einer signifikanten Wirkung auf die Ausprägung des Untersuchungsmerkmals.

Weiterführende Literatur – Technische Berichte:

C/QMM (2022). *Heft 5 – Statistische Tolerierung*. Techn. Ber. Robert Bosch GmbH.

2.2.9.1 Grundlagen

Toleranzen, also die akzeptierten Abweichungen eines Bauteils von seinem Nennmaß, entstehen zwangsläufig bei der Fertigung. Diese Abweichungen können auf Faktoren wie Werkzeugverschleiß, Materialschwankungen oder Umwelteinflüsse zurückzuführen sein. Die statistische Toleranzanalyse ermöglicht es, diese unvermeidbaren Streuungen durch mathematische Modelle zu analysieren. Sie basiert auf statistischen Verteilungen wie der Normalverteilung, der Gleichverteilung oder der triangulären Verteilung. Während die Normalverteilung die häufigste Wahl ist, da viele physikalische Größen ihr folgen, kommen andere Verteilungen beispielsweise dann zum Einsatz, wenn Werte innerhalb bestimmter Bereiche bevorzugt auftreten.

Der erste Schritt bei der statistischen Toleranzanalyse ist die Definition eines Modells, das die Beziehungen zwischen den Toleranzen der einzelnen Komponenten und der Gesamtabweichung des Systems beschreibt. Eine solche Beziehung wird oft als Maßkette oder auch Toleranzkette bezeichnet (siehe auch Bild 2.15). Die Maßkette ist ein zentrales Konzept, das beschreibt, wie Einzelmaße in einer Baugruppe miteinander verknüpft sind. Eine Maßkette entsteht, wenn die geometrischen Maße von Bauteilen zu einem Gesamtmaß, dem sogenannten Schließmaß, kombiniert werden.

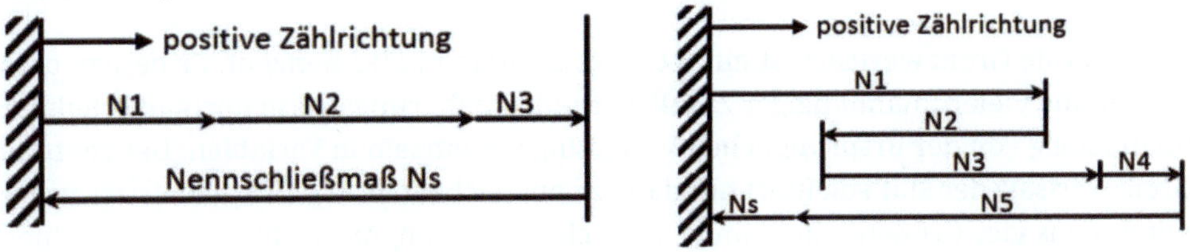

Bild 2.15 Maßketten aus Einzelnennmaßen mit positiver und negativer Zählrichtung (C/QMM 2022, S. 5)

Maßketten können linear oder nichtlinear sein. Lineare Maßketten sind dadurch gekennzeichnet, dass alle Einzelmaße in einer geraden Linie addiert werden. In diesem Fall können die Maße durch parallele Pfeile dargestellt werden, die eine geschlossene Kette bilden. Die Richtung der Pfeile bestimmt, ob ein Maß positiv oder negativ gezählt wird. Ein Maß wird als positiv gezählt, wenn eine Vergrößerung des Maßes auch das Schließmaß in die gleiche Richtung verändert.

Nichtlineare Maßketten hingegen treten auf, wenn die Einzelmaße in einer komplexeren geometrischen Beziehung stehen. Ein klassisches Beispiel hierfür ist der Abstand zwischen zwei Bohrungen, die sich auf rechtwinklig zueinander stehenden Achsen befinden. In diesem Fall wird der Abstand durch die Formel $z = \sqrt{x^2 + y^2}$ berechnet. Nichtlineare Maßketten erfordern spezielle mathematische Verfahren für die Toleranzberechnung, da die Beziehung zwischen den Einzelmaßen und dem Schließmaß nicht mehr additiv ist.

Ein weiterer zentraler Bestandteil ist das Gaußsche Fehlerfortpflanzungsgesetz. Dieses Gesetz beschreibt, wie sich die Unsicherheiten einzelner Größen auf ein Gesamtmerkmal auswirken, das durch eine Funktion dieser Größen definiert ist. Es wird davon ausgegangen, dass jedes Einzelmerkmal eine gewisse Streuung aufweist, die durch die Standardabweichung charakterisiert wird. Das Gaußsche Fehlerfortpflanzungsgesetz liefert eine Methode, um die Gesamtunsicherheit zu berechnen, indem die partiellen Ableitungen der Funktion nach den Einzelmerkmalen verwendet werden. Diese partiellen Ableitungen geben an, wie stark das Gesamtmerkmal von Änderungen eines bestimmten Einzelmerkmals beeinflusst wird. Die Berechnung der Gesamtunsicherheit basiert auf der quadratischen Addition der Beiträge der Einzelmerkmale, was bedeutet, dass sich die Unsicherheiten additiv propagieren, sofern die Einzelmerkmale unkorreliert sind.

Weiterführende Literatur – Fachzeitschriften:

Grundlagen wurden früh beschrieben in David H. Evans (1974). „Statistical tolerancing: The state of the art: Part I. Background". In: *Journal of Quality Technology* 6.4, S. 188–195 und David H. Evans (1975). „Statistical tolerancing: The state of the art: Part II. Methods for Estimating Moments". In: *journal of quality technology* 7.1, S. 1–12.

Der zentrale Grenzwertsatz ist ein weiteres fundamentales Konzept. Er besagt, dass die Summe vieler unabhängiger Zufallsvariablen näherungsweise normalverteilt ist, unabhängig von der ursprünglichen Verteilung der einzelnen Variablen. Der zentrale Grenzwertsatz der Statistik führt nur dann zu ausreichend präzisen Ergebnissen, wenn mindestens vier Größen miteinander verrechnet werden. Ansonsten ist die Annahme der Normalverteilung für das Gesamtmerkmal z nicht gerechtfertigt. Dieser Satz ist von grundlegender Bedeutung für die statistische Tolerierung, da er die Anwendung von Normalverteilungsmodellen auf komplexe Maßketten rechtfertigt. In der Praxis bedeutet dies, dass bei genügend vielen Einzelmaßen das Schließmaß einer Baugruppe einer Normalverteilung folgt, auch wenn die Einzelmaße selbst nicht normalverteilt sind.

Die statistische Tolerierung basiert auf der Annahme, dass die Ist-Werte eines Merkmals einer bestimmten Wahrscheinlichkeitsverteilung folgen. Typische Verteilungsarten, die in der Fertigung auftreten, sind die Rechteckverteilung, die Dreieckverteilung und die Normalverteilung (siehe Abschnitt 5.2.1). Die Rechteckverteilung ist dadurch gekennzeichnet, dass die Wahrscheinlichkeit für alle Werte innerhalb des Toleranzbereichs konstant ist. Sie wird häufig als konservativer Ansatz verwendet, wenn die tatsächliche Verteilung des Merkmals unbekannt ist. Die Dreieckverteilung hingegen hat ihre höchste Wahrscheinlichkeit in der Mitte des Toleranzbereichs und eignet sich gut für Prozesse mit kontinuierlichen Korrekturen. Die Normalverteilung, die aufgrund ihrer mathematischen Eigenschaften auch als Gaußsche Glockenkurve bekannt ist, tritt häufig bei präzisen Fertigungsverfahren auf und wird durch den Mittelwert und die Standardabweichung vollständig beschrieben.

Weiterführende Literatur – Bücher:

Frank Mannewitz (2016). *Statistische Toleranzberechnung: Leitfaden zur systematischen Anwendung–Studienausgabe*. utb GmbH oder Günter Kirschling (2013). *Qualitätssicherung und Toleranzen: Toleranz- und Prozessanalyse für Entwicklungs- und Fertigungsingenieure*. Springer.

Ein letztes relevantes Element der statistischen Tolerierung sind die Prozessfähigkeitskennwerte C_p und C_{pk}, die die Fähigkeit eines Prozesses bewerten, die geforderten Toleranzgrenzen einzuhalten (siehe dazu auch Abschnitt 3.5.2). Der C_p-Wert gibt das Verhältnis der Toleranzbreite zur Prozessstreuung an und ist ein Maß für die potenzielle Prozessfähigkeit. Der C_{pk}-Wert berücksichtigt zusätzlich die Lage des Prozessmittelwerts innerhalb der Toleranzgrenzen und ist ein Maß für die tatsächliche Prozessfähigkeit.

2.2.9.2 Arithmetische Tolerierung

Die arithmetische Tolerierung ist die klassische Methode zur Bestimmung von Toleranzen, auch Maximum-Minimum-Methode oder Methode der absoluten Austauschbarkeit genannt. Sie basiert auf der worst-case-Betrachtung, bei der angenommen wird, dass alle Einzelmerkmale gleichzeitig ihre maximalen Abweichungen erreichen. Dies führt zu einer linearen Addition der Einzelteiltoleranzen, um die Gesamttoleranz zu berechnen. Die Formel für die arithmetische Tolerierung lautet:

$$T_\alpha = \sum_{i=1}^{k} T_i \tag{2.3}$$

Die Methode ist einfach anzuwenden und wird in der Praxis häufig verwendet, insbesondere in frühen Entwicklungsphasen, wenn detaillierte Informationen über die Wahrscheinlichkeitsverteilungen der Einzelmerkmale noch nicht verfügbar sind. Sie bietet den Vorteil einer klaren und leicht nachvollziehbaren Berechnung, hat jedoch wesentliche Nachteile, insbesondere bei langen Maßketten.

Ein Hauptproblem der arithmetischen Tolerierung besteht darin, dass sie in der Regel zu überdimensionierten Toleranzen führt. Da die worst-case-Betrachtung äußerst konservativ ist, ergeben sich häufig unnötig enge Toleranzen für die Einzelteile, was die Fertigungskosten erheblich erhöht. Dies steht im Widerspruch zu den Zielen der statistischen Tolerierung, die darauf abzielt, größere Einzelteiltoleranzen bei gleichbleibender Funktionalität der Baugruppe zu ermöglichen. Ein weiteres Problem der arithmetischen Tolerierung ist, dass sie für nichtlineare Maßketten ungeeignet ist, da die lineare Annahme in solchen Fällen mathematisch nicht korrekt ist.

Trotz dieser Schwächen bleibt die arithmetische Tolerierung in der Praxis weit verbreitet, da sie eine schnelle und einfache Methode zur Toleranzberechnung bietet. Sie wird oft als Ausgangspunkt verwendet, bevor genauere Methoden wie die statistische Tolerierung angewendet werden.

2.2.9.3 Statistische Tolerierung

Die statistische Tolerierung stellt eine präzisere Alternative zur arithmetischen Tolerierung dar, indem sie die Wahrscheinlichkeitsverteilungen der Einzelmerkmale berücksichtigt. Im Gegensatz zur worst-case-Betrachtung der arithmetischen Methode geht die statistische Tolerierung davon aus, dass sich positive und negative Abweichungen einzelner Merkmale im Mittel ausgleichen. Dies führt zu einer realistischeren Berechnung der Gesamttoleranz.

Die Grundlage der statistischen Tolerierung ist die Modellierung der Einzelmerkmale als Zufallsvariablen. Jedes Merkmal wird durch eine Wahrscheinlichkeitsdichtefunktion beschrieben, die die Verteilung der möglichen Ist-Werte innerhalb der Toleranzgrenzen angibt. Die Überlagerung dieser Wahrscheinlichkeitsdichten ergibt die Wahrscheinlichkeitsdichte des Gesamtmerkmals. Dieser Prozess wird mathematisch als Faltung bezeichnet. Die Faltung kombiniert die Wahrscheinlichkeitsverteilungen der Einzelmerkmale, um die Verteilung des Gesamtmerkmals zu bestimmen.

In linearen, unkorrelierten Maßketten, bei denen die Einzelmerkmale normalverteilt sind, ist die Berechnung der Gesamttoleranz besonders einfach. Die Varianz des Gesamtmerkmals ergibt sich als Summe der Varianzen der Einzelmerkmale:

$$\sigma_Z^2 = \sum_{i=1}^{k} \sigma_{X_i}^2 \tag{2.4}$$

Die Gesamttoleranz kann anschließend durch Multiplikation der Standardabweichung mit einem Erweiterungsfaktor k berechnet werden, der von der gewünschten Konfidenzzahl abhängt. Diese Methode liefert deutlich kleinere Toleranzen als die arithmetische Methode, da die quadratische Addition der Varianzen weniger konservativ ist als die lineare Addition der Einzelteiltoleranzen.

Ein wichtiger Anwendungsfall der statistischen Tolerierung ist die Berücksichtigung nicht-normalverteilter Einzelmerkmale. In vielen Fertigungsprozessen folgen die Merkmale anderen Verteilungen, wie Rechteck- oder Dreieckverteilungen. In solchen Fällen wird die Varianz jeder Verteilung individuell berechnet und anschließend in die Gesamtvarianz einbezogen. Der zentrale Grenzwertsatz gewährleistet, dass die Verteilung des Gesamtmerkmals bei einer ausreichenden Anzahl von Einzelmerkmalen näherungsweise normalverteilt ist.

Für nichtlineare Maßketten oder stark abweichende Verteilungen ist eine analytische Berechnung der Toleranz oft nicht praktikabel. In solchen Fällen kommt die Monte-Carlo-Simulation zum Einsatz (siehe auch Abschnitt 5.2.2). Diese Methode simuliert die Kombination der Einzelmerkmale durch zufällige Stichproben, die gemäß ihren Wahrscheinlichkeitsverteilungen generiert werden. Der Prozess wird tausendfach wiederholt, um eine empirische Verteilung des Gesamtmerkmals zu erhalten. Aus dieser

Tabelle 2.5 Merkmalsverteilungen (C/QMM 2022, S. 24)

Verteilung	Standardabweichung σ	Anwendungsfall
Rechteckverteilung	$\sigma = \frac{T}{\sqrt{12}}$	Werkzeuggebundene Maße
Dreieckverteilung	$\sigma = \frac{T}{\sqrt{24}}$	Werkzeugkorrekturen
Normalverteilung	$\sigma = \frac{T}{k}$	Maßtoleranzen ohne systematischen Einfluss (Wahl von k in Abhängigkeit des Überschreitungsanteils)

Verteilung können die Toleranzgrenzen mit einer gewünschten Konfidenzzahl abgeleitet werden. Die Monte-Carlo-Simulation ist besonders flexibel, da sie keine spezifischen Annahmen über die Verteilungsform der Einzelmerkmale oder die Linearität der Maßkette erfordert.

Im Vergleich zur deterministischen Toleranzanalyse, die mit worst-case-Szenarien arbeitet, bietet die statistische Toleranzanalyse mehrere Vorteile. Sie liefert realistischere Ergebnisse, da sie die tatsächliche Streuung berücksichtigt, und ermöglicht eine präzisere Risikobewertung. Zudem hilft sie, Fertigungskosten zu senken, da unnötig enge Toleranzvorgaben vermieden werden können. Gleichzeitig stellt sie sicher, dass die Produktqualität nicht beeinträchtigt wird. Dennoch gibt es auch Herausforderungen. Eine präzise Analyse erfordert genaue Daten über die Wahrscheinlichkeitsverteilungen der Eingangsgrößen. Zudem müssen Abhängigkeiten zwischen den Toleranzen berücksichtigt werden, was die Modellierung und Berechnung erschweren kann. Insbesondere bei der Anwendung von Monte-Carlo-Simulationen kann der Rechenaufwand hoch sein, was moderne Rechner jedoch zunehmend gut bewältigen können.

Fazit:

Die statistische Toleranzberechnung ist eine Methode zur Analyse und Optimierung von Toleranzen in Produkten und Baugruppen. Sie liefert eine Prognose der Verteilung eines Untersuchungsmerkmals anhand der statistischen Verteilungen der Elemente der Toleranzkette und ermöglicht die Berechnung der Wahrscheinlichkeit von Passungsproblemen oder Funktionsfehlern, die Quantifizierung der Auswirkungen von Toleranzen auf die Produktfunktion oder die Optimierung von Toleranzen zur Verbesserung der Produktqualität und -zuverlässigkeit. Durch die Anwendung statistischer Toleranzberechnung können Unternehmen die Produktqualität verbessern und Kosten reduzieren, indem sie Toleranzen gezielt festlegen und optimieren.

2.2.10 Design Reviews

Leitfragen im Umgang mit Design Reviews:

- Was sind die Kundenanforderungen?
- Wie sollen sie erfüllt werden?
- Wie werden die einzelnen Details der jeweiligen Funktion erfüllt?
- Mit welchen Prozessen sollen die Produkte gefertigt werden?
- Haben wir Erfahrung mit diesen Fertigungsprozessen?

Wann benötigen Sie diese Methode?

Im Rahmen der Produktentwicklung werden Design Reviews benötigt. Ihre Funktion besteht in der Überprüfung der Konstruktion, wodurch sichergestellt wird, dass potenzielle Fehler oder Risiken identifiziert und abgestellt werden. Erfolgreiche Design Reviews sind eine wesentliche Voraussetzung für den Übergang in die nächste wichtige Projektphase, welche in der Regel mit dem Beginn der Industrialisierung, d. h. der Anfertigung des Fertigungsprozesses, einhergeht. Die Verschleppung von Fehlern kann signifikante Mehraufwände und Mehrkosten im weiteren Verlauf des Projekts verursachen.

Design Reviews sind ein weiteres Element im Produktentwicklungsprozess und in der APQP. Kirby, Furry und Hicks (1988) wiesen in ihrem Aufsatz schon sehr früh auf die Notwendigkeit von Design Reviews hin; unabhängig von Branche oder Industrie. Ihre Durchführung ist sehr unterstützend, um sicherzustellen, dass das Produktdesign den Kundenanforderungen entspricht, mögliche Risiken frühzeitig identifiziert werden und das Design für die Produktion bereit ist.

Ein Ziel von Design Reviews ist es, sicherzustellen, dass das Produktdesign den Kundenanforderungen entspricht. Dazu gehört sowohl die Überprüfung der funktionalen als auch der nichtfunktionalen Anforderungen, einschließlich Leistung, Zuverlässigkeit, Sicherheit und Einhaltung gesetzlicher Vorschriften.

Ein weiteres Ziel ist die frühzeitige Identifikation von Designfehlern und Risiken. Durch die systematische Analyse und Diskussion des Designs können potenzielle Probleme erkannt und durch entsprechende Maßnahmen adressiert werden, bevor sie in der Produktion oder beim Kunden zu schwerwiegenden Qualitätsproblemen führen.

Darüber hinaus dienen Design Reviews der Validierung der technischen Machbarkeit des Designs. Hier wird überprüft, ob das Design unter den gegebenen technischen und wirtschaftlichen Rahmenbedingungen realisierbar ist und ob alle erforderlichen Produktionsprozesse, Materialien und Technologien verfügbar und geeignet sind.

Design Reviews fördern außerdem die bereichsübergreifende Zusammenarbeit, indem sie als Kommunikationsplattform zwischen verschiedenen Abteilungen wie Entwicklung, Produktion, Qualitätssicherung und Beschaffung dienen. Dies stellt sicher, dass alle relevanten Anforderungen und Bedingungen in das Design einfließen. Design Reviews tragen zur Sicherstellung einer umfassenden Dokumentation und Nachvollziehbarkeit bei. Sie gewährleisten, dass alle relevanten Dokumente, wie Zeichnungen, Spezifikationen und Änderungsanträge, vollständig und korrekt sind, was für die Nachvollziehbarkeit und Konsistenz des Designs entscheidend ist.

Weiterführende Literatur – Normen:

International Electrotechnical Commission (2005). *IEC-61160 – Design Review.* Techn. Ber. International Electrotechnical Commission.

Die Durchführung von Design Reviews erfolgt in mehreren systematischen Schritten (siehe Bild 2.16), um eine umfassende und effiziente Überprüfung aller relevanten Aspekte des Designs sicherzustellen. Die Form ist eher sekundär (Wolfartsberger 2019). Der erste Schritt ist die sorgfältige Vorbereitung, die die Definition der Ziele des Reviews, die Identifikation der relevanten Stakeholder und die Erstellung einer detaillierten Agenda umfasst. Alle notwendigen Designdokumente und -modelle müssen bereitgestellt und an die Teilnehmer verteilt werden, damit diese sich im Vorfeld vorbereiten können. Häufig wird ein Review Team gebildet, das sich aus Experten unterschiedlicher Fachbereiche zusammensetzt, um eine umfassende Bewertung zu gewährleisten.

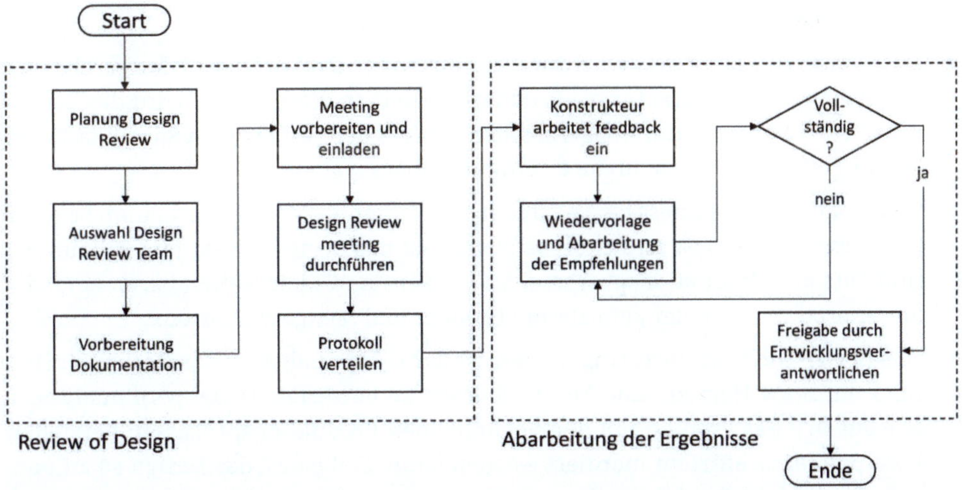

Bild 2.16 Ablauf eines Design Reviews (International Electrotechnical Commission 2005, S. 11)

Während des Reviews trifft sich das Team zu einer formalen Sitzung, in der das Design systematisch durchgegangen wird. Der Ablauf kann je nach Art des Design Reviews variieren, jedoch umfasst ein typisches Design Review die Präsentation des aktuellen Designs durch das Entwicklungsteam, gefolgt von einer kritischen Analyse und Diskussion durch die Review-Teilnehmer. Dabei werden verschiedene Aspekte des Designs, wie Funktionalität, Zuverlässigkeit, Herstellbarkeit, Sicherheit und Compliance, eingehend geprüft. Eine Checkliste wird häufig verwendet, um sicherzustellen, dass alle relevanten Punkte berücksichtigt werden.

Die Ergebnisse des Design Reviews werden sorgfältig dokumentiert. Dazu gehört die Aufzeichnung von Anmerkungen, identifizierten Problemen, vereinbarten Maßnahmen und deren Verantwortlichen. Diese Dokumentation dient als Referenz für das weitere Vorgehen und als Nachweis für die durchgeführten Überprüfungen. Sie wird häufig in das Qualitätsmanagementsystem integriert und ist bei Audits und für die Rückverfolgbarkeit von Bedeutung. Nach dem Review ist es wichtig, dass die identifizierten Probleme und Maßnahmen konsequent verfolgt und implementiert werden. Dazu werden in der Regel Nachfolgetermine oder zusätzliche Reviews angesetzt, um den Fortschritt zu überprüfen und sicherzustellen, dass alle Maßnahmen abgeschlossen sind, bevor das Design in die nächste Phase übergeht.

Design Reviews können in verschiedenen Formen und zu unterschiedlichen Zeitpunkten im Entwicklungsprozess durchgeführt werden:

- Eine häufig verwendete Form ist das Preliminary Design Review, das in einer frühen Phase der Entwicklung stattfindet, wenn das Konzept und das grundlegende Design festgelegt sind, aber bevor detaillierte Ausarbeitungen begonnen werden. Ziel dieses Reviews ist es, das vorläufige Design auf seine Übereinstimmung mit den Kundenanforderungen und die Machbarkeit zu überprüfen.
- Das Critical Design Review wird durchgeführt, wenn das Design weit fortgeschritten ist und vor der Freigabe für die Produktion steht. In dieser Phase wird das Design detailliert überprüft, um sicherzustellen, dass es den festgelegten Spezifikationen entspricht und bereit ist, in die Produktion überzugehen.
- Das Production Readiness Review findet statt, bevor die Massenproduktion beginnt. Ziel dieses Reviews ist es, sicherzustellen, dass das Design vollständig validiert ist und dass alle Produktionsprozesse, Materialien und Lieferketten bereit sind, die Serienproduktion in der geforderten Qualität und Menge zu starten.
- Das Design for Manufacturing Review ist darauf spezialisiert, das Design im Hinblick auf seine Herstell- und Montierbarkeit zu bewerten. Dabei wird analysiert, wie gut sich das Produkt mit den vorhandenen Produktionsprozessen herstellen lässt und ob es effizient montiert werden kann. Ziel ist es, das Design so zu optimieren, dass die Produktion kostengünstiger, schneller und mit weniger Fehlern erfolgen kann.

Design Reviews im Rahmen von APQP zielen darauf ab, die Qualität des Produkts zu sichern und die Produktion reibungslos zu gestalten. Die regelmäßige Durchführung von Design Reviews bietet mehrere entscheidende Vorteile, beispielsweise reduzieren sie Entwicklungsrisiken, indem sie Designfehler und Risiken frühzeitig identifizieren und beseitigen. Darüber hinaus tragen sie dazu bei, dass das Design den hohen Qualitätsstandards entspricht und die Kundenanforderungen vollständig erfüllt werden, wodurch Nacharbeit, Qualitätsprobleme und Reklamationen vermieden werden. Design Reviews steigern auch die Effizienz im Produktionsprozess, indem sie das Design im Hinblick auf Herstellbarkeit und Montage optimieren. Dies führt zu einer Senkung der Produktionskosten, verkürzten Durchlaufzeiten und einer erhöhten Produktivität. Zudem verbessern Design Reviews die bereichsübergreifende Kommunikation, indem sie die Zusammenarbeit und den Informationsaustausch zwischen den verschiedenen Abteilungen fördern. Schließlich sichern Design Reviews durch die sorgfältige Dokumentation der Überprüfungen und Entscheidungen die Nachvollziehbarkeit des Entwicklungsprozesses, was für die Einhaltung regulatorischer Anforderungen und interner Standards unerlässlich ist.

Fazit:

Design Reviews sind ein unverzichtbarer Bestandteil von APQP und spielen eine entscheidende Rolle bei der Sicherstellung der Produktqualität und der Vorbereitung für die Serienproduktion. Durch ihre systematische Durchführung in verschiedenen Phasen des Entwicklungsprozesses ermöglichen sie die frühzeitige Identifikation und Beseitigung von Risiken, die Optimierung des Designs im Hinblick auf Herstellbarkeit und die Sicherstellung, dass alle Kundenanforderungen erfüllt werden.

2.2.11 Bemusterungen

Leitfragen im Umgang mit Bemusterungen:

- Wie weit ist das Projekt?
- Was kann das Produkt bisher?
- Wie wurde ein Muster hergestellt?
- Welche Reife haben das Produkt und der Prozess?

Wann benötigen Sie diese Methode?

Während des Entwicklungsprozesses sind Muster von entscheidender Bedeutung, da sie die Grundlage für Tests und Prüfungen bilden, die Aufschluss über den Reifegrad des Produkts in der jeweiligen Entwicklungsphase geben. Für eine zutreffende Einschätzung des Reifegrads ist es essenziell, dass alle Beteiligten über ein einheitliches Verständnis der verschiedenen Musterstände verfügen und sich der Limitationen eines jeden spezifischen Musters sowie der Umstände seiner Herstellung bewusst sind.

Bemusterung ist ein Prozess im Qualitätsmanagement, insbesondere in der Automobilindustrie, und wird zunehmend in anderen Branchen eingesetzt. Die Bemusterung dient dazu, sicherzustellen, dass ein Produkt oder eine Baugruppe den Spezifikationen und Anforderungen entspricht, bevor es in die Serienproduktion geht. Die verschiedenen Formen der Bemusterung ermöglichen es, unterschiedliche Aspekte der Produktqualität und Prozessstabilität zu bewerten. Im Detail wird dabei zwischen den folgenden, gängigen Formen der Bemusterung unterschieden:

- **Nullserienbemusterung:** Findet statt, bevor die eigentliche Serienproduktion beginnt. Sie stellt eine Art Vorserie dar, bei der eine begrenzte Anzahl von Teilen unter seriennahen Bedingungen produziert wird. Die Nullserienbemusterung dient dazu, den gesamten Produktionsprozess auf Herz und Nieren zu prüfen, von der Materialbeschaffung über die Fertigung bis hin zur Endprüfung. Durch die Nullserienbemusterung wird überprüft, ob der Produktionsprozess stabil ist und ob die Kapazitäten ausreichen, um die geplante Stückzahl in der geforderten Qualität zu produzieren. Sie hilft, eventuelle Engpässe, Schwachstellen oder Qualitätsprobleme zu identifizieren und zu beheben, bevor die Serienproduktion offiziell startet. Die Ergebnisse der Nullserienbemusterung werden dokumentiert und fließen in die finale Produktionsfreigabe ein.
- **Erstbemusterung:** Ist der oft wichtigste Schritt im Bemusterungsprozess. Sie wird durchgeführt, wenn ein neues Produkt entwickelt wurde oder wenn wesentliche Änderungen am Produktdesign, den Materialien oder dem Produktionsprozess vorgenommen wurden. Ziel der Erstbemusterung ist es, die Fähigkeit des Produktionsprozesses zu validieren, das Produkt gemäß den Spezifikationen und Qualitätsanforderungen herzustellen. Die Erstbemusterung erfolgt typischerweise unter Serienbedingungen, das heißt, die Produktionsbedingungen sind identisch mit denen, die später in der Serienproduktion verwendet werden. Dies umfasst die gleichen Maschinen, Werkzeuge, Materialien und Arbeitskräfte. Die produzierten Teile werden anschließend umfangreichen Prüfungen und Tests unterzogen, um sicherzustellen, dass sie den festgelegten Toleranzen und Spezifikationen entsprechen. Die Ergebnisse dieser Prüfungen werden dokumentiert und zusammen mit den Mustern an den Kunden übermittelt, der dann die Freigabe für die Serienproduktion erteilen kann.
- **Nachbemusterung:** Wird durchgeführt, wenn nach der Erstbemusterung Änderungen am Produkt oder am Produktionsprozess vorgenommen werden. Solche Änderungen können beispielsweise neue oder geänderte Werkzeuge, Wechsel des Materiallieferanten, Prozessänderungen oder Designanpassungen umfassen. Auch Änderungen in der Produktionsumgebung oder bei den Fertigungsbedingungen können eine Nachbemusterung erforderlich machen. Der Zweck der Nachbemusterung besteht darin, sicherzustellen, dass die vorgenommenen Änderungen keinen negativen Einfluss auf die Produktqualität haben und dass das Produkt weiterhin alle Spezifikationen und Anforderungen erfüllt. Der Prozess der Nachbemusterung

ähnelt dem der Erstbemusterung, beinhaltet jedoch speziell die Prüfung der Auswirkungen der Änderungen. Die Ergebnisse der Nachbemusterung müssen ebenfalls dokumentiert und dem Kunden vorgelegt werden, um die weitere Produktionsfreigabe zu erhalten.

- **Requalifikationsbemusterung:** Diese Form der Bemusterung sind periodische Prüfungen, die während der Serienproduktion durchgeführt werden, um sicherzustellen, dass die Produktqualität über die gesamte Produktionsdauer konstant bleibt. Diese Bemusterungen sind in regelmäßigen Abständen vorgesehen, beispielsweise jährlich oder nach einer bestimmten Anzahl produzierter Teile. Ziel ist es, mögliche Abweichungen oder Verschlechterungen der Produktqualität frühzeitig zu erkennen und entsprechende Korrekturmaßnahmen einzuleiten. Auch wenn keine Änderungen im Produktionsprozess vorgenommen wurden, kann durch Verschleiß von Werkzeugen oder Alterung der Materialien eine Requalifikationsbemusterung notwendig werden.

Weiterführende Literatur – Fachaufsätze:

Cristina Ileana Pascu u. a. (2018). „Aspects about the quality control at first article inspection (FAI) for parts obtained by materials composites used in the railway sector". In: *Advanced Engineering Forum*. Bd. 27. Trans Tech Publ, S. 262–267.

Die verschiedenen Formen der Bemusterungen repräsentieren auch immer den Reifegrad, in dem sich das neu zu entwickelnde Produkt derzeit befindet. Dies wiederum hängt direkt mit dem Projektstand zusammen. Die folgende Aufzählung zeigt eine Übersicht über die Entwicklungsphasen und die verschiedenen Musterstände, die sich zu dem jeweiligen Zeitpunkt ergeben und was mit den jeweiligen Musterständen erreicht und freigegeben werden kann:

- **A-Muster:**
  - Verwendung: Bestätigung des geplanten Konzepts und Grundlage für Concept Freeze
  - Beschaffenheit: erste Funktionsmuster mit Einschränkungen in der Funktion, dem Temperaturbereich, dem Spannungsbereich, den Abmessungen, den Werkstoffen und der Optik. Ein Verbau in einer Kundenapplikation ist nicht möglich, außer für Anschauungszwecke. A-Muster erfüllen nicht die Qualifizierungsanforderungen.
  - Fertigungsprozess: Rapid Prototyping oder auch von Hand hergestellt in der Versuchswerkstatt
  - Notwendige Herstellunterlagen: 3D-Modell, Skizzen, funktionsrelevante Dimensionen definiert
  - Freigabekriterien: (Maßberichte), entwicklungsbegleitende Prüfungen

  - Reife: Prototypen
  - Phase: APQP
- **B-Muster:**
  - Verwendung: Bestätigung der Produktentwicklung und dient als Grundlage für das Design Freeze
  - Beschaffenheit: werkzeugfallende, funktionsfähige Muster aus Hilfswerkzeugen. Geforderte Funktionen vollständig umgesetzt, alle relevanten besonderen Merkmale innerhalb der Toleranz. Gegebenenfalls Einsatz alternativer Materialien. Beseitigung von fertigungsbegründeten Abweichungen durch Nacharbeit zulässig. Die Ursachen für konstruktiv begründete Abweichungen sind zu ermitteln und durch designoptimierende Maßnahmen abzustellen. Eine Anpassung des Hilfswerkzeugs an den optimierten Stand mit anschließender neuer Bemusterung ist anzustreben, um eine Verifizierung mit dem letztgültigen Stand durchführen zu können. B-Muster erfüllen die Qualifizierungsanforderungen, Abweichungen sind zu dokumentieren.
  - Fertigungsprozess: Einsatz von Hilfswerkzeugen, manuelle Montage oder Einsatz von Prototypenvorrichtungen
  - Notwendige Herstellunterlagen: Herstellunterlagen (Zeichnungen) inklusive tolerierter besonderer Merkmale
  - Freigabekriterien: Maßberichte, entwicklungsbegleitende Prüfungen
  - Reife: Prototypen
  - Phase: APQP
- **C-Muster:**
  - Verwendung: Qualifikation Betriebsmittel
  - Beschaffenheit: Muster aus Serienwerkzeugen, gefertigt unter seriennahen Bedingungen. Die ersten werkzeugfallenden C-Muster werden in der Regel im Werkzeugbau erstellt. Die Kurzzeitfähigkeit C_{mk} wird an definierten Merkmalen der C-Muster nachgewiesen. Geometrie und Materialien entsprechen dem zukünftigen Serienstand. Es ist möglich, Hilfswerkzeuge mit geringerer Standzeit aus der B-Musterphase zu modifizieren, so dass sie C-Musterstand hervorbringen und auch für einen Serienanlauf geeignet sind. Dies ist zu dokumentieren und freizugeben.
  - Fertigungsprozess: seriennaher Fertigungsprozess
  - Notwendige Herstellunterlagen: Freigegebene Einzelteilzeichnungen inklusive tolerierter besonderer Merkmale
  - Freigabekriterien: Messbericht, Fähigkeit C_{mk} (50 Teile je Kavität), Dokumentierte Prozessparameter (Bericht)
  - Reife: Übergangsphase
  - Phase: APQP

- **Erstmuster:**
  - Verwendung: Verifizierungs- und Validierungsmuster zur Qualifikation von Produkt und Prozess. Erstmuster für den Kunden im Rahmen des Erstmusterprüfberichts.
  - Beschaffenheit: vollständig unter Serienbedingungen gefertigt und mit Serienprüfequipment geprüft. Ein Teil der gefertigten Erstmuster werden für Verifizierungs- und Validierungsprüfungen (Typprüfungen oder kundenspezifische Prüfungen) verwendet, der andere Teil dient dem Lagergrundaufbau. Erstmuster erbringen vor Serienbeginn den Nachweis, dass die in Zeichnungen und Spezifikationen vereinbarten Qualitätsforderungen erfüllt werden. Die vorläufige Prozessfähigkeit P_{mk} wird an definierten Merkmalen der Erstmuster nachgewiesen. Grundsätzlich ist mindestens ein Erstmuster je Variante als Rückstellmuster zu archivieren. Gegebenenfalls ist eine mit dem Kunden abgestimmte Anzahl an Erstmustern Bestandteil des Erstmusterprüfberichts. Als Rückstellmuster sind mindestens die Varianten zu archivieren, die auch an den externen Kunden versendet werden. Hinweis: Grundsätzlich ist es anzustreben, Validierungsprüfungen an Erstmustern durchzuführen. Es ist möglich, hierfür C-Muster zu verwenden, eine Nachbemusterung der prozessrelevanten Einflussgrößen ist zu bewerten und ggf. durchzuführen.
  - Fertigungsprozess: Serienfertigungsprozess unter Serienbedingungen.
  - Notwendige Herstellunterlagen: vollständige und freigegebene Zeichnungen und Herstellunterlagen
  - Freigabekriterien: erfolgreiche Validierung, Fähigkeit P_{mk} (125 Teile, üblicherweise je Stichprobe 3–5 Teile), bestätigte Serienprozessparameter
  - Reife: Nullserie und Serie
  - Phase: Production Part Approval Process (PPAP) und Start-of-Production

2.2.11.1 Der Erstmusterprüfbericht

Der Erstmusterprüfbericht (EMPB) ist ein wichtiges Dokument im Bemusterungsprozess. Er dient dazu, die Qualität und Konformität eines Produkts oder Bauteils vor Beginn der Serienproduktion zu prüfen und zu dokumentieren. Dabei ist das Hauptziel eines EMPB, nachzuweisen, dass das hergestellte Teil den spezifizierten Anforderungen und Konstruktionsvorgaben vollständig entspricht. Diese Prüfung umfasst verschiedene Aspekte des Produkts, darunter die Maßhaltigkeit, Materialeigenschaften, Funktionalität sowie optische und Oberflächenbeschaffenheit.

Die Maßhaltigkeit stellt sicher, dass die Abmessungen des Teils innerhalb der vorgegebenen Toleranzen liegen, während die Materialeigenschaften durch Tests und Analysen überprüft werden, um zu bestätigen, dass die verwendeten Materialien den Spezifikationen entsprechen. Die Funktionalität des Produkts wird durch spezifische Tests überprüft, um sicherzustellen, dass das Teil in seiner vorgesehenen Anwendung ordnungsgemäß funktioniert. Wenn ästhetische Kriterien eine Rolle spielen, wird auch die Oberflächenqualität des Teils geprüft. Der EMPB stellt somit sicher, dass das Produkt serienreif ist und alle Kundenanforderungen erfüllt. Er bildet die Basis für die Serienproduktion, indem er sowohl dem Kunden als auch dem Lieferanten als Nachweis dient, dass der Produktionsprozess stabil ist und das Produkt kontinuierlich in der geforderten Qualität hergestellt werden kann.

Ein vollständiger EMPB umfasst mehrere wesentliche Elemente. Zunächst enthält er einen Prüfplan, der beschreibt, welche Prüfungen und Messungen durchgeführt werden müssen, um die Konformität des Produkts zu bestätigen. Weiterhin dokumentiert der EMPB alle Messergebnisse, die bei der Prüfung des Erstmusters ermittelt wurden. Materialzertifikate belegen die Zusammensetzung und Qualität der eingesetzten Materialien, und gegebenenfalls werden auch Zeugnisse und Zertifikate für spezielle Tests, wie Umweltprüfungen oder mechanische Belastungstests, beigefügt. Zudem wird die Dokumentation der angewandten Fertigungsprozesse sowie der eingesetzten Werkzeuge und Vorrichtungen im EMPB aufgenommen, einschließlich Prozessflussdiagrammen. Schließlich müssen alle spezifischen Kundenanforderungen, die über die allgemeinen Spezifikationen hinausgehen, im EMPB dokumentiert und als erfüllt nachgewiesen werden.

Der Erstmusterprüfbericht wird im Rahmen der Erstbemusterung erstellt. Diese erfolgt, wenn ein neues Produkt entwickelt wurde oder wenn wesentliche Änderungen am Produktdesign, an den Materialien oder am Produktionsprozess vorgenommen wurden. Der EMPB wird nach Abschluss der Erstbemusterung vom Lieferanten erstellt und zusammen mit den Erstmusterteilen an den Kunden übermittelt. Der Kunde prüft dann sowohl die Teile als auch den Bericht auf Vollständigkeit und Konformität. Erst nach Genehmigung des EMPB durch den Kunden wird die Freigabe für die Serienproduktion erteilt. Falls im Produktionsprozess Änderungen vorgenommen werden, etwa durch den Einsatz neuer Werkzeuge, Änderungen des Produktionsstandorts oder Modifikationen im Design, kann eine Nachbemusterung erforderlich werden. In diesem Fall muss erneut ein EMPB erstellt werden, um sicherzustellen, dass die Änderungen keinen negativen Einfluss auf die Produktqualität haben. Diese Nachbemusterung stellt sicher, dass das Produkt weiterhin alle Qualitätsanforderungen erfüllt.

Bei der Erstellung des EMPB ist auf verschiedene Aspekte zu achten. Der Bericht muss vollständig und genau sein, da unvollständige oder ungenaue Berichte zu Verzögerungen bei der Produktionsfreigabe führen können. Alle Messungen und Prüfungen müssen präzise und nachvollziehbar dokumentiert werden, wobei die Verwendung kalibrierter Prüfmittel von besonderer Bedeutung ist. Der EMPB sollte zudem so erstellt werden, dass er für den Kunden leicht verständlich ist und keine Zweifel an der Qualität des Produkts lässt. Sollten während der Prüfung Abweichungen festgestellt werden, müssen diese dokumentiert und mit dem Kunden abgestimmt werden, wobei gegebenenfalls Korrekturmaßnahmen erforderlich sind, bevor die Serienproduktion freigegeben wird.

Fazit:

Die verschiedenen Formen der Bemusterung spielen eine entscheidende Rolle im Qualitätsmanagement, da sie sicherstellen, dass Produkte und Produktionsprozesse den Spezifikationen entsprechen. Jede Art der Bemusterung hat ihren spezifischen Zweck und wird zu unterschiedlichen Zeitpunkten im Produktionszyklus durchgeführt. Die sorgfältige Durchführung und Dokumentation dieser Bemusterungen sind unerlässlich, um eine gleichbleibend hohe Produktqualität zu gewährleisten und Risiken in der Serienproduktion zu minimieren.

2.3 Methoden der Prozessentwicklung

Die Sicherstellung der Kundenanforderungen ist ein zentraler Erfolgsfaktor für Unternehmen. Dies gilt nicht nur für die Entwicklungsphase eines Produkts, sondern besonders auch für die des Prozesses, sprich der Produktionsphase. Die Sicherstellung der Kundenanforderungen in der Produktion stellt nicht nur sicher, dass die Produkte den Kundenspezifikationen, sondern auch den relevanten gesetzlichen Vorschriften entsprechen. Die Nichteinhaltung solcher Anforderungen kann zu rechtlichen Konsequenzen, Rückrufen und erheblichen finanziellen Verlusten führen. Daher ist es unerlässlich, dass die Produktionsprozesse so gestaltet sind, dass sie sowohl die Kundenanforderungen als auch die gesetzlichen Bestimmungen erfüllen.

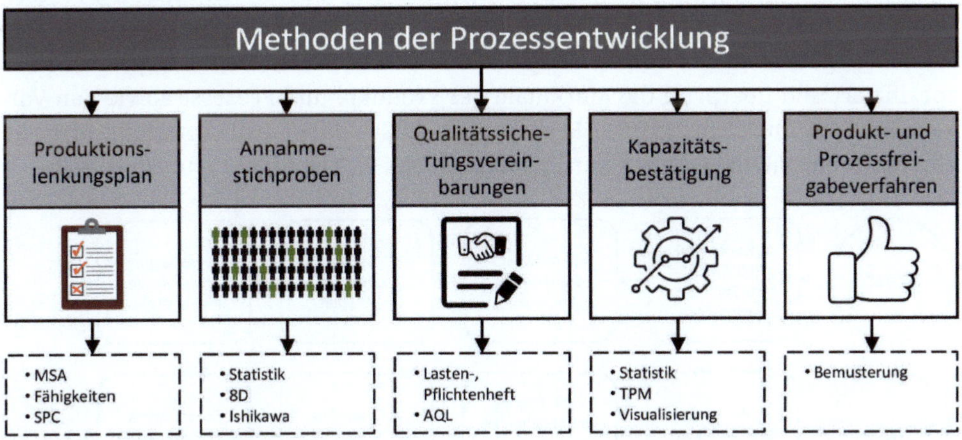

Bild 2.17 Methoden der Prozessentwicklung

2.3.1 Produktionslenkungsplan

Leitfragen im Umgang mit Produktionslenkungsplan (PLP):

- Was ist der Fertigungsprozess?
- Was sind die Prozessparameter?
- Welche Prüfungen sind im Prozess zu machen, womit und wie oft?
- Wer ist für die jeweiligen Aufgaben verantwortlich?

Wann benötigen Sie diese Methode?

Ein PLP (engl. Control Plan) enthält alle Vorkehrungen, die getroffen werden müssen, um die geforderte Qualität eines Endprodukts sicherzustellen. Er ist Teil der Qualitätsvorausplanung und hilft dabei, bestehende Fertigungsprozesse zu optimieren und zukünftige sinnvoll zu planen. Mit Hilfe des PLP wird die Qualitätsplanung optimiert. Dazu werden lückenlos alle qualitätssichernden Maßnahmen über die gesamte Wertschöpfungskette hinweg dokumentiert. Der PLP hat das Ziel, dass der Fertigungsprozess fehlerfrei abläuft und die Produkte den Kundenanforderungen entsprechen. So wird Fehlern und Prüfkosten bereits in der Entwicklungs- und Vorserienphase durch rechtzeitiges Herausstellen und Vermeiden von Risiken vorgebeugt.

Der PLP ist das zentrale Dokument der Qualitätsvorausplanung und beinhaltet alle Kennwerte und Prozessparameter, die sich auf die Qualität der Produkte auswirken. Des Weiteren definiert er unter anderem, wie die entsprechenden Kennwerte überprüft werden sowie das Vorgehen im Falle einer Abweichung. Der Nutzen liegt darin, diese Erkenntnisse in die Fertigungsplanung einfließen zu lassen und die Prozesse in der Fertigung unter dem Aspekt der späteren Produktqualität zu optimieren. Bestehende Prozessschritte aus der FMEA werden direkt in den PLP integriert. Dieser spezifiziert und überprüft die Merkmale der Produkte und Prozesse sowie den Vorgang bei einer Abweichung. Diese Erkenntnisse fließen damit in die Fertigungsplanung ein. Der grundsätzliche Ablauf zur Erstellung eines PLP ist in Bild 2.18 dargestellt.

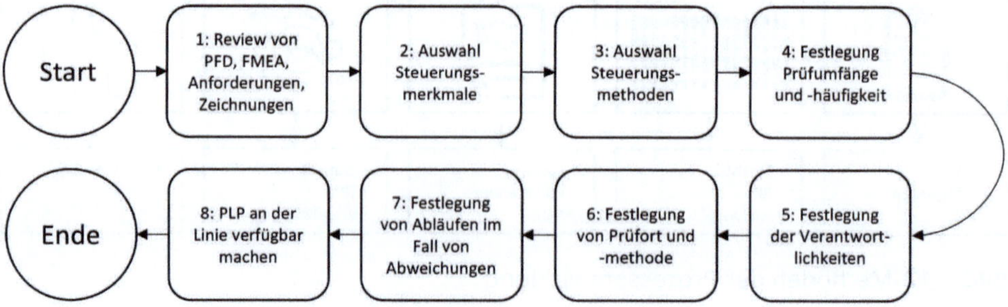

Bild 2.18 Ablauf eines PLP (Jumbad und Chel 2018, S. 3)

Ein umfassender PLP besteht aus mehreren wesentlichen Komponenten. Zunächst erfolgt die Identifikation von Produkt- und Prozessmerkmalen. Produktmerkmale sind spezifische Eigenschaften des Endprodukts, die dessen Funktionalität, Leistung, Zuverlässigkeit und Sicherheit beeinflussen. Diese Merkmale müssen genau definiert und dokumentiert werden. Typische Produktmerkmale können Dimensionen, Oberflächenbeschaffenheit, Materialeigenschaften und Funktionalität umfassen. Prozessmerkmale sind Parameter und Bedingungen innerhalb des Produktionsprozesses, die die Qualität des Endprodukts direkt beeinflussen. Dazu gehören Maschineneinstellungen, Temperatur, Druck, Bearbeitungszeiten und andere Prozessvariablen. Diese Merkmale müssen ebenfalls präzise identifiziert und überwacht werden. Eine beispielhafte Vorlage, wie solch ein PLP aufgebaut ist, kann Bild 2.19 entnommen werden.

				Produktionslenkungsplan					Ersteller:			
Kunde:			Bezeichnug:					IdentNr:				
Serie		Vorserie		Prototyp			Ansprechpartner	Datum			Datum (Änderung)	
Kunden-Konstruktionsfreigabe				Prüfplannr.			Lieferantenfreigabe	Kunden-Qualitätsfreigabe				
Lieferant/Werk				Lieferantennr.				Andere Freigabe (falls geforder				
Prozess		Maschine		Prüfmerkmale			Methoden					
									Stichprobe			
Nr.	Arbeitsgang	Werkzeuge	Einricht-/Prüfplan	Produkt	Prozess	Besondere Merkmale	Referenzdokumente	Prüfsystem	Umfang	Häufigkeit	Lenkungsmethode	Reaktionsplan

Bild 2.19 Vorlagebeispiel eines PLP (zum Download verfügbar)

Für jedes identifizierte Produkt- und Prozessmerkmal müssen geeignete Messmethoden festgelegt werden. Diese Methoden beschreiben, wie die Messungen durchgeführt werden, welche Instrumente verwendet werden und wie die Ergebnisse dokumentiert werden. Messmethoden können taktil, optisch, elektronisch oder auf andere geeignete Weise erfolgen. Die spezifischen Werkzeuge und Geräte, die zur Durchführung der Messungen verwendet werden, müssen klar definiert werden. Dies umfasst Kalibrierungsanforderungen, Wartungspläne und die Verfügbarkeit von Ersatzteilen. Prüfmittel können Messschieber, Mikrometer, Koordinatenmessgeräte, Scanner und andere spezialisierte Geräte sein.

Es muss festgelegt werden, wie oft und in welchem Umfang Prüfungen und Messungen durchgeführt werden. Dies beinhaltet die Definition der Stichprobengröße und der Methode zur Auswahl der Stichproben. Beispielsweise kann festgelegt werden, dass jede zehnte Einheit oder einmal pro Schicht eine Messung erfolgt. Die Häufigkeit der Prüfungen ist entscheidend, um rechtzeitig Abweichungen zu erkennen und Korrekturmaßnahmen einzuleiten. Dies kann von kontinuierlicher Überwachung bis hin zu periodischen Stichprobenprüfungen variieren, abhängig von der Kritikalität des Merkmals und der Stabilität des Prozesses.

Für jedes identifizierte Merkmal müssen akzeptable Toleranzgrenzen festgelegt werden. Diese Grenzen definieren den Bereich, innerhalb dessen das Merkmal variieren darf, ohne die Produktqualität zu beeinträchtigen. Toleranzen können als Ober- und Untergrenzen oder als Zielwerte mit akzeptablen Abweichungen angegeben werden. Die Spezifikationen umfassen detaillierte Anforderungen und Standards, die das Produkt und den Prozess betreffen. Diese müssen in Übereinstimmung mit den Kundenerwartungen, gesetzlichen Anforderungen und internen Qualitätsrichtlinien definiert werden.

Es müssen klare Pläne vorhanden sein, wie auf Abweichungen von den festgelegten Kontrollgrenzen reagiert wird. Diese Reaktionspläne beschreiben, welche Maßnahmen zu ergreifen sind, wer dafür verantwortlich ist und wie die Maßnahmen dokumentiert werden. Typische Reaktionen können Prozessanpassungen, Maschinenwartung oder Ausschuss sein. Falls Abweichungen auftreten, müssen Korrekturmaßnahmen definiert und implementiert werden, um die Ursache der Abweichung zu beheben und zukünftige Vorkommnisse zu verhindern. Dies kann die Durchführung einer Ursachenanalyse, die Anpassung von Prozessen oder Schulungen des Personals umfassen.

Weiterführende Literatur – Fachaufsätze:

Vitthal Jumbad und Arvind Chel (2018). „Strategic use of control plan as a process audit tool in automotive industry: A case study". In: *AIP Conference Proceedings*. Bd. 2018. 1. AIP Publishing.

Für die Überwachung und Kontrolle jedes Prozessschritts müssen klare Verantwortlichkeiten festgelegt werden. Dies beinhaltet die Definition, wer für die Durchführung der Messungen, die Überwachung der Prozesse und die Ergreifung von Maßnahmen zuständig ist. Verantwortlichkeiten können auf verschiedene Ebenen verteilt sein, einschließlich Maschinenbediener, Qualitätssicherungsingenieure und Produktionsleiter.

Die Implementierung eines PLP erfordert eine enge Zusammenarbeit zwischen verschiedenen Abteilungen, einschließlich Qualitätsmanagement, Produktion, Engineering und Lieferanten. Der Plan muss regelmäßig überprüft und aktualisiert werden, um Anpassungen an Prozessänderungen, neue Erkenntnisse und kontinuierliche Verbesserungen zu integrieren. Die effektive Nutzung eines PLP erfordert Schulungen des Personals, regelmäßige Audits und eine Kultur der kontinuierlichen Verbesserung.

Der PLP gewährleistet Konsistenz, indem standardisierte Überwachungs- und Kontrollverfahren implementiert werden. Dies reduziert Prozessvariationen und ermöglicht die Identifizierung potenzieller Probleme, bevor sie zu größeren Qualitätsmängeln führen. Die Optimierung der Produktionsprozesse durch gezielte Überwachung und rechtzeitige Korrekturmaßnahmen steigert die Effizienz. Durch die systematische Sicherstellung der Qualität wird die Kundenzufriedenheit erhöht, da die Kundenerwartungen und Spezifikationen erfüllt werden. Zudem werden durch die frühzeitige Erkennung und Beseitigung von Abweichungen Risiken minimiert und Kosten für Nacharbeit und Ausschuss reduziert.

Fazit:

Der PLP ist ein unverzichtbares Werkzeug für die Sicherstellung der Produktqualität in der industriellen Fertigung. Durch eine systematische Planung, Überwachung und Kontrolle der Produktionsprozesse können Unternehmen die Konsistenz ihrer Produkte gewährleisten, Prozessvariationen minimieren und die Kundenzufriedenheit erhöhen. Die kontinuierliche Überprüfung und Anpassung des PLP ist entscheidend, um den sich ständig ändernden Anforderungen des Marktes gerecht zu werden und die Wettbewerbsfähigkeit zu erhalten.

2.3.2 Annahmestichproben

Leitfragen im Umgang mit Annahmestichprobenplänen:

- Wie groß ist das Lieferlos?
- Wie viele Schlechtteile sind akzeptabel?
- Wie ist die Fähigkeit meines Fertigungsprozesses?

Wann benötigen Sie diese Methode?

Annahmestichprobenpläne werden benötigt, wenn die Qualität von Produkten oder Lieferungen überprüft werden soll, ein bestimmtes Qualitätsniveau sichergestellt werden soll, Stichprobenprüfungen durchgeführt werden sollen und die Anzahl von fehlerhaften Produkten oder Teilen in einer Charge begrenzt werden soll. Annahmestichprobenpläne helfen dabei, die Qualität von Produkten zu überwachen und sicherzustellen, dass sie bestimmte Standards erfüllen. Es wird häufig in der Fertigungsindustrie eingesetzt, um die Qualität von Lieferungen zu überprüfen.

Annahmestichprobenpläne sind eine wichtige Methode in der Qualitätssicherung, insbesondere bei der Prüfung von Produkten in der Fertigung. Sie dienen dazu, Stichproben aus einer Produktionscharge zu entnehmen und anhand vordefinierter Kriterien zu bewerten, ob die Charge akzeptabel ist oder nicht. Dieser Ansatz ermöglicht es, die Qualität einer Charge anhand einer repräsentativen Stichprobe zu beurteilen, anstatt jedes einzelne Produkt zu prüfen, was in vielen Fällen zeitaufwendig und kostspielig wäre.

Eine Charge kann in diesem Zusammenhang eine von einem Lieferanten oder die Produktionsmenge einer Schicht sein. Aus den im Folgenden verwendeten Begriffen geht hervor, dass Annahmeprüfpläne ursprünglich für die Anwendung im Bereich der Wareneingangsprüfung entwickelt wurden. Dem Los wird eine Zufallsstichprobe entnommen, deren Umfang von der Gesamtanzahl der Einheiten im Los abhängt. Signifikante Merkmale der in der Stichprobe enthaltenen Einheiten werden dann attributiv geprüft, d. h. jede Einheit wird beispielsweise durch Lehre oder visuelle Begutachtung anhand von Grenzmustern eine Bewertung zugeordnet. Beispiele für entsprechende Bewertungsmöglichkeiten sind gut/schlecht oder innerhalb/außerhalb des Toleranzbereichs. Ist die Anzahl der Einheiten mit negativer Bewertung in der Stichprobe kleiner oder gleich der im Stichprobenplan festgelegten Annahmezahl C, wird das gesamte Los angenommen, andernfalls wird es zurückgewiesen.

In einem modernen Qualitätsverständnis wird ein Einfachstichprobenplan mit Annahmezahl $C = 0$ verwendet, d. h. es wird nur einmal eine Stichprobe gezogen und das Auftreten einer fehlerhaften Einheit in der Stichprobe führt zur Rückweisung des Loses. Bei einer Auswahlprüfung (Stichprobenprüfung) im Fertigungsbereich nach Stichprobenplan bedeutet Rückweisung, dass die Qualität des untersuchten Loses nicht ausreichend ist. Das negative Stichprobenergebnis kann zu einer 100%-Prüfung führen. Ein Annahmestichprobenplan besteht aus mehreren Elementen, einschließlich Stichprobengröße, Auswahlkriterien und annehmbare Qualitätsgrenzlage (engl. Acceptable Quality Level (AQL)). Das AQL-Verfahren wurde während des Zweiten Weltkriegs von der US-Armee entwickelt.

AQL ist ein entscheidender Parameter in einem Stichprobenplan und definiert die maximale Anzahl fehlerhafter Einheiten, die in einer Produktionscharge akzeptiert werden können, damit die Charge als akzeptabel angesehen wird. AQL wird in Prozent ausgedrückt und gibt an, wie viel Prozent der Produkte in der Stichprobe fehlerhaft sein dürfen, damit die gesamte Charge angenommen wird. Zum Beispiel kann ein AQL von 2 % bedeuten, dass bis zu 2 % der Produkte in der Stichprobe fehlerhaft sein dürfen, ohne dass die gesamte Charge zurückgewiesen wird. Die Festlegung des AQL hängt von verschiedenen Faktoren ab, wie den Anforderungen des Kunden, der Art des Produkts, der Risikobereitschaft des Herstellers und den Kosten für die Qualitätsprüfung.

Ein niedrigerer AQL bedeutet strengere Qualitätsstandards und kann eine größere Stichprobengröße für die Prüfung erfordern, was die Kosten erhöhen kann. Umgekehrt bedeutet ein höherer AQL, dass mehr fehlerhafte Einheiten akzeptiert werden, was zu einem niedrigeren Qualitätsniveau führen kann, aber auch die Kosten senken kann, da weniger intensive Prüfungen erforderlich sind. In der Praxis basieren Annahmestichprobenpläne häufig auf der Grundlage international anerkannter Normen wie der ISO 2859-Reihe (DIN 2014). Diese Normen bieten vorgefertigte Tabellen und Formeln zur Bestimmung des Stichprobenumfangs und des AQL in Abhängigkeit von verschiedenen Faktoren wie Losgröße und Prüfniveau. Eingaben sind die Angabe des AQL-Werts, der Prüfschärfe sowie der Anzahl der Teile im Los. Ergebnisse sind die Anzahl der zu prüfenden Teile sowie die Anzahl der zulässigen fehlerhaften Teile in der Stichprobe.

Das Verfahren wird in Unternehmen eingesetzt, weil die Prüfung einer Teilmenge wirtschaftlicher ist als eine vollständige Prüfung oder um bei zerstörenden Prüfungen

Aussagen über die nicht zerstörten Teile zu erhalten. Die Aushandlung von AQL ist in vielen Branchen ein wesentlicher Bestandteil der Beziehung zwischen Kunden und Lieferanten. Das AQL-Verfahren ist ein Anwendungsbeispiel für stochastische Methoden wie die hypergeometrische Verteilung, ohne dass diese konkret eingesetzt werden müssen.

Weiterführende Literatur – Normen:

DIN (2014). *DIN ISO 2859-1:2014-08 – Annahmestichprobenprüfung anhand der Anzahl fehlerhafter Einheiten oder Fehler (Attributprüfung) – Teil 1: Nach der annehmbaren Qualitätsgrenzlage (AQL) geordnete Stichprobenpläne für die Prüfung einer Serie von Losen.* Techn. Ber. Deutsches Institut für Normung e. V. oder MIL (1989). *MIL-STD-105E: Military Standard – Sampling Procedures and Tables for Inspection by Atttributes.* Techn. Ber. United States defense standard oder DIN (1979). *DIN 40 080:1979-04 – Verfahren und Tabellen für Stichprobenprüfung anhand qualitativer Merkmale (Attributprüfung).* Techn. Ber. Deutsches Institut für Normung e. V.

2.3.2.1 Voraussetzung

AQL wird in Prozent ausgedrückt, aber ohne das Prozentzeichen selbst. Dies ist jedoch nur dann der Fall, wenn das AQL als Anteil fehlerhafter Einheiten dargestellt werden soll. Bekannt ist auch die Darstellung als Anzahl der Fehler pro hundert Einheiten. Für den Grenzwert des AQL wurde $p = 1\,\%$ bzw. $p = 0{,}01$ festgelegt. Um eine ausreichend strenge Qualitätsprüfung und Prüfprozedur gewährleisten zu können, ist es wichtig, einen geeigneten AQL durch bestimmte Zahlenwerte festzulegen. Damit weiß der Lieferant bzw. Vorlieferant, welche Qualität in der Produktion mindestens erreicht werden muss. Das Risiko einer unwirtschaftlichen Rückweisungsquote wird somit vermieden.

Mit Hilfe des AQL-Systems ist es in vielen Fällen möglich, mit vertretbarem Aufwand aussagekräftige Rückschlüsse auf den Erfolg oder Misserfolg von Qualitätsanforderungen zu ziehen. Dies ist natürlich nur möglich, wenn ein sinnvoller AQL-Wert festgelegt wird. Denn sobald dieser zu hoch gewählt wird, läuft der Abnehmer Gefahr, einen zu hohen Anteil an fehlerhaften Einheiten in einem Lieferlos (gleichzeitig lieferbare Menge an Einheiten) für den Verwendungszweck reklamationsfrei zu erhalten. Ein zu niedrig gewählter AQL kann umgekehrt auch zu einer Beeinträchtigung der Wirtschaftlichkeit des Prozesses führen, da ein unverhältnismäßig hoher Prüfaufwand entsteht. Sowohl der Abnehmer als auch der Lieferant werden in erster Linie ihre eigenen Sichtweisen in den Vordergrund stellen, was zu Problemen führen kann.

Beispielsweise kann der Lieferant einen zu hohen AQL-Wert wählen, während der Abnehmer einen zu niedrigen AQL-Wert wählt. Eine erfolgreiche Geschäftsbeziehung ist für beide Parteien vorteilhafter und ist möglich, wenn beide Seiten dazu bereit sind. Es muss eine klare Vereinbarung zwischen beiden Seiten geben. Eine Lösung kann mit weniger Aufwand gefunden werden, wenn beide Seiten die AQL-Festlegung verstehen.

So kann auch gemeinsam eine Annäherung an das wirtschaftliche Optimum erreicht werden. Das AQL-System setzt daher voraus, dass beide Partner mit den Prüfverfahren des Stichprobensystems für qualitative Merkmale vertraut sind. Es muss bekannt sein, dass

- eine AQL-Anwendung lediglich für Lieferserien realisierbar ist;
- eine Prüfung nur dann zweckmäßig funktioniert, wenn technische Spezifikationen und Prüfungsmethoden beiden Parteien geläufig sind;
- Fehlerklassifikation und Fehlergewichtung aufgestellt werden sollten bzw. wie diese aufgestellt werden müssen und wie man diese in Fehlerlisten sortiert.

Eine Überschreitung des Grenzwerts kann für einen Lieferanten auf Dauer fatale Folgen haben, da er dann mit einer Rückweisung konfrontiert wird. Aus diesem Grund hat sich auch international die AQL nach Stichprobensystem (MIL 1989) durchgesetzt. Der vom Abnehmer festgelegte AQL-Wert soll dem Lieferanten vor allem signalisieren, dass die vom Lieferanten zur Prüfung gestellte Ware einem Stichprobenplan unterzogen und erst dann abgenommen wird, wenn der Fehleranteil den festgelegten AQL-Wert nicht überschreitet. So die Beschreibung des AQL als sogenannter Nennwert (DIN 1979).

Die zwei Bilder 2.20 und 2.21 zeigen zwei wesentliche Tabellen des AQL, welche der DIN ISO 2859 entnommen sind (DIN 2014). Bild 2.20 zeigt die Codierungstabelle für die Kennzeichnung von Fertigungslosumfängen, abhängig von den jeweiligen Prüfniveaus, und Bild 2.21 zeigt die Stichprobenumfänge der AQL-Prüfung, welche für ein Prüfniveau II anzusetzen sind, also eine normale Prüfintensität. In dieser Tabelle sind ebenfalls die Grenzen für Akzeptanz und Rückweisung aufgeführt. Diese sind in Abhängigkeiten von der Grundgesamtheit *N* dargestellt.

Stichprobengröße		Spezial-Inspektions-Level				Generelle-Inspektions-Level		
Von	Bis	S1	S2	S3	S4	I	II	III
2	8	A	A	A	A	A	A	B
9	15	A	A	A	A	A	B	C
16	25	A	A	B	B	B	C	D
26	50	A	B	B	C	C	D	E
51	90	B	B	C	C	C	E	F
91	150	B	B	C	D	D	F	G
151	280	B	C	D	E	E	G	H
281	500	B	C	D	E	F	H	J
501	1.200	C	C	E	F	G	J	K
1.201	3.200	C	D	E	G	H	K	L
3.201	10.000	C	D	F	G	J	L	M
1.001	35.000	C	D	F	H	K	M	N
35.001	150.000	D	E	G	J	L	N	P
150.001	500.000	D	E	G	J	M	P	Q
500.001	∞	D	E	H	K	N	Q	R

Bild 2.20 Übersicht Los-Codierung

Größe Los	Stichprobengröße	Annehmbare Qualitätsgrenzlage (AQL), in Prozent fehlerhafter Artikel (normale Prüfstufe II)																		
		0,01	0,015	0,025	0,04	0,065	0,1	0,15	0,25	0,4	0,65	1	1,5	2,5	4	6,5	10	15	25	40
		An Rw	An Rw	An Rw	An Rw	An Rw	An Rw	An Rw	An Rw	An Rw	An Rw	An Rw	An Rw	An Rw	An Rw	An Rw	An Rw	An Rw	An Rw	An Rw
A	2															0 1			1 2	2 3
B	3														0 1			1 2	2 3	3 4
C	5													0 1			1 2	2 3	3 4	5 6
D	8												0 1			1 2	2 3	3 4	5 6	7 8
E	13											0 1			1 2	2 3	3 4	5 6	7 8	10 11
F	20										0 1			1 2	2 3	3 4	5 6	7 8	10 11	14 15
G	32									0 1			1 2	2 3	3 4	5 6	7 8	10 11	14 15	21 22
H	50								0 1			1 2	2 3	3 4	5 6	7 8	10 11	14 15	21 22	
J	80							0 1			1 2	2 3	3 4	5 6	7 8	10 11	14 15	21 22		
K	125						0 1			1 2	2 3	3 4	5 6	7 8	10 11	14 15	21 22			
L	200					0 1			1 2	2 3	3 4	5 6	7 8	10 11	14 15	21 22				
M	315				0 1			1 1	2 3	3 4	5 6	7 8	10 11	14 15	21 22					
N	500			0 1			1 2	2 3	3 4	5 6	7 8	10 11	14 15	21 22						
P	800		0 1			1 2	2 3	3 4	5 6	7 8	10 11	14 15	21 22							
Q	1250	0 1			1 2	2 3	3 4	5 6	7 8	10 11	14 15	21 22								
R	2000			1 2	2 3	3 4	5 6	7 8	10 11	14 15	21 21									

(Pfeil nach oben) Verwenden Sie den ersten Stichprobenplan oberhalb des Pfeils. Wenn der Stichprobenumfang dem Losumfang entspricht oder ihn übersteigt, führen Sie eine 100%-Prüfung durch.
(Pfeil nach unten) Verwenden Sie den ersten Stichprobenplan unterhalb des Pfeils.
An Akzeptanzwert
Rw Rückweisungswert

Bild 2.21 Übersicht AQL-Stichprobenumfänge für Prüfniveau II

2.3.2.2 Aufbau

Der Prüfplan des DIN ISO 2859-1 unterliegt der Abhängigkeit von:

- AQL-Wert: Dieser wird zwischen Lieferant und Kunde festgelegt.
- Losumfang *N*: Ist die Anzahl der gelieferten Menge.
- Prüfniveau: Die DIN ISO 2859 unterscheidet zwischen sieben Prüfstufen. Drei allgemeine, wie I (gut), II (sicher), III (sehr sicher) und vier spezielle S1 bis S4.

Die Wahl der Prüfstufe hängt jeweils von der Kostenoptimierung ab, aber am häufigsten wird die Stufe II angewendet.

2.3.2.3 Bedeutung des AQL-Werts

Sowohl der Kunde als auch der Lieferant profitieren von einer gemeinsamen Abstimmung. Erst die gemeinsame Abstimmung schafft die Voraussetzungen für eine Optimierung im wirtschaftlichen Sinne. Auch das entsprechende Wissen ist von großer Bedeutung. Soll eine konkretere und wirtschaftlichere Aussage über die Qualität des Produkts geschaffen werden, empfiehlt es sich, das Stichprobensystem mit anderen Informationssystemen zu verknüpfen. So wird die Prüfplanung direkt oder indirekt von der Konstruktion, der Arbeitsvorbereitung, der Marktanalyse und der Produktentwicklung beeinflusst.

Es ist auch möglich, dass Erfahrungen aus anderen oder ähnlichen Lieferungen einfließen. Die Qualitätsfähigkeit des Lieferanten und ggf. des Vorlieferanten spielt ebenfalls eine wichtige Rolle. Die in der Regel auftretenden Fehleranteile und der damit verbundene Aufwand, diese bei den verschiedenen Qualitätsmerkmalen gering zu halten, müssen dem Lieferanten selbst bekannt sein, um eine zuverlässige Qualitätsplanung durchführen zu können. Dadurch kann der Lieferant mit dem Abnehmer besser über den Preis verhandeln. Er benötigt dieses Wissen, um eine Prüfung zu vereinbaren. Andernfalls kann der Lieferant sein Vorschlagsrecht für einen angemessenen AQL nicht wahrnehmen.

Der Abnehmer wiederum sollte seinerseits eine Fehleranalyse erstellen. Eine Aufklärung des Lieferanten über die Konsequenzen bestimmter Fehler sollte durch den Abnehmer erfolgen. Aus diesem Grund wird auch die Fehleranalyse empfohlen. Alle Kriterien beider Parteien sollten gemeinsam besprochen und diskutiert werden. Denn je nach Wert und Größe des Guts können die Lieferungen variieren.

Auch die Funktion des Produkts sowie der Herstellungsprozess sollten beiden Parteien bekannt sein, da die Vereinbarung so einer sorgfältigen Prüfung dient. Denn nur anhand der Losgröße und des vereinbarten AQL-Werts kann eine Stichprobe gezogen werden. Dies geschieht in der Regel nach der genormten Stichprobenanweisung nach DIN ISO 2859 Teil 1.

Anhand von Stichproben kann ein Unternehmen feststellen, ob die Produkte einer Charge die Qualitätsanforderungen erfüllen. AQL kann auch Fehler zulassen und ist daher nicht für alle Prüffälle, wie z. B. Herzschrittmacher, geeignet. Es gibt dem Hersteller quasi Hinweise für seine Qualitätssicherung. Wenn ein Abnehmer die Lieferung des Lieferanten prüft, muss dies vorher vereinbart werden. Die Charge muss eindeutig sein und es muss sichergestellt sein, dass nur abgenommene Chargen weiterverwendet werden. Über die Annahme oder Rückweisung einer Liefermenge entscheidet die Stichprobenprüfung.

Zurückgewiesene Prüflose werden zunächst zurückgehalten, die Entscheidung ist im Einzelfall zu treffen (Fehlerklassifizierung). In manchen Fällen ist eine geschichtete Stichprobe vorteilhaft, wobei unter den Schichten eines Loses eine sogenannte Unterteilung des Loses zu verstehen ist, die in sich homogener sein kann als das Gesamtlos. Das Ergebnis ergibt sich aus dem vorliegenden Los der Handhabungsmenge N, aus dem eine Stichprobe des Umfangs n nach dem Zufallsprinzip entnommen wird. Anhand der in der Stichprobenanweisung angegebenen Annahmezahl wird die Signifikanz des Loses bestimmt.

Sollte bei der Durchführung der Stichprobe ein Fehler auftreten, der darauf zurückzuführen ist, dass sie einem davor besprochenen Merkmal nicht entspricht, wird dieser Fehler in bestimmte Unterteilungen gegliedert. Es ist erforderlich, dass es für jedes Qualitätsmerkmal eine Zuordnung zu einer Fehlerklasse gibt. Folgende Möglichkeiten für die Einteilung sind:

- **Kritischer Fehler:** mögliche Gefährdung des Menschenlebens
- **Hauptfehler:** Produkt möglicherweise nicht brauchbar
- **Nebenfehler:** möglicherweise Einschränkung der Brauchbarkeit eines Produkts

AQL ist ein Zahlenwert, der angibt, wie hoch der Ausschussanteil ist, bei dem das Los mit der Wahrscheinlichkeit $1 - \alpha$ angenommen wird (Produzentenrisiko). Der

Fehler 1. Art (α) ist ein Maß für das Risiko des Produzenten, dass ein Prüflos in der Stichprobenprüfung abgelehnt wird, obwohl die Charge eigentlich in Ordnung ist. Je höher α ist, desto wahrscheinlicher ist eine Rückweisung oder Vollkontrolle der Teile, obwohl eine Stichprobenprüfung ausreichend wäre.

RQL ist die Abkürzung für Rejectable Quality Limit und ein Zahlenwert, der angibt, wie hoch der Ausschussanteil ist, bei dem das Los mit der Wahrscheinlichkeit β (Fehler 2. Art) irrtümlich angenommen wird (Konsumentenrisiko). Der Fehler 2. Art (β) ist ein Maß für das Risiko des Abnehmers, dass ein Prüflos in der Stichprobenprüfung angenommen wird, obwohl die Charge eigentlich nicht in Ordnung (n. i. O.) ist. Je höher β ist, desto wahrscheinlicher ist es, dass eine Charge nur mit einer Stichprobe geprüft wird, obwohl eine Vollkontrolle notwendig ist, da zu viele n.i.O.-Teile im Los sind.

Fazit:

Annahmestichprobenpläne sind ein Verfahren zur Überprüfung der Produktqualität mit dem Zweck der Sicherstellung eines bestimmten Qualitätsniveaus durch die Festlegung von akzeptablen Fehlerquoten. Die Anwendung sind Stichprobenprüfungen in der Fertigungsindustrie, insbesondere bei der Wareneingangs- und -ausgangskontrolle. Die Funktion ist die Begrenzung der Anzahl fehlerhafter Produkte in einer Charge durch die Festlegung von Annahme- und Ablehnungskriterien. Annahmestichprobenpläne helfen, die Qualität von Produkten zu sichern, Risiken zu minimieren und die Kundenzufriedenheit zu erhöhen. Durch die Anwendung können Unternehmen ihre Qualitätsprozesse optimieren und gleichzeitig die Kosten reduzieren.

2.3.3 Qualitätssicherungsvereinbarungen

Leitfragen im Umgang mit Qualitätssicherungsvereinbarungen (QSV):

- Wer ist mein Lieferant?
- Welchen Anteil von Schlechtteilen darf mein Lieferant liefern?
- Was passiert, wenn dieser Anteil überschritten wird?
- Welche Pönale sind von wem zu bezahlen?
- Wie schnell muss nachgearbeitet oder nachgeliefert werden?

Wann benötigen Sie diese Methode?

QSV werden benötigt, wenn Lieferantenbeziehungen aufgebaut oder gepflegt werden, die Qualität von Produkten oder Dienstleistungen kritisch ist, Risiken minimiert werden sollen und die Einhaltung von Qualitätsstandards sichergestellt werden soll. QSV dienen dazu, die Qualität von Produkten oder Dienstleistungen zu gewährleisten und Risiken zu minimieren. Sie können zwischen Lieferanten und Kunden oder innerhalb eines Unternehmens abgeschlossen werden. Durch die Festlegung von Qualitätsanforderungen und -prozessen können Unternehmen die Qualität ihrer Produkte oder Dienstleistungen sicherstellen.

QSV sind essenzielle Instrumente in der modernen Geschäftswelt, um sicherzustellen, dass Produkte und Dienstleistungen den gewünschten Qualitätsstandards entsprechen. Sie sind vertragliche Abmachungen zwischen Kunden und Lieferanten, die detaillierte Anforderungen an die Qualität von Produkten oder Dienstleistungen festlegen und die Methoden zur Sicherstellung dieser Qualität beschreiben. Der Aufbau und die Anwendung von QSV sind komplex (Smith und Johnson 2020; Juran und Godfrey 2010) und umfassen mehrere kritische Elemente.

2.3.3.1 Aufbau von Qualitätssicherungsvereinbarungen

Einleitung und Zielsetzung: Jede QSV beginnt mit einer Einleitung, die die beteiligten Parteien vorstellt und den Zweck der Vereinbarung darlegt. Die Zielsetzung beschreibt, warum die Vereinbarung getroffen wird, typischerweise um die Qualität zu sichern, Fehler zu minimieren und regulatorische Anforderungen zu erfüllen. Die Einleitung gibt auch einen Überblick über den Umfang der Vereinbarung und die Erwartungen der beteiligten Parteien.

Definition von Qualitätsanforderungen: Ein zentrales Element jeder QSV ist die genaue Definition der Qualitätsanforderungen. Dies umfasst Spezifikationen, Normen und technische Zeichnungen, die die Produkte oder Dienstleistungen erfüllen müssen. Die Anforderungen können international anerkannte Standards wie ISO 9001 oder branchenspezifische Normen umfassen. Diese detaillierte Beschreibung ist essenziell, um Missverständnisse zu vermeiden und sicherzustellen, dass alle Parteien die gleichen Qualitätsstandards anstreben.

Verantwortlichkeiten und Zuständigkeiten: Die Vereinbarung legt fest, welche Partei für welche Aspekte der Qualitätssicherung verantwortlich ist. Dies kann die Zuständigkeit für die Beschaffung von Materialien, die Produktion, die Prüfung und Inspektion sowie die Lieferung umfassen. Eine klare Zuordnung von Verantwortlichkeiten verhindert Missverständnisse und stellt sicher, dass alle Parteien wissen, wofür sie verantwortlich sind. Dies ist besonders wichtig, um eine effektive Kommunikation und Zusammenarbeit zu gewährleisten.

Überwachungs- und Prüfverfahren: Ein weiterer wichtiger Bestandteil ist die Festlegung der Überwachungs- und Prüfverfahren. Dies beinhaltet die Methoden, die Häufigkeit und die Kriterien für Qualitätsprüfungen. Es wird beschrieben, welche Prüfungen intern durchgeführt werden und welche extern durch unabhängige Dritte erfolgen sollen. Dazu gehören auch spezifische Prüfmethoden wie zerstörungsfreie Prüfverfahren, statistische Prozesskontrollen oder End-of-Line-Tests. Diese Verfahren sind entscheidend, um die kontinuierliche Einhaltung der Qualitätsanforderungen sicherzustellen.

Dokumentation und Nachverfolgbarkeit: Die QSV legt fest, wie Qualitätsdaten dokumentiert und aufbewahrt werden. Dies umfasst die Anforderungen an Prüfberichte, Zertifikate und sonstige relevante Dokumente. Eine lückenlose Nachverfolgbarkeit ist entscheidend, um im Falle eines Fehlers oder einer Rückrufaktion schnell und effizient reagieren zu können. Hierzu gehören auch die Kennzeichnung und Rückverfolgbarkeit von Materialien und Komponenten. Diese Dokumentation hilft, die Transparenz zu erhöhen und die Verantwortlichkeiten klar zu definieren.

Maßnahmen bei Abweichungen: In jeder QSV werden Verfahren für den Umgang mit Abweichungen von den festgelegten Qualitätsanforderungen beschrieben. Dies umfasst die Erkennung und Meldung von Abweichungen, die Untersuchung ihrer Ursachen und die Umsetzung von Korrektur- und Vorbeugungsmaßnahmen. Ziel ist es, ähnliche Fehler in Zukunft zu vermeiden und kontinuierliche Verbesserungen zu fördern. Diese Maßnahmen sind essenziell, um die Qualität zu sichern und das Vertrauen der Kunden zu erhalten.

Auditierung und Berichterstattung: Regelmäßige Audits und Berichte sind integrale Bestandteile einer QSV. Diese dienen dazu, die Einhaltung der Qualitätsanforderungen zu überprüfen und gegebenenfalls Anpassungen vorzunehmen. Interne Audits werden durch die beteiligten Parteien selbst durchgeführt, während externe Audits durch unabhängige Organisationen erfolgen können. Die Ergebnisse dieser Audits werden dokumentiert und besprochen, um notwendige Maßnahmen zu ergreifen. Dies hilft, die kontinuierliche Verbesserung und Einhaltung der Qualitätsstandards sicherzustellen.

Schulungen und Qualifizierung: Ein oft übersehener, aber wichtiger Aspekt ist die Schulung und Qualifizierung des Personals. Die QSV sollte sicherstellen, dass alle Mitarbeiter, die an der Produktion oder Prüfung beteiligt sind, über die notwendigen Kenntnisse und Fähigkeiten verfügen. Dies kann durch regelmäßige Schulungen, Zertifizierungen und Fortbildungen erreicht werden. Qualifiziertes Personal ist entscheidend, um die hohen Qualitätsstandards einzuhalten und die Effizienz der Prozesse zu verbessern.

2.3.3.2 Anwendung von Qualitätssicherungsvereinbarungen

Die Anwendung von Qualitätssicherungsvereinbarungen ist in Abhängigkeit von der jeweiligen Branche sowie den spezifischen Anforderungen der beteiligten Parteien zu betrachten. In der Automobilindustrie sind QSV von besonderer Relevanz, da die Sicherheit und Zuverlässigkeit von Fahrzeugen höchste Priorität genießen. Automobilhersteller und ihre Zulieferer nutzen QSV, um sicherzustellen, dass alle Komponenten und Systeme den strengen Sicherheits- und Leistungsstandards entsprechen. Typischerweise umfassen diese Vereinbarungen detaillierte Prüfpläne, Lieferantenbewertungen sowie regelmäßige Audits. Die hohe Komplexität der Lieferketten in der Automobilindustrie macht eine gründliche und gut dokumentierte Qualitätssicherungsvereinbarung unerlässlich.

Fazit:

QSV stellen ein unverzichtbares Instrumentarium zur Gewährleistung der Qualität von Produkten und Dienstleistungen dar. Ihre detaillierte Struktur sowie die klare Zuweisung von Verantwortlichkeiten bilden eine solide Grundlage für die Zusammenarbeit zwischen verschiedenen Parteien. Letztendlich tragen QSV dazu bei, Risiken zu minimieren, die Kundenzufriedenheit zu erhöhen und die Einhaltung gesetzlicher Vorgaben zu gewährleisten.

2.3.4 Kapazitätsbestätigung

Leitfragen im Umgang mit der Kapazitätsbestätigung:

- Schafft meine Produktionslinie die erforderliche Stückzahl an Gutteilen?
- Ist die Zykluszeit ausreichend?
- Ist die Anzahl von Schlechtteilen akzeptabel?
- Läuft die Fertigungslinie zuverlässig und ohne Unterbrechungen?

Wann benötigen Sie diese Methode?

Eine Kapazitätsbestätigung wird benötigt, wenn die Produktionskapazität eines Lieferanten oder einer Fertigungslinie überprüft werden soll, die Fähigkeit eines Lieferanten oder einer Fertigungslinie, bestimmte Mengen oder Anforderungen zu erfüllen, bewertet werden soll oder die Zuverlässigkeit und Stabilität eines Produktionsprozesses sichergestellt werden soll. Durch die Durchführung einer Kapazitätsbestätigung können Unternehmen sicherstellen, dass ihre Lieferanten oder Fertigungslinien die erforderlichen Kapazitäten und Fähigkeiten besitzen, um ihre Produktionsanforderungen zu erfüllen.

Der Produktionsprobelauf (engl. Production Trial Run) und der Run@Rate sind zwei entscheidende Methoden in der Produktionsvorbereitung, die sicherstellen, dass neue oder veränderte Produktionsprozesse stabil, effizient und qualitativ hochwertig ablaufen. Beide Verfahren haben unterschiedliche Ziele, werden in verschiedenen Phasen der Prozessentwicklung durchgeführt und sind wichtige Instrumente, um den Übergang zur Serienproduktion erfolgreich zu gestalten.

Weiterführende Literatur – Fachaufsätze:

Mihir Solanki und Darshak Desai (2020). „Competitive advantage through Six Sigma in sand casting industry to improve overall first-pass yield: a case study of SSE". In: *International journal of lean six sigma* 12.3, S. 477–502, Sukrut Nataraj und Mohammed Ismail (2017). „Quality enhancement through first pass yield using statistical process control". In: *International Journal of Productivity and Quality Management* 20.2, S. 238–253 oder Guillermo Gallego, David D. Yao und Ilkyeong Moon (1993). „Optimal control of a manufacturing process that involves trial runs". In: *Management science* 39.12, S. 1499–1505.

2.3.4.1 Produktionsprobelauf und Run@Rate

Der **Produktionsprobelauf**, auch als Pilotlauf bezeichnet, ist ein kontrollierter Test, der vor dem Serienanlauf eines neuen oder veränderten Produktionsprozesses stattfindet. Ziel dieses Probelaufs ist es, den gesamten Produktionsprozess unter realen Bedingungen zu testen, bevor er in größerem Maßstab genutzt wird. Im Mittelpunkt steht die Validierung der Prozessstabilität und die Sicherstellung der Produktqualität. Hierbei wird geprüft, ob die Produktionsmaschinen, Werkzeuge und Prozesse so funktionieren, wie es für die Serienproduktion erforderlich ist. Außerdem werden potenzielle Probleme wie Engpässe im Materialfluss, Maschinenstörungen oder Qualitätsabweichungen identifiziert. Dieser Probelauf umfasst eine begrenzte Menge an gefertigten Produkten, um die Prozessparameter zu testen und Anpassungen vorzunehmen, bevor der Prozess in die Serienproduktion übergeht.

Ein wesentlicher Bestandteil des Produktionsprobelaufs ist die Sicherstellung, dass alle Maschinen und Werkzeuge einwandfrei funktionieren. Es wird überprüft, ob die Anlagen die geforderten Stückzahlen mit der gewünschten Qualität liefern können und ob mögliche Engpässe im Produktionsfluss auftreten. Auch das Personal spielt eine wichtige Rolle, da es während des Probelaufs geschult und in den neuen Prozess eingeführt wird. Zudem werden Arbeitsanweisungen getestet und bei Bedarf angepasst. Der Produktionsprobelauf dient somit nicht nur der Prozessüberprüfung, sondern auch der Schulung und Optimierung des gesamten Produktionsumfelds.

Der Ablauf eines Produktionsprobelaufs beginnt mit einer umfassenden Vorbereitung. Maschinen, Materialien und Arbeitsanweisungen müssen bereitgestellt und das Personal geschult werden. Im Anschluss wird der Probelauf unter realen Bedingungen durchgeführt, jedoch in kleinerem Maßstab als die spätere Serienproduktion. Während dieses Laufs werden alle Prozessschritte überwacht und Daten zur Maschinenauslastung, Produktqualität und Prozessstabilität gesammelt. Auf Basis dieser Daten erfolgt eine Analyse, um eventuelle Anpassungen vorzunehmen. Nach Abschluss des Probelaufs erfolgt die Freigabe für die nächste Phase, den Run@Rate.

Im Vergleich zum Produktionsprobelauf, der vor allem die Machbarkeit des Produktionsprozesses testet, zielt der **Run@Rate** darauf ab, die Produktionskapazität und Stabilität unter Serienbedingungen zu überprüfen. Er wird typischerweise nach einem erfolgreichen Produktionsprobelauf durchgeführt und ist ein finaler Test, um sicherzustellen, dass die Produktionslinie die geforderte Stückzahl innerhalb der vorgesehenen Zeit und in gleichbleibender Qualität liefern kann. Beim Run@Rate wird die Produktionsanlage unter realen Serienproduktionsbedingungen getestet. Dies bedeutet, dass in einem vorab festgelegten Zeitraum, beispielsweise über eine Schicht, die Produktion mit voller Kapazität läuft. Dabei werden Kennzahlen wie die Produktionsrate, Ausschussquote, Nacharbeitszeiten oder Maschinenausfallzeiten gemessen und dokumentiert.

Der Run@Rate überprüft, ob der Produktionsprozess in der Lage ist, konstant die geplante Stückzahl pro Zeiteinheit zu liefern. Gleichzeitig wird die Qualität der produzierten Teile überwacht, um sicherzustellen, dass die Produktionslinie nicht nur die Menge, sondern auch die erforderliche Qualität aufrechterhalten kann. Neben der Produktionsrate spielt die Prozessstabilität eine entscheidende Rolle. Störungen wie Maschinenstillstände, übermäßige Nacharbeit oder Qualitätsabweichungen müssen minimiert werden, da sie in der Serienproduktion zu erheblichen Verzögerungen und Kosten führen könnten.

Der Ablauf eines Run@Rate beginnt ebenfalls mit einer sorgfältigen Vorbereitung. Alle Maschinen, Materialien und das Personal müssen bereit sein, die volle Produktionskapazität zu erreichen. Der Test wird dann über mehrere Stunden oder Schichten durchgeführt, um sicherzustellen, dass der Produktionsprozess auch unter Dauerbelastung stabil bleibt. Die während des Run@Rate gesammelten Daten werden analysiert, um festzustellen, ob der Prozess die Produktionsanforderungen erfüllt. Sollten Probleme auftreten, werden entsprechende Korrekturmaßnahmen eingeleitet. Nur wenn der Run@Rate erfolgreich abgeschlossen ist, wird der Prozess für die Serienproduktion freigegeben.

Die Unterschiede zwischen Produktionsprobelauf und Run@Rate lassen sich in mehreren Aspekten zusammenfassen. Der Produktionsprobelauf dient der Überprüfung der Machbarkeit des Produktionsprozesses und der Sicherstellung der Produktqualität, während der Run@Rate den Fokus auf die Produktionskapazität und -stabilität legt. Während der Produktionsprobelauf typischerweise mit begrenzten Stückzahlen durchgeführt wird, um den Prozess zu testen, erfolgt der Run@Rate in vollem Umfang, um die Serienproduktionsfähigkeit nachzuweisen. Der Probelauf wird in einer früheren Phase der Prozessentwicklung durchgeführt, während der Run@Rate den letzten Test vor dem Start der Serienproduktion darstellt. Der Probelauf ist oft kürzer und umfasst nur wenige Produktionszyklen, während der Run@Rate über längere Zeiträume durchgeführt wird, um die Stabilität unter Dauerbelastung zu prüfen.

Fazit:

In der Unternehmenspraxis sind sowohl der Produktionsprobelauf als auch der Run@Rate wesentliche Bestandteile der Produktionsvorbereitung. Beide Methoden werden häufig in der Automobil- und Maschinenbauindustrie eingesetzt und sind Teil umfassender Qualitätsplanungssysteme wie dem APQP und dem PPAP. Diese Methoden stellen sicher, dass neue Produktionsprozesse und Produkte nicht nur technisch umsetzbar sind, sondern auch in der Lage sind, die geforderten Mengen und Qualitätsstandards zu erfüllen.

2.3.4.2 First Pass Yield

Im Zusammenhang mit dem Produktionsprobelauf und dem Run@Rate kommt der Kennzahl des First Pass Yield (FPY) eine besondere Bedeutung zu. Der FPY, auch als Erstdurchlaufquote oder First Time Through bekannt, ist eine der zentralen Kennzahlen in der Fertigung, die die Prozessqualität und -effizienz misst. Er gibt an, wie viele Produkte den Produktionsprozess beim ersten Durchlauf ohne Nacharbeit, Ausschuss oder Korrekturen durchlaufen. In der modernen Fertigungsindustrie, wo Qualität, Effizienz und Kostenkontrolle entscheidende Wettbewerbsfaktoren sind, spielt der FPY eine wesentliche Rolle bei der Bewertung und Verbesserung von Produktionsprozessen.

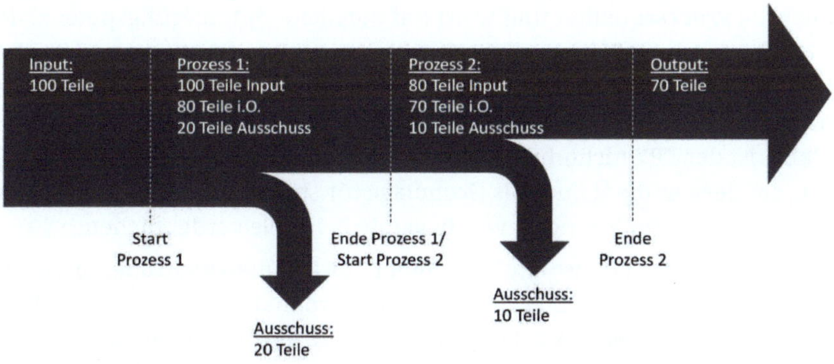

$$FPY = \frac{80}{100} \times \frac{70}{80} = 70\%$$

Bild 2.22 Beispiel First Pass Yield

In der Fertigungswelt steht die Qualität der produzierten Teile im direkten Zusammenhang mit der Effizienz eines Prozesses. Der FPY ist ein Indikator, der diese Effizienz misst, indem er die Fähigkeit eines Prozesses bewertet, fehlerfreie Produkte direkt im ersten Durchgang zu produzieren, ohne dass Nacharbeiten oder Korrekturen erforderlich sind. Er ist damit ein unmittelbarer Maßstab für die Produktionsqualität und gibt Aufschluss darüber, wie gut ein Prozess funktioniert. Ein hoher FPY signalisiert, dass die Mehrheit der produzierten Teile die festgelegten Qualitätsanforderungen ohne zusätzliche Bearbeitung erfüllt.

Im Gegensatz dazu deutet ein niedriger FPY auf Probleme hin, die zu einer Erhöhung von Nacharbeit, Ausschuss und Produktionskosten führen. Der FPY ist besonders wichtig, weil er nicht nur die Qualität, sondern auch die Wirtschaftlichkeit eines Produktionsprozesses beeinflusst. Jede Nacharbeit oder jeder Ausschuss erhöht die Produktionskosten, verlängert die Durchlaufzeiten und mindert die Effizienz der Fertigung. Daher ist der FPY ein wichtiger Treiber für die Optimierung von Produktionsprozessen und ein zentrales Element in Qualitätssicherungsstrategien. Der FPY wird berechnet, indem die Anzahl der fehlerfreien Produkte, die beim ersten Durchlauf durch den Prozess hergestellt wurden, durch die Gesamtzahl der produzierten Einheiten geteilt wird. Die Formel lautet:

$$FPY = \frac{\text{Anzahl der fehlerfreien Einheiten im ersten Durchlauf}}{\text{Gesamtzahl der produzierten Einheiten}} \tag{2.5}$$

Nehmen wir an, eine Produktionslinie produziert 200 Teile, von denen 170 beim ersten Durchlauf fehlerfrei sind. Die restlichen 30 Teile müssen entweder nachbearbeitet oder entsorgt werden. In diesem Fall beträgt der FPY:

$$FPY = \frac{170}{200} = 0{,}85 \text{ oder } 85\,\% \tag{2.6}$$

Ein FPY von 85 % bedeutet, dass 85 % der produzierten Teile beim ersten Durchlauf ohne Korrekturen die Qualitätsanforderungen erfüllt haben. Dieser Wert gibt direkt Aufschluss über die Prozessqualität und weist auf mögliche Optimierungspotenziale hin. Eine Visualisierung des FPY ist in Bild 2.22 mittels eines Sankey-Diagramms (siehe dazu auch Abschnitt 6.1.5) dargestellt. Der FPY wird in vielen Branchen, insbesondere in der Fertigungsindustrie, als Schlüsselindikator für die Prozessqualität und -effizienz verwendet. Dabei ist der FPY nicht nur eine Kennzahl zur Überwachung von Produktionsprozessen, sondern er dient auch als Grundlage für strategische Entscheidungen im Rahmen von Prozessoptimierungen, was folgende Beispiele verdeutlichen:

- **Qualitätskontrolle:** Der FPY ist ein Instrument der Qualitätskontrolle. In vielen Produktionslinien wird die Qualität der gefertigten Produkte anhand strenger Vorgaben geprüft. Ein niedriger FPY zeigt an, dass der Prozess häufig fehlerhafte Produkte erzeugt, die Nacharbeit oder Ausschuss erfordern. Dies kann auf eine Vielzahl von Problemen hinweisen, wie fehlerhafte Maschinen, unzureichend geschultes Personal oder ungeeignete Prozessparameter. Indem der FPY regelmäßig überwacht wird, können Unternehmen die Prozessqualität in Echtzeit nachverfolgen und schnell auf Abweichungen reagieren.
- **Prozessoptimierung:** Ein niedriger FPY ist häufig ein Zeichen dafür, dass der Produktionsprozess nicht optimal läuft. Durch die Analyse des FPY können Unternehmen spezifische Engpässe oder Problemstellen in ihren Produktionslinien identifizieren. Beispielsweise könnte eine bestimmte Maschine in der Produktionslinie häufiger zu fehlerhaften Teilen führen, oder ein bestimmter Arbeitsschritt erfordert Nacharbeit. Unternehmen können den FPY verwenden, um diese Probleme zu isolieren und gezielte Verbesserungsmaßnahmen einzuleiten. Dazu gehören möglicherweise die Verbesserung von Arbeitsanweisungen, die Optimierung von Maschinenparametern oder die Schulung von Mitarbeitern. Ein kontinuierlicher Anstieg des FPY nach der Implementierung solcher Maßnahmen deutet darauf hin, dass die Optimierungen erfolgreich waren.
- **Kostenkontrolle:** Ein hoher FPY reduziert die Kosten für Nacharbeit, Ausschuss und Materialverschwendung. Unternehmen, die einen hohen FPY erreichen, sparen nicht nur Materialkosten, sondern auch wertvolle Produktionszeit und Personalkosten, da weniger Zeit für die Nachbearbeitung von fehlerhaften Produkten aufgewendet wird. Ein niedriger FPY hingegen kann zu erheblichen zusätzlichen

Kosten führen, da fehlerhafte Teile entweder repariert oder komplett entsorgt werden müssen. Deshalb ist der FPY auch ein wichtiger Parameter in der Kostenkontrolle und -planung.

Fazit:

Der FPY ist eine Kennzahl in der Fertigung, die Unternehmen hilft, die Qualität und Effizienz ihrer Produktionsprozesse zu überwachen und zu verbessern. Durch die Anwendung des FPY können Unternehmen fehlerhafte Prozesse identifizieren, die Produktionskosten senken, die Effizienz steigern und die Kundenzufriedenheit verbessern. In einer globalen und wettbewerbsintensiven Fertigungsumgebung ist der FPY ein wertvolles Instrument, um sicherzustellen, dass Produktionslinien effizient arbeiten und qualitativ hochwertige Produkte liefern.

2.3.5 Produkt- und Prozessfreigabeverfahren

Leitfragen im Umgang mit Produkt- und Prozessfreigabeverfahren:

- Ist die Produktentwicklung erfolgreich abgeschlossen?
- Wurden alle Kundenanforderungen realisiert?
- Gibt es noch offene Punkte und wenn ja, bis wann sind sie erledigt?
- Sind alle notwendigen Dokumente und Muster vorhanden?

Wann benötigen Sie diese Methode?

Produkt- und Prozessfreigabeverfahren werden angewendet, wenn ein neuer Teil oder eine neue Komponente eingeführt wird, ein bestehender Teil oder eine bestehende Komponente modifiziert wird, ein neuer Lieferant oder eine neue Fertigungslinie eingeführt wird oder eine Änderung im Produktionsprozess oder in der Fertigungstechnologie vorgenommen wird. Das Produkt- und Prozessfreigabeverfahren ist ein wichtiges Element in der Automobil- und Fertigungsindustrie, um sicherzustellen, dass alle Teile und Komponenten die erforderlichen Qualitäts- und Sicherheitsstandards erfüllen.

Die Freigabe von Produkten und Produktionsprozessen erfolgt auf Basis von gängigen und etablierten Verfahren. In der Praxis haben sich zwei Verfahren durchgesetzt, nämlich der PPAP und das Produktionsprozess- und Produktfreigabeverfahren (PPF). Beide Verfahren haben ihren Ursprung in der Erstbemusterung von Serienteilen der Automobilindustrie. Das PPAP und das PPF weisen eine hohe Ähnlichkeit auf, wobei der wesentliche Unterschied in der geografischen Herkunft liegt. PPAP richtet sich nach den Vorgaben der amerikanischen Automotive Industry Action Group, während das PPF auf den Richtlinien des VDA basiert. Im Folgenden erfolgt eine detaillierte Betrachtung beider Verfahren.

2.3.5.1 Produktionsprozess- und Produktfreigabe

Die PPF stellt ein Verfahren dar, welches der Erstbemusterung von Serienteilen dient. Es findet Anwendung gemäß VDA Band 2, Ausgabe 2020 (VDA 2020a). Dem Namen entsprechend umfasst die PPF zum einen die Freigabe der Prozesse zur Herstellung der Produkte und zum anderen die Freigabe des Produkts. Die PPF belegt, dass die Anforderungen an den Produktionsprozess und das Produkt erfüllt werden. Dies umfasst gleichermaßen gesetzliche, behördliche und zulassungsrelevante Anforderungen, Normen, technische Spezifikationen und kundenspezifische Anforderungen sowie vertragliche Vereinbarungen zwischen dem Lieferant und dem Kunden.

Im Rahmen der Freigabe erfolgt eine Ergänzung der Bewertung des Produktionsprozesses und des Produktes durch Dokumente, Aufzeichnungen und Muster zur PPF. Als PPF-Muster werden diejenigen Produkte bezeichnet, die im Rahmen der PPF als Erstmuster vollständig mit serienmäßigen Betriebsmitteln und unter serienmäßigen Bedingungen hergestellt werden. Die fortschreitende Intensivierung der Zusammenarbeit in der Lieferkette, die Verkürzung der Entwicklungszeiten, die Expansion der Produktvielfalt sowie die Zunahme der Komplexität erfordern eine verstärkte Abstimmung zwischen Kunden und Lieferanten. Die PPFgewährleistet eine standardisierte Nachweisführung entlang der gesamten Lieferkette, wodurch nachgewiesen wird, dass eine störungsfreie Belieferung in der geforderten Qualität, zum vereinbarten Zeitpunkt, in der korrekten Stückzahl und mithilfe eines konkreten Produktionsprozesses möglich ist.

Weiterführende Literatur – Normen:

IATF (2016). *IATF 16949:2016 – Anforderungen an Qualitätsmanagementsysteme für die Serien- und Ersatzteilproduktion in der Automobilindustrie*. Techn. Ber. International Automotive Task Force oder VDA (2020a). *Band 2, Sicherung der Qualität von Lieferungen: Produktionsprozess- und Produktfreigabe (PPF)*. Techn. Ber. Verband der Automobilindustrie VDA.

Die PPF findet nicht nur bei der Erstfertigung von Teilen Anwendung, sondern auch bei Änderungen, einer Wiedernutzung oder aufgrund von kundenspezifischen Vereinbarungen. In Abhängigkeit des Auslösungsgrunds erfolgt die Abstimmung zur PPF durch den Kunden und den Lieferanten. Im Rahmen dieser Abstimmung wird das Verfahren geplant. In der Folge wird die interne PPF initiiert, in deren Rahmen eine detaillierte Prüfung des Produktionsprozesses sowie des Produkts erfolgt. Hierbei wird untersucht, ob das geplante Ergebnis unter Einhaltung aller vereinbarten Bedingungen erzielt werden kann. In der Folge wird die externe PPF initiiert.

Im Anschluss übermittelt der Lieferant die PPF-Muster sowie die PPF-Dokumentation dem Kunden, welcher auf Basis dieser Nachweise die Entscheidung trifft, ob das Produkt sowie der Produktionsprozess den vereinbarten Anforderungen entsprechen.

Sofern die vereinbarten Anforderungen erfüllt sind bzw. der Kunde Abweichungen akzeptiert, ist die PPF abgeschlossen und die Lieferfreigabe kann erteilt werden. Werden Anforderungen nicht erfüllt, sind Maßnahmen zu vereinbaren und es muss eine aktualisierte PPF-Dokumentation vorgelegt werden. Sofern sich der Produktionsprozess oder das Produkt als nicht tauglich erweisen, erfolgt keine Erteilung der Serienlieferfreigabe. Die PPF kann in mehreren Stufen durchgeführt werden.

Weiterführende Literatur - Fachaufsätze:

Johanna Hermans und Yang Liu (2013). „Quality management in the new product development: A PPAP approach". In: *Quality Innovation Prosperity* 17.2, S. 37–51.

Des Weiteren besteht die Möglichkeit, mehrere Varianten eines Produkts in einer gemeinsamen PPF freizugeben, sofern dies in der Abstimmung zum Verfahren vereinbart wurde und die Varianten eine gemeinsame Basis im Produkt oder Produktionsprozess aufweisen. Diesbezüglich seien als Beispiele Softwarevarianten, Baugruppen mit verschiedenen Materialmöglichkeiten sowie Autositze in verschiedenen Ausstattungsvarianten genannt. Der Nachweis, dass die Anforderungen zu variantenunabhängigen Merkmalen erfüllt werden können, kann anhand einer Variante erbracht werden. Erst mit der Entscheidung des Kunden, die Lieferfreigabe zu erteilen, gilt die PPF als abgeschlossen. Vorher darf der Lieferant die im Rahmen der PPF beschriebenen Produkte nicht liefern. Tabelle 2.6 zeigt, welche PPF-Elemente ausgeführt und vorgelegt bzw. archiviert werden müssen.

Tabelle 2.6 PPF-Nachweise gemäß VDA Band 2

Nr.	Nachweis (soweit zutreffend)	Lieferant	Vorlage
0.1	PPF-Deckblatt/PPF-Bewertung	D	V
0.2	Selbstbeurteilung Produkt, Prozess und ggf. Software	D	V
1	**Nachweise zur Produktentwicklung**		
1.1	Technische Spezifikationen	D	A
1.2	Genehmigte Konstruktionsänderungen	D	A
1.3	Entwicklungsfreigaben der Organisation bei Entwicklungsverantwortung entsprechend Vereinbarung	D	A
1.4	Materialdaten per IMDS	D	V
1.5	Design-FMEA	D	A
2	**Nachweise zur Produktionsprozessentwicklung**		
2.1	Prozessablaufdiagramm	D	A
2.2	Prozess-FMEA	D	A
2.3	Produktionslenkungsplan *(Control Plan)*	D	A

Tabelle 2.6 PPF-Nachweise gemäß VDA Band 2 *(Fortsetzung)*

Nr.	Nachweis (soweit zutreffend)	Lieferant	Vorlage
3	**Nachweise zur Verifizierung des Produktes**		
3.1	Geometrie, Maß	D	A
3.2	Werkstoff (Festigkeit, physikalische Eigenschaften usw.)	D	A
3.3	Funktionsprüfung gemäß Lastenheft/ Spezifikation/Funktionsvorschriften	D	A
3.4	Haptikprüfung	D	A
3.5	Akustikprüfung	D	A
3.6	Geruchsprüfung	D	A
3.7	Aussehen	D	A
3.8	Oberflächenanforderung	D	A
3.9	Technische Sauberkeit	D	A
3.10	Zuverlässigkeit	D	A
3.11	Beständigkeit gegenüber *Electrostatic Discharge*	D	A
3.12	Elektrische Sicherheit/Hochvolt-Sicherheit	D	A
3.13	Elektromagnetische Verträglichkeit (EMV)	D	A
4	**Nachweise zur Validierung des Produktionsprozesses**		
4.1	Absicherung besonderer Merkmale gemäß Spezifikationen und vereinbarten Merkmalen (Prozessfähigkeit oder 100%-Prüfungen)	D	A
4.2	Laborqualifizierung	D	A
4.3	Muster inkl. Fertigungsdokumentation	D	A
4.4	Referenzmuster	D	A
4.5	Produktionskapazität	D	A
4.6	Werkzeuge (Stückzahl, Nester, Werkzeugkonzept)	D	A
5	**Generelle Nachweise**		
5.1	Nachweise zur Einhaltung gesetzlicher Anforderungen	D	V
5.2	PPF-Status Lieferkette	D	A
5.3	Prüfmittelliste Produkt und Produktionsprozess	D	A
5.4	Prüfmittelfähigkeitsnachweis Produkt und Produktionsprozess	D	A
5.5	Teilelebenslauf	D	V
5.6	Eignungsnachweis der eingesetzten Ladungsträger	D	A
5.7	Dokumentation der Vereinbarung zum Befundungs- und Analyseprozess, d. h. Reklamationsbearbeitung (8D-Bericht) und Schadteilanalyse Feld	D	A
5.8	Dokumentation der Vereinbarung zur Requalifizierung	D	A
5.9	Sonstiges	D	A

Tabelle 2.6 PPF-Nachweise gemäß VDA Band 2 *(Fortsetzung)*

Nr.	Nachweis (soweit zutreffend)	Lieferant	Vorlage
6	**Nachweise zur Software**		
6.1	SW-Einsatzfreigabe	D	V
6.2	Festlegung des Kontextes (*Scope*) des zu liefernden Softwareproduktes	D	V
6.3	Referenz zu vertraglich festgelegten Qualitätsanforderungen (*Coding Guidelines*, Testabdeckung usw.)	D	V
6.4	Dokumentation der technischen SW-Spezifikationen	D	A
6.5	Nachweis Umsetzung der Anforderungen 6.3 und 6.4	D	A
6.6	Dokumentation über *Free-and-Open-Software*	D	V
6.7	Liste bekannter Fehler	D	V
6.8	Dokumentation der während der Projektlaufzeit eingesetzten Entwicklungswerkzeuge	D	A
6.9	Dokumentation der während der Projektlaufzeit eingesetzten Testwerkzeuge	D	A
6.10	Dokumentation des Versionsmanagements (*Baseline*, Konfigurationen, Änderungshistorie)	D	A
6.11	Nachweis einer Prozessbewertung	D	A

V = Zur Vorlage beim Kunden/Auftraggeber. D = Durchführung, Dokumentation und Archivierung durch den Lieferanten, Einsicht des Kunden/Auftraggebers.
A = Die über den Mindestumfang hinausgehenden Vorlagepunkte sind zwischen dem Kunden/Auftraggeber und dem Lieferanten vor der Beauftragung abzustimmen.

2.3.5.2 Production Part Approval Process

Der PPAP, stellt ein Verfahren dar, welches aus der IATF 16949 stammt und der Sicherstellung der Qualität von Serienteilen dient. In Zusammenwirken mit weiteren Qualitätsverfahren wie APQP oder FMEA bildet PPAP das System der sogenannten Automotive Core Tools. PPAP hat gemeinsam mit APQP seinen Ursprung in der Automobilindustrie und erweist sich dort seit Jahrzehnten als erfolgreich. Die Sicherstellung der Qualität erfolgt durch Übereinstimmung der Teile aus Serienwerkzeugen bzw. Serienprozessen. Die Bemusterung (inkl. des Part Submission Warrant (PSW)) stellt ein zentrales Element zum Ende des PPAP dar.

Im PSW sind alle wesentlichen Informationen zu den Anforderungen sowie den durchgeführten Tests zusammengefasst und dokumentiert. In Bezug auf das genaue Vorgehen, beispielsweise hinsichtlich der Bestellung der Teile sowie der Lieferung, lassen sich Unterschiede zwischen verschiedenen Unternehmen beobachten. In diesem Kontext sei angemerkt, dass auch der Zeitpunkt der Bemusterung variiert. Sicherheitskritische Teile unterliegen einer Prüfung bereits zu einem sehr frühen Zeitpunkt im

Rahmen der Bemusterung, während andere Teile erst kurz vor Beginn der Produktion bemustert werden.

PPAP dient dazu, sicherzustellen, dass ein Lieferant in der Lage ist, Bauteile in der vereinbarten Qualität und Stückzahl zu produzieren und diese konsistent zu liefern. Der PPAP besteht aus einer Vielzahl von Dokumenten und Anforderungen, die zusammen die Fähigkeit eines Lieferanten zur Serienproduktion belegen. Ein wichtiges Konzept im PPAP sind die Vorlagestufen. Diese Stufen definieren, welche Dokumente und Musterteile in welchem Umfang und zu welchem Zeitpunkt an den Kunden übermittelt werden müssen. Es gibt fünf grundlegende Vorlagestufen, die je nach Projektanforderungen und Kundenwunsch angepasst werden können. Diese sind in Tabelle 2.7 aufgelistet.

Tabelle 2.7 Vorlagestufen und deren Anforderungen

Vorlagestufe	Anforderung
1	Nur die Teilevorlagebestätigung (PSW) wird dem Kunden vorgelegt.
2	PSW mit Musterteilen und eingeschränkte unterstützende Daten werden dem Kunden vorgelegt.
3	PSW mit Musterteilen und umfassende unterstützende Daten werden dem Kunden vorgelegt.
4	PSW und andere Forderungen, wie sie vom Kunden festgelegt wurden.
5	PSW mit Musterteilen und vollständige unterstützende Daten stehen am Produktionsstandort des Lieferanten für eine Bewertung zur Verfügung.

Diese Vorlagestufen bieten eine flexible Struktur, um die Anforderungen des PPAP an die spezifischen Bedürfnisse und Risikobewertungen des Projekts anzupassen. Im Zusammenhang mit dem PPAP gibt es auch verschiedene Formen der Bemusterung, wobei detaillierte Informationen zum Thema Bemusterung im Abschnitt 2.2.11 zusammengefasst sind. Die verschiedenen Vorlagestufen und Bemusterungsarten bieten zusätzlich flexible Ansätze, um den PPAP an die spezifischen Anforderungen eines Projekts anzupassen. Die nachstehende Tabelle 2.8 zeigt, wie die einzelnen PPAP-Elemente sich zu welcher Vorlagestufe verhalten und was für Dokumente und Arbeitspakete in diesem Zusammenhang vorgelegt und/oder archiviert werden müssen.

Tabelle 2.8 Übersicht PPAP-Nachweise je Vorlagestufe

Nr.	Element	Erklärung	1	2	3	4	5
1	Konstruktionsunterlagen	Kundenzeichnungen, Spezifikationen, Produktlieferrichtlinie Technische Lieferbedingungen.	R	S	S	*	R
		Für vom Lieferanten eigenverantwortlich entwickelte Komponenten.	R	R	R	*	R
		Für alle anderen Komponenten.	R	S	S	*	R

Tabelle 2.8 Übersicht PPAP-Nachweise je Vorlagestufe *(Fortsetzung)*

Nr.	Element	Erklärung	1	2	3	4	5
2	Änderungsdokumente	Dokumente über vom Kunden genehmigte Änderungen, die noch nicht in der Zeichnung dokumentiert sind.	R	S	S	*	R
3	Konstruktionsfreigabe des Kunden	Konstruktionsgenehmigung des Kunden, wenn auf der Kundenzeichnung gefordert.	R	R	S	*	R
4	Design-FMEA	Nur für Lieferanten mit Konstruktionsverantwortung zutreffend. Mindestens Deckblatt der D-FMEA mit aktuellem Änderungsstand und Datum.	R	R	S	*	R
5	Prozessflussdiagramm	Prozessflussdiagramm für das Produkt oder die Produktfamilie. Mindestens Deckblatt der P-FMEA mit aktuellem Änderungsstand und Datum.	R	R	S	*	R
6	Prozess-FMEA		R	R	S	*	R
7	Control Plan	Produktionslenkungsplan mindestens für alle besonderen Merkmale des Produkts oder der Produktfamilie.	R	R	S	*	R
8	MSA	Prüfmittelfähigkeitsuntersuchung der Prüfmittel aller besonderen Merkmale.	R	R	S	*	R
9	Dimensionelle Messergebnisse	Prüfbericht über alle Dimensionsmerkmale der Kundenzeichnung und mitgeltender Spezifikationen inkl. Bewertung (i. O./n. i. O.).	R	S	S	*	R
10	Werkstoffprüfergebnisse und Funktionsprüfergebnisse	Materialprüfbericht über alle Werkstoffdaten der Kundenzeichnung und aller mit geltenden Spezifikationen inkl. Bewertung (i. O./n. i. O.) Ergebnisse von Rohmateriallieferanten als 3.1 Abnahmeprüfzeugnis nach DIN EN 10204 beilegen.	R	S	S	*	R
		Inhaltsstoffe sind im International Material Data System (IMDS) zu hinterlegen.	R	S	S	*	R
		Nachweis über die Verwendung von verbotenen und deklarationspflichtigen Stoffen.	R	S	S	*	R
		Prüfbericht über alle Funktionsmerkmale der Kundenzeichnung und mitgeltender Spezifikationinkl. Bewertung (DVP&R).	R	S	S	*	R
11	Prozessfähigkeitsuntersuchung	Prozessfähigkeitsnachweis für alle besonderen sowie vom Kunden vorgegebenen Merkmale der Kunden zeichnung und mitgeltender Spezifikationen; wahlweise als C_m/C_{mk}-, P_p/P_{pk}- oder C_p/C_{pk}-Werte.	R	R	S	*	R
12	Dokumentation des Prüflabors	Falls ein externes Labor beauftragt wurde, ist die Übermittlung der Prüfergebnisse des Labors und das gültige ISO/IEC 17025 Zertifikat notwendig.	R	S	S	*	R

Tabelle 2.8 Übersicht PPAP-Nachweise je Vorlagestufe *(Fortsetzung)*

Nr.	Element	Erklärung	1	2	3	4	5
13	Bericht für aussehensabhängige Teile	Falls vom Kunden gefordert und im Rahmen der Qualitätsvorausplanung speziell vereinbart.	S	S	S	*	R
14	Musterteil	Definierte Anzahl Musterteile prüfen, soweit nicht anders vorgegeben, Teile in Serienverpackung gemäß Verpackungsdatenblatt liefern.	R	S	S	*	R
15	Referenzmusterteil	Vom Lieferanten ist mindestens ein Referenzmusterteil pro Nest für die Produktlaufzeit plus ein weiteres Jahr aufzubewahren. Durch eindeutige Kennzeichnung ist die Zuordnung zum Erstmusterprüfbericht sicherzustellen.	R	R	R	*	R
16	Prüfmittel	Werkzeuge und Vorrichtungen, die zur Überprüfung und Messung der produzierten Teile verwendet werden. Die Dokumentation dieser Hilfsmittel gewährleistet, dass sie korrekt kalibriert und verwendet werden, um genaue Ergebnisse zu erzielen.	R	S	S	*	R
17	Kundenspezifische Anforderungen	Diese umfassen zusätzliche Dokumente oder Prüfungen, die der Kunde über die Standard-PPAP-Anforderungen hinaus verlangt und die erfüllt werden müssen, um die Freigabe zu erhalten.	R	S	S	*	R
18	Teilevorlagebestätigung	Teilevorlagebestätigung (PSW), wie abgestimmt.	S	S	S	S	R
α	APQP Status Report	Bei entsprechender Risikoeinstufung.	R	S	S	*	R
β	PPAP-Status Lieferkette	Status der Freigabe der einzelnen Unterkomponenten.	R	R	S	*	R
γ	Kapazitätsbestätigung	Bestätigung der geforderten Kapazität.	R	S	S	*	R
δ	Teilelebenslauf	Chronologische Zusammenfassung aller Änderungen am Produkt oder am zugehörigen Produktionsprozess.	R	R	S	*	R
ε	Software-Testreport	Falls Software Bestandteil von dem bemusterten Produkt ist, sind alle Testergebnisse nachzuweisen.	R	S	S	*	R

S = Zur Vorlage beim Kunden.
R = Aufbewahrung und bei Aufforderung durch den Kunden umgehend zur Verfügung zu stellen.
* = Die Entscheidung, ob Vorlage (S) oder Aufbewahrung (R) für die einzelnen Elemente, wird im Rahmen der Qualitätsvorausplanung vom Kunden gesondert mit dem Lieferanten vereinbart.

Fazit:

Produkt- und Prozessfreigabeverfahren ist ein Schritt zur Genehmigung von Produktionsteilen, deren Zweck ist die Sicherstellung, dass Teile und Komponenten die erforderlichen Qualitäts- und Sicherheitsstandards erfüllen. Die Methode findet Anwendung bei der Einführung neuer Teile oder Komponenten, Modifikationen bestehender Teile, neue Lieferanten oder Fertigungslinien. Die Anwendung der Methode bietet die Vorteile, dass die Produktqualität zur Einführung eines Produkts sichergestellt wird und wirtschaftliche oder Reputationsrisiken minimiert werden. Durch die Anwendung von Methoden wie PPAP können Unternehmen sicherstellen, dass ihre Produkte die Anforderungen ihrer Kunden erfüllen.

Teil III

Methoden zur Optimierung bestehender Wert-schöpfung

Die Optimierung bestehender Wertschöpfungsketten durch den Einsatz von Qualitätsmanagementmethoden ist von großer Bedeutung für produzierende Unternehmen. Methoden ermöglichen es Unternehmen, ihre Wertschöpfungsketten zu analysieren und ineffiziente Prozesse zu identifizieren. Durch die Optimierung dieser Prozesse können Unternehmen Zeit, Ressourcen und Kosten einsparen und die Gesamteffizienz ihrer Wertschöpfungsketten steigern. Indem sie Qualitätsstandards definieren, Prozesse überwachen und kontinuierlich verbessern, können sie die Kundenzufriedenheit steigern und ihre Wettbewerbsfähigkeit stärken.

Durch die Einführung von Qualitätsstandards, Audits und kontinuierlichem Monitoring können Unternehmen sicherstellen, dass ihre Lieferanten qualitativ hochwertige Produkte und Dienstleistungen liefern, was sich positiv auf die Gesamtleistung der Wertschöpfungskette auswirkt. Durch die Optimierung bestehender Wertschöpfungsketten können Unternehmen potenzielle Risiken identifizieren und minimieren. Dies umfasst Risiken im Zusammenhang mit Lieferanten, Produktionsprozessen, Logistik und anderen Bereichen. Indem sie Risiken proaktiv angehen und Maßnahmen zur Risikominimierung ergreifen, können Unternehmen Ausfallzeiten, Kosten und Reputationsschäden reduzieren.

In den letzten Jahrzehnten haben vor allem zwei Strömungen das Thema Prozessoptimierung dominiert. Dies ist zum Einen das Thema Six Sigma, wenn es darum geht, einzelne Prozesse einer Wertschöpfungskette in der Tiefe zu optimieren. Zum Anderen ist es das Thema Lean Production, wenn es darum geht, ganze Wertschöpfungsketten in ihrer Breite zu optimieren. Darüber hinaus gibt es noch weitere Ansätze, wie beispielsweise *Shainin RedX* (Shainin 1993; Kosina 2015) oder *Kepner-Tregoe* (Parker und Moseley 2008). Da diese letztgenannten Ansätze ihre Wurzeln in den vorher genannten Methodiken haben, oder zumindest sehr starke Bezüge dazu, wird im Weiteren vorrangig auf die Themen Six Sigma und Lean Production eingegangen.

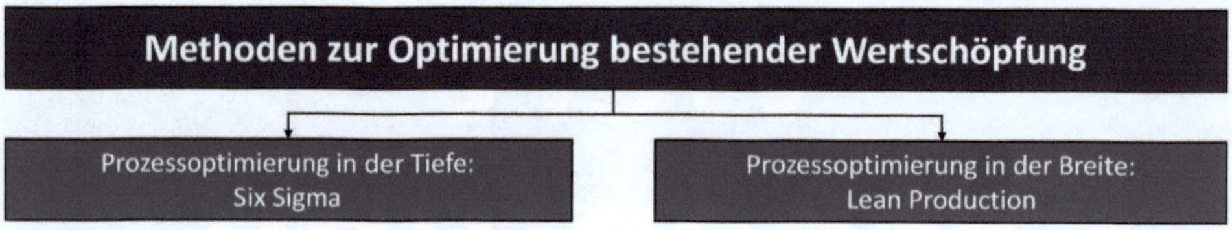

Bild III.1 Methodiken der Prozessoptimierung

3 Methoden zur Prozessoptimierung in der Tiefe – Six Sigma

Das Six-Sigma-Prinzip zielt darauf ab, die Qualität von Prozessen durch die Verringerung von Fehlern und Schwankungen zu verbessern. Der Begriff Six Sigma bezieht sich auf das Ziel, Prozesse so effizient zu gestalten, dass sie nicht mehr als 3,4 Fehler oder Defekte pro Million Möglichkeiten (Parts Per Million (PPM) oder Defects Per Million Opportunities (DPMO)) aufweisen. Six Sigma besagt also, dass Prozesse so stabil sein sollten, dass sechs Standardabweichungen innerhalb des Toleranzbereichs liegen.

In der Statistik bedeuten sechs Standardabweichungen, dass 99,9999998 % innerhalb der Toleranz liegen und lediglich 0,001 ppm außerhalb. Dennoch hat sich bei Six Sigma der Wert von 3,4 ppm durchgesetzt, da Six Sigma von einem langsamen, aber stetigen Drift von ± 1,5 Standardabweichungen im realen Prozessbetrieb ausgeht. Mathematisch korrekt bedeuten 3,4 ppm also 4,5 Standardabweichungen. Aber aus Marketingsicht klingt Six Sigma knackiger als „Four-Point-Five Sigma". Wie dem auch sei, um dieses Ziel zu erreichen, konzentriert sich Six Sigma auf folgende Prinzipien:

- **Fokus auf Kundenanforderungen:** Unternehmen sollten sich darauf konzentrieren, die Bedürfnisse und Erwartungen ihrer Kunden zu verstehen und zu erfüllen. Dies bedeutet, dass Prozesse so gestaltet werden sollten, dass sie die Kundenzufriedenheit maximieren.
- **Messung und Analyse:** Six Sigma setzt auf datengestützte Entscheidungen. Durch die Sammlung und Analyse von Daten können Unternehmen die Leistung ihrer Prozesse verstehen, Ursachen für Variationen identifizieren und fundierte Verbesserungsmaßnahmen entwickeln.
- **Prozessverbesserung:** Six Sigma zielt darauf ab, kontinuierlich Prozesse zu optimieren, um die Qualität zu steigern und Fehler zu reduzieren. Dies geschieht durch die Identifizierung von Problemen, die Entwicklung und Implementierung von Lösungen sowie die Überwachung der Ergebnisse.

- **Teamarbeit und Engagement:** Six Sigma betont die Bedeutung von Teamarbeit und Engagement aller Mitarbeiter bei der Prozessverbesserung. Durch die Zusammenarbeit von Mitarbeitern aus verschiedenen Bereichen können vielfältige Perspektiven genutzt werden, um effektive Lösungen zu entwickeln.
- **Führung und Unterstützung:** Eine starke Führung und Unterstützung auf allen Ebenen der Organisation sind entscheidend für den Erfolg von Six Sigma. Führungskräfte müssen die Bedeutung von Six Sigma verstehen, Ressourcen bereitstellen und eine Kultur der kontinuierlichen Verbesserung fördern.

Indem Unternehmen diese Prinzipien von Six Sigma anwenden, können sie ihre Prozesse optimieren, die Qualität ihrer Produkte oder Dienstleistungen verbessern und langfristig erfolgreich sein. Die Grundlage von Six Sigma bildet vielfach, aber nicht ausschließlich, das DMAIC-Modell, das für Define, Measure, Analyze, Improve und Control steht. Es bedeutet im Detail folgende Punkte:

- **Define (Definieren):** In dieser Phase werden die Ziele des Verbesserungsprojekts festgelegt und die Prozesse identifiziert, die verbessert werden sollen. Es werden klare Definitionen von Kundenanforderungen und Schlüsselprozesskennzahlen entwickelt, um den Erfolg zu messen.
- **Measure (Messen):** Hier werden Daten gesammelt und analysiert, um den aktuellen Zustand des Prozesses zu verstehen und die Leistung anhand der definierten KPIs zu bewerten. Dies beinhaltet die Identifizierung von Ursachen für Variationen und die Bestimmung von Bereichen, in denen Verbesserungen möglich sind.
- **Analyze (Analysieren):** In dieser Phase werden die gesammelten Daten genauer untersucht, um die zugrunde liegenden Ursachen für Probleme oder Mängel zu identifizieren. Es werden statistische Methoden angewendet, um Muster und Trends zu erkennen und potenzielle Lösungsansätze zu entwickeln.
- **Improve (Verbessern):** Basierend auf den Erkenntnissen aus der Analyse werden Maßnahmen ergriffen, um den Prozess zu optimieren und die identifizierten Probleme zu lösen. Es werden verschiedene Lösungsalternativen getestet und implementiert, um die gewünschten Verbesserungen zu erzielen.
- **Control (Steuern):** In dieser letzten Phase werden Kontrollmechanismen eingeführt, um sicherzustellen, dass die Verbesserungen nachhaltig sind und der Prozess stabil bleibt. Es werden Überwachungs- und Messsysteme implementiert, um sicherzustellen, dass die Leistung des Prozesses den Anforderungen entspricht, und um frühzeitig Abweichungen zu erkennen und zu korrigieren.

Die in diesem Bereich angewandten Methoden des Qualitätsmanagements, welche der klassischen Prozessoptimierung zuzuordnen sind, sind in Bild 3.1 dargestellt. Die Orientierung erfolgt am DMAIC-Vorgehen, da sich dieser Six Sigma-Ansatz in zahlreichen Industrien und Branchen als außerordentlich zielführend für die Optimierung bestehender Prozesse erwiesen hat.

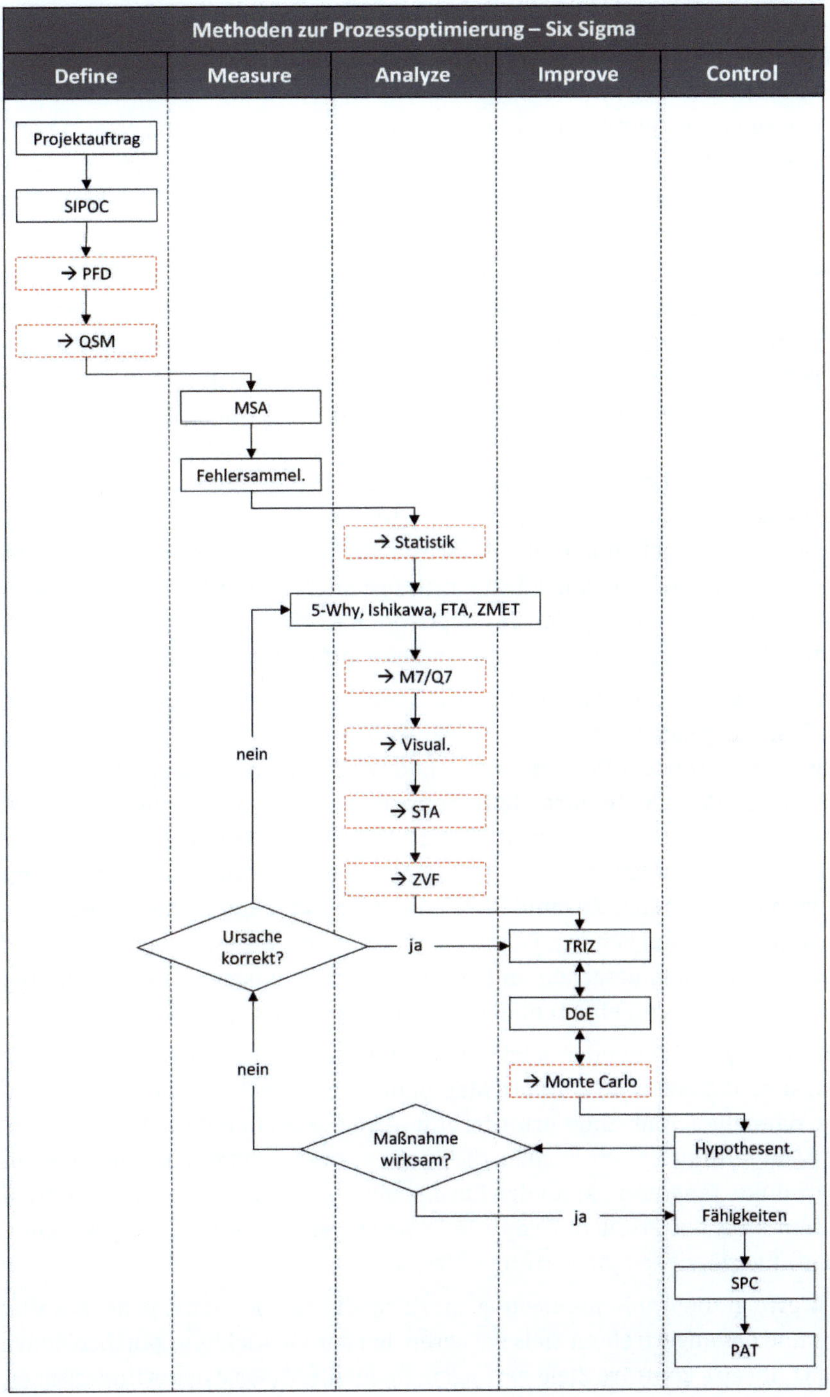

Bild 3.1 Ablauf der Methoden bei Six Sigma DMAIC (zum Download verfügbar)

Das DMAIC-Vorgehen wird im Bild durch fünf horizontal aufgetragene swimlanes dargestellt. Der initiale Schritt einer jeden Prozessoptimierung ist die Definitionsphase des Problems. Dies wird klassischerweise mittels eines Projektauftrags durchgeführt, in welchem das zu lösende Problem definiert und der Projektrahmen abgesteckt wird. In dessen Folge wird der zu optimierende Prozess strukturiert und analysiert. Die Visualisierung dieser Analyse kann mithilfe von SIPOC-Diagrammen oder klassischen Prozessflussdiagrammen erfolgen.

Alternativ oder auch ergänzend kann die Analyse mittels Quality Stream Mapping herangezogen werden, da es sich ebenfalls um eine Methode handelt, um Schwachstellen und Problemorte zu detektieren. Im Anschluss erfolgt der Übergang in die Measure-Phase, in welcher Daten gesammelt werden. Bevor allerdings Daten in großen Mengen erhoben und gesammelt werden, müssen die erhobenen Daten einer kritischen Prüfung unterzogen werden, um ihre Verlässlichkeit sicherzustellen. Um dies zu gewährleisten, ist die Messmittelfähigkeitsuntersuchung die Methode der Wahl, da sie den Unsicherheits- und Einflussfaktor des Messmittels auf das Messergebnis ermittelt. Danach erfolgt die Datenerhebung. Die einfachste Form der Datenerhebung stellt sicher die der Fehlersammelkarte dar. Für die Interpretation großer Datenmengen sind Kompetenzen in der Anwendung der deskriptiven Statistik erforderlich, welche oft der Messmittelfähigkeitsuntersuchung und der Datenerhebung folgen.

Im Anschluss erfolgt der Übergang in die Analysephase, deren Initiation durch die Ursachenanalyse für gegebene Probleme gekennzeichnet ist. Einfache und intuitive Ansätze stellen die Methode 5-Why und das Ishikawa-Diagramm dar. Häufig werden diese Ansätze durch komplementäre Methoden wie die Q7 und/oder die M7 ergänzt. Die Visualisierung quantitativer Informationen ist in dieser Phase von großem Nutzen, da sie die Erkennung von Mustern in großen Datenmengen ermöglicht. Der Einsatz von Visualisierungen ist daher stets zu empfehlen, wenn die Daten dies zulassen. Bei komplexen oder umfangreichen Fehlern ist die Fehlerbaumanalyse ein geeignetes Mittel zur Ermittlung von Problemursachen und deren Wirkmechanismen. Die Anwendung dieser Methode ist jedoch mit einem hohen Maß an Expertise verbunden.

Für sehr komplexe Probleme oder solche, bei denen sozio-kulturelle Faktoren eine Rolle spielen, kann die Methode Zaltman Metaphor Elicitation Technique eine ergänzende Option darstellen. Allerdings erfordert diese Methode ein hohes Maß an Erfahrung und ist nicht intuitiv. Bei Problemen, die konstruktive und maßliche Themen von gefertigten Produkte tangieren, kann der Einsatz einer statistischen Toleranzanalyse zielführend sein. Falls das Problem Feldausfälle betrifft, sind ebenfalls entsprechende Methoden der Zuverlässigkeitsbewertung hilfreich.

Im Anschluss erfolgt die Implementierung spezifischer Methoden, die je nach Natur des Problems und des angestrebten Ziels variieren. Bei der Entwicklung gänzlich neuer Lösungen, die teilweise konträre Ziele verfolgen, findet die Theorie des erfinderischen Problemlösens Anwendung. Sofern ein Prozessproblem besteht, dessen Lösung in der

Erarbeitung einer optimalen Parametrisierung liegt, empfiehlt sich der Einsatz der statistischen Versuchsplanung. Monte-Carlo-Simulationen eignen sich zur Beurteilung von Prozesslagen und zur Simulation von Veränderungen einzelner Parameter und deren Auswirkung auf den Gesamtprozess, speziell wenn einzelne Prozessschritte unterschiedliche Eintrittswahrscheinlichkeiten haben. Der Einsatz dieser Methoden kann sowohl isoliert als auch in Kombination erfolgen, abhängig vom zu adressierenden Problem.

Die abschließende Projektphase, auch als Control-Phase bezeichnet, dient der Beurteilung der Wirksamkeit der implementierten Maßnahmen und, wenn notwendig, der Durchführung von Korrekturmaßnahmen. Ein geeignetes Mittel stellen sogenannte Hypothesentests dar, mit deren Hilfe beurteilt werden kann, ob es vor und nach einer Verbesserungsmaßnahme zufällige oder systematische Unterschiede in den Prozessen und deren Messwerten gibt. Wenn keine Verbesserung in den Messwerten zu erkennen ist, muss die Wirksamkeit der eingeführten Maßnahme hinterfragt und eventuell nachgebessert werden.

Wird bei korrekter Umsetzung der Maßnahme keine Veränderung in den Messwerten beobachtet, so ist die zugrunde liegende Problemursache möglicherweise nicht korrekt erarbeitet und die Ursachenanalyse muss erneut durchgeführt werden. Im Falle einer systematischen Verbesserung der Messwerte kann der nächste Schritt eine Prozessfähigkeitsuntersuchung sein, die notwendig ist, bevor eine abschließende Langzeit-Prozessüberwachung mittels statistischer Prozessregelung durchgeführt werden kann. In Branchen, in denen besonders stabile und leistungsfähige Prozesse vorherrschen, kann alternativ das Part Average Testing eingesetzt werden. Dieses Verfahren funktioniert analog zur statistischen Prozessregelung, ist jedoch für deutlich leistungsfähigere Prozesse ausgelegt.

3.1 Methoden zur Problembeschreibung

Zu Beginn eines jeden Projekts ist es wichtig, klar zu definieren, worum es geht. Je besser und genauer dies geschieht, desto geringer ist die Wahrscheinlichkeit, dass es im Projekt zu Unklarheiten kommt oder dass Projektziele oder -aufträge falsch verstanden oder interpretiert werden. Dazu gehören die Wünsche und Anforderungen des Auftraggebers, die das Projekt erfüllen muss. Diese Anforderungen geben dem Projektteam das zu erreichende Ziel vor und schaffen ein gemeinsames Verständnis für das Projekt und erleichtern die Kommunikation.

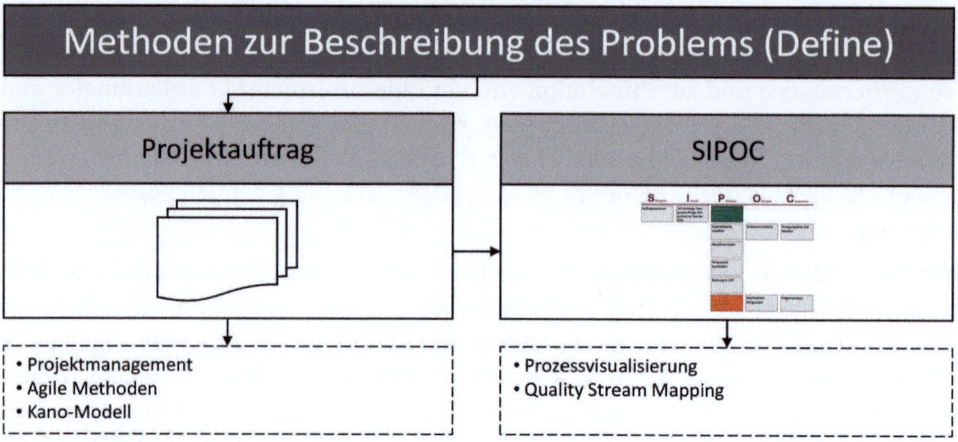

Bild 3.2 Methoden der Problembeschreibung

3.1.1 Der Projektauftrag

Leitfragen im Umgang mit dem Projektauftrag:

- Was ist der Auftrag?
- Was ist das Ziel und was ist *nicht* das Ziel?
- Wer ist das Team?
- Bis wann soll der Auftrag abgeschlossen sein?

Wann benötigen Sie diese Methode?

Ein Projektauftrag wird benötigt, wenn ein neues Projekt initiiert wird, die Ziele, Anforderungen und Erwartungen eines Projekts definiert werden sollen, die Verantwortung und Rolle der Projektbeteiligten festgelegt werden sollen, die Projektziele und -ergebnisse klar definiert werden sollen und die Projektplanung und -steuerung strukturiert werden soll. Ein Projektauftrag dient als Grundlage für die Projektplanung und -durchführung. Er hilft dabei, die Projektziele zu definieren, die Projektorganisation zu strukturieren und die Kommunikation zwischen den Projektbeteiligten zu verbessern. Durch einen klaren Projektauftrag können Missverständnisse und Fehler minimiert werden.

Der Projektauftrag ist ein zentrales Dokument, das die formelle Genehmigung eines Projekts signalisiert und als Grundlage für die Projektplanung und -durchführung dient. Das Dokument definiert die wichtigsten Parameter des Projekts, einschließlich des Ziels, des Umfangs, der beteiligten Interessengruppen und der Projektorganisation.

Ein gut ausgearbeiteter Projektauftrag schafft Klarheit über die Projektziele und -erwartungen und legt den Grundstein für den Projekterfolg. Der Projektauftrag dient als grundlegendes Dokument, das die wesentlichen Elemente eines Projekts zusammenfasst und einen klaren Fahrplan sowie eine formale Genehmigung für den Projektstart bietet. Dieser Abschnitt beschreibt die verschiedenen Dimensionen des Projektauftrags, unterstreicht ihre Bedeutung und beschreibt ihre wichtigsten Bestandteile.

Weiterführende Literatur – Bücher:

Harold Kerzner (2022). *Project Management: A Systems Approach to Planning, Scheduling, and Controlling*. Jon Wiley und Sons.

Der Projektauftrag hat mehrere wichtige Funktionen. Er fungiert als offizielles Dokument, das die Genehmigung und Unterstützung des Projekts durch die Geschäftsleitung bestätigt. Darüber hinaus kommuniziert er die wesentlichen Aspekte des Projekts an alle Stakeholder und stellt sicher, dass alle Beteiligten die gleichen Erwartungen und Ziele teilen. Er definiert die Rollen und Verantwortlichkeiten der Projektbeteiligten, einschließlich des Projektleiters und des Projektteams. Und der Projektauftrag dient als Leitfaden für die detaillierte Projektplanung und bildet die Grundlage für die Erstellung des Projektplans. Ein typischer Projektauftrag umfasst die folgenden Abschnitte:

- **Projekttitel und -beschreibung:** ein kurzer, prägnanter Titel, der das Projekt eindeutig identifiziert und eine kurze Zusammenfassung des Projekts, die den Kontext und den Zweck des Projekts beschreibt.
- **Projektziele und Erfolgskriterien:** Spezifische, messbare Ziele, die das Projekt erreichen soll. Diese sollten SMART (spezifisch, messbar, aktiv erreichbar, relevant und zeitgebunden) formuliert sein. Ebenso die Kriterien, anhand derer der Erfolg des Projekts bewertet wird. Diese sollten eng mit den Projektzielen verknüpft sein.
- **Projektumfang (Scope):** Eine Beschreibung der Hauptliefergegenstände und des Umfangs des Projekts und was explizit *nicht* im Umfang enthalten ist.
- **Meilensteine und Zeitplan:** Wichtige Meilensteine und Termine, die im Verlauf des Projekts erreicht werden müssen. Ein vorläufiger Zeitplan, der die wichtigsten Phasen und Aktivitäten des Projekts skizziert.
- **Budget und Ressourcen:** Eine grobe Schätzung der finanziellen Ressourcen, die für das Projekt benötigt werden. Die Hauptressourcen (Personal, Ausrüstung, Materialien), die für die Durchführung des Projekts erforderlich sind.
- **Stakeholder und Projektorganisation:** Eine Liste der wichtigsten Stakeholder und deren Interessen und die Struktur des Projektteams und die Rollen und Verantwortlichkeiten der Teammitglieder.
- **Risiken und Annahmen:** Eine Liste der Hauptrisiken, die das Projekt beeinträchtigen könnten. Wichtige Annahmen, die der Projektplanung zugrunde liegen.

- **Genehmigungen und Unterschriften:** Eine Liste der Personen, die den Projektauftrag genehmigen und unterstützen. Die Unterschriften der Genehmigungsträger, die die offizielle Zustimmung zum Projekt dokumentieren.

Die Erstellung des Projektauftrags erfolgt in der Regel in der Anfangsphase des Projekts und wird vom Projektleiter in Zusammenarbeit mit den wichtigsten Stakeholdern und dem Management durchgeführt. Der Projektmanager sammelt die notwendigen Informationen und erstellt einen Entwurf des Projektauftrags, der dann von den relevanten Stakeholdern überprüft und genehmigt wird. Nach der Genehmigung dient der Projektauftrag als Referenzdokument für das gesamte Projekt. Er wird regelmäßig überprüft und kann bei Bedarf aktualisiert werden, um Änderungen des Projektumfangs oder der Projektziele zu berücksichtigen.

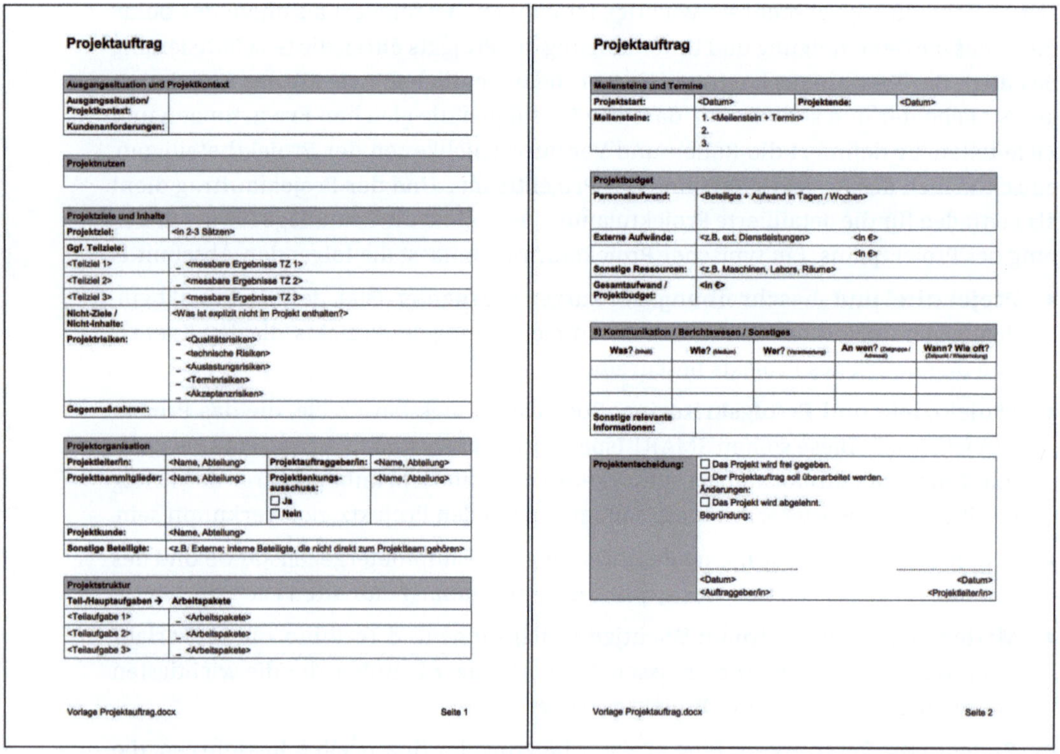

Projektauftrag

Ausgangssituation und Projektkontext	
Ausgangssituation/ Projektkontext:	
Kundenanforderungen:	

Projektnutzen

Projektziele und Inhalte	
Projektziel:	<in 2-3 Sätzen>
Ggf. Teilziele:	
<Teilziel 1>	– <messbare Ergebnisse TZ 1>
<Teilziel 2>	– <messbare Ergebnisse TZ 2>
<Teilziel 3>	– <messbare Ergebnisse TZ 3>
Nicht-Ziele / Nicht-Inhalte:	<Was ist explizit nicht im Projekt enthalten?>
Projektrisiken:	– <Qualitätsrisiken> – <technische Risiken> – <Auslastungsrisiken> – <Terminrisiken> – <Akzeptanzrisiken>
Gegenmaßnahmen:	

Projektorganisation			
Projektleiter/in:	<Name, Abteilung>	Projektauftraggeber/in:	<Name, Abteilung>
Projektteammitglieder:	<Name, Abteilung>	Projektlenkungs-ausschuss: ☐ Ja ☐ Nein	<Name, Abteilung>
Projektkunde:	<Name, Abteilung>		
Sonstige Beteiligte:	<z.B. Externe; interne Beteiligte, die nicht direkt zum Projektteam gehören>		

Projektstruktur	
Teil-/Hauptaufgaben →	Arbeitspakete
<Teilaufgabe 1>	– <Arbeitspakete>
<Teilaufgabe 2>	– <Arbeitspakete>
<Teilaufgabe 3>	– <Arbeitspakete>

Vorlage Projektauftrag.docx Seite 1

Projektauftrag

Meilensteine und Termine			
Projektstart:	<Datum>	Projektende:	<Datum>
Meilensteine:	1. <Meilenstein + Termin> 2. 3.		

Projektbudget		
Personalaufwand:	<Beteiligte + Aufwand in Tagen / Wochen>	
Externe Aufwände:	<z.B. ext. Dienstleistungen>	<in €>
		<in €>
Sonstige Ressourcen:	<z.B. Maschinen, Labors, Räume>	
Gesamtaufwand / Projektbudget:	<in €>	

8) Kommunikation / Berichtswesen / Sonstiges				
Was? (Inhalt)	Wie? (Medium)	Wer? (Verantwortung)	An wen? (Zielgruppe / Adressat)	Wann? Wie oft? (Zeitpunkt / Wiederholung)
Sonstige relevante Informationen:				

Projektentscheidung:	☐ Das Projekt wird frei gegeben. ☐ Der Projektauftrag soll überarbeitet werden. Änderungen: ☐ Das Projekt wird abgelehnt. Begründung: <Datum> <Auftraggeber/in> <Datum> <Projektleiter/in>

Vorlage Projektauftrag.docx Seite 2

Bild 3.3 Vorlage eines Projektauftrags (zum Download verfügbar)

Fazit:

Ein gut dokumentierter und genehmigter Projektauftrag ist entscheidend für die erfolgreiche Durchführung und den Abschluss eines Projekts. Der Projektauftrag ist ein unverzichtbares Instrument des Projektmanagements, das die Grundlage für den Projekterfolg legt. Durch die klare Definition von Zielen, Umfang, Ressourcen und Verantwortlichkeiten schafft der Projektauftrag Transparenz und Konsens und stellt sicher, dass alle Beteiligten auf das gleiche Ziel hinarbeiten. Ein sorgfältig erstellter und gut kommunizierter Projektauftrag ist der erste Schritt auf dem Weg zu einem erfolgreichen Projektabschluss. Im Anschluss dieses Kapitels ist eine exemplarische Vorlage eines Projektauftrags angefügt.

3.1.2 Das SIPOC-Diagramm

Leitfragen im Umgang mit dem SIPOC-Diagramm:

- Was ist der Prozess?
- Was sind seine Eingangsgrößen und von wem kommen sie?
- Was sind die Ausgangsgrößen des Prozesses und wer ist der Kunde?

Wann benötigen Sie diese Methode?

Ein SIPOC-Diagramm wird benötigt, wenn ein Prozess analysiert und verbessert werden soll, die Beziehungen zwischen Lieferanten, Eingaben, Prozessen, Ausgaben und Kunden visualisiert werden sollen, die Prozessschritte und -beteiligten identifiziert werden sollen, die Kundenanforderungen und -erwartungen definiert werden sollen und ein Projekt oder eine Prozessverbesserung initiiert wird. Ein SIPOC-Diagramm hilft dabei, den Überblick über einen Prozess zu gewinnen und die wichtigsten Elemente zu identifizieren.

Das englische Akronym SIPOC bezeichnet ein Werkzeug für die Definitionsphase von Verbesserungsprojekten. Es steht für Supplier (Lieferanten), Input (Eingaben), Process (Prozess), Output (Ergebnisse) und Customer (Kunden). Ein SIPOC-Diagramm (siehe Bild 3.4) stellt die Momentaufnahme eines Prozesses dar und bietet eine klare und strukturierte Übersicht über die wesentlichen Elemente eines Prozesses und dient als Ausgangspunkt für Prozessverbesserungen und Qualitätssicherungsmaßnahmen. Darüber hinaus kann SIPOC auch zur eindeutigen Abgrenzung von Prozessen in Prozessketten verwendet werden. Dabei wird der Output eines Prozesses zum Input eines anderen Prozesses.

Weiterführende Literatur – Bücher:

Thomas Pyzdek und Paul Keller (2014). *The Six Sigma Handbook*. 4. Aufl. McGraw-Hill Education oder Michael L. George u. a. (2004). *The Lean Six Sigma Pocket Toolbook: A Quick Reference Guide to 100 Tools for Improving Quality and Speed*. McGraw-Hill Education.

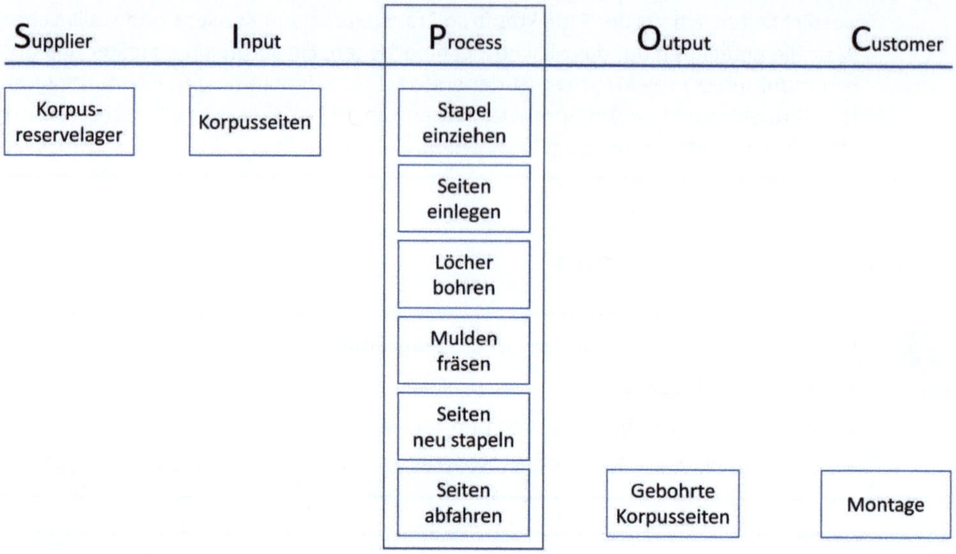

Bild 3.4 Das SIPOC-Diagramm

3.1.2.1 Zielsetzung und Bedeutung

Das SIPOC-Diagramm erfüllt mehrere wichtige Funktionen, wie beispielsweise die einfache Prozessvisualisierung. Es bietet eine übergeordnete Darstellung, die hilft, die wichtigsten Prozessschritte und deren Wechselwirkungen zu erfassen. Es dient auch als Kommunikationsmittel zwischen verschiedenen Interessengruppen, indem es eine gemeinsame Sprache und ein gemeinsames Verständnis des Prozesses schafft. Es hilft, Schwachstellen und Verbesserungsmöglichkeiten im Prozess zu identifizieren, indem es die Beziehungen zwischen Lieferanten, Inputs, Prozessschritten, Outputs und Kunden verdeutlicht.

3.1.2.2 Aufbau des SIPOC-Diagramms

Ein SIPOC-Diagramm besteht aus fünf Hauptkomponenten, die nachfolgend weiter beschrieben werden.

- **Supplier (Lieferanten):** Lieferanten sind die Personen, Abteilungen oder Organisationen, die die Eingaben (Inputs) für den Prozess bereitstellen. Die Identifizierung der Lieferanten ist wichtig, um die Herkunft der Prozessressourcen zu verstehen und zu kontrollieren.
- **Input (Eingaben):** Inputs sind die Ressourcen, Informationen oder Materialien, die in den Prozess einfließen und benötigt werden, um die gewünschten Outputs zu erzeugen. Beispiele für Inputs können Rohmaterialien, Informationen, Daten oder Dienstleistungen sein.

- **Process (Prozess):** Der Prozess beschreibt die Abfolge von Aktivitäten oder Schritten, die durchgeführt werden, um die Inputs in Outputs umzuwandeln. Der Prozess wird oft in Form eines Flussdiagramms oder einer detaillierten Prozessbeschreibung dargestellt, um die einzelnen Schritte und deren Reihenfolge zu visualisieren.
- **Output (Ausgaben):** Outputs sind die Ergebnisse oder Produkte, die aus dem Prozess hervorgehen. Diese können physische Produkte, Dienstleistungen, Informationen oder andere Ergebnisse sein, die an die Kunden geliefert werden.
- **Customer (Kunden):** Kunden sind die Endverbraucher oder Empfänger der Outputs des Prozesses. Sie können interne oder externe Kunden sein, deren Anforderungen und Erwartungen den Erfolg des Prozesses maßgeblich beeinflussen.

3.1.2.3 Erstellung eines SIPOC-Diagramms

Die Erstellung eines SIPOC-Diagramms erfolgt in mehreren Schritten. Zunächst müssen die Prozessgrenzen identifiziert werden. Dabei ist es wichtig, sowohl den Anfang als auch das Ende des Prozesses zu bestimmen, um den Umfang des Diagramms klar abgrenzen zu können. Im Anschluss müssen die einzelnen Prozessschritte erfasst werden. Diese sollten in der Reihenfolge ihrer Ausführung aufgelistet werden, um eine grobe, hochrangige Übersicht zu erhalten, die die wesentlichen Aktivitäten abdeckt. Im Anschluss sind die Inputs und deren Lieferanten zu bestimmen. Dabei sind die wichtigsten Eingaben für jeden Prozessschritt sowie die entsprechenden Lieferanten, welche diese Inputs bereitstellen, zu identifizieren. Im nächsten Schritt sind die Outputs und deren Kunden zu bestimmen. Hierbei sind die wichtigsten Ergebnisse jedes Prozessschritts sowie die entsprechenden Kunden, welche diese Outputs erhalten, zu identifizieren. Abschließend ist das SIPOC zu erstellen. Im nächsten Schritt erfolgt die grafische Darstellung der identifizierten Lieferanten, Inputs, Prozessschritte, Outputs und Kunden im SIPOC-Diagramm. Dadurch wird eine vollständige und übersichtliche Darstellung gewährleistet.

Fazit:

Das SIPOC-Diagramm kann in verschiedenen Kontexten und für unterschiedliche Zwecke verwendet werden. Es stellt den Ausgangspunkt für die Analyse und Verbesserung von Geschäftsprozessen dar oder kann als Schulungsinstrument eingesetzt werden, um neuen Mitarbeitern einen schnellen und umfassenden Überblick über einen Prozess zu vermitteln. Das SIPOC-Diagramm fungiert als Kommunikationsmittel zwischen verschiedenen Abteilungen oder Stakeholdern, indem es eine gemeinsame Basis für Diskussionen und Entscheidungen bereitstellt.

3.2 Methoden für die Datenerhebung

Die Beurteilung eines Produktionsprozesses oder -ablaufs anhand von Zahlen, Daten und Fakten ist zweifellos objektiver, als sich allein auf Erfahrung und Expertenwissen zu verlassen, auch wenn Expertenwissen an vielen Stellen unverzichtbar ist. Welche Möglichkeiten gibt es aber, wenn noch keine Zahlen, Daten und Fakten vorliegen? Welche Möglichkeiten der Datenerhebung gibt es und wie können diese Daten nutzbar gemacht werden? Ebenso gibt es den Fall, dass bereits Daten vorhanden sind, aber kann diesen Zahlen und Daten blind vertraut werden? Im Folgenden werden Methoden der Datenerhebung und -überprüfung vorgestellt, damit Analysen und Ableitungen immer auf verlässlichen Daten beruhen.

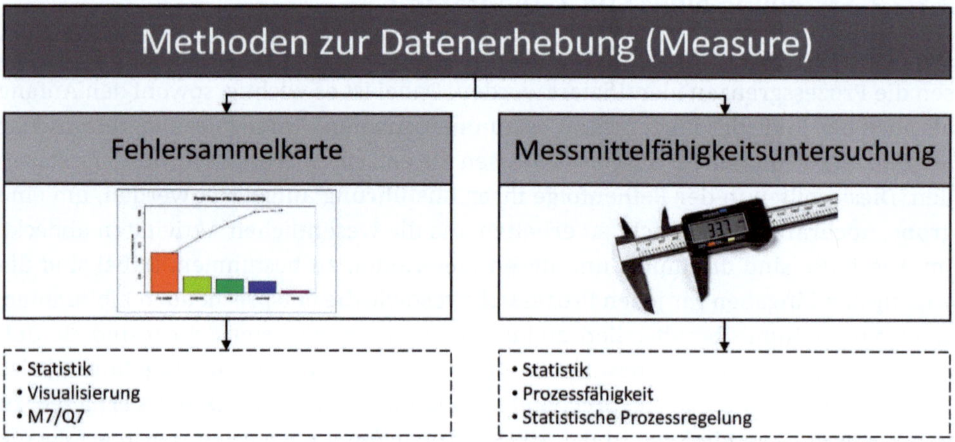

Bild 3.5 Methoden der Datenerhebung

3.2.1 Messmittelfähigkeitsuntersuchung

Leitfragen im Umgang mit Messmittelfähigkeitsuntersuchungen:

- Was soll gemessen werden?
- Mit welchem Messmittel soll gemessen werden?
- Gibt es einen Bedienereinfluss oder läuft die Messung automatisch?
- Wie ist die Auflösung des Messmittels?
- Kann das Messmittel optimiert werden, wenn notwendig?
- Können Toleranzen geändert werden, falls notwendig?

Wann benötigen Sie diese Methode?

Eine Messmittelfähigkeitsuntersuchung wird benötigt, wenn die Genauigkeit und Zuverlässigkeit von Messgeräten oder -systemen überprüft werden soll, die Variabilität von Messungen analysiert werden soll, die Fähigkeit von Messgeräten oder -systemen, genaue und konsistente Ergebnisse zu liefern, bewertet werden soll, die Messunsicherheit quantifiziert werden soll und die Qualität von Messungen sichergestellt werden soll. Messmittelfähigkeitsuntersuchungen helfen dabei, die Genauigkeit und Zuverlässigkeit von Messungen zu überprüfen und sicherzustellen, dass die Messgeräte oder -systeme korrekt funktionieren. Dies ist insbesondere wichtig in der Qualitätssicherung und -kontrolle.

Es ist wichtig zu wissen, ob das Messgerät für die Messaufgabe geeignet ist. Ist dies nicht der Fall, sind die erhobenen Daten unbrauchbar. Es ist daher unerlässlich, *vor* der Datenerfassung die Eignung eines Messgeräts hinsichtlich der Messaufgabe zu beurteilen. Hierfür haben sich branchenübergreifend zwei Verfahren etabliert. Ein Verfahren wurde vom VDA entwickelt und in dessen Band 5 *Mess- und Prüfprozesse. Eignung, Planung und Lenkung* beschrieben. Der andere Standard ist die Measurement System Analysis (MSA) der Automotive Industry Action Group (AIAG).

Beide Normen behandeln das gleiche Thema, unterscheiden sich aber leicht in der Herangehensweise. Der VDA-Ansatz wurde von vielen Anwendern als etwas komplizierter und weniger intuitiv empfunden als der AIAG-Ansatz. Aus diesem Grund hat die MSA neben der US-amerikanischen Automobilindustrie auch in der gesamten deutschen Industrie große Anerkennung gefunden und ist daher in vielen Unternehmensrichtlinien und Leitfäden enthalten, so dass sie wahrscheinlich die weiter verbreitete der beiden Methoden ist. Daher wird auch im Folgenden die Messmittelfähigkeit nach MSA behandelt. Auch aus diesem Grund wurde in der 3. Auflage des Bandes 5 vom VDA eine Überarbeitung mit dem Ziel der Harmonisierung des Bandes 5 mit der MSA vorgenommen.

Weiterführende Literatur – Normen & Technische Berichte:

VDA (2021). *Qualitätsmanagement in der Automobilindustrie. Band 5: Mess- und Prüfprozesse. Eignung, Planung und Management.* Techn. Ber. Verband der Deutschen Automobilindustrie (VDA), AIAG (2010). *Measurement Systems Analysis (MSA).* Techn. Ber. Automotive Industry Action Group und C/QMM (2019a). *Heft 10 – Fähigkeit von Mess- und Prüfprozessen.* Techn. Ber. Robert Bosch GmbH.

Die Prüfmittelüberwachung ist ein wichtiger Bestandteil des Qualitätsmanagements und befasst sich speziell mit der Bewertung der Fähigkeit von Messmitteln, genaue und zuverlässige Messungen zu liefern. Sie stellt sicher, dass die verwendeten Messmittel in der Lage sind, Änderungen der zu messenden Merkmale korrekt zu erfassen.

Sie ist relevant, weil die Messmittel für genaue und zuverlässige Messungen von entscheidender Bedeutung sind. Die Messmittelfähigkeitsuntersuchung stellt sicher, dass Schwankungen der Messwerte hauptsächlich auf tatsächliche Schwankungen des zu messenden Merkmals und nicht auf Schwankungen des Messmittels selbst zurückzuführen sind.

Weiterführende Literatur – Bücher:

Edgar Dietrich und Alfred Schulze (2009). *Statistische Verfahren zur Maschinen-und Prozessqualifikation.* 6. Aufl. Carl Hanser Verlag.

Die Messmittelfähigkeitsuntersuchung wird häufig mit statistischen Methoden wie der Berechnung der Messsystemvariation (Gage Repeatability and Reproducibility (GR&R)) durchgeführt. Die GR&R-Analyse zerlegt die Gesamtvarianz der Messungen in verschiedene Komponenten, darunter die Wiederholbarkeit (repeatability) und die Vergleichbarkeit (reproducibility). In diesem Zusammenhang ist die Wiederholbarkeit die Variation, die bei wiederholten Messungen desselben Teils mit demselben Messgerät auftritt. Die Reproduzierbarkeit ist die Abweichung, die auftritt, wenn verschiedene Bediener dasselbe Teil mit demselben Messgerät messen. Die Akzeptanzkriterien für die Prüfung der Messmittelfähigkeit können je nach Branche und Anwendung unterschiedlich sein.

Im Allgemeinen wird angestrebt, dass Wiederholbarkeit und Reproduzierbarkeit einen geringen Prozentsatz der Gesamtvarianz ausmachen. Die Messsystemvariation sollte im Vergleich zur Prozessvariation gering sein. Andernfalls können die Messungen nicht zuverlässig zwischen der tatsächlichen Variation der Teile und der Variation des Messsystems unterscheiden. Wenn die Messmittelfähigkeitsuntersuchung zeigt, dass Verbesserungen erforderlich sind, können entsprechende Maßnahmen ergriffen werden, wie Schulung des Bedienpersonals, Wartung der Messmittel oder Austausch unzuverlässiger Messmittel. Die MSA sollte auch regelmäßig überwacht werden, um sicherzustellen, dass die Messmittelfähigkeit im Laufe der Zeit erhalten bleibt.

Die Messmittelfähigkeitsanalyse ist wichtig in Industrien, in denen genaue Messungen von entscheidender Bedeutung sind, etwa in der Automobilindustrie oder der Luft- und Raumfahrt. Eine gründliche Analyse stellt sicher, dass die Messgeräte ihren Zweck erfüllen und die Qualität der hergestellten Produkte gewährleistet ist.

Die MSA wendet die sogenannten Verfahren 1, 2 und 3 an, und diese Verfahren beziehen sich auf verschiedene Ansätze zur Berechnung der Fähigkeitsindikatoren C_g und C_{gk}, die zur Bewertung der Fähigkeit eines Prozesses verwendet werden. Der Zusammenhang zwischen diesen Verfahren ist wie folgt:

- **Verfahren 1:** Dieses Verfahren untersucht die Genauigkeit und Wiederholbarkeit eines Messsystems. Für die Prüfung wird ein Normal mit bekanntem Wert verwendet. Das Normal wird 50-mal gemessen. Nach jeder Messung wird das Normal neu positioniert. Aus der Standardabweichung der Messwerte werden die Indizes C_g und C_{gk} berechnet.

- **Verfahren 2:** Dieses Verfahren untersucht die Wiederhol- und Vergleichspräzision eines Messmittels und wird angewendet, nachdem Verfahren 1 bestanden wurde. Bei diesem Verfahren werden zehn verschiedene Teile, die möglichst den gesamten Streubereich des gemessenen Merkmals abdecken sollen, zweimal von drei verschiedenen Bedienern gemessen. Keiner der Bediener darf die Ergebnisse der anderen Bediener sehen. Die Teile sollten bei jedem Durchgang in zufälliger Reihenfolge gemessen werden. Wenn die Messungen abgeschlossen sind, werden für jeden Bediener ein Gesamtmittelwert und ein Mittelwert des Messbereichs (auf der Grundlage der Differenzen zwischen dem größten und dem kleinsten Messwert, die der Bediener für jedes Teil ermittelt hat) berechnet. Die Differenz zwischen dem größten und dem kleinsten Bedienermittelwert erlaubt eine Aussage über die Vergleichspräzision; der Gesamtmittelwert der für jeden Bediener berechneten mittleren Spannweitenwerte erlaubt eine Aussage über die Wiederholpräzision. Aus Wiederholpräzision und Vergleichspräzision wird dann die Gesamtstreuung des Messmittels berechnet.
- **Verfahren 3:** Ist ein Spezialfall des Verfahrens 2, bei dem davon ausgegangen wird, dass der Bediener die Messeinrichtung nicht beeinflussen kann oder der Einfluss vernachlässigbar ist. Typische Anwendungen sind automatisierte Messsysteme.

In diesem Abschnitt werden die MSA und die drei oben beschriebenen Verfahren ausführlich erläutert und MS-Excel-Vorlagen zur Verfügung gestellt, mit denen die drei Verfahren einfach durchgeführt werden können. Es sei darauf hingewiesen, dass die Auswertung mit professioneller Statistiksoftware vorzuziehen ist, da die Verfahren 2

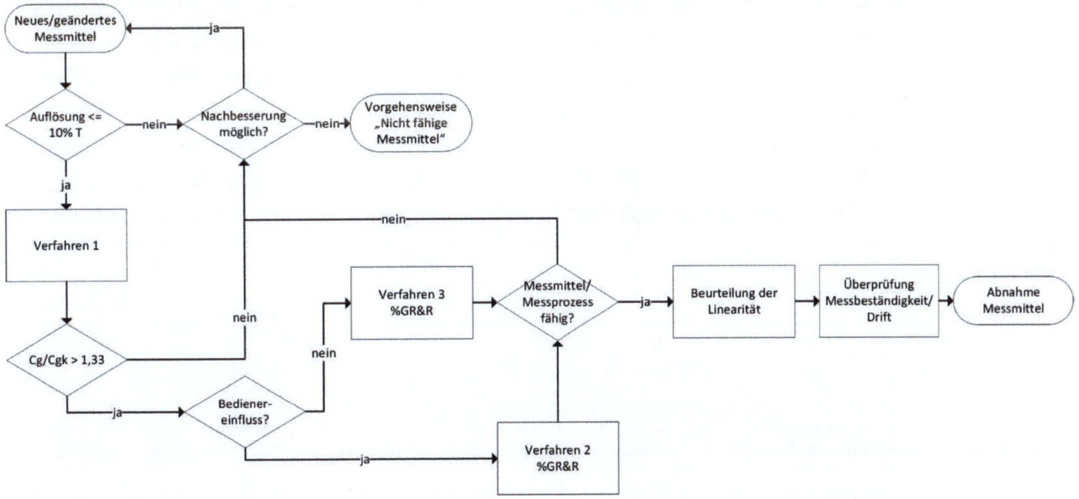

Bild 3.6 Ablauf Messmittelfähigkeitsanalyse für kontinuierliche Merkmale

und 3 mit Konstanten arbeiten, die je nach Stückzahl oder Bearbeiter angepasst werden müssen. Dies birgt die Gefahr von Fehlern im Analyseprozess. Der grundsätzliche Ablauf einer Messmittelfähigkeitsuntersuchung ist in Bild 3.6 dargestellt. Der Ablauf einer Messmittelfähigkeitsuntersuchung für attributive Merkmale in Bild 3.13.

3.2.1.1 Verfahren 1: Systematische Messabweichung und Wiederholbarkeit

Ziel des Verfahrens 1 ist der Nachweis der Eignung eines Messverfahrens (als Prüfverfahren für ein bestimmtes Merkmal) hinsichtlich der Lage und Streuung der Messwerte im Toleranzbereich dieses Merkmals. Verfahren 1 erfordert zweiseitig begrenzte Merkmale mit einer unteren und einer oberen Toleranzgrenze (UTG und OTG), so dass die Toleranz T = OTG – UTG definiert ist. Für einseitig begrenzte Merkmale wird alternativ die Größe T* = OTG – UTG* bzw. T* = OTG* – UTG verwendet. Gibt es dagegen nur einen spezifizierten Grenzwert und keine natürliche Grenze, so gibt es weder eine Toleranz T noch die Größe T*, d. h. die Kenngrößen C_g und C_{gk} können nicht berechnet werden. Eine Vorlage zur Durchführung des Verfahren 1 ist online als Download verfügbar.

Verfahren 1 wird mit einem kalibrierten Normal durchgeführt, das 50-mal, mindestens aber 25-mal gemessen wird. Der Bezugswert x_m des Normals soll möglichst in der Mitte des Toleranzbereichs T des mit dem Messgerät zu messenden Merkmals liegen. Die Messungen nach Verfahren 1 sind an den Messpunkten durchzuführen, die beispielsweise im Prüfplan festgelegt sind. Aus den Messwerten werden die Abweichung vom Bezugswert $\bar{x}$, x_m und die Standardabweichung s der Messwerte ermittelt. Daraus werden die Fähigkeitsindizes C_g und C_{gk} berechnet.

Das Normal muss bei Messungen unter Wiederholbedingungen ein eindeutiges Messergebnis ermöglichen und langzeitstabil sein. Es muss die gleichen Merkmale aufweisen wie die Erzeugnisteile, die später mit dem Messgerät gemessen werden sollen. Das Normal darf aus einem Erzeugnisteil hergestellt sein. Es muss eindeutig als Normal gekennzeichnet, entsprechend kalibriert und in die Prüfmittelüberwachung einbezogen sein. Die Kalibrierung liefert den rückgeführten richtigen Wert für das jeweilige Merkmal des kalibrierten Teils. Die in der Regel im Kalibrierschein dokumentierte Kalibrierunsicherheit U_{kal} des Normals sollte deutlich kleiner sein als die Zeichnungstoleranz

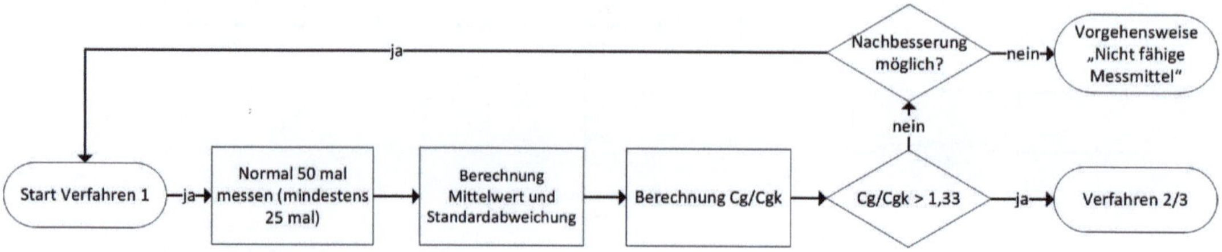

Bild 3.7 Ablauf MSA Verfahren 1

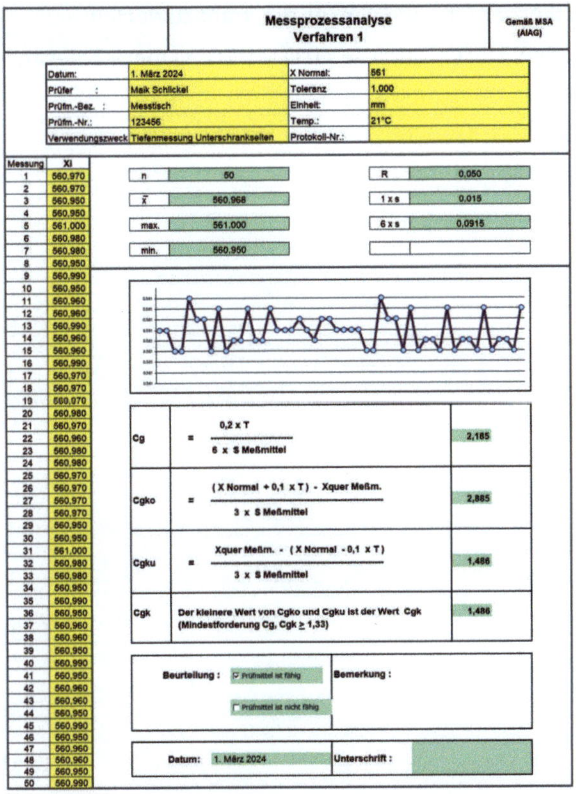

Messprozessanalyse Verfahren 1 — Gemäß MSA (AIAG)

Datum:	1. März 2024	X Normal:	561
Prüfer :	Maik Schlickel	Toleranz	1,000
Prüfm.-Bez. :	Messtisch	Einheit:	mm
Prüfm.-Nr.:	123456	Temp.:	21°C
Verwendungszweck	Tiefenmessung Unterschrankseiten	Protokoll-Nr.:	

Messung	Xi
1	560,970
2	560,970
3	560,950
4	560,950
5	561,000
6	560,980
7	560,980
8	560,950
9	560,990
10	560,950
11	560,960
12	560,960
13	560,990
14	560,960
15	560,960
16	560,990
17	560,970
18	560,970
19	560,970
20	560,980
21	560,970
22	560,960
23	560,980
24	560,980
25	560,970
26	560,970
27	560,970
28	560,970
29	560,950
30	560,950
31	561,000
32	560,980
33	560,980
34	560,950
35	560,990
36	560,950
37	560,960
38	560,960
39	560,950
40	560,990
41	560,950
42	560,960
43	560,960
44	560,950
45	560,990
46	560,950
47	560,960
48	560,960
49	560,950
50	560,990

n	50	R	0,050
$\bar{x}$	560,968	1 x s	0,015
max.	561,000	6 x s	0,0915
min.	560,950		

Cg	= 0,2 x T / 6 x S Meßmittel	2,185
Cgko	= (X Normal + 0,1 x T) - Xquer Meßm. / 3 x S Meßmittel	2,885
Cgku	= Xquer Meßm. - (X Normal - 0,1 x T) / 3 x S Meßmittel	1,486
Cgk	Der kleinere Wert von Cgko und Cgku ist der Wert Cgk (Mindestforderung Cg, Cgk ≥ 1,33)	1,486

Beurteilung : ☑ Prüfmittel ist fähig ☐ Prüfmittel ist nicht fähig — Bemerkung :

Datum: 1. März 2024 — Unterschrift :

Bild 3.8 Vorlage MSA Verfahren 1 (zum Download verfügbar)

T für das zu prüfende Produktmerkmal (Faustregel für den Idealfall: $U_{kal} < 0{,}1 \times T$ ist einzuhalten). Steht kein entsprechendes Normal zur Verfügung oder ist die Kalibrierung eines solchen Normals nicht möglich, ist die Prüfung nach Verfahren 1 nicht durchführbar.

Die Messreihe ist so durchzuführen, dass sie die Realität der späteren Messungen an Erzeugnisteilen am besten widerspiegelt. Alle dort auftretenden Einflüsse (mit Ausnahme des Einflusses der Bauteilstreuung) sollen, soweit möglich, auch bei der Durchführung des Verfahrens 1 auftreten. Die Geräteeinstellungen (Messtaster, Antastkraft, eingestellter Messbereich, Auswerteparameter) und Hilfsmittel sind möglichst identisch zur Serienmessung zu wählen. Bei der Handhabung ist darauf zu achten, dass zwischen den einzelnen Messungen der Messreihe alle Handhabungsschritte vollständig durchgeführt werden. Das bedeutet, dass das Normal vor jeder Messung aus der Einspannung genommen und wieder eingelegt/eingespannt werden muss. In begründeten Ausnahmefällen kann von der beschriebenen Vorgehensweise abgewichen werden. Die Gründe hierfür sind in der Eignungsprüfung zu dokumentieren. Alle Parameter und Einstellungen sind ebenfalls zu dokumentieren. Ein Ablauf des Verfahrens 1 ist dem Bild 3.7 zu entnehmen.

Folgende Werte müssen berechnet werden, um das Verfahren 1 auszuwerten:

- Toleranzbreite T des zu messenden Merkmals: T = OTG – UTG = Obere Toleranzgrenze – Untere Toleranzgrenze
- Referenzwert des Normals: x_m
- Anzahl Messwerte Stichprobenumfang: n
- Messwerte: $x_i(i = 1 \ldots n)$

Mittelwert der Messwerte:

$$\bar{x} = \frac{1}{n}\sum_{i=1}^{n} x_i \tag{3.1}$$

Standardabweichung der Messwerte:

$$s = \sqrt{\frac{1}{n-1}\sum_{i=1}^{n}(x_i - \bar{x})^2} \tag{3.2}$$

Potenzieller Fähigkeitsindex:

$$C_g = \frac{0{,}2 \cdot T}{6 \cdot s} \geq 1{,}33 \tag{3.3}$$

Kritischer Fähigkeitsindex:

$$C_{gk} = \frac{0{,}1 \cdot T - \mid \bar{x} - x_m \mid}{3 \cdot s} \geq 1{,}33 \tag{3.4}$$

3.2.1.2 Verfahren 2: Wiederhol- und Vergleichpräzision mit Bedienereinfluss

Ziel des Verfahrens 2 ist der Fähigkeitsnachweis eines Messprozesses (als Prüfprozess für ein bestimmtes Merkmal) bezüglich seines Streuverhaltens anhand von Messungen an Serienteilen, welcher durch verschiedene Bediener durchgeführt wird.

Vor der Anwendung von Verfahren 2 ist zu prüfen, ob tatsächlich ein Bedienereinfluss auf die Messergebnisse zu erwarten ist oder ob eventuell Verfahren 3 (Alternative zu Verfahren 2 bei fehlendem Bedienereinfluss) angewendet werden kann. Ein Bedienereinfluss ist zu erwarten, wenn die Messung manuell durchgeführt wird (wie etwa die Messungen mit einem Messschieber), der Messablauf nicht automatisiert abläuft, die Auswertung der Rohdaten vom Bediener beeinflusst wird (beispielsweise die Festlegung von Gültigkeitsbereichen eines gemessenen Konturprofils), oder aber auch, wenn in einer automatisierten Prüfung die Einspannkräfte der Spannvorrichtung von der Kraft abhängen, mit der der Bediener die Einspannvorrichtung betätigt. Die Entscheidung ist grundsätzlich im Einzelfall zu treffen.

Der Ablauf des Verfahrens 2 ist Bild 3.9 zu entnehmen. Die Prüfung ist an mindestens zehn ($n \geq 10$) zufällig ausgewählten, reproduzierbar messbaren Serienteilen als

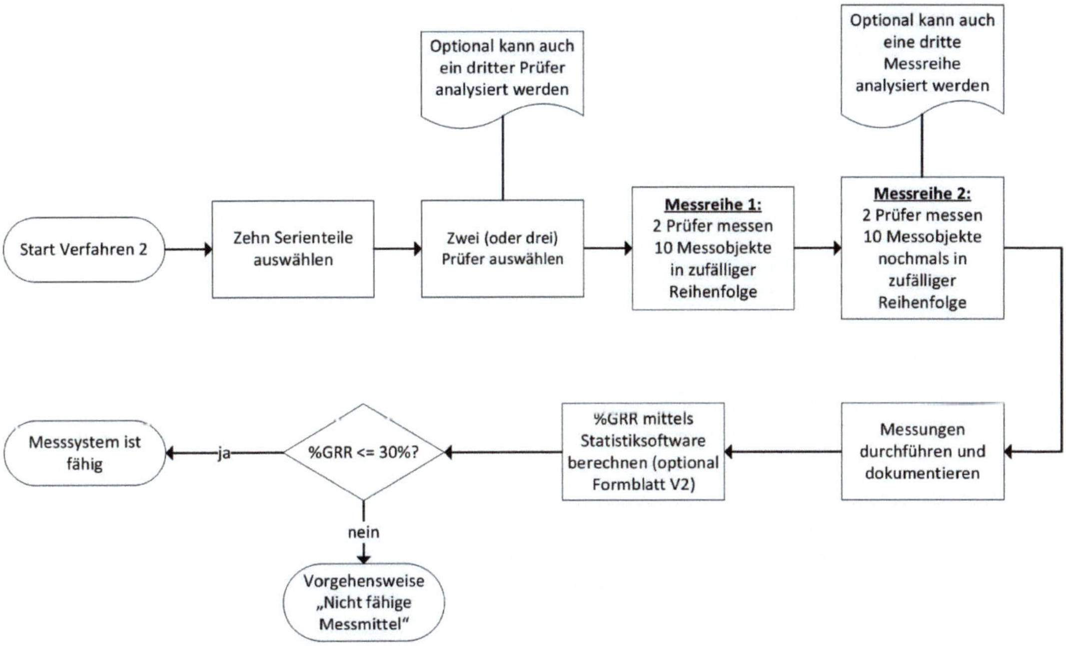

Bild 3.9 Ablauf MSA Verfahren 2

Prüflingen durchzuführen, deren Merkmalswerte möglichst innerhalb des Toleranzbereichs liegen. Dabei sind alle Einflüsse zu berücksichtigen, die auch beim späteren Einsatz der Messeinrichtung wirksam werden. Die ausgewählten Serienteile werden in zufälliger Reihenfolge von mindestens zwei Bedienern in mindestens zwei Messreihen unter Wiederholbedingungen (gemäß Prüfplan) gemessen. Nach Abschluss der ersten Messreihe misst jeder Bediener die gleichen Serienteile in zufälliger Reihenfolge erneut.

Sind weitere Messreihen vorgesehen, so wird in gleicher Weise verfahren, bis alle Messreihen abgeschlossen sind. Die nächste Messreihe darf erst nach Abschluss der vorhergehenden Messreihe begonnen werden. Die Auswertung der Messergebnisse erfolgt vorzugsweise mit Hilfe einer Statistiksoftware; manuelle Auswertungen sind nicht zu empfehlen. Stehen keine entsprechenden Serienteile für die Messung zur Verfügung, ist das Verfahren nicht praktikabel. Eine Vorlage zur Durchführung des Verfahrens 2 ist online zum Download verfügbar.

Relevant für die Beurteilung des Prüfprozesses im Verfahren 2 ist der Grenzwertes für die Gesamtstreuung %GRR des Messprozesses. Die Grenzwerte sind wie folgt definiert:

- $\%GRR \leq 10\,\%$ Messprozess fähig
- $10\,\% < \%GRR \leq 30\,\%$ Messprozess bedingt fähig
- $\%GRR > 30\,\%$ Messprozess nicht fähig

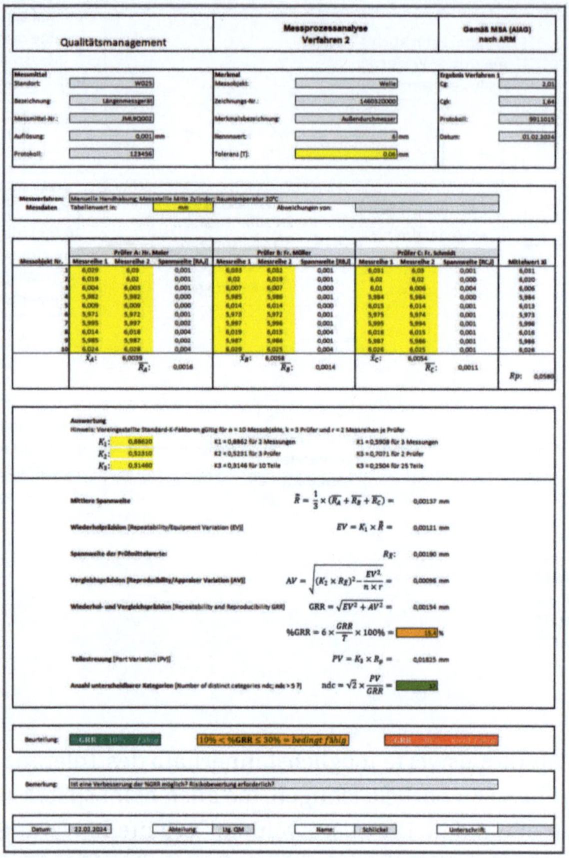

Bild 3.10 Vorlage MSA Verfahren 2 (zum Download verfügbar)

AIAG empfiehlt drei (r = 3) Messungen je Serienteil. Bei einseitig begrenzten Merkmalen ist die Toleranz T nicht definiert. Existiert zusätzlich zum spezifizierten Grenzwert eine natürliche (d. h. physikalisch bedingte) Unter- oder Obergrenze, ist zu prüfen, ob die Größe T* anstelle der Toleranz T verwendbar ist. Ist dies nicht der Fall oder existiert keine natürliche Grenze, wird GR&R auf die Gesamtstreubreite TV (engl. total variation) bezogen:

$$\%GRR = \frac{GRR}{TV} \cdot 100\,\% = \frac{GRR}{\sqrt{GRR^2 + PV^2}} \cdot 100\,\% \tag{3.5}$$

AIAG empfiehlt die Gesamtstreubreite TV grundsätzlich als Bezugsgröße für GRR. Darüber hinaus empfiehlt die AIAG die Kenngröße ndc (engl. number of distinct categories) als zusätzliches Fähigkeitskriterium, die nicht kleiner als 5 werden soll:

$$ndc = \sqrt{2} \cdot \frac{PV}{GRR} = 1{,}41 \cdot \frac{\%PV}{\%GRR} \geq 5 \tag{3.6}$$

Bei den vorstehenden Empfehlungen nach AIAG ist unbedingt zu berücksichtigen, ob Kundenforderungen bezüglich strikter Einhaltung der Empfehlungen nach AIAG bestehen. Im Zweifelsfall sollten diese Empfehlungen eingehalten werden. In Ausnahmefällen kann %GRR mit einer geringeren Anzahl Messobjekte ermittelt werden (wenn beispielsweise Messeinrichtungen für einen Neuanlauf beschafft werden und zum Zeitpunkt der Abnahme noch nicht genügend Muster zur Verfügung stehen). Die Gründe sind zu dokumentieren.

3.2.1.3 Verfahren 3: Wiederhol- und Vergleichpräzision ohne Bedienereinfluss

Ziel des Verfahrens 3 ist der Nachweis der Eignung eines Messverfahrens hinsichtlich seines Streuverhaltens durch Messungen an Serienteilen ohne Einfluss des Bedienpersonals. Das Verfahren 3 stellt lediglich einen Spezialfall des Verfahrens 2 dar, was sich auch im Verfahrensablauf widerspiegelt. Im Gegensatz zu Verfahren 1 bezieht Verfahren 3 mögliche Wechselwirkungen zwischen Messverfahren und Messobjekt in die Fähigkeitsbewertung ein. Dabei handelt es sich um den möglichen Einfluss der Streuung von Produktteilen auf das Messverfahren sowie des Messverfahrens auf das Verhalten des Produktteils. Solche Wechselwirkungen, die auf ein unvermeidbares Minimum reduziert werden sollten, sind mit einem Normal im Rahmen des Verfahrens 1 nur bedingt erkennbar und können bei hinreichend starker Ausprägung dazu führen, dass die Fähigkeit nach Verfahren 1 erreicht wird, nicht aber nach Verfahren 3.

Vor Anwendung des Verfahrens 3 ist sorgfältig zu prüfen, ob ein Bedienereinfluss auf die Messergebnisse tatsächlich ausgeschlossen werden kann. Ein Bedienereinfluss liegt in der Regel nicht vor, wenn die Lage der Messobjekte durch Einspannvorrichtungen eindeutig festgelegt ist, die Einspannkräfte vom Bediener nicht beeinflusst werden können, der Messablauf und die anschließende Auswertung vollautomatisch ohne Bedienereingriff ablaufen. Eine eindeutige, für alle Praxisfälle allgemeingültige Abgrenzung ist nicht möglich. Die Entscheidung ist grundsätzlich im Einzelfall zu treffen. Im Zweifelsfall ist das Verfahren 2 anzuwenden.

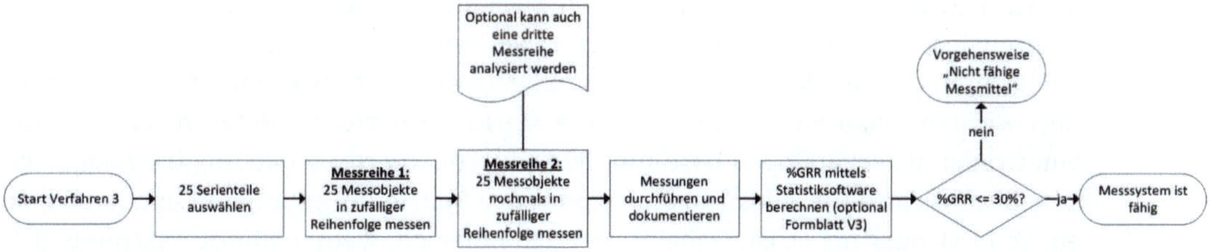

Bild 3.11 Ablauf MSA Verfahren 3

Der Ablauf des Verfahrens 3 ist Bild 3.11 zu entnehmen. Die Prüfung ist an mindestens 25 ($n \geq 25$) zufällig ausgewählten, reproduzierbar messbaren Serienteilen als Prüflingen durchzuführen, deren Merkmalswerte möglichst innerhalb des Toleranzbereichs liegen. Dabei sind alle Einflüsse zu berücksichtigen, die auch beim späteren

Einsatz der Messeinrichtung wirksam werden. Die ausgewählten Serienteile werden in zufälliger Reihenfolge in mindestens zwei ($r \geq 2$) Messreihen unter Wiederholbedingungen (an den im Prüfplan festgelegten Messpunkten) gemessen. Nach Abschluss der ersten Messreihe werden die gleichen Serienteile erneut in zufälliger Reihenfolge gemessen. Sind weitere Messreihen vorgesehen, so wird in gleicher Weise verfahren, bis alle Messreihen abgeschlossen sind. Die Messergebnisse sind zu dokumentieren. Die Auswertung der Messergebnisse erfolgt vorzugsweise mit Hilfe einer Statistiksoftware. Manuelle Auswertungen mit Hilfe von Formblättern nach ARM sind nicht mehr zeitgemäß und werden grundsätzlich nicht empfohlen. Stehen keine entsprechenden Serienteile für die Messung zur Verfügung, ist das Verfahren nicht praktikabel. Stattdessen sind geeignete Sonderverfahren erforderlich und zu dokumentieren.

Für die Beurteilung des Prüfverfahrens nach Verfahren 3 ist der Grenzwert für die Gesamtstreuung GR&R des Messverfahrens relevant. Die Grenzwerte sind identisch mit denen des Verfahrens 2. Gleiches gilt für die Hinweise (TV, ndc, PV); auch hier sind die Angaben identisch mit denen des Verfahrens 2. Eine Vorlage zur Durchführung des Verfahrens 2 ist online auf *plus.hanser-fachbuch.de* als Download verfügbar.

3.2.1.4 Attributive Prüfprozessfähigkeit

Die Verfahren 1 bis 3 setzen kontinuierliche, kardinalskalierte Merkmale voraus. Es gibt aber auch Prüfungen, die dekorative oder kosmetische Merkmale beurteilen, etwa ob eine Oberfläche einwandfrei ist oder nicht. Häufig werden diese Prüfungen von Menschen durchgeführt und sie unterliegen verschiedenen Einflussfaktoren, wie die zur Verfügung stehende Prüfzeit, Stress, Sehvermögen, Tagesform und vieles mehr. Die Prüfprozessfähigkeit von Menschen kann nicht nach den Verfahren 1 bis 3 beurteilt werden. Hier setzt die Prüfprozessfähigkeit attributiver Merkmale an, welche auch als Verfahren 7 bezeichnet wird (C/QMM 2019a).

Ziel des Verfahrens 7 ist der Fähigkeitsnachweis eines Prüfprozesses bezüglich eindeutiger Prüfentscheide bei attributiven Merkmalen. Die Prüfung erfolgt an einem Referenzlos, bestehend aus mindestens 50 Referenzteilen aus der Fertigung (Serienteile), deren diskrete Merkmalswerte vor Beginn der Prüfung ermittelt und dokumentiert werden. Dazu müssen zunächst die Merkmalswerte der Referenzteile anhand von Grenzmusterkatalogen bestimmt oder durch Expertenschätzung festgelegt werden. Es muss also für jedes Teil eine eindeutige Beurteilung stattgefunden haben, ob ein Teil i. O. oder n. i. O. ist. Dabei ist es auch hilfreich, wenn nicht nur extreme (d. h. ganz offensichtliche) Beurteilungen stattfinden, sondern auch Grenzbereiche ausgelotet werden. Bei kosmetischen Merkmalen ist es sinnvoll, Merkmale auszuwählen, die nahe an Grenzmustern liegen, um auch eher schwierige Merkmale beurteilen zu lassen. Das Beurteilungsergebnis für jedes Referenzteil wird dokumentiert. Anschließend wird jedes Referenzteil entsprechend seinem Messergebnis eindeutig einer Bewertungskategorie zugeordnet und das Ergebnis dokumentiert: innerhalb Toleranz oder

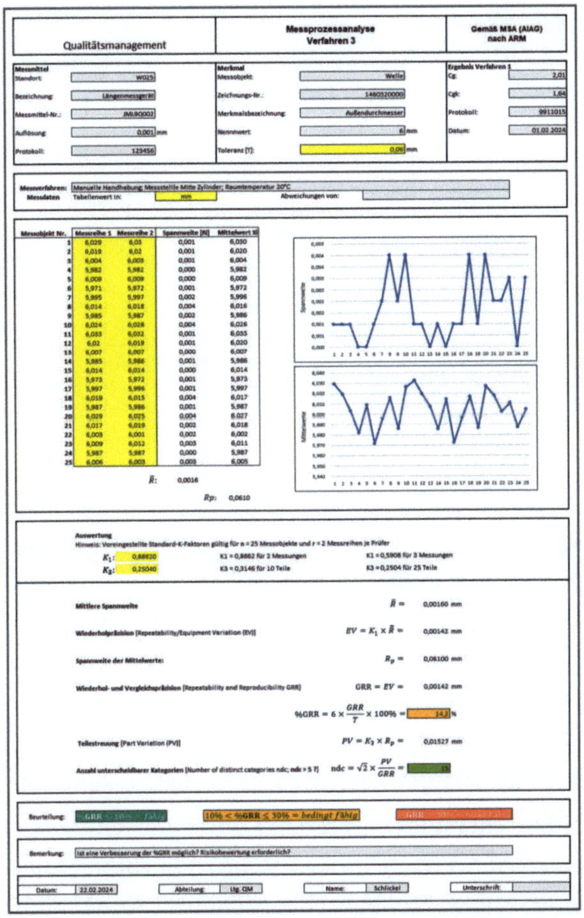

Bild 3.12 Vorlage MSA Verfahren 3 (zum Download verfügbar)

i. O., außerhalb Toleranz oder n. i. O. Jedes Referenzteil muss eindeutig identifizierbar sein, so dass die korrekte Zuordnung der zugehörigen Daten jederzeit gewährleistet ist.

Diese Anforderung muss so umgesetzt werden, dass nur autorisiertes Personal das Referenzteil identifizieren kann, nicht aber das Prüfpersonal. Mögliche Realisierungen sind beispielsweise Barcodes oder nur unter UV-Licht sichtbare Beschriftungen. Zur Durchführung der Prüfung werden die Referenzteile als Prüfobjekte verwendet und in zufälliger, dem Prüfpersonal unbekannter Reihenfolge mit den im Prüfplan festgelegten Prüfmitteln und Prüfverfahren bewertet und einer der beiden möglichen Bewertungskategorien zugeordnet. Das Prüfpersonal muss entsprechend geschult sein. Wenn die Bewertungen durch die Handhabung beeinflusst werden können (zum Beispiel bei manuellen Lehrenprüfungen), müssen die Prüfobjekte von drei Prüfern in jeweils drei Prüfdurchgängen bewertet werden. In beiden Fällen ist die Reihenfolge der Prüflinge für jeden Prüfdurchgang zufällig zu wählen. Die Eindeutigkeit der Prüfent-

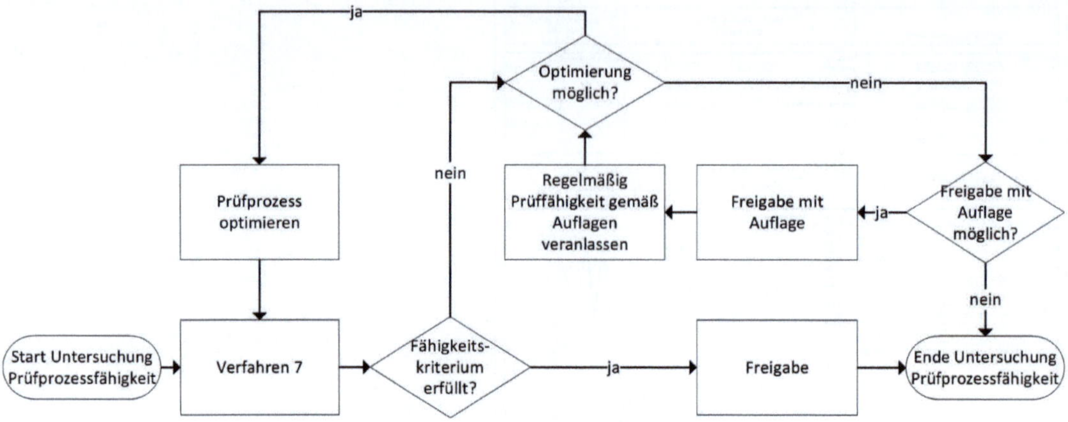

Bild 3.13 Ablauf Messmittelfähigkeitsanalyse für attributive Merkmale

scheide wird anhand paarweiser Übereinstimmungen der einzelnen Prüfergebnisse bewertet. Als Maß wird die Kenngröße κ verwendet:

- Innerhalb der Prüfer: Vergleich aller Prüfdurchläufe eines Prüfers ohne Vergleich gegen die Referenz (Wiederholpräzision)
- Zwischen den Prüfern: Vergleich aller Prüfdurchläufe aller Prüfer ohne Vergleich gegen die Referenz (Vergleichpräzision)
- Jeder Prüfer (jeweils mit allen Prüfdurchläufen) im Vergleich gegen die Referenz
- Alle Prüfer (jeweils mit allen Prüfdurchläufen) im Vergleich gegen die Referenz

Die Auswertung erfolgt abweichend von der AIAG nach Fleiss' Kappa-Statistik, die allgemeiner anwendbar ist. Sollte die Auswertung nach Cohens Kappa-Statistik gemäß AIAG ausdrücklich gefordert sein (aufgrund von Kundenforderungen), ist demnach vorzugehen. Für die Auswertung wird die Verwendung von Statistikprogrammen dringend empfohlen. Eine Vorlage für das Verfahren 7 ist diesem Abschnitt ebenfalls beigefügt, die Auswertung mittels Statistiksoftware ist jedoch aufgrund der Fehleranfälligkeit vorzuziehen.

Die Fähigkeit wird anhand der Kenngröße κ bewertet:

- $\kappa \geq 0{,}9$ Prüfprozess fähig
- $0{,}9 > \kappa \geq 0{,}7$ Prüfprozess bedingt fähig
- $\kappa < 0{,}7$ Prüfprozess nicht fähig (ungeeignet)

Für die Gesamtbewertung ist das Minimum aller ermittelten κ-Werte relevant. Ist der Prüfprozess bedingt fähig oder nicht fähig, ist der Prüfprozess durch geeignete Maßnahmen zu verbessern (beispielsweise Einweisung der Prüfer, richtige Handhabung, Konstruktionsänderung, alternative Prüfmittel).

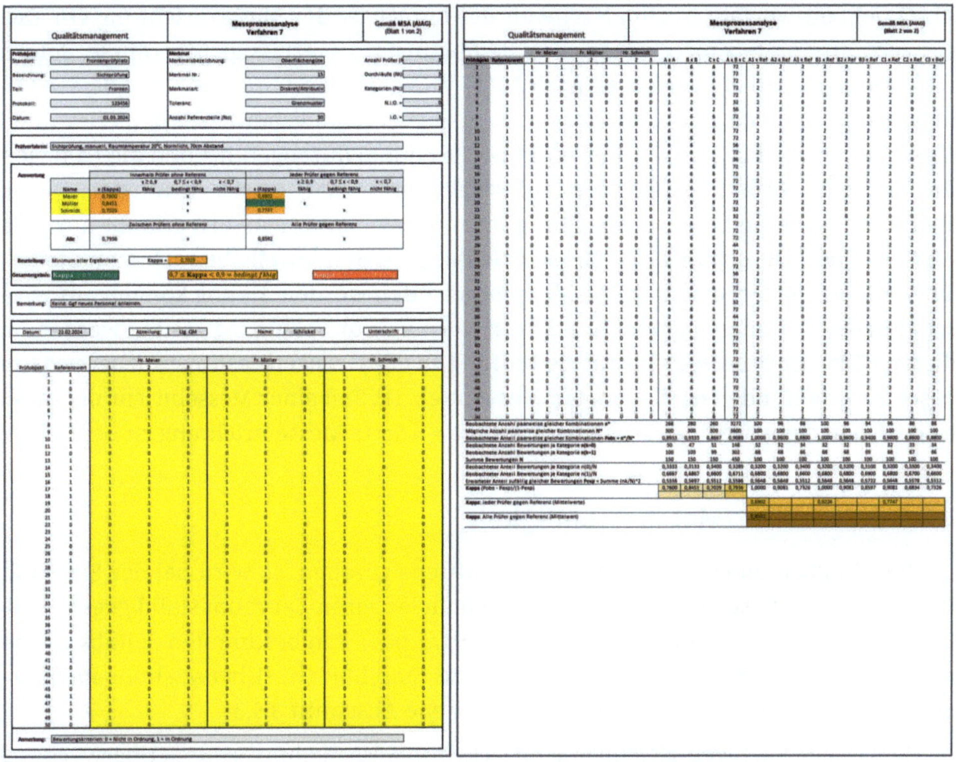

Bild 3.14 Vorlage MSA für attributive Merkmale (zum Download verfügbar)

3.2.1.5 Linearität

Es wird festgestellt, ob die systematischen Messabweichungen der Messeinrichtung in dem für die Messung relevanten Messbereich innerhalb von Grenzen liegen, die für die Messung des Merkmals akzeptabel sind. Bei einer idealen Messeinrichtung ist der Messwert immer identisch mit dem am Eingang (durch ein Normal) eingeprägten Wert der Messgröße: Beispielsweise müssen 5 Volt am Eingang immer als Ausgangswert 5 Volt erscheinen, 10 Volt am Eingang immer als Ausgangswert 10 Volt usw. Der Begriff Linearität bezieht sich ausschließlich auf diesen als Kennlinie darstellbaren Zusammenhang zwischen Eingangs- und Ausgangswerten. Dieser Zusammenhang ist bei realen Messeinrichtungen nicht streng linear.

Messeinrichtungen unterliegen der Prüfmittelüberwachung. Die Linearität einer Messeinrichtung wird in der Regel vom Hersteller und anschließend im Rahmen der periodischen Kalibrierung der Messeinrichtung überprüft. Eine zusätzliche Überprüfung im Rahmen von Messprozessfähigkeitsuntersuchungen ist daher in der Regel nicht erforderlich. In speziellen Anwendungsfällen kann dennoch der Nachweis erforderlich sein, dass sich die Messeinrichtung über den gesamten relevanten Messbereich ausreichend linear verhält.

AIAG sieht ein Verfahren zum Nachweis der Linearität der Messeinrichtung vor. Dieses Verfahren liefert nicht unter allen Bedingungen zuverlässige Ergebnisse. Sofern nicht ausdrücklich ein Verfahren nach AIAG MSA gefordert wird, kann stattdessen mit mehreren Normalen, deren Bezugswerte x_i geeignet (äquidistant) über den relevanten Messbereich verteilt sind, Verfahren 1 jeweils einmal durchgeführt und die Fähigkeit der Messeinrichtung bezüglich jedes Bezugswerts x_i nachgewiesen werden. Dieses Verfahren ist keine Linearitätsprüfung im strengen Sinne, sondern erlaubt nur eine Aussage über die Eignung der Messeinrichtung an den jeweils betrachteten Stellen. Über andere Bereiche kann keine Aussage getroffen werden. Häufig können aus wirtschaftlichen Gründen nicht mehr als zwei Normale zur Verfügung gestellt werden. In diesen Fällen ist es besser, sich auf die Prüfung an den Grenzen des Toleranzbereichs zu beschränken. Handelt es sich um ein Messmittel, das Teil einer Messeinrichtung ist, so ist die Übertragbarkeit der Ergebnisse auf die gesamte Messeinrichtung zu beurteilen.

3.2.1.6 Stabilität/Messbeständigkeit

Ist die Fähigkeit eines Mess- und Prüfverfahrens gegeben, so wird bei der Stabilität untersucht, ob diese Fähigkeit auch über einen längeren Zeitraum stabil gegeben ist. Dazu ist es nicht erforderlich, die Verfahren 1, 2 oder 3 in bestimmten Zeitabständen regelmäßig zu wiederholen. Vielmehr setzt die Stabilität eine Überwachung im Sinne einer statistischen Prozessregelung voraus (siehe Abschnitt 3.5.3).

Das Ziel ist der Nachweis gleichbleibend richtiger Messergebnisse durch Überwachung des Langzeitverhaltens eines Messprozesses und entsprechende Beurteilung der Stabilität (Messbeständigkeit) der Messeinrichtung (ähnlich einer $\bar{x}/s$-Regelkarte (siehe Abschnitt 3.5.3), jedoch ist ein Messprozess nicht im Sinne von SPC regelbar).

Für die Durchführung wird ein Referenzteil (Stabilitätsteil) mit bekanntem Referenzwert x_m benötigt. Dies kann ein Normal oder ein (ggf. entsprechend modifiziertes) Serienteil sein, das die für die Messung relevanten Anforderungen des in Verfahren 1 verwendeten Normals erfüllt. Bei Verwendung von Serienteilen kann der Referenzwert als Mittelwert aus mindestens zehn Messungen mit einer kalibrierten Messeinrichtung ermittelt werden. Das Referenzteil (Stabilitätsteil) muss eindeutig gekennzeichnet sein.

Das Referenzteil wird in festgelegten Zeitabständen jeweils mindestens dreimal gemessen ($n \geq 3$). Aus technischen und/oder wirtschaftlichen Gründen kann es in Ausnahmefällen erforderlich sein, die Anzahl der Messungen pro Zeitintervall auf weniger als drei zu reduzieren. In diesen Fällen kann alternativ eine Ausgangswertkarte geführt werden. Die Ausnahmefälle sind zu begründen.

Ein geeignetes Prüfintervall wird immer durch das jeweilige Messverfahren und dessen zeitliches Verhalten bestimmt. Eine allgemein gültige Regelung ist daher nicht möglich. Grundsätzlich ist sorgfältig zu prüfen, ob ein möglichst kurzes Anfangsprüfintervall oder ggf. die Verkürzung eines bereits festgelegten Prüfintervalls erforderlich ist. Bei der Festlegung und Änderung des Prüfintervalls ist grundsätzlich zu berücksichtigen, dass ausreichend kurze Reaktionszeiten zur Sicherstellung eines rechtzeitigen Teilezugriffs im Fehlerfall (Rückverfolgbarkeit) stets gewährleistet sein müssen.

Das Referenzteil wird in den festgelegten Zeitabständen jeweils mindestens dreimal gemessen ($n \geq 3$). Die Messwerte werden dokumentiert, Mittelwert und Standardabweichung jeder Stichprobe werden berechnet und in zeitlicher Reihenfolge in die $\bar{x}$ bzw. $\bar{x}/s$-Karte eingetragen. Die $\bar{x}$-Karte kann absolut geführt werden oder relativ zum Referenzwert x_m, d. h. die Differenzen der Messwerte zum Referenzwert (Residuen) werden erfasst. Die Stabilität eines Messprozesses wird anhand der Stabilitätskarte beurteilt. Alle Werte (in der Regel die Mittelwerte) liegen innerhalb der Eingriffsgrenzen und streuen unsystematisch. Erweist sich der Messprozess über längere Zeit als stabil, kann das Prüfintervall verlängert werden.

3.2.1.7 Umgang mit nicht fähigen Mess- und Prüfprozessen

Bei Mess- und Prüfprozessen, für die der Nachweis unbedingter Fähigkeit nicht möglich ist, ist folgendes Vorgehen sinnvoll:

- Ursachenanalyse (siehe Abschnitt 3.3)
- Bewertung und Abstimmung zwischen Fertigung und Entwicklung (Toleranzen, Fertigungskonzept, Messstrategie o. Ä.)
- Nutzung von FMEA-Ergebnissen, die zum Merkmal verfügbar sind
- Dokumentation von Maßnahmen (im PLP, siehe Abschnitt 2.3.1)

Es muss nachvollziehbar dargelegt werden, dass die Einhaltung der geforderten Spezifikation gewährleistet und erforderlichenfalls mit dem Kunden abgestimmt ist. Ein Ablauf im Umgang mit nicht fähigen Mess- und Prüfprozessen ist Bild 3.15 zu entnehmen.

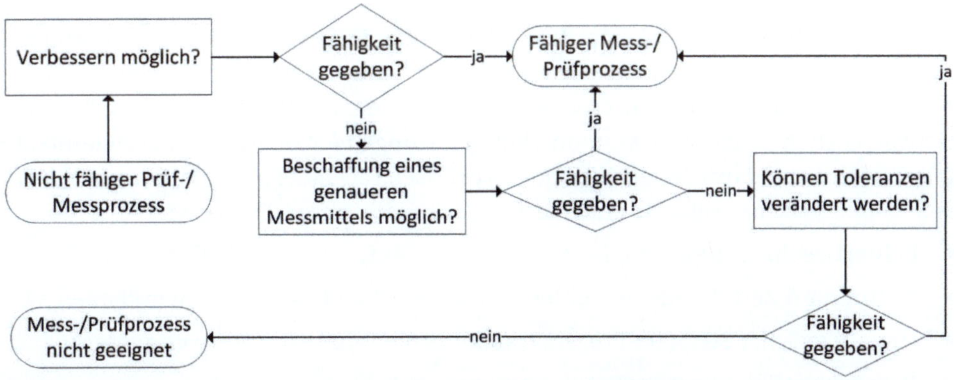

Bild 3.15 Ablauf bei nicht fähigen Mess- und Prüfprozessen

Fazit:

Messmittelfähigkeitsuntersuchungen dienen der Überprüfung der Genauigkeit und Zuverlässigkeit von Messgeräten oder -systemen. Durch diese Untersuchungen können die Messunsicherheit quantifiziert, Variabilitätsquellen identifiziert und die Qualität von Messungen sichergestellt werden. Ziel ist es, die Messgenauigkeit zu verbessern, Fehler zu reduzieren und die Zuverlässigkeit von Messergebnissen zu gewährleisten.

3.2.2 Die Fehlersammelkarte

Leitfragen im Umgang mit Fehlersammelkarten:

- Was sind die typischen Fehler im Prozess?
- Wie oft treten die verschiedenen Fehler auf?
- Was sind die Fehlerschwerpunkte, auf die man sich konzentrieren muss?

Wann benötigen Sie diese Methode?

Eine Fehlersammelkarte wird benötigt, wenn Fehler oder Defekte in einem Prozess oder Produkt gesammelt und analysiert werden sollen, die Ursachen von Fehlern oder Defekten identifiziert werden sollen, die Häufigkeit und Art von Fehlern oder Defekten dokumentiert werden sollen, die Wirksamkeit von Korrekturmaßnahmen überprüft werden soll oder ein kontinuierlicher Verbesserungsprozess implementiert werden soll. Eine Fehlersammelkarte ist ein Werkzeug für die Qualitätssicherung und -verbesserung. Sie hilft dabei, Fehler und Defekte zu identifizieren, zu dokumentieren und zu analysieren, um Korrekturmaßnahmen zu ergreifen und die Qualität zu verbessern.

Fehlersammelkarten, auch Fehlerdatenblätter oder Fehlerberichte genannt, sind ein Instrument zur systematischen Erfassung von Fehlern oder Mängeln während eines Prozesses oder an einem Produkt. Sie dienen dazu, Fehlermuster zu erkennen, Schwachstellen zu identifizieren und Verbesserungen einzuleiten. Diese Dokumente folgen einem standardisierten Format und erfassen relevante Informationen zu jedem Fehler. Ein typisches Fehlersammelkarten-Formular umfasst Felder wie:

- **Fehlerbeschreibung:** Eine Beschreibung des aufgetretenen Fehlers
- **Datum und Zeit:** Wann der Fehler auftrat, um Trends über Zeit zu erkennen
- **Ort:** An welcher Stelle im Prozess trat der Fehler auf bzw. wurde er entdeckt
- **Verantwortliche Person:** Die Person, die den Fehler entdeckt hat

Die Fehlersammelkarte ist eine Sonderform des Prüfprotokolls und ein etabliertes Verfahren zur Auswertung attributiver Prüfungen. Da bei der Fehlersammelkarte nur die Anzahl, aber keine Messwerte der fehlerhaften Teile vorliegen, kann eine Auswertung nur über die Anzahl der Fehler erfolgen. Die Fehlersammelkarte liefert wertvolle Informationen für die Optimierung von Produktionsprozessen. Eine statistische Auswertung mit Eingriffsgrenzen wie bei der quantitativen Qualitätsregelkarte ist jedoch möglich. Aufgrund ihrer Einfachheit kann die Fehlersammelkarte auch von Personen ohne umfangreiche QM-Ausbildung sinnvoll mit Informationen gefüllt werden. Die Darstellung der Häufigkeit der aufgetretenen Fehler erfolgt entweder als absolute Anzahl (Typ u-Karte) oder als prozentualer Anteil an der aufsummierten Fehlerhäufigkeit (Typ p-Karte).

Weiterführende Literatur – Fachaufsätze:

Ashok Sarkar, Arup Ranjan Mukhopadhyay und Sadhan Kumar Ghosh (2013). „Issues in Pareto analysis and their resolution". In: *Total Quality Management and Business Excellence* 24.5–6, S. 641–651.

Die Auswertung der Fehlersammelkarte erfolgt in der Regel in einer Pareto-Analyse nach auftretenden Fehlerarten. Eine rekursive Darstellung der Fehler über Merkmale und detailliertere Untermerkmale ermöglicht eine sukzessive Eingrenzung der Fehlerursachen im Produktentstehungsprozess und führt zum kontinuierlichen Verbesserungsprozess. Eine weitere Prozessoptimierung ist auch durch die Pareto-Analyse nach Bauteilen oder Prozessen möglich. Die Fehlersammelkarte ist Grundlage für die Berechnung einer Ausfallstatistik eines Produkts bzw. eines Bauteils oder einzelner Komponenten.

Arbeitsplatz: Finale Endkontrolle

Name Mitarbeiter:	Max Mustermann
Ort des Arbeitsplatzes:	Kontrollplatz Wandschrankband 231, Werk 2, Schicht 3
Zeitraum:	08.04.2024 - 12.04.2024

Tag	Montag		Dienstag		Mittwoch		Donnerstag		Freitag		Summe
Schicht	**Früh**	**Spät**	**Früh**	**Spät**	**Früh**	**Spät**	**Früh**	**Spät**	**Früh**	**Spät**	
Kratzer	3	9	9	9	8	2	7	1	4	11	65
Dellen	10	9	9	4	0	11	12	8	4	10	78
Ausbrüche	5	1	7	13	3	9	3	10	13	13	77
Dekorfehler	14	1	9	12	4	1	9	13	13	9	84
Falsche Ausführung	11	6	12	6	10	13	4	4	13	13	94
Falsche Farbe	5	6	12	13	0	10	4	2	3	11	66
Bunter Schrank	6	8	12	4	4	10	9	2	3	10	66
"Spinnennetz"	6	10	12	6	9	8	12	1	3	10	79
Summe	60	51	82	67	40	64	61	42	55	86	609

Bild 3.16 Beispiel einer Fehlersammelkarte

Die Vorteile von Fehlersammelkarten sind vielfältig. Durch die systematische Erfassung von Fehlern ermöglichen Fehlersammelkarten eine umfassende Dokumentation, die als Grundlage für spätere Analysen und Verbesserungen dient. Durch die Analyse gesammelter Daten können wiederkehrende Muster und Trends identifiziert werden. Fehlersammelkarten fördern einen kontinuierlichen Verbesserungsprozess, indem sie helfen, wiederkehrende Probleme zu erkennen. Fehlersammelkarten dienen auch als Kommunikationsmittel innerhalb eines Teams oder zwischen verschiedenen Abteilungen, indem sie Informationen über Probleme und Lösungen transparent und zugänglich machen.

Die Einsatzgebiete von Fehlersammelkarten sind breit gefächert. In der produzierenden Industrie werden Fehlersammelkarten verwendet, um Produktionsfehler zu dokumentieren und den Fertigungsprozess zu verbessern. Im Qualitätsmanagement dienen Fehlersammelkarten dazu, Qualitätsprobleme zu identifizieren, um die Produktqualität zu verbessern. In der Softwareentwicklung werden Fehlersammelkarten genutzt, um Fehler und Defekte im Code zu erfassen und zu beheben. Auch im Dienstleistungssektor können Fehlersammelkarten eingesetzt werden, um beispielsweise Probleme bei der Servicebereitstellung zu dokumentieren.

Fazit:

Insgesamt sind Fehlersammelkarten ein wichtiges Instrument zur Fehlerverfolgung, Problemlösung und kontinuierlichen Verbesserung in verschiedenen Branchen und Bereichen. Durch ihre systematische Erfassung und Analyse tragen sie maßgeblich zur Steigerung von Effizienz und Qualität bei.

3.3 Methoden für die Ursachenanalyse

Probleme müssen an ihrer Wurzel angepackt werden, um sie wirksam zu lösen und ein erneutes Auftreten zu verhindern. Wenn bei der Problemlösung nur die Symptome behandelt werden, kann und wird das Problem in Zukunft wieder auftreten. Dies ist

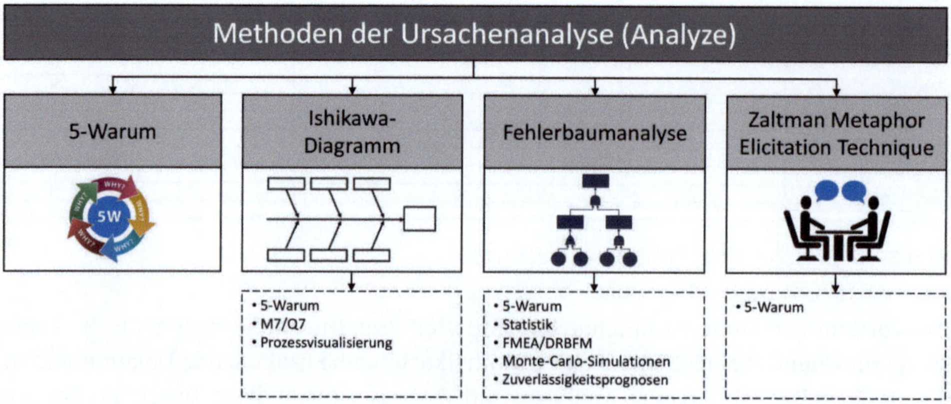

Bild 3.17 Methoden der Ursachenanalyse

eine Verschwendung von Zeit und Ressourcen und führt schlimmstenfalls zur Kundenunzufriedenheit. Im Folgenden wird eine Auswahl von Methoden zur Problemanalyse beschrieben, wobei die Methode 5-Warum zur Lösung einfacher Probleme geeignet ist und die Fehlerbaumanalyse eher zur Lösung komplexer Probleme.

3.3.1 5-Warum-Methode

Leitfragen im Umgang mit der Methode 5-Warum:

- Warum ist der Fehler aufgetreten?
- Was ist die Ursache?
- Warum wurde der Fehler nicht entdeckt?
- Warum hat unser Produktionssystem den Fehler nicht verhindert?

Wann benötigen Sie diese Methode?

Die Methode wird angewendet, um die Ursachen von Problemen herauszuarbeiten, statt nur an Symptomen zu arbeiten. Für eine Nachhaltige Lösung von Problemen sind die Problemursachen relevant. Die Methode ist besonders einfach in der Anwendung, aufgrund ihrer Einfachheit aber auch auf Probleme mit überschaubarer Schwierigkeit limitiert.

Die 5-Warum-Methode (oft auch als 5-Why bezeichnet) ist eine wichtige und gleichzeitig einfache Methode zur Identifizierung von Problemursachen. Aufgrund ihrer Einfachheit wird sie häufig im Rahmen des Toyota-Produktionssystems sowie im Bereich von Six Sigma eingesetzt, da sie die grundlegendste Methode zur Ursachenanalyse darstellt. Die Methode basiert auf der Idee, dass man durch wiederholtes Hinterfragen des Warum einer bestimmten Situation oder eines Problems zu den grundlegenden Ursachen vordringen kann, anstatt sich nur auf oberflächliche Symptome zu konzentrieren.

Die Methode ist relativ einfach: Man stellt sich wiederholt die Frage „Warum?“ und analysiert die Antworten so lange, bis man die grundlegende Ursache des Problems gefunden hat. Wichtig ist, in kindlicher Manier immer wieder nach dem Warum zu fragen, bis die Ursache gefunden ist. Die Zahl 5 hat nur symbolische Bedeutung. Sie soll vermitteln, dass der Fragende sich nicht mit der ersten oder zweiten Antwort zufriedengeben soll. Vielmehr muss so lange nachgefragt werden, bis die Ursache des Problems aufgedeckt ist. Ob drei- oder zehnmal nachgefragt wurde, spielt dabei keine Rolle. Oft muss vier- oder fünfmal nach dem Warum gefragt werden, daher der Name. Aber es gibt keinen Grund, immer exakt fünfmal nach dem Warum zu fragen, das würde die Methode *ad absurdum* führen.

Aufgrund der Einfachheit der Methode ist ihr Einsatzzweck aber auch begrenzt. Komplizierte Probleme oder komplexe Abläufe können nur bedingt mit dieser Methode untersucht werden. Bei komplizierten oder komplexen Themen ist die Auswahl an potenziellen Problemursachen häufig umfangreich. In solchen Fällen müssen viele potenzielle Beitragsleister untersucht und belegt oder widerlegt werden. Für das Sammeln solcher potenziellen Beitragsleister und das strukturierte Analysieren dieser mittels grafischer Unterstützung sind die Methoden Ishikawa (Abschnitt 3.3.2) und Fehlerbaumanalyse (Abschnitt 3.3.3) besser geeignet.

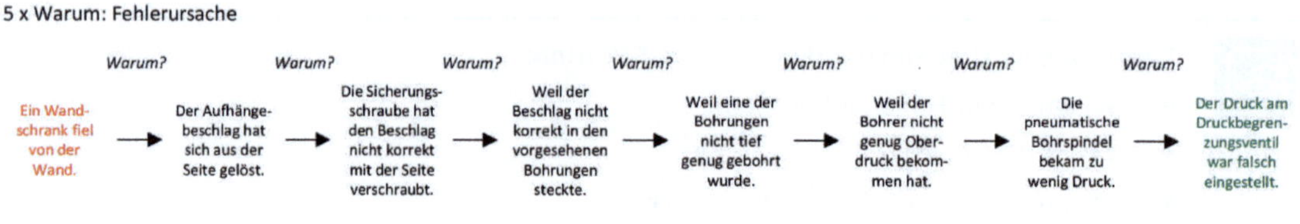

Bild 3.18 Die Methode 5-Warum

Im Beispiel des Bilds 3.18 führt die Wiederholung der Frage „Warum?“ dazu, dass die eigentliche Ursache für das Herabfallen des Wandschranks erkannt wird, nämlich ein falsch eingestellter Luftdruck an dem entsprechenden Bohraggregat. Durch das Erkennen dieser Ursache können Abstellmaßnahmen eingeleitet werden, um das Problem zu beheben und ähnliche Probleme in Zukunft zu vermeiden. Aufgrund der jahrzehntelangen Anwendung dieser Methode wurde sie in verschiedenen Industrien und Branchen um einen weiteren Zweig erweitert, der sich mit der Frage beschäftigt, warum das Problem, unabhängig von seiner Ursache, nicht entdeckt wurde. Gerade bei komplizierteren Problemen, bei vielen beteiligten Mitarbeitern oder bei großen Produktionsanlagen sind Probleme nicht selten sehr umfangreicher Natur, so dass eine unglückliche Verkettung von Problementstehung und Nichterkennung erst zum Schaden führt. Daher wurde in Bild 3.19 das obige Beispiel um einen Zweig ergänzt, der sich in gleicher Weise dem Thema der Nichterkennung widmet.

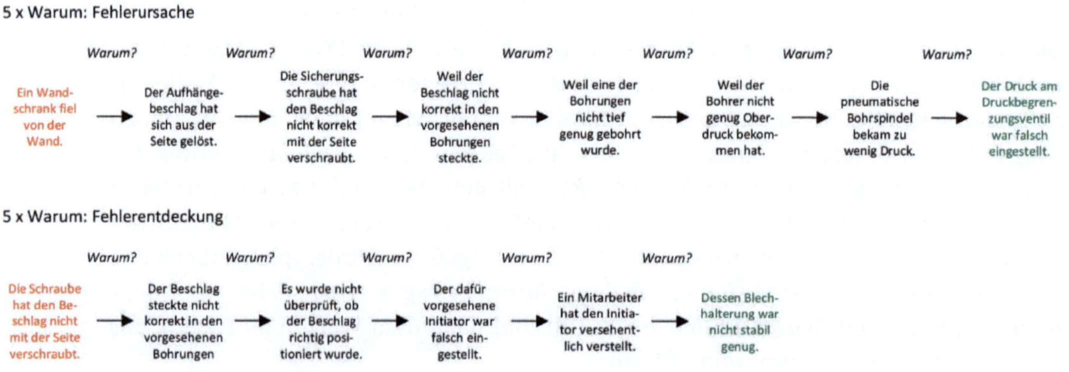

Bild 3.19 Das zweibeinige 5-Warum

Analog dazu gibt es noch eine weitere Ausbaustufe der 5-Warum-Methode, nämlich die Ergänzung um die Frage, wo es systematische Ursachen gab, die dazu geführt haben, dass der Fehler nicht früher, d. h. im Rahmen der normalen systematischen Prüfroutinen, entdeckt wurde. Dieser dritte Zweig zielt also eher auf die Prävention, d. h. auf die systematische Fehlervermeidung, insbesondere um ähnliche Vorfälle in Zukunft zu vermeiden. Dieser Zweig zielt auf die Einführung oder Überarbeitung von Checklisten, Arbeitsanweisungen oder Prüfplänen ab. Dies kann auf eine mangelnde Überwachung durch das Management oder ein fehlendes System zur regelmäßigen Überprüfung der Qualitätsprozesse zurückzuführen sein. Dieser dritte Zweig der 5-Warum ist typischerweise mit systemischen Fehlern und Schwächen im Prozess verbunden, wie z. B. kein definierter Prozess, veraltete Verfahren/Arbeitsanweisungen, unklare oder widersprüchliche Prozessdefinition oder fehlende Standardisierung. In Bild 3.20 ist das obige Beispiel noch um den dritten Zweig ergänzt.

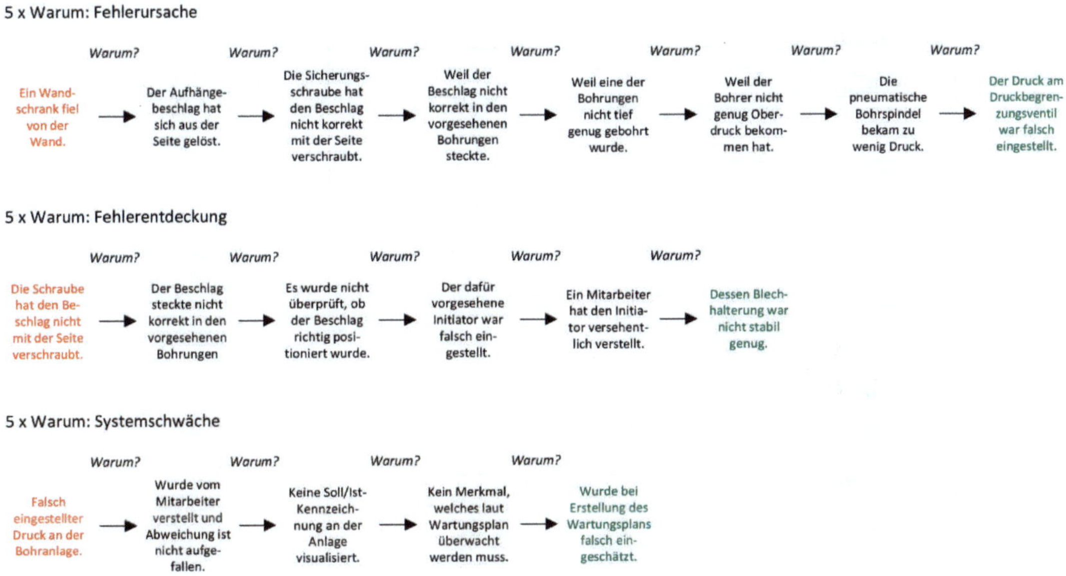

Bild 3.20 Das dreibeinige 5-Warum

Trotz oder gerade wegen ihrer Einfachheit bietet die 5-Warum-Methode eine Reihe von Vorteilen. Sie ist einfach anzuwenden und erfordert keine komplexen Werkzeuge oder Diagramme. Sie ist ein schneller und effektiver Weg, um die Ursachen eines Problems zu identifizieren und besser zu verstehen. Durch die Wiederholung der Frage *Warum?* ermöglicht es die Methode, in die tieferen Schichten der Ursachen eines Problems einzutauchen, um die grundlegende Wurzel zu finden. Dies kann helfen, oberflächliche Lösungen zu vermeiden und nachhaltige Lösungen zu entwickeln. Die Methode 5-Warum kann an verschiedene Situationen oder Probleme angepasst werden und ist nicht auf bestimmte Branchen oder Bereiche beschränkt. Sie kann sowohl auf akute Probleme als auch auf langfristige Trends angewandt werden. Dieser Abschnitt schließt mit einer Vorlage für die 5-Warum-Methode, welche als Online-Material zu diesem Buch verfügbar ist. Die Vorlage bietet die Möglichkeit, zu einem Problem eine dreigliedrige 5-Warum-Methode durchzuführen, d. h. zu klären, was die eigentliche Ursache des Problems ist, warum das Problem nicht erkannt wurde und was die generischen Systemursachen sind, warum das Problem überhaupt auftreten konnte. Darüber hinaus bietet es die Möglichkeit, Maßnahmen zu hinterlegen und deren Wirksamkeit zu überprüfen und zu dokumentieren. Die Vorlage ist einfach gehalten und kann sofort angewendet werden.

Die Methode *5-Warum*

Abteilung: ______________________ Datum: __________

Teilnehmer: ______________________

Problembe-schreibung			
	Ursachenanalyse	Entdeckungsanalyse	Systemanalyse
Warum?			
Warum?			
Warum?			
Warum?			
Warum?			
Warum?			
Warum?			
Maßnahme:			
Wer bis Wann			
Erledigt am:			
Wirksam?	Ja ☐ Wie nachgewiesen? Nein ☐ Warum nicht?	Ja ☐ Wie nachgewiesen? Nein ☐ Warum nicht?	Ja ☐ Wie nachgewiesen? Nein ☐ Warum nicht?

Version: 1.0 Vorlage 5-Warum Ersteller: Maik Schlickel

Bild 3.21 Vorlage 5-Warum (zum Download verfügbar)

Fazit:

Die 5-Warum-Methode ist eine einfache, aber wirksame Methode, um die Ursachen von Problemen aufzudecken und die kontinuierliche Verbesserung in einer Organisation zu fördern. Sie ermöglicht es den Mitarbeitern, die Ursachen eines Problems zu verstehen und geeignete Maßnahmen zu ergreifen, um diese Ursachen zu beseitigen oder zu verringern, anstatt sich nur auf oberflächliche Lösungen zu konzentrieren. In Kombination mit anderen Lean- oder Six Sigma-Methoden ist die 5-Warum-Methode ein wertvolles Instrument zur Fehlerbehebung und kontinuierlichen Verbesserung von Prozessen und Produkten. Die Methode kann durch einen zweiten und dritten Zweig ergänzt werden, um auch die Themen Entdeckung und System mit einzubeziehen, obwohl dies in der täglichen Anwendung eher selten ist und je nach Branche mehr oder weniger Anwendung findet.

3.3.2 Ishikawa-Diagramm

Leitfragen im Umgang mit Ishikawa-Diagramm:

- Was ist der Fehler?
- Was können mögliche Ursachen sein, die zu dem Fehler führen?
- Lassen sich die potenziellen Ursachen in bestimmte Kategorien einordnen?

Wann benötigen Sie diese Methode?

Analog zur 5-Warum-Methode wird auch das Ishikawa-Diagramm angewendet, um die Ursachen von Problemen herauszuarbeiten. Die Methode ist ebenfalls einfach in der Anwendung, durch die Gruppierung und Strukturierung von verschiedenen Klassen können mit dem Ishikawa-Diagramm auch mittelschwere Probleme analysiert werden.

Das Ishikawa-Diagramm, auch Ursache-Wirkungs-Diagramm genannt, ist eine Methode, die verwendet wird, um die Ursachen eines Problems zu identifizieren. Die Methode wurde von Kaoru Ishikawa entwickelt und ist ein wesentlicher Bestandteil von Qualitätsmanagementsystemen, insbesondere im Rahmen des Total Quality Management (TQM).

Das Ishikawa-Diagramm wird häufig auch als Fischgrätendiagramm bezeichnet, da es die Form eines Fischgrätenskeletts hat, wobei der Kopf des Fischs das zu untersuchende Problem darstellt und die Gräten die verschiedenen Ursachen oder Einflussfaktoren repräsentieren. Die Methode basiert auf der Idee, dass Probleme nicht isoliert auftreten, sondern durch eine Vielzahl von Ursachen oder Faktoren verursacht werden. In ihrer Vorgehensweise baut sie auf dem Prinzip des 5-Warum auf, eignet sich durch ihre Form der Visualisierung aber auch für komplexere Probleme, als sie mit dem 5-Warum gelöst werden können.

Das Verfahren zur Erstellung eines Ishikawa-Diagramms ist relativ einfach. Zunächst wird das zu untersuchende Problem oder die zu analysierende Situation klar definiert und in den Kopf des Fischs geschrieben. Dann werden die Hauptkategorien oder Hauptgründe identifiziert, die zu dem Problem führen können. Diese Kategorien werden als Fischgräten dargestellt und typischerweise als die 5M bezeichnet: Methode, Material, Maschine, Mensch und Mitwelt (Synonym für Umwelt). Es können aber auch Baugruppen eines Produkts oder andere sinnvolle Kategorien verwendet werden.

Innerhalb jeder Hauptkategorie werden dann die spezifischen Ursachen oder Einflussfaktoren identifiziert, die zum Problem beitragen können. Diese werden als Fischgräten dargestellt, die von der entsprechenden Hauptgräte ausgehen. Nachdem alle relevanten Ursachen identifiziert und im Diagramm dargestellt wurden, können Teams oder Mitarbeiter damit beginnen, die potenziellen Ursachen genauer zu untersuchen und ihre Auswirkungen auf das Problem zu bewerten. Bild 3.22 zeigt die Vorlage eines Ishikawa-Diagramms, welches als Online-Material zu diesem Buch erhältlich ist und heruntergeladen werden kann.

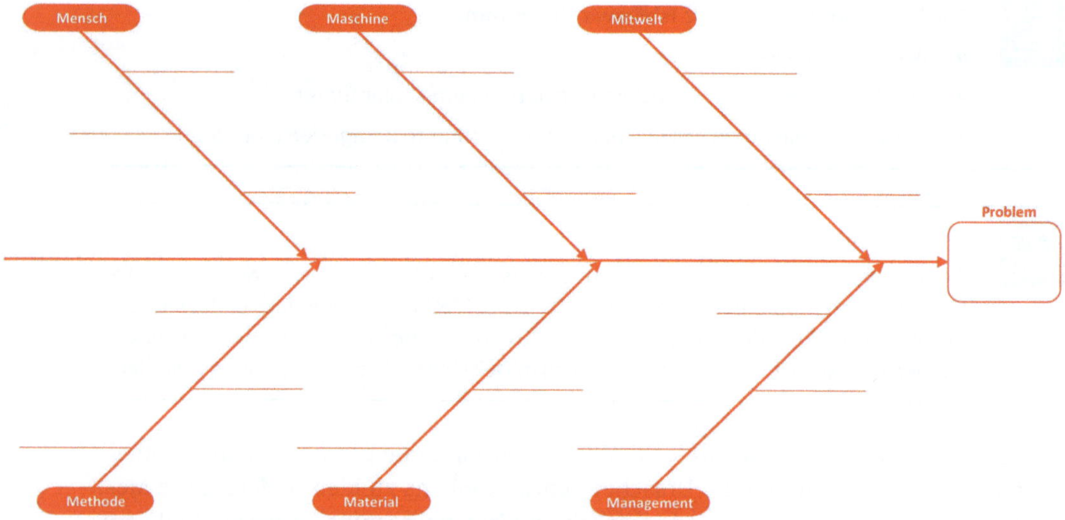

Bild 3.22 Vorlage eines Ishikawa-Diagramms (zum Download verfügbar)

Im Vergleich zur 5-Warum-Methode bietet das Ishikawa-Diagramm einige Vorteile. Das Ishikawa-Diagramm ermöglicht eine strukturierte und visuelle Darstellung der möglichen Ursachen eines Problems. Dadurch können Teams komplexe Probleme systematisch analysieren und die Zusammenhänge zwischen verschiedenen Einflussfaktoren verstehen. Durch die Verwendung von Hauptkategorien und Unterkategorien ermöglicht das Ishikawa-Diagramm eine umfassende Erfassung aller möglichen Ursachen eines Problems. Es fördert das Denken in größeren Zusammenhängen und hilft, mögliche Ursachen zu identifizieren, die möglicherweise übersehen wurden.

Die Erstellung eines Ishikawa-Diagramms erfordert oft die Zusammenarbeit von Mitarbeitern aus verschiedenen Bereichen. Dies fördert den Austausch von Ideen, ein gemeinsames Verständnis des Problems und die Entwicklung gemeinsamer Lösungen. Ishikawa-Diagramme können nicht nur zur Analyse akuter Probleme, sondern auch zur Identifizierung langfristiger Trends oder Muster verwendet werden. Dadurch können Unternehmen langfristige Strategien zur kontinuierlichen Verbesserung entwickeln und umsetzen.

Fazit:

Das Ishikawa-Diagramm bietet eine Methode, um die Ursachen eines Problems systematisch zu analysieren und mögliche Lösungen zu identifizieren. Durch die Visualisierung der verschiedenen Einflussfaktoren können Teams verstehen, wie die verschiedenen Aspekte zusammenhängen und wie sie zusammenarbeiten können, um das Problem zu lösen. Es ist ein wertvolles Werkzeug zur Problemlösung und kontinuierlichen Verbesserung in verschiedenen Bereichen, einschließlich Qualitätsmanagement, Prozessoptimierung und Produktentwicklung.

3.3.3 Fehlerbaumanalyse

Leitfragen im Umgang mit der Fehlerbaumanalyse:

- Was ist das unerwünschte Ereignis?
- Warum tritt der Fehler auf?
- Gibt es Ursachen, die gemeinsam auftreten müssen, um den Fehler zu erzeugen?
- Sind die Auftretenswahrscheinlichkeiten der Basisereignisse bekannt?
- Sind die Funktionsmechanismen der Fehler bekannt?
- Sind die Ausfallwahrscheinlichkeiten der einzelnen Bauteile bekannt?

Wann benötigen Sie diese Methode?

Eine Fehlerbaumanalyse wird benötigt, wenn die möglichen Ursachen eines Fehlers oder einer Störung identifiziert werden sollen, die Wahrscheinlichkeit eines Fehlers oder einer Störung berechnet werden soll, die Auswirkungen von Fehlern oder Störungen auf ein System oder einen Prozess analysiert werden sollen, die Schwachstellen eines Systems oder Prozesses identifiziert werden sollen oder die Zuverlässigkeit und Sicherheit eines Systems oder Prozesses verbessert werden sollen. Eine Fehlerbaumanalyse ist ein Werkzeug für die Risikoanalyse und -bewertung. Sie hilft dabei, die möglichen Ursachen von Fehlern oder Störungen zu identifizieren und die Auswirkungen auf ein System oder einen Prozess zu analysieren.

Die Fehlerbaumanalyse, im Englischen Fault Tree Analysis (FTA) genannt, ist eine Methode aus dem Bereich des Risikomanagements und der Sicherheitsanalyse. Sie dient der systematischen Analyse möglicher Ursachen für ein bestimmtes unerwünschtes Ereignis oder einen Systemausfall. Die FTA ermöglicht die Visualisierung komplexer Fehlerketten und deren Einflüsse auf ein Gesamtsystem. Ein Fehlerbaum kann sowohl präventiv im Rahmen der Produktentwicklung (siehe Abschnitt 2.2.6) als auch korrektiv bei einem konkreten Schadensfall im Feld durchgeführt werden. Die Fehlerbaumanalyse ist definiert und beschrieben in der DIN EN 61025.

Die FTA ist im Gegensatz zur 5-Warum-Methode und zum Ishikawa-Diagramm komplizierter und zeitaufwendiger in der Durchführung. Dafür ist sie aber auch ein mächtiges Werkzeug, mit dessen Hilfe komplexe Probleme in alle Bestandteile zerlegt und untersucht werden können. Die 5-Warum-Methode kann völlig ohne Hilfsmittel, nur mit Hilfe der Fragetechnik angewendet werden, während beim Ishikawa-Diagramm Papier und Bleistift (oder auch der PC) zur unterstützenden Visualisierung eingesetzt werden. Bei der Fehlerbaumanalyse hingegen ist der Einsatz eines Computers, entweder mit spezieller Software (beispielsweise *Fault-Tree+*) oder zumindest entsprechenden Visualisierungsprogrammen, unabdingbar. Da der Prozess der Erstellung einer FTA komplexer ist, erfordert diese Methode einen qualifizierten und erfahrenen Moderator, der das Team methodisch anleitet. Darüber hinaus ist auch ein hohes Maß an Disziplin seitens des Teams erforderlich, um Fehler bei der Erstellung einer FTA zu vermeiden.

Weiterführende Literatur – Normen & Technische Berichte:

DIN (2007). *DIN 61025:2007 – Fehlzustandsbaumanalyse*. Techn. Ber. Deutsches Institut für Normung e. V. und C/QMM (2015). *Heft 15 – Fehlzustandsbaumanalyse FTA*. Techn. Ber. Robert Bosch GmbH.

Das Ziel der FTA besteht darin, die Wahrscheinlichkeit eines unerwünschten Ereignisses oder Systemausfalls zu bewerten, indem die möglichen Ursachen und deren Wechselwirkungen identifiziert werden. Die Analyse erfolgt durch den Aufbau eines Fehlerbaums, der das unerwünschte Ereignis an der Spitze des Baums darstellt. Die verschiedenen Ursachen und Ereignisse, die zu diesem Hauptfehler führen können, werden als Zweige und Knoten dargestellt. Das unerwünschte Ereignis (engl. hazard) an der Spitze des Baums wird als Top-Ereignis bezeichnet. Dieses Ereignis repräsentiert das Ziel der Analyse. Die Zweige des Baums repräsentieren verschiedene Eingangsereignisse oder Bedingungen, die zum Top-Ereignis führen können. Die Verknüpfungen zwischen den Ereignissen werden durch gängige logische Operatoren dargestellt, wie UND- oder ODER-Operatoren. Wenngleich noch viele andere boolsche Operatoren existieren, decken die beiden UND- oder ODER-Operatoren den absolut größten Einsatzfall ab. Diese definieren, wie verschiedene Ursachen zusammenwirken, um das Top-Ereignis zu verursachen. Die Wahrscheinlichkeiten der Eingangsereignisse werden geschätzt und die FTA ermöglicht es, die Gesamtwahrscheinlichkeit des Top-Ereignisses zu berechnen.

Weiterführende Literatur – Bücher:

Alessandro Birolini (2007). *Reliability engineering*. Bd. 5. Springer oder William E. Vesely u. a. (1981). *Fault tree handbook*. Systems und Reliability Research, Office of Nuclear Regulatory Research.

Die wesentlichen Vorteile einer FTA liegen darin, den logischen Weg vom unerwünschten Ereignis bis zur eigentlichen Ursache aufzuzeigen und diesen Weg grafisch verständlich zu dokumentieren. Eine FTA berechnet Wahrscheinlichkeiten auf der Basis der booleschen Algebra und ermöglicht die Identifikation bisher unerkannter Wirkungszusammenhänge. Das Ergebnis der Analyse ermöglicht quantitative und qualitative Aussagen über Systemparameter wie Verfügbarkeit, Zuverlässigkeit oder Ausfallwahrscheinlichkeit. Dies ist bei großen und komplexen Systemen wertvoll und ermöglicht die Betrachtung multipler Ereignisse als Ursachen. Die Analyse kann parallele, redundante oder alternative Fehler- oder Ereignispfade behandeln, technische und nichttechnische Systeme aller Art behandeln und die Bedeutung von Fehlerursachen für das unerwünschte Ereignis aufzeigen.

3.3.3.1 Vorbereitung und Systemanalyse

Zu den inhaltlichen Festlegungen gehören die Beschreibung der Aufgabenstellung bzw. die Formulierung des Top-Ereignisses und des Betrachtungsumfangs (System mit seinen Grenzen, Schnittstellen und Randbedingungen). Zu den Randbedingungen gehören die Eintrittswahrscheinlichkeiten von Eingangssignalen (wichtig bei Funktionen, die über mehrere Systeme verteilt sind), die Berücksichtigung von Störgrößen aus der Umgebung, die Abstimmung über die Zuordnung von Sicherheitsmechanismen an den Schnittstellen (keine Mehrfachverwendung, die zu einer Verfälschung führen könnte) und die Informationen über das übergeordnete System (zum Beispiel Fahrzeugsteuergerät), die für die Erstellung der FTA erforderlich sind. Außerdem gilt die Festlegung der zu betrachtenden Fehlerarten: systematische Fehler und/oder zufällige Fehler, sowie die Art und Umfang der Analyse:

- Qualitativ: Analyse der Ursache-Wirkungs-Zusammenhänge
- Quantitativ: Berechnung der Eintrittswahrscheinlichkeit von Ereignissen und weiterer quantitativer Kenngrößen. Für eine quantitative Analyse ist die Festlegung der Datenbasis und der Einsatz-/Betriebsbedingungen notwendig.

Zu den formalen Festlegungen gehören beispielsweise Auftraggeber, FTA-Team, Abnahmekriterien, Zeitrahmen, sowie die Arbeitsprodukte (d. h. ein Bericht), Fehlerbaum-Datei, spezielle Analysen und die Form der Dokumentation, d. h. Freigabe/Übergabe an Auftraggeber, Archivierung. Darüber hinaus ist bei FTA für Kundenprojekte die Klärung von Art und Zeitpunkt der Präsentation und die Klärung, welche Dokumente an externe Kunden übergeben werden können/sollen, zu berücksichtigen.

Im Rahmen einer FMEA kann eine FTA präventiv erfolgen. Dafür muss die vorläufige Beschreibung des Betrachtungsgegenstands (System) im Rahmen einer Systemanalyse definiert werden. Diese Beschreibung kann abhängig vom Analyseziel und Betrachtungsumfang mehr detailliert oder eher abstrakt erfolgen. Typische Datenquellen dafür sind Lasten- und Pflichtenhefte, Funktionsdiagramme, Systemarchitekturmodelle, Blockdiagramme, Prozessbeschreibungen und vieles mehr. Idealerweise liegen auch zum Start einer reaktiven FTA Beschreibungen anderer Risikoanalysen vor, beispielsweise DRBFM oder 8D-Berichte, Fehlerbeschreibungen oder fehlerbehaftete Objekte. Für Analysen der funktionalen Sicherheit sollten zu Beginn der FTA weitere Datenquellen verfügbar sein, wie Gefährdungs- und Risikoanalyse, Sicherheitsziele, Sicherheitskonzept inklusive Übersicht der Sicherheitsmechanismen, Systemdesign oder Definition der sicheren Zustände.

3.3.3.2 Definition des unerwünschten Ereignisses

Das unerwünschte Ereignis (auch Top-Ereignis) ist der zu betrachtende Ausfall oder die Fehlfunktion des zu untersuchenden Systems. Dabei ist es unerheblich, auf welcher Abstraktionsebene das Ereignis definiert wird. Es kann eine Fehlfunktion auf Fahrzeugebene, eine fehlerhafte Steuergerätefunktion, ein falsches Sensorsignal oder der Ausfall einer Schaltungsgruppe betrachtet werden. Bei der Beschreibung des unerwünschten Ereignisses ist darauf zu achten, dass sowohl das Ereignis selbst als auch die dafür geltenden Randbedingungen eindeutig definiert sind. Mit dieser Beschreibung steht und fällt die Aussagekraft der gesamten FTA. Im *präventiven* Anwendungsfall der FTA basiert die Definition des unerwünschten Ereignisses entweder auf der Nichterfüllung von Funktionen oder Anforderungen (aus dem Lasten- oder Pflichtenheft) oder auf Fehlerbildern aus zeitlich vorgelagerten Untersuchungen (wie der FMEA). Beim *korrektiven* Ansatz wird ein tatsächlich aufgetretener Ausfall oder eine Fehlfunktion des Systems als unerwünschtes Ereignis definiert.

3.3.3.3 Festlegen der Analyse-Zielgröße

Nach der Definition des unerwünschten Ereignisses werden in diesem Schritt die Ziele festgelegt, die mit der Durchführung der FTA verfolgt werden sollen. Dabei liefert die FTA Informationen darüber, ob die definierten Ziele bereits erreicht wurden. Sollte dies nicht der Fall sein, kann anschließend aufgezeigt werden, welche Möglichkeiten bestehen, durch Änderungen am Produkt die definierten Ziele zu erreichen. Bei der Zieldefinition wird in der Regel zwischen qualitativen und quantitativen Zielen unterschieden. Beispiele für qualitative Ziele sind:

- Keine Einzelfehler, d. h. kein Einzelereignis, dürfen zum Top Event führen
- Aufzeigen aller Minimalschnitte
- Aufzeigen aller kritischer Pfade

Beispiele für quantitative Zielgrößen sind:

- Auftretenswahrscheinlichkeit Q für das Top Event
- Auftretenswahrscheinlichkeiten und Rangfolge der Minimalschnitte
- Aufzeigen des kritischsten Pfads
- Aufzeigen der Importanzen (z. B. Birnbaum-Importanz)

Beide Anwendungsformen der FTA verfolgen prinzipiell ähnliche Ziele. Es geht darum, den strukturellen Aufbau eines Designs aufzuzeigen und mögliche kritische Ursachen zu identifizieren, die zu dem unerwünschten Ereignis führen können bzw. geführt haben. Ziel beider Anwendungen ist es, konkrete Möglichkeiten zur Verbesserung des Designs aufzuzeigen und ggf. deren Einfluss auf die Eintrittswahrscheinlichkeit darzustellen.

3.3.3.4 Erstellen des eigentlichen Fehlerbaums

Der Aufbau und die Struktur einer FTA hängen stark von dem zu analysierenden unerwünschten Ereignis und der Architektur des zu analysierenden Objekts ab. Im Allgemeinen ist der Ansatz deduktiv (Top-down), sprich, Ausgangspunkt ist das unerwünschte Ereignis. Es folgt der Aufbau des Baums über mehrere Ebenen bis zur kleinsten Betrachtungseinheit (Basisereignis). Die Struktur des Baums richtet sich nach der Fehlerstruktur des zu betrachtenden Objekts. Eine bereits in der Vorbereitungsphase durchgeführte Funktionsanalyse ist für die Erstellung des Fehlerbaums sehr hilfreich. Eingangsinformationen für die Erstellung eines Fehlerbaums können beispielsweise die FMEA oder das DRBFM sein.

Allgemein kann beschrieben werden, dass das Ziel eines Fehlerbaums ist, alle potenziellen Fehlermöglichkeiten und deren Zusammenhänge darzustellen. Zum Zeitpunkt der Erstellung eines Fehlerbaums sind die Fehlerursachen und deren Wirkungszusammenhänge nicht vollständig bekannt. Daher müssen alle potenziellen Beiträge identifiziert und mittels FTA modelliert werden. Dies hat zur Folge, dass Fehlerbäume tendenziell recht umfangreich werden, dabei vor allem in die Breite wachsen und schnell sehr unübersichtlich werden. Daher wird im Folgenden immer nur mit Teilausschnitten gearbeitet, da dies der Übersichtlichkeit und Verständlichkeit dient.

Für die Modellierung von Fehlerbäumen wird die Verwendung einer geeigneten Software wie *Fault-Tree+* empfohlen. Wenn eher korrektive und qualitative Fehlerbäume erstellt werden, kann auch eine andere Visualisierungssoftware verwendet werden, wie Visio.

Die wichtigsten vier Elemente, die bei der Erstellung von Fehlerbäumen verwendet werden, sind das unerwünschte Ereignis, boolesche Operatoren (sogenannte Gatter),

Ereignisse und Basisereignisse. Alle weiteren Elemente können auch der DIN EN 61025 entnommen werden. In Bild 3.23 sind diese Basiselemente der FTA kurz dargestellt und werden anhand weiterer Beispiele im Anschluss erläutert.

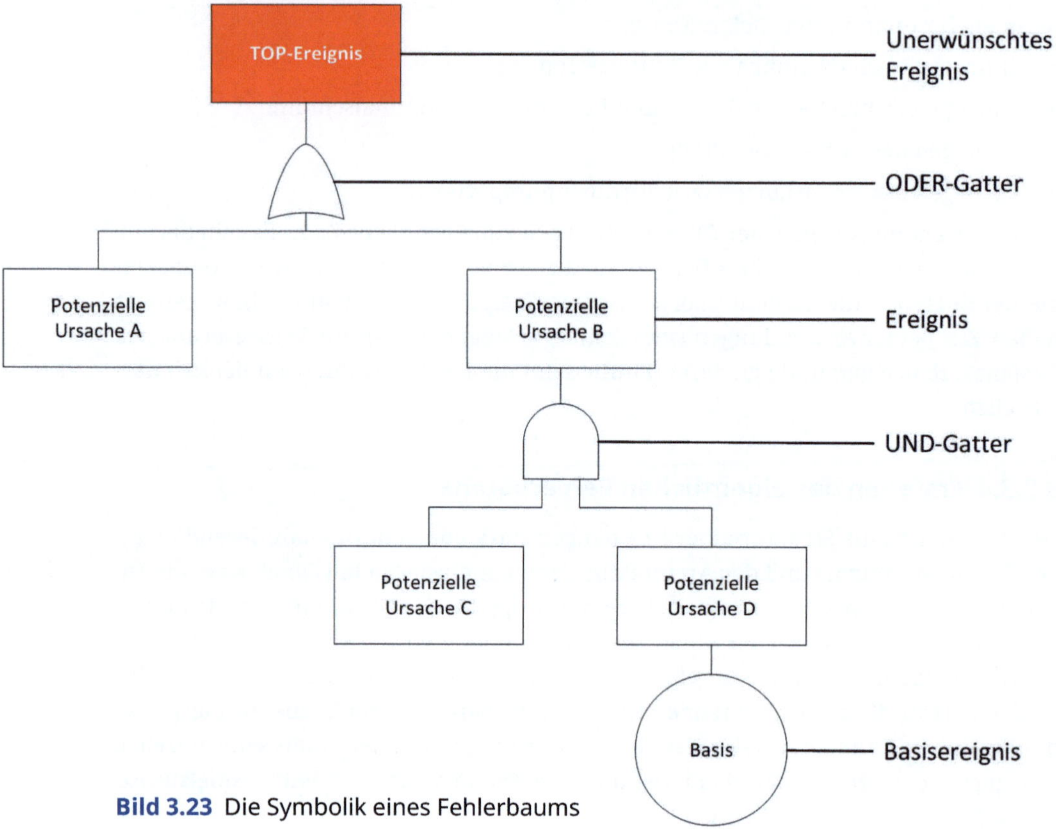

Bild 3.23 Die Symbolik eines Fehlerbaums

Grundsätzlich wird das zu untersuchende unerwünschte Ereignis immer an der Spitze einer FTA modelliert. Darunter werden bereits die ersten sogenannten Gatter eingefügt. Diese Gatter sind boolesche Operatoren, die sich im Wesentlichen in UND- und ODER-Gatter unterscheiden. In Bild 3.24 wird das bekannte Beispiel wieder aufgegriffen. Dort ist das unerwünschte Ereignis, dass ein Schrank von der Wand fällt. Hierfür kann es verschiedene Ursachen geben, die entweder unabhängig voneinander oder in Kombination auftreten können.

So kann der Wandschrank herunterfallen, weil der Aufhängebeschlag des Wandschranks defekt ist und versagt. Alternativ kann die Ursache sein, dass bei der Montage des Schranks im Werk ein Fehler gemacht wurde, der zu dem unerwünschten Ereignis führte. Darüber hinaus gibt es noch weitere potenzielle Fehlerursachen, die hier nicht alle noch weiter ausgeführt werden. Da alle potenziellen Ursachen unabhängig voneinander (aber auch gemeinsam) auftreten können, muss jede einzelne Ursache weiter untersucht werden.

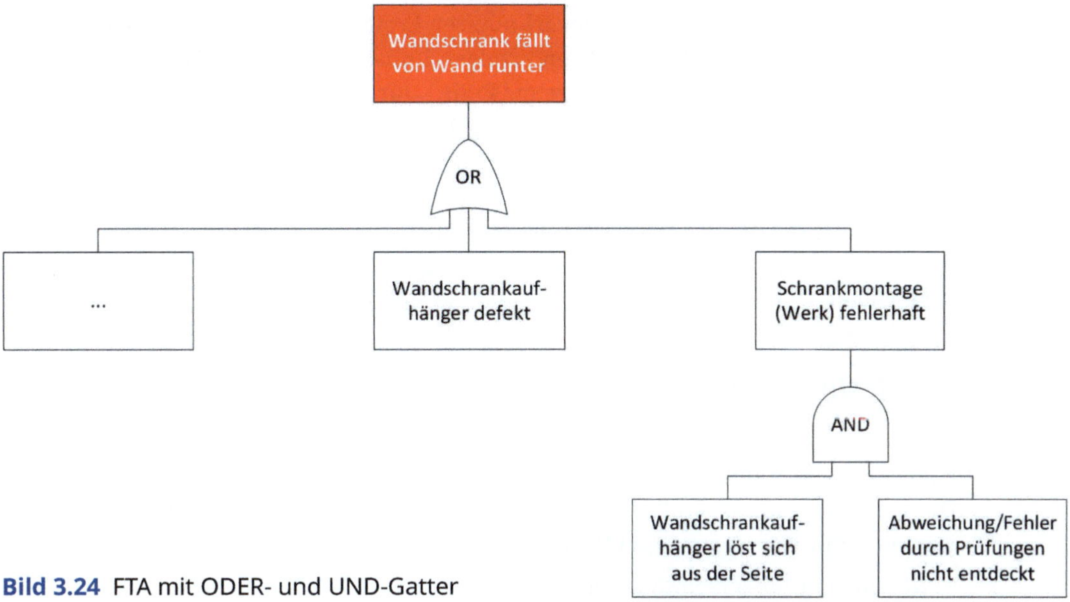

Bild 3.24 FTA mit ODER- und UND-Gatter

Zusätzlich zum ODER-Gatter wird in Bild 3.24 auch eine Stelle des Fehlerbaums erklärt, in dem ein UND-Gatter verwendet wird. Dies ist direkt auf der nächsten Ebene der Fall. Wird das Ereignis der fehlerhaften Schrankmontage in der Fabrik näher betrachtet, so ist festzustellen, dass es eine Situation gibt, in der zwei Ereignisse zusammen auftreten müssen.

So muss ein fehlerhafter Schrank produziert werden und gleichzeitig muss dieser Fehler im Produktionsprozess unentdeckt bleiben, d. h. bei Prüfungen und Kontrollen ist dieser Fehler nicht aufgefallen. Sobald nur eines der beiden Ereignisse eintritt, tritt das unerwünschte Ereignis nicht ein, ein fehlerhaftes Produkt mit ordnungsgemäßer Prüfung wird aussortiert und eine nicht funktionierende Prüfung mit fehlerfreien Teilen ist unkritisch. Treten beide Fehler zusammen auf, kommt es zum beschriebenen Fehler.

Für die quantitative Analyse ist die Kenntnis von Ausfallwahrscheinlichkeiten erforderlich. Werden elektrische Systeme analysiert, gibt es einschlägige Normen oder Herstellerangaben, die die Ausfallrate von elektrischen Komponenten beschreiben. Bei mechanischen Komponenten sind diese Zahlen weitaus schwieriger zu organisieren. Hier können Kundenreklamationen und Ausfallwahrscheinlichkeiten wertvolle Hinweise geben.

3.3.3.5 Qualitative Auswertung

Die qualitativen Ergebnisse einer FTA umfassen neben der Fehlerbaumdarstellung auch die Fehlerkombinationen (minimale Schnitte oder Schnittsätze) und die Importanz für die in der FTA logisch verknüpften Ereignisse. Die Auswertungen zu Fehlerkombinationen und Importanzen erfolgen immer in Bezug auf ein ausgewähltes unerwünschtes Ereignis. Dieses Ereignis wird durch ein logisches Gatter repräsentiert, unterhalb dessen der eigentliche Fehlerbaum beginnt. Die in den folgenden Abschnitten dargestellten Bewertungsbeispiele wurden mit dem folgenden Fehlerbaum generiert. Soll eine FTA für eine rein qualitative Betrachtung erstellt werden, ist es dennoch sinnvoll, den Basisereignissen Fehlerraten zuzuordnen. Um Missverständnisse bei eventuellen Präsentationen zu vermeiden, empfiehlt es sich, ein generisches Fehlermodell zu verwenden, das dann allen Ereignissen zugeordnet wird.

3.3.3.6 Quantitative Beschreibung

Um eine quantitative Analyse des Fehlerbaums durchführen zu können, müssen den Basisereignissen entsprechende Eintrittswahrscheinlichkeiten zugeordnet werden. Diese Eintrittswahrscheinlichkeiten können mit Hilfe geeigneter Zuverlässigkeitskenngrößen ermittelt werden, zum Beispiel:

- die Ausfallrate λ (zeitabhängige Größe, z. B. r = 1E − 9/h = 1 FIT)
- die Ausfallwahrscheinlichkeit Q_A (zeitunabhängige Wahrscheinlichkeit)
- die Eintrittswahrscheinlichkeit Q_E (zeitunabhängige Wahrscheinlichkeit, z. B. Umgebungsbedingungen wie Regen oder Schnee)

Zur Ermittlung der Zuverlässigkeitskenngrößen für die quantitative Fehlerbaumanalyse gibt es verschiedene Ansätze. Häufig wird ein bestimmter Ansatz vom Auftraggeber vorgegeben. Ist dies nicht der Fall, muss dies im Team abgestimmt werden. In der Regel werden die Zuverlässigkeitskenngrößen aus einer der folgenden fünf Informationsquellen ermittelt:

1. Eigene Feld- oder Betriebserfahrung mit dem Vorteil der realen Einsatzbedingungen und dem Nachteil, dass das Produkt im Feld sein muss; Daten sind dann spät verfügbar. Alternativ können Daten eines vergleichbaren Vorgängerprodukts verwendet werden, mit der Einschränkung, dass dessen Übertragbarkeit geprüft werden muss.
2. Eigene Tests mit dem Vorteil, dass Informationen verfügbar sind, bevor das Produkt im Feld ist und dem Nachteil, dass es sich nur um Testbedingungen handelt.
3. Literaturdaten oder generische Daten aus Datensammlungen (z. B. Handbücher; empfohlen wird die Verwendung von „Siemens SN29500“ oder „IEC62380“). Dies hat zum Vorteil, dass es sich um eine breite und anerkannte Datenbasis handelt. Der Nachteil ist, dass die Übertragbarkeit auf die eigene Anwendung nicht immer gegeben ist, und auch, dass neue Komponenten oder Technologien nicht enthalten sind. Sollten die den Handbuchdaten zugrunde liegenden Einsatz- bzw. Rahmenbedingungen für das zu untersuchende unerwünschte Ereignis abweichen, ist eine Anpassung der Daten vor der Verwendung im Fehlerbaum erforderlich. Für FTA

im Kontext automotiver Anwendungen hat sich die Siemens-Norm (SN29500) zur Ermittlung von Zuverlässigkeitskenngrößen zur Absicherung von Produkten bewährt.

4. Erfahrungen von externen Quellen, beispielsweise Zulieferern
5. Expertenschätzung, sofern keine der oben genannten Möglichkeiten eine für den Anwendungsfall geeignete Zuverlässigkeitskenngröße liefert

Die Daten werden in der Regel als Ausfallraten in ppm pro Zeiteinheit oder Failure In Time angegeben. Die Werte beziehen sich normalerweise auf das gesamte Bauteil. In der FTA wird jedoch die Ausfallrate bezogen auf den Ausfallmodus eines Teils des Bauteils benötigt. Für einfache Bauelemente kann die Gesamtrate nach Fehlerkatalogen aufgeteilt werden. Hierfür wird am häufigsten das Standardwerk von A. Birolini verwendet. Bei komplexen Bauelementen wird die Gesamtausfallrate typischerweise nach den Flächenanteilen der Schaltungsblöcke aufgeteilt. Die Feinheit der Unterteilung hängt von den Anforderungen der FTA ab. Im Laufe der Entwicklung eines Projekts kann es erforderlich sein, die Zuverlässigkeitskenngrößen zu aktualisieren. Im präventiven Anwendungsfall der Failure In Time können prinzipiell alle Informationsquellen zur Ermittlung der Zuverlässigkeitskenngrößen herangezogen werden. Im korrektiven Anwendungsfall der Failure in Time werden vorrangig Zuverlässigkeitskenngrößen aus eigener oder fremder Feld- oder Betriebserfahrung verwendet, da in diesem Fall ein in der Anwendung aufgetretenes Fehlerbild untersucht werden soll.

3.3.3.7 Quantitative Auswertung

Damit die quantitative Analyse zu aussagekräftigen Ergebnissen führen kann, muss der Fehlerbaum, belastbar sein. Darüber hinaus müssen sowohl die Bedeutung der Basisereignisse als auch die Parameter für die Berechnung der Fehlerbaumergebnisse geklärt sein. Die Software Fault-Tree+ berechnet automatisch für jedes Gate die Nichtverfügbarkeit Q, die Eintrittshäufigkeit ω, Mean Time To Failure (MTTF), Mean Time To Repair (MTTR), Mean Time Between Failure (MTBF). Fault-Tree+ unterstützt die Darstellung des gewünschten Ergebnistyps im Fehlerbaum. Abhängig von den Rahmenbedingungen, unter denen ein FTA erstellt wird, muss die jeweilige Kenngröße mit den vorher definierten Zielwerten in Einklang gebracht werden.

Nichtverfügbarkeit Q ist dimensionslos und beschreibt die Wahrscheinlichkeit des Eintretens des unerwünschten Ereignisses am Ende des berechneten Zeitraums. Sollen Aussagen über Q in Bezug auf einen bestimmten Zeitraum gemacht werden, muss die Berechnungszeit berücksichtigt werden. Wird die Berechnungszeit (Mission Time, System Life Time) ungleich 1 Stunde gewählt, führt dies jedoch zu Fehlern im Endergebnis, da die Division von Q durch eine Zahl die Wahrscheinlichkeit pro Stunde begrenzt. Beispiel: Ein Ereignis mit der Wahrscheinlichkeit Q = 1, das sicher nach 10.000 h eintritt, wird durch Division zu:

$$\frac{Q^*}{1\,\mathrm{h}} = \frac{Q}{10.000\,\mathrm{h}} = \frac{1E-4}{\mathrm{h}} \tag{3.7}$$

Das heißt, die Wahrscheinlichkeit dieses Ereignisses kann niemals größer sein als

$$\frac{Q^*}{1h} = \frac{1E-4}{h} \tag{3.8}$$

Eintrittshäufigkeit ω hat die Dimension $\frac{1}{h}$ und entspricht Q differenziert nach der Zeit. Das heißt, ω beschreibt den zeitlichen Verlauf (math. die Steigung) der Wahrscheinlichkeitskurve Q über t. Solange die Produkte aus Fehlerraten und Berechnungszeit sehr viel kleiner als 1 sind ($\lambda \times t \ll 1$), befindet sich die Wahrscheinlichkeitskurve im linearen Bereich, d. h. die Ableitung der Exponentialkurve liefert denselben Betrag wie die Kurve selbst ($\omega \approx Q$). Fehlerbäume, die zahlreiche Basisereignisse mit fixen (konstanten) Wahrscheinlichkeiten enthalten (hier ist $\omega = 0$), können zu Abweichungen in den Zahlenwerten zwischen ω und Q führen.

MTTF, MTTR und MTBF spielen in der Regel bei reparierbaren Systemen eine Rolle, wobei MTTF mit der Fehlerrate λ in Zusammenhang steht (unter bestimmten Bedingungen gilt: MTTF $\approx 1/\lambda$).

Die einfachste Berechnung eines Fehlerbaums ist in Bild 3.25 zu sehen. Dort wurde anhand eines abstrakten Beispiels für den kritischen Pfad jedes Ereignis mit einer Eintrittswahrscheinlichkeit bewertet. Da es sich nicht um elektronische Bauteile handelt, sondern um menschliche und automatisierte, mechanische Montageschritte, wurde hierbei auf Expertenwissen und interne Fehlerraten und Ausfalldaten zurückgegriffen. Dort ist zu sehen, wie sich die Wahrscheinlichkeiten speziell auch bei UND-Gattern multiplizieren, da beide Ereignisse unabhängige Wahrscheinlichkeiten haben, aber gemeinsam auftreten müssen, dies macht das spezielle Ereignis unwahrscheinlicher.

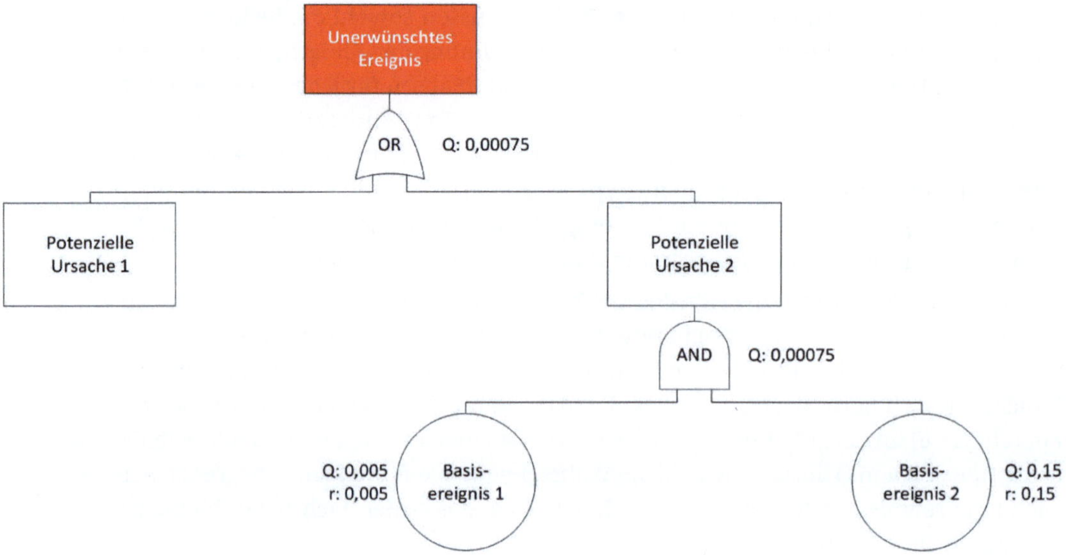

Bild 3.25 FTA mit berechneter Ausfallwahrscheinlichkeit

So zeigt sich, dass einzelne Ereignisse durchaus eine bis zu 15-prozentige Eintrittswahrscheinlichkeit haben, durch die mathematische Berechnung, das unerwünschte Ereignis aber lediglich eine Eintrittwahrscheinlichkeit von 0,075 % hat.

3.3.3.8 Maßnahmen

Nach Durchführung der qualitativen bzw. quantitativen Auswertung des Fehlerbaums kann anhand der Ergebnisse entschieden werden, ob und in welchem Rahmen Handlungsbedarf besteht. Dabei sind die zuvor festgelegten Zielgrößen der Analyse zu berücksichtigen. Beispielsweise kann die Auswertung des Fehlerbaums zeigen, dass es Einzelfehler gibt, die direkt zum Top-Ereignis führen, oder dass die Eintrittswahrscheinlichkeit des Top-Ereignisses höher ist, als es für die Einhaltung des Sicherheitsziels erforderlich ist. In diesen Fällen kann es erforderlich sein, geeignete Maßnahmen zu definieren, um das Sicherheitsziel zu erreichen. Die eigentliche Entscheidung trifft der Auftraggeber. Der FTA-Moderator kann bei der Interpretation der Ergebnisse behilflich sein, das FTA-Team steht beratend zur Seite und kann bei der Maßnahmendefinition und -umsetzung behilflich sein. Beispiele für mögliche Maßnahmen:

- Nutzung von Komponenten mit reduzierter Fehlerrate
- Einführung von Redundanzen, die das betreffende Basisereignis zum Mehrfachfehler machen
- Einführung von Überwachungen, die die Fehlerrate, mit der ein Basisereignis auf das unerwünschte Ereignis durchschlägt, reduzieren
- Überprüfung der spezifizierten Einsatzbedingungen
- Detaillierung der Analyse zur Überprüfung des Einzelfehlerstatus
- Feldmaßnahmen

Wird die Wahrscheinlichkeit des Top-Ereignisses reduziert, kann eine Erfolgskontrolle der durchgeführten Maßnahmen im Rahmen der präventiven FTA durch eine erneute Berechnung der Eintrittswahrscheinlichkeit des Top-Ereignisses erfolgen. Wird die Anzahl der Einzelfehler reduziert, kann die Cut-Set-Liste zur Überprüfung der Maßnahmen herangezogen werden. Bei der korrektiven Anwendung der FTA (Umsetzung der abgeleiteten Maßnahmen) erfolgt die Erfolgskontrolle durch das Ausbleiben des Fehlerzustands, wie keine weiteren Feldausfälle.

3.3.3.9 Freigabe und Dokumentation

Eine detaillierte Dokumentation der Ergebnisse einer FTA ist unerlässlich, da das FTA-Diagramm allein nicht alle Informationen enthält, die für das Verständnis erforderlich sind. Hinzu kommt, dass durch wechselnde Teamzusammensetzungen Wissensträger des Projekts zu einem späteren Zeitpunkt nicht mehr zur Verfügung stehen können. Es hat sich bewährt, zusätzlich zur eigentlichen FTA einen Bericht mit folgenden Informationen zu erstellen und beides als Projektdokumentation abzulegen:

- Zusammenfassung der Ergebnisse (vergleichbar mit dem Deckblatt einer FMEA) mit einer Übersicht über die Aufgabe
- Die beteiligten Personen
- Eine detaillierte Auflistung der Ergebnisse (Soll-Ist-Vergleich) für jedes einzelne Top Event (inkl. Expertenbewertung)
- Auflistung der getroffenen Annahmen (zum Beispiel Abgrenzung des Betrachtungsumfangs, Definition von sicheren Zuständen)
- Angaben zur verwendeten Datenbasis (Randbedingungen, Quellen der Ausfallraten, Annahmen zur Güte der Überwachungen)
- Eine Auflistung der beigefügten Anlagen

Fazit:

Abschließend kann zusammengefasst werden, dass die Fehlerbaumanalyse in sicherheitskritischen Branchen wie der Luft- und Raumfahrt, der Nuklearindustrie und im Bereich der Prozesssicherheit eingesetzt wird. Sie ermöglicht es Ingenieuren und Risikoanalysten, die kritischen Pfade und Schwachstellen eines Systems zu identifizieren, um (präventive) Maßnahmen zur Risikominderung zu entwickeln. Die grafische Darstellung erleichtert die Kommunikation und das Verständnis der komplexen Zusammenhänge innerhalb eines Systems.

3.3.4 Zaltman Metaphor Elicitation Technique

Leitfragen im Umgang mit Zaltman Metaphor Elicitation Technique (ZMET):

- Was sehen Sie auf dem Bild?
- Wie fühlen Sie sich dabei?
- Was wollen Sie mit diesem Bild ausdrücken?
- Fehlt etwas auf dem Bild?

Wann benötigen Sie diese Methode?

Die Anwendung von ZMET ist indiziert, wenn Problemursachen als komplex und nicht trivial einzustufen sind und die Ursache-Wirkungs-Zusammenhänge den Menschen nicht bewusst oder bekannt sind. Die ZMET dient der Analyse unausgesprochener und unbewusster Ursachen und Aspekte, die sich im Unterbewusstsein manifestieren und dort verborgen liegen. In Zusammenhang mit sozio-kulturellen Themen, bei denen eine Veränderung des Status quo erforderlich ist, kann ZMET seine volle Leistungsfähigkeit entfalten.

Insbesondere in produzierenden Betrieben gehört die Beschäftigung mit Abweichungen zum Tagesgeschäft des Qualitätsmanagers. Prozessabweichungen resultieren in schwankenden Ergebnissen oder der Nichterfüllung von Kundenanforderungen. In der Regel bedeutet dies Ausschuss oder Nacharbeit, mit negativen Konsequenzen auf Kosten, Abläufe und Durchlaufzeiten. Daher ist es bei der Problemlösung von essenzieller Bedeutung, die originäre Ursache abzustellen und nicht nur Symptome zu behandeln. In den letzten Jahrzehnten haben sich hierfür im Qualitätsmanagement zahlreiche Methoden und Werkzeuge etabliert, unter anderem sehr bekannte Beispiele wie 5-Warum, Ishikawa oder die Fehlerbaumanalyse.

Vor dem Hintergrund, dass sowohl technische als auch methodische Möglichkeiten zur Ursachenanalyse bekannt und verfügbar sind, stellt sich die Frage, warum in Industriebetrieben bei Problemen und Abweichungen mitunter nicht immer eine Ursachenanalyse erfolgt. Es mag sowohl strukturell-organisatorische, aber auch emotional und kognitive Aspekte geben, die das Phänomen „zu wenig Ursachenforschung" erklären. Da es immer individuelle Mitarbeiter sind, die eine Ursachenforschung initiieren und steuern müssen, ist es wichtig, den Mensch in den Mittelpunkt der Analyse zu stellen. Statt die Problematik ausschließlich aus einer Managementperspektive zu betrachten, sollte die Wahrnehmung individueller Mitarbeiter auf dem Shopfloor in den Fokus rücken. Zudem ist es wichtig, die Analyse möglichst unvoreingenommen und ohne Vorgabe möglicher Erklärungsansätze vorzunehmen. Die patentierte, ursprünglich aus der klassischen Marktforschung stammende, aber bereits erfolgreich im Kontext Change-Management auf dem Shopfloor eingesetzte ZMET ist eine Methode, die genau dies ermöglicht. Die Methode besteht normalerweise aus zehn Schritten. In einer verkürzten, pragmatischen Version wurde sie auf sechs Schritte reduziert und angewendet.

Weiterführende Literatur – Fachaufsätze:

Paul Schneider und Maik Schlickel (2023). „Das 5-Why hinter dem 5-Why: Bildbasierte Tiefeninterviews als Ergänzung zur klassischen Ursachenanalyse". In: *QZ – Qualität und Zuverlässigkeit* 68.6, S. 32–34, Paul Schneider und Fabian J. Sting (2020). „Employees' perspectives on digitalization-induced change: Exploring frames of industry 4.0". In: *Academy of Management Discoveries* 6.3, S. 406–435 oder Gerald Zaltman und Robin Higie Coulter (1995). „Seeing the voice of the customer: Metaphor-based advertising research". In: *Journal of advertising research* 35.4, S. 35–51.

Kern des ZMET-Ansatzes ist es, Bilder als Stimuli für und in Interviews zu verwenden. Die Teilnehmer bringen sechs bis acht Bilder mit, die ihre Gefühle und Gedanken zum Thema (beispielsweise zu wenig Ursachenforschung) ausdrücken. Das Interview entfaltet sich entlang dieser Bilder, so dass im Wesentlichen über Konzepte gesprochen wird, die aus der Perspektive der interviewten Person relevant sind. Den Teilnehmern fällt es in der Folge einfacher, über ihre Gefühle und Gedanken zu sprechen, da sie keine trockenen Fragen beantworten müssen und sich stattdessen auf Aspekte eines Bilds beziehen können. Der Fokus des Interviews verschiebt sich vom individuellen Teilnehmer zu den von ihm mitgebrachten Bildern. Im Ergebnis wird eine offene und intensive Konversation zu einem zunächst trocken anmutenden Thema (Ursachenforschung) möglich.

Da Menschen häufig in Bildern denken, werden im Laufe des Interviews vielfach Metaphern verwendet. Die Aufgabe des Interviewers besteht darin, diese aufzugreifen und durch gezieltes Nachfragen in der Tiefe zu verstehen. Gelingt dies, werden mitunter dem Interviewten selbst unbewusste Gefühle und Gedanken deutlich, deren überraschender und neuartiger Charakter häufig einen besonders wertvollen Mehrwert bietet. Zudem kommen diverse projektive Techniken im Laufe der ZMET-Interviews zum Einsatz, die weitere Rückschlüsse auf (unbewusste) Motive und Einstellungen zulassen. Beispielsweise wird der Interviewte gefragt, wo er/sie in dem Bild sei, wie er/sie das Bild besser bzw. schlechter machen könnte oder was in einer gezeigten Situation wohl als Nächstes geschehe. Hier wird das Ziel der ZMET-Interviews deutlich: relevante Grundstrukturen aufzudecken, die das Denken und Handeln der Menschen in Bezug auf ein spezifisches Thema leiten. Bei diesen Tiefenstrukturen handelt es sich um grundlegende, sich in oberflächlichen Metaphern der Alltagssprache manifestierenden Orientierungsrahmen, die beeinflussen, wie Menschen Informationen verarbeiten und ihre Umwelt bzw. in dieser auftretende Phänomene für sich interpretieren.

Folgende Schritte bilden einen optimierten Ablauf eines ZMET-Interviews, gepaart mit exemplarischen Fragen zu jedem Schritt:

1. „Storytelling“: Die interviewte Person soll beschreiben, was er/sie auf dem Bild sieht und warum er/sie es im Wesentlichen gewählt hat. Für die interviewte Person relevante Themen und Konzepte werden identifiziert und verstanden. Beispielfragen: Was sehen Sie auf dem Bild? Worum geht es in diesem Bild? Inwiefern drückt dieses Bild Ihre Gefühle und Gedanken aus, die Sie haben, wenn Sie an Thema XYZ denken? Warum haben Sie dieses Bild mitgebracht? Welchen Titel würden Sie dem Bild geben?
2. „Missed Images“: Die interviewte Person soll ggf. nicht gefundene Bilder oder nicht behandelte Themen, Gefühle und Gedanken beschreiben. Weitere Konzepte und Themen werden erkannt. Beispielfragen: Gibt es Bilder, die Sie gesucht, aber nicht gefunden haben? Gibt es Gefühle und Einstellungen zu Thema XYZ, die nicht durch die von Ihnen mitgebrachten Bilder repräsentiert sind? Wie sähe ein solches Bild aus?
3. „Sorting Task“: Die interviewte Person soll die Bilder in aussagekräftige Gruppen sortieren, die betitelt und beschrieben werden sollen. Relevante Gruppen von Themen und Abgrenzungen werden deutlich. Beispielfragen: Können Sie die Bilder bitte in Gruppen einteilen (egal wie viele Gruppen und Bilder in den Gruppen)? Bitte benennen und beschreiben Sie jede Gruppe kurz.

4. „Construct Elicitation“: Die interviewte Person soll neue Konzepte und Bedeutungen und/oder identifizierte Unterschiede zwischen bereits erläuterten Aspekten artikulieren. Beispielfragen: Inwiefern sind zwei der Bilder ähnlich, aber anders als ein drittes Bild (hinsichtlich Ihrer Gefühle und Einstellungen zu Thema XYZ)? Gibt es einen anderen Aspekt, der Ähnlichkeiten oder Unterschiede zwischen Bildern beschreibt?
5. „Opposite Images“: Die interviewte Person soll ein hypothetisches Bild, welches das Gegenteil seiner/ihrer Gedanken und Gefühle zum Thema XYZ darstellt, beschreiben. Um zu verstehen, was etwas ist, hilft es zu wissen, was es nicht ist. Beispielfragen: Wie würde ein Bild aussehen, das das Gegenteil Ihrer Gefühle und Einstellungen zum Thema XYZ abbildet?
6. „Expand the Frame“: Die interviewte Person soll das Bild fiktiv erweitern. Ein Verständnis für die neuen Aspekte und ihre Relevanz wird entwickelt. Beispielfragen: Erzählen Sie mir, wer oder was diesem Bild hinzugefügt werden müsste, so dass Ihre Gefühle und Einstellungen zu Thema XYZ noch besser zum Ausdruck kommen? Stellen Sie sich vor, Sie könnten dem Bild etwas oder jemanden hinzufügen, was die Situation auf irgendeine Art besser/schlechter macht. Wer oder was wäre das? Was würde er/sie/es ändern oder tun?

Mentale Modelle werden im Marketing, wo die ZMET-Methodik ihren Ursprung hat, verwendet, um Konsumenten eine Marke, ein Produkt oder ein spezielles Thema effektiver zu vermitteln. Die Idee ist, dass zunächst die Gefühle, Gedanken und Einstellungen der Menschen in der Tiefe verstanden werden müssen, um mit der eigenen Kommunikation Resonanz zu erzeugen und die Menschen tatsächlich bewegen zu können (emotional und in Bezug auf ihr Kaufverhalten). Im Unternehmen eingesetzt, zielen die ZMET-Ergebnisse bzw. die hieraus abgeleiteten Organisations- und Kommunikationsmaßnahmen entsprechend auf ein verändertes Arbeitsverhalten ab.

Alle Interviews, welche durchschnittlich 90 Minuten dauern, werden aufgezeichnet. Während des anschließenden, mehrmaligen Anhörens werden diese mit Hilfe einer Mindmap codiert. Dies bedeutet, dass in einem ersten Schritt alle interessanten Aspekte und Aussagen in Stichworten oder ganzen Sätzen aufgeschrieben werden. Die Mindmap wird im weiteren Verlauf immer weiter strukturiert, indem Bezüge zwischen den Codes hergestellt, Ober- und Unterkategorien gebildet sowie bestehende und neue Codes diesen Ästen und Unterästen zugeordnet werden. In einem sehr iterativen und wechselseitigen Prozess aus Interviewaufnahme und -analyse entsteht eine Mindmap mit vielen Kategorien, die jeweils durch zwei bis vier Unterkategorien verfeinert und näher erklärt werden. Dieser iterative Prozess ist ein übliches Vorgehen in der qualitativen Forschung. Insgesamt konsolidieren diese Kategorien bzw. die sie haltende Mindmap oft Hunderte Codes.

In einem untersuchten Fall (Schneider und Schlickel 2023) konnten durch die Vorgehensweise 19 verschiedene Aspekte (d. h. Kategorien in der Mindmap) identifiziert werden, welche einen mittelbaren oder unmittelbaren negativen Einfluss darauf haben, dass eine solide Ursachenanalyse für ein aufgetretenes Problem initiiert oder nachhaltig zu Ende geführt wurde. Die unterschiedlichen Aspekte ließen sich in vier übergeordnete Kategorien zusammenfassen, die immer tiefere Sinnesebenen ansprachen:

- Organisatorische Grundlagen: fehlendes Rollenverständnis, abbrechende Kommunikationsketten, sowie Tools für Dokumentation und Wissensaustausch
- Aspekte des individuellen Mitarbeiterengagements, welche auf die Ursachenforschung ausstrahlen: Anreize, Arbeitsmoral und Motivation
- Faktoren, die auf individueller Ebene erklären, warum Symptombekämpfung der nachhaltigeren Ursachenanalyse vorgezogen wird: Prokrastination, mentale Kapazität sowie individuelle Arbeitsorganisation und Fähigkeit zur Fokusarbeit
- Tiefliegende Wahrnehmungsprozesse: Problembewusstsein, Gruppenkohäsion, Kultur sowie Arbeitsidentität

Aus diesen Erkenntnissen wurde ein Transformationsprogramm abgeleitet und initiiert, welches zielgerichtet die einzelnen Aspekte aufgreift, um die Wahrscheinlichkeit für und die Effektivität von Ursachenanalyse-Prozessen auf dem Shopfloor zu erhöhen. Zudem zielt das Programm auf das Abstellen weiterer Defizite, die über das Thema Ursachenanalyse hinaus in den ZMET-Interviews aufgeworfen bzw. im Rahmen der Analyse identifiziert wurden.

Fazit:

Die Methode ZMET kann als Ergänzung zu klassischen Werkzeugen der Ursachenfindung eingesetzt werden und ergänzt sinnvoll bestehende Methoden. Die ganze Kraft von ZMET entfaltet sich dort, wo Aspekte der Problemursache stark wechselwirken und auf Meta-Ebenen zu verorten sind. Speziell, wenn sich technische Themen mit sozio-ökonomischen Aspekten verbinden. Darüber hinaus bietet sich ZMET dort an, wo die Ursachen für Problemlösungen nicht trivial und offensichtlich sind, da der Aufwand zur Durchführung von ZMET höher ist. Dies zeigt auch die Nachteile auf, da ZMET in der Regel zeitintensiv ist und die Durchführung eine Erfahrung im Umgang mit der Methode voraussetzt.

3.4 Methoden der Problemlösung

Bei simplen Problemen sind die Maßnahmen zur Beseitigung der Ursachen oft trivial oder offensichtlich. Was aber, wenn die beste Lösung nicht bekannt ist oder keine offensichtliche Lösung zur Verfügung steht? Bei komplizierten Produktionsprozessen liegt die Lösung des Problems oft in den Prozessparametern, die optimiert werden müssen. Die bekanntesten dieser nichttrivialen Problemlösungsmethoden werden im Folgenden dargestellt.

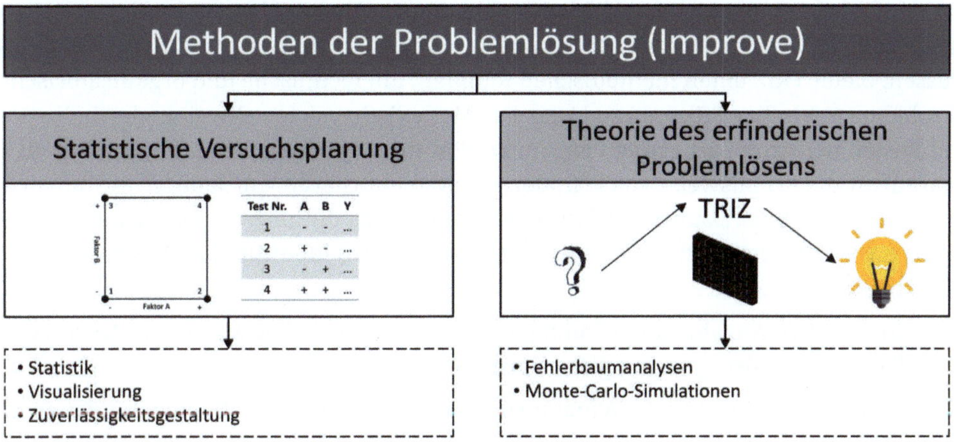

Bild 3.26 Methoden der Problemlösung

3.4.1 Theorie des erfinderischen Problemlösens

Leitfragen im Umgang mit Theorie des erfinderischen Problemlösens (TRIZ):

- Was ist das zu lösende Problem?
- Gibt es Zielsetzungen, die sich gegenseitig widersprechen?
- Was sind die zu lösenden Widersprüche?

Wann benötigen Sie diese Methode?

TRIZ wird benötigt, wenn komplexe technische Probleme gelöst werden sollen, innovative Lösungen für bestehende Probleme gesucht werden, die Funktionalität von Produkten oder Systemen verbessert werden soll, widersprüchliche Anforderungen in einem System oder Produkt gelöst werden sollen und die Effizienz und Effektivität von Prozessen oder Systemen gesteigert werden sollen. TRIZ bietet eine systematische Vorgehensweise, um Probleme zu analysieren und kreative Lösungen zu entwickeln. Durch die Anwendung von TRIZ können Ingenieure, Entwickler und Erfinder innovative Lösungen für komplexe Probleme finden.

TRIZ ist eine innovative Methodik, die auf systematisches Denken und strukturierte Problemlösungsansätze setzt. Die Methodik wurde von Genrich Saulowitsch Altschuller und Rafael Borissowitsch Shapiro unter Einfluss von Dmitri Dmitrijewitsch Kabanow um 1954–1956 ins Leben gerufen. TRIZ basiert auf der Annahme, dass durch die Analyse einer großen Anzahl von Patentschriften, deren Auswahl und Bewertung, allgemeingültige innovative Prinzipien und Gesetze des Erfindens identifiziert werden können. Altschuller analysierte eine große Anzahl von Patenten und identifizierte darin wiederkehrende Muster, welche den Grundstein für TRIZ legten. Im Gegensatz zu traditionellen Ansätzen, welche sich in erster Linie auf Intuition und Kreativität verlassen, bietet TRIZ einen methodischen Rahmen, um technische und organisatorische Probleme mit hoher Effizienz zu lösen. Die Methode hat sich weltweit in der Industrie als Instrument zur Förderung von Innovation und Optimierung etabliert. TRIZ zielt darauf ab, die Arbeitsweise von Erfindern zu systematisieren, um dadurch die Entwicklung neuer Problemlösungen zu beschleunigen und zu optimieren. Eine schematische Skizze von TRIZ ist in Bild 3.27 zu sehen. Bereits 1956 identifizierte Altschuller drei Gesetzmäßigkeiten:

1. Einer großen Anzahl von Erfindungen liegt eine vergleichsweise kleine Anzahl von allgemeinen Lösungsprinzipien zugrunde.
2. Erst das Überwinden von Widersprüchen macht innovative Entwicklungen möglich.
3. Die Evolution technischer Systeme folgt bestimmten Mustern und Gesetzen.

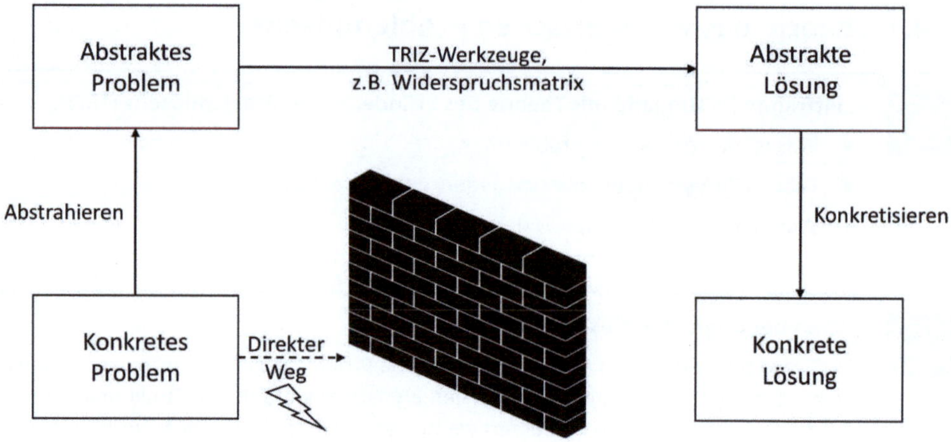

Bild 3.27 Ablauf von TRIZ

Weiterführende Literatur – Fachaufsätze:

Leonid Chechurin und Yuri Borgianni (2016). „Understanding TRIZ through the review of top cited publications". In: *Computers in Industry* 82, S. 119–134, Imoh M. Ilevbare, David Probert und Robert Phaal (2013). „A review of TRIZ, and its benefits and challenges in practice". In: *Technovation* 33.2–3, S. 30–37.

Die Widerspruchsanalyse ist das zentrale Konzept von TRIZ. Sie basiert auf der Erkenntnis, dass viele technische und organisatorische Probleme auf Widersprüchen beruhen. Diese Widersprüche entstehen, wenn die Verbesserung eines Parameters zu einer Verschlechterung eines anderen führt. TRIZ unterscheidet zwischen zwei Arten von Widersprüchen: technische Widersprüche und physikalische Widersprüche. Technische Widersprüche treten auf, wenn ein Systemmerkmal verbessert wird, aber gleichzeitig ein anderes Merkmal beeinträchtigt wird. Ein Beispiel hierfür ist die Erhöhung der Festigkeit eines Materials, die jedoch dessen Gewicht erhöht. Physikalische Widersprüche entstehen, wenn ein System gleichzeitig gegensätzliche Anforderungen erfüllen muss, wie etwa ein Objekt, das sowohl leicht als auch stark sein muss. TRIZ bietet Werkzeuge und Techniken, um solche Widersprüche zu identifizieren und Lösungen zu finden, die keine Kompromisse zwischen den konkurrierenden Anforderungen erfordern. Ein Beispiel der sogenannten Widerspruchsmatrix ist in Bild 3.28 dargestellt. Diese Widerspruchsmatrix, in der Version von 2003, ist auch als Vorlage zu diesem Buch online verfügbar.

Ein weiteres herausragendes Werkzeug von TRIZ sind die 40 Innovationsprinzipien, die Altschuller durch die Analyse von Patenten entwickelte. Diese Prinzipien dienen als Heuristiken zur Lösung von technischen Widersprüchen. Einige dieser Prinzipien umfassen die Segmentierung, bei der ein großes Problem oder System in kleinere Teile zerlegt wird, und die Dynamik, die besagt, dass ein System so gestaltet werden sollte, dass es sich an verändernde Bedingungen anpassen kann. Auch die Ressourcen-

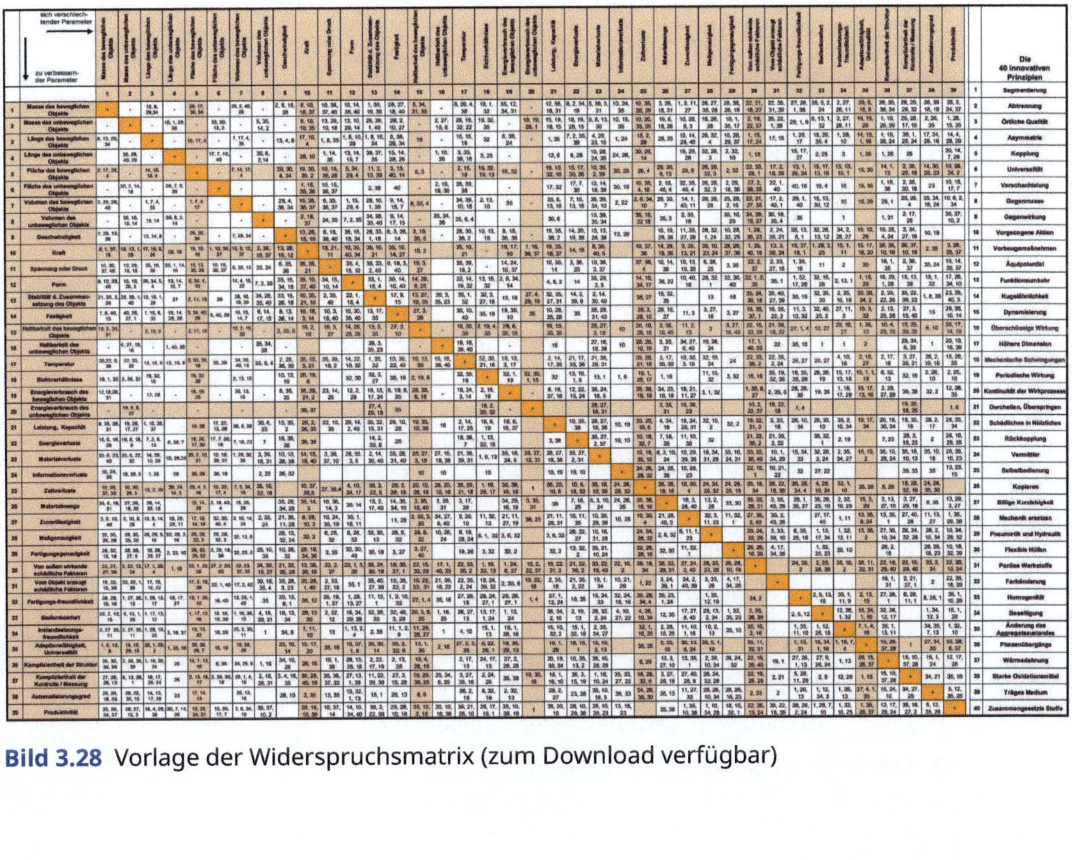

Bild 3.28 Vorlage der Widerspruchsmatrix (zum Download verfügbar)

nutzung, bei der verfügbare, aber bisher ungenutzte Ressourcen verwendet werden, um das Problem zu lösen, spielt eine wichtige Rolle. Weitere Prinzipien, wie die Vorwegnahme, ermöglichen es, ein System so zu entwerfen, dass es mögliche zukünftige Probleme vermeidet oder ihre Auswirkungen mindert. Die 40 Prinzipien können auf eine Vielzahl von Branchen und Problemstellungen angewendet werden und bieten einen systematischen Ansatz, um innovative Lösungen zu finden. Die 40 Innovationsprinzipien sind:

1. Zerlegung
2. Abtrennung
3. Örtliche Qualität
4. Asymmetrie
5. Kopplung
6. Universalität
7. Integration
8. Gegengewicht
9. Vorherige (vorgezogene) Gegenwirkung
10. Vorherige (vorgezogene) Wirkung
11. Prinzip der Prävention
12. Äquipotentialität
13. Funktionsumkehr (Inversion)
14. Kugelähnlichkeit (Sphäroidalität)
15. Dynamisierung
16. Partielle oder überschüssige Wirkung
17. Übergang zu anderen Dimensionen
18. Ausnutzung mechanischer Schwingungen
19. Periodische Wirkung
20. Kontinuität der nützlichen Wirkung
21. Prinzip des Durcheilens (Überspringen)
22. Umwandlung von Schädlichem in Nützliches
23. Rückkopplung (Feedback)
24. Prinzip des Vermittlers
25. Selbstbedienung
26. Kopieren
27. Billige Kurzlebigkeit anstelle teurer Langlebigkeit
28. Ersetzen des mechanischen Systems

29. Anwendung von Pneumo- und Hydrosystemen
30. Anwendung biegsamer Hüllen und dünner Folien
31. Verwendung poröser Werkstoffe
32. Farbveränderung
33. Gleichartigkeit
34. Beseitigung und Regenerierung der Teile
35. Veränderung der physikalischen und chemischen Eigenschaften
36. Anwendung von Phasenübergängen
37. Anwendung der Wärmeausdehnung
38. Anwendung starker Oxydationsmittel
39. Anwendung eines inerten oder trägen Mediums
40. Anwendung von Verbundwerkstoffen

Das Idealitätskonzept ist ein weiteres Element von TRIZ. Es zielt darauf ab, die ideale Lösung eines Problems zu finden, bei der ein System alle gewünschten Funktionen erfüllt, ohne zusätzliche Kosten, Komplexität oder negative Nebenwirkungen zu verursachen. In der Praxis bedeutet dies, nach Lösungen zu suchen, die ein System so einfach und effizient wie möglich machen. Eine ideale Lösung wäre beispielsweise eine Maschine, die ihre Funktion erfüllt, ohne Energie zu verbrauchen oder ohne gewartet werden zu müssen.

Die Ressourcenanalyse ist ein weiteres Werkzeug von TRIZ. Sie zielt darauf ab, alle verfügbaren Ressourcen eines Systems zu identifizieren und optimal zu nutzen. Ressourcen können physische Elemente wie Materialien, Energie und Raum sein, aber auch intellektuelle Ressourcen wie Wissen oder Fähigkeiten. Die Analyse dieser Ressourcen führt oft zu kreativen Lösungen, die vorhandene Mittel optimal nutzen, anstatt neue zu schaffen. Ein klassisches Beispiel wäre die Nutzung von Abwärme aus einem Produktionsprozess zur Beheizung eines anderen Teils der Anlage.

TRIZ fördert zudem ein systemisches Denken, bei dem Probleme nicht isoliert betrachtet werden, sondern als Teil eines größeren Systems. Dieser Ansatz hilft, die Wechselwirkungen zwischen den verschiedenen Komponenten eines Systems zu verstehen und gezielt Verbesserungen vorzunehmen. Die Funktionsmodellierung ist dabei ein zentrales Werkzeug. Sie hilft, ein Problem in seine grundlegenden Funktionen zu zerlegen und die Beziehungen zwischen diesen Funktionen zu analysieren. Auf diese Weise können Engpässe und ineffiziente Prozesse identifiziert und optimiert werden.

Ein hochentwickelter Algorithmus innerhalb von TRIZ ist der Algorithmus zur Lösung erfinderischer Probleme (ARIZ), der den Problemlösungsprozess in klar definierte Schritte unterteilt. Er wird in komplexen Situationen eingesetzt, in denen einfache Heuristiken nicht ausreichen. ARIZ führt den Anwender durch eine systematische Analyse des Problems, beginnend mit der Definition des idealen Endergebnisses und der

Identifikation der wesentlichen Widersprüche. Anschließend werden Ressourcen und systemische Zusammenhänge analysiert, um mögliche Lösungen zu entwickeln und zu bewerten.

TRIZ hat sich in vielen Industrien als wertvolles Werkzeug zur Problemlösung und Prozessoptimierung etabliert. In der Automobilindustrie wird TRIZ beispielsweise häufig verwendet, um technische Widersprüche in der Fahrzeugentwicklung zu lösen. Ein Beispiel ist die Optimierung der Crashsicherheit von Fahrzeugen. Hier stehen Ingenieure vor dem Problem, die Struktur eines Autos so zu gestalten, dass sie im Falle eines Aufpralls die Energie absorbiert, ohne das Fahrzeug unnötig schwer zu machen. Durch die Anwendung von TRIZ-Prinzipien wie Dynamik und Segmentierung können innovative Materialien und Konstruktionsmethoden entwickelt werden, die sowohl leicht als auch extrem sicher sind.

TRIZ enthält eine Reihe von methodischen Werkzeugen, die es erleichtern, ausgehend von einer Zielbeschreibung ein spezifisches technisches Problem zu definieren und zu analysieren, um es auf seine abstrakten Bestandteile herunterzubrechen und eine Lösung im abstrakten Raum zu finden. Im Anschluss daran wird die abstrakte Lösung kreativ in mögliche spezifische Lösungen übersetzt; aus dieser Menge wird eine Lösung ausgewählt. Damit wird vermieden, dass vorschnell vom Problem auf eine Lösung geschlossen wird. TRIZ greift stattdessen auf einen Vorrat bereits existierender Lösungsverfahren zurück. Die Methoden der klassischen TRIZ sind:

- Innovationsprinzipien und Widerspruchstabelle
- Separationsprinzipien zur Lösung physikalischer Widersprüche
- Algorithmus zur Lösung der Erfindungsprobleme
- System von 76 Standardlösungen
- Prinzip der Idealität

In der Elektronikindustrie stehen Ingenieure oft vor der Herausforderung, kleinere und leistungsfähigere Geräte zu entwickeln. TRIZ bietet hier wertvolle Unterstützung bei der Lösung von Widersprüchen wie dem zwischen Miniaturisierung und Wärmeabfuhr. Durch die Anwendung des Prinzips der Dynamik wurde beispielsweise die Entwicklung flexibler, anpassbarer Kühlungssysteme ermöglicht, die je nach Belastung des Geräts aktiviert werden. Auch in der Halbleiterproduktion spielt TRIZ eine wichtige Rolle. Hier werden die Prinzipien genutzt, um die Herstellungsmethoden zu optimieren und gleichzeitig die Qualität zu verbessern. Durch die Anwendung der „Segmentierung“ konnte beispielsweise der Produktionsprozess in einzelne, unabhängig kontrollierbare Schritte unterteilt werden, was zu einer besseren Kontrolle und höheren Ausbeute führte.

Fazit:

Insgesamt ist TRIZ eine leistungsstarke und vielseitige Methodik, die eine systematische und strukturierte Herangehensweise an Problemlösung und Innovation ermöglicht. Durch die Analyse von Widersprüchen, die Nutzung von Ressourcen und die Anwendung universeller Innovationsprinzipien bietet TRIZ wertvolle Werkzeuge zur Entwicklung kreativer und effektiver Lösungen in der Industrie. TRIZ bietet Unternehmen die Möglichkeit, effizienter und effektiver zu arbeiten, was zu höheren Gewinnen und einer nachhaltigeren Entwicklung führt.

3.4.2 Statistische Versuchsplanung

Leitfragen im Umgang mit statistischer Versuchsplanung:

- Was ist der zu optimierende Prozess?
- Sind die Steuer- und Störgrößen bekannt, um den Prozess einzustellen?
- Sind die Zielgrößen klar definiert?
- Sind die Wechselwirkungen des Prozesses bekannt?
- Sind weitere Abhängigkeiten quantifiziert worden?
- Gibt es moderierende Einflüsse auf den Prozess?
- Ist der Prozess langzeitstabil?

Wann benötigen Sie diese Methode?

Statistische Versuchsplanung wird benötigt, wenn die Auswirkungen von verschiedenen Faktoren auf ein System oder einen Prozess untersucht werden sollen, die optimalen Einstellungen für Prozessparameter ermittelt werden sollen, die Variabilität von Prozessen oder Produkten reduziert werden soll, die Robustheit von Prozessen oder Produkten gegenüber Störeinflüssen verbessert werden soll und die Anzahl von Experimenten minimiert werden soll, um Kosten und Zeit zu sparen. Statistische Versuchsplanung hilft dabei, systematisch und effizient Experimente zu planen und durchzuführen, um die Auswirkungen von verschiedenen Faktoren auf ein System oder einen Prozess zu verstehen und zu optimieren.

Die statistische Versuchsplanung, auch bekannt als Design of Experiments (DoE), ist eine systematische Methode zur Planung, Durchführung und Auswertung von Experimenten. Ihr Hauptziel ist es, die Anzahl der Experimente zu minimieren und gleichzeitig die Genauigkeit der Ergebnisse zu maximieren. Dies wird erreicht, indem verschiedene Faktoren und ihre Auswirkungen auf das Versuchsergebnis untersucht werden. Insgesamt ist die statistische Versuchsplanung ein leistungsfähiges Werkzeug, um komplexe Probleme anzugehen, Ursache-Wirkungs-Beziehungen zu erkennen und Prozesse zu optimieren. Durch einen systematischen und wissenschaftlichen Ansatz ermöglicht sie fundierte Entscheidungen und Innovationen in verschiedenen Bereichen wie Ingenieurwesen, Fertigung, Medizin und Forschung. Für den Einsatz und die

Auswertung von statistischen Versuchsplänen empfiehlt sich aufgrund der schnell anwachsenden Kompexität der Einsatz einer speziellen Statistiksoftware, beispielsweise Minitab oder JMP. Die Verwendung von solchen Softwarepaketen macht den Aufwand beherrschbar und reduziert die Fehleranfälligkeit während der Analyse großer Datenmengen.

Weiterführende Literatur – Bücher:

Wilhelm Kleppmann (2020). *Versuchsplanung: Produkte und Prozesse optimieren*. Carl Hanser Verlag oder Karl Siebertz, Thomas Hochkirchen und David van Bebber (2010). *Statistische Versuchsplanung*. Springer.

3.4.2.1 Grundprinzipien der statistischen Versuchsplanung

Da Versuche Ressourcen erfordern, steht der Versuchsverantwortliche in einem Spannungsfeld zwischen der Genauigkeit und Zuverlässigkeit der erwarteten Ergebnisse einerseits und dem dafür erforderlichen Aufwand andererseits. Der Begriff Versuch schließt neben physikalischen Versuchen auch Computersimulationen ein. Ziel der statistischen Versuchsplanung ist es, mit möglichst wenigen Versuchen den Wirkungszusammenhang zwischen Einflussfaktoren und Zielgrößen möglichst genau zu ermitteln. Ein wichtiger Bestandteil der statistischen Versuchsplanung ist die Festlegung des Versuchsumfangs in Abhängigkeit von Genauigkeitsvorgaben wie den Risiken statistischer Tests und der minimal interessierenden Mindestdifferenz vom Nullhypothesenwert.

Die Anfänge der statistischen Versuchsplanung gehen auf das 19. Jahrhundert zurück, mit den Arbeiten von Joseph Gergonne über optimale Versuchspläne und polynomiale Regression sowie der Veröffentlichung von Charles Sander Peirce über randomisierte Experimente. In den 1960er- und 1970er-Jahren stieg das Interesse an der Versuchsplanung aufgrund des zunehmenden Kostendrucks und des scharfen Wettbewerbs, insbesondere in der Automobilindustrie. Insbesondere die Taguchi-Methode, deren Ziel es war, robuste Prozesse zu entwickeln, erfreute sich zunehmender Beliebtheit.

Weiterführende Literatur – Fachaufsätze:

Jiju Antony (2001). „Improving the manufacturing process quality using design of experiments: a case study". In: *International Journal of Operations and Production Management* 21.5–6, S. 812–822.

Heute hat die statistische Versuchsplanung ein breites Anwendungsspektrum in Wissenschaft und Technik. Die experimentelle Vorgehensweise, einen Faktor nach dem anderen zu verändern *(one-factor-at-a-time)* oder nach dem Prinzip von Versuch und Irrtum *(trial-and-error)*, führt nur zufällig zur Entdeckung des globalen Optimums und Wechselwirkungen zwischen Einflussfaktoren werden nicht erkannt. Im Gegensatz dazu ist DoE eine Methodik zur systematischen Planung und statistischen Auswertung von Versuchen. Der funktionale Zusammenhang zwischen Einfluss- und Zielgrößen wird mit geringem Aufwand mathematisch berechnet. Die dafür benötigten Ressourcen wie Personal, Zeit und Kosten sind vor der Versuchsdurchführung bekannt und die Irrtumswahrscheinlichkeit der Ergebnisse ist quantifizierbar.

Ein zentraler Aspekt von DoE ist die Berücksichtigung der Variabilität in einem System. Dies umfasst sowohl die Variation der unabhängigen Variablen (Steuergrößen) als auch die Variation der abhängigen Variablen (Zielgrößen). Bevor ein Experiment durchgeführt wird, müssen alle potenziellen Faktoren identifiziert werden, die das Ergebnis beeinflussen könnten. Dies können physikalische Variablen wie Temperatur und Druck, Prozessparameter oder menschliche Faktoren sein. Für jeden identifizierten Faktor werden verschiedene Einstellungen definiert, die im Experiment getestet werden sollen. Dies ermöglicht die Untersuchung der Auswirkungen von Variationen in den Faktoren auf das Ergebnis. Um Störfaktoren zu minimieren und sicherzustellen, dass die Ergebnisse repräsentativ sind, werden die Versuche in zufälliger Reihenfolge durchgeführt. Jeder Versuch wird normalerweise mehrmals wiederholt, um die Zuverlässigkeit der Ergebnisse sicherzustellen und die Genauigkeit der Schätzungen zu verbessern.

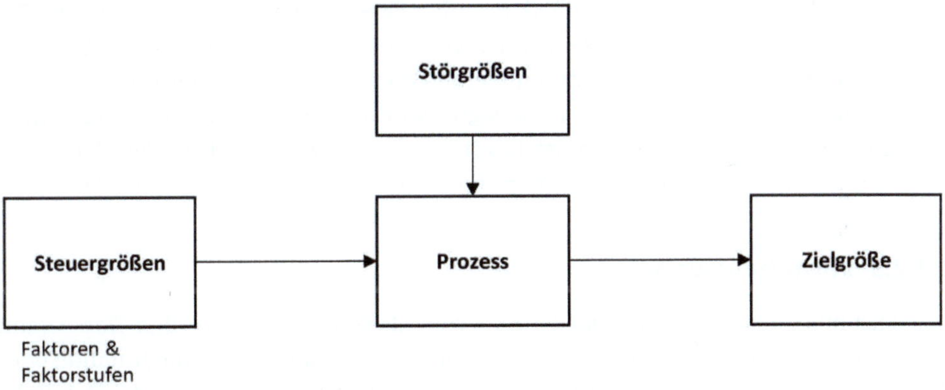

Bild 3.29 Das grundlegende Modell eines Versuchsplans

3.4.2.2 Begriffe der statistischen Versuchsplanung

- **Zielgrößen:** Zielgrößen (auch abhängige Variablen) beschreiben das Ergebnis einer Prüfung. Zielgrößen können Messwerte, aber auch aus einem oder mehreren Messwerten berechnete Größen sein. In einem Versuch können mehrere Zielgrößen bestimmt werden. Beispielhafte Zielgrößen können technische Größen wie Beschichtungsdicke oder prozessuale Größen wie Ausschuss oder First-Pass-Yield sein.

- **Steuergrößen:** Steuergrößen (auch unabhängige Variablen) sind Einflussgrößen, deren Wert für das Produkt oder den Fertigungsprozess auf einen bestimmten Wert eingestellt und gehalten wird. Steuergrößen werden in Versuchen der statistischen Versuchsplanung gezielt variiert. Beispiele sind Merkmale wie Vorschubgeschwindigkeit, Drehzahlen, Spannung oder Prozesstemperatur.
- **Störgrößen:** Störgrößen sind Einflussgrößen, die zwar variieren, deren Wert für das Produkt oder den Prozess aber nicht vorgegeben werden kann. Beispiele sind Chargenschwankungen im Rohmaterial oder Unterschiede in der Luftfeuchtigkeit.
- **Faktoren:** Aus der Vielzahl der Einflussgrößen werden die vermuteten wesentlichen Einflussgrößen für den Versuch ausgewählt. Können diese Parameter *ex-ante* nicht eingegrenzt werden, kann in mehreren Schritten vorgegangen werden (siehe Abschnitt über Screening-Versuchspläne). Alternativ sollte auf Expertenwissen zurückgegriffen werden, um eine Auswahl von wahrscheinlich wesentlichen Faktoren zu treffen. Dies wirkt sich deutlich reduzierend auf den durchzuführenden Versuchsumfang aus.
- **Faktorstufen:** Nach der Auswahl der Faktoren muss festgelegt werden, welche Werte die Faktoren im Versuch annehmen sollen. Überall dort, wo es die Prozesse zulassen (Linearität muss vorhanden sein), sollten zwei Faktorstufen gewählt werden. Ein Versuchsplan mit drei Faktorstufen ist entsprechend umfangreicher. Bei zwei Faktorstufen sollten diese deutlich voneinander entfernt sein. Geringe Unterschiede zwischen den Faktorstufen können dazu führen, dass der Effekt zu klein ist und in der Auswertung als nicht signifikant ausgewiesen wird. Daher sollten die Faktorstufen weit auseinander liegen, aber gleichzeitig realistische Werte sein. Geeignet sind Werte in der Nähe der oberen oder unteren Toleranzgrenze.

3.4.2.3 Vorgehensweise

Zunächst muss das spezifische Ziel des Experiments klar definiert werden. Dabei kann es sich um die Optimierung eines Prozesses, die Verbesserung der Produktqualität oder die Ermittlung von Ursache-Wirkungs-Beziehungen handeln. Vor Beginn der Detailplanung müssen sich alle Beteiligten über das Versuchsziel einig sein. Ohne diese Einigung werden die Ergebnisse unbefriedigend bleiben. Dieser Schritt erfordert Sachkenntnis und Fingerspitzengefühl im Umgang mit den Betroffenen. Oft müssen gegensätzliche Abteilungsinteressen unter einen Hut gebracht werden. Da es verschiedene Methoden der Versuchsplanung gibt, die jeweils für unterschiedliche Fragestellungen optimal sind, werden kurz die verschiedenen grundsätzlichen Möglichkeiten als Hilfestellung bei der Festlegung des Untersuchungsziels dargestellt, nämlich die optimale Mittelwertlage und die Reduzierung der Streuung.

- **Optimale Mittelwertlage**: Das Prozessergebnis soll einen bestimmten Wert annehmen. In diesem Fall ist das Prozessergebnis selbst eine geeignete Zielgröße. Aus statistischen Gründen wird dann meist der Mittelwert betrachtet. Beispielsweise soll der Ausschuss eines Fertigungsprozesses verringert werden. Ziel der Untersuchung ist es herauszufinden, wie der Mittelwert von den verschiedenen Faktoren abhängt. Aus dieser Abhängigkeit lassen sich dann optimale Einstellungen für die Faktoren ableiten. Häufig sollen mehrere Zielgrößen gleichzeitig optimal sein, sind dann aber meist nicht gleichzeitig für andere Zielgrößen optimal. Aus der quantitativen Kenntnis der Abhängigkeiten aller Zielgrößen von den Faktoren können bei Zielkonflikten optimale Kompromisse gefunden werden. Für die quantitative Bestimmung der Abhängigkeit der Mittelwerte von den Faktoren bieten die klassischen Methoden der Versuchsplanung die besten und vielseitigsten Möglichkeiten.

- **Reduzierung der Streuung**: In der Fertigung ist oft weniger die Lage des Mittelwerts des Prozessergebnisses als vielmehr dessen Streuung problematisch. Die Streuung bestimmt beispielsweise die Prozessfähigkeit (siehe Abschnitt 3.5.2). Soll die Streuung reduziert werden, ist die Standardabweichung (siehe Abschnitt 5.2.1) von mehreren Versuchsdurchführungen eine geeignete Prozessgröße. Beispielsweise streut die Bohrtiefe von Sacklochbohrungen in der Serienfertigung stark. Die Streuung der Tiefe soll reduziert werden, obwohl der Mittelwert der Bohrungstiefe den Anforderungen entspricht. Die Ursachen der Streuung sind unbekannt, es handelt sich um Unterschiede zwischen Teilen, die unter gleichen Bedingungen hergestellt wurden. Oft sind wenige Störgrößen für einen großen Teil der Streuung verantwortlich. Dann kann man gezielt nach Einstellungen von Regelgrößen suchen, bei denen sich eine Änderung dieser Störgrößen im üblichen Bereich möglichst wenig auswirkt. Taguchi verwendet hierfür den Begriff der Robustheit. Ein robuster Prozess ist demnach ein Prozess, dessen Ergebnis möglichst wenig von bestimmten Störgrößen abhängt.

Die Zielgrößen müssen die Probleme des Auftraggebers widerspiegeln und in möglichst engem Zusammenhang mit den Untersuchungszielen stehen. Außerdem sollten die Zielgrößen möglichst quantitativ sein. Messwerte haben einen wesentlich höheren Informationsgehalt als Gut/Schlecht-Aussagen. Daraus ergeben sich eine geringere Zufallsstreuung und ein kleinerer Versuchsumfang. Bei nicht direkt messbaren Merkmalen kann man sich mit Noten behelfen, es entsteht eine nominale Skala (siehe Abschnitt 5.2.1). Alle wesentlichen Prozessergebnisse bzw. Produkteigenschaften müssen als Zielgrößen erfasst werden. Dabei ist es wichtig, nicht nur die aktuell problematische Größe zu betrachten, da die Optimierung dieser einen Größe sonst unbemerkt zu einer Verschlechterung anderer Größen führen kann. Die meisten Anwendungen haben daher mehrere Zielgrößen. Die Interpretation der Ergebnisse wird jedoch erleichtert, wenn die Anzahl der Zielgrößen möglichst gering gehalten wird. Die Messstreuung sollte im Verhältnis zu den tatsächlichen Unterschieden möglichst gering sein. Dies kann durch eine Messmittelfähigkeitsuntersuchung (siehe Abschnitt 3.2.1) ermittelt werden.

Bei der Auswahl der Faktoren ist zu berücksichtigen, dass eine Einflussgröße, die nicht als Faktor in die Untersuchung einbezogen wird, nicht erkannt wird. Und wenn sich eine wichtige Einflussgröße während des Versuchs unkontrolliert ändert, kann sie die Ergebnisse verfälschen. Deshalb dürfen bei der Planung keine wichtigen Einflussgrößen vergessen werden. Zur Vorbereitung von Versuchen in der Fertigung empfiehlt es sich, zunächst die Fertigung systematisch zu beobachten und die Ergebnisse dieser Beobachtung bei der Auswahl der Einflussgrößen zu berücksichtigen. Bei der Entwicklung neuer Produkte oder Prozesse ist man bei der Auswahl weitgehend auf die Erfahrungen der Teammitglieder angewiesen.

Um möglichst alle Teammitglieder einzubeziehen, hat es sich bewährt, die Auswahl der Faktoren in zwei Schritte zu gliedern: Zunächst werden möglichst viele Einflussfaktoren gesammelt, d. h. Größen, die einen Einfluss auf das Ergebnis haben können. Dabei hat es sich bewährt, zwischen Steuergrößen und Störgrößen zu unterscheiden. Zur Sammlung von Einflussfaktoren eignet sich das Brainstorming. In dieser Phase wird aus der Vielzahl der gefundenen Einflussfaktoren eine überschaubare Anzahl von Faktoren für die weitere Untersuchung ausgewählt (typischerweise drei bis sechs, selten mehr als zehn). Einflussgrößen mit hoher Relevanz eignen sich besonders für die Erprobung. Die ausgewählten Faktoren müssen unabhängig voneinander veränderbar sein. Manchmal gibt es mehrere Möglichkeiten, solche unabhängigen Faktoren zu definieren. Es sollte dann die Definition verwendet werden, bei der (beispielsweise aus technischen Gründen) die direkteste und einfachste Abhängigkeit von den Zielgrößen zu erwarten ist.

Bei der Festlegung der Faktorstufen ist zu berücksichtigen, dass wenn ein Versuchsplan viele Faktoren enthält (mehr als fünf bis sechs), normalerweise nur zwei Stufen für jeden Faktor untersucht werden, um den Aufwand zu begrenzen. Mit einem solchen Versuchsplan kann festgestellt werden, welche Faktoren wichtig sind, wie groß ihr linearer Effekt auf jede Zielgröße ist und welche Stufe jedes Faktors für jede Zielgröße günstig ist (ermöglicht auch Kompromisse bei Zielkonflikten). Wenn ein Versuchsplan nur wenige Faktoren enthält, können für jeden Faktor mehr als zwei Stufen untersucht werden. Auf diese Weise kann auch das Maximum/Minimum einer Zielgröße gefunden werden. Bei der Festlegung der Stufenzahl spielt auch die Art des Faktors eine Rolle:

- Quantitative Faktoren wie Temperatur oder Druck können meist beliebige Werte in einem sinnvollen Bereich annehmen. Soll die lineare Wirkung vieler Faktoren in erster Näherung bestimmt werden oder wird nur eine lineare Abhängigkeit erwartet, so werden in der Regel nur zwei Stufen verwendet. Wird dagegen eine nichtlineare Abhängigkeit erwartet und ist die Anzahl der Faktoren klein genug, werden drei bis fünf Stufen verwendet.
- Qualitative Faktoren wie Anlage oder Hersteller können nur bestimmte Werte annehmen (beispielsweise zwei Anlagen oder drei Hersteller sollen miteinander verglichen werden). Die Anzahl der Stufen ergibt sich dann aus der Fragestellung. Soll die Wirkung vieler Faktoren bestimmt werden, beschränkt man sich auf die zwei wichtigsten Stufen (zum Beispiel zwei Hersteller).

Ausgangspunkt zur Bestimmung der Faktorstufen ist in der Regel der bisher beste Herstellungsprozess. Ohne weitere Informationen untersucht man einen Bereich, der symmetrisch dazu liegt. Vermutet man eine Verbesserung in eine bestimmte Richtung, so nimmt man als erste Stufe den bisher besten Zustand, als zweite Stufe einen Wert in der vermuteten besseren Richtung. Je kleiner der Abstand zwischen den Stufen ist, desto kleiner ist der Unterschied zwischen den Ergebnissen und desto größer ist der Umfang des Experiments, der erforderlich ist, um noch einen Unterschied zwischen den Ergebnissen festzustellen. Wenn ein Faktor nicht genau gemessen werden kann, sollte der Abstand zwischen den Faktorstufen mindestens sechs Standardabweichungen betragen. Je größer der Abstand zwischen den Stufen ist, desto größer kann die Abweichung der Ergebnisse von der Linearität sein. Bei zwei Stufen können diese Abweichungen jedoch nicht erkannt werden und sie verfälschen daher das Ergebnis. Insbesondere dürfen zwischen den Stufen keine neuen physikalischen oder technischen Phänomene auftreten. Eine Extrapolation der Ergebnisse über den untersuchten Bereich hinaus ist nicht zulässig, daher sollte die Untersuchung möglichst den interessierenden Bereich umfassen.

Basierend auf dem Ziel des Experiments und der Anzahl der zu untersuchenden Faktoren wird ein geeigneter Versuchsplan aufgestellt. Dies könnte ein vollständig faktorieller Plan, ein fraktionell-faktorieller Plan oder ein Response Surface Design sein. Die geplanten Versuche werden gemäß dem ausgewählten Versuchsplan durchgeführt. Es ist wichtig, die Bedingungen genau zu kontrollieren und sicherzustellen, dass alle Variablen korrekt eingestellt sind. Bezüglich der Anzahl der Versuche sei gesagt, dass je genauer der Effekt der Faktoren bestimmt werden möchte und je stärker die Versuchsergebnisse aufgrund zufälliger Unterschiede streuen, desto mehr Einzelversuche sind erforderlich. Für Versuche mit zweistufigen Faktoren kann folgende Daumenregel angesetzt werden (Kleppmann 2020), dass

$$\mathrm{N} \approx 60 \cdot \left(\frac{\sigma}{\Delta\mu}\right)^2 \tag{3.9}$$

Einzelversuche durchgeführt werden sollten, wenn ein Effekt von $\Delta\mu$ technologisch relevant ist und mit hoher Wahrscheinlichkeit erkannt werden soll, falls er existiert. Besteht der Versuch aus m Faktorstufenkombinationen, so wird jede dieser Kombinationen

$$\mathrm{n} \approx \frac{\mathrm{N}}{\mathrm{m}} \tag{3.10}$$

mal durchgeführt. Ganz praktisch bedeutet dies Folgendes: Wenn aus Fertigungsaufzeichnungen bekannt ist, dass die Standardabweichung der täglichen Ausschussmenge $\sigma = 1\,\%$ beträgt und eine Ausschussreduzierung von mindestens 2 % relevant ist und im Versuch erkannt werden soll, dann benötigt man

$$\mathrm{N} \approx 60 \cdot \left(\frac{1}{2}\right)^2 = 15 \text{ Einzelversuche} \tag{3.11}$$

Ein weiteres wichtiges Kriterium ist die sogenannte Blockbildung. Ziel der Blockbildung ist es, die zufällige Streuung zu minimieren, um mit möglichst wenigen Einzelversuchen gesicherte Ergebnisse zu erhalten. Unter Blockbildung versteht man die Einteilung der Einzelversuche bzw. Versuchsobjekte in Gruppen, so dass innerhalb jeder Gruppe (Block genannt) einerseits die zufälligen Unterschiede möglichst klein sind und andererseits jede Faktorstufenkombination möglichst gleich häufig auftritt. Eventuelle Unterschiede zwischen den Blöcken können aufgrund der Ausgewogenheit innerhalb der Blöcke erkannt und aus der Berechnung eliminiert werden. Auf diese Weise kann die zufällige Streuung reduziert werden.

Um zu vermeiden, dass ein Trend oder eine andere unerkannte Änderung der Ergebnisse die Schätzung der Effekte der Faktoren verfälscht, werden die einzelnen Versuche in jedem Block in zufälliger Reihenfolge durchgeführt. Dies wird als Randomisierung bezeichnet. Zufällige Reihenfolge bedeutet aber nicht willkürliche Reihenfolge. Die Reihenfolge wird vor der Versuchsdurchführung mit Hilfe von Zufallszahlen festgelegt. Diese Reihenfolge ist dann einzuhalten. Eine nachträgliche Änderung der Reihenfolge birgt die Gefahr einer Verfälschung der Ergebnisse. Werden für die Durchführung der Versuche Teile benötigt, so werden diese den Faktorstufenkombinationen zufällig zugeordnet, um eine Verfälschung der Ergebnisse durch mögliche Unterschiede zwischen den Teilen zu vermeiden. Durch die Kombination von Blockbildung und Randomisierung wird eine optimale Absicherung gegen Veränderungen der Versuchsbedingungen erreicht.

Während der Durchführung des Experiments werden Daten zu den unabhängigen Variablen und der abhängigen Variablen gesammelt, allerdings ist Statistik kein Ersatz für mangelnde Sorgfalt. Im Gegenteil, jeder einzelne Messwert geht in die Berechnung aller Effekte ein. Er beeinflusst daher auch alle Schlussfolgerungen. Ein unentdeckter Fehler kann alle Ergebnisse verfälschen. Die einzelnen Experimente des Versuchsplans müssen daher mit größtmöglicher Sorgfalt vorbereitet und durchgeführt werden. Eine sorgfältige Planung und Vorbereitung gewährleisten einen reibungslosen und fehlerfreien Ablauf der Versuche. Dazu gehören unter anderem folgende Schritte:

- Wer führt wann welche Arbeiten aus? Sind alle Messmittel kalibriert?
- Ist die Messstreuung bekannt und klein genug? Sind die Prüfkörper repräsentativ?
- Sind die Prüfkörper so gekennzeichnet, dass eine eindeutige Zuordnung zwischen Prüfkörper und Versuchsnummer gewährleistet ist?
- Sind die Teile den Versuchsnummern zufällig zugeordnet? Ist der Versuchs- und Messablauf eindeutig festgelegt?
- Ist damit sichergestellt, dass die Umgebungsbedingungen und sonstigen Randbedingungen für alle Einzelversuche möglichst einheitlich sind?
- Wie werden Zuordnungs- und Übertragungsfehler vermieden?

- Ist allen Beteiligten klar, dass die vorgegebene Versuchsreihenfolge eingehalten werden muss und dass jedes Einzelergebnis in die Berechnung aller Effekte eingeht und daher Sorgfalt und einheitliche Vorgehensweise extrem wichtig sind?
- Wurde ein Pilotversuch durchgeführt, um die Machbarkeit der geplanten Faktorstufenkombinationen zu überprüfen und den Versuchsablauf zu testen und zu üben?

Werden in dieser Phase Probleme festgestellt, müssen diese vor der eigentlichen Versuchsdurchführung behoben werden. Dies kann eine Anpassung des Versuchsplans erfordern. Die gesammelten Daten werden analysiert, um die Auswirkungen der verschiedenen Faktoren auf die Reaktion zu bewerten. Dies kann mithilfe statistischer Methoden wie ANOVA erfolgen.

Bei vollfaktoriellen Versuchsplänen wird jede Faktorstufenkombination gleich oft realisiert. Für jede Faktorstufenkombination können die Mittelwerte der Versuchsergebnisse berechnet werden. Durch den Vergleich der Einzelergebnisse bei gleicher Faktorstufenkombination können Ausreißer in den Ergebnissen erkannt werden. Ausreißer sind Ergebnisse, die offensichtlich nicht zu den anderen Ergebnissen passen. Sie können durch einen falsch eingestellten Faktor, durch eine falsche Ablesung eines Messgeräts, durch einen Übertragungsfehler o. Ä. verursacht werden. Da Ausreißer das Ergebnis verfälschen würden, dürfen sie bei der weiteren Auswertung nicht berücksichtigt werden. Wenn möglich, ist die Ursache der Abweichung zu ermitteln und das Ergebnis zu korrigieren oder der betreffende Einzelversuch zu wiederholen.

Ist eine Wiederholung des Einzelversuchs nicht möglich, so ist dieser Wert zu streichen. Dabei ist jedoch Vorsicht geboten. Insbesondere wenn die Faktorstufenkombination nur einmal realisiert wurde, kann ein Ausreißer die berechneten Effekte unbemerkt verfälschen. Umgekehrt kann ein scheinbarer Ausreißer auch auf bisher unbekannte, wichtige Einflüsse hinweisen. Trotz aller Sorgfalt streuen Versuchsergebnisse aufgrund zufälliger Einflüsse. Da die Effekte aus den Versuchsergebnissen berechnet werden, streuen auch diese. Die aus den Versuchsergebnissen berechneten (beobachteten) Effekte weichen zufällig von den unbekannten wahren Werten ab. Große Abweichungen treten jedoch selten auf. Dies macht man sich zunutze, um die Signifikanz von Effekten zu beurteilen:

- Ist der Effekt größer als seine Zufallsstreuung, nennt man ihn signifikant.
- Ist er kleiner als seine Zufallsstreuung, nennt man ihn nicht signifikant.

Basierend auf den Analyseergebnissen werden Schlussfolgerungen gezogen und Empfehlungen für die Optimierung des Prozesses oder die Verbesserung des Produkts abgeleitet. Das Ergebnis der rein statistischen Analyse sind Zahlenwerte für die Größe der Effekte, die Breite der Vertrauensbereiche und daraus abgeleitet Aussagen über die Signifikanz der Effekte. Dieses Ergebnis muss fachlich verstanden, interpretiert und in Verbesserungsmaßnahmen umgesetzt werden.

Ist die Wechselwirkung zwischen zwei Faktoren signifikant, so bedeutet dies, dass die Wirkung des einen Faktors vom Wert des anderen Faktors abhängt. Beide Faktoren müssen zusammen betrachtet werden. Da Wechselwirkungen als Zahlenwerte schwer zu interpretieren sind, wird empfohlen, für alle Faktorstufenkombinationen dieser beiden Faktoren Mittelwerte zu bilden und aus diesen Mittelwerten Konsequenzen abzuleiten.

Wichtig ist, dass das Ergebnis plausibel ist. Die besten Ergebnisse sind die, bei denen im Nachhinein alle Beteiligten sagen: „Das ist doch eigentlich klar. Warum sind wir nicht schon früher darauf gekommen?“ Die Plausibilität bezieht sich auf die qualitative Abhängigkeit der einzelnen Zielgrößen von den Faktoren. Es ist normal, dass bei mehreren Zielgrößen Zielkonflikte auftreten. Was für eine Zielgröße günstig ist, kann für eine andere ungünstig sein. In dieser Situation hilft die quantitative Kenntnis der Abhängigkeiten. Sie ermöglicht es, gezielt Kompromisse zu finden und alle (gegensätzlichen) Ziele so weit wie möglich in Einklang zu bringen. Auch und gerade Kostenminimierung und Prozessvereinfachung sind wesentliche Ziele. Aus diesen quantitativen und technischen Betrachtungen ergibt sich schließlich ein vorläufiger Maßnahmenkatalog für konkrete Prozess- oder Produktverbesserungen.

3.4.2.4 Vollständig-faktorielle Versuchspläne

Im Folgenden werden der Aufbau und die Auswertung von vollständig-faktoriellen Versuchsplänen mit *k* Faktoren auf je zwei Stufen beschrieben. Sie sind das wichtigste Vehikel der Versuchsplanung und bilden die Grundlage für viele Weiterentwicklungen. Die Systematik, wie sich derartige vollfaktorielle Versuchspläne aufbauen, ist dem Bild 3.30 zu entnehmen.

Das einfachste aller möglichen Beispiele für einen vollfaktoriellen Versuchsplan ist in Bild 3.31 zu sehen. Das Bild zeigt einen vollständigen Versuchsplan mit zwei Faktoren A und B auf je zwei Stufen, die mit + und – bezeichnet werden. Der Versuchsplan besteht aus $2^2 = 4$ Faktorstufenkombinationen, daher heißt der Plan auch 2^2-Plan.

Bezeichnet man die Ergebnisse für die Zielgröße bei den vier Faktorstufenkombinationen mit y_1, y_2, y_3 und y_4, so ist beispielsweise

$\frac{y_2 + y_4}{2}$ der Mittelwert der Versuchsergebnisse mit A auf der Stufe +

$\frac{y_1 + y_3}{2}$ der Mittelwert der Versuchsergebnisse mit A auf der Stufe – .

Die Differenz der beiden Mittelwerte ist ein Maß für die Wirkung des Faktors A. Man nennt sie *Effekt* des Faktors A.

$$\text{Effekt A} = \frac{y_2 + y_4}{2} - \frac{y_1 + y_3}{2} \tag{3.12}$$

Analog dazu ist der Effekt von B ein Maß für die Wirkung des Faktors B.

$$\text{Effekt B} = \frac{y_3 + y_4}{2} - \frac{y_1 + y_2}{2} \tag{3.13}$$

Nr.	Faktor A	Faktor B	Faktor C	Faktor D	...
1	-	-	-	-	-
2	+	-	-	-	-
3	-	+	-	-	-
4	+	+	-	-	-
5	-	-	+	-	-
6	+	-	+	-	-
7	-	+	+	-	-
8	+	+	+	-	-
9	-	-	-	+	-
10	+	-	-	+	-
11	-	+	-	+	-
12	+	+	-	+	-
13	-	-	+	+	-
14	+	-	+	+	-
15	-	+	+	+	-
16	+	+	+	+	-

Bild 3.30 Aufbaustruktur eines vollfaktoriellen Versuchsplans

Von einer Wechselwirkung AB spricht man, wenn der Effekt von A auf die Zielgröße davon abhängt, welchen Wert B hat (oder umgekehrt).

$y_4 - y_3$ ist der Effekt von A, wenn B auf der Stufe + steht.

$y_2 - y_1$ ist der Effekt von A, wenn B auf der Stufe – steht.

Die Differenz dieser beiden Effekte ist ein Maß dafür, wie stark die Wirkung des Faktors A vom Wert B abhängt. Die Hälfte der Differenz heißt Effekt der Wechselwirkung AB.

$$\text{Effekt AB} = \frac{y_4 - y_3}{2} - \frac{y_2 - y_1}{2} = \frac{y_1 - y_2 - y_3 + y_4}{2} \quad (3.14)$$

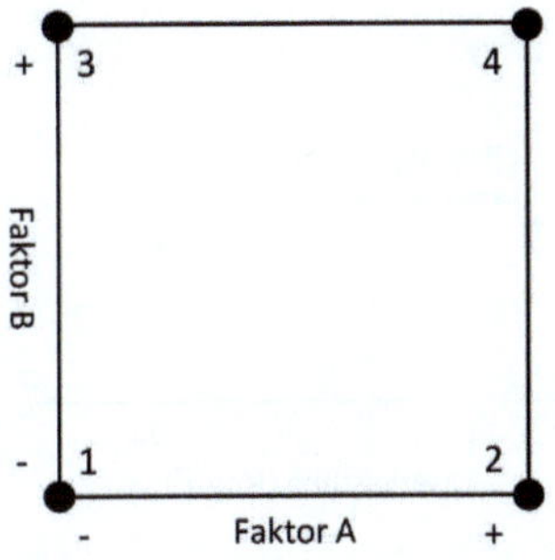

Test Nr.	A	B	Y
1	-	-	...
2	+	-	...
3	-	+	...
4	+	+	...

Bild 3.31 Beispiel eines vollfaktoriellen Versuchsplans

Zum selben Ergebnis gelangt man, wenn man berechnet, wie stark die Wirkung des Faktors B vom Wert A abhängt. Aus den Ergebnissen bei den vier Faktorstufenkombinationen werden somit drei Effekte berechnet. Als vierte Größe kann der Mittelwert aller Ergebnisse berechnet werden. Er beschreibt die Lage der Versuchsergebnisse insgesamt, macht aber keine Aussage über die Wirkung der Faktoren.

Tabelle 3.1 zeigt ein Beispiel mit Zahlen, auf dem die folgende Beschreibung beruht. Es geht um den Fertigungsprozess eines holzverarbeitenden Betriebs, bei dem Spanplatten mit einer umlaufenden Kunststoffkante versiegelt werden. Dies geschieht mittels eines Laserprozesses, der durch zwei Faktoren beeinflusst wird. Zum einen die Laserleistung, mittels derer die Kunststoffkanten erhitzt werden. Zweitens der Bauteilvorschub, ob dies mit langsamer oder schneller Durchlaufgeschwindigkeit ausgeführt wird. Die Zielgröße ist der Fertigungsausschuss.

Tabelle 3.1 Vollfaktorieller Versuchsplan und Ergebnisse

Testnummer	Laserleistung [J/mm²]	Vorschub [m/min]	Ausschuss [%]
1	14	15	6,5
2	24	15	4,4
3	14	25	5,3
4	24	25	2,3

Die Faktorstufen für die Laserleistung betragen 14 J/mm^2 (–) und 24 J/mm^2 (+). Beim Vorschub sind die Faktorstufen 15 m/min (–) und 25 m/min (+). Der Mittelwert des Ausschusses beträgt bei einer Laserleistung von 14 J/mm^2: (6,5 % + 5,3 %)/2 = 5,9 % und bei einer Laserleistung von 24 J/mm^2: (4,4 % + 2,3 %)/2 = 3,35 %. Die Differenz der beiden Mittelwerte beträgt 5,9 % – 3,35 % = 2,55 %. Dies ist der Effekt der Laserleistung. Bild 3.32 zeigt den Ausschuss jeder der vier verschiedenen Faktorstufenkombinationen. Der Effekt ist ein Maß der Wirkung der Laserleistung auf den Ausschuss.

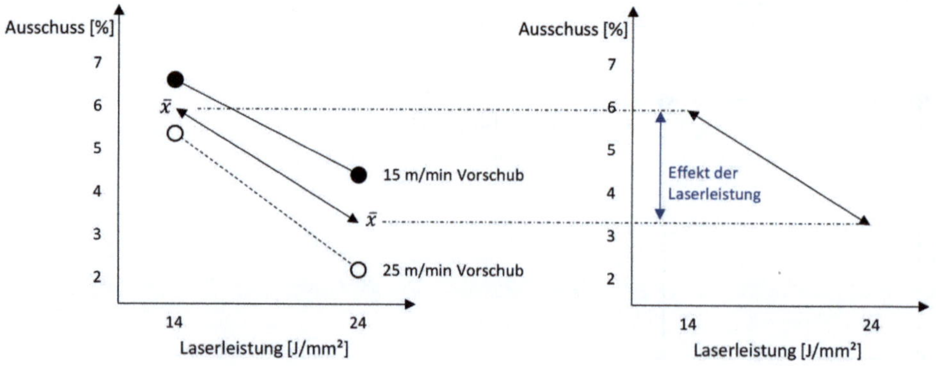

Bild 3.32 Effekt der Laserleistung

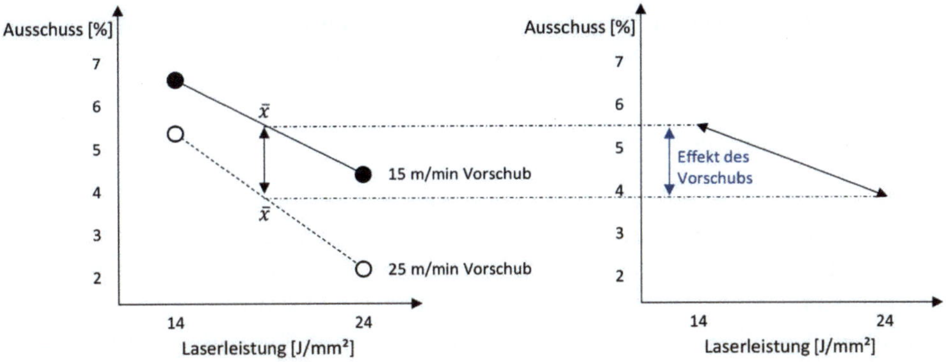

Bild 3.33 Effekt des Vorschubs

Bild 3.33 zeigt den Ausschuss jeder der vier verschiedenen Faktorstufenkombinationen wie in Bild 3.32. Jedoch wird hier der Effekt des Vorschubs auf den Ausschuss ausgewiesen. Der Mittelwert des Ausschusses beträgt bei einem Vorschub von 15 m/min: (6,5 % + 4,4 %)/2 = 5,45 % und bei einem Vorschub von 25 m/min: (5,3 % + 2,3 %)/2 = 3,8 %. Die Differenz der beiden Mittelwerte beträgt 5,45 % – 3,8 % = 1,65 %. Dies ist der Effekt des Vorschubs.

Es wird angenommen, dass die oben beschriebenen Ergebnisse des Ausschusses die Mittelwerte von jeweils $n = 4$ Realisierungen, d. h. Wiederholungen je Faktorstufenkombination, sind, die in randomisierter Reihenfolge durchgeführt wurden. So sieht eine Übersicht der Ergebnisse aus, wie in Bild 3.34 dargestellt.

Nr.	Laserleistung A	Vorschub B	Wechselwirkung AB	Einzelwerte Ausschuss [%]				$\bar{y}_i$	s_i^2
1	-	-	+	6,5	6,1	6,2	7,2	6,5	0,43
2	+	-	-	4,1	4,4	4,6	4,5	4,4	0,18
3	-	+	-	5,5	4,8	5,8	5,1	5,3	0,38
4	+	+	+	2,0	2,4	1,9	2,9	2,3	0,39
Summe	5,1	3,3	0,9						1,39
Effekt	2,55	1,65	0,45					$s^2 =$	1,57

Bild 3.34 Ergebnisse des vollfaktoriellen Versuchsplans

Bisher wurde die einfachste Form eines vollständig faktoriellen Versuchsplans am Beispiel von zwei Faktoren mit je zwei Faktorstufen verdeutlicht. Wie aber wird ein Versuchsplan aufgebaut, wenn mehr als zwei Faktoren untersucht werden müssen? Zuerst sei gesagt, dass sich der Versuchsumfang mit jedem hinzugefügtem Faktor verdoppelt. Für k Faktoren mit zwei Faktorstufen gilt daher folgende Regel, die den Versuchsumfang beschreibt: $m = 2^k$ Faktorstufenkombinationen.

3.4.2.5 Screening-Versuchspläne

Bei vollfaktoriellen Versuchen nimmt die Anzahl der Faktorstufenkombinationen m mit der Anzahl der Faktoren k zu, da $m = 2^k$. Beispielsweise ergeben sich bei acht Faktoren bereits 256 Kombinationen. Im Folgenden wird beschrieben, wie die Anzahl der Faktorstufenkombinationen deutlich reduziert werden kann. Die hier behandelten Versuchspläne sind besonders geeignet, wenn nur wenig über eine Fragestellung bekannt ist. Dann sollen in der Regel viele Faktoren untersucht werden und man möchte vor allem wissen, welche dieser Faktoren wichtig sind und in welche Richtung sie die Zielgröße(n) beeinflussen. Wegen dieser relativ grobmaschigen Zielsetzung werden diese Versuchspläne auch als Screening-Versuchspläne bezeichnet.

Der Versuchsaufwand wird zu groß, die Gefahr einer Vertauschung von Versuchseinheiten nimmt zu, und es ist praktisch unmöglich, alle Einzelversuche unter identischen Randbedingungen durchzuführen. Aus den $m = 2^k$ Faktorstufenkombinationen kann man $m - 1$ Effekte berechnen. Mit zunehmender Anzahl Faktoren nimmt dabei vor allem die Anzahl der Wechselwirkungen von mehr als zwei Faktoren zu. Dies bedeutet, dass man bei großen k in einem vollständigen faktoriellen Versuch hauptsächlich Wechselwirkungen von mehr als zwei Faktoren untersucht. Wenn man davon ausgeht, dass diese Wechselwirkungen häufig vernachlässigbar sind, erhebt sich die Frage, ob man anstelle dieser höheren Wechselwirkungen weitere Faktoren untersuchen kann. Bei den sogenannten fraktionellen faktoriellen Versuchsplänen wird genau dies realisiert. Dadurch bleibt die Anzahl der Faktorstufenkombinationen unverändert, während die Anzahl der Faktoren erhöht wird. Diese Vorgehensweise wird an einem Beispiel demonstriert und anschließend verallgemeinert.

Ein vollständiger faktorieller Versuchsplan für die drei Faktoren A, B und C besteht aus Kombinationen von 2^3 Faktorstufen. Aus den Ergebnissen können die Effekte der Faktoren A, B und C, AB, AC, BC und ABC berechnet werden. Wenn man nun davon ausgehen kann, dass die 3-Faktor-Wechselwirkungen (3FWW) ABC vernachlässigbar ist, liegt es nahe, anstelle dieser 3FWW einen zusätzlichen Faktor D zu untersuchen. Dies führt zu einem neuen Versuchsplan. Die Stufen (= Vorzeichen) in der Spalte für D sind identisch mit denen in der Spalte für ABC im oberen Teil.

Der vollständige faktorielle Versuchsplan für die vier Faktoren A, B, C und D besteht aus $2^4 = 16$ Kombinationen. Die acht Faktorstufenkombinationen des neuen Versuchsplans sind in den 16 Kombinationen des 2^4-Plans enthalten. Da der neue Versuchsplan nur einen Teil der 16 Faktorstufenkombinationen des 2^4-Plans enthält, spricht man von einem fraktionierten faktoriellen Versuchsplan. In diesem Fall handelt es sich um die Hälfte eines vollständigen faktoriellen 2^4-Plans, daher wird dieser fraktionierte-faktorielle Versuchsplan üblicherweise als $2^{4-1} = 2^{k-p}$ bezeichnet.

Ein verbreiteter Ansatz, um sehr effektive Screening-Versuchspläne bei gleichzeitig geringem Umfang, zu erreichen, sind sogenannte Plackett-Burman-Versuchspläne (Siebertz, Hochkirchen und Bebber 2010). Ihr Ziel bestand darin, experimentelle Designs zur Untersuchung der Abhängigkeit einer gemessenen Größe von einer Reihe unabhängiger Variablen zu finden, die jeweils L-Niveaus annehmen, und zwar so, dass die Varianz der Schätzungen dieser Abhängigkeiten mithilfe einer begrenzten Anzahl von Experimenten minimiert wird. Wechselwirkungen zwischen den Faktoren wurden als vernachlässigbar angesehen. Die Lösung dieses Problems besteht darin, einen Versuchsaufbau zu finden, bei dem jede Stufenkombination für ein beliebiges Faktorpaar in allen Versuchsläufen gleich oft vorkommt. Ein vollständiger faktorieller Versuchsplan würde dieses Kriterium erfüllen, die Idee bestand jedoch darin, kleinere Versuchspläne zu finden.

Für den Fall von zwei Ebenen (L = 2) verwendeten Plackett und Burman die Methode zur Erzeugung orthogonaler Matrizen, deren Elemente alle entweder 1 oder −1 sind. Die Methode könnte verwendet werden, um solche Matrizen der Größe N für die meisten N zu finden, die einem Vielfachen von 4 entsprechen. Insbesondere funktionierte sie für alle dieser N bis zu 100 außer N = 92. Wenn N jedoch eine Potenz von 2 ist, ist der resultierende Entwurf mit einem fraktionell-faktoriellem Versuch identisch, daher werden Plackett-Burman-Versuchspläne meist verwendet, wenn N ein Vielfaches von 4, aber keine Potenz von 2 ist (N = 12, 20, 24, 28, 36 usw.). Wenn man versucht, weniger als N Parameter (einschließlich des Gesamtdurchschnitts) zu schätzen, verwendet man einfach eine Teilmenge der Spalten der Matrix.

Wenn Wechselwirkungen zwischen Faktoren nicht vernachlässigbar sind, werden sie in Plackett-Burman-Designs häufig mit den Haupteffekten verwechselt, was bedeutet, dass die Designs es nicht ermöglichen, zwischen bestimmten Haupteffekten und bestimmten Wechselwirkungen zu unterscheiden. Dies wird als *Aliasing* oder *Confounding* bezeichnet. Dies zeigt die Grenzen der Aussagefähigkeit von Plackett-Burman-Designs auf. Daher sind fraktionell-faktorielle Versuchspläne eine gängige Alternative, wenn auch Wechselwirkungen untersucht werden sollen, bei gleichzeitig überschaubarem Versuchsumfang.

3.4.2.6 Robuste Prozesse

Die Taguchi-Methode, benannt nach ihrem Erfinder Taguchi Gen'ichi, ist eine Versuchsmethode, deren Hauptziel es ist, die Streuung um den Sollwert zu minimieren. Die Taguchi-Methode versucht dieses Ziel zu erreichen, indem sie Produkte, Prozesse und Systeme so robust wie möglich gestaltet. Damit ist gemeint, dass sie möglichst unempfindlich gegenüber Störeinflüssen sein sollen, denen sie in der Praxis ausgesetzt sind. Als Maß für die Streuung um den Sollwert wird, dem Vorschlag von Taguchi folgend, das sogenannte Signal-Störgrößen-Verhältnis verwendet, das dem Signal-Rausch-Verhältnis (engl. signal to noise ratio) der Nachrichtentechnik nachempfunden ist und auch kurz S/N-Verhältnis geschrieben wird.

Da das S/N-Verhältnis den Mittelwert Y der Zielgröße enthält, ist es auch von der Lage des Mittelwerts abhängig. Dies ist bei Kenngrößen sinnvoll, bei denen die Standardabweichung aufgrund physikalischer Zusammenhänge mit dem Mittelwert zunimmt. Ist jedoch nur die Standardabweichung unabhängig vom Mittelwert von Interesse, so reicht anstelle des S/N-Verhältnisses das Robustheitsmaß zur Beurteilung des Prozesses aus. Beim Parameterdesign geht es darum, alle Designparameter (Regelgrößen, Faktoren) so zu optimieren, dass das System möglichst unempfindlich gegenüber Störeinflüssen wird. Das heißt, es werden ideale Sollwerte für die verschiedenen Parameter ermittelt. Dazu werden Methoden der statistischen Versuchsplanung verwendet.

Taguchi-Versuchspläne sind im Wesentlichen Teilfaktorpläne, d. h. es werden nicht alle möglichen Kombinationen von Faktorstufen durchgespielt. Zur Erstellung der Versuchspläne werden sogenannte orthogonale Felder verwendet, die in Nachschlagewerken tabelliert sind. Taguchi-Versuchspläne zur Parameteroptimierung enthalten häufig ein inneres und ein äußeres Feld; im inneren Feld befinden sich die Steuergrößen, im äußeren Feld die Störgrößen. Das äußere Feld ist in der Regel wesentlich kleiner als das innere Feld. Besteht das äußere Feld zum Beispiel aus vier Versuchsreihen, so muss jede Versuchsreihe des inneren Feldes viermal durchgeführt werden, und zwar einmal für jede im äußeren Feld vorgesehene Kombination von Störgrößenstufen.

Ziel ist es, die Kombinationen von Stellgrößen zu finden, bei denen die Auswirkungen der Störgrößen minimiert werden und gleichzeitig der gewünschte Sollwert eingehalten wird. Die Auswertung der Versuche erfolgt in mehreren Schritten, die der Tatsache Rechnung tragen, dass die Regelung auf den Sollwert im Allgemeinen wesentlich einfacher zu erreichen ist als die Minimierung der Streuung. Am wichtigsten ist die Identifizierung der Faktoren mit dem größten Einfluss auf das S/N-Verhältnis, also Faktoren, die eine maximale Unempfindlichkeit gegenüber Störgrößen gewährleisten.

Taguchis auf Robustheit abzielende Qualitätsphilosophie, verbunden mit dem Einsatz statistischer Versuchsplanungsmethoden als Mittel zur Erreichung dieses Ziels, hat in der Industrie breite Anerkennung gefunden. Ansatzpunkte der Kritik sind u. a. die Formeln für das S/N-Verhältnis, die mangelnde statistische Effizienz von Versuchsplänen, die aus einem inneren und einem äußeren Feld bestehen, und die aus der Anwendung von Teilfaktorplänen resultierende Gefahr der Vermischung von Haupt- und Wechselwirkungen.

Der Taguchi-Ansatz liefert umfassendere Informationen über Interaktionen als fraktioniert faktorielle Designs, behaupten seine Anhänger. Anhänger von Taguchi argumentieren, dass die Designs schnelle Ergebnisse liefern und dass Wechselwirkungen durch die richtige Auswahl von Qualitätsmerkmalen eliminiert werden können. Ungeachtet dessen bietet ein Bestätigungsexperiment Schutz vor verbleibenden Interaktionen. Interaktionen sind Teil der realen Welt. In Taguchis Arrays sind die Interaktionen verwirrend und schwer aufzulösen. Statistiker in der Response-Surface-Methode befürworten die sequenzielle Zusammenstellung von Designs.

Beim Response-Surface-Ansatz folgt auf ein Screening-Design ein Follow-up-Design, das nur die verwechselten Interaktionen auflöst, die als auflösungswürdig erachtet werden. Ein zweites Folgedesign kann hinzugefügt werden, um mögliche univariate Effekte höherer Ordnung der verbleibenden Variablen zu untersuchen, da univariate Effekte höherer Ordnung bei Variablen, die bereits eliminiert wurden, da sie keinen linearen Effekt haben, weniger wahrscheinlich sind. Aufgrund der Wirtschaftlichkeit von Screening-Designs und der Flexibilität von Folgedesigns weisen sequenzielle Designs eine hohe statistische Effizienz auf. Die sequenziellen Entwürfe der Response-Surface-Methodik erfordern weitaus weniger Versuchsdurchläufe als eine Folge von Taguchis Entwürfen.

DoE ermöglicht es, mit einer minimalen Anzahl von Versuchen Informationen zu gewinnen, was Zeit und Ressourcen spart. Durch die systematische Planung und Analyse wird die Genauigkeit der Ergebnisse verbessert, was zu fundierten Entscheidungen führt. Weiter ermöglicht es DoE, die Robustheit eines Systems gegenüber Variationen zu bewerten und die Einflüsse von Störfaktoren zu minimieren. Durch die Untersuchung der Beziehungen zwischen verschiedenen Faktoren und der Reaktion kann ein besseres Verständnis des Systems erlangt werden.

Fazit:

DoE ist eine systematische Vorgehensweise, um Experimente zu planen und durchzuführen, mit dem Ziel, die Auswirkungen von verschiedenen Faktoren auf ein System oder einen Prozess zu verstehen und zu optimieren. Durch DoE können optimale Einstellungen für Prozessparameter ermittelt, die Variabilität reduziert und die Robustheit gegenüber Störeinflüssen verbessert werden. Die Methode ermöglicht eine effiziente Experimentplanung, minimiert die Anzahl von Experimenten und Kosten und führt zu einem besseren Verständnis von Systemen und Prozessen. Durch die Anwendung von DoE können Unternehmen ihre Produkte und Prozesse verbessern, die Qualität steigern und Kosten reduzieren.

3.5 Methoden zur Überprüfung von Wirksamkeit

Die Überprüfung der Wirksamkeit stellt einen zentralen Aspekt dar, um sicherzustellen, dass die erzielten Verbesserungen nachhaltig sind und langfristig Bestand haben. Diese Phase verfolgt mehrere wichtige Ziele, darunter die Sicherstellung der Nachhaltigkeit der Verbesserungen, die kontinuierliche Überwachung der Prozessleistung, die Implementierung von Kontrollmechanismen sowie die Erstellung von Dokumentationen und Standards. Darüber hinaus ermöglichen die Dokumentation und Überwachung der Verbesserungen den Nachweis der Erfolge des Verbesserungsprojekts und die Quantifizierung der erzielten Vorteile.

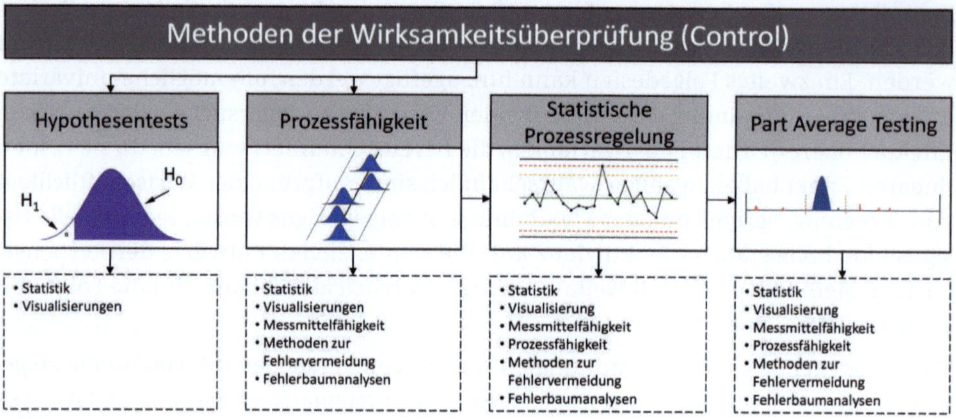

Bild 3.35 Methoden der Problemlösung

3.5.1 Hypothesentests

Leitfragen im Umgang mit Hypothesentests:

- Ist der beobachtete Unterschied zufällig oder systematisch?
- Sind die vorgenommenen Änderungen am Prozess wirksam oder nicht?
- Ist der beobachtbare Prozessunterschied signifikant oder nicht?

Wann benötigen Sie diese Methode?

Hypothesentests werden benötigt, wenn eine Annahme oder Vermutung über eine Population oder einen Prozess überprüft werden soll, die Signifikanz von Unterschieden oder Beziehungen zwischen Variablen ermittelt werden soll, eine Entscheidung auf Basis von Daten getroffen werden soll, die Wirksamkeit von Maßnahmen oder Interventionen überprüft werden soll und die Übereinstimmung von Daten mit einer theoretischen Erwartung überprüft werden soll. Hypothesentests helfen dabei, auf Basis von Stichproben Schlussfolgerungen über eine Population zu ziehen und fundierte Entscheidungen zu treffen.

Statistische Tests sind zentrale Werkzeuge der Statistik, die eine fundamentale Rolle in der Analyse und Interpretation von Daten spielen. Sie ermöglichen es, Hypothesen über Daten und die zugrunde liegende Population zu überprüfen und fundierte Entscheidungen zu treffen. In der Wissenschaft und Praxis wird durch statistische Tests oft untersucht, ob beobachtete Unterschiede oder Zusammenhänge signifikant sind, das heißt, ob sie statistisch belegbar oder möglicherweise zufällig sind. Statistische Tests finden Anwendung in einer Vielzahl von Disziplinen, darunter in den Natur- und Sozialwissenschaften, der Medizin sowie in der Industrie und Wirtschaft.

Statistische Tests basieren auf dem Konzept der Hypothesenprüfung, somit beginnt ein statistischer Test mit der Formulierung von Hypothesen. Eine Hypothese ist eine Annahme über eine Eigenschaft einer Population, die durch Stichproben überprüft werden soll. In der Regel formuliert man dabei zwei Hypothesen: Die **Nullhypothese** (H_0) stellt den aktuellen Zustand dar, den man widerlegen möchte, etwa die Annahme, dass es keinen Unterschied zwischen zwei Gruppen gibt. Die **Alternativhypothese** (H_1) hingegen beschreibt die Annahme, dass es tatsächlich einen Unterschied gibt. Ein Beispiel wäre die Nullhypothese „Es gibt keinen Unterschied im Durchschnittsgewicht zweier Gruppen“ und die Alternativhypothese „Es gibt einen Unterschied im Durchschnittsgewicht zweier Gruppen“.

Ein statistischer Test zielt darauf ab, die Nullhypothese entweder zu belegen oder zu widerlegen. Dabei wird anhand eines festgelegten Signifikanzniveaus (meist 5 %) die Wahrscheinlichkeit beurteilt, dass ein beobachteter Unterschied rein zufällig ist. Ein zentraler Begriff in diesem Zusammenhang ist der p-Wert, der die Wahrscheinlichkeit angibt, dass die beobachteten Daten unter Annahme der Nullhypothese auftreten. Ist der p-Wert kleiner als das festgelegte Signifikanzniveau, wird die Nullhypothese abgelehnt, und es wird davon ausgegangen, dass die Alternativhypothese zutrifft. Um valide Ergebnisse zu erzielen, müssen jedoch bestimmte Voraussetzungen erfüllt sein.

Weiterführende Literatur – Bücher:

Lothar Sachs (2013). *Statistische Auswertungsmethoden*. Springer.

Ein weiterer Term ist das Signifikanzniveau, das festlegt, wie wahrscheinlich es sein darf, die Nullhypothese fälschlicherweise abzulehnen (ein sogenannter Fehler 1. Art oder α-Fehler). Das Signifikanzniveau beträgt oft 5 % und legt die Schwelle fest, ab der man die Nullhypothese verwerfen kann. Im Rahmen eines statistischen Tests kann es zu Fehlern kommen, da man auf Basis von Stichproben und nicht auf der Gesamtheit der Daten urteilt. Neben dem Fehler 1. Art, bei dem die Nullhypothese fälschlicherweise verworfen wird, gibt es den Fehler 2. Art (β-Fehler), bei dem man die Nullhypothese beibehält, obwohl die Alternativhypothese zutrifft (siehe Tabelle 3.2).

Tabelle 3.2 Fehler 1. und 2. Art

	H_0 wird angenommen	H_0 wird abgelehnt
H_0 trifft zu	Korrekte Entscheidung	Fehler 1. Art (α-Fehler)
H_0 trifft nicht zu	Fehler 2. Art (β-Fehler)	Korrekte Entscheidung

Die korrekte Durchführung statistischer Tests setzt voraus, dass die zugrunde liegenden Daten bestimmten Anforderungen genügen. Diese Voraussetzungen variieren je nach Testtyp und betreffen vor allem die Verteilung der Daten, die Varianz und die Unabhängigkeit der Stichproben. Manche Tests setzen eine Normalverteilung der Daten voraus, wie etwa der t-Test. Ist die Normalverteilung nicht gegeben, sollte man zu nichtparametrischen Tests wie dem Mann-Whitney-U-Test greifen. Auch eine ähnliche Varianz in den Gruppen, sogenannte Varianzhomogenität, wird häufig gefordert. Ebenso sollten die Datenpunkte innerhalb der Stichprobe unabhängig voneinander sein, da Abhängigkeiten zu verfälschten Ergebnissen führen können:

- Normalverteilung der Daten: Einige Testverfahren, wie beispielsweise der t-Test, setzen eine Normalverteilung der Daten voraus. Eine Normalverteilung zeichnet sich durch ihre Glockenform aus und weist eine symmetrische Verteilung der Datenwerte um den Mittelwert auf. Wenn die Daten nicht normalverteilt sind, können Abweichungen zu falschen Ergebnissen führen. In solchen Fällen bieten sich nichtparametrische Tests wie der Mann-Whitney-U-Test an.
- Homogenität der Varianzen: Die Varianzgleichheit ist eine weitere wichtige Voraussetzung für viele statistische Tests. Sie besagt, dass die Varianzen der untersuchten Gruppen vergleichbar sein müssen. Beispielsweise setzt der t-Test für unabhängige Stichproben voraus, dass die Streuungen der Gruppen ähnlich sind.
- Unabhängigkeit der Daten: Die Datenpunkte innerhalb der Stichprobe sollten unabhängig voneinander sein, um verlässliche Ergebnisse zu gewährleisten. Diese Voraussetzung ist essenziell, da eine Abhängigkeit innerhalb der Daten, wie sie in wiederholten Messungen vorkommen kann, die Aussagekraft der Testergebnisse erheblich beeinträchtigen kann.

Sollten diese Voraussetzungen nicht erfüllt sein, kann dies die Validität der Testergebnisse beeinträchtigen. In solchen Fällen ist es wichtig, alternative Testmethoden zu wählen, die robust gegenüber Abweichungen sind. Die Durchführung eines statistischen Tests erfolgt in mehreren Schritten:

1. Auswahl des geeigneten Tests: Die Wahl des Tests hängt von der Art der Daten und der Fragestellung ab. Dabei ist zu klären, ob metrische oder kategoriale Daten vorliegen, ob Mittelwerte verglichen oder Zusammenhänge untersucht werden sollen, und wie viele Gruppen analysiert werden sollen.
2. Formulierung der Hypothesen: Zu Beginn eines Tests werden die Nullhypothese und die Alternativhypothese aufgestellt. Die Nullhypothese H_0 beschreibt den Zustand, der getestet werden soll, während die Alternativhypothese H_1 eine gegenteilige Annahme beschreibt.
3. Festlegung des Signifikanzniveaus: Das Signifikanzniveau, meist auf 5 % festgelegt, gibt die Wahrscheinlichkeit an, mit der die Nullhypothese abgelehnt wird, obwohl sie zutrifft (Fehler 1. Art).
4. Berechnung der Teststatistik: Je nach Testverfahren wird aus den Daten eine Teststatistik berechnet, die ein Maß für den Unterschied oder Zusammenhang darstellt.
5. Entscheidung und Interpretation: Der berechnete p-Wert wird mit dem Signifikanzniveau verglichen. Ist der p-Wert kleiner als das Signifikanzniveau, wird die Nullhypothese abgelehnt. Andernfalls wird die Nullhypothese beibehalten.

Eine Übersicht über gängige Hypothesentests in Form einer Entscheidungstabelle ist schematisch in Bild 3.36 zu sehen. Diese Übersichtstabelle ist als Arbeitsmaterial zu diesem Buch online verfügbar. Die Wahl des richtigen Tests hängt von mehreren Faktoren ab, wie der Art der Daten, der Stichprobengröße und den spezifischen Voraussetzungen des jeweiligen Tests. Die korrekte Durchführung und die Beachtung der Voraussetzungen sind von entscheidender Bedeutung, da andernfalls die Validität der Ergebnisse beeinträchtigt wird. Wenn die Anforderungen eines Tests nicht erfüllt sind, bieten sich alternative, nichtparametrische Testverfahren an, die robust gegenüber Abweichungen sind. Die vorgestellten Verfahren, von den parametrischen Tests wie dem t-Test

Entscheidungshilfe zur Auswahl eines geeigneten Hypotesentests

Nr.	Entscheidungskriterien						Test
	Stufe 1	Stufe 2	Stufe 3	Stufe 4	Stufe 5	Stufe 6	
1	Hypothesen prüfen	Unterschiede	Mittelwert	1 AV und 1 UV mit 2 Stufen	AV intervallskaliert, normalverteilt	Unabhängige Daten	t-Test für unabhängige Stichproben
2						Abhängige Daten	t-Test für abhängige Stichproben
3					AV ordinalskaliert, verteilungsfrei	Unabhängige Daten	U-Test
4						Abhängige Daten	Vorzeichentest
5					AV intervallskaliert, verteilungsfrei	Abhängige Daten	Wilcoxon-Test
6				1 AV und 1 UV mehr als 2 Stufen	AV intervallskaliert, normalverteilt	Unabhängige Daten	Einfaktorielle Varianzanalyse
7						Abhängige Daten	Einfaktorielle Varianzanalyse, wiederholter Messung
8					AV ordinalskaliert, verteilungsfrei	Unabhängige Daten	Kruskal-Wallis-Test
9						Abhängige Daten	Friedman Test
10				1 AV und mehr als 1 UV	AV intervallskaliert, normalverteilt		Mehrfaktorielle Varianzanalyse
11				Mehr als 1 AV	AV intervallskaliert, normalverteilt		Multivariate Varianzanalyse
12			Varianzen	Stichprobenvarianz, Populationsvarianz			Chi-Quadrat-Test
13				2 Stichprobenvarianzen			F-Test
14			Proportion, Häufigkeit	Zweistufige Variable			Binomialtest
15				Mehrstufige Variable			Pearson Chi-Quadrat-Test
16		Zusammenhang	2 Variablen	Nominalskaliert			Pearson Chi-Quadrat-Test
17				Ordinalskaliert			Rangkorrelation
18				Intervallskaliert	Zusammenhang ungerichtet		Korrelation
19					Zusammenhang gerichtet		Einfache Regression
20			Mehr als 2 Variablen	Alle Variablen nominalskaliert			Log-lineare Modelle
21				AV intervallskaliert, UV intervall- oder nominalskaliert			Multiple Regression
22				AV nominalskaliert UV intervallskaliert			Diskriminanzanalyse
23				AV nominalskaliert, dichotom; UV intervall-/nominalskaliert			Logistische Regression
24				Kausales Modell von Variablen	Alle Variablen messbar		Pfadanalyse
25					Messbare variablen, latente Variablen		Strukturgleichungsmodell
26	Hypothesen entdecken	Mehrere Variablen, Korrelationsmatrix					Faktorenanalyse
27		Ähnlichkeit zwischen Personen oder Objekten					Clusteranalyse
28		Distanzen zwischen Objekten					Multidimensionale Skalierung

AV = Abhängige Variable
UV = Unabhängige Variable

Bild 3.36 Entscheidungshilfe zur Auswahl geeigneter Hypotesentests (zum Download verfügbar)

und der ANOVA bis hin zu nichtparametrischen Tests wie dem Mann-Whitney-U-Test, decken eine Vielzahl von Anwendungsszenarien ab.

Fazit:

Statistische Tests sind essenzielle Werkzeuge in der Wissenschaft und Praxis, um Hypothesen auf Basis von Stichprobendaten zu überprüfen. Sie ermöglichen fundierte Entscheidungen, indem sie helfen, zufällige Effekte von signifikanten Unterschieden zu unterscheiden.

3.5.2 Fähigkeiten von Maschinen und Prozessen

Leitfragen im Umgang mit Prozessfähigkeitsuntersuchungen:

- Wie stabil streut mein Prozess?
- Wie ist die Mittelwertlage meines Prozesses?
- Wie ist das Verhältnis der Prozessstreuung zur Toleranzbandbreite?
- Kommt die Streuung aus dem Werkzeug oder aus dem Prozess?

Wann benötigen Sie diese Methode?

Fähigkeitsuntersuchungen werden benötigt, um die Stabilität und Zuverlässigkeit eines Prozesses zu bewerten, wenn die Variabilität eines Prozesses reduziert werden soll, die Qualität von Produkten verbessert werden soll und die Einhaltung von Qualitätsstandards und -vorschriften sichergestellt werden soll. Prozessfähigkeitsuntersuchungen helfen dabei, die Leistungsfähigkeit eines Prozesses zu bewerten und Schwachstellen zu identifizieren.

Der Kunde erwartet, dass das von ihm definierte Ergebnis über einen längeren Zeitraum hinweg erreicht wird. Der Lieferant ist bestrebt, das gewünschte Resultat dauerhaft und unter wirtschaftlich vertretbarem Aufwand zu erbringen. Die Erreichung dieses Ziels erfolgt durch den Lieferanten mittels der Beherrschung seiner Prozesse zur Leistungserstellung sowie der Sicherstellung und Überwachung der entsprechenden Prozessfähigkeit. Ein Prozess ist demnach dann als beherrscht zu bezeichnen, wenn das Ergebnis desselben mit hinreichender Genauigkeit prognostiziert werden kann. Die Prozessfähigkeit bezeichnet die Fähigkeit eines Produktionsprozesses, reproduzierbare und zufriedenstellende Ergebnisse zu liefern. Die Fähigkeit eines Prozesses kann dann angenommen werden, wenn er in der Lage ist, Ergebnisse von gleichbleibend hoher Qualität bei minimaler Varianz und Fehlerrate zu liefern.

Der Kunde definiert das gewünschte Ergebnis durch einen zu erreichenden Wert und zwei Spezifikationsgrenzen. Die Grenzen werden als untere Spezifikationsgrenze (USG) und obere Spezifikationsgrenze (OSG) bezeichnet. Die Grenzen sind auch als Toleranzgrenzen bekannt. Die Toleranz, auch Toleranzbreite genannt, stellt den Abstand zwischen USG und OSG dar. Zur Bewertung der Prozessfähigkeit C_{pk} werden die Anforderungen des Kunden mit den Ergebnissen des Prozesses verglichen. Hierbei berechnet man unter der Verwendung der Normalverteilung den Überschreitungsanteil. Der Überschreitunganteil ist die voraussichtliche Anzahl der Teile pro Million, die außerhalb der Grenzen der Spezifikation liegen. Ziel der Berechnung der Prozessfähigkeit ist:

- Eine Abschätzung über den Anteil der Daten zu erhalten, die außerhalb der Toleranzgrenzen sind.
- Eine Charakterisierung der Fähigkeit eines Prozesses zu erhalten.
- Eine Abschätzung über die Möglichkeiten zur Prozessverbesserung zu erhalten.

In der Automobilindustrie sind Prozessfähigkeitsuntersuchungen beispielsweise unerlässlich, um sicherzustellen, dass Zulieferteile konstant innerhalb enger Toleranzgrenzen gefertigt werden, da hier besonders hohe Anforderungen an die Qualität und Präzision gestellt werden. Das Bild 3.37 zeigt den Ablauf von Fähigkeitsuntersuchungen. Im Folgenden wird lediglich auf die drei Arten von Prozessfähigkeitsuntersuchungen eingegangen, da die beiden Themen Messmittelfähigkeitsuntersuchung (Abschnitt 3.2.1) und Statistische Prozessregelung (Abschnitt 3.5.3) in separaten Abschnitten behandelt werden.

Weiterführende Literatur – Normen & Technische Berichte:

DIN ISO (2019). *DIN ISO 22514-2:2019 – Statistische Verfahren im Prozessmanagement – Fähigkeit und Leistung – Teil 2: Prozessleistungs- und Prozessfähigkeitskenngrößen von zeitabhängigen Prozessmodellen*. Techn. Ber. Deutsches Institut für Normung e. V., DIN ISO (2016). *DIN ISO 22514-1:2016 – Statistische Methoden im Prozessmanagement – Fähigkeit und Leistung – Teil 1: Allgemeine Grundsätze und Begriffe*. Techn. Ber. Deutsches Institut für Normung e. V. und C/QMM (2019b). *Heft 9 – Maschinen- und Prozessfähigkeiten*. Techn. Ber. Robert Bosch GmbH.

3.5.2.1 Voraussetzungen

Wie bei allen anderen Messungen ist die Basis die Erhebung zuverlässiger Messdaten. Dazu ist es notwendig, das Messsystem und seine Eignung für die Messaufgabe zu qualifizieren. Dies wird durch eine Messmittelfähigkeitsuntersuchung (Abschnitt 3.2.1) erreicht. Darüber hinaus bedarf die Prozessfähigkeit vier Voraussetzungen:

1. Es müssen variable Daten vorhanden sein.
2. Es müssen genügend viele Messwerte vorhanden sein.
3. Die verwendeten Daten müssen aus einem stabilen Prozess stammen.
4. Die Daten müssen annähernd der Normalverteilung folgen.

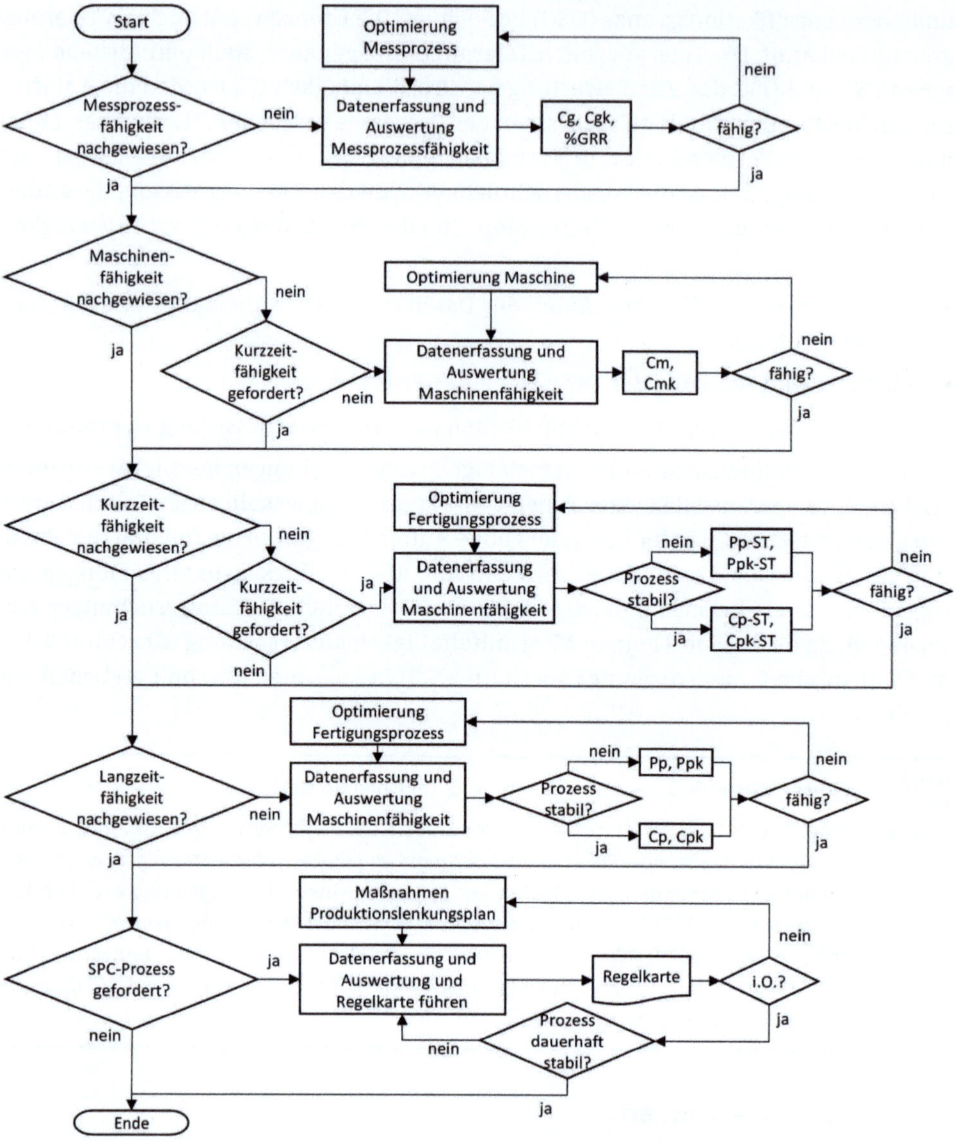

Bild 3.37 Ablauf der Fähigkeitsuntersuchung (C/QMM 2019b, S. 7)

In der Datenwissenschaft wird zwischen variablen Daten und attributiven Daten unterschieden. Dabei werden Datentypen als variable Daten bezeichnet, wenn sie sich verändern lassen, während sie bei attributiven Daten eine feste Größe aufweisen. Der Begriff variable Daten bezeichnet Daten, die einer Messung unterzogen werden können. Diesbezüglich seien beispielsweise das Gewicht, die Breite, die Länge oder die Dicke genannt. Attributive Daten sind hingegen solche, die sich nicht messen lassen, beispielsweise die Eigenschaften gut oder schlecht. Eine Ermittlung einer Normalverteilung ist für diese Daten nicht möglich. Als statistische Kennzahlen können beispielsweise Anteile herangezogen werden, etwa der Anteil der Gutteile an der Gesamtanzahl der Teile.

Es müssen ausreichend viele Messwerte vorliegen, damit eine Untersuchung des betreffenden Werts zur Prozessfähigkeit überhaupt durchgeführt werden kann. Die absolute Untergrenze liegt bei 50 Werten. Die Ergebnisse der Aussagefähigkeit bei einer Anzahl von 50 Werten sind jedoch mit einer gewissen Unschärfe behaftet. Die Untersuchung der Kurzzeitfähigkeit bzw. Maschinenfähigkeit erfordert die Erfassung von mindestens 50 Werten. Für die vorläufige Prozessfähigkeitsuntersuchung ist ein Mindestumfang von 100 Teilen erforderlich, während für die Langzeitprozessfähigkeitsuntersuchung ein Mindestumfang von 125 Teilen gilt. Für weiterführende Informationen sei auf das Bild 3.38 verwiesen.

Die Prozessstabilität bezeichnet die Eigenschaft eines Prozesses, durch verschiedene Einflussfaktoren, sowohl gewöhnlicher als auch außergewöhnlicher Natur, beeinflusst zu werden (Shewhart spricht auch von allgemeinen und besonderen Ursachen, siehe Abschnitt 3.5.3). Die natürliche Prozessstreuung stellt eine gewöhnliche Ursache dar, die in jedem Prozess vorhanden ist. Als außergewöhnliche Ursachen werden diejenigen Faktoren bezeichnet, die nicht als integraler Bestandteil des Prozesses betrachtet werden. Als Beispiele können hier Änderungen bei der Einstellung von Maschinen oder systematische Änderungen in den Rohstoffen genannt werden.

Der erste Schritt besteht in der Identifikation, Eliminierung oder Kontrolle jener außergewöhnlichen Ereignisse, welche den Prozess beeinflussen. Die Trennung von gewöhnlichen und außergewöhnlichen Ursachen erfordert ein Prozessverständnis des zu untersuchenden Prozesses. Eine Prozessfähigkeitsuntersuchung ist nur dann sinnvoll, wenn die systematischen Ursachen beherrscht werden. Mit der Beherrschung der systematischen Ursachen reduziert sich die Streuung im Prozess auf die gewöhnlichen Ursachen. Ein Prozess ist stabil, wenn keine Streuung durch außergewöhnliche Ursachen auftritt. Die Prozessbeobachtung bedient sich zur Darstellung der Prozessstabilität sowie zur Dokumentation außergewöhnlicher Werte der Verwendung von Regelkarten. Die Regelkarten werden in der Regel auf die vier wichtigsten Ausnahmebedingungen untersucht (siehe dazu auch die Nelson-Regeln im Abschnitt 3.5.3):

- Ein Punkt ist mehr als drei Standardabweichungen von der Mittellinie entfernt. Dies ist ein Anzeichen für eine Verschiebung des Mittelwerts, der Standardabweichung oder eines einzelnen Ausreißers beim Messen.
- Neun aufeinanderfolgende Punkte auf einer Seite der Mittellinie. Dies ist ein Anzeichen für eine Verschiebung des Mittelwerts.
- Sechs aufeinanderfolgende Punkte zu- oder abnehmend. Dies ist ein Anzeichen für einen Trend.
- 14 aufeinanderfolgende Punkte, abwechselnd auf- und abwärts. Dies ist ein Anzeichen dafür, dass die Daten aus zwei unterschiedlichen Quellen kommen.

Wird keine dieser Ausnahmebedingungen erfüllt, gilt der Prozess als stabil. Die erste Bedingung für die Berechnung der Prozessfähigkeit ist erfüllt.

Die Darstellung der Verteilung der Messwerte erfolgt in Form eines Histogramms. In einem weiteren Schritt werden die Daten mit Daten zur Normalverteilung ergänzt, sodass eine Gegenüberstellung beider Darstellungen möglich ist. Diese Betrachtung erfolgt in einer vereinfachten Form. Eine exaktere Aussage bezüglich der Normalverteilung lässt sich durch entsprechende Berechnungen treffen. Eine weitere grafische Darstellungsmöglichkeit der Normalverteilung stellt das Wahrscheinlichkeitsnetz dar. Die Überprüfung der Daten auf Normalverteilung stellt neben der bestätigten Prozessstabilität die zweite Voraussetzung für die Berechnung der Prozessfähigkeit dar.

Die Tests auf Normalverteilung weisen hinsichtlich der Art der Abweichungen von der Normalverteilung unterschiedliche Eigenschaften auf. Als zuverlässiger Test auf Normalverteilung hat sich der Anderson-Darling-Test bewährt. Es sei darauf verwiesen, dass eine Nicht-Normalverteilung von Merkmalen nicht ausgeschlossen werden kann. Dies trifft insbesondere auf Merkmale wie Ebenheit, Rundheit, Parallelität oder Rechtwinkligkeit zu. Diese Merkmale sind dadurch gekennzeichnet, dass sie einen Wertebereich von null aufweisen. In den meisten Fällen erfolgt die Verteilung einer Betragsverteilung 1. Art. Die Prozessfähigkeit wird ausschließlich über den P_{pk}-Wert abgebildet.

3.5.2.2 Potenzial und Fähigkeit

Prozessfähigkeitsuntersuchungen haben das zentrale Ziel, die Fähigkeit eines Prozesses zu bewerten, Produkte oder Dienstleistungen konsistent innerhalb festgelegter Spezifikationen zu liefern. Diese Untersuchungen sind entscheidend, um die Streuung und die Lage eines Prozesses im Verhältnis zu den vorgegebenen Toleranzen zu verstehen. Der Hauptzweck besteht darin, festzustellen, ob ein Prozess stabil arbeitet und die festgelegten Anforderungen erfüllt, bevor eine Serienproduktion beginnt oder Änderungen an bestehenden Prozessen vorgenommen werden. Dabei kommen Kennzahlen wie C_m, C_{mk}, P_p, P_{pk}, C_p und C_{pk} zum Einsatz, die die Prozessfähigkeit quantitativ bewerten:

- Kurzzeit: C_m beschreibt das Potenzial und C_{mk} die Fähigkeit
- Vorläufig: P_p beschreibt das Potenzial und P_{pk} die Fähigkeit
- Langzeit: C_p beschreibt das Potenzial und C_{pk} die Fähigkeit

Der wesentliche Unterschied zwischen Potenzial und Fähigkeit besteht darin, dass das Prozesspotenzial die Prozessstreuung im Verhältnis zur gesamten Toleranzbandbreite beurteilt, wobei die Mittelwertlage des Prozesses irrelevant ist. Folglich kann ein hohes Prozesspotenzial dann erreicht werden, wenn die Prozessstreuung gering ist, auch wenn der Mittelwert nahe einer Toleranzgrenze liegt. Die Prozessfähigkeit hingegen berücksichtigt zusätzlich zur Streuung des Prozesses auch dessen Mittelwertlage. Folglich kann eine hohe Prozessfähigkeit lediglich dann erzielt werden, wenn sowohl die

Prozessstreuung als auch die Mittelwertlage des Prozesses gering sind und sich zudem nahe bzw. auf einem Niveau mit der Toleranzbandmitte befinden.

3.5.2.3 Zeitlicher Ablauf der Fähigkeitsuntersuchungen

Ein häufiges Problem ist, dass viele der verwendeten Indizes wie C_p und C_{pk} oft nur auf kurzfristigen Daten basieren und die langfristige Stabilität eines Prozesses nicht ausreichend abbilden. Das kann zu Fehleinschätzungen führen, insbesondere wenn ein Prozess über längere Zeiträume hinweg analysiert werden soll. Darüber hinaus berücksichtigt der C_p-Index zwar das Potenzial eines Prozesses, gibt jedoch keine Auskunft darüber, ob der Prozess tatsächlich zentriert ist. Ein hoher C_p-Wert allein bedeutet nicht zwangsläufig, dass der Prozess gut gesteuert wird. Ein weiteres Problem besteht darin, dass für aussagekräftige Ergebnisse oft große Datenmengen erforderlich sind. Das Sammeln und Auswerten dieser Daten kann mit erheblichem Zeitaufwand und hohen Kosten verbunden sein, insbesondere bei neuen oder komplexen Prozessen. Außerdem können äußere Bedingungen wie Materialschwankungen, die nicht in die Untersuchung einfließen, die Aussagekraft der ermittelten Indizes beeinträchtigen. Wird der zeitliche Verlauf betrachtet, so können Prozessfähigkeiten in zwei Gruppen unterteilt werden:

- Prozessfähigkeit vor Serienanlauf unterteilt in
  - Kurzzeitfähigkeit eines Prozesses oder Maschinenfähigkeit
  - Vorläufige Prozessfähigkeit
- Langzeitprozessfähigkeit nach Serienanlauf

Die Einordnung der einzelnen Untersuchung in den zeitlichen Ablauf und auch der zu untersuchenden Stückzahl ist dem Bild 3.38 zu entnehmen.

3.5.2.4 Berechnung

Die Formel für die Berechnung der einzelnen Kennzahlen ändert sich nicht in Bezug auf die Zeit. Unabhängig von der Zeit sind die Formeln für $C_m = P_p = C_p$. Es ändert sich lediglich der Umfang der Messwerte. Die gleiche Vorgehensweise gilt für die Formeln für $C_{mk} = P_{pk} = C_{pk}$. Die Langzeitprozessfähigkeit wird durch den C_p-Wert und den C_{pk}-Wert beschrieben. Die Kenngrößen werden nach folgenden Formeln ermittelt:

$$\{C_m, P_p, C_p\} = \frac{OTG - UTG}{6 \cdot \sigma} \tag{3.15}$$

$$\{C_{mo}, P_{po}, C_{po}\} = \frac{OTG - \bar{x}}{3 \cdot \sigma} \tag{3.16}$$

$$\{C_{mu}, P_{pu}, C_{pu}\} = \frac{\bar{x} - UTG}{3 \cdot \sigma} \tag{3.17}$$

$$\{C_{mk}, P_{pk}, C_{pk}\} = \min(C_{mu}, P_{pu}, C_{pu}; C_{mo}, P_{po}, C_{po}) \tag{3.18}$$

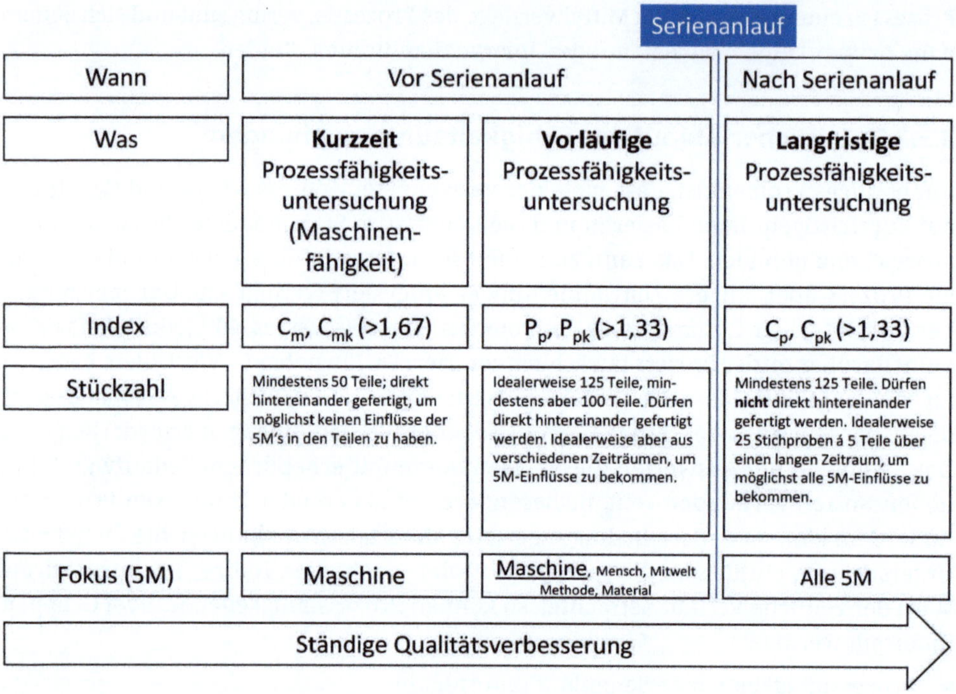

Bild 3.38 Zeitliche Abfolge der verschiedenen Fähigkeiten

Früher wurde ein C_{pk}-Wert von mindestens 1,00 (der Abstand der nächstgelegenen Toleranzgrenze vom Prozessmittelwert beträgt mindestens drei Standardabweichungen) als ausreichend angesehen, später wurde die Forderung auf 1,33 (vier Standardabweichungen) angehoben. Mittlerweile wird vielfach ein C_p-Wert von 2,00 (die Breite des Toleranzbereichs entspricht einer Streubreite von ± sechs Standardabweichungen, daher Six Sigma) kombiniert mit einem C_{pk}-Wert von 1,67 (der Abstand der nächstgelegenen Toleranzgrenze vom Prozessmittelwert beträgt mindestens fünf Standardabweichungen) als wünschenswertes Ziel definiert. Zu beachten ist, dass naturgemäß ein Gesamtsystem aus vielen Komponenten eine wesentlich höhere Fehlerrate hat als die Einzelkomponenten. Für einen genügend hohen C_{pk}-Wert des Systems müssen die Komponenten einen noch deutlich höheren Wert aufweisen.

Der C_p-Wert lässt sich nur dann berechnen, wenn sowohl eine obere als auch eine untere Spezifikationsgrenze definiert ist. Während der C_p-Wert nur das Verhältnis der vorgegebenen Toleranz zur Prozessstreuung angibt, beinhaltet der C_{pk}-Wert auch die Lage des Mittelwerts zur vorgegebenen Toleranzmitte. Im besten Fall (Prozessmittelwert liegt genau in der Mitte des Toleranzbereichs) ist $C_{pk} = C_p$; sonst ist $C_{pk} < C_p$. Die einzelnen Buchstaben der Abkürzung stehen für:

- C: Capability

- p: process
- k: katayori (japanisch), was soviel heißt wie Verschiebung

Unter der Annahme einer normalverteilten Prozessgröße lässt sich aus dem Prozessfähigkeitsindex C_{pk} über die folgende Formel die Anzahl der zu erwartenden Fehler je 1 Million PPM berechnen:

$$PPM = (1 - F(3 \cdot C_{pk}) + F(-3 \cdot C_{pk})) \cdot 1.000.000 = 2 \cdot F(-3 \cdot C_{pk}) \cdot 1.000.000 \quad (3.19)$$

Dabei ist F die Verteilungsfunktion der Standardnormalverteilung. Die folgende Auflistung gibt einige Beispielwerte für die zweiseitige Wahrscheinlichkeit:

- C_{pk} 0,33 = 320.000 PPM = 1σ
- C_{pk} 0,67 = 46.000 PPM = 2σ
- C_{pk} 1,00 = 2.699 PPM = 3σ
- C_{pk} 1,33 = 63 PPM = 4σ
- C_{pk} 1,50 = 3,4 PPM = 4,5σ
- C_{pk} 1,67 = 0,57 PPM = 5σ
- C_{pk} 2,00 = 0,002 PPM = 6σ

In der Literatur zum Thema Prozessfähigkeit wird meist dargestellt, dass ein unmittelbarer Zusammenhang zwischen einem berechneten C_{pk}-Wert und einem Überschreitungsanteil besteht, z. B. C_{pk} = 1,33 entspricht 32 PPM (einseitig). Dieser Zusammenhang beruht auf dem Modell der Normalverteilung und gilt ausschließlich im Fall normalverteilter Messdaten. Weicht die reale Merkmalsverteilung von der Normalverteilung ab, so ergeben sich in der Regel andere Überschreitungsanteile. Eine Visualisierung dieser Zusammenhänge ist in Bild 3.39 zu sehen. Dieses zeigt die innerhalb

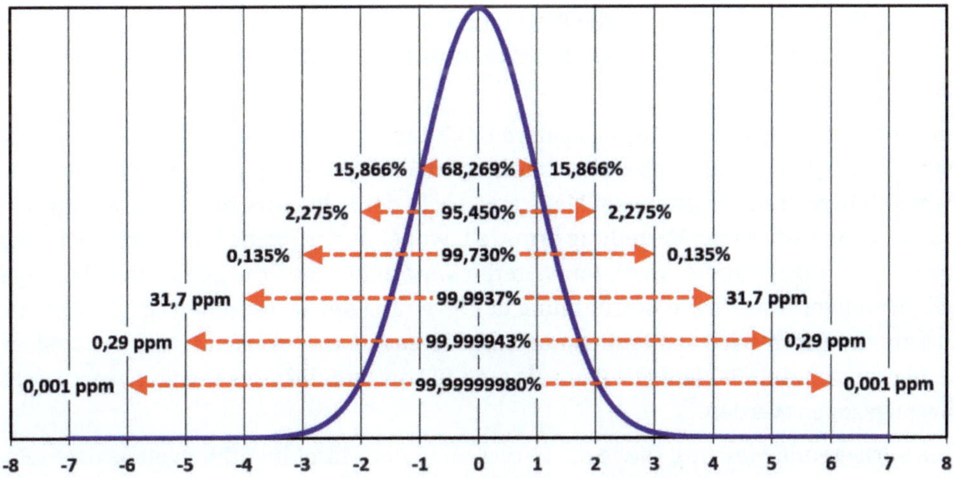

Bild 3.39 Überschreitungsanteile bei Normalverteilung (C/QMM 2019b, S. 34)

der Bereiche $\pm 1\sigma$, $\pm 2\sigma$, $\pm 3\sigma$, $\pm 4\sigma$, $\pm 5\sigma$ und $\pm 6\sigma$ zu erwartender Merkmalswerte mit zugehörigen Überschreitungsanteilen unter- und oberhalb dieser Bereiche.

Wenn die Annahme einer Normalverteilung nicht erfüllt ist, dann ist der Zusammenhang zwischen Index und Fehlerrate in PPM ein anderer. Oft sind Daten lognormal oder Student-T verteilt. In diesen beiden Fällen ist der PPM-Wert für einen Index von beispielsweise 1,5 weitaus kleiner als bei einer Normalverteilung, umgekehrt wäre es bei einer Gleichverteilung. Aus diesem Grund sollte vorab ein Normalitätstest ausgeführt werden. Dieser kann aber bei zu kleiner Datenmenge ungenau sein. Der C_p- und der C_{pk}-Wert haben eine Aussage, wenn eine Normalverteilung vorliegt.

3.5.2.5 Maschinenfähigkeit

Die Maschinenfähigkeitsuntersuchung stellt ein statistisches Verfahren dar, welches im Rahmen der statistischen Prozesskontrolle sowie von Six Sigma Anwendung findet. Die Qualität eines Produkts wird von einer Vielzahl von Faktoren beeinflusst, die im Rahmen eines Produktionsprozesses und in der Fertigung zu berücksichtigen sind. Als Einflussfaktoren können die klassischen „5M" (Mensch, Maschine, Material, Methode und Mitwelt) identifiziert werden. Bei der Messung der Maschinenfähigkeit ist es von entscheidender Bedeutung, dass die genannten Einflüsse möglichst konstant gehalten werden, gleichzeitig aber auch dem realen Serienbetrieb entsprechen.

Der Begriff der Maschinenfähigkeit stammt aus dem Bereich der Produktionstechnik und bezeichnet die Stabilität sowie Reproduzierbarkeit eines Produktionsschritts, der auf einer Maschine in der Produktion durchgeführt wird. Die Maschinenfähigkeit wird berechnet, um die Zuverlässigkeit einer Maschine auf statistischer Basis zu messen. Sie erlaubt eine Aussage über den zu erwartenden Anteil an Ausschuss und Nacharbeit, der beim Betrieb der Maschine zu verzeichnen ist. Die Ermittlung der Maschinenfähigkeit erfolgt durch die Produktion einer zuvor nach statistischen Kriterien festgelegten Stichprobe von Werkstücken (mindestens 50 Stück) unter festgelegten Bedingungen.

Im Anschluss werden die für die spätere Funktion des Teils kritischen Größen gemessen. Es ist sicherzustellen, dass sich die äußeren Rahmenbedingungen und Einflussfaktoren nicht oder nur in geringem Maße ändern. In der Folge wird die für die Stichprobe zutreffende statistische Verteilung ermittelt, wobei in der Praxis häufig eine Normalverteilung angenommen wird. Im weiteren Verlauf erfolgen die Ermittlung der Lage des Mittelwerts sowie die Bestimmung der Streuung der gemessenen Größe. Die Maschinenfähigkeit wird schließlich auf Basis dieser beiden Werte als dimensionslose Zahl ermittelt. Der Zahlenwert kann als Maß für die Stabilität des Fertigungsprozesses herangezogen werden.

Die vorliegende Messung sowie die Berechnung der Maschinenfähigkeit besitzen Relevanz für die Serienfertigung in Produktionsunternehmen. Die wesentlichen Charakteristika dieser Fertigung lassen sich wie folgt zusammenfassen: Das Produkt soll in einer hohen Stückzahl gefertigt werden. Eine 100-prozentige Prüfung eines Qualitätsmerkmals des gefertigten Produkts ist aus ökonomischen Gründen nicht durchführbar, zudem würde eine derartige Prüfung eine Zerstörung des Produkts bedeuten. In der Folge werden lediglich einzelne, zufällig gezogene Produkte einer Prüfung unterzogen, wobei in diesem Kontext die Statistik eine entscheidende Rolle einnimmt.

In einigen Branchen besteht seitens der Kunden die Forderung an ihre Lieferanten, die Maschinenfähigkeit zu messen und nachzuweisen. Die Freigabe der Maschinenfähigkeit für die Produktion erfolgt ausschließlich bei Einhaltung eines vorgegebenen Werts durch den Lieferanten, was die Grundlage für die Freigabe des jeweiligen Auftrags darstellt. Im Falle plötzlich auftretender Qualitätsprobleme, einer steigenden Fehlerrate oder wiederholt auftauchender Mängel kann eine Überprüfung der Maschinenfähigkeit ebenfalls indiziert sein. In der Konsequenz bildet sie die Grundlage für eine Anpassung der Parameter im Prozess sowie an der Maschine. Im Rahmen der Maschinenfähigkeitsuntersuchung können grundsätzlich zwei verschiedene Kennzahlen ermittelt werden:

- C_m: Diese Kennzahl zeigt an, wie groß die Streuung im Verhältnis zur Toleranzbandbreite ist.
- C_{mk}: Diese Kennzahl zeigt an, wie groß die Streuung im Verhältnis zur Toleranzbandbreite ist und über die Lage des Prozessmittelwerts.

Die genaue Berechnung der Indizes ist im Abschnitt Berechnung beschrieben. Im Idealfall ist $C_m = C_{mk}$; dies bedeutet, dass der Mittelwert symmetrisch im Toleranzfeld liegt. In der Praxis ergibt sich häufig eine Abweichung zwischen Mittelwert und Sollwert der Größe, sodass die Maschinenfähigkeit C_{mk} meist kleiner ist als C_m. Der minimale Wert für die Maschinenfähigkeit, damit ein Prozess für die Serienfertigung geeignet ist, ist abhängig vom spezifischen Unternehmen. Branchenabhängig existieren Normvorgaben, wie sie etwa in der Automobilbranche durch den VDA oder die International Automotive Task Force (IATF) vorgegeben werden.

Gängige Minimalforderungen sind Werte von 1,33 (entspricht dem Vierfachen der Standardabweichung σ bei Normalverteilung) oder 1,67 (entspricht fünf σ). Zusätzlich dazu existieren Anforderungen an die Prozessfähigkeit, wobei der Minimalwert für die Prozessfähigkeit gleich groß oder etwas geringer als derjenige für die Maschinenfähigkeit sein muss, da die Bestimmung der Prozessfähigkeit weiteren realitätsnahen Einflussfaktoren unterliegt (beispielsweise Abweichungen des Materials zwischen verschiedenen Chargen, unterschiedliche Umgebungstemperatur und -luftfeuchtigkeit, unterschiedliche Anlagenbediener).

Der Begriff Maschinenfähigkeit hat in der Praxis zu Problemen geführt, da auf die Maschinenfähigkeit zu viele Einflussgrößen (beispielsweise Messmittel, Umgebung oder Mitarbeiter) einwirken, so dass nur noch die Prozessfähigkeit mit den Kennzahlen C_p und C_{pk} und die Stabilität (Beherrschtheit) des Prozesses verwendet werden sollte. Da die Maschinenfähigkeit im Vergleich zur Prozessfähigkeit deutlich leichter und schneller zu ermitteln ist, wird sie oft für die Erstbewertung einer Maschine (zum Beispiel bei einer Maschinenvorabnahme) eingesetzt. Für die Vorgehensweise zur Messung und Bewertung der Maschinenfähigkeit gibt es die Normenreihe DIN ISO 22514 „Statistische Verfahren im Prozessmanagement – Fähigkeit und Leistungen“. Dort sind die möglichen statistischen Modelle und Verfahren und deren Anwendung genau beschrieben.

3.5.2.6 Kurzzeitfähigkeit

Die Kurzzeit-Prozessfähigkeit (auch als vorläufige Prozessfähigkeit bezeichnet) dient der Betrachtung eines Prozesses vor Serienanlauf und unterstützt gleichzeitig bei der Definition der oberen und unteren Eingriffsgrenzen des Prozesses. Der Prozess wird über einen längeren Zeitraum betrieben und es erfolgt in regelmäßigen Abständen die Entnahme von Stichproben. Als Richtwert kann die Entnahme von 25 Stichproben mit jeweils fünf Teilen angenommen werden, wobei das Minimum bei 20 Stichproben mit jeweils drei Teilen liegt. Die Beherrschung des Prozesses wird mithilfe einer Qualitätsregelkarte evaluiert, wobei gleichzeitig die Möglichkeit besteht, die Messwerte durch zusätzliche Analysen zu untersuchen.

In dieser Phase der Analyse sollte der Prozess bereits unter den zukünftigen Serienbedingungen produziert werden. Es ist von essenzieller Bedeutung, dass alle Einflüsse der Serie bereits vorhanden und wirksam sind. Des Weiteren ist darauf zu achten, dass die Methoden und Formeln zur Berechnung der einzelnen Fähigkeitskennzahlen bereits bei der Ermittlung der kurzzeitigen Fähigkeit sowie bei der Berechnung der Maschinenfähigkeit zum Einsatz kommen. Dies gewährleistet eine sinnvolle Verbindung der einzelnen Analysen im zeitlichen Ablauf. Die Kennzahlen der Kurzzeitfähigkeit sind wie folgt:

- P_p: Diese Kennzahl zeigt an, wie groß die Streuung im Verhältnis zur Toleranzbandbreite ist.
- P_{pk}: Diese Kennzahl zeigt an, wie groß die Streuung im Verhältnis zur Toleranzbandbreite ist und über die Lage des Prozessmittelwerts.

3.5.2.7 Langzeitfähigkeit

Der Langzeitprozessfähigkeitsindex C_{pk} dient der Evaluierung der Ergebnisse des Prozesses nach dem Anlauf der Serie. Die Langzeitprozessfähigkeitsuntersuchung zielt darauf ab, die Qualitätsfähigkeit unter realen Bedingungen zu evaluieren. Daher erstreckt sich die Untersuchung über einen längeren Zeitraum. Im Idealfall erfolgt die Entnahme der Stichproben über einen Zeitraum von 25 Tagen. Die Vorgehensweise entspricht der Analyse zur kurzfristigen Prozessfähigkeit (P_{pk}). Kurz- und langfristige Prozessfähigkeitsuntersuchungen dienen der Analyse des Herstellungsprozesses hinsichtlich seiner Eignung zur Erfüllung der geplanten Fertigungsaufgabe innerhalb der vorgegebenen Qualitätsanforderungen. Im Rahmen der Langzeitprozessfähigkeitsuntersuchung manifestieren sich die einzelnen Einflüsse der fünf Einflussarten (5M) in stärkerem Maße als dies in der Kurzfristuntersuchung der Fall ist.

Der C_p-Wert gibt das Prozesspotenzial wieder. Die Kennzahl C_p stellt ein Maß für die Breite der Prozessstreuung im Verhältnis zur Toleranzbreite dar. Die Toleranzbreite definiert sich als der Bereich zwischen dem oberen und unteren Grenzwert. Die üblicherweise verwendete Breite der Prozessstreuung entspricht der dreifachen Standardabweichung nach oben oder unten in Relation zum Mittelwert. Innerhalb dieses Bereichs kann bei einem beherrschten Prozess mit Werten gerechnet werden, die zu mehr als 99 % über oder unter dem Mittelwert liegen. Der C_p-Wert entspricht dem Wert 1, sofern der Prozessstreubereich der Toleranzgrenze (oberer bzw. unterer Grenzwert) entspricht. Die Berechnung des C_p-Werts ist jedoch nicht ausreichend, um die Qualitätsfähigkeit eines Prozesses adäquat beurteilen zu können, da sie die Lage des Prozesses nicht berücksichtigt. Zur Beurteilung der Qualitätsfähigkeit eines Prozesses ist die Verwendung des C_{pk}-Werts erforderlich.

Der C_{pk}-Wert ist gleich dem Prozesspotenzial C_p, berücksichtigt jedoch zusätzlich die Lage des Prozesses. Hierzu wird der kritische Abstand zwischen Prozesslage und Toleranzgrenze berechnet. Der C_{pk}-Wert ist gleich dem C_p-Wert, wenn der Prozess in der Toleranzmitte zentriert ist. Der C_{pk}-Wert entspricht dem kleineren oder kritischeren Wert von C_{po} oder C_{pu}. Ist der C_{pk}-Wert kleiner als der C_p-Wert, bedeutet dies, dass der Mittelwert der Verteilung außerhalb der Toleranzmitte liegt. Ist der C_p-Wert größer als der Prozessfähigkeitsindex C_{pk}, so kann der Prozess durch eine Zentrierung fähig gemacht werden. Die Prozessfähigkeit bewertet somit C_p und C_{pk}, um eine valide Aussage zu machen.

In Bezug auf die Beeinflussung der Indizes lässt sich festhalten, dass die einfachste Methode, um die Prozessfähigkeit eines gegebenen Prozesses zu erhöhen, die Lockerung der Spezifikationsgrenzen ist. Dabei gilt, dass eine größere Differenz zwischen oberem und unterem Sollwert (OSG und USG) eine größere Anzahl an Standardabweichungen ermöglicht. Der Wegfall von Spezifikationsgrenzen resultiert quasi in einer unendlichen Prozessfähigkeit. Um die Prozessfähigkeit als sinnvolles Maß beibehalten zu können, ist es unerlässlich, dass die Spezifikationsgrenzen für den Prozesseigner unantastbar sind. Der geforderte C_{pk}-Wert determiniert die Ausnutzbarkeit der in der Zeichnung definierten Merkmalstoleranzen.

Zu den wesentlichen Vorteilen der Prozessfähigkeitsuntersuchungen zählt die Steigerung der Qualität. Die Ermittlung der Prozessfähigkeit ermöglicht die Identifikation von Schwachstellen im Prozess, sodass eine gezielte Verbesserung erfolgen kann, bevor größere Qualitätsprobleme entstehen. Dies resultiert in einer Reduktion der Kosten, da die Fähigkeit eines Prozesses, innerhalb der Spezifikationen zu arbeiten, die Anzahl von Ausschuss, Nacharbeit und Reklamationen verringert. In der Konsequenz werden Ressourcen weniger verschwendet und die Gesamtkosten sinken. Ein weiterer Vorteil besteht in der Erhöhung der Kundenzufriedenheit.

Fazit:

Ein stabiler und fähiger Prozess gewährleistet, dass Produkte konsistent den Anforderungen und Erwartungen der Kunden entsprechen, was zu einer höheren Kundenzufriedenheit und einer stärkeren Kundenbindung führt. Des Weiteren tragen Prozessfähigkeitsuntersuchungen dazu bei, Risiken zu minimieren, da potenzielle Probleme frühzeitig identifiziert werden können, sodass vor der Entstehung fehlerhafter Produkte entsprechende Maßnahmen ergriffen werden können.

3.5.3 Statistische Prozessregelung

Leitfragen im Umgang mit statistischer Prozessregelung:

- Ist der Prozess fähig?
- Ist der Prozess stabil?
- Was für Merkmale müssen überwacht werden?
- Sind Ursache-Wirkungs-Zusammenhänge des Prozesses bekannt?

Wann benötigen Sie diese Methode?

Statistische Prozessregelung (engl. Statistical Process Control (SPC)) wird benötigt, wenn die Qualität eines Prozesses oder Produkts überwacht und kontrolliert werden soll, die Stabilität eines Prozesses sichergestellt werden soll, Abweichungen von den Spezifikationen frühzeitig erkannt werden sollen, die Variabilität eines Prozesses reduziert werden soll und die Effizienz und Effektivität eines Prozesses verbessert werden soll. SPC hilft dabei, Prozesse zu überwachen, indem statistische Methoden eingesetzt werden, um Trends und Abweichungen zu erkennen.

SPC stellt eine Methode dar, welche auf statistischen Techniken basiert und zur Überwachung sowie Steuerung von Produktionsprozessen dient. Ihr Ziel ist die Sicherstellung der Qualität von Produkten oder Dienstleistungen durch die kontinuierliche Überwachung von Prozessvariationen sowie die frühzeitige Erkennung von Abweichungen. SPC wurde in den 1920er-Jahren von Walter A. Shewhart entwickelt und erfuhr in der Folgezeit eine Popularisierung durch W. Edwards Deming in der japanischen Automobil- und Elektronikindustrie.

Weiterführende Literatur – Technische Berichte:

C/QMM (2020). *Heft 7 – Statistische Prozessregelung SPC*. Techn. Ber. Robert Bosch GmbH.

Die Basis von SPC bildet die Differenzierung zwischen natürlichen und systematischen Prozessschwankungen. Es ist zu beachten, dass natürliche, zufällige Schwankungen unvermeidbar sind, während systematische Störungen auf spezifische Ursachen zurückzuführen sind. Durch das Erkennen und Beseitigen dieser systematischen Abweichungen kann die Stabilität des Prozesses gewährleistet und eine nachhaltige Qualitätssteigerung erzielt werden. Shewhart postulierte, dass die Qualität des Endprodukts im Wesentlichen von der Kombination der Streuung der Parameter der Einzelteile abhängt. Als Ursache für diese Streuung identifizierte er zwei grundsätzlich verschiedene Mechanismen:

- Streuung aufgrund allgemeiner Ursachen (zufällige Abweichungen vom Mittelwert, die sich aufgrund eines stochastischen Prozesses ergeben) und
- Streuung aufgrund besonderer Ursachen (Materialfehler, Maschinenfehler, Konstruktionsfehler)

Die zweite wichtige Erkenntnis von Shewhart war, dass nun bei dem Versuch, diese Streuung zu minimieren, zwei Fehler gemacht werden können:

- Fehler 1: Eine Abweichung einer besonderen Ursache zuweisen, obwohl sie von einer allgemeinen Ursache hervorgerufen wurde.
- Fehler 2: Eine Abweichung einer allgemeinen Ursache zuweisen, obwohl sie von einer besonderen Ursache hervorgerufen wurde.

Obgleich eine vollständige Vermeidung eines Fehlers möglich ist, kann eine gleichzeitige Vermeidung beider Fehlerarten nicht erreicht werden. Folglich war es erforderlich, eine Möglichkeit zu finden, um die Aufwendungen für die Vermeidung von Fehlern zu reduzieren. Aufgrund umfangreicher statistischer Untersuchungen und Theoriebildung gelangte Shewhart schließlich zur Entwicklung von „control charts“, welche sich als optimales Werkzeug zur Umsetzung der gewonnenen Erkenntnisse in die tägliche Praxis erwiesen. Die erstmalige großindustrielle Anwendung von SPC datiert auf den Zweiten Weltkrieg, wo sie bei der Fertigung von Rüstungsgütern zum Einsatz kam. In der Folgezeit erkannte William Edwards Deming, dass sich diese Erkenntnisse und Werkzeuge auf alle Arten von Prozessen, d. h. Geschäfts- und Verwaltungsprozesse, mit den gleichen positiven Resultaten übertragen lassen. Diese Lehre stieß insbesondere in Japan auf großes Interesse, wo sie unter anderem im Rahmen des Toyota-Produktionssystems weiterentwickelt wurde. In der modernen Unternehmenspraxis wird die statistische Prozessregelung als integraler Bestandteil eines ganzheitlichen Qualitätsmanagementsystems betrachtet, welches den Produktions- oder Dienstleistungsprozess als Kernprozess begleitet.

SPC stellt eine Anwendung aus dem Bereich der schließenden Statistik dar. Die Anzahl der vorliegenden Messwerte ist geringer als bei einer 100%-Prüfung. Der Schluss von einem kleinen Datensatz, den Stichprobenwerten, auf die Grundgesamtheit stellt eine wesentliche Grundlage der schließenden Statistik dar. Die korrekte Interpretation der Ergebnisse erfordert die Kenntnis des verwendeten mathematischen Modells, seiner

Grenzen sowie der Umstände, unter denen es trotz Abweichungen von den tatsächlichen Gegebenheiten eine praktische Relevanz besitzt. In diesem Kontext erfolgt eine Differenzierung zwischen diskreten und kontinuierlichen Merkmalen. Diesbezüglich besteht bei beiden Merkmalsarten die Möglichkeit, eine Regelkarte zu führen.

SPC basiert auf der Annahme, dass ein Prozess durch eine Vielzahl von Einflussgrößen geprägt ist. Die sogenannten 5M (Mensch, Maschine, Material, Mitwelt und Methode) dienen als Hauptgliederungspunkte der Einflussgrößen. Jedes M kann weiter untergliedert werden, beispielsweise die Mitwelt in Temperatur, Luftfeuchtigkeit, Erschütterung, Schmutz sowie Beleuchtung und zahlreiche weitere Faktoren. Das unkontrollierbare, zufällige Einwirken vieler Einflussgrößen führt trotz sorgfältigen Vorgehens zu Abweichungen der realen Merkmalswerte vom Zielwert. Aus dem zufälligen Zusammenwirken vieler Einflussgrößen ergibt sich idealerweise für das betrachtete Merkmal eine Gaußsche Normalverteilung. Die Normalverteilung stellt ein geeignetes Modell dar, um eine Vielzahl von Sachverhalten im Rahmen der SPC zu veranschaulichen.

Weiterführende Literatur – Fachaufsätze:

Sajid Ali, Antonio Pievatolo und Rainer Göb (2016). „An overview of control charts for high-quality processes". In: *Quality and reliability engineering international* 32.7, S. 2171–2189.

Wie bereits erwähnt, ist jede Form der Produktion gekennzeichnet durch eine gewisse Variabilität, welche sich in zwei Hauptkategorien von Abweichungen unterteilen lässt: zufällige und systematische Abweichungen. Unter dem Begriff der zufälligen Abweichungen werden unvermeidliche Schwankungen zusammengefasst, die durch normale Einflüsse, wie beispielsweise geringe Temperatur- oder Materialschwankungen, bedingt sind. Sie sind integraler Bestandteil des normalen Betriebsablaufs eines Prozesses und können lediglich durch grundlegende Modifikationen des Prozesses selbst minimiert werden. Systematische Abweichungen hingegen resultieren aus spezifischen Störungen, beispielsweise Maschinenfehlern oder der Verwendung fehlerhaften Materials. Die Erkennung und Behebung dieser außergewöhnlichen Abweichungen sind unabdingbar, um die Produktqualität zu sichern. SPC dient folglich der frühzeitigen Erkennung systematischer Abweichungen, um eine entsprechende Prozessanpassung zeitnah vornehmen zu können.

Ein zentrales Konzept der SPC sind die Fähigkeitsindizes. Voraussetzung für SPC ist die erfolgreich abgeschlossene Untersuchung der Messprozesseignung, Analyse der Maschinenfähigkeit (bzw. Kurzzeitfähigkeit) und initiale Analyse der Langzeitfähigkeit. Diese Kennzahlen, wie C_{gk}, C_{mk}, P_{pk} oder C_{pk} bewerten die Fähigkeit eines Prozesses, innerhalb der festgelegten Toleranzen zu arbeiten. C_p misst dabei die potenzielle Fähigkeit eines Prozesses, innerhalb der Spezifikationen zu arbeiten, ohne die Zentrierung des Prozesses zu berücksichtigen. C_{pk} geht einen Schritt weiter und bewertet die Fähigkeit des Prozesses, innerhalb der Toleranzgrenzen zu bleiben, unter Berücksichtigung der Prozesslage. Neben den Kontrollkarten und Fähigkeitsindizes sind auch Histogramme und das Pareto-Diagramm wichtige Werkzeuge der SPC. Sie helfen, die Verteilung der Prozessdaten und die häufigsten Fehlerquellen visuell darzustellen. Ein weiteres wichtiges Instrument ist das Ursache-Wirkungs-Diagramm (Abschnitt 3.3.2), das zur systematischen Analyse der Ursachen von Prozessproblemen verwendet wird.

Zu den zentralen Werkzeugen der SPC gehören Kontrollkarten, auch Qualitätsregelkarten genannt. Sie ermöglichen eine visuelle Darstellung des Prozesses über die Zeit und helfen, Abweichungen zu identifizieren, die auf systematische Störungen hinweisen könnten. Die gebräuchlichsten Kontrollkarten sind die $\bar{X}R$-Karten, die zur Überwachung kontinuierlicher Daten wie Gewicht oder Abmessungen eingesetzt werden. Diese Karten bestehen aus einer $\bar{X}$-Karte, die den Mittelwert der Stichproben darstellt, und einer R-Karte, die die Spannweite der Stichproben zeigt. Für attributive Daten, also qualitative Merkmale wie gut oder schlecht, werden p-Karten verwendet, die den Anteil fehlerhafter Einheiten in einer Stichprobe anzeigen. c-Karten dienen zur Überwachung der Anzahl von Fehlern innerhalb einer festgelegten Stichprobengröße.

Die erfolgreiche Implementierung von SPC basiert auf einem klar definierten Prozess. In einem ersten Schritt erfolgt die Auswahl des zu überwachenden Prozesses, wobei in der Praxis zumeist ein kritischer Fertigungsschritt gewählt wird. Im Anschluss erfolgt die kontinuierliche Erfassung der relevanten Daten, wobei zwischen kontinuierlichen Messwerten und attributiven Daten unterschieden wird. Im Anschluss werden die Daten in die Kontrollkarten übertragen, wobei statistische Methoden zur Berechnung der oberen und unteren Warn- und Eingriffsgrenzen zum Einsatz kommen. Die kontinuierliche Überwachung dieser Karten erlaubt die Erkennung von Abweichungen, die auf systematische Störungen hindeuten. Im Falle des Auftretens systematischer Abweichungen erfolgt eine Ursachenanalyse, auf deren Basis entsprechende Korrekturmaßnahmen implementiert werden, um den Prozess wieder in einen stabilen Zustand zu überführen.

Zu den Vorteilen von SPC gehört die frühzeitige Erkennung von Problemen, welche die Behebung von Prozessstörungen ermöglicht, bevor diese die Produktqualität beeinträchtigen. In der Konsequenz werden die Kosten für Nacharbeit und Ausschuss reduziert, was zu einer gesteigerten Kosteneffizienz führt. Ein stabiler Prozess, der hochwertige Produkte liefert, resultiert in einer höheren Kundenzufriedenheit und stärkt die Wettbewerbsfähigkeit eines Unternehmens.

Zu den Herausforderungen von SPC gehört der Initialaufwand, da neben Schulungen auch Software sowie Überwachungssysteme erforderlich sind. Des Weiteren erfordert die Datenanalyse Fachkenntnisse in der Statistik, wodurch die Implementierung in Unternehmen ohne entsprechende Ressourcen erschwert werden kann. Die Qualität der erhobenen Daten ist von entscheidender Bedeutung, da fehlerhafte Daten zu falschen Entscheidungen führen können. Ein weiteres Problem stellt die kurzfristige Ausrichtung vieler SPC-Kennzahlen dar, welche dazu führt, dass langfristige Trends übersehen werden können.

Die Zielsetzung von SPC besteht in der Einhaltung eines vordefinierten Qualitätsniveaus zu möglichst geringen Kosten. Demgegenüber erweist sich die Methode als untauglich, die Qualität von Produkten zu steigern. Eine über das erforderliche Maß hinausgehende Qualitätssteigerung wäre mit zusätzlichen Kosten verbunden, denen lediglich ein marginaler Zusatznutzen gegenüberstünde. In der Regel wird ein Wert von X als das benötigte Maß an fehlerfreien Teilen angenommen, was mit einem relativ geringen Kontrollaufwand und somit niedrigen Kosten zu erreichen ist. Eine Steigerung der Qualität auf 100 % fehlerfreie Teile würde jedoch einen signifikant höheren Kontrollaufwand erfordern, der die Differenz von 100%-X deutlich übersteigt. Dies ist darauf zurückzuführen, dass die Gesamtkosten mit der gewünschten Qualitätslage exponentiell ansteigen. SPC dient somit dem betriebswirtschaftlichen Minimalprinzip. Zur gezielten Erhöhung der gewünschten Qualitätslage sind andere Methoden notwendig, beispielsweise FMEA (Abschnitt 2.2.6).

3.5.3.1 Qualitätsregelkarten

Die Qualitätsregelkarte, auch als Regelkarte bezeichnet, stellt ein Instrument des Qualitätsmanagements zur Auswertung von Prüfdaten dar. Das Ziel besteht in der Bewertung von Prozessen hinsichtlich ihrer zeitlichen Qualitätskonstanz, der sogenannten Prozessstabilität. Eine signifikante Änderung des Prozesses wird durch die Qualitätsregelkarte signalisiert, wobei die Richtung der Veränderung ersichtlich wird. Diese kann eine Vergrößerung der Qualitätsstreuung und/oder eine Änderung der Lage des Qualitätsmerkmals umfassen. Die grafische Darstellung statistischer Stichprobenkennwerte, wie beispielsweise des Stichprobenmittelwerts und der Stichprobenstandardabweichung des Qualitätsmerkmals, dient der übersichtlichen Veranschaulichung von Warn-, Eingriffs- und Toleranzgrenzen. Ein exemplarisches Beispiel für eine Regelkarte ist in Bild 3.40 zu sehen. In der Praxis werden Regelkarten nach der Art der zu untersuchenden Merkmale in Regelkarten für variable Merkmale und Regelkarten für attributive Merkmale unterteilt. Zu den Regelkarten für variable Merkmale zählen unter anderem die Urwertkarte, die Shewhart-Karte oder die Prozessregelkarte.

3.5.3.2 Urwertkarten

Die Urwertkarte stellt eine Variante der Qualitätsregelkarten dar, welche im Rahmen des Qualitätsmanagements zur Auswertung von Prüfdaten Anwendung findet. Die Urwertkarte präsentiert die statistischen Stichprobenkennwerte über die Zeit in grafischer Form und weist zugleich die Warn- und Eingriffsgrenzen auf. Sie dient der Prüfung, ob der Erwartungswert und die Streuung des betrachteten Merkmals den betreffenden vorgegebenen bzw. bekannten oder geschätzten Werten bei ungestörtem Prozess entsprechen. Sie veranschaulicht folglich die Lage sowie die Streuung in einer Spur. Die Verwendung der Urwertkarte setzt die annähernde Normalverteilung des Prozesses voraus. Die Urwertkarte findet Anwendung, wenn nur eine geringe

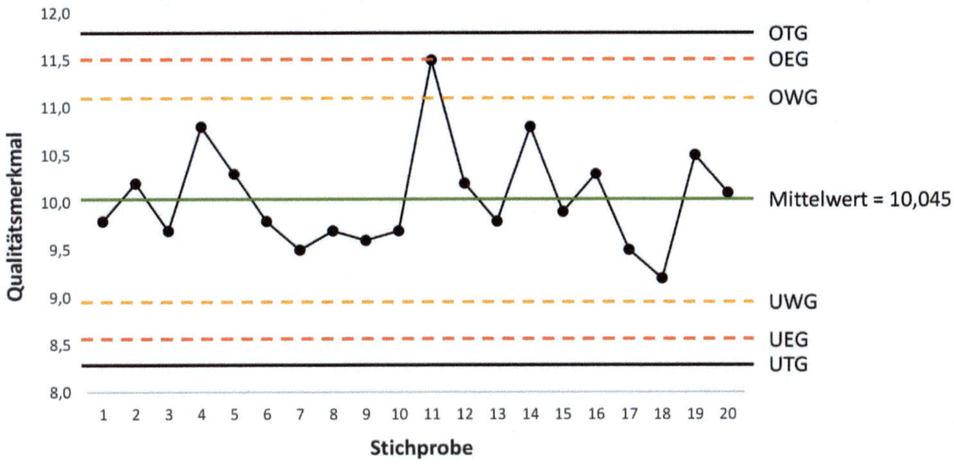

Bild 3.40 Beispiel einer $\overline{X}$-Regelkarte

Anzahl an Werten vorliegt, oder als Vorstufe zur regulären Qualitätsregelkarte. Urwerte können dabei sämtliche Messwerte, Mittelwerte, Standardabweichungen oder Spannweiten umfassen.

Der grundsätzliche Aufbau der Urwertkarte entspricht dem der übrigen Qualitätsregelkarten. Ihr Aufbau ähnelt dem eines Koordinatensystems. Die horizontale Achse (x-Achse) dient der Darstellung der Nummer der Stichprobe, des Zeitpunkts der Stichprobenentnahme oder anderer eindeutig zuweisbarer Informationen zur Stichprobe. Die vertikale Achse (y-Achse) dient der Darstellung des zu kontrollierenden Qualitätsmerkmals. Die Qualitätsmerkmale sind in der Regel die Messergebnisse bzw. die Werte der Stichprobe. Als Mittellinie wird der aus den Vorlaufuntersuchungen berechnete Mittelwert eingetragen. Die Mittellinie repräsentiert somit den Prozessmittelwert μ.

Des Weiteren werden sinnvolle Warn- und Eingriffsgrenzen definiert. Es werden jeweils zwei Grenzen festgelegt, eine Ober- und eine Untergrenze, die einen identischen Abstand zur Mittellinie aufweisen. Die untere Eingriffsgrenze (UEG) und die obere Eingriffsgrenze (OEG) definieren den Bereich, innerhalb dessen Maßnahmen ergriffen werden, sobald ein Wert diese Grenzen unter- oder überschreitet. Dies impliziert, dass bei einer Überschreitung oder Unterschreitung der eingetragenen Höchst- oder Mindestwerte eine Ursachenanalyse durchzuführen und gegebenenfalls eine Prozesskorrektur zu implementieren ist. Die Berechnung der Eingriffsgrenzen erfolgt unter Zuhilfenahme des 99%-Zufallsstreubereichs. Die untere Warngrenze (UWG) und die obere Warngrenze (OWG) definieren einen Bereich, in dem der Prozess mit einer erhöhten Aufmerksamkeit beobachtet werden muss, da eine Über- oder Unterschreitung der eingetragenen Höchst- oder Mindestwerte stattgefunden hat. Die Berechnung der Warngrenzen erfolgt auf Basis des 95%-Zufallsstreubereichs.

Im Rahmen der Urwertkarte werden zu festgelegten Zeitpunkten in regelmäßigen Abständen Stichproben eines bestimmten Umfangs entnommen. Wie bei der Erstellung jeder Qualitätsregelkarte ist es empfehlenswert, einen geeigneten Stichprobenumfang (n) sowie einen sinnvollen zeitlichen Abstand zu wählen. Die Stichprobe muss eine festgelegte Stückzahl von mindestens fünf aufweisen. Folglich werden Stichproben mit jeweils fünf Messwerten eingetragen. Im Anschluss erfolgt die Markierung der exakten Maße der Teile aus der jeweiligen Stichprobe in den zugehörigen Stichproben-Spalten. Bei einer Häufung bestimmter Werte erfolgt eine Zuweisung einer Häufigkeitszahl, welche Aufschluss über das Auftreten wiederkehrender Fehler gibt. Nach einer regelmäßigen Prüfung der Stichproben sowie einer übereinanderliegenden Eintragung aller n Messwerte erfolgt eine Analyse der Lage der eingetragenen Messwerte in Bezug auf die Warn- und Eingriffsgrenzen:

- Liegt ein Stichprobenwert innerhalb der Warngrenze, ist der Fertigungsprozess ungestört. Es ist kein Eingriff notwendig.
- Liegt ein Stichprobenwert zwischen Warn- und Eingriffsgrenzen, liegt ein Verdacht auf eine Störung des Prozesses vor. Der Fertigungsprozess unterliegt ab jetzt erhöhter Aufmerksamkeit. Man entnimmt deshalb sofort eine weitere Stichprobe.
- Liegt ein Stichprobenwert außerhalb der Eingriffsgrenzen, ist der Fertigungsprozess gestört und es ist ein Eingriff notwendig. Welche Maßnahmen getroffen werden müssen, hängt davon ab, welche Kenntnisse über den zu regelnden Prozess und die Art der angezeigten Störung vorliegen.

Bei der Urwertkarte erfolgt die Darstellung der Ausprägungen des Merkmals aller Teile einer Stichprobe auf der gleichen Karte. Dies ermöglicht eine einfache Identifikation von Ausreißern sowie eine effektive Analyse von großen Streuungen. Die Werte der Ausprägungen des Merkmals der einzelnen Teile bleiben zudem für nachträgliche Auswertungen erhalten. Die simultane Überwachung von Lage und Streuung durch die Urwertkarte macht die Führung einer s-Karte obsolet. Die Grenzen sind so definiert, dass alle Urwerte einer zufällig dem unveränderten Prozess entnommenen Stichprobe des Umfangs n mit einer Wahrscheinlichkeit von 99 % innerhalb der Eingriffsgrenzen und mit einer Wahrscheinlichkeit von 95 % innerhalb der Warngrenzen liegen.

Die Führung einer Urwertkarte erfordert keinerlei Berechnungen. Folglich kann ein Prozess unmittelbar nach der Erfassung der Urwerte überwacht werden. Die Urwertregelkarte zeichnet sich folglich durch eine einfache Handhabung aus, sodass nur ein geringer Aufwand für die Führung der Karte erforderlich ist. Ein weiterer Vorteil besteht in der exzellenten Erkennbarkeit systematischer Einflüsse auf den Prozess. Die Überwachung des Prozesses mit einer Urwertkarte setzt voraus, dass die Merkmalswerte annähernd normalverteilt sind, was in der Praxis jedoch nicht unbedingt realistisch ist.

Die Urwertkarte weist eine geringere Empfindlichkeit auf als die Median-Spur oder die Mittelwert-Spur, insbesondere hinsichtlich Veränderungen der Lage des Prozessmittelwerts. Bei einer hohen Anzahl an Messwerten kann es zu einer suboptimalen Trennschärfe kommen, da eine Differenzierung zwischen Eingriffs- und Warngrenzen erschwert wird. Dies resultiert in einer relativ geringen statistischen Aussagekraft. Aufgrund dieser Nachteile ist der Einsatz der Urwertkarte nicht uneingeschränkt zu empfehlen. Ihre Verwendung wird bei der Einführung einer Prozessregelung empfohlen, wobei sie in den ersten Phasen, beispielsweise in Form einer Selbstprüfung, zum Einsatz kommen sollte. Somit kann sie als Vorstufe für komplexere Regelkarten erstellt werden. Bei einer geringen Anzahl an erhobenen Werten, beispielsweise die Länge oder der Durchmesser eines Werkstücks, findet ebenfalls die Urwertkarte Anwendung, um die Ergebnisse des Prozesses grafisch darzustellen.

3.5.3.3 Shewhart-Regelkarte

Die Shewhart-Regelkarte stellt eine der ältesten Ausprägungen einer Qualitätsregelkarte innerhalb der statistischen Prozessregelung dar. Ihre Entwicklung geht auf den amerikanischen Physiker Walter A. Shewhart zurück. Die Shewhart-Karte findet Anwendung in der Qualitätskontrolle bei beherrschten Prozessen, wobei der Fokus auf der Aufrechterhaltung des aktuellen Zustands sowie der Detektion von Veränderungen liegt. Shewhart konnte seine Befunde auf die Entdeckung von Carl Friedrich Gauß zurückführen, wonach die Abweichungen der Einzelwerte vom Mittelwert einer gewissen Gesetzmäßigkeit unterliegen. Diese Erkenntnis wendete Shewhart auf die Einzelwerte eines laufenden Produktionsprozesses an, wobei er feststellte, dass nicht alle Abweichungen dieser Gesetzmäßigkeit unterlagen.

Dies führte ihn zu der Erkenntnis, dass die Ursache für die Abweichungen zwei Gründe haben muss, nämlich zum einen zufällige und zum anderen systematische Einflüsse. Dabei können zufällige Einflüsse als Teil der Normalverteilung betrachtet werden, die sich einer Änderung entziehen. Demgegenüber lassen sich die systematischen Einflüsse als Fehler in der Produktion identifizieren. Die Identifikation und Elimination der genannten Einflussfaktoren sind erforderlich, um einen optimalen Produktionsprozess zu erreichen. Das Resultat ist folglich ein optimal beherrschter Prozess.

Allerdings ist es zunächst erforderlich, eine Differenzierung zwischen systematischen und zufälligen Einflussfaktoren vorzunehmen. Shewhart gelang dies, indem er ein Control Chart entwickelte. Zu diesem Zweck wurden Stichproben aus einem laufenden Produktionsprozess gesammelt und zusammen mit dem Mittelwert und den Abweichungen in chronologischer Abfolge grafisch dargestellt. Die Resultate eines vorherigen Prozesses dienten ihm als Basis für die Berechnung von Grenzwerten. Wies ein Prüfwert eine Übereinstimmung mit dem Mittelwert auf, konnte davon ausgegangen werden, dass seine Abweichung auf einen zufälligen Einfluss zurückzuführen war.

Lagen die Prüfwerte jedoch außerhalb der Grenzwerte, so war die Wahrscheinlichkeit hoch, dass es sich um einen systematischen Fehler handelte. Das Überschreiten eines Grenzwerts konnte somit als eindeutiges Indiz für einen Fehler in der Produktion gewertet werden. Diese Erkenntnisse führten zu einem signifikanten Fortschritt in der Mess- und Regelungstechnik. Ohne sie wäre es heute nicht möglich, die laufenden Produktionsprozesse in-line quantitativ zu messen und somit während des laufenden Prozesses einzugreifen.

Shewhart-Karten finden Anwendung bei Prozessen, die als beherrscht gelten und hinsichtlich ihrer Qualität als zufriedenstellend bewertet werden. Ihr Ziel ist die Aufrechterhaltung dieses Zustands. Der Zustand wird dabei als Soll-Zustand betrachtet, wobei die Qualitätsregelkarte zur Anzeige eintretender Veränderungen dient. Als Lagekennwert wird entweder der Mittelwert oder der Median verwendet, während als Kennwert für die Streuung die Standardabweichung oder die Spannweite dient. Des Weiteren finden Shewhart-Karten Anwendung, sofern der Prozessmittelwert konstant ist oder sich zufällig bzw. vorhersagbar ändert.

Die Shewhart-Karte reagiert sensibel auf signifikante und zeitlich begrenzte Veränderungen. Innerhalb der Shewhart-Karten lassen sich zwei Arten unterscheiden, nämlich Shewhart-Karten für *Zählermerkmale*, zu denen beispielsweise die *np*-Karte (Regelkarte für die Anzahl fehlerhafter Einheiten in Stichproben), die *p*-Karte (Regelkarte für den Anteil fehlerhafter Einheiten in Stichproben) oder die *c*-Karte (Regelkarte für die Anzahl Fehler je Stichprobe) zählen. Des Weiteren existieren Shewhart-Karten für *kontinuierliche Merkmale*, beispielsweise die Mittelwert-Spur ($\bar{X}$-Spur), die Median-Spur ($\tilde{X}$-Spur), die Standardabweichungs-Spur (*s*-Spur) sowie die Spannweiten-Spur (*R*-Spur).

In festgelegten Zeitintervallen erfolgt die Entnahme von Stichproben eines definierten Umfangs *n*. Die Messwerte X der Qualitätsmerkmale werden entweder in einem Vektor x als Einzelwerte zusammengefasst und so auch weiter verwendet oder aber zu einer Stichprobenfunktion verdichtet, wie beispielsweise dem Mittelwert, dem Median, der Standardabweichung oder der Spannweite. Die laufenden Nummern der Stichproben werden auf der Abszisse, die Messwerte bzw. die Stichprobenfunktion auf der Ordinate des Formblatts eingezeichnet. Des Weiteren beinhaltet das Koordinatensystem auf dem Formblatt in der Regel eine Mittellinie M, welche als Zielwert definiert werden kann, auf den der Prozess geregelt werden soll. Die Ermittlung dieses Werts kann auf unterschiedliche Arten erfolgen. Der Zielwert kann zudem auf Basis vorgegebener Vorschriften ermittelt werden.

Alternativ kann der Zielwert auf Basis eines Erfahrungswerts aus früheren Untersuchungen des ungestörten Prozesses ermittelt werden. Alternativ kann es sich um einen Schätzwert aus einem Vorlauf handeln. Ein wesentlicher Bestandteil der Qualitätsregelkarte sind die Warn- und Eingriffsgrenzen. Innerhalb der Qualitätsregelkarten findet sich eine Differenzierung hinsichtlich der Anzahl der definierten Warn- und Eingriffsgrenzen. So existieren Qualitätsregelkarten, die lediglich eine Warn- und Eingriffsgrenze aufweisen, während andere Qualitätsregelkarten zwei Warn- und Eingriffsgrenzen definieren. Dabei wird eine der Warn- bzw. Eingriffsgrenzen unterhalb und die andere oberhalb der Mittellinie positioniert. Die Lage der eingetragenen Prüfwerte in

Beziehung zu den Warn- und Eingriffsgrenzen erlaubt die Unterscheidung zwischen drei Möglichkeiten, die jeweils unterschiedliche Handlungen nach sich ziehen. Diese müssen im Vorfeld definiert werden. Im Falle von Stichproben, welche über der Warn- oder Eingriffsgrenze liegen, kann auf die bei der Urwertkarte angewendeten Regeln zurückgegriffen werden.

Die Erstellung einer Qualitätsregelkarte erfordert die Berücksichtigung zweier wesentlicher Aspekte. Einerseits ist die Auswahl eines geeigneten Stichprobenumfangs sowie eines sinnvollen zeitlichen Abstands zwischen den Stichproben von entscheidender Bedeutung. Des Weiteren ist die Festlegung sinnvoller Warn- und Eingriffsgrenzen von essenzieller Bedeutung. Die Wahl des Stichprobenumfangs sowie der zeitlichen Abstände ist maßgeblich von den damit verbundenen Kosten abhängig. Wählt man beispielsweise die Abstände zu kurz, so resultiert dies in erhöhten Prüfkosten sowie in zusätzlichen Kosten, die bei einer Produktionsunterbrechung durch einen Eingriff anfallen. Werden die Abstände jedoch zu groß gewählt, können unerwartete Kosten durch unentdeckte Störungen entstehen. Ein zu großer Stichprobenumfang würde ebenfalls zu erhöhten Prüfkosten führen. In der Praxis erfolgt die Festlegung in der Regel auf Basis von Erfahrungswerten.

Die Festlegung der Warn- und Eingriffsgrenzen ist mit einer gewissen Komplexität verbunden, insbesondere im Hinblick auf die Lage der Grenzen zur Mittellinie M. Eine zu nahe Lage der Grenzen zur Mittellinie M birgt das Risiko einer erhöhten Wahrscheinlichkeit für einen blinden Alarm. Eine zu große Distanz zur Mittellinie M hingegen birgt das Risiko, potenzielle Störungen zu spät zu identifizieren. In diesem Zusammenhang erfolgt die Festlegung der Grenzwerte in der Regel auf Basis rein statistischer Kriterien. In der Regel werden die Warngrenzen so gesetzt, dass die Prüfwerte mit einer Wahrscheinlichkeit von 95 % innerhalb der Warngrenze liegen.

Die Festlegung der Eingriffsgrenzen erfolgt derart, dass die Prüfwerte mit einer Wahrscheinlichkeit von 99 % innerhalb der Eingriffsgrenzen liegen. Somit ergibt sich für die Wahrscheinlichkeit α, mit der die Prüfwerte die Grenzen erreichen oder überschreiten, für die Warngrenzen 0,05 und für die Eingriffsgrenzen 0,01. Bei der Festlegung jeweils zweier Grenzen, einer Ober- und einer Untergrenze, die den gleichen Abstand zu M (in diesem Fall dem Erwartungswert) aufweisen sollen, ergibt sich für sie jeweils die Wahrscheinlichkeit $\frac{\alpha}{2}$. Dies resultiert in einer Wahrscheinlichkeit von 0,025 für die obere und untere Warngrenze sowie einer Wahrscheinlichkeit von 0,005 für die OEG und UEG.

3.5.3.4 Die Prozessregelkarte

Die Prozessregelkarte, auch als Pre-Control-Regelkarte bezeichnet, stellt eine spezielle Form der Qualitätsregelkarte für variable Merkmale dar. Im Gegensatz zur Shewhart-Karte erfolgt hier keine Vorgabe von Grenzwerten. Die oberen und unteren Warngrenzen sowie die oberen und unteren Eingriffsgrenzen werden aus den vorliegenden Prozessdaten berechnet. Sie spiegeln nicht den Toleranzbereich wider, sondern lediglich die beobachtete Häufigkeitsverteilung der mit dem jeweiligen Schaubild überwachten Stichprobenkenngröße wider. Die Warn- und Eingriffsgrenzen werden periodisch, basierend auf den jüngsten Prozessdaten, neu berechnet. Folglich findet diese Art der Regelkarte ausschließlich bei der Überwachung bekannter und fähiger Prozesse Anwendung. Die auf Prozessregelkarten gesammelten Prozessdaten dienen als Grundlage für die Prozessfähigkeitsuntersuchung, in welcher die Häufigkeitsverteilung des beobachteten Merkmals mit dem Toleranzbereich verglichen wird. Die wesentlichen Prozessregelkarten sind in Tabelle 3.3 dargestellt.

Tabelle 3.3 Übersicht einiger Prozessregelkarten

Regelkarte	Mathematisch	Beschreibung
ImR-Karte	XmR	Einzelwerte über gleitender Spannweite
Xbar-Karte	$\bar{X}$	Mittelwerte als Einzelwerte
XbarR-Karte	$\bar{X}R$	Mittelwerte über Spannweite
XbarS-Karte	$\bar{X}S$	Mittelwerte über Standardabweichung
EWMA-Karte	$EWMA$	Exponentiell gewichtete gleitende Mittelwerte
CUSUM-Karte	$CUSUM$	Kumulative Summen

3.5.3.5 Berechnung der Eingriffsgrenzen

Die Eingriffsgrenzen (UEG und OEG) werden so festgelegt, dass bei einem Prozess, auf den nur zufällige Einflüsse einwirken, 99 % aller Mittelwerte innerhalb dieser Eingriffsgrenzen liegen. Bei einer Überschreitung der Eingriffsgrenzen muss daher angenommen werden, dass systematische, nichtzufällige Einflüsse auf den Prozess einwirken. Diese Einflüsse müssen dann durch geeignete Maßnahmen korrigiert bzw. beseitigt werden. Als vereinfachte Regel für den Bereich UWG – OWG kann der Mittelwert ± zwei σ der Häufigkeitsverteilung der dargestellten Stichprobenkenngröße angenommen werden. Analog dazu wird für UEG – OEG der Mittelwert ± drei σ der Häufigkeitsverteilung der dargestellten Stichprobenkenngröße angenommen.

- Für die Urwertkarte:

$$\mathrm{OEG} = \mu + u_{\frac{1+\sqrt[n]{0{,}99}}{2}} \cdot \sigma \tag{3.20}$$

$$\mathrm{UEG} = \mu - u_{\frac{1+\sqrt[n]{0{,}99}}{2}} \cdot \sigma \tag{3.21}$$

- Bei Mittelwertkarten (C/QMM 2020):

$$\mathrm{OEG} = \hat{\mu} + \frac{2{,}58}{\sqrt{n}} \cdot \hat{\sigma} \tag{3.22}$$

$$\mathrm{UEG} = \hat{\mu} - \frac{2{,}58}{\sqrt{n}} \cdot \hat{\sigma} \tag{3.23}$$

- Bei Shewart-Karten (Pfeifer und Schmitt 2021):

$$\mathrm{OEG} = \hat{\mu} + u_{\frac{1-\alpha}{2}} \cdot \frac{\hat{\sigma}}{\sqrt{n}} \tag{3.24}$$

$$\mathrm{UEG} = \hat{\mu} - u_{\frac{1-\alpha}{2}} \cdot \frac{\hat{\sigma}}{\sqrt{n}} \tag{3.25}$$

- Bei Annahmekarten (Pfeifer und Schmitt 2021):

$$\mathrm{OEG} = \mathrm{OSG} - \left(\mathrm{u}_{1-\mathrm{p}} + \frac{\mathrm{u}_{1-\mathrm{P_a}}}{\sqrt{n}}\right) \cdot \hat{\sigma} \tag{3.26}$$

$$\mathrm{UEG} = \mathrm{USG} + \left(\mathrm{u}_{1-\mathrm{p}} + \frac{\mathrm{u}_{1-\mathrm{P_a}}}{\sqrt{n}}\right) \cdot \hat{\sigma} \tag{3.27}$$

$$\text{mit} \quad \mathrm{P} = 5\,\% \quad \text{und}$$
$$1 - \mathrm{P_a} = 90\,\%\,.$$

3.5.3.6 Die Nelson-Regeln

Die Nelson-Regeln stellen einen Satz von acht statistischen Qualitätskontrollregeln dar, welcher zur Erkennung von abweichenden oder ungewöhnlichen Datenpunkten in einer Prozessregelkarte dient. Der Regelsatz wurde in den 1950er-Jahren von seinem Namensgeber Edward Nelson entwickelt und findet seither in der statistischen Prozessregelung breite Anwendung. Die Anwendung der Nelson-Regeln ermöglicht die Identifikation von Prozessabweichungen, deren Ursprung in spezifischen Ursachen zu finden ist. Dies kann als Indiz dafür gewertet werden, dass der Prozess nicht länger unter Kontrolle ist oder dass ein Problem besteht, dessen Lösung erforderlich ist. Die Erfüllung einer der Regeln lässt auf ein abnormales Prozessverhalten schließen. Die acht Nelson-Regeln lassen sich wie folgt definieren:

1. Datenpunkte, die vom Mittelwert der angezeigten Datenreihe mehr als drei Standardabweichungen entfernt sind.
2. Neun aufeinanderfolgende Punkte liegen auf derselben Seite des Mittelwerts.
3. Sechs aufeinanderfolgende Punkte sind aufsteigend (bzw. absteigend).
4. Vierzehn aufeinanderfolgende Punkte alternieren zwischen auf- und absteigend.
5. Zwei von drei aufeinanderfolgenden Punkten liegen mehr als zwei Standardabweichungen in gleicher Richtung vom Mittelwert entfernt.
6. Vier von fünf aufeinanderfolgenden Punkten liegen mehr als eine Standardabweichung in gleicher Richtung vom Mittelwert entfernt.
7. Fünfzehn aufeinanderfolgende Punkte liegen innerhalb eine Standardabweichung vom Mittelwert entfernt.
8. Acht aufeinanderfolgende Punkte liegen mehr als eine Standardabweichung in beiden Richtungen vom Mittelwert entfernt.

Fazit:

SPC ist eine Methode zur Überwachung und Kontrolle von Prozessen durch statistische Analyse. Ziel ist es, die Qualität und Stabilität von Prozessen zu gewährleisten und Abweichungen frühzeitig zu erkennen. Durch die Anwendung von SPC können Unternehmen ihre Prozesse optimieren, die Qualität verbessern und Kosten reduzieren. SPC hilft dabei, Prozesse zu überwachen und Trends sowie Abweichungen zu erkennen. Dies ermöglicht eine frühzeitige Erkennung von Problemen und die Einleitung von Korrekturmaßnahmen. Durch die Reduzierung von Variabilität und die Verbesserung der Prozesseffizienz kann die Produktqualität gesteigert werden. Die Anwendung von SPC ist insbesondere in der Fertigung, Qualitätssicherung und Prozessoptimierung sinnvoll.

3.5.4 Part Average Testing

Leitfragen im Umgang mit Part Average Testing (PAT):

- Wie stabil und fähig ist der Prozess?
- Was sind die Spezifikationsgrenzen?
- Sehen wir Auffälligkeiten und Ausreißer?

Wann benötigen Sie diese Methode?

PAT wird benötigt, wenn die Qualität von Halbleiterbauelementen oder anderen elektronischen Komponenten überprüft werden soll, die Abweichung von Bauelementen von ihren Spezifikationen ermittelt werden soll, die Zuverlässigkeit von Bauelementen verbessert werden soll, die Ausbeute in der Fertigung von Halbleiterbauelementen maximiert werden soll und die Einhaltung von Spezifikationen und Standards sichergestellt werden soll. PAT ist ein Verfahren, das die elektrischen Eigenschaften von Bauelementen überprüft und Abweichungen von den Spezifikationen identifiziert.

PAT ist ein Verfahren, welches ursprünglich aus der Halbleiterindustrie stammt, um Defekte zu detektieren. PAT ist eine wichtige Qualitätskontrolltechnik, die in der Halbleiterindustrie eingesetzt wird, um sicherzustellen, dass die produzierten Bauteile innerhalb akzeptabler statistischer Toleranzen liegen. Diese Methode ergänzt die traditionelle Parametertestung, indem sie statistische Anomalien identifiziert, die auf potenzielle Defekte oder Abweichungen hinweisen können, die durch Standardtests nicht erkannt werden.

Weiterführende Literatur – Normen:

Component Technical Committee (2011). *Guidelines for Part Average Testing*. Techn. Ber. Automotive Electronics Council oder Component Technical Committee (2012). *Guidelines for Statistical Yield Analysis*. Techn. Ber. Automotive Electronics Council.

In der Halbleiterfertigung werden Millionen von Bauteilen hergestellt, die alle spezifizierte elektrische und physikalische Parameter einhalten müssen. Traditionelle Testmethoden überprüfen, ob jedes Bauteil innerhalb festgelegter Grenzwerte liegt. PAT geht einen Schritt weiter, indem es die statistische Verteilung der Testergebnisse analysiert und Abweichungen identifiziert, die auf Fertigungsprobleme hinweisen könnten. Sofern diese die vom Automotive Electronic Council (AEC) festgelegten Standards erfüllen, ist das Tool für die Gewährleistung von Qualität und Zuverlässigkeit sehr zielführend. Die sogenannte Part Average Analysis (PAA) ist eine Methode, welche auf PAT basiert und diese auf andere Bereiche überträgt, statt sich nur auf die Halbleiterfertigung zu konzentrieren. Die grundlegende Herangehensweise und Durchführung von PAT und PAA ist aber identisch, weswegen im Weiteren nur noch auf PAT eingegangen wird.

Die Implementierung von PAT beginnt mit der Erfassung der Testdaten. Jedes getestete Bauteil liefert eine Vielzahl von Messwerten, wie Strom, Spannung, Widerstand und Kapazität. Diese Daten werden während des Produktionsprozesses gesammelt und anschließend bereinigt, um fehlerhafte Messungen und offensichtliche Ausreißer zu entfernen. Für jede Testmetrik werden der Mittelwert und die Standardabweichung berechnet. Diese statistischen Kennzahlen dienen als Basis für die Bestimmung der akzeptablen Wertebereiche. Weiterhin werden die Prozessfähigkeitsindizes C_p und C_{pk} berechnet, die Auskunft über die Fähigkeit des Fertigungsprozesses, innerhalb der Spezifikationen zu produzieren, geben. Jede Einheit, die außerhalb der statistisch ermittelten Norm liegt, wird als Ausreißer betrachtet. Ziel der PAT ist es, Ausreißer zu entfernen, d. h. Teile, die Merkmale aufweisen, die sich stark von der Norm unterscheiden. Bild 3.41 veranschaulicht die Grundidee des PAT.

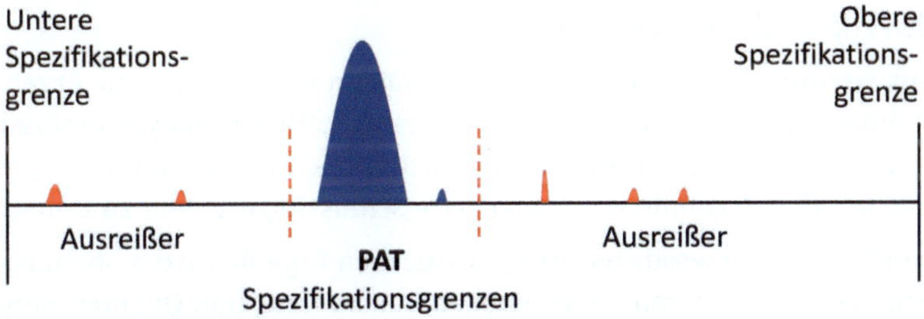

Bild 3.41 Auffälligkeiten bei PAT (Component Technical Committee 2011)

Ein wesentlicher Bestandteil von PAT ist die Definition der PAT-Grenzen. Anstatt feste Grenzwerte zu verwenden, definiert PAT dynamische Grenzen basierend auf statistischen Parametern wie Mittelwert und Standardabweichung. Diese Grenzen werden kontinuierlich aktualisiert, um Prozessvariationen zu berücksichtigen. Typischerweise werden die Grenzen so gesetzt, dass Bauteile, die mehr als sechs Standardabweichungen vom Mittelwert abweichen, als potenziell defekt betrachtet werden. In der Anwendung werden die Testergebnisse jedes Bauteils mit diesen dynamischen Grenzen verglichen. Bauteile, die außerhalb dieser Grenzen liegen, werden als verdächtig markiert. Diese verdächtigen Bauteile werden einer zusätzlichen Überprüfung oder einem erweiterten Testzyklus unterzogen, um ihre Funktionsfähigkeit zu bestätigen oder abzulehnen.

Weiterführende Literatur – Fachaufsätze:

M. Wagner, W. Unger und Wolfgang Wondrak (2006). „Part average analysis – A tool for reducing failure rates in automotive electronics". In: *Microelectronics Reliability* 46.9–11, S. 1433–1438.

Bei PAT wird ein Wafer nach Abschluss aller Standardtests einem zusätzlichen Test unterzogen. Dann werden mit Hilfe einer Kombination aus Hardware und PAT-Algorithmen die Ausreißer oder fehlerhaften Chips, die sich außerhalb der Standardgrenzen befinden, ermittelt. Die Ausreißer werden dann aussortiert und entfernt. Das AEC hat das statistische Prüfverfahren entwickelt, um die Zuverlässigkeit und Qualität von Automobilprodukten zu verbessern. Andere Verfahren sind *Good-Die-Bad-Neighbourhood* oder *Statistical-Yield-Analysis* (AEC-Q002 (Component Technical Committee 2012)). Die Durchführung von PAT erfolgt gewöhnlich in sieben Schritten:

1. **Auswahl der Probe:** Der Prozess beginnt mit der Auswahl einer repräsentativen Stichprobe aus dem Produktionslauf. Die Auswahl muss zufällig und unvoreingenommen erfolgen, um sicherzustellen, dass die in der Stichprobe enthaltenen Teile die allgemeinen Merkmale der gesamten Population widerspiegeln.
2. **Bestimmung der Prüfparameter:** Bei PAT werden die in der Stichprobe enthaltenen Teile mehreren Tests unterzogen, um verschiedene Parameter und Merkmale der betreffenden Population zu bewerten.
3. **Statistische Auswertung:** Sobald die Tests abgeschlossen sind, werden die Ergebnisse einer detaillierten statistischen Analyse unterzogen. Diese Analyse umfasst die Berechnung von Größen wie Mittelwert, Standardabweichung und Konfidenzintervall. Ziel ist es, aus den Ergebnissen verwertbare Schlussfolgerungen zu ziehen.
4. **Vergleich mit Referenz-Prozessdaten:** Die statistischen Ergebnisse der stichprobenartig erfassten Teile werden mit vorgegebenen Benchmarks und Qualitätsstandards verglichen. Dieser Schritt ist entscheidend, um festzustellen, ob ein Produktionslauf die erforderlichen Spezifikationen erfüllt. Abweichungen von diesen Ergebnissen können auf mögliche Probleme im Fertigungsprozess hinweisen.
5. **Identifizierung von Problemen:** PAT wird eingesetzt, um Verschiebungen oder Unterschiede innerhalb der Produktionscharge zu erkennen. Probleme können einzelne Teile sein, die erheblich von der erwarteten Leistung abweichen, oder Fälle, in denen die Gesamtkonsistenz der Charge von der Norm abweicht. Die frühzeitige Erkennung dieser Probleme ermöglicht rechtzeitige Korrekturmaßnahmen.

6. **Iterative Verbesserung:** Eine der größten Stärken von PAT ist die Fähigkeit, Einblicke in den Fertigungsprozess zu geben. Wenn Probleme entdeckt werden, können die Ingenieure diese Informationen nutzen, um Bereiche für Verbesserungen zu identifizieren. Diese iterative Feedbackschleife ermöglicht eine Verfeinerung des Fertigungsprozesses, was zu einer höheren Produktqualität führt.
7. **Einfluss auf die Entscheidungsfindung:** Die von PAT generierte statistische Analyse liefert den Entscheidungsträgern gute Daten, um Entscheidungen über die Freigabe des Produktionslaufs, die Implementierung von Prozessanpassungen oder die Durchführung von Korrekturmaßnahmen zu treffen, die sicherstellen, dass das Produkt den höchsten Qualitätsstandards entspricht.

Die Vorteile von PAT sind vielfältig. Durch die Identifikation subtiler Abweichungen können potenzielle Fehler frühzeitig erkannt und ausgeschlossen werden, was die Gesamtzuverlässigkeit der Bauteile erhöht. PAT liefert wertvolle Informationen über die Variabilität und Stabilität des Fertigungsprozesses, was zur kontinuierlichen Prozessverbesserung beiträgt. Da Bauteile, die statistisch außerhalb der normalen Verteilung liegen, identifiziert und entfernt werden, sinkt die Wahrscheinlichkeit von Feldausfällen erheblich. Allerdings gibt es auch Herausforderungen bei der Implementierung von PAT. Die Einführung erfordert eine umfassende Dateninfrastruktur und fortgeschrittene statistische Analysen, was die Implementierung komplex und kostenintensiv machen kann. Die Genauigkeit und Zuverlässigkeit von PAT hängen stark von der Qualität und Verfügbarkeit der Testdaten ab. Außerdem müssen die dynamischen Grenzen sorgfältig kalibriert und angepasst werden, um falsche Ausschlüsse *(false positives)* zu minimieren und dennoch eine effektive Fehlererkennung zu gewährleisten.

Fazit:

Mit PAT können Einheiten mit parametrischen Merkmalen gefunden werden, die außerhalb einer statistisch berechneten Pass-Fail-Grenze liegen. In der Vergangenheit gab es eine gewisse Toleranz für Defekte in Halbleitern. Heutzutage gilt in der Automobilindustrie jedoch eine Null-Toleranz-Politik. Werden fehlerhafte Chips bei der Herstellung entfernt, erhöht sich die Qualität der Ausbeute. Das bedeutet eine geringere Wahrscheinlichkeit von Kundenrücksendungen. Auch wenn die Ausbeute bei der Herstellung geringfügig beeinträchtigt wird, verbessern sich die Qualität und Zuverlässigkeit und damit auch der Ruf des Unternehmens insgesamt. Aus diesem Grund setzen immer mehr Branchen außerhalb der Automobilbranche auf die Ausreißererkennung.

4 Methoden zur Prozessoptimierung in der Breite – Lean Production

Lean Production ist eine Managementphilosophie, die darauf abzielt, die Effizienz zu maximieren, Verschwendung zu minimieren und einen Mehrwert für den Kunden zu schaffen. Die Prinzipien des Lean-Ansatzes wurden erstmals im Toyota Produktionssystem (TPS) (Ohno 2019) entwickelt und haben sich seitdem weltweit in verschiedenen Branchen verbreitet. Durch die Eliminierung von Verschwendung und die Konzentration auf kontinuierliche Verbesserung zielt Lean Production darauf ab, die Qualität zu verbessern, die Durchlaufzeiten zu verkürzen und die Kosten zu senken, wenngleich der Aspekt der Verschwendungsminimierung und Kostenreduzierung nur Mittel zum Zweck und nicht primäres Ziel von Lean Production ist. Auf diese Weise wird nicht nur die Wettbewerbsfähigkeit gesteigert, sondern auch die Kundenzufriedenheit erhöht.

Folglich werden im Folgenden die Methoden nach Lean Production erläutert und in Bild 4.1 dargestellt. Auch hier wurden die Methoden in horizontalen swimlanes angeordnet, welche sich auf die grundlegenden Elemente von Lean Production beziehen, nämlich die der Verschwendungsminimierung, die des Flusses und die der Varianz. Darüber hinaus wurde eine weitere Swimlane integriert, die auf komplementäre Methoden aus anderen Bereichen verweist, die ergänzend angewendet werden können. Unbestritten bildet die Wertstromanalyse und das -design den Ausgangspunkt der Prozessoptimierung nach Lean Production, um grundlegende Handlungspotenziale aufzuzeigen. Nach der Wertstromanalyse zählt die Suche und Reduzierung von Verschwendung zu den ersten und einfachsten Methoden, die im Rahmen von Lean angewendet werden. In der Regel erfolgt dies in kleinen Kaizen-Workshops, in denen zahlreiche Mikro-Verbesserungen an einzelnen Arbeitsplätzen unmittelbar von den beteiligten Mitarbeitern erarbeitet und implementiert werden. Ebenso können Shopfloor-Management und Qualitätszirkel dazu dienen, operative Kennzahlen und Abweichungen an Produkt oder Prozess vor Ort zu diskutieren, Maßnahmen einzuleiten und zu überwachen. Im Rahmen dieser Qualitätszirkel können, je nach Anwendungsfall, auch Methoden zur Erarbeitung der Problemursachen hinzugezogen werden, beispielswei-

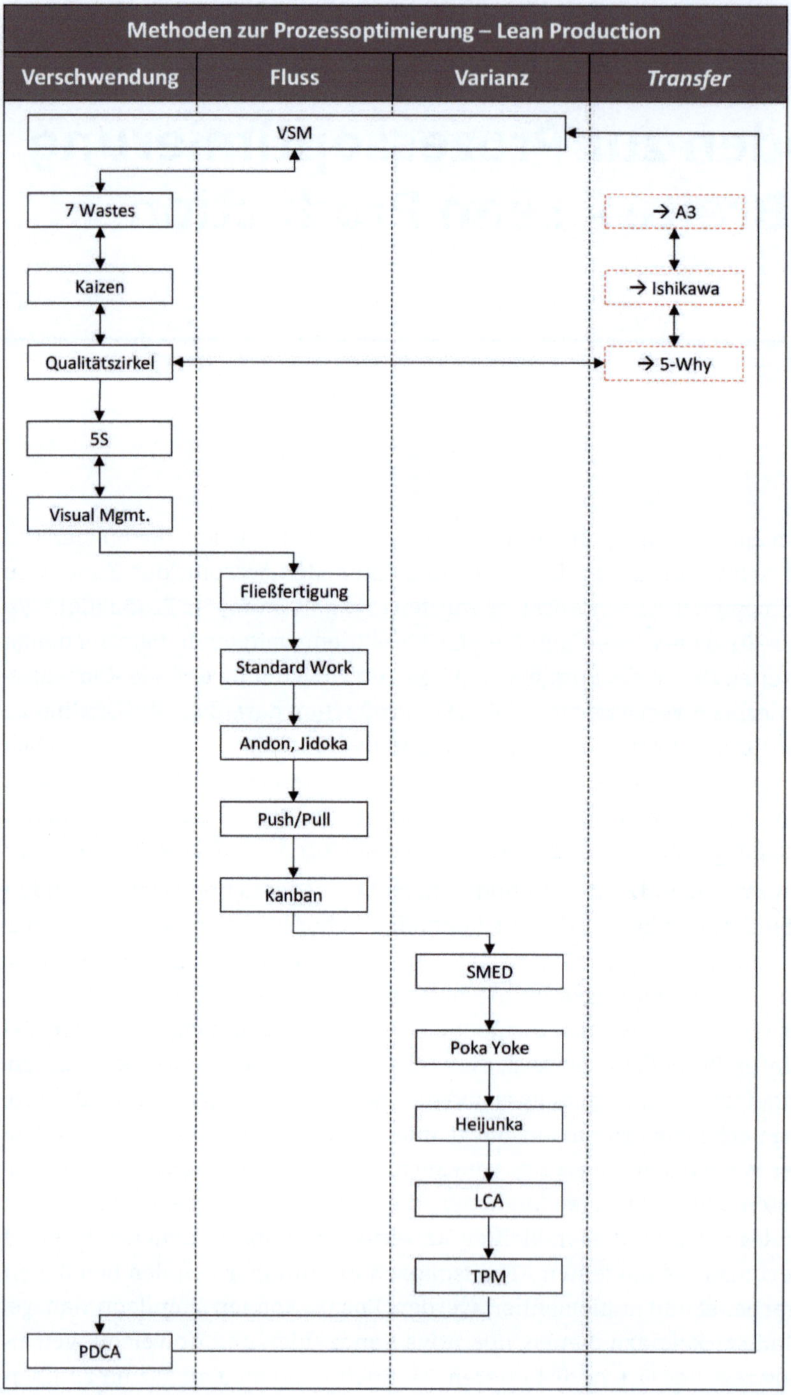

Bild 4.1 Ablauf der Methoden bei Lean Production (zum Download verfügbar)

se 5-Why, Ishikawa oder auch die Dokumentation der entsprechenden Ergebnisse in 8D-Berichten. Eine weitere Methode, um verschwendungsfreie Arbeitsplätze zu generieren, ist 5S, welche vor allem auch eine Voraussetzung für spätere Methoden des Flusses und der Varianzbeherrschung ist. In diesem Zusammenhang spielt das visuelle Management auch eine wichtige Rolle, da diese Methode dabei hilft, optimierte und verschwendungsfreie Arbeitsplätze zu standardisieren und Verbesserungen dauerhaft zu halten.

Die Reduzierung von Verschwendung ist eine notwendige Vorbereitung, um einen Materialfluss im Unternehmen zu etablieren. Im Gegensatz zur Losfertigung mit ihren charakteristischen Wartezeiten, ermöglicht der Fluss eine signifikant kürzere Durchlaufzeit innerhalb des Unternehmens. Voraussetzung dafür ist die Ermöglichung einer basalen Fließfertigung und es muss eine Transition weg von der eher traditionellen Losgrößenfertigung erfolgen. Als Konsequenz ist die Einführung standardisierter Arbeit erforderlich, um die Auslastung einzelner Arbeitsplätze transparent zu machen und über eine Linie hinweg auszugleichen und zu nivellieren. Intelligente Andon-Systeme zeigen dann, wo diese Standardisierungen und Flüsse gestört werden oder ungestört laufen. Darüber hinaus ist zu erörtern, ob sich im Hinblick auf den Schrittmacherprozess der Linie ein Vorteil für die Fertigung im Pull- oder im Push-Prinzip ergibt oder ob ein hybrides Modell vorteilhafter ist. Im Falle des Pull-Prinzips ist zudem eine definierte Ansteuerung erforderlich, wobei das Kanban-Prinzip eine gängige Methode darstellt.

Nach Etablierung einer stabilen Fließfertigung beschreibt die Beherrschung der Varianz den finalen Schritt in der Transformation hin zu einer schlanken Produktion. Eine hohe Varianz geht typischerweise mit einer kurzen Durchlaufzeit, einer schnellen Reaktionsfähigkeit und einer Nähe zum Endkunden einher. Betriebe müssen folglich die Fähigkeit besitzen, zeitnah alternative Varianten zu fertigen. Sind Rüstvorgänge dafür notwendig, so stellt SMED eine Methode zur dramatischen Reduzierung von Rüstzeiten dar. Die dafür notwendigen technischen Lösungen sollten immer dem Poka-Yoke-Prinzip folgen. Ist eine Produktionslinie zu kurzen Rüstzeiten, und damit zu einer hohen Variantenvielfalt, befähigt, nutzt die Methode Heijunka dies aus und setzt dies in einer entsprechenden Fertigungsplanung um. Ziel von Lean Production ist eine einfache Automatisierung (Low Cost Automation), um die Reproduzierbarkeit zu maximieren. Die Implementierung dieser Automatisierung zielt darauf ab, die Effektivität und Maschinenverfügbarkeit zu maximieren, und wird letztlich durch eine hohe O.E.E. unterstrichen. Auch im Rahmen von Lean Production ist eine Wirksamkeitskontrolle von entscheidender Bedeutung, um den Kreis zu schließen und im Bedarfsfall weitere Optimierungen vorzunehmen.

4.1 Methoden zur Reduzierung von Verschwendung

Das TPS basiert im Wesentlichen auf den Prinzipien der kontinuierlichen Verbesserung und der Eliminierung von Verschwendung. Daher sind auch die sieben Verschwendungsarten eine ganz zentrale Säule des TPS, die es zu reduzieren gilt. Die Methode der kontinuierlichen Verbesserung (Kaizen) ist ein zentrales Prinzip des TPS und zielt darauf ab, ständig nach Verbesserungen zu suchen, sei es bei Prozessen, Produkten oder Arbeitsmethoden.

Lean Production zielt darauf ab, jegliche Form von Verschwendung zu eliminieren. Die unmittelbare Beobachtung und Bewertung unproduktiver Tätigkeiten, überflüssiger Bewegungen und Materialverschwendung durch Führungskräfte und Mitarbeiter vor Ort ermöglicht die unmittelbare Einleitung von Maßnahmen zu deren Beseitigung. Die Qualität der Produkte kann am effektivsten direkt an der Quelle kontrolliert und verbessert werden. Die Präsenz auf dem Shopfloor ermöglicht es Führungskräften und Qualitätssicherungsmitarbeitern, potenzielle Probleme in der Produktion frühzeitig zu erkennen und entsprechende Maßnahmen zu ergreifen.

Daten und Analysen, die direkt am Shop Floor gesammelt werden, weisen eine höhere Genauigkeit und Relevanz auf als solche, die aus zweiter Hand stammen. Die Nutzung von Echtzeitdaten ermöglicht eine schnellere und fundierte Entscheidungsfindung. Die Präsenz auf dem Shop Floor stellt einen essenziellen Bestandteil der Lean-Production-Philosophie dar. Verschwendung muss direkt und unmittelbar dort beseitigt werden, wo sie identifiziert wird. Daher werden im Folgenden die Arten der Verschwendung beschrieben und Methoden aufgeführt, um diese zu entdecken und abzustellen.

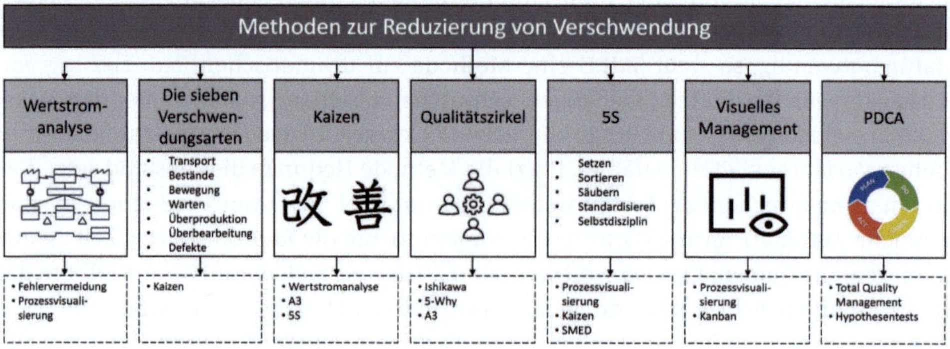

Bild 4.2 Methoden zur Reduzierung von Verschwendung

4.1.1 Die Wertstromanalyse

Leitfragen im Umgang mit der Wertstromanalyse:

- Was ist der Kundentakt meines Wertstroms?
- Wo sind Engpässe?
- Wo habe ich überall Verschwendung im Prozess?
- Wo muss wie oft und wie lang gerüstet werden?
- Wie lange beträgt die Durchlaufzeit eines Produkts?
- Wo habe ich welche Mengen Bestände im Prozess?

Wann benötigen Sie diese Methode?

Eine Wertstromanalyse wird benötigt, wenn die Effizienz und Effektivität von Prozessen verbessert werden sollen, die Durchlaufzeit von Prozessen reduziert werden soll, die Produktivität und der Output gesteigert werden sollen, die Verschwendung in Prozessen identifiziert und eliminiert werden soll und die Prozesse in einem Unternehmen oder einer Organisation optimiert werden sollen. Die Wertstromanalyse hilft dabei, die Prozesse zu visualisieren und zu analysieren, um Schwachstellen und Verbesserungspotenziale zu identifizieren.

Das Wertstromdesign (engl. Value Stream Mapping (VSM) bzw. Value Stream Design (VSD)) ist eine Methode, mit der Unternehmen ihre Prozesse systematisch analysieren und optimieren können. Die Wertstromanalyse ist ein gut untersuchtes Thema in der Forschung und erfreut sich auch in Industrieunternehmen großer Popularität. Dies wird vor allem durch umfangreiche Management- und Praktikerbücher belegt. Ziel ist es, alle Aktivitäten und Abläufe, die ein Produkt oder eine Dienstleistung durchläuft, transparent darzustellen, zu verbessern und auf maximale Wertschöpfung auszurichten. Dabei werden wertschöpfende von nichtwertschöpfenden Aktivitäten unterschieden, um Verschwendung (Abschnitt 4.1.2) zu identifizieren und zu eliminieren.

Wertstromdesign ermöglicht es, Ineffizienzen sichtbar zu machen, Prozesse zu verbessern und die Wertschöpfung für den Kunden zu maximieren. Unternehmen, die den Wertstrom in den Mittelpunkt ihrer Optimierungsbemühungen stellen, schaffen die Voraussetzungen für signifikante Produktivitätssteigerungen, kürzere Durchlaufzeiten und höhere Kundenzufriedenheit. Diese Verbesserungen sind jedoch nur möglich, wenn die gesamte Organisation eingebunden wird, von der Werkstatt bis zur Führungsebene.

Ausgangspunkt des Wertstromdesigns ist die Erstellung eines Ist-Zustands, der die aktuelle Prozesslandschaft detailliert abbildet. Die Analyse des Ist-Zustands (VSM) bildet die Grundlage für die Entwicklung eines optimierten Soll-Zustands (VSD). Unternehmen definieren zunächst, welcher Wertstrom oder Prozess untersucht und welche Probleme oder Engpässe behoben werden sollen. Häufig wird ein interdisziplinäres Team aus verschiedenen Bereichen wie Produktion, Logistik, Einkauf und Qualitätssicherung zusammengestellt, um sicherzustellen, dass alle relevanten Aspekte betrachtet werden. Ebenso wichtig ist es, die Kundensicht zu berücksichtigen und Anforderungen wie Lieferzeit, Flexibilität oder Qualität zu definieren.

Weiterführende Literatur – Bücher:

Klaus Erlach (2010). *Wertstromdesign*. Springer oder Mike Rother und John Shook (2003). *Learning to see: value stream mapping to add value and eliminate muda*. Lean enterprise institute.

Die Erstellung des Ist-Zustands erfolgt in mehreren Schritten. Zunächst werden alle relevanten Prozesse entlang des Wertstroms identifiziert. Dafür wird die Produktion in einzelne Wertströme unterteilt, die analysiert werden. Die Unterteilung orientiert sich an den Prozessketten bzw. Materialflüssen der Produktion. Damit zielt das Wertstromdesign auf die Gestaltung einer Fließfertigung mit kurzen Durchlaufzeiten ab. Die Segmentierung nach dem Verrichtungsprinzip, wie in der Werkstattfertigung, ist unüblich, da sie häufig dem Ziel der kurzen Durchlaufzeiten widerspricht. Die Ermittlung des IST-Zustands umfasst sämtliche Schritte von der Kundenanfrage über die Produktion bis zur Auslieferung. Für jeden dieser Schritte werden Daten gesammelt, darunter Taktzeit, Zykluszeit, Rüstzeiten, Bestände und Durchlaufzeiten.

Die zentralste Größe beim Wertstromdesign stellt der Kundentakt dar. Der Kundentakt bildet die mittlere geforderte Leistung der Produktion ab. Er beschreibt die zur Herstellung eines Produkts verfügbare Zeit. Jeder Prozess, der schneller als der Kundentakt produziert, kann den Kundenbedarf decken. Besonders wichtig ist die Erhebung von Material- und Informationsflüssen, da diese häufig Engpässe oder Verzögerungen verursachen. Dabei wird analysiert, wie Informationen (beispielsweise Fertigungsaufträge) zwischen den Abteilungen fließen und wie Materialien durch den Produktionsprozess bewegt werden. Alle relevanten Daten werden in einem Wertstromdiagramm visualisiert, das mithilfe standardisierter Symbole die Prozesse übersichtlich darstellt. Hierbei werden Lager als Dreiecke, Prozesse als Kästen und Materialflüsse als Pfeile dargestellt. Ein Beispiel für einen aufgezeichneten Wertstrom ist Bild 4.3 zu entnehmen.

Die Methodik des Wertstromdesigns bietet gegenüber traditionellen Prozessanalysen eine Reihe von Vorteilen. Einer der wichtigsten ist der Wechsel der Perspektive: Anstatt Prozesse isoliert zu betrachten, wird der gesamte Wertstrom analysiert, wodurch Ineffizienzen, Engpässe und Redundanzen sichtbar werden. Diese ganzheitliche Betrachtung schafft ein besseres Verständnis für die Zusammenhänge zwischen den verschiedenen Prozessschritten. Ein weiterer Vorteil ist die Möglichkeit, alle Beteiligten in die Analyse und Gestaltung des Wertstroms einzubeziehen. Dies fördert nicht nur die Akzeptanz der Veränderungen, sondern auch die Motivation und das Engagement

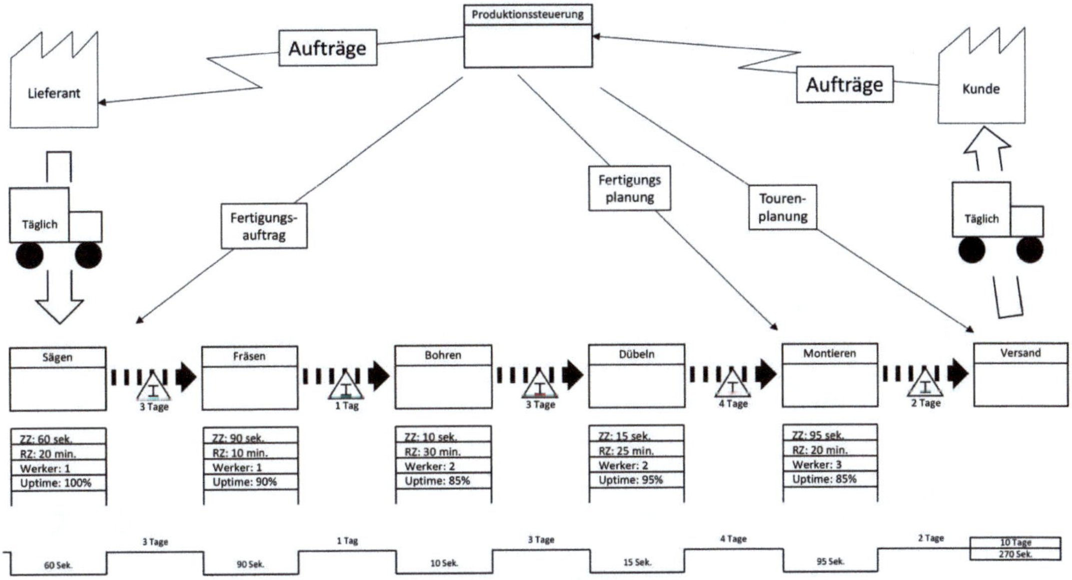

Bild 4.3 Beispiel Wertstromanalyse (Rother und Shook 2003)

der Mitarbeiter. Durch die Visualisierung der Ist- und Soll-Zustände wird die Methode greifbar und verständlich, selbst für Mitarbeiter ohne technischen Hintergrund.

Die Anwendung erfordert ein strukturiertes Vorgehen. Führungskräfte spielen dabei eine zentrale Rolle, da sie die Verantwortung tragen, die Veränderungen voranzutreiben und die Mitarbeiter zu unterstützen. Besonders wichtig ist es, als Führungskraft authentisch aufzutreten und die Prinzipien des Wertstroms selbst vorzuleben. Ein weiterer zentraler Aspekt ist die Kommunikation. Um Widerstände bei den Mitarbeitern zu überwinden, ist es notwendig, Transparenz zu schaffen und die Beweggründe für die Veränderungen klar zu kommunizieren. Mitarbeiter sollten frühzeitig in den Prozess eingebunden werden, damit sie ihre Ideen und Vorschläge einbringen können.

Besonders intensiv ist die Analyse von Verschwendungen, die den Wertstrom beeinträchtigen (Abschnitt 4.1.2). Zusätzlich können durch das Wertstromdiagramm Engpässe identifiziert werden, also Prozessschritte, die den Material- oder Informationsfluss verlangsamen oder stoppen. Diese Engpässe werden zu zentralen Ansatzpunkten für Verbesserungen. Eine gründliche Ist-Analyse erfordert oftmals, dass die Prozesse direkt am Ort des Geschehens beobachtet werden, um ein realistisches Bild der Abläufe zu erhalten.

Nach der Erstellung des Ist-Zustands folgt die Entwicklung des Soll-Zustands. Ziel ist es, den Fluss entlang des Wertstroms zu verbessern, Durchlaufzeiten zu verkürzen und Engpässe zu beseitigen. Hierbei wird häufig das Pull-Prinzip (Abschnitt 4.2.4) eingeführt. Produktion und Materialbereitstellung erfolgen erst dann, wenn eine konkrete

Nachfrage besteht, um Überproduktion zu vermeiden. Der Soll-Zustand zeichnet sich durch kontinuierliche Materialflüsse, minimale Bestände und eine reduzierte Durchlaufzeit aus. Häufig werden Maßnahmen wie die Einführung von Just-in-Time-Lieferung, die Implementierung von Kanban-Systemen oder die Standardisierung von Prozessen vorgeschlagen. Ein Beispiel für einen optimierten Wertstrom ist in Bild 4.4 dargestellt.

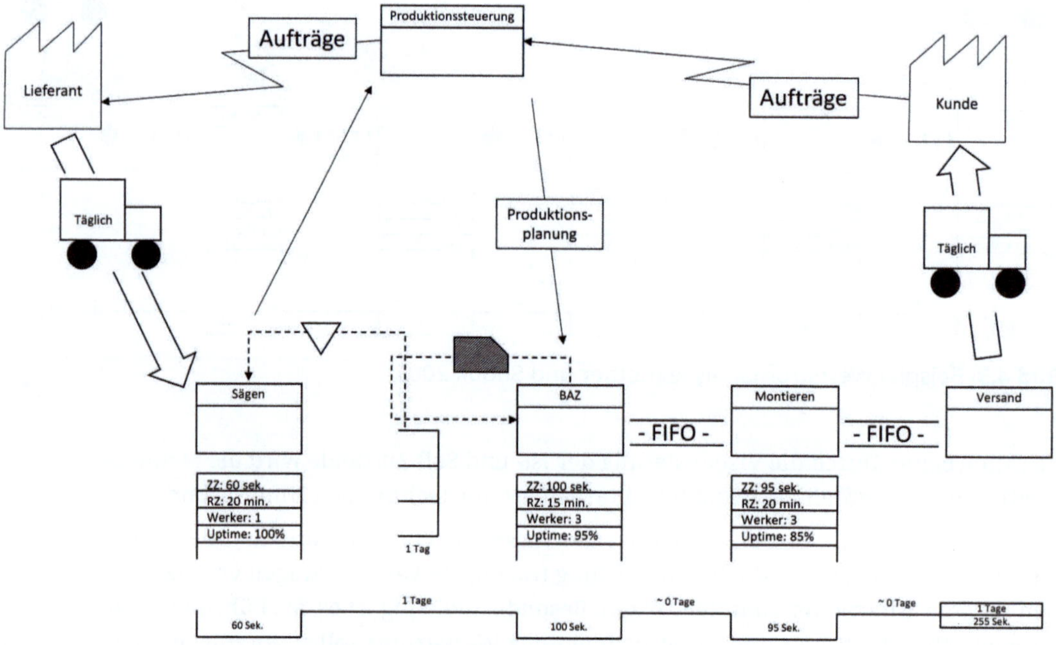

Bild 4.4 Beispiel Wertstromdesign (Rother und Shook 2003)

Ziel des Sollwertstroms ist eine ideale Prozessgestaltung, die den Material- sowie Informationsfluss optimiert. Ein zentraler Ausgangspunkt ist die Berechnung des Kundentakts, der die Produktionsgeschwindigkeit vorgibt. Dieser Takt wird berechnet, indem die verfügbare Produktionszeit durch die Anzahl der benötigten Einheiten pro Tag geteilt wird. Beispiel: Wenn ein Unternehmen 480 Minuten pro Tag produziert und 240 Einheiten benötigt, ergibt sich ein Kundentakt von zwei Minuten. Alle Prozesse müssen so ausgerichtet werden, dass sie diesen Takt einhalten können.

Ein weiteres Schlüsselelement des Sollwertstroms ist der Einzelstückfluss, wie auch im Abschnitt 4.2.1 detailliert beschrieben. Dabei wird angestrebt, Produkte in kleinen Losgrößen oder idealerweise einzeln von einem Prozess zum nächsten weiterzugeben. Dies reduziert Zwischenlagerbestände und macht Probleme sofort sichtbar. In Prozessen, in denen der Einzelstückfluss nicht möglich ist, etwa aufgrund räumlicher Distanz oder ungleichmäßiger Prozesszeiten, können FIFO-Bahnen eingesetzt werden. Diese Bahnen gewährleisten, dass Materialien in der Reihenfolge ihres Eingangs verarbeitet werden. Ein weiteres wichtiges Werkzeug ist das Kanban-System, das besonders in Bereichen mit wechselnden Anforderungen oder langen Rüstzeiten effektiv ist.

Ein entscheidender Punkt im Sollwertstrom ist die Definition eines Schrittmacherprozesses, der als Steuerungspunkt für den gesamten Produktionsfluss fungiert. Dieser Prozess sollte idealerweise so gestaltet sein, dass er eine konstante Taktung vorgibt und damit die Grundlage für eine effiziente Produktion schafft.

Die Umsetzung des Soll-Zustands erfolgt in Form eines Aktionsplans, der konkrete Maßnahmen zur Verbesserung enthält. Dieser Plan definiert Prioritäten, Verantwortlichkeiten und Zeitpläne für die Umsetzung. Regelmäßige Überprüfungen und Anpassungen stellen sicher, dass die Verbesserungen nachhaltig umgesetzt werden. Wertstromdesign ist kein einmaliger Prozess, sondern ein kontinuierlicher Verbesserungszyklus, der regelmäßige Anpassungen und Optimierungen erfordert. Für die erfolgreiche Umsetzung des Sollwertstroms ist die aktive Beteiligung der Führungskräfte vor Ort unerlässlich. Sie müssen als Vermittler zwischen der Planung und der operativen Umsetzung agieren und sicherstellen, dass die Mitarbeiter die Veränderungen verstehen und mittragen. Die kontinuierliche Überprüfung der Ergebnisse ist entscheidend, um sicherzustellen, dass die definierten Ziele erreicht werden. Dies erfordert regelmäßige Audits und die Festlegung von klaren Meilensteinen.

Fazit:

Die Vorteile des Wertstromdesigns liegen in der ganzheitlichen Betrachtung von Prozessen. Es schafft Transparenz, macht Probleme sichtbar und liefert konkrete Ansätze zur Verbesserung. Dabei richtet es sich konsequent an den Bedürfnissen des Kunden aus. Dennoch gibt es Herausforderungen, insbesondere bei der Datenerhebung und der Akzeptanz von Veränderungen durch die Mitarbeiter. Der Erfolg hängt maßgeblich davon ab, ob es gelingt, die Beteiligten in den Prozess einzubinden und kontinuierlich an Verbesserungen zu arbeiten.

4.1.2 Die sieben Arten der Verschwendung

Leitfragen im Umgang mit Verschwendung:

- Ist der Kunde bereit für diese Tätigkeit Geld zu bezahlen?
- Ist diese Tätigkeit notwendiges Übel oder Verschwendung?
- Kann eine nichtwertschöpfende Tätigkeit eliminiert oder auf ein Minimum reduziert werden?

Wann benötigen Sie diese Methode?

Die sieben Arten der Verschwendung beschreiben eines der drei zentralen Elemente im TPS. Verschwendung erhöht Durchlaufzeit und Kosten und stellt eine Mehrbelastung für Mitarbeiter und Prozess dar. Höchstes Gebot ist es daher, Verschwendung zu eliminieren, unabhängig an welchem Ort des Prozesses sie anzutreffen ist. Daher ist es umso wichtiger, Verschwendung zu erkennen, um sie zu identifizieren und eliminieren zu können.

Kundenorientierung ist einer der beste Wege, um einen Wettbewerbsvorteil zu erlangen, und sie ist auch das zentrale Element von Lean Production. Die schlanke Denkweise beginnt mit einer einfachen Maßnahme: Wert definieren. So wird besser verstanden, wofür Kunden zu zahlen bereit sind. Was aber ist Wert bei Lean? Bei Lean sollte der Wert immer aus der Sicht des Kunden betrachtet werden. Am Ende ist es egal, ob jemand eine tolle Idee hat, wenn der Kunde keinen Wert darin sieht und nicht bereit ist, für die tolle Idee zu bezahlen. Unternehmen kennen ihre Prozesse selbst am besten, also sollten sie ihre Arbeitsabläufe unter die Lupe nehmen. Unternehmen müssen zwischen notwendigen, nicht wertschöpfenden Tätigkeiten und reiner Verschwendung unterscheiden. Beispielsweise ist das Testen von Software keine wertschöpfende Tätigkeit, aber es ist quasi unmöglich, Software ohne Testen zu entwickeln. Aus diesem Grund wird bei Lean Production zwischen folgenden Tätigkeiten unterschieden:

- Reine Verschwendung: Jede Aktivität, die keinen Wert erzeugt. Warten ist die häufigste Art der Verschwendung.
- Notwendige Verschwendung: Aktivitäten, die für Kunden irrelevant sind, aber zur Wertmaximierung des Endprodukts beitragen. Das kann Testen sein oder das Wechseln eines Werkzeugs.
- Wertschöpfung: Die Definition von Wert bei Lean ist alles, wofür der Kunde zu zahlen bereit ist.

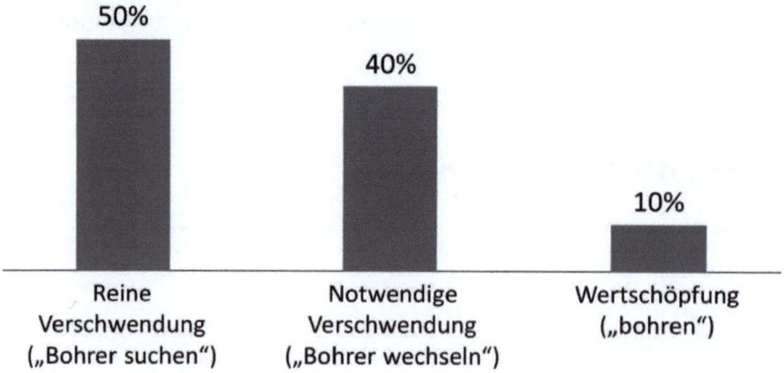

Bild 4.5 Anteil von Wertschöpfung und Verschwendung

In Bild 4.5 ist beispielhaft dargestellt, wie sich Verschwendung und Wertschöpfung prozentual auf eine Aufgabe verteilen. Kunden interessieren sich nicht für Aktivitäten, die keinen Wert schaffen. Sie interessieren sich nur für den Wert, den die Dienstleistung oder das Produkt bietet. Die Beseitigung von Verschwendung ist eine der wichtigsten Voraussetzungen für den Aufbau eines erfolgreichen Unternehmens. Dieses Konzept ist integraler Bestandteil des Lean-Gedankens und hilft, die Rentabilität zu steigern. Die Idee, Verschwendung jeglicher Art zu vermeiden, stammt aus dem Toyota-Produktionssystem. Taiichi Ohno, der als einer der Gründerväter der schlanken Produktion gilt, widmete seine Karriere der Etablierung solider und effizienter Arbeitsprozesse. Auf seiner Reise beschrieb Ohno drei Haupthindernisse, die sich negativ auf die Arbeitsprozesse eines Unternehmens auswirken können, nämlich Muda(Verschwendung), Muri (Überlastung) und Mura (Unregelmäßigkeiten) (Ohno 2019):

- **Muda** ist jede Aktivität, die Ressourcen verbraucht, aber keinen Mehrwert für den Endkunden schafft. In Wirklichkeit machen die Aktivitäten, die tatsächlich einen Mehrwert für den Kunden schaffen, nur einen kleinen Teil des gesamten Arbeitsprozesses aus. Aus diesem Grund sollten sich Unternehmen darauf konzentrieren, Aktivitäten ohne Mehrwert so weit wie möglich zu reduzieren. Auf diese Weise können Unternehmen signifikante Möglichkeiten zur Verbesserung ihrer Gesamtleistung identifizieren. Nicht alle verschwenderischen Aktivitäten können aus den Arbeitsprozessen eliminiert werden. Einige sind notwendig.
- **Muri** bedeutet Überlastung und entsteht dann, wenn ein Team unter Stress ist, indem ihm unangemessene oder unnötige Arbeit gegeben wird, die seine Kapazitäten übersteigt. Muri kann sich negativ auf die Moral des Teams auswirken und die Gesundheit beeinträchtigen. Es muss vorsichtig vorgegangen werden, bei dem Versuch, die volle Kapazität eines Teams zu nutzen. Es muss vielmehr versucht werden, die optimale Kapazität auszubalancieren, ein Niveau, bei dem alle Teile des Systems Ergebnisse liefern können, ohne dass zusätzliche Arbeit erforderlich ist.
- **Mura** ist Verschwendung aufgrund von Unregelmäßigkeiten oder Inkonsistenzen. Je nach Kontext kann Mura in mehr als einer Form auftreten. Mura ist verantwortlich für die Überlastung einiger Ressourcen, während andere warten, aber auch für den Wechsel zwischen Überlastung und Unterauslastung derselben Ressourcen im Laufe der Zeit. Ein typischer Grund für Unregelmäßigkeiten ist die Unfähigkeit, Prozesse reibungslos zu gestalten und ein ausgewogenes Tempo zu erzeugen. Infolgedessen versucht das Team, eine große Arbeitslast nach der anderen so schnell wie möglich zu bewältigen, ohne sich darüber Gedanken zu machen, wie der Prozess mit der Belastung umgehen wird. Infolgedessen wird der Prozess weniger vorhersehbar und das Team hat Schwierigkeiten, einen konstanten Wert zu liefern.

Weiterführende Literatur – Bücher:

Productivity Press Development Team (2002). *Kaizen for the Shop Floor: A Zero-Waste Environment with Process Automation*. Productivity Press.

Auf der Grundlage seiner Beobachtungen und eingehenden Analysen kategorisierte Ohno sieben Arten von Verschwendung, die später zu einer weit verbreiteten Praxis wurden, um Kosten zu senken und Ressourcen zu optimieren. Die sieben Verschwendungsarten sind folgende (Team 2002):

1. **Transport:** Transport ist keine wertschöpfende Tätigkeit. Gleichzeitig ist er sehr präsent und in den Unternehmen als Intralogistik Bestandteil der Produktionsprozesse. Unter Transport wird jede Bewegung von (Roh-)Materialien, Halb- und Fertigfabrikaten, Werkzeugen oder Betriebsmitteln verstanden. Aufgrund verfahrenstechnischer, physikalischer und baulicher Gegebenheiten ist ein Transport oft unvermeidbar und gehört damit häufig zur notwendigen Verschwendung. Dennoch sollte es das Ziel sein, Transporte so weit wie möglich zu reduzieren und die Lauf- und Transportwege so kurz wie möglich zu halten.
2. **Bestände:** Jede Art von Lagerbestand ist Verschwendung. Seien es Rohstoffe und Halbfabrikate in der Produktion oder Fertigteile nach der Fertigstellung. Denn diesen Beständen sind Lagerhaltungskosten zuzuordnen. Zunächst die Opportunitätskosten für das gebundene Kapital und je nach Artikel ein Wertverlust durch Alterung oder Verderblichkeit. Im Extremfall kann sogar ein vollständiger Wertverlust eintreten, wenn bestimmte Verarbeitungsfristen nicht eingehalten werden. Vorräte sollten daher auf ein angemessenes Minimum reduziert werden. Die Angemessenheit ergibt sich aus prozesstechnischen Rahmenbedingungen, einzuhaltenden Service Levels und Losgrößen vor- und nachgelagerter Prozesse. Darüber hinaus kann es aber auch ein Wettbewerbsvorteil für Unternehmen sein, Bestände vorzuhalten und jederzeit lieferfähig zu sein. Insgesamt ist also immer abzuwägen zwischen den Kosten der Lagerhaltung (Lagerhaltung, Kapitalbindung, Wertverlust) und den Kosten der Nichtbedienung einer Kundennachfrage.
3. **Bewegungen:** Unnötige Bewegungen und Wege verringern die Produktivität. Unnötige Bewegung beginnt bei der ungeschickten Platzierung von zwei Werkzeugen, die nacheinander verwendet werden sollen, und reicht bis zum Laufen über den Shopfloor, um Material oder Werkzeug zum Arbeitsplatz zu bringen.
4. **Wartezeiten:** Als Wartezeit wird die Zeit bezeichnet, in der in einer Fabrik keine Wertschöpfung stattfindet. Häufig warten Mitarbeiter auf den Abschluss eines Produktionsprozesses oder auf Materialnachschub. Gleichzeitig kann auch Material warten, womit Liege- und Wartezeiten gemeint sind, in denen ein Produkt keine Wertschöpfung erfährt. Dies führt zu einer Erhöhung der Durchlaufzeit.
5. **Überproduktion:** Eine Überproduktion liegt vor, wenn mehr produziert wird, als die Kunden aktuell nachfragen. Dies ist bei einer Make-to-Stock Produktion der Regelfall und führt zu Lagerbeständen. Wie bereits bei den Lagerbeständen erläutert, kann dies aber auch ein Wettbewerbsvorteil sein. Eine Überproduktion führt jedoch immer zu einem Bedarf an Lagerplätzen und verursacht Lagerhaltungskosten. Bei der Produktion verderblicher Güter sind die Auswirkungen besonders kritisch und eine Optimierung zur Minimierung der Überproduktion notwendig.

Darüber hinaus ist die Abnahme der produzierten Mengen auch in Zukunft nicht gesichert und der erzielbare Umsatz ungewiss.

6. **Falsche oder unnötige Prozesse:** Falsche Technologie und ungeeignete Prozesse oder Overengineering bezeichnen unnötig komplexe oder nicht den Anforderungen entsprechende Konstruktionen und Fertigungsprozesse. Dies kann der Fall sein, wenn eine Maschine in der Lage ist, eine wesentlich höhere Qualität zu produzieren, als für ein Bauteil tatsächlich erforderlich ist. Ein anders Beispiel sind Materialien, die für die Belastungen zu hochwertig oder zu großzügig ausgelegt wurden.
7. **Produktionsfehler oder Defekte:** Ausschuss und Nacharbeit sind die unmittelbare und offensichtlichste Verschwendung. Insbesondere wenn Ausschuss und Fehler erst spät im Produktionsprozess auftreten, geht ein großer Teil oder sogar die gesamte Wertschöpfung verloren. Hier potenzieren sich alle vorherigen Verschwendungen, die möglicherweise in den Prozess eingebracht wurden.

Fazit:

Die Eliminierung der sieben Verschwendungsarten ist wichtig, weil sie die Effizienz und Produktivität steigert, die Durchlaufzeit von Prozessen reduziert, die Kosten senkt, die Qualität verbessert und die Wettbewerbsfähigkeit erhöht. Durch die Eliminierung von Verschwendung können Unternehmen ihre Ressourcen besser nutzen, ihre Prozesse optimieren und letztendlich ihre Ziele besser erreichen. Dies führt zu einer Steigerung der Kundenzufriedenheit und des Unternehmenserfolgs.

4.1.3 Kaizen

Leitfragen im Umgang mit Kaizen:

- Ist der derzeitige Ablauf der bestmögliche?
- Wie kann der Prozess noch besser gemacht werden?
- Wie können wir eine Kultur der ständigen Verbesserung etablieren?

Wann benötigen Sie diese Methode?

Kaizen wird benötigt, wenn eine kontinuierliche Verbesserung von Prozessen und Produkten erreicht werden soll, die Effizienz und Produktivität gesteigert werden soll, die Qualität verbessert werden soll, die Mitarbeiterbeteiligung und -motivation gefördert werden soll und eine Kultur der kontinuierlichen Verbesserung im Unternehmen etabliert werden soll.

Kaizen ist in der Geschäftswelt zu einem geflügelten Wort geworden. Kaizen bezeichnet sowohl eine japanische Lebens- und Arbeitsphilosophie als auch ein methodisches

Konzept, in dessen Mittelpunkt das Streben nach kontinuierlicher Verbesserung steht, durch die schrittweise Optimierung eines Produkts oder Prozesses. In der westlichen Wirtschaftspraxis wurde das Konzept unter dem Begriff kontinuierlicher Verbesserungsprozess in die Praxis übernommen. Im Westen wird Kaizen daher häufig auf die Bedeutung kontinuierliche Verbesserung reduziert. Der japanische Begriff lässt sich dagegen besser im Sinne eines ständigen Hinterfragens der eigenen Annahmen zur Steigerung des Kundenwohls mit einer Win-Win-Lösung für alle Beteiligten interpretieren. Dabei geht es um ein grundsätzliches und dauerhaftes Hinterfragen von Grundannahmen.

Im engeren Sinne ist damit eine kontinuierliche, inkrementelle Verbesserung gemeint, in die sowohl das Management als auch die Mitarbeiter einbezogen sind. Nach der Kaizen-Philosophie ist nicht die sprunghafte Verbesserung durch Innovation, sondern die schrittweise Perfektionierung des Bewährten der Weg zum Erfolg. Dazu gehören beispielsweise die Perfektionierung des betrieblichen Vorschlagswesens, Investitionen in die Weiterbildung der Mitarbeiter, mitarbeiterorientierte Führung, Prozessorientierung oder die Einführung eines Qualitätsmanagements. Insgesamt soll durch Kaizen eine höhere Identifikation der Mitarbeiter mit dem Unternehmen erreicht werden.

Weiterführende Literatur – Bücher:

Taiichi Ohno (2019). *Toyota production system: beyond large-scale production*. Productivity press oder Productivity Press Development Team (2002). *Kaizen for the Shop Floor: A Zero-Waste Environment with Process Automation*. Productivity Press.

4.1.3.1 Was bedeutet Kaizen?

Die ursprüngliche Bedeutung des japanischen Wortes Kaizen könnte wörtlich übersetzt werden mit „Die Handlung, etwas Schlechtes besser zu machen“. Die gebräuchlichste Übersetzung lautet Veränderung zum Besseren. Tatsächlich stammt die moderne Bedeutung des Wortes aus den Toyota-Fabriken. Nach dem Zweiten Weltkrieg wurden viele japanische Unternehmen von den Methoden amerikanischer Berater beeinflusst, die im Rahmen des Marshall-Plans entsandt worden waren. Obwohl diese Methoden auch anderswo angewandt wurden, ist Toyota das leuchtendste Beispiel für ein Unternehmen, das sich kontinuierlich verbessert und effektive Managementsysteme entwickelt hat, um Verbesserungen in endlosen Zyklen zu generieren, zu erfassen und zu überprüfen.

Das gesamte System der Produktionsmanagementtechniken von Toyota wird als TPS bezeichnet. Das System basiert auf einigen Kernprinzipien, von denen eines Kaizen genannt wird. Für die Zwecke von Toyota bedeutet dies im Wesentlichen kontinuierliche Verbesserung. Kaizen wurde zu einer der Kernpraktiken hinter der schlanken Produktion in den USA. In der modernen, dynamischen Geschäftswelt sind immer mehr Unternehmen auf dem Weg zu mehr Effizienz durch schlanke Denkweisen. Die Kaizen-Kultur ist ein sehr wichtiger Teil davon.

In Japan selbst wird der Kaizen-Gedanke unabhängig von seiner im Westen verbreiteten qualitätsbezogenen Bedeutung verwendet. Kaizen ist in der japanischen Praxis vor allem die Philosophie der ständigen Veränderung. Damit sind vor allem sichtbare Veränderungen gemeint, wie die Erweiterung der Funktionen eines Elektrogeräts, die Reorganisation der internen Hierarchie eines Unternehmens oder in der Verwaltung die Reorganisation durch Eingemeindungen und Umbenennungen von Städten.

Echte Qualitätsverbesserungen sind oft unscheinbar und nicht genau messbar. Daher haben sie keinen Marketingwert und werden oft nicht wahrgenommen. Auf der Produktebene steht diese Art von Kaizen in engem Zusammenhang mit der japanischen Marketing-Praxis, durch geringfügige konstruktive Veränderungen eines Gebrauchsgegenstands einen erweiterten Nutzwert für den Verbraucher zu schaffen.

4.1.3.2 Die Kaizen-Kultur in der Praxis

Toyota ist für seine Kaizen-Kultur bekannt, bei der von allen Mitarbeitern an der Produktionslinie erwartet wird, dass sie die Linie anhalten, wenn eine Unregelmäßigkeit auftritt. Anschließend wird gemeinsam mit dem Vorgesetzten eine Verbesserung vorgeschlagen, um das Problem zu lösen. Dieser Ansatz führt in der Regel zu kleinen Verbesserungen, während die Kultur der kontinuierlichen kleinen Verbesserungen und der Standardisierung zu signifikanten Veränderungen in der Gesamtproduktivität führt. Die weiterentwickelte Kaizen-Methodik umfasst die Umsetzung von Änderungen, die Überwachung der Ergebnisse und die anschließende Anpassung. Dieser Zyklus ist auch als PDCA-Zyklus bekannt (siehe Abschnitt 4.1.7).

Eine verbreitete und bewährte Methode ist der Wissensaustausch zwischen Teammitgliedern und die Förderung der individuellen Weiterentwicklung. Die Vorteile einer etablierten Kaizen-Kultur sind vielfältig. Kleine kontinuierliche Änderungen und Standardisierung führen fast automatisch alle auf denselben Stand. Die Mitarbeiter sind Teil des Prozesses, wirken bei seiner Entwicklung mit und verbessern sich mit ihm. Die Firmenwerte zählen zu den wichtigsten Teilen eines erfolgreichen Unternehmens.

Kaizen ist ein Weg, um alle darunter zu vereinen, indem sie die gleiche Denkweise und Vorgehensweise für Arbeit und Entwicklung teilen. Die Teammitglieder sind motiviert, sich zu engagieren und zu verbessern, wenn sie sehen, dass sie Teil der Veränderung sind. Wenn ein Unternehmen an den Status quo gewöhnt ist, können neue Ideen und Möglichkeiten manchmal in einem negativen Licht gesehen werden. Mit einer kontinuierlichen Verbesserungsstrategie werden sich die Teams daran gewöhnen, dass Veränderungen positiv sein können. Bei Kaizen werden verschiedene Ansätze unterschieden:

- **Punkt-Kaizen** ist eine der am häufigsten angewandten Kaizen-Arten, die sehr schnell und in der Regel ohne große Planung durchgeführt wird. Sobald etwas defekt oder fehlerhaft ist, werden schnelle und unmittelbare Maßnahmen ergriffen, um die Probleme zu beheben. Diese Maßnahmen sind in der Regel klein, isoliert und leicht umzusetzen, können aber eine große Wirkung haben.

- **Linien-Kaizen** bezieht sich auf die Kommunikation von Verbesserungen zwischen den vor- und nachgelagerten Stufen eines Prozesses. Dies kann auf verschiedene Weise erweitert werden.
- **Ebenen-Kaizen** als nächsthöhere Ebene von Linien-Kaizen, bei der mehrere Linien miteinander verbunden werden. In der modernen Terminologie kann dies auch als Wertstrom beschrieben werden, wobei die Organisation anstelle der traditionellen Abteilungen in Produktlinien oder -familien und Wertströme strukturiert ist. Man kann sich das so vorstellen, dass Änderungen oder Verbesserungen, die an einer Linie vorgenommen werden, auf mehrere andere Linien oder Prozesse übertragen werden.
- **System-Kaizen** wird auf organisierte Weise durchgeführt und dient der Lösung von Problemen auf Systemebene in einem Unternehmen oder einer Produktionsstätte. Es ist eine strategische Planungsmethode auf höherer Ebene.

Fazit:

Kaizen ist ein Ansatz, der auf kleinen, schrittweisen Verbesserungen basiert. Durch die Anwendung können Unternehmen ihre Prozesse optimieren, die Qualität verbessern und die Wettbewerbsfähigkeit steigern. Kaizen wird in Unternehmen eingesetzt, die eine nachhaltige Verbesserung ihrer Prozesse und Produkte anstreben.

4.1.4 Qualitätszirkel

Leitfragen im Umgang mit Qualitätszirkeln:

- Was ist das Problem?
- Wer hat Erfahrung mit dem Prozess?
- Wer muss was machen, um die Problemursache abzustellen?
- Ist das Problem tatsächlich dauerhaft gelöst?

Wann benötigen Sie diese Methode?

Qualitätszirkel werden benötigt, wenn Mitarbeiter aus verschiedenen Bereichen zusammenarbeiten sollen, um Probleme zu lösen und Verbesserungen zu entwickeln, die Mitarbeiterbeteiligung und -motivation gefördert werden sollen, die Qualität von Produkten und Prozessen verbessert werden sollen, eine Kultur der kontinuierlichen Verbesserung im Unternehmen etabliert werden soll und komplexe Probleme gelöst werden sollen, die eine interdisziplinäre Zusammenarbeit erfordern.

Qualitätszirkel sind eine Methode des TPS, das darauf abzielt, kontinuierliche Verbesserungen in Produktions- und Dienstleistungsprozessen zu fördern. Diese Zirkel oder

Gruppen bestehen aus Mitarbeitern, die sich regelmäßig treffen, um gemeinsam Probleme zu identifizieren, Lösungen zu entwickeln und Verbesserungen umzusetzen.

Weiterführende Literatur - Fachaufsätze:

D. Sandeepsoni, Rajkumar Duhan und Sunil Duhan (2015). „Quality circle: A methodology to identify scope of quality improvement through Kaizen approach". In: *International Journal of Modern Engineering Research* 5.7, S. 43–51, Phillip Marksberry, Cheng-Hao Chang und Yukang Liu (2011). „Managing the quality circle process: a new investigation of Toyota's QC practices". In: *International Journal of Productivity and Quality Management* 8.2, S. 113–133.

4.1.4.1 Aufbau von Qualitätszirkeln

In der Regel setzen sich Qualitätszirkel aus einer kleinen Gruppe von Mitarbeitern zusammen, die ähnliche oder miteinander verbundene Aufgaben ausführen. Eine typische Gruppe umfasst fünf bis acht Personen. Die geringe Anzahl an Teilnehmern ermöglicht eine effektive Kommunikation und Zusammenarbeit. Die Teilnahme an Qualitätszirkeln erfolgt auf freiwilliger Basis, was die Motivation und das Engagement der Mitglieder positiv beeinflusst. Die Auswahl der Mitglieder eines Qualitätszirkels erfolgt unter Berücksichtigung der jeweiligen Fachkenntnisse sowie des Interesses der Mitarbeiter an der kontinuierlichen Verbesserung. Idealerweise bringen die Mitglieder des Qualitätszirkels verschiedene Perspektiven und Fähigkeiten mit, um eine umfassende Problemanalyse und innovative Lösungsvorschläge zu gewährleisten. Die Rollen innerhalb des Qualitätszirkels sind wie folgt definiert:

- Moderator: Leitet die Sitzungen und sorgt dafür, dass alle Mitglieder ihre Ideen einbringen können. Unterstützt die Gruppe bei der Anwendung von Problemlösungstechniken und stellt sicher, dass die Diskussionen fokussiert bleiben.
- Protokollant: Der Protokollant dokumentiert die Treffen, einschließlich der diskutierten Themen, vorgeschlagenen Lösungen und der zu ergreifenden Maßnahmen.
- Mitglieder: Alle anderen Teilnehmer bringen ihre Erfahrungen und Ideen ein, beteiligen sich an der Problemanalyse und entwickeln gemeinsam Lösungsvorschläge.

4.1.4.2 Durchführung von Qualitätszirkeln

Vor dem Beginn der eigentlichen Arbeit des Qualitätszirkels ist eine Einführungsphase erforderlich. In dieser Phase erfolgt eine Information der Teilnehmer über die Ziele des Qualitätszirkels. Die Vermittlung von Problemlösungs- und Qualitätsmanagementmethoden, wie Ishikawa-Diagramme (Abschnitt 3.3.2), Pareto-Analysen und Brainstorming, stellt einen entscheidenden Faktor dar. Die genannten Schulungen gewährleisten, dass alle Mitglieder über die erforderlichen Fähigkeiten und Kenntnisse verfügen, um effektiv an den Diskussionen teilnehmen zu können.

Die Treffen des Qualitätszirkels finden regelmäßig statt, wobei eine Dauer von ein bis zwei Stunden pro Woche üblich ist. Der Umfang sollte nicht mehr sein, kann aber durchaus geringer sein und in der Arbeitswoche auch kleinteiliger sein. Die regelmäßigen Treffen stellen ein wesentliches Element dar, um den kontinuierlichen Verbesserungsprozess aufrechtzuerhalten. Die Sitzungen folgen einer klar strukturierten Abfolge, die typischerweise folgende Phasen umfasst:

1. Die Problemerkennung und Priorisierung. Zu Beginn der Sitzung identifizieren die Mitglieder Probleme im Produktionsprozess oder im Arbeitsumfeld. Diese Problematiken können aus den individuellen Erfahrungswerten der Mitglieder resultieren oder durch Rückmeldungen von Kollegen und Kunden angeregt werden. Im Anschluss erfolgt eine Priorisierung der identifizierten Probleme, um sicherzustellen, dass sich die Gruppe auf die wesentlichen und zeitkritischen Themen fokussiert.
2. In der Phase der Problemanalyse erfolgt eine Analyse der Ursachen des ausgewählten Problems durch die Mitglieder. Im Rahmen dessen werden unterschiedliche Analyseinstrumente eingesetzt, um die zugrunde liegenden Ursachen zu identifizieren. In der Regel erfolgt zunächst eine Datensammlung und -analyse, um ein klares Bild des Problems zu gewinnen.
3. Im Anschluss erfolgt die Entwicklung von Lösungsvorschlägen. Auf Basis der zuvor durchgeführten Problemanalyse werden von den Mitgliedern diverse Lösungsvorschläge entwickelt. In dieser Phase ist es erforderlich, kreativ und analytisch zu denken, um innovative und praktikable Lösungen zu finden. Im Anschluss werden die erarbeiteten Vorschläge diskutiert und bewertet.
4. Die Umsetzung der ausgewählten Lösungsvorschläge erfolgt schließlich in die Praxis. Die Umsetzung kann durch Pilotprojekte, Anpassungen der Arbeitsabläufe oder Schulungen der Mitarbeiter erfolgen. Die Umsetzung wird einer sorgfältigen Überwachung und Dokumentation unterzogen, um die Effektivität der Maßnahmen zu evaluieren.

Im wesentlichen ist der Ablauf eines Qualitätszirkels eine Sequenz von Abläufen, so wie in Bild 4.6 dargestellt. Ein wesentlicher Aspekt von Qualitätszirkeln ist die kontinuierliche Rückmeldung und Verbesserung. Nach der Umsetzung der Lösungsvorschläge erfolgt eine Rückmeldung seitens der betroffenen Bereiche, um die gewünschten Verbesserungen zu überprüfen. Der Feedbackprozess stellt ein wichtiges Element dar, um die Nachhaltigkeit der Maßnahmen zu gewährleisten und deren tatsächlichen

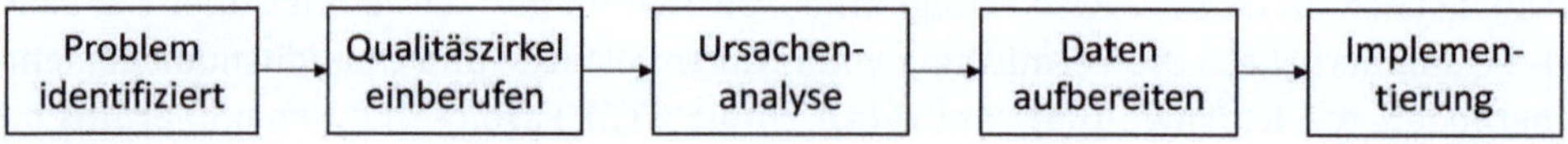

Bild 4.6 Ablauf eines Qualitätszirkels

Bild 4.7 Qualitätszirkel in der Praxis

Beitrag zur Problemlösung zu evaluieren. Die Ergebnisse der Qualitätszirkel können auch regelmäßig dem Management vorgestellt werden. Dies fördert die Anerkennung der Arbeit der Qualitätszirkel und unterstützt die Verbreitung erfolgreicher Praktiken im Unternehmen. Des Weiteren ist das Management in die Bereitstellung der erforderlichen Ressourcen sowie die Unterstützung der Umsetzung der vorgeschlagenen Maßnahmen involviert.

Die Einführung von Qualitätszirkeln ist mit einer Reihe von Vorteilen verbunden. Die Einbindung der Mitarbeiterinnen und Mitarbeiter in den Verbesserungsprozess führt zu einer Steigerung der Arbeitszufriedenheit und des Engagements. Die Wertschätzung der Mitarbeiter führt zu einer aktiven Beteiligung an der Optimierung der Arbeitsabläufe. Dies resultiert in einer höheren Produktqualität, gesteigerter Effizienz und letztendlich in einer verbesserten Wettbewerbsfähigkeit des Unternehmens. Dennoch sind auch Herausforderungen zu bewältigen. Die regelmäßigen Treffen erfordern Zeit und Engagement, was insbesondere in arbeitsintensiven Phasen eine Herausforderung darstellen kann. Des Weiteren können Widerstände auftreten, wenn Veränderungen bestehende Arbeitsgewohnheiten und Routinen betreffen. Um diesen Herausforderungen zu begegnen, sind eine starke Unterstützung durch das Management sowie eine Kultur, die kontinuierliche Verbesserung und Mitarbeiterbeteiligung fördert, erforderlich.

Fazit:

Qualitätszirkel sind Gruppen von Mitarbeitern, die sich regelmäßig treffen, um Probleme zu diskutieren und Lösungen zu entwickeln. Durch die Anwendung von Qualitätszirkeln können Unternehmen die Kreativität und das Wissen ihrer Mitarbeiter nutzen, um Verbesserungen zu erzielen. Eine strukturierte und engagierte Durchführung von Qualitätszirkeln kann maßgeblich zur Effizienzsteigerung und Qualitätssicherung beitragen.

4.1.5 Die Methode 5S

Leitfragen im Umgang mit 5S:

- Ist der Arbeitsplatz sauber, ordentlich und aufgeräumt?
- Gibt es Verschwendung wegen Suchens nach benötigten Betriebsmitteln an diesem Arbeitsplatz?
- Muss der Arbeitsplatz häufig gerüstet werden?

Wann benötigen Sie diese Methode?

5S wird benötigt, wenn die Arbeitsplätze und Produktionsbereiche organisiert und strukturiert werden sollen, die Effizienz und Produktivität gesteigert werden sollen, die Sicherheit am Arbeitsplatz verbessert werden soll, die Qualität von Produkten und Prozessen verbessert werden soll und die Verschwendung reduziert werden soll.

Die 5S-Methode ist eine strukturierte Herangehensweise zur Organisation von Arbeitsplätzen und -umgebungen, um Effizienz, Sicherheit und Produktivität zu steigern. Ursprünglich entwickelt in Japan, ist die 5S-Methode Teil des TPS und hat sich seitdem in vielen Branchen und Unternehmen weltweit verbreitet. 5S-Arbeitsgestaltung ist eine vor allem in der produzierenden Industrie und zunehmend auch im Dienstleistungsbereich angewandte Methode, wobei der Begriff für genau definierte Maßnahmen steht. 5S dient als Instrument, um Arbeitsplätze und deren Umfeld sicher, sauber und übersichtlich zu gestalten. Ordnung und Sauberkeit sind Grundvoraussetzungen, um die dort ablaufenden Arbeitsprozesse zu verbessern. Man geht davon aus, dass dadurch auch das Risiko von Arbeitsunfällen sinkt.

Weiterführende Literatur – Bücher:

Hiroyuki Hirano (1995). *5S for Operators: 5 pillars of the visual workplace*. CRC Press.

Ziel von 5S ist es, die Arbeitsplätze so zu gestalten, dass die Arbeit störungsfrei ablaufen kann, Suchen sowie lange Wege und Wartezeiten vermieden werden und somit ohne

Verschwendung gearbeitet werden kann. Ein sauberes und ordentliches Arbeitsumfeld gilt auch als Grundlage für Qualitätsarbeit. Als methodisches Werkzeug kann 5S in allen Bereichen einer Organisation eingesetzt werden, sowohl in der Produktion als auch in der Verwaltung. Die direkte Einbeziehung der betroffenen Mitarbeiter erleichtert das Aufdecken von Schwachstellen und die Umsetzung von Verbesserungen.

Ein wesentliches Prinzip der Methode ist es, die entwickelten Standards an den Arbeitsplätzen sichtbar zu machen. So können Abweichungen auch von Außenstehenden und Vorgesetzten schneller erkannt werden. In der deutschen Sprache wird meist eine Übersetzung angestrebt, die den Anfangsbuchstaben „S" der japanischen Originalbezeichnung beibehält. Es sind verschiedene Versionen im Umlauf. Manche Transkriptionen gehen auf das „A". Deswegen ist das Konzept auch als 5A bekannt. Die eigentlichen 5S stehen für fünf japanische Begriffe, die die Schritte der Methode beschreiben:

- **Seiri (Sortieren):** Dieser Schritt beinhaltet das Sortieren und Ausmisten von Arbeitsbereichen, Werkzeugen und Materialien, um nur das Notwendige zu behalten. Alles, was nicht benötigt wird, wird entfernt, um Platz zu schaffen und die Effizienz zu erhöhen.
- **Seiton (Setzen):** Nachdem unnötige Gegenstände entfernt wurden, geht es darum, einen festen Platz für alles zu schaffen, was übrig bleibt. Werkzeuge, Materialien und Ausrüstung werden so angeordnet, dass sie leicht zu finden und zu erreichen sind. Dies reduziert Suchzeiten und verbessert die Organisation.
- **Seiso (Säubern):** Dieser Schritt beinhaltet die gründliche Reinigung des Arbeitsplatzes, der Maschinen und Werkzeuge. Durch regelmäßige Reinigung wird die Arbeitsumgebung nicht nur sauber gehalten, sondern auch potenzielle Probleme und Defekte werden frühzeitig erkannt.
- **Seiketsu (Standardisierung):** Nachdem Sortieren, Ordnen und Reinigen durchgeführt wurden, werden Standards und Verfahren eingeführt, um sicherzustellen, dass diese Praktiken beibehalten werden. Dies kann die Entwicklung von Checklisten, Arbeitsanweisungen und visuellen Kennzeichnungen umfassen, um die Einhaltung der 5S-Prinzipien zu erleichtern.
- **Shitsuke (Selbstdisziplin):** Der letzte Schritt der 5S-Methode beinhaltet die Förderung von Eigenverantwortung und Disziplin, um die erzielten Verbesserungen aufrechtzuerhalten. Mitarbeiter werden ermutigt, die 5S-Prinzipien fortlaufend anzuwenden und sich gegenseitig zur Einhaltung zu motivieren.

Analog dazu ist die deutsche Version die 5A-Methode, nämlich: Aussortieren, Aufräumen (Arbeitsmittel ergonomisch anordnen), Arbeitsplatzsauberkeit, Anordnung zur Regel machen, Alle Punkte einhalten und verbessern. Liker schildert die Funktion von 5S nicht als reines Schaffen und Halten von sauberen Arbeitsplätzen, sondern als Unterstützung eines gleichmäßigen Flusses und der Visualisierung von Problemen und Verschwendung (Liker 2004). Bild 4.8 zeigt, in welchem Kontext die fünf Schritte stehen und welche Auswirkungen sie haben.

Bild 4.8 Wirkungskreis der Methode 5S (Hirano 1995)

Die Anwendung der 5S-Methode erfolgt oft in Form von regelmäßigen Audits und Kontrollen, um sicherzustellen, dass die Standards eingehalten werden. Diese Methode trägt dazu bei, Arbeitsplätze sicherer, effizienter und angenehmer zu gestalten, indem sie Verschwendung reduziert, die Produktqualität verbessert und die Arbeitsorganisation optimiert. Die Implementierung der 5S-Methode in Unternehmen erfolgt in der Regel in mehreren Schritten, wobei jede Phase sorgfältig geplant und umgesetzt wird, um eine erfolgreiche Integration der Prinzipien zu gewährleisten. Hier ist ein grober Überblick über den Implementierungsprozess.

Bevor die eigentliche Implementierung beginnt, ist es wichtig, das Management und die Mitarbeiter über die Ziele, Prinzipien und Vorteile der 5S-Methode zu informie-

Bild 4.9 Beispiel von Werkzeugbrettern

ren. Schulungen können durchgeführt werden, um das Verständnis zu fördern und die Beteiligung der Mitarbeiter zu gewinnen. Ein detaillierter Plan wird erstellt, der die Schritte zur Einführung der 5S-Methode im Unternehmen umreißt. Dieser Plan kann Zeitrahmen, Verantwortlichkeiten, Ressourcenbedarf und Meilensteine enthalten. Während des gesamten Implementierungsprozesses ist es wichtig, die Fortschritte zu überwachen, Feedback zu sammeln und bei Bedarf Anpassungen vorzunehmen. Die kontinuierliche Verbesserung und Einbindung der Mitarbeiter sind entscheidend für den langfristigen Erfolg der 5S-Implementierung in Unternehmen. Um die geschaffene Ordnung und durch 5S gewonnene Disziplin zu erhalten, werden oft Werkzeugbretter oder sogenannte Schattenbretter genutzt, siehe auch Bild 4.9. Diese folgen dem Prinzip: Jedes Werkzeug hat einen Platz und an jeden Platz gehört ein entsprechendes Werkzeug. Diese Schattenbretter sind ein weit verbreitetes Mittel im Einsatz von 5S in produzierenden Unternehmen.

Fazit:

Durch die Anwendung von 5S können Unternehmen ihre Arbeitsplätze und Prozesse optimieren, die Effizienz steigern und die Qualität verbessern. 5S ist oft auch notwendige Voraussetzung für weitere Methoden des TPS, wie Kaizen (siehe Abschnitt 4.1.3) oder Rüstzeitreduzierung (siehe Abschnitt 4.3.1).

4.1.6 Visuelles Management

Leitfragen im Umgang mit Visual Management:

- Was ist der aktuelle Status der Maschine oder des Prozesses?
- Wie viele Aufgaben sind noch unerledigt?
- Gibt es im Prozess Kapazitätsprobleme und wenn ja, wo?
- Sind allen Beteiligten der Ablauf und der Status bekannt?

Wann benötigen Sie diese Methode?

Visual Management wird benötigt, wenn komplexe Informationen einfach und schnell kommuniziert werden sollen, die Transparenz und Übersichtlichkeit von Prozessen verbessert werden sollen, die Effizienz und Produktivität gesteigert werden sollen, die Fehlerquote reduziert werden soll und die Kommunikation zwischen Mitarbeitern und Abteilungen verbessert werden soll. Durch die Anwendung von Visual Management können Unternehmen ihre Prozesse optimieren, die Kommunikation verbessern und die Effizienz steigern. Es hilft dabei, wichtige Informationen schnell und einfach zu vermitteln.

Visual Management ist eine zentrale Methode der Lean Production, die darauf abzielt, Informationen und Prozesszustände durch visuelle Signale transparent und unmittelbar verständlich zu machen. Es ermöglicht Industrieunternehmen, Arbeitsprozesse zu standardisieren, Probleme schneller zu erkennen und die Zusammenarbeit zu verbessern. Der Grundgedanke basiert darauf, dass Menschen visuelle Informationen schneller und intuitiver verarbeiten können als textbasierte oder komplexe Daten. Dadurch können Entscheidungen beschleunigt und Abweichungen sofort sichtbar gemacht werden.

Visuelles Management ist ein Führungsansatz, bei dem die Strukturen, Funktionen, Prozesse, Aufgaben und Informationsflüsse in einer Organisation übersichtlich und optisch leicht erfassbar abgebildet werden. Es dient dazu, alle Angehörigen der Organisation schnell und effizient zu informieren und ihnen zu jedem Zeitpunkt eine eigene Beurteilung der Situation vor Ort zu ermöglichen. Als integraler Bestandteil der Lean-Philosophie beruht das visuelle Management auf dem Gedanken, dass Herausforderungen nur begegnet werden kann, wenn diese sichtbar sind, also erkannt und transparent dargestellt werden. Das visuelle Management umfasst daher eine breite Palette von Tools und Methoden, um Informationen und Abläufe leicht verständlich aufzubereiten und damit auch den Zugang zu komplexeren Zusammenhängen zu schaffen und ist daher eher als ein ganzheitlicher Ansatz verschiedener Methoden zu verstehen, wie in Bild 4.10 dargestellt. Informationen transparent und verfügbar zu machen, Abläufe dadurch zu verbessern und diese letztlich zu messen und die entsprechenden Kennzahlen wieder zu visualisieren, ist ein andauernder Kreislauf.

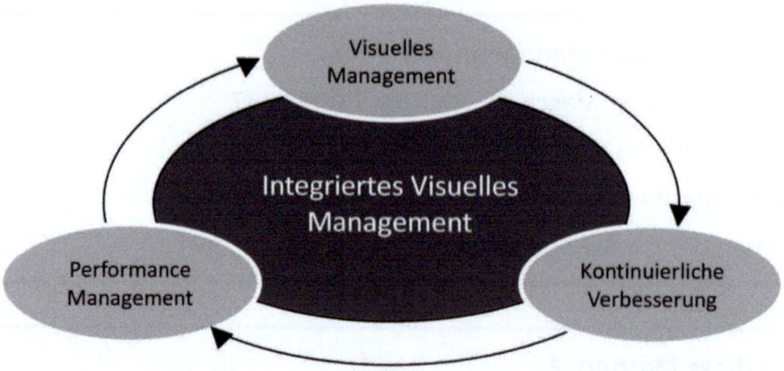

Bild 4.10 System eines visuellen Managements (Eaidgah u. a. 2016, S. 188)

Weiterführende Literatur – Fachaufsätze:

Algan Tezel, Lauri Koskela und Patricia Tzortzopoulos (2016). „Visual management in production management: a literature synthesis". In: *Journal of manufacturing technology management* 27.6, S. 766–799 oder Youness Eaidgah u. a. (2016). „Visual management, performance management and continuous improvement: A lean manufacturing approach". In: *International Journal of Lean Six Sigma* 7.2, S. 187–210.

4.1.6.1 Ziele

Ziel des Visual Management ist es, Transparenz zu schaffen, komplexe Informationen zu vereinfachen und die Eigenverantwortung der Mitarbeiter zu fördern. Gleichzeitig werden Probleme oder Abweichungen vom Soll-Zustand sofort erkennbar, sodass schnelle Reaktionen möglich sind. Prozesse und Zustände werden durch Farben, Symbole, Diagramme oder andere visuelle Elemente dargestellt, die für alle Mitarbeiter leicht verständlich sind. Kern des visuellen Managements ist somit die leicht erfassbare (audio-)visuelle Darstellung der Gestaltung und der aktuellen Zustände von Prozessen und Arbeitsabläufen. Anhand von kontinuierlichen und transparenten Soll-Ist-Vergleichen gibt es einen Überblick über die Vorgaben, die Aktivitäten, den Status quo und den Grad der Zielerreichung sowie zeitliche Rahmenbedingungen einer Unternehmenseinheit, von der Administration über die Fertigung und den Vertrieb bis zum Zentrallager.

Dazu werden möglichst in Echtzeit Daten und andere Angaben über den Input und den Output sowie die Produkt- oder Dienstleistungsqualität für alle Beteiligten sichtbar gemacht. Dargestellt werden unter anderem die Anzahl und die Arten der gelieferten, verarbeiteten und hergestellten Sachgüter oder der bearbeiteten Aufträge und Anfragen. Da die Ziele und die Ansprüche offen kommuniziert werden, können Erfolge und Abweichungen von der Zielerreichung von allen erkannt und beurteilt werden. Die Ziele können in folgenden fünf Punkten zusammengefasst werden:

1. **Klarheit:** Prozesse, Zustände und Informationen werden auf eine klare und leicht verständliche Weise dargestellt.
2. **Effizienz:** Die Visualisierung von Prozessen und Aufgaben zeigt Abhängigkeiten, Engpässe und Schwachstellen auf. Wenig effiziente Abläufe können dadurch leicht identifiziert, Verschwendung kann minimiert werden.
3. **Kommunikation:** Die Kommunikation innerhalb der Organisation sowie ihrer Teileinheiten wird gefördert, da Informationen für alle sichtbar sind und alle Beteiligten den gleichen Kenntnisstand haben.
4. **Verantwortlichkeit:** Die Visualisierung von Aufgaben und Verantwortlichkeiten lässt Schnittstellen und Verantwortungsbereiche für alle sichtbar werden.
5. **Kontinuierliche Verbesserung:** Die Identifizierung von Verbesserungspotenzialen wird erleichtert. Dies ist die Grundlage für die Erarbeitung und die Umsetzung von Maßnahmen zur kontinuierlichen Verbesserung.

4.1.6.2 Umsetzung und Instrumente

Die wichtigsten Werkzeuge des Visual Management umfassen neben Farbcodierungen auch Andon-Systeme (Abschnitt 4.2.3), Kanban-Boards (Abschnitt 4.2.5), Kennzahlen-Dashboards, standardisierte Arbeit (Abschnitt 4.2.2) und 5S (Abschnitt 4.1.5). Jedes dieser Hilfsmittel hat spezifische Einsatzmöglichkeiten. Andon-Systeme zeigen beispielsweise den Status von Maschinen oder Prozessen durch Licht- oder Tonsignale an. Kanban-Boards visualisieren Arbeitsfortschritte, indem Aufgabenkarten durch Spalten wie „to do", „In Bearbeitung" und „Abgeschlossen" bewegt werden. Ein Beispiel dafür ist in Bild 4.11 dargestellt.

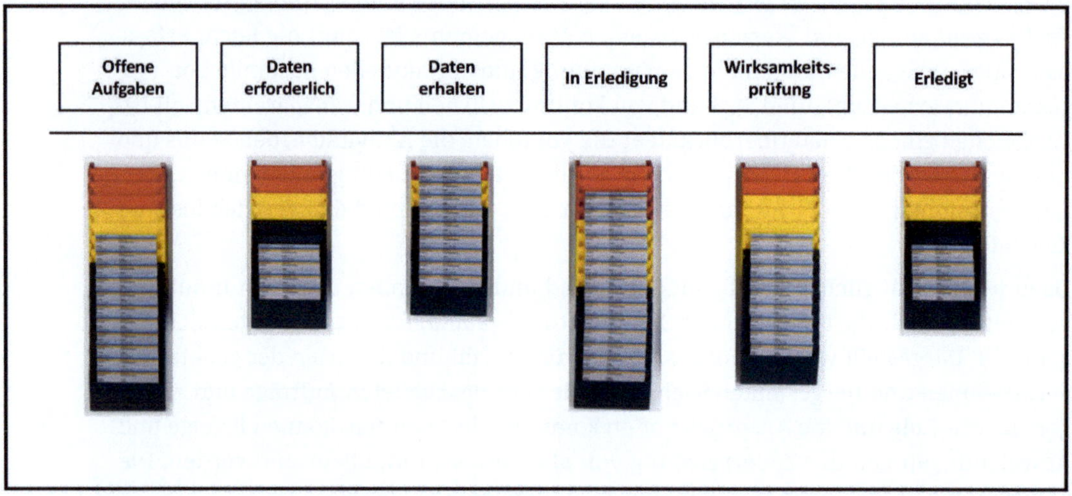

Bild 4.11 Auftragsstatusvisualisierung (Parry und Turner 2006, S. 82)

Dadurch wird der Arbeitsfluss optimiert und Engpässe werden sichtbar. Interessant dabei ist die Metamorphose, die Methoden im Laufe der Zeit widerfahren. So wurde die Methode Kanban ursprünglich entwickelt, um das Pull-Prinzip (Abschnitt 4.2.5) bei Toyota umzusetzen. Im Laufe der Zeit wurde die Methode adaptiert und fand in der Umgebung der agilen Produktentwicklung Anwendung, wenngleich auch fernab von der initialen Kernidee. Diese Adaptation wurde aber als so hilfreich empfunden, dass diese Form des Kanban anschließend auch auf dem Shopfloor (wieder) eingesetzt wurde, im Rahmen des Visual Management.

Farbcodierungen und Bodenmarkierungen helfen, Arbeitsbereiche, Materialien und Wege klar zu kennzeichnen. Beispielsweise werden Lagerflächen durch farbige Markierungen organisiert, so dass Materialien leichter auffindbar sind. Im Rahmen der 5S-Methode werden visuelle Standards wie Etiketten oder Schilder eingesetzt, um Arbeitsplätze effizienter zu gestalten und Ordnung zu halten. Produktionskennzahlen und Dashboards, die in Echtzeit Daten wie Ausschussquoten oder Taktzeiten anzeigen, sorgen für Transparenz in der Prozessüberwachung. Standardisierte Arbeitsanweisungen, die in Form von Bildern oder Symbolen gestaltet sind, minimieren Missverständnisse und fördern die Einhaltung von Vorgaben.

Die Einführung von Visual Management in Industrieunternehmen erfordert eine systematische Vorgehensweise. Zunächst muss der Ist-Zustand analysiert werden. Hierbei wird ermittelt, welche Prozesse intransparent oder fehleranfällig sind und wo Engpässe oder Verzögerungen auftreten. Anhand dieser Analyse werden spezifische Ziele definiert, etwa die Verbesserung der Materialflüsse oder die Reduktion von Stillstandzeiten. Auf Basis der Ziele erfolgt die Auswahl geeigneter Werkzeuge, die auf die jeweiligen Anforderungen zugeschnitten sind. In einer Fertigungslinie könnte beispielsweise ein Andon-System eingeführt werden, während in der Materialbereitstellung ein Kanban-System für eine bedarfsgerechte Nachschubsteuerung sorgt.

Ein entscheidender Schritt sind das Design und die Standardisierung der visuellen Elemente. Farben, Symbole und Markierungen sollten einheitlich verwendet und leicht verständlich gestaltet sein, um eine intuitive Nutzung zu gewährleisten. Ebenso wichtig ist die Schulung der Mitarbeiter, damit diese die neuen visuellen Hilfsmittel effektiv anwenden können. Schulungen und Workshops fördern nicht nur die Akzeptanz, sondern stärken auch das Verständnis für die Vorteile des Visual Management.

In der Praxis zeigt sich die Wirksamkeit von Visual Management in zahlreichen Anwendungsbeispielen. In Produktionshallen werden Maschinenzustände durch Ampelsysteme signalisiert, so dass Mitarbeiter sofort erkennen, ob ein Eingriff erforderlich ist. In der Logistik werden Lagerplätze durch Farbcodes und Bodenmarkierungen organisiert, was Suchzeiten reduziert und die Materialbereitstellung verbessert. In der Qualitätssicherung werden häufig auftretende Fehler durch Pareto-Diagramme visualisiert, sodass Teams gezielt an den wichtigsten Problemen arbeiten können. Auch in Büroumgebungen findet Visual Management Anwendung, beispielsweise durch Kanban-Boards, die den Fortschritt von Projekten sichtbar machen.

Fazit:

Die Vorteile von Visual Management sind neben der höheren Transparenz auch die verbesserte Kommunikation. Abweichungen vom Soll-Zustand werden frühzeitig erkannt, wodurch sich Reaktionszeiten verkürzen und Probleme schneller lösen lassen. Darüber hinaus stärkt es die Eigenverantwortung der Mitarbeiter, da diese ihren Arbeitsbereich selbst überwachen und steuern können. Durch klare visuelle Strukturen werden zudem Standards etabliert, die die Effizienz steigern und Missverständnisse minimieren. Trotz dieser Vorteile gibt es auch Herausforderungen. Eine der häufigsten ist die Akzeptanz der Mitarbeiter. Ohne eine ausreichende Einbindung und Schulung kann es zu Widerständen kommen. Auch die Wartung und Aktualisierung visueller Hilfsmittel erfordern Aufmerksamkeit, da diese nur dann wirksam sind, wenn sie stets auf dem neuesten Stand gehalten werden. Zu viele visuelle Signale können zudem zu einer Überladung führen und die Übersichtlichkeit beeinträchtigen. Eine sorgfältige Planung und Priorisierung sind daher essenziell.

4.1.7 Plan Do Check Act

Leitfragen im Umgang mit Plan Do Check Act:

- Was muss unternommen werden?
- Wurde die Maßnahme umgesetzt?
- War die Maßnahme wirksam und ist der Prozess wirklich verbessert worden?
- Muss eventuell nachgesteuert werden und, wenn ja, wie?

Wann benötigen Sie diese Methode?

Plan Do Check Act (PDCA) wird benötigt, wenn ein Problem gelöst oder ein Prozess verbessert werden soll, eine Veränderung implementiert und ihre Auswirkungen überprüft werden sollen, die Effizienz und Effektivität von Prozessen gesteigert werden sollen, die Qualität von Produkten oder Dienstleistungen verbessert werden sollen und eine kontinuierliche Verbesserung erreicht werden soll.

PDCA, auch Demingkreis oder Shewhart-Zyklus genannt, ist ein iterativer Managementzyklus zur Förderung der kontinuierlichen Verbesserung. In den 1930ern arbeitete Walter A. Shewhart an der Qualitätsverbesserung in einem Werk von Western Electric. Aus den Erkenntnissen entwickelte William Edwards Deming mit anderen einen Lehrgang „Statistical Process Control" (Abschnitt 3.5.3), den während der Kriegsjahre viele Ingenieure in den USA besuchten. 1939 veröffentlichte Shewhart ein Buch mit dem Titel „Statistische Methode aus der Sicht der Qualitätskontrolle", das von Deming überarbeitet wurde. Dort findet man die erste Version des Shewhart-Zyklus. Der Hintergedanke war die systemische Betrachtung der Produktionsprozesse. Allerdings gefiel Shewhart die aufeinanderfolgende Darstellung nicht. Der Shewhart-Zyklus wurde anschließend als Kreis dargestellt, um die fortgesetzte Anwendung des Prinzips zu veranschaulichen.

Der Begriff Demingkreis leitet sich von William Edwards Deming ab. Der amerikanische Physiker und Statistiker hatte bei Shewhart studiert, seine Ideen aufgegriffen und verbreitet und damit das Qualitätsmanagement maßgeblich beeinflusst. Dadurch wurde ihm der Zyklus zugesprochen und in vielen Ländern als Demingkreis bezeichnet. Deming selbst sprach durchgehend vom Shewhart-Zyklus, da er die Idee Shewhart zusprach. Alternativ wird zur Abkürzung der Schritte des Zyklus die Bezeichnung PDCA-Zyklus verwendet. Der Zyklus ist beispielhaft in Bild 4.12 dargestellt. Unternehmen planen, setzen Pläne um, überprüfen die Ergebnisse und handeln entsprechend, um den Qualitätsprozess zu optimieren.

Der PDCA-Zyklus stellt jedoch, im Gegensatz zu allen anderen Themen dieses Buches, keine Methodik *per se* dar, sondern vermittelt eine Denk- und Handlungsweise. Vielmehr ist der PDCA-Ansatz ein früher Vorläufer des DMAIC-Ansatzes im Bereich Six Sig-

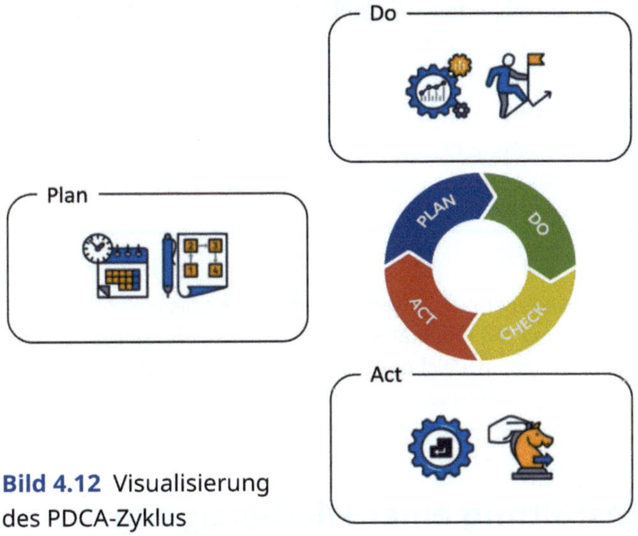

Bild 4.12 Visualisierung des PDCA-Zyklus

ma. Six Sigma selbst ist ebenfalls keine eigenständige Methode, sondern ordnet verschiedene Methoden in einem sinnvollen Ablauf an, so dass nach dem Durchlaufen der einzelnen Elemente am Ende ein zielführendes Ergebnis erreicht wird. Der PDCA-Zyklus beschreibt die Phasen im kontinuierlichen Verbesserungsprozess, welcher die Grundlage vieler Qualitätsmanagementsysteme ist. Damit wird im Unternehmen eine stetige Verbesserung der Prozesse und Abläufe verfolgt mit dem Ziel, die Effizienz, Kunden- und Mitarbeiterzufriedenheit des Unternehmens zu verbessern.

In Industrieunternehmen und im Dienstleistungssektor gehört er zu den Standardverfahren und ist unter anderem auch grundlegender Bestandteil der Normenfamilien ISO 9001. Nach jedem PDCA-Zyklus sind die Maßnahmen zu standardisieren. Nach jeder Einführung eines festgelegten Standard, wird dieser Standard praktiziert, das Verfahren auf Richtigkeit und Funktionstüchtigkeit überprüft und bei Notwendigkeit geändert. Dies ist dann im Regelfall das Planen eines weiteren PDCA-Zyklus.

- **Plan:** Der jeweilige Prozess muss vor seiner eigentlichen Umsetzung geplant werden. Plan umfasst das Erkennen von Verbesserungspotenzialen, die Analyse des aktuellen Zustands sowie das Entwickeln eines neuen Konzepts.
- **Do:** Do bedeutet entgegen weit verbreiteter Auffassung nicht die Einführung und Umsetzung auf breiter Front, sondern das Ausprobieren beziehungsweise Testen und praktische Optimieren des Konzepts mit schnell realisierbaren, einfachen Mitteln (beispielsweise provisorische Vorrichtungen) an einem einzelnen Arbeitsplatz.
- **Check:** Die Überprüfung der Wirksamkeit. Der im Kleinen realisierte Prozessablauf und seine Resultate werden sorgfältig überprüft und bei Erfolg für die Umsetzung auf breiter Front allgemein freigegeben.

- **Act:** In der Phase Act wird die neue allgemeine Vorgabe auf breiter Front eingeführt, festgeschrieben und regelmäßig auf Einhaltung überprüft (Audits). Hier handelt es sich tatsächlich um eine große Aktion, die im Einzelfall umfangreiche organisatorische Aktivitäten (wie die Änderung von Arbeitsplänen oder die Anpassung von Aufbau- und Ablauforganisation) sowie erhebliche Investitionen umfassen kann. Die Verbesserung dieses Standards beginnt wiederum mit der Phase Plan.

Fazit:

Durch die Anwendung von PDCA können Unternehmen ihre Prozesse kontinuierlich verbessern, Probleme lösen und die Qualität steigern. Ähnlich wie Kaizen ist auch PDCA als Denkschule zu verstehen, in welcher die Wirksamkeitskontrolle und das gegebenenfalls notwendige Nachjustieren von entscheidender Bedeutung sind.

4.2 Methoden zur Gestaltung einer Fließfertigung

Die Fließfertigung spielt eine entscheidende Rolle bei der Optimierung der Produktionsprozesse im TPS. Durch die Implementierung des Fließprinzips wird ein kontinuierlicher Materialfluss geschaffen, bei dem Materialien und Produkte ohne Unterbrechung durch die Produktion fließen. Dies ermöglicht es, Produkte schnell und effizient herzustellen und gleichzeitig die Qualität zu gewährleisten.

Die Fließfertigung zielt darauf ab, die Durchlaufzeit von Produkten zu reduzieren und die Bestände an Halbfertigprodukten zu minimieren. Durch die kontinuierliche Produktion können Engpässe und Stillstände minimiert werden, was zu einer Steigerung

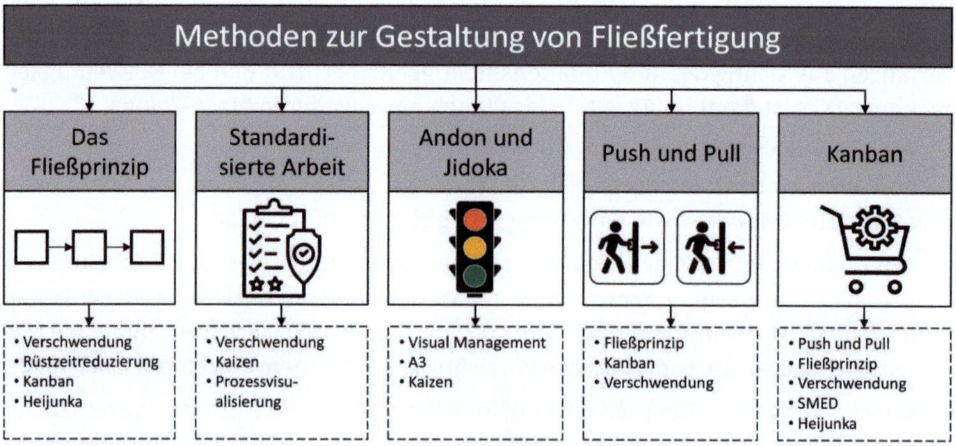

Bild 4.13 Methoden zur Gestaltung von Fließfertigung

der Effizienz und Produktivität führt. Darüber hinaus ermöglicht das Fließprinzip eine höhere Flexibilität und Anpassungsfähigkeit an Kundenanforderungen, da Produkte schnell und flexibel produziert werden können.

Die Implementierung des Fließprinzips erfordert eine sorgfältige Planung und Organisation der Produktionsprozesse. Es müssen alle Schritte der Produktion sorgfältig aufeinander abgestimmt werden, um einen reibungslosen Materialfluss zu gewährleisten. Die Fließfertigung ist ein wichtiger Bestandteil des TPS und trägt dazu bei, die Effizienz und Produktivität des Unternehmens zu maximieren.

4.2.1 Das Fließprinzip

Leitfragen im Umgang mit dem Fließprinzip:

- Produzieren wir im Fluss oder in Losen?
- Was muss geändert werden, um eine Produktion im Fluss zu ermöglichen?
- Wo haben wir in unserer Wertschöpfung Bestände und wie viel?
- Wie unterschiedlich sind die Zykluszeiten der einzelnen Wertschöpfungsprozesse?
- Was ist die Taktzeit des Produkts?

Wann benötigen Sie diese Methode?

Das Fließprinzip wird benötigt, wenn eine kontinuierliche Produktion von Einzelteilen oder kleinen Losen erforderlich ist, die Durchlaufzeit minimiert werden sollen, die Bestände an Halbfertigprodukten reduziert werden sollen, die Flexibilität und Anpassungsfähigkeit an Kundenanforderungen erhöht werden soll und die Qualität und Produktivität gesteigert werden sollen. Das Fließprinzip ist ein Konzept, bei dem ein Teil nach dem anderen durch die Produktion fließt, ohne dass größere Lose produziert werden. Dies ermöglicht eine flexible und effiziente Produktion, die schnell auf Kundenanforderungen reagieren kann.

Eine der zentralen Säulen von Lean Production ist das Fließprinzip. Es zielt darauf ab, einen schnellen, durchgängigen und turbulenzarmen Material- und Informationsfluss zu realisieren, um damit eine möglichst geringe Durchlaufzeit über die gesamte Wertschöpfungskette zu erreichen. Dabei sollen Erzeugnisse ohne Zwischenlagerung von einem Prozessschritt zum nächsten transportiert werden, ohne dabei die Flexibilität des Unternehmens einzuschränken.

4.2.1.1 Fließfertigung

Die Fließfertigung spielt eine wichtige Rolle bei Lean, da sie viele der grundlegenden Prinzipien und Ziele unterstützt und in der Praxis umsetzt. Lean Production zielt darauf ab, Verschwendung zu minimieren, Prozesse zu optimieren und die Produktion eng am Kundenbedarf auszurichten. Die Fließfertigung, die sich durch eine kontinuierliche und gleichmäßige Bewegung von Materialien und Produkten durch den Produktionsprozess auszeichnet, trägt wesentlich zur Erreichung dieser Ziele bei.

Ein weiteres Element von Lean ist die Minimierung von Verschwendung (Abschnitt 4.1.2) und die Fließfertigung bekämpft diese Formen der Verschwendung auf verschiedene Weise. In einem Fließsystem werden die Materialien und Teile kontinuierlich und ohne Unterbrechung durch die verschiedenen Stationen des Produktionsprozesses geführt. Dies reduziert die Notwendigkeit großer Lagerbestände, da Materialien nur in der benötigten Menge und genau zum richtigen Zeitpunkt geliefert werden.

Zudem werden unnötige Transportwege und Wartezeiten vermieden, die in traditionellen Fertigungssystemen oft zu Verzögerungen und Ineffizienzen führen. Der gleichmäßige Fluss der Materialien und Produkte sorgt also für eine unmittelbare Verbesserung der Prozesseffizienz und verringert gleichzeitig den Ressourcenverbrauch. Lean zielt auch darauf ab, die Produktion am tatsächlichen Kundenbedarf auszurichten.

Die Fließfertigung ermöglicht es, kleinere Losgrößen zu produzieren und schneller auf Schwankungen in der Nachfrage zu reagieren. Dadurch können Unternehmen flexibel bleiben und verhindern, dass unnötig große Mengen an Produkten hergestellt und gelagert werden müssen.

Weiterführende Literatur – Bücher:

Taiichi Ohno (2019). *Toyota production system: beyond large-scale production*. Productivity press oder Jeffrey K. Liker (2004). *The Toyota Way – 14 Management Principles from the World's Greatest Manufacturer*. McGraw-Hill.

Analog zur Fließfertigung ist die Reduzierung der Durchlaufzeiten zu betrachten. In einer traditionellen Werkstattfertigung werden Produkte häufig in Losen hergestellt, was bedeutet, dass sie zwischen den einzelnen Produktionsschritten oft warten müssen, bevor sie weiterverarbeitet werden. Diese Zwischenlagerungen verlängern die Durchlaufzeiten erheblich und führen zu Ineffizienzen. Die Fließfertigung dagegen ermöglicht es, Produkte in einem kontinuierlichen und synchronisierten Ablauf zu fertigen, sodass sie ohne Verzögerungen von einer Station zur nächsten gelangen. Dadurch werden die Gesamtproduktionszeiten erheblich verkürzt.

Dies ist besonders wichtig im Rahmen des Lean-Konzepts, das auf Just-in-Time setzt. Just-in-Time (JiT) verlangt, dass Produkte genau dann fertiggestellt werden, wenn sie benötigt werden, um Lagerkosten zu minimieren und flexibel auf Veränderungen in der Nachfrage reagieren zu können. Die Fließfertigung ermöglicht es, diese Anforderungen zu erfüllen, da sie für eine stabile und planbare Produktion sorgt.

Darüber hinaus trägt die Fließfertigung erheblich zur Qualitätsverbesserung bei. In einer Fließfertigung werden standardisierte Arbeitsabläufe und klar definierte Prozessschritte implementiert, die zu konsistenten und fehlerfreien Produktionsprozessen führen. Dies reduziert die Wahrscheinlichkeit von Fehlern und erleichtert auch das frühzeitige Erkennen von Problemen. Da die Produkte in einer gleichmäßigen Abfolge durch den Prozess fließen, können Qualitätsprobleme schneller identifiziert und behoben werden, bevor sie sich auf den gesamten Produktionsprozess auswirken.

In der Praxis wird die Fließfertigung oft durch den Einsatz von Kanban-Systemen unterstützt, die dafür sorgen, dass die benötigten Materialien rechtzeitig zur Verfügung stehen und der Fluss der Produktion nicht unterbrochen wird. Durch diese Steuerung des Materialflusses werden Engpässe vermieden und die Flexibilität der Produktion erhöht. Darüber hinaus ermöglichen Technologien wie Automatisierung und digitale Überwachungssysteme, die in modernen Fließfertigungen eingesetzt werden, eine noch genauere Kontrolle und Feinabstimmung des Produktionsprozesses.

4.2.1.2 Einzelstückfluss

Einzelstückfluss oder auch One Piece Flow (OPF) ist eher ein im deutschen denn im englischen Sprachraum gebräuchlicher Terminus im Zusammenhang mit dem Toyota-Produktionssystem. Gemeint ist eine Produktion, bei der logistisch zwar eine Fließfertigung oder gar ein Fließband zu Grunde liegt, bei deren Arbeitsorganisation jedoch teilautonome Gruppenarbeit oder wenigstens Arbeitsplatzrotation eingesetzt wird.

Anders als bei einem konventionellen Fließband verbleiben die Mitarbeiter nicht an ihrem Platz, während ein Teil nach dem anderen zur Bearbeitung herangeführt wird, sondern sie begleiten das Werkstück auf dem gesamten Weg, der ohne Unterbrechung von einem Arbeitssystem zum nächsten führt, bis zu dessen Fertigstellung. Das Konzept des OPF erleichtert es, von Stück zu Stück die Produktvariante zu wechseln sowie auf Losfertigung zu verzichten. Da die Beschäftigten von Anfang an wissen, welche Variante sie gerade bauen, können sie sich darauf konzentrieren, sie brauchen sich nicht an jedem Arbeitssystem neu darüber zu informieren. Monotoniebedingte Verwechslungen werden deutlich reduziert. Für die Mitarbeiter ergibt sich durch die größeren, vielleicht vollständigen Arbeitsinhalte eine erhöhte Arbeitsmotivation. Die Qualität lässt sich besser verfolgen, Lieferzeiten werden verkürzt.

In seiner Reinform bedeutet OPF, dass alle Mitarbeiter eines Produktionsprozesses die anfallende Arbeit in Gänze beherrschen, diese auch verrichten und dadurch für den Gesamtprozess und das daraus resultierende Produkt gemeinsam verantwortlich sind. Meist wird diese Idealvorstellung nur annähernd erreicht. Wird OPF in einer Fertigungslinie umgesetzt, dann ergibt sich dadurch auch ganz erheblich die Reduzierung von sogenanntem WIP, denn mit WIP in den Fertigungslinien kann das Material nicht fließen. Der reduzierte WIP führt zu einer Reduzierung der Kapitalbindung und der Lagerkosten. Dies ermöglicht eine schnellere Anpassung an Veränderungen in der Nachfrage.

Die Umsetzung des OPF erfordert sorgfältige Planung und eine Umgestaltung der Produktionsprozesse. Zunächst wird eine Wertstromanalyse (Abschnitt 4.1.1) durchgeführt, um den aktuellen Produktionsprozess zu analysieren und Engpässe, Verzögerungen und Verschwendung zu identifizieren. Ziel ist es, die wertschöpfenden Aktivitäten zu maximieren und nichtwertschöpfende Tätigkeiten zu eliminieren.

Ein weiterer Schritt ist die Einführung der Zellenproduktion, wie sie in Bild 4.14 dargestellt ist. Die Produktionsfläche wird vorzugsweise in U-förmigen Zellen organisiert, in denen alle notwendigen Maschinen und Arbeitsstationen in einer Reihenfolge angeordnet sind, die den Produktfluss unterstützt. Jeder Mitarbeiter ist für mehrere Schritte verantwortlich, was die Flexibilität und das Engagement erhöht. Ein weiterer wichtiger Aspekt ist die Ausrichtung an der Taktzeit. Die Taktzeit wird festgelegt, um der Kundennachfrage zu entsprechen, also die Zeit, die zur Produktion eines Teils zur Verfügung steht.

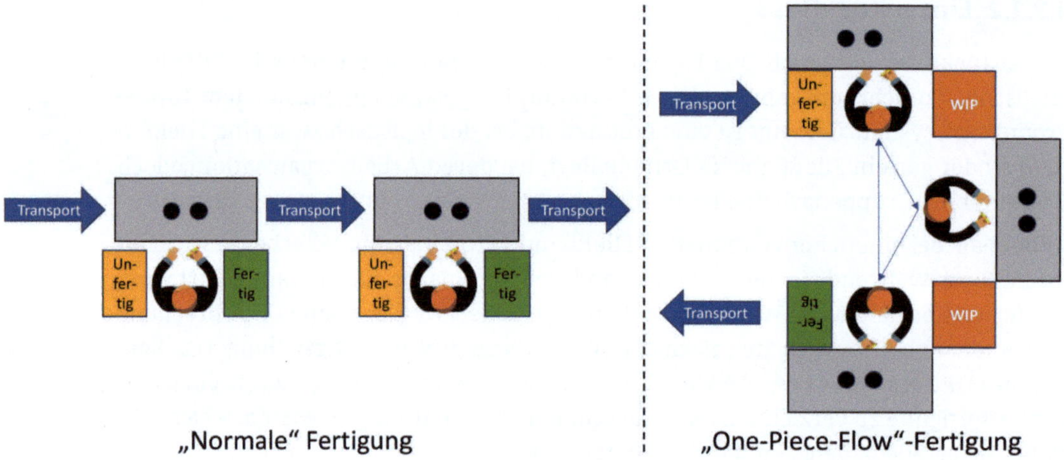

Bild 4.14 Herkömmliche und OPF-Fertigung (Ioana, Maria und Cristina 2020, S. 246)

Alle Produktionsschritte müssen synchronisiert werden, um diese Taktzeit einzuhalten. Standardisierte Arbeitsabläufe (Abschnitt 4.2.2) sind ebenfalls von entscheidender Bedeutung. Es werden detaillierte Anweisungen für jeden Produktionsschritt entwickelt und die Mitarbeiter entsprechend geschult, um Konsistenz und Qualität sicherzustellen.

Eine sehr technische Ausprägung des One-Piece-Flows, die zur Erhöhung der Prozesszuverlässigkeit oft mit Poka-Yoke-Maßnahmen zusätzlich gesichert wird, ist das sogenannte „Chaku-Chaku" (Krugh u. a. 2017). Der aus dem Japanischen stammende Begriff (jap. stetig, kontinuierlich) beschreibt Arbeitssysteme, in denen Menschen Werkstücke in einer vorgegebenen Reihenfolge zu einem Betriebsmittel bringen, dieses bestücken und nach Ablauf des weitgehend automatisierten Prozesses zur nächsten Maschine befördern und dieses mit dem zuvor bearbeiteten Werkstück bestücken. Typischerweise werden daher die Wegstrecken zwischen den Maschinen minimal gehalten und es entstehen U- oder Ω-förmige Arbeitssysteme, bei denen die Arbeitsperson jede der Stationen bedienen kann (Mehrstellenarbeit). An den Stationen kann in der Regel ein geringer Pufferbestand vorgehalten werden, in dem ein bearbeitetes Werkstück temporär warten kann.

Weiterführende Literatur – Fachaufsätze:

Stefan Seifermann u. a. (2014). „Evaluation of work measurement concepts for a cellular manufacturing reference line to enable low cost automation for lean machining". In: *Procedia CIRP* 17, S. 588–593.

Das Ziel eines solchen Systems ist die Flexibilisierung der Systemleistung, da diese mit zunehmendem Personal fast so gesteigert werden kann, dass die Personenproduktivität gleich bleibt. Gleichzeitig führt der Verzicht auf komplexe Fördertechnik durch den Einsatz flexiblen Personals zu einer Verbesserung der Prozesssicherheit. Ein wesentlicher Kritikpunkt an diesem Prinzip ist das sogenannte „deskilling".

Die Implementierung von Chaku-Chaku bedingt keine qualifizierten Experten, da die Bearbeitung in der Maschine weitgehend automatisiert erfolgt. Diese Entwicklung kann dazu führen, dass ungelernte Arbeitskräfte eingesetzt werden und es zu einer Reduzierung des Fachkräftebestands kommt. Dies kann zu einer erhöhten Belastung der Beschäftigten und einer Verschlechterung ihrer Gesundheit führen. Zudem wird die Unfallgefahr durch die Monotonie der Arbeit als signifikant erhöht angesehen.

Visuelles Management ist ebenso relevant bei der Implementierung des Einzelstückflusses. Visuelle Hilfsmittel wie Kanban-Tafeln, Andon-Lichter (Abschnitt 4.2.3) und Bodenmarkierungen machen den Produktionsstatus transparent und Probleme sofort sichtbar. Die Fehlervermeidung (Abschnitt 4.3.3) ist ein weiterer wichtiger Aspekt. Mechanismen zur Fehlervermeidung sorgen dafür, dass Fehler sofort erkannt und behoben werden können, beispielsweise durch einfache Vorrichtungen, Sensoren oder Checklisten.

Die Umsetzung des Einzelstückflusses kann jedoch mit verschiedenen Herausforderungen verbunden sein. Mitarbeiter könnten sich gegen Veränderungen sträuben. Dies kann durch umfassende Schulungen und die Einbindung der Mitarbeiter in den Veränderungsprozess überwunden werden. Die Umgestaltung der Produktionsfläche und die Anschaffung neuer Maschinen können kostspielig sein. Eine schrittweise Implementierung und die Nutzung vorhandener Ressourcen können die Kosten senken. Es kann schwierig sein, alle Prozesse so zu synchronisieren, dass sie der Taktzeit entsprechen. Unvorhergesehene Störungen im Produktionsprozess können den Einzelstückfluss unterbrechen. Ein robustes System zur Störungsbeseitigung und präventive Wartungsmaßnahmen sind entscheidend.

Fazit:

Der Einzelstückfluss ermöglicht eine wesentlich effizientere Nutzung von Ressourcen, da jede Einheit den gesamten Produktionsprozess durchläuft, bevor die nächste gestartet wird. Dies führt nicht nur zu einer Reduktion der Produktionskosten, sondern auch zu einer signifikanten Verbesserung der Produktqualität. Fehler werden unmittelbar sichtbar und können sofort behoben werden, was wiederum die Zufriedenheit der Kunden steigert. Zudem erlaubt der Einzelstückfluss eine schnellere Reaktion auf Marktveränderungen und Kundenbedürfnisse, da keine großen Zwischenlagerbestände vorhanden sind, die erst abgebaut werden müssen. Dies macht das Unternehmen agiler und wettbewerbsfähiger.

4.2.1.3 Every Part Every Interval

Das Ziel des Einzelstückflusses ist die Ermöglichung einer hohen Variantenvielfalt. Die Fähigkeit zur hochvarianten Fertigung kann durch das Konzept Every Part Every Interval (EPEI) ausgedrückt werden. Eine Schlüsselkomponente von EPEI ist, dass es sich auf die Fähigkeit eines Produktionssystems bezieht, alle Produktvarianten innerhalb eines festgelegten Zeitraums mindestens einmal zu produzieren. Dieses Prinzip ist besonders relevant in Szenarien mit hoher Variantenvielfalt, schwankender Kundennachfrage und dem Ziel einer bedarfsorientierten Fertigung.

EPEI beschreibt den Produktionszyklus eines Systems, in dem jede Variante innerhalb eines festgelegten Intervalls gefertigt wird. Die zentrale Kennzahl, der EPEI-Wert, gibt an, wie lange ein Produktionsprozess benötigt, um den gesamten Variantenumfang mindestens einmal herzustellen. Das Ziel ist es, kleinere Losgrößen und häufigere Produktwechsel zu ermöglichen, ohne dabei die Produktionskapazität zu überlasten. Beispielsweise könnte ein Produktionssystem, das fünf Varianten eines Produkts herstellt, einen EPEI-Wert von einem Tag haben, wenn alle Varianten täglich produziert werden. Die Berechnung des EPEI-Werts folgt einer einfachen Formel, die verschiedene Produktionsparameter berücksichtigt. In ihrer Grundform lautet die Berechnung:

$$\text{Zeit zum Erreichen der Kundenvorgaben} = \frac{\text{Täglicher Bedarf} \cdot \text{Zykluszeit}}{\text{Maschinenzuverlässigkeit in \%}} \qquad (4.1)$$

Daraus kann folgende Formel abgeleitet werden:

$$\text{EPEI} = \frac{\sum \text{Rüstzeiten}}{\text{Verfügbare Arbeitszeit} - \sum \left(\dfrac{\text{Kundenbedarf} \cdot \text{Zykluszeit}}{\text{Maschinenzuverlässigkeit}} \right)} \qquad (4.2)$$

Hierbei bezeichnet die Bearbeitungszeit die Zeit, die für die Herstellung eines einzelnen Produkts benötigt wird, während die Rüstzeit die Dauer beschreibt, die erforderlich ist, um die Maschinen für den nächsten Produktionslauf umzurüsten. Die verfügbare Zeit pro Tag entspricht der Nettoarbeitszeit des Produktionssystems, und die Ressourcenverfügbarkeit berücksichtigt die tatsächliche technische Verfügbarkeit der Maschinen.

Das EPEI-Prinzip ist eng mit den Grundsätzen der Wertstrommethode verbunden. Es fördert die Produktion in kleinen Losgrößen, wodurch Lagerbestände minimiert, Durchlaufzeiten verkürzt und die Flexibilität gegenüber Nachfrageschwankungen erhöht werden können. EPEI ist insbesondere in JiT-Systemen von Bedeutung, da es sicherstellt, dass alle Varianten regelmäßig und in den benötigten Mengen produziert werden. Durch die häufige Fertigung kleinerer Losgrößen wird Überproduktion vermieden, und der Materialfluss wird verbessert.

Die Einführung des EPEI-Prinzips erfordert jedoch eine sorgfältige Analyse der bestehenden Produktionsprozesse und eine strategische Planung. Lange Rüstzeiten stellen in der Praxis oft eine große Herausforderung dar, da sie die Häufigkeit von Produktwechseln begrenzen. In solchen Fällen kommen Methoden wie Single Minute Exchange of Die (SMED) zum Einsatz (Abschnitt 4.3.1), die darauf abzielen, Rüstzeiten drastisch zu reduzieren. SMED ermöglicht es, interne Rüstvorgänge, die während des Maschinenstillstands erfolgen, in externe Vorgänge umzuwandeln, die parallel zur laufenden Produktion durchgeführt werden können. Dadurch werden kürzere Wechselzeiten und eine höhere Produktionsflexibilität erreicht.

Ein weiterer wichtiger Aspekt der Anwendung von EPEI ist die Synchronisierung mit dem Kundentakt. Die Taktzeit beschreibt die Frequenz, mit der ein Produkt hergestellt werden muss, um die Kundennachfrage zu erfüllen. Der EPEI-Wert muss so abgestimmt werden, dass jede Variante innerhalb der durch die Taktzeit vorgegebenen Intervalle produziert werden kann. Wenn beispielsweise drei Varianten eines Produkts mit einer Taktzeit von zwei Minuten produziert werden, sollte der EPEI-Wert so gestaltet sein, dass alle Varianten innerhalb von sechs Minuten mindestens einmal gefertigt werden.

Ein Beispiel verdeutlicht die Anwendung von EPEI in der Praxis: Ein Unternehmen in der Automobilindustrie produziert zehn Varianten eines Autoteils, wobei die Nachfrage pro Variante bei 100 Einheiten pro Woche liegt. Die verfügbare Produktionszeit beträgt 50 Stunden pro Woche und die Rüstzeit für einen Wechsel beträgt 30 Minuten. Im aktuellen Zustand produziert das Unternehmen in Losgrößen von 500 Einheiten, was zu einem EPEI-Wert von fünf Wochen führt. Diese lange Zykluszeit führt zu hohen Lagerbeständen und langen Lieferzeiten. Durch die Reduktion der Losgrößen auf 100 Einheiten und die Optimierung der Rüstzeiten durch SMED kann der EPEI-Wert auf eine Woche gesenkt werden. Dies ermöglicht es, alle Varianten wöchentlich zu produzieren, die Lagerbestände um 80 % zu reduzieren und die Lieferzeiten drastisch zu verkürzen.

Fazit:

Trotz der Vorteile gibt es auch Herausforderungen bei der Einführung von EPEI. Insbesondere in Märkten mit stark schwankender Nachfrage kann die Berechnung eines festen EPEI-Werts schwierig sein. Flexible Produktionssysteme, die auf Echtzeitdaten basieren, sind notwendig, um auf Änderungen in der Nachfrage reagieren zu können. Auch die Einführungskosten für Schulungen, neue Maschinen und Prozessoptimierungen müssen berücksichtigt werden.

4.2.2 Standardisierte Arbeit

Leitfragen im Umgang mit standardisierter Arbeit:

- Wie unterschiedlich sind die Zykluszeiten der einzelnen Wertschöpfungsprozesse?
- Was ist die Taktzeit des Produkts?
- Was sind die Arbeitsinhalte jeder einzelnen Station und wie lange dauern diese?
- Was sind die Engpassstationen?

Wann benötigen Sie diese Methode?

Standard Work wird benötigt, wenn Prozesse und Arbeitsabläufe standardisiert und optimiert werden sollen, die Effizienz und Produktivität gesteigert werden sollen, die Qualität und Konsistenz von Produkten oder Dienstleistungen verbessert werden sollen, die Schulung und Einarbeitung von neuen Mitarbeitern erleichtert werden sollen und die kontinuierliche Verbesserung von Prozessen unterstützt werden soll. Standard Work ist ein Konzept, das darauf abzielt, Prozesse und Arbeitsabläufe zu standardisieren und zu optimieren. Durch die Anwendung von Standard Work können Unternehmen ihre Prozesse effizienter gestalten, die Qualität verbessern und die Produktivität steigern. Es hilft auch dabei, Fehler zu reduzieren und die Mitarbeiterzufriedenheit zu steigern.

In der modernen Industrie ist die Sicherstellung von Effizienz, Qualität und Sicherheit von größter Bedeutung. Das Konzept der Standardized Work, also der standardisierten Arbeit, spielt dabei eine wichtige Rolle. Ursprünglich aus dem TPS stammend, hat sich Standardized Work als eine relevante Methoden zur Prozessoptimierung etabliert. Standardized Work stellt sicher, dass alle Mitarbeiter eine Aufgabe auf die gleiche Weise ausführen. Diese Konsistenz ist entscheidend, um Schwankungen in der Produktqualität zu minimieren und sicherzustellen, dass die Endprodukte den festgelegten Standards entsprechen. Durch die Reduktion von Variabilität können Unternehmen eine gleichbleibend hohe Qualität gewährleisten. Darüber hinaus dient Standardized Work als stabile Grundlage für kontinuierliche Verbesserungen. Es bietet eine Basislinie, von der aus Veränderungen bewertet und optimiert werden können. Durch die kontinuierliche Überprüfung und Anpassung der Standards können Unternehmen ihre Prozesse ständig verbessern und sich an neue Anforderungen anpassen.

Durch die Festlegung der optimalen Methoden zur Durchführung von Aufgaben maximiert Standard Work die Effizienz. Die Eliminierung von Verschwendung ist ein zentraler Aspekt der Effizienzsteigerung, der durch Standard Work ermöglicht wird. Sicherheitsprotokolle sind ebenfalls ein integraler Bestandteil der standardisierten Arbeit. Durch die Etablierung sicherer Arbeitsmethoden können potenzielle Gefahren minimiert und Arbeitsunfälle reduziert werden. Ergonomische Arbeitsweisen tragen zusätzlich zur Sicherheit und Gesundheit der Mitarbeiter bei. Standard Work erleichtert auch die Schulung neuer Mitarbeiter erheblich. Durch klare und detaillierte Arbeitsanweisungen können neue Mitarbeiter schneller eingearbeitet werden. Dies hilft nicht nur bei der Wissensbewahrung innerhalb des Unternehmens, sondern sorgt auch für eine gleichbleibende Qualität der Arbeit. Bild 4.15 zeigt den Prozessfluss, der Standard Work zugrunde liegt.

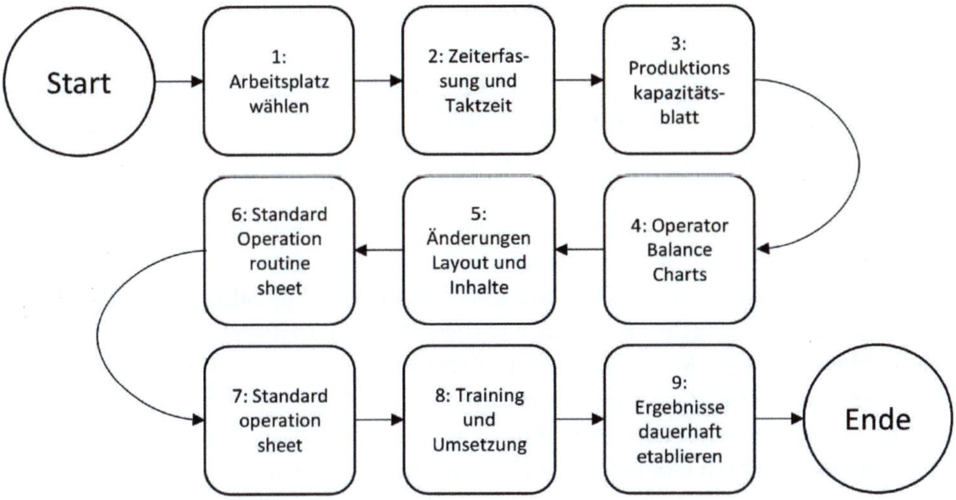

Bild 4.15 Ablauf von Standard Work (Fin u. a. 2017)

Die Struktur von Standard Work umfasst mehrere Elemente. Die *Taktzeit* ist die Zeit, die zur Erfüllung der Kundennachfrage benötigt wird. Sie wird berechnet, indem die verfügbare Produktionszeit durch die Anzahl der benötigten Einheiten geteilt wird. Die Taktzeit ist ein kritischer Faktor bei der Festlegung der Arbeitsstandards, da sie sicherstellt, dass die Produktion mit der Nachfrage übereinstimmt. Die Arbeitsreihenfolge beschreibt die genaue Abfolge der Schritte, die ein Mitarbeiter ausführt, um eine Aufgabe zu erledigen. Jede Bewegung und Handlung werden dokumentiert, um sicherzustellen, dass der Prozess optimiert und reproduzierbar ist. Diese detaillierte Beschreibung hilft dabei, ineffiziente Bewegungen zu eliminieren und die Arbeitsabläufe zu straffen. Der Standardbestand bezieht sich auf die minimale Menge an Materialien und Teilen, die benötigt werden, um den Arbeitsfluss aufrechtzuerhalten. Ein zu hoher Bestand kann zu Verschwendung führen, während ein zu niedriger Bestand den Produktionsfluss unterbrechen kann.

Die Implementierung von Standard Work in Industrieunternehmen beginnt mit der Analyse der aktuellen Prozesse. Der erste Schritt besteht darin, die bestehenden Prozesse detailliert zu analysieren. Dies beinhaltet die Beobachtung und Dokumentation der aktuellen Arbeitsabläufe, um Verbesserungsmöglichkeiten zu identifizieren. Basierend auf der Analyse werden die optimalen Methoden zur Durchführung jeder Aufgabe ermittelt und dokumentiert. Dies umfasst die Festlegung der Taktzeit, die genaue Arbeitsreihenfolge und den Standardbestand. Es ist wichtig, die Mitarbeiter in diesen Prozess einzubeziehen, da sie wertvolle Einblicke und praktische Erfahrungen bieten können. Sobald die Arbeitsstandards festgelegt sind, müssen die Mitarbeiter geschult werden, um diese Standards zu verstehen und umzusetzen. Dies kann durch formelle Schulungen, Workshops und kontinuierliche Unterstützung erfolgen. Die Schulung sollte sicherstellen, dass alle Mitarbeiter die neuen Prozesse verstehen und korrekt anwenden.

Im Anschluss an die Implementierung sind eine kontinuierliche Überwachung und Bewertung der neuen Standards erforderlich. Dies impliziert die periodische Evaluierung der Prozesse, um die Effektivität und die Erzielung der intendierten Resultate zu gewährleisten. Abweichungen von den Standards sollten einer Analyse unterzogen und gegebenenfalls korrigiert werden. Des Weiteren ist eine regelmäßige Aktualisierung der Standards erforderlich, um eine kontinuierliche Verbesserung zu gewährleisten. Die Implementierung von Standardized Work stellt keinen einmaligen Prozess dar, sondern ist als kontinuierlicher Zyklus der Verbesserung zu betrachten. Des Weiteren ist es empfehlenswert, die Mitarbeiter dazu zu ermutigen, Vorschläge für Verbesserungen zu machen, und diese Vorschläge anschließend systematisch zu bewerten und umzusetzen. Dies fördert eine Kultur der kontinuierlichen Verbesserung und gewährleistet, dass das Unternehmen flexibel und anpassungsfähig bleibt.

Im Zusammenhang mit der Umsetzung von Standard Work wird auch relativ häufig das sogenannte „Operator Balance Chart“ verwendet. Dieses hat sich als effektive Methode zur Verbesserung der Arbeitsverteilung und zur Sicherstellung eines gleichmäßigen Produktionsflusses etabliert. Operator Balance Charts, auch bekannt als Mitarbeiter-Ausgleichsdiagramme, sind visuelle Werkzeuge, die zur Planung und Optimierung der Arbeitsverteilung in Produktionsprozessen verwendet werden. Sie stellen grafisch dar, wie die Arbeitszeit für verschiedene Aufgaben auf mehrere Mitarbeiter verteilt ist. Ziel ist es, eine gleichmäßige Arbeitslast zu gewährleisten und sicherzustellen, dass alle Mitarbeiter innerhalb der vorgegebenen Taktzeit arbeiten. Die Taktzeit ist die Zeitspanne, die zur Erfüllung der Kundennachfrage zur Verfügung steht. Sie wird berechnet, indem die verfügbare Produktionszeit durch die Anzahl der benötigten Einheiten geteilt wird. Ein Operator Balance Chart hilft dabei, diese Taktzeit einzuhalten, indem es sicherstellt, dass jede Aufgabe in der optimalen Zeit erledigt wird und die Arbeitslast gleichmäßig auf die Mitarbeiter verteilt ist. Ein typisches Operator Balance Chart umfasst mehrere wesentliche Elemente:

1. Liste der Aufgaben: Eine detaillierte Auflistung aller Aufgaben oder Arbeitsschritte, die in einem bestimmten Prozess durchgeführt werden müssen. Jede Aufgabe wird genau beschrieben, um sicherzustellen, dass der Prozess reproduzierbar ist.
2. Bearbeitungszeit pro Aufgabe: Die Zeit, die jeder Arbeitsschritt benötigt, wird in Sekunden oder Minuten angegeben, basierend auf genauen Zeitstudien und Beob-

achtungen. Diese detaillierte Beschreibung hilft dabei, ineffiziente Bewegungen zu eliminieren und die Arbeitsabläufe zu straffen.

3. Verteilung der Aufgaben auf die Mitarbeiter: die Zuordnung der Aufgaben zu den einzelnen Mitarbeitern. Jede Aufgabe wird einem bestimmten Mitarbeiter zugewiesen, wobei darauf geachtet wird, dass die gesamte Arbeitszeit pro Mitarbeiter innerhalb der Taktzeit bleibt.
4. Gesamtzeit pro Mitarbeiter: Die Summe der Bearbeitungszeiten aller Aufgaben, die einem Mitarbeiter zugewiesen sind. Diese Gesamtzeit sollte möglichst gleichmäßig zwischen allen Mitarbeitern verteilt sein, um eine ausgewogene Arbeitslast zu gewährleisten.

Die detaillierte Erfassung und Analyse der Arbeitszeiten und -abläufe ermöglichen die Entwicklung und kontinuierliche Verbesserung von Standards für optimale Arbeitsmethoden. Des Weiteren können Mitarbeiter einfacher geschult werden und Verbesserungen können systematisch eingeführt und überprüft werden. Die Anwendung von Operator Balance Charts gewährleistet eine transparente Darstellung der Arbeitsverteilung sowie der benötigten Zeit für jede Aufgabe. Bild 4.16 zeigt ein sehr vereinfachtes Beispiel eines Operator Balance Chart.

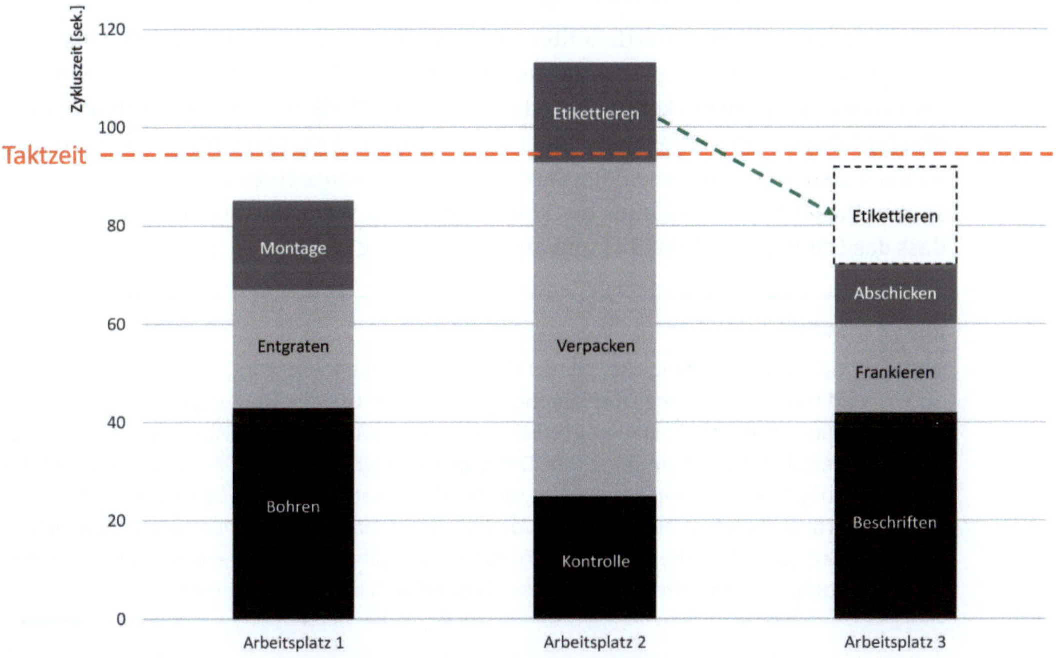

Bild 4.16 Beispiel eines Operator Balance Chart (Halim u. a. 2015)

Der erste Schritt bei der Implementierung von Operator Balance Charts besteht in einer detaillierten Analyse der bestehenden Prozesse. Dies impliziert die Beobachtung und Dokumentation der aktuellen Arbeitsabläufe, um potenzielle Optimierungsmöglichkeiten zu identifizieren. Eine gründliche Analyse stellt die Grundlage für die Erstellung exakter und realistischer Balance Charts dar. Auf Basis der Analyse werden die optimalen Methoden zur Durchführung jeder Aufgabe ermittelt und dokumentiert. Dies beinhaltet die Festlegung der Taktzeit, die genaue Arbeitsreihenfolge sowie die Verteilung der Aufgaben auf die Mitarbeiter.

Es ist von entscheidender Bedeutung, die Mitarbeiter in diesen Prozess zu integrieren, da sie wertvolle Einblicke und praktische Erfahrungen bieten können. Die gesammelten Daten und entwickelten Methoden werden verwendet, um klare Arbeitsstandards zu erstellen. Die erarbeiteten Standards dienen als Referenz für die Schulung der Mitarbeiter sowie für die kontinuierliche Verbesserung der Prozesse. Im Anschluss an die Festlegung der Arbeitsstandards ist eine Schulung der Mitarbeiter erforderlich, um deren Verständnis und Umsetzung zu gewährleisten. Die Schulung sollte sicherzustellen, dass alle Mitarbeiter die neuen Prozesse verstehen und korrekt anwenden. Nach der Implementierung ist eine kontinuierliche Überwachung und Bewertung der neuen Standards erforderlich. Dies impliziert die periodische Evaluierung der Prozesse, um die Effektivität und die Erzielung der intendierten Resultate zu gewährleisten.

Abweichungen von Standards sollten einer Analyse unterzogen und gegebenenfalls korrigiert werden. Die Implementierung von Operator Balance Charts ist kein einmaliger Prozess, sondern ein kontinuierlicher Zyklus der Verbesserung. Des Weiteren ist es empfehlenswert, die Mitarbeiter dazu zu ermutigen, Vorschläge für Verbesserungen zu machen, und diese Vorschläge anschließend systematisch zu bewerten und umzusetzen. Dies fördert eine Kultur der kontinuierlichen Verbesserung und gewährleistet, dass das Unternehmen flexibel und anpassungsfähig bleibt.

Fazit:

Operator Balance Charts dienen der gleichmäßigen Verteilung der Arbeitslast auf die Mitarbeiter, um eine Überlastung zu vermeiden und die Nutzung der Ressourcen zu optimieren. Dies resultiert in einer optimierten Auslastung der Arbeitskräfte und einer gesteigerten Gesamteffizienz. Die grafische Darstellung der Arbeitszeiten und der Aufgabenverteilung erlaubt eine rasche Identifikation von Engpässen und ineffizienten Arbeitsabläufen. Die Erstellung von Operator Balance Charts dient der Sicherstellung, dass jeder Mitarbeiter seine Aufgaben innerhalb der Taktzeit erledigt, was für einen kontinuierlichen Produktionsfluss als unerlässlich zu betrachten ist.

4.2.3 Andon und Jidoka

Leitfragen im Umgang mit Andon und Jidoka:

- Läuft meine Produktionslinie oder steht sie?
- Wenn sie steht, wo steht sie?
- Warum steht die Produktionslinie?
- Haben die Mitarbeiter die Möglichkeit, die Linie anzuhalten, wenn sie Abweichungen entdecken?
- Was für Vorrichtungen sind notwendig, um Störungen in den Linien präventiv zu vermeiden?

Wann benötigen Sie diese Methode?

Andon und Jidoka werden benötigt, wenn die Qualität und Produktivität in einer Produktion verbessert werden sollen, Fehler und Anomalien schnell erkannt und behoben werden sollen, die Mitarbeiter in die Lage versetzt werden sollen, Probleme zu identifizieren und zu lösen und die Produktion transparent und kontrollierbar gemacht werden soll.

Der Begriff Andon, wie auch zahlreiche andere Begriffe aus Lean Production, hat seinen Ursprung in Japan. Er bedeutet übersetzt (Papier-)Lampe. Ursprünglich handelte es sich bei Andon um ein einfaches visuelles Signal im TPS (Ohno 2019). Dieses Signal wurde an einer Maschine angebracht und sollte auf Unregelmäßigkeiten und Unterbrechungen im Produktionsprozess aufmerksam machen. Damit ist Andon eines der zentralen Elemente des Jidoka. Unter dem Begriff „dem Menschen zugewandte Automation" ist das Prinzip zu verstehen, die Arbeit beim Auftreten eines Problems sofort (automatisch) zu unterbrechen, um Menschen nicht zu gefährden. Jidoka lässt sich als „autonome Automation" übersetzen. Es handelt sich um ein Konzept, das darauf abzielt, die Qualität und Effizienz in der Produktion durch automatische Erkennung und sofortige Reaktion auf Probleme zu verbessern. Jidoka und Andon arbeiten oft Hand in Hand. Während Andon visuelle und akustische Signale zur sofortigen Problemerkennung und -meldung nutzt, stellt Jidoka sicher, dass Prozesse automatisch gestoppt werden, wenn ein Problem auftritt. Beide Systeme zusammen ermöglichen eine proaktive und reaktionsschnelle Qualitätskontrolle, die die Effizienz und Produktqualität erheblich verbessert.

Weiterführende Literatur – Fachaufsätze:

Arkadiusz Kowalski, Robert Waszkowski und V. Ratushnyi (2020). „The use of Lean Manufacturing principles to improve production processes by better designing of assembly cells". In: *IOP Conference Series: Materials Science and Engineering*. Bd. 916. 1. IOP Publishing, S. 012053.

4.2.3.1 Andon

Andon stellt ein zentrales Element der Lean-Production-Philosophie dar, welches darauf abzielt, den Produktionsprozess durch eine unmittelbare Visualisierung von Problemen sowie eine zeitnahe Reaktion zu optimieren. Die Einführung eines Andon-Systems erfordert eine sorgfältige Planung und Umsetzung, um eine effektive Integration in den bestehenden Produktionsprozess zu gewährleisten. Ein Andon-System besteht aus mehreren technischen Komponenten, die in ihrer Gesamtheit den Produktionsstatus überwachen und potenzielle Probleme visualisieren. Signalgeräte stellen die visuellen und akustischen Signale dar, welche den Status der Produktionslinie anzeigen. Sie können in Form von Leuchtanzeigen, Bildschirmen oder Sirenen auftreten. Häufig verwendete Farben sind Grün für normalen Betrieb, Gelb für mögliche Probleme und Rot für sofortige Aufmerksamkeit (Bild 4.17). Das Andon-Board wurde zu einer Informationsplattform für alle Prozessbeteiligten weiterentwickelt.

Des Weiteren können Statusinformationen über den aktuellen Stand der Produktion angezeigt werden, beispielsweise die Anzahl produzierter Sachgüter pro Zeiteinheit, der Grad der Termintreue sowie der aktuelle Produktionsrückstand. Somit ist sichergestellt, dass alle Beteiligten über den aktuellen Stand der Dinge informiert sind und entsprechend reagieren können. Die Bedienung erfolgt durch die Mitarbeiter, welche durch Betätigen von Tasten, Zugseilen oder anderen Geräten ein Signal auslösen, sobald ein Problem auftritt. Die Andon-Cord bezeichnet eine Ausstattung in Form einer Leine oder eines Knopfs, welche eine Nothalt-Funktion erfüllt. Die Andon-Cord ermöglicht es Mitarbeitern, beim Auftreten von Unregelmäßigkeiten oder Fehlern den Stopp der Produktionseinheit einzuleiten. Als Not-Ausschalter und zentrale Anzeige eines Problems und seines Orts sollte die Andon-Cord sowohl gut erreichbar als auch für alle

Bild 4.17 Die einfachste Form der Andon-Visualisierung

gut sichtbar sein. Die Bedienelemente sollten daher leicht zugänglich und einfach zu bedienen sein, um eine schnelle Reaktion zu gewährleisten. Steuerungssysteme umfassen sowohl die Software als auch die Hardware, welche die Signale verarbeiten und verwalten.

Die Funktion des Steuerungssystems besteht in der Sammlung von Daten, welche von den Bedienelementen bereitgestellt werden, sowie in der Steuerung der Signalgeräte in Abhängigkeit von den erfassten Daten. Ferner können Funktionen zur Datenerfassung und -analyse integriert sein, um eine langfristige Optimierung der Prozesse zu ermöglichen. Die Verbindung der verschiedenen Andon-System-Komponenten sowie die Gewährleistung einer zuverlässigen Datenübertragung erfordern ein robustes Kommunikationsnetzwerk. Ein Andon-System hat im Wesentlichen drei Funktionen:

1. Die Visualisierung des Betriebszustands einer Maschine oder Produktionslinie,
2. die Meldung einer Unregelmäßigkeit, um eine schnelle Reaktion über ein definiertes Vorgehen zu ermöglichen, und
3. den Stopp der Produktionsanlage, um Gefahrensituationen zu entschärfen oder die Weitergabe von Produkten nicht ausreichender Qualität zum nächsten Bearbeitungsschritt zu unterbinden.

Die Einführung eines Andon-Systems erfordert eine systematische Vorgehensweise, um eine nahtlose Integration in den bestehenden Produktionsprozess zu gewährleisten. Der erste Schritt besteht in der Definition des spezifischen Bedarfs und der Ziele des Andon-Systems. Dies umfasst die Identifikation der kritischen Produktionsbereiche, in denen Andon zum Einsatz kommen soll, sowie die Festlegung der gewünschten Funktionen und Leistungsmerkmale. Auf Basis der zuvor durchgeführten Bedarfsanalyse erfolgen die Konzeption und Konfiguration des Andon-Systems. Dies impliziert die Selektion adäquater Signalgeräte, Bedienelemente, Steuerungssysteme sowie des Kommunikationsnetzwerks. Das Design sollte ergonomisch und benutzerfreundlich gestaltet sein, um eine einfache Bedienung zu gewährleisten. Die technischen Komponenten des Andon-Systems werden in der Produktionsumgebung installiert. Die Zusammenarbeit mit verschiedenen Abteilungen, darunter der IT und der Produktion, ist erforderlich, um sicherzustellen, dass alle Komponenten ordnungsgemäß miteinander verbunden sind.

Die Mitarbeiter müssen im Hinblick auf die effektive Nutzung des Andon-Systems geschult werden. Die Schulung umfasst die Bedienung der Bedienelemente, das Verständnis der Signale sowie die Verfahren zur Problemlösung. Regelmäßige Schulungen sind erforderlich, um sicherzustellen, dass alle Mitarbeiter mit dem System vertraut sind. Im Anschluss an die Installation erfolgt eine umfassende Testung des Andon-Systems, um dessen einwandfreie Funktionalität zu gewährleisten. Dies beinhaltet die Simulation von Produktionsszenarien sowie die Überprüfung der Signalfunktionen. Nach erfolgreichem Test wird das System offiziell in Betrieb genommen. Im Anschluss an die Einführung des Andon-Systems erfolgt eine Leistungsüberwachung. Im Rahmen der Datenanalyse werden Verbesserungspotenziale identifiziert und das System kontinuierlich optimiert.

Die Implementierung eines Andon-Systems birgt ein signifikantes Potenzial zur Optimierung der Produktionsprozesse. Die unmittelbare Visualisierung von Problematiken ermöglicht deren zeitnahe Identifikation und Behebung. Dies bewirken eine Minimierung von Produktionsausfällen und einer Steigerung der Effizienz. Die frühzeitige Erkennung und Behebung von Problemen führt zu einer Steigerung der Qualität der produzierten Güter. Eine frühzeitige Identifikation und Korrektur fehlerhafter Produkte sind möglich, bevor diese den Produktionsprozess weiter durchlaufen. Die aktive Beteiligung der Mitarbeiter am Produktionsprozess wird durch das Andon-System gefördert.

Die Mitarbeiter fühlen sich durch die Möglichkeit, Probleme zu melden und aktiv zur Lösung beizutragen, ermächtigt und sind folglich motivierter und engagierter. Die Anwendung von Andon führt zu einer erhöhten Transparenz im Produktionsprozess sowie zu einer Verbesserung der Kommunikation zwischen den Mitarbeitern und den Führungskräften. Die unmittelbare Verfügbarkeit von Informationen über den aktuellen Status der Produktion gewährleistet eine reibungslose Zusammenarbeit und Koordination. Die durch das Andon-System gesammelten Daten erlauben eine fundierte Analyse der Produktionsprozesse. Dies fördert die kontinuierliche Verbesserung sowie die datenbasierte Entscheidungsfindung.

Zu den Herausforderungen eines Andon-Systems zählen die anfänglichen Investitionskosten, der Aufwand für die Installation und Integration sowie die Schulung der Mitarbeiter. Um diesen Herausforderungen zu begegnen, ist es empfehlenswert, eine sorgfältige Planung sowie eine schrittweise Implementierung in Betracht zu ziehen. Es ist von entscheidender Bedeutung, alle relevanten Abteilungen und Mitarbeiter frühzeitig in den Prozess zu integrieren, um deren Unterstützung und Akzeptanz zu gewährleisten.

4.2.3.2 Jidoka

Das Prinzip der Jidoka, welches aus dem TPS stammt, kann als „autonome Automation“ bezeichnet werden (Romero u. a. 2019). Das Ziel ist die Optimierung der Qualität und Effizienz in der Produktion durch die automatische Erkennung und sofortige Reaktion auf Probleme. Der Terminus Autonomie beschreibt in diesem Kontext eine Qualitätssicherung, die proaktiv Fehler vermeidet, erkennt und behebt. Das Ziel besteht in einer vollständigen Kontrolle der Fertigung während des laufenden Produktionsprozesses. Die Grundlage hierfür sind Einrichtungen an den Maschinen, die Produktionsfehler erkennen (durch entsprechende Sensoren). Wird ein Fehler festgestellt, wird die Produktion automatisch gestoppt. Diese Idee geht auf einen von Toyota-Gründer Toyoda Sakichi entwickelten, automatisierten Webstuhl zurück, bei dem ein Riss in einem der Fäden ein spezielles Maschinenteil auslöste, das den Webstuhl automatisch stoppte.

Taiichi Ohno, der als Vater des TPS bekannt ist, übernahm diese Idee und entwickelte sie weiter. Das Personal wird informiert, um den Fehler zu beheben und dessen Ursache zu beseitigen. Die daraus resultierende Entlastung des Personals von der Überwachung der Maschinen und der permanenten Qualitätskontrolle ermöglicht eine Konzentration auf andere Arbeiten und die Behebung von Ausnahmesituationen. Da sich Fehler nicht mehr durch die Produktion hindurchziehen, wird die Qualität des Outputs trotz möglicher Reduktion nachträglicher Qualitätssicherungsmaßnahmen gesteigert.

Weiterführende Literatur – Fachaufsätze:

David Romero u. a. (2019). „Rethinking jidoka systems under automation & learning perspectives in the digital lean manufacturing world". In: *IFAC-PapersOnLine* 52.13, S. 899–903.

Ein Jidoka-System besteht aus mehreren wesentlichen technischen Komponenten, die in ihrer Gesamtheit dazu in der Lage sind, Probleme in der Produktion automatisch zu erkennen und sofort darauf zu reagieren. Die kontinuierliche Überwachung der Produktionsprozesse erfolgt durch Sensoren und Überwachungssysteme, welche Daten zu verschiedenen Parametern wie Temperatur, Druck, Position und Qualität der hergestellten Produkte erfassen. Sobald Abweichungen von den festgelegten Standards erkannt werden, lösen die Sensoren ein Signal aus. Automatische Stopp-Mechanismen sind in Maschinen und Produktionslinien integriert, um die Produktion automatisch anzuhalten, sobald ein Problem festgestellt wird. Dies verhindert, dass fehlerhafte Produkte weiterverarbeitet werden, und ermöglicht eine umgehende Untersuchung und Behebung des Problems.

Fehlererkennungssysteme analysieren die von den Sensoren gesammelten Daten und identifizieren Muster oder Abweichungen, die auf ein Problem hinweisen. Sie sind häufig mit künstlicher Intelligenz oder maschinellem Lernen ausgestattet, um ihre Genauigkeit und Effizienz zu erhöhen. Signal- und Alarmsysteme informieren die Mitarbeitenden umgehend über erkannte Probleme. Diagnose- und Analysesysteme unterstützen die Mitarbeiter bei der Analyse der Ursachen von Problemen. Sie ermöglichen detaillierte Einblicke sowie die Analyse historischer Daten, um eine präzise Fehlerdiagnose zu erstellen und langfristige Lösungen zu entwickeln.

Fazit:

Andon und Jidoka sind zwei Konzepte, die eng miteinander verbunden sind. Andon ist ein System, das visuelle Signale verwendet, um Probleme oder Anomalien in der Produktion anzuzeigen. Es ermöglicht eine schnelle Reaktion auf Probleme und hilft dabei, die Produktion zu stabilisieren. Jidoka ist ein Konzept, das darauf abzielt, Maschinen und Prozesse so zu gestalten, dass sie automatisch stoppen, wenn ein Problem auftritt. Dies ermöglicht eine schnelle Reaktion auf Probleme und hilft dabei, die Qualität zu gewährleisten. Durch die Kombination von Andon und Jidoka können Unternehmen ihre Produktion optimieren, die Qualität verbessern und die Produktivität steigern.

4.2.4 Push- und Pull-Prinzip

Leitfragen im Umgang mit Push- und Pull-Fertigung:

- Hat der Prozess einen Engpassbereich?
- Wie viele verschiedene Varianten sind zu fertigen?
- Wie gleichmäßig sind die Bedarfe des Kunden?
- Wie stark sind die Auftragsschwankungen?
- Wie erfolgt die Auftragsplanung und -steuerung?

Wann benötigen Sie diese Methode?

Eine Push-Steuerung wird benötigt, wenn die Nachfrage nach Produkten stabil und vorhersehbar ist, die Produktion auf Lager produziert wird oder die Produktionsplanung und -steuerung zentralisiert ist. Eine Pull-Steuerung wird hingegen benötigt, wenn die Nachfrage nach Produkten variabel und unvorhersehbar ist, die Produktion auf Kundenbestellungen basiert oder die Flexibilität und Anpassungsfähigkeit an Kundenanforderungen wichtig ist. Die Wahl zwischen Push- und Pull-Steuerung hängt von den spezifischen Anforderungen und Bedingungen der Produktion ab. Eine Kombination beider Ansätze kann auch möglich sein.

Die Art und Weise der Steuerung von Produktionsprozessen hat einen maßgeblichen Einfluss auf die Effizienz, Flexibilität und Wettbewerbsfähigkeit eines Unternehmens. In der Produktionssteuerung lassen sich zwei grundlegende Ansätze unterscheiden, nämlich das Pull-Prinzip und das Push-Prinzip. Die beiden Methoden legen fest, wie Materialien und Produkte in einer Lieferkette oder Produktionseinheit bewegt werden und wie die Produktion initiiert wird. Sie stehen in engem Zusammenhang mit der Steuerung der Nachfrage und des Bestandes und weisen jeweils spezifische Vor- und Nachteile auf. Im Rahmen von Lean Production nimmt das Pull-Prinzip eine zentrale Rolle ein. Die Bezeichnung Pull-Prinzip leitet sich von der Unterscheidung zwischen der Quelle des auslösenden Impulses einer Handlung oder Aktivität ab. Dabei wird differenziert zwischen der Push-Seite, die für werbende, verteilende bzw. vertreibende oder herstellende bzw. produzierende (vorgelagerte) Stellen steht, und der Pull-Seite, die aus Interessenten, Nachfragern am Markt oder der in der Supply-Chain nachgelagerten Stelle besteht.

Die Gegenüberstellung der beiden Prinzipien, des Pull- und des Push-Prinzips, lässt sich auf verschiedenen Ebenen verdeutlichen. Innerhalb der Produktionssteuerung basiert das Push-Prinzip auf Prognosen und Plänen, während das Pull-Prinzip auf die tatsächliche Nachfrage reagiert. Die genannten Unterschiede resultieren in divergierenden Lagerstrategien. Das Push-Prinzip führt in der Regel zu hohen Lagerbeständen, da Produkte vorab produziert und eingelagert werden. Demgegenüber werden im Pull-

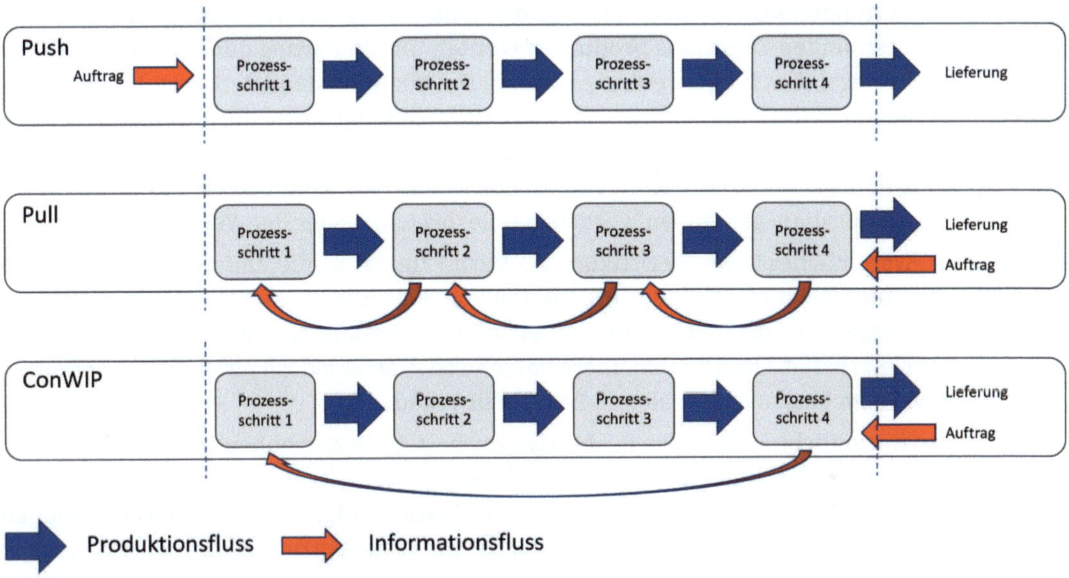

Bild 4.18 Push- versus Pull-Prinzip

Prinzip lediglich minimale Bestände benötigt, da nur nach Bedarf produziert wird. Auch in Bezug auf die Flexibilität lassen sich signifikante Unterschiede feststellen.

Das Push-Prinzip ist in seiner Reaktionsfähigkeit auf kurzfristige Nachfrageschwankungen begrenzt. Demgegenüber ermöglicht das Pull-Prinzip eine höhere Flexibilität, da die Produktion unmittelbar an die Nachfrage gekoppelt ist. Schließlich birgt das Push-Prinzip ein höheres Risiko für Verschwendung, beispielsweise in Form von Überproduktion, ungenutzten Lagerbeständen oder hohen Lagerhaltungskosten. Das Pull-Prinzip hingegen zielt auf die Minimierung von Verschwendung ab, indem nur die tatsächlich benötigte Menge produziert wird.

4.2.4.1 Push-Prinzip

Das Push-Prinzip bezeichnet eine Produktionsstrategie, bei der die Steuerung der Produktion auf Basis von Vorhersagen, Planungen und Zeitplänen erfolgt. Im Rahmen des Push-Prinzips erfolgt die Steuerung der Produktion unabhängig von einer unmittelbar bestehenden Nachfrage. Diese Vorgehensweise findet insbesondere in traditionellen, auf Massenproduktion ausgerichteten Industrien Anwendung, in denen Unternehmen regelmäßig langfristige Prognosen über den künftigen Bedarf erstellen. Die Produktion im Push-System basiert auf einer prognosebasierten Planung, bei der die Produktionsmengen im Voraus festgelegt werden.

Die entsprechenden Entscheidungen werden in der Praxis häufig auf Basis von Verkaufsprognosen, Marktanalysen oder historischen Daten getroffen. In der Folge wird das Produktionssystem derart konfiguriert, dass die geplanten Mengen innerhalb eines bestimmten Zeitraums produziert werden. Die Steuerung der Produktion erfolgt in der Regel durch eine zentrale Instanz. Die Planungsstelle definiert die zu produzierenden Artikel, die zeitliche Abfolge der Produktion sowie die jeweiligen Mengen. In Konsequenz dessen werden Materialien und Bauteile gemäß der Produktionsplanung in die diversen Fertigungsstufen eingespeist, wobei die Endprodukte durch die Produktionslinie geschoben werden, bis sie das Lager oder den Vertrieb erreichen.

Ein wesentliches Charakteristikum des Push-Prinzips ist die umfangreiche Lagerhaltung. Die Unabhängigkeit der Produktion von der tatsächlichen Nachfrage bedingt in der Konsequenz die Bildung umfangreicher Lagerbestände, welche der Sicherstellung der Lieferbereitschaft dienen. Diese Vorgehensweise ist jedoch mit hohen Lagerkosten sowie dem Risiko von veralteten Beständen verbunden.

Der wesentliche Vorteil des Push-Ansatzes besteht in der hohen Produktionsauslastung, da die Maschinen und Arbeitskräfte kontinuierlich ausgelastet werden können. Dadurch werden Unterbrechungen der Produktion aufgrund von Materialknappheit weitgehend vermieden. Ein weiterer Vorteil des Push-Prinzips ist die hohe Planbarkeit des Systems. Unternehmen können ihre Produktionskapazitäten und den Materialbedarf langfristig kalkulieren.

Demgegenüber stehen jedoch auch klare Nachteile. Dazu zählt beispielsweise die Gefahr der Überproduktion, die mit Lagerkosten und möglichen Abfällen einhergeht. Zudem ist die Flexibilität des Push-Systems begrenzt, da es auf langfristigen Plänen basiert und sich nur schwer an kurzfristige Änderungen in der Marktnachfrage anpassen kann.

Beim Push-Prinzip fokussieren Unternehmen ihre Marketingmaßnahmen auf den Handel, wobei der Fokus auf der B2B-Ebene (Business-to-Business) liegt. Das Ziel ist die Generierung großer Bestellmengen, beispielsweise durch Mengenrabatte, sowie die Aktivierung der Händler zum aktiven Verkauf des Produkts mittels Marketingmaßnahmen und Sortimentsplatzierung. Das Push-Prinzip erweist sich somit als geeignet für die Einführung neuer, innovativer Produkte, deren großflächige Platzierung auf dem Markt angestrebt wird. Es sei jedoch angemerkt, dass sich nicht nur Produktinnovationen über die Push-Strategie vermarkten lassen. Auch für etablierte Markenprodukte kann das Prinzip erfolgreich genutzt werden. Die Aussicht auf einen erfolgreichen Absatz der Produkte motiviert die Händler zu einer schnelleren Abnahme größerer Mengen.

Beim Push-Prinzip erfolgt die Belieferung von Handel oder produzierenden Unternehmen mit Gütern nicht auf Basis des konkreten Verbrauchs bzw. Bedarfs, sondern anhand zuvor festgelegter Mengen oder zu bestimmten Zeitpunkten. Dabei wird häufig ein Sicherheitsaufschlag auf die jeweilige Menge bzw. den Zeitpunkt addiert, um potenzielle Engpässe zu vermeiden. Die Konsequenz dessen ist, dass Händler die Waren verstärkt bewerben und dem (End-)Kunden anbieten müssen, während produzierende Unternehmen die Losgrößen erhöhen und auf Lager produzieren müssen. In der

Konsequenz kann das Push-Prinzip in der Logistik das Push-Prinzip im Marketing bedingen. Der Vorteil dieses Verfahrens besteht in der Minimierung der Herstellungs- und Transportkosten. Die zentrale Steuerung ermöglicht eine langfristige Planung und Umsetzung von Optimierungen und Anpassungen.

Fazit:

Die Steuerung der Push-Produktion erfolgt maßgeblich über einen zentralen Produktionsplan. Die Produktion erfolgt im Hinblick auf eine erwartete Abnahmemenge. Dabei sind der Informations- und der Güterfluss gekoppelt und bewegen sich beide mit dem Wertstrom (von den Ausgangsstoffen in Richtung Endprodukt). In der Konsequenz resultieren aus dem Push-Prinzip häufig hohe Lagerbestände, da die Produktion die erwartete Abnahme übertrifft, oder aber auch, um kurzfristige Kundenbedarfe zeitnah befriedigen zu können. Zudem sind lange Lieferzeiten zu beobachten, da eine Umstellung der Produktion auf andere Güter mit einem hohen Aufwand verbunden ist. Auch der Planungsaufwand ist in diesem Kontext als hoch zu bewerten.

4.2.4.2 Pull-Prinzip

Das Pull-Prinzip basiert auf der tatsächlichen Nachfrage. Dies impliziert, dass die Produktion erst dann initiiert wird, wenn ein Bedarf identifiziert wird, sei es in Form einer Kundenbestellung oder durch das Nachfragesignal der nachfolgenden Produktionsstufe. Diese Vorgehensweise stellt eine wesentliche Säule von Lean Production dar, da sie darauf abzielt, die Entstehung von Verschwendung in Form von Überproduktion und Lagerbeständen zu vermeiden. Für eine detaillierte Erläuterung der sieben Arten der Verschwendung sei auf Abschnitt 4.1.2 verwiesen.

In der praktischen Anwendung bedeutet dies, dass die Steuerung der Produktion auf Basis einer konkreten Nachfrage erfolgt. Eine Produktionseinheit fertigt nur dann, wenn ein Nachfragesignal vorliegt, beispielsweise in Form eines Kanban-Kärtchens. Im Gegensatz zum Push-System, in dem eine zentrale Planung die Abläufe reguliert, erfolgt die Steuerung im Pull-System dezentral, wobei jede Produktionsstufe eigenständig auf die tatsächliche Nachfrage der nachgelagerten Stufe reagiert.

Das Pull-Prinzip ist eng mit dem Konzept der *Just-in-Time*-Produktion verknüpft, bei dem Materialien und Teile exakt dann geliefert und verarbeitet werden, wenn sie benötigt werden. Dies führt zu einer signifikanten Reduktion von Lagerbeständen und gewährleistet, dass Ressourcen lediglich bei Bedarf eingesetzt werden.

Der wesentliche Vorteil dieses Systems besteht in der Vermeidung von Überproduktion und der damit einhergehenden Reduzierung der Lagerhaltungskosten. Die enge Kopplung an die tatsächliche Nachfrage ermöglicht zudem eine höhere Flexibilität, da eine schnellere Reaktion auf Marktveränderungen gewährleistet ist. Ein weiterer Vorteil besteht in der effizienteren Nutzung von Ressourcen, da Arbeitszeit, Maschinenkapazitäten und Materialien lediglich dann eingesetzt werden, wenn dies erforderlich ist.

Allerdings sind auch Nachteile zu verzeichnen. Das Pull-Prinzip ist in hohem Maße von einer reibungslosen Kommunikation und Koordination innerhalb der Lieferkette abhängig, sodass bei Störungen erhebliche Produktionsunterbrechungen nicht ausgeschlossen werden können. So kann beispielsweise eine verzögerte Anlieferung von Materialien zu einer Stockung der gesamten Produktion führen. Des Weiteren bedingt die Transformation von einem Push- zu einem Pull-System in der Regel tiefgreifende Modifikationen in der Produktionsinfrastruktur und -steuerung, was mit signifikanten Anpassungskosten einhergehen kann.

Weiterführende Literatur – Fachaufsätze:

Wallace J. Hopp und Mark L. Spearman (2004). „To pull or not to pull: what is the question?" In: *Manufacturing and service operations management* 6.2, S. 133–148.

Im Rahmen des Pull-Prinzips erfolgt eine Ausrichtung der Marketingmaßnahmen von Unternehmen auf die Endkundschaft. Durch Maßnahmen wie Werbung oder Verkaufsförderung wird bei den Endkunden das Bedürfnis nach einem Produkt geweckt bzw. gestärkt, wodurch ein Nachfrageimpuls erzeugt wird. Dieser führt dazu, dass Händler das Produkt in ihr Sortiment aufnehmen müssen. Im Vergleich zur Push-Strategie ist die Pull-Strategie aufgrund der flächendeckenden Marketingmaßnahmen mit entsprechend hohen Streuverlusten mit höheren Kosten verbunden. Daher empfiehlt sich dessen Einsatz insbesondere für große, etablierte Unternehmen.

Das Pull-Prinzip bezeichnet eine Form der Distribution, bei der Handel oder produzierende Unternehmen mit Gütern gemäß der Einschätzung des jeweiligen Bedarfs beliefert werden. Die Zusammenarbeit zwischen Herstellern von Gütern und Händlern erfolgt in Form eines Austauschs von Verkaufs- und Bestandszahlen mit den Logistikern, wodurch eine Sicherstellung der Warenversorgung im Idealfall durch Just-in-Time gewährleistet wird. Die Nachbestellung erfolgt auf Basis einer tatsächlichen Nachfrage, wobei die Produktion der Güter kurzfristig erfolgt. Die effiziente Gestaltung der Logistik, eine hohe Geschwindigkeit bei der Informationsübertragung sowie eine effiziente Informationsverarbeitung sind daher unerlässlich. Die Vorteile des Pull-Prinzips sind Reduktion von Lagerhaltungskosten sowie der Möglichkeit der Fertigung und Lieferung von Kleinstmengen.

Eine Pull-Produktion wird durch den aktuellen Bedarf angetrieben und weist in der Regel eine dezentrale Steuerung auf, sodass keine zentrale Planungs- und Steuerungseinheit erforderlich ist. Die Produktion erfolgt nach Bedarf bzw. Anforderung (auf Bestellung), wobei der Kundenwunsch (auch der der internen Kunden, also der nachgelagerten produzierenden Stelle) maßgeblich ist. Der Informationsfluss verläuft dabei gegenläufig zum Güterfluss, da die Informationen vom Kunden in Richtung Produktionsbeginn fließen, während die Güter den Wertstrom durchlaufen. Die Trennung von Produkt und Information *(Kanban)* ist eine wesentliche Charakteristik dieses Prinzips.

Die Konsequenz dessen sind niedrige Lagerbestände, kurze Lieferzeiten, ein geringerer Planungsaufwand sowie eine höhere Kundenausrichtung.

Fazit:

Eine Pull-Produktion weist grundsätzlich eine Vielzahl von Vorteilen gegenüber einer Push-Produktion auf. Allerdings ist eine Umstellung von einer Push- zu einer Pull-Produktion nicht in jedem Fall möglich. Technisch bedingte Grenzen bestehen insbesondere bei Einzelfertigung, hoher Variantenvielfalt oder großen Chargen. Das volle Potential der Pull-Produktion kann insbesondere in der Serienfertigung mit hoher Stückzahl, geringer Variantenvielfalt sowie im Idealfall einem OPF entfaltet werden.

4.2.4.3 ConWIP

Das Akronym ConWIP steht für „constant work in process“, ein seit den 1990er-Jahren etabliertes Fertigungssteuerungsverfahren. Die Grundidee des Verfahrens besteht in der Aufrechterhaltung konstanter Bestände in einer Fertigungslinie, um einen kontinuierlichen Materialfluss zu gewährleisten. Grundsätzlich erfolgt die Ansteuerung von Produktionssystemen nach dem Pull- oder dem Push-Prinzip. In ConWIP-Systemen erfolgt die Auslösung von Produktionsaufträgen durch das Verlassen eines Auftrags aus dem System. Folglich erfolgt die Aufnahme eines neuen Auftrags in das System ausschließlich bei Ausscheiden eines Auftrags. Dies führt zu einer relativ konstanten Anzahl von Aufträgen im System, was wiederum den Arbeitsvorrat stabilisiert.

Der gleichbleibende Bestand stabilisiert die durchschnittlichen Durchlaufzeiten, da in einem logistischen System wie einer Montagelinie die Durchlaufzeit eines Produktionsauftrags von der Höhe des sich aktuell im System befindenden Bestands abhängt und mit diesem proportional steigt oder fällt. Dabei gilt: Je geringer die Bestandshöhe (bis zu einer praktikablen Untergrenze) im System, desto kürzer die Durchlaufzeit eines Auftrags. Die Steuerung erfolgt folglich über die Höhe des Materialbestands in der Produktion sowie über Nachfüllprozesse, wobei Termine keine Rolle spielen. Dies ähnelt dem Kanban-Verfahren. Im Unterschied zum Kanban-Verfahren werden jedoch Bestände von definierten Start- und Endpunkten (wie Auftragsvergabe und Fertigstellung) über mehrere Stationen hinweg verfolgt und nicht nur wie bei Kanban zwischen zwei jeweils aufeinanderfolgenden Stationen.

In Abgrenzung zu alternativen Verfahren erfolgt keine primäre Steuerung von Terminen, sondern eine Regelung der Höhe des Materialbestands in der Produktion. Der Materialbestand unterliegt im Wesentlichen keiner Veränderung. Dies führt zu einer weitgehenden Stabilität der durchschnittlichen Durchlaufzeiten. Die Produktionssteuerung ist von einfacher Natur. Das Verfahren weist eine gewisse Ähnlichkeit mit Kanban auf, welches Nachfüllprozesse steuert. In einem logistischen System, beispielsweise in einer Montagelinie, steigt oder fällt die Durchlaufzeit eines Produktionsauftrags proportional zur Höhe des aktuellen Bestands im System. Diese Zusammenhänge werden von ConWIP genutzt. Die Bestandshaltung innerhalb eines logistischen Systems erfolgt mittels ConWIP mit einer konstanten Bestandsmenge. Analog zum Kanban-Verfahren werden dazu Karten verwendet, entweder physisch oder elektronisch. Die Karten repräsentieren die jeweiligen Bestände und sind den einzelnen Aufträgen im System zugeordnet.

ConWIP-Karten basieren, wie Kanban, auf physischen oder elektronischen Karten. Im Gegensatz zu Kanban wird jedoch für mehrere Produkte ein Kartentyp verwendet, statt für jede Produktart einen eigenen Kartenkreislauf einzurichten. Jedem Produktionsauftrag wird eine ConWIP-Karte als Begleitkarte zugewiesen. Die ConWIP-Karte wird als Fertigungsauftrag von der Auftragsverwaltung in Umlauf gebracht und begleitet den Auftrag während der gesamten Bearbeitung bis zu dessen Fertigstellung. Sie enthält Informationen über den vollständigen Fertigungsablauf. Typische Angaben sind beispielsweise die Anzahl der Produkte, die Anzahl der Aufträge oder auch die Kapazitätsstunden. Dadurch wird ein wichtiger Vergleich von Produktionsaufträgen unterschiedlichen Arbeitsinhalts ermöglicht. Die Rücksendung der Karte an die Auftragsverwaltung signalisiert den Abschluss des Auftrags und initiiert die Freigabe des nächsten. Dies erfolgt systemintern und stellt ein Pull-Signal für die Fertigung dar. Die Anzahl der Aufträge im System, also der WIP, ist folglich relativ konstant. Der nächste Produktionsauftrag folgt stets demjenigen mit der höchsten Dringlichkeit. Dadurch können kurzfristige Änderungen von Lieferterminen berücksichtigt werden, ohne dass ein Eingriff in den Produktionsprozess erforderlich ist.

Die gängigsten Maßeinheiten für ConWIP-Karten sind die Anzahl der Produkte, die Anzahl der Aufträge oder auch die Kapazitätsstunden. Von entscheidender Bedeutung ist die Sicherstellung einer hohen Vergleichbarkeit zwischen den Produktionsaufträgen. Sofern in einem Fertigungsbereich Produkte mit unterschiedlichem Arbeitsinhalt hergestellt werden, empfiehlt sich die Verwendung der Einheit Kapazitätsstunde anstelle der Einheit Stück. In einem Prozessabschnitt, der mittels ConWIP gesteuert wird, wird stets erst dann ein neuer Auftrag initiiert, wenn ein vorheriger Auftrag abgeschlossen ist und die entsprechende ConWIP-Karte freigegeben wurde. Dies gewährleistet eine weitgehende Stabilität der Auftragsdurchlaufzeiten.

Die Durchlaufzeit eines Auftrags ist umso kürzer, je geringer die Bestandshöhe im System ist. Dabei muss eine praktikable Untergrenze berücksichtigt werden. Dies entspricht einer Übertragung der Prinzipien der Fließfertigung auf die Werkstättenfertigung. Die Gliederung komplexer Produktionsabläufe in überschaubare, teilautonome Abschnitte ist in der Regel möglich. Als kritisch für den Auftragsdurchlauf erweisen sich Produktionsabschnitte, die potenzielle Engpässe darstellen, insbesondere solche mit wechselnden Engpasskapazitäten (Maschinen oder Arbeitsplätzen). Durch die Gestaltung als ConWIP-Regelkreis lassen sich derartige Situationen beherrschen. Die Anordnung der ConWIP-Regelkreise kann sowohl parallel als auch hintereinander gekoppelt erfolgen. In Kombination mit ergänzenden Verfahren, beispielsweise einer Prioritätensteuerung für Kundenaufträge, erweist sich die ConWIP-Steuerung für produzierende Unternehmen mit diskontinuierlicher Fertigung als vorteilhaft, um eine hohe Lieferbereitschaft gegenüber Kunden sicherzustellen.

Die Produktion ist typischerweise in mehrere ConWIP-Regelkreise gegliedert, welche sich intern selbst steuern und dadurch Engpässe verhindern. Die Kopplung kann dabei sowohl parallel als auch seriell erfolgen, beispielsweise in Form einer Kopplung mehrerer Produktlinien oder einer Kopplung von Teilenfertigung und Vor- bzw. Endmontage. Die Anzahl der ConWip-Karten bleibt konstant und ist auf die aktuell verfügbare Kapazität der Produktionslinie oder Lieferkette abgestimmt. Durch eine Optimierung der Prozesse kann diese Zahl reduziert werden, ohne den kontinuierlichen Produktionsfluss zu gefährden. Durch eine rückwärts terminierte Fertigung und eine Begrenzung des spätestmöglichen Beginns von Produktionsaufträgen werden Warte- und Liegezeiten vermieden.

Vorteile der ConWIP-Steuerung sind, dass der Gesamtbestand in einer Fertigungslinie minimiert und geregelt werden kann, um Verschwendung vorzubeugen. Bestände an den einzelnen Arbeitssystemen können auftragsabhängig variieren. Über die Freigabe der Aufträge per ConWIP-Karte können Terminvorgaben bei der Produktion ohne Störung berücksichtigt werden. In der Linie wird die Reihenfolge der Aufträge nicht verändert und das Fertigungssteuerungsverfahren ist in der Anwendung sehr einfach. Hingegen sind die Nachteile der ConWIP-Steuerung, dass die Vorgaben der Produktionsplanung nicht umgesetzt werden können, wenn der Plan-Bestand zeitweilig größer ist als die durch die ConWIP-Steuerung vorgegebene Bestandsgrenze. Bei zu geringer Auslastung erfolgt eine vorzeitige Auftragsfreigabe und Auftragsfertigstellung. Diese führen zu einer Erhöhung der Bestände. Bei komplexen Materialflüssen ist eine Auftragsfreigabe mit arbeitssystemspezifischem Belastungsabgleich bei vergleichbaren Beständen leistungsfähiger. Bei einem eindeutig definierten Durchsatzengpass ist die Engpasssteuerung bei vergleichbaren Beständen leistungsfähiger.

Fazit:

ConWIP-Steuerungen können sinnvoll eingesetzt werden, wenn häufig Fertigungsaufträge auf Freigabe warten, der Materialfluss möglichst geradlinig ist und Belastungen und Kapazitäten aufeinander abgestimmt sind.

4.2.5 Das Kanban-Prinzip

Leitfragen im Umgang mit Kanban:

- Wird im Fluss oder in Losen produziert?
- Basiert die Produktionssteuerung auf dem Push- oder dem Pull-Prinzip?
- Wie viele Produktvarianten müssen bedient werden?

Wann benötigen Sie diese Methode?

Kanban wird benötigt, wenn die Produktion auf Kundenbestellungen basiert, die Flexibilität und Anpassungsfähigkeit an Kundenanforderungen wichtig sind, die Lagerbestände minimiert werden sollen, die Durchlaufzeit reduziert werden soll und die Produktion transparent und kontrollierbar gemacht werden soll. Kanban ist ein System, das die Produktion auf Basis von Kundenbestellungen steuert.

Kanban ist eine Methode der Produktionsprozesssteuerung. Der aus dem Japanischen stammende Begriff Kanban kann mit Karte, Beleg oder auch Behälter übersetzt werden. Über ein solches Instrument werden Informationen weitergegeben, wobei das Vorgehen in der industriellen Produktion, das 1947 von Taiichi Ohno (Ohno 2019), dem Erfinder des TPS, entwickelt wurde, heute weit verbreitet ist. Diese Maßnahme wurde notwendig, da die Produktivität des Unternehmens hinter den Erwartungen zurückblieb. Zudem stiegen die Erwartungen der Kunden an die Produktionsgeschwindigkeit und Lieferbereitschaft, während die Zuliefererbeziehungen zwischen den Unternehmen zunehmend enger wurden. Diese neuen Herausforderungen erforderten eine geeignete Lösung. Die hohen und insbesondere in einem räumlich beengten Inselstaat wie Japan kostenintensiven Lagerbestände an Roh-, Halbfertigmaterialien waren hierbei die Kostentreiber. Um diese Kosten zu minimieren, wurde eine flexible und effiziente Fertigungssystematik gesucht, die im Kanban-Verfahren gefunden wurde.

Dieses Verfahren ersetzte die bisherige gängige Produktionssteuerung und die Intralogistik, ohne die eigentliche Produktion zu beeinflussen. In der Folge wurde dieses Konzept der kurzfristigen Disposition von zahlreichen japanischen Unternehmen übernommen, an die jeweiligen Anforderungen angepasst und schließlich im gesamten Toyota-Konzern eingeführt. In den 1970er-Jahren wurde dieses Steuerungskonzept von Unternehmen in den USA und Deutschland adaptiert und eingeführt. Es wird damit das als Pull-Prinzip (Abschnitt 4.2.4) bekannte Steuerungsverfahren umgesetzt (Liker 2004). Das Vorgehen ist ausschließlich am tatsächlichen Verbrauch von Materialien am Bereitstellungs- und Verbrauchsort orientiert. Kanban ermöglicht eine Reduktion der lokalen Bestände von Vorprodukten in und nahe der Produktion, die dort in Produkten der nächsten Integrationsstufe verbaut werden.

Das Ziel der Kanban-Methode besteht darin, die Wertschöpfungskette auf jeder Produktionsstufe einer mehrstufigen Integrationskette kostenoptimal zu steuern. Dabei erfolgen die Entnahmen aus den jeweiligen Pufferlagern und das Nachliefern in dieselben Pufferlager asynchron. Die Verteilung der Pufferlager entlang der Integrationskette in der Produktion ermöglicht eine einfache Lösung, die mit einfachen Informationsmitteln und kurzen Transportwegen auskommt. Das Kanban-System zielt darauf ab, die Lagerbestände zu reduzieren und damit die Kapitalbindung zu verringern, sowie die Flexibilität im Hinblick auf geänderte Bedarfsmengen zu erhöhen. Die Realisierung dieser Ziele soll ohne Einbußen in der Lieferbereitschaft, ohne Verschlechterung der Ausschussquoten, ohne Erhöhung der Nacharbeit oder zusätzlicher Transporte erfolgen. Der Planungsaufwand sollte demnach stark minimiert werden. Die beobachteten

Verbesserungen hinsichtlich Lieferbereitschaft, Ausschussquoten oder Nacharbeit sind dabei als sekundäre Effekte zu betrachten.

Weiterführende Literatur – Bücher:

Gerhard Geiger, Ekbert Hering und Rolf Kummer (2020). *Kanban: Optimale Steuerung von Prozessen*. Carl Hanser Verlag.

4.2.5.1 Aufbau

In traditionellen, zentral gesteuerten Planungssystemen der Produktionssteuerung wird der gesamte Materialbedarf an einer zentralen Stelle vorausgeplant. Die einzelnen Produktionsstätten haben demnach nur eine geringe Möglichkeit, bei Schwankungen im Durchsatz den Zufluss an Material zu beeinflussen. Diese Konstellation trug dazu bei, dass die Systeme in herkömmlicher Organisation mit schwacher IT-Unterstützung als unflexibel galten, insbesondere im Hinblick auf kurzfristige Anpassungen der zu produzierenden Teile. Diese Änderungen wurden als träge empfunden, da sie weitreichende Konsequenzen und einen hohen Koordinationsaufwand nach sich zogen. Infolge dessen sind bei zentral geplanten Systemen hohe Vorratshaltequoten erforderlich, um die mangelnde Flexibilität zu kompensieren. Dies resultiert wiederum in signifikanten Lagerhaltungskosten.

Im Gegensatz zur klassischen, zentralen Produktionssteuerung erfolgt bei Kanban eine Gliederung der Fertigungsabschnitte in Teilbereiche. Ein Vergleich mit der Vorgehensweise im Supermarkt ist naheliegend. Die Kunden entnehmen selbstständig die gewünschten Waren aus den Regalen, während das Personal diese wieder auffüllt. Der Zyklus beginnt daraufhin von Neuem. Übertragen auf die Produktion bedeutet dies, dass mehrstufige Produktionsprozesse in Form von Regelkreisen miteinander verknüpft werden. Sobald die für die Fertigung benötigten Einzelteile verbraucht sind oder eine Mindestmenge erreicht ist, wird der entsprechende Bedarf durch eine Kanban-Karte an die Senke gemeldet und es erfolgt die Nachbestellung des Nachschubs. Die Bereitstellung der Karten erfolgt durch die vorhergehende Produktionsstufe, die im Kanban-Kontext als Quelle bezeichnet wird.

Jeder Regelkreis besteht dabei aus einem Fertigungsschritt und einem Zwischenlager, in dem das für diesen Arbeitsablauf notwendige Material vorgehalten wird. Die jeweils momentan benötigten Materialmengen werden dem Pufferspeicher entnommen. Die Auffüllung des Pufferspeichers erfolgt dezentral, d. h. autonom durch die vorgelagerte Fertigungsstufe. Dieses Prinzip findet im gesamten Produktionsprozess Anwendung. Bei jedem Arbeitsgang werden dem Zwischenlager nur die jeweils aktuell benötigten Teile in der passenden Menge entnommen, ein Prinzip, das als Just in Time bezeichnet wird. Da sich die Vorgehensweise ausschließlich am tatsächlichen Verbrauch von Materialien am Ort der Nutzung orientiert, können die Bestände auf die tatsächlich benötigten Mengen reduziert werden. Dies führt zu einer Reduktion der Materialmengen und des Platzbedarfs, was wiederum die Verschwendung vermindert.

Weiterführende Literatur – Fachaufsätze:

Jörn-Henrik Thun, Martin Drüke und Andre Grübner (2010). „Empowering Kanban through TPS-principles – an empirical analysis of the Toyota Production System". In: *International Journal of Production Research* 48.23, S. 7089–7106.

In der Produktion bewegt sich der Wertstrom vom Ausgangsmaterial zum Endprodukt, wobei die Information in Gegenrichtung fließt. Kanban, das sind physisch vorhandene oder virtuelle (elektronische) Karten oder auch Behälter, dokumentieren die Entnahme von Materialien und die Fertigung bei jedem Fertigungsschritt. Von der finalen Produktionsstufe als letztes Steuerungselement gelangen sie zurück zum ersten Arbeitsschritt und melden damit den abgeschlossenen Prozess.

Durch diesen kontinuierlichen Fluss wird ein sich selbst organisierendes System geschaffen, das die Ausnutzung der Fertigungskapazitäten optimiert und dabei aktuelle Engpässe berücksichtigt. Die Wertschöpfung kann so auf jeder Stufe einer komplexen Fertigungslinie kostenoptimal gesteuert werden, da die Lagerhaltung minimiert wird und schnellere Durchlaufzeiten ermöglicht werden.

Das System ist darauf ausgelegt, auf Schwankungen in der Produktion zu reagieren und den Bedarf an Material entsprechend anzupassen. Der Nachordervorgang von Komponenten, die in der Produktionskette weniger werden, kann unkompliziert erfolgen, was insbesondere für Unternehmen mit einer geringen Variantenvielfalt von großem Vorteil ist. Für Unternehmen, deren Produktionsprozesse nur wenige Fertigungsschritte umfassen, erweist sich die Anwendung von Kanban als weniger effizient, da die Anzahl standardisierter Prozesse im Fertigungsablauf geringer ist. Die Sinnhaftigkeit der Anwendung von Kanban-Methoden ist abhängig von der Genauigkeit der Prognose der Nachfrage nach einem Produkt.

Bei Sonder- und Einzelanfertigungen ist die Methode hingegen weniger effizient. Kanban ermöglicht es Unternehmen, eine teilweise sehr aufwendige und verschachtelte Produktionssteuerung mit autonomen Regelkreisen zu bedienen, was zu einer deutlichen Reduktion des Steuerungsaufwands und einer erhöhten Transparenz der Prozesszusammenhänge führt. Allerdings erfordert die Implementierung von Kanban eine präzise Anpassung der lokalen Ketten und des Erzeugnisspektrums an die spezifischen Anforderungen der Methode.

4.2.5.2 Voraussetzungen

Kanban verlangt von Unternehmen unter Umständen eine Vielzahl von Veränderungen, um dieses Materialsteuerungssystem wirksam einzuführen. Takeda nennt sieben essenzielle Voraussetzungen, die vor dem Einsatz von Kanban unbedingt erfüllt sein müssen (Takeda 2014):

1. **Aufbau einer Fließfertigung:** Das Produktionsprogramm muss in gleichmäßigen Fluss gebracht werden. Das heißt, der Standardisierungsgrad der Produkte muss erhöht und die Produktion streng getaktet werden.
2. **Verkleinerung der Losgrößen:** Um eine Just-in-time-Produktion zu erreichen und eine Senkung der Lagerbestände zu erzielen, muss von der herkömmlichen Optimierung der Losgrößen Abstand genommen werden. Ziel hingegen muss die Vermeidung von Überproduktion sein, um eine bedarfsgemäße Produktion zu verwirklichen. Rüstkosten sind hierbei eher zu vernachlässigen.
3. **Geglättete Produktion:** Da sich die Kanban-Systematik über mehrere Produktionsstufen erstreckt, sind die Vermeidung großer Schwankungen und die genaue Planung der Produktion auf der letzten Stufe äußerst wichtig. Jede unvorhergesehene Schwankung würde sich auf die vorgelagerten Stufen übertragen und zu Belastungen führen, was wiederum Pufferbestände oder Pufferkapazitäten nach sich ziehen und somit Verschwendung darstellen würde.
4. **Verkürzung und Vereinheitlichung der Transportzyklen:** Die Reduzierung von Lagerbeständen erfordert einen erhöhten Transportaufwand. Damit die Produktion durch ausbleibende Vorprodukte nicht ins Stocken gerät, ist sicherzustellen, dass der Materialtransport von der vorgelagerten zur nachfolgenden Stelle stets nach dem logistischen Prinzip erfolgt.
5. **Kontinuierliche Produktion:** Durch Kanban soll eine konsequente Auslastung der Produktionsstellen erreicht werden. Dies muss durch eine geeignete Dimensionierung und Standardisierung des Kanban-Systems erfolgen. Jedoch müssen auch Fälle wie Sonderaufträge berücksichtigt werden können.
6. **Bestimmung der Adressen:** Da der Materialfluss im Kanban-System durch Karten gesteuert wird, benötigt jede produzierende und verbrauchende Stelle sowie jedes Pufferlager und jeder Artikel eine eindeutige Bezeichnung, womit eine genaue Zuteilung der Karten, Materialien und Behälter möglich wird. Diese Systematik muss so transparent und einfach wie möglich gehalten werden, um Fehler zu vermeiden.
7. **Konsequentes Behältermanagement:** Behälter erfüllen beim Transport mehrere Aufgaben. So stellen sie unter anderem den beschädigungsfreien Transport der Produkte sicher und geben über Anzahl und Art des Inhaltes Aufschluss. Bei der Wahl des Behälters ist auf die Bedürfnisse des nachfolgenden Prozesses zu achten und es ist eine möglichst kleine Behältergröße zu wählen.

Vor der Implementierung des Kanban-Systems ist es essenziell, die Anzahl der erforderlichen Karten zu ermitteln. Diese Aufgabe fällt dem Kanban-Koordinator zu, der zudem für die Anpassung der Kartenmenge an die sich wandelnden Umstände verantwortlich ist. Die Anzahl der Karten im System muss so bemessen sein, dass die Wiederbeschaffung der Bedarfsmengen und die Anlieferung an die anfordernde Stelle keinen Zeitverzug zur Folge hat. Es ist essenziell, eine ausreichende Materialzirkulation zu gewährleisten, um Wartezeiten durch leere Puffer zu vermeiden.

Generell wird bei Kanban zwischen Ein- und Zweikartensystemen unterschieden. Zweikartensysteme bestehen aus Produktions- und Transport-Kanbans und werden in der Regel innerbetrieblich genutzt. Im Gegensatz dazu werden Einkartensysteme in der Regel von externen Zulieferern eingesetzt, die Transportbehälter als Kanban nutzen.

Die Qualität der Vorprodukte in Verbindung mit einer ausgeprägten Qualitätssicherung stellt eine Schlüsselvoraussetzung für ein funktionierendes Kanban-System dar, da durch die niedrigen Lagerbestände eine Kompensation von Schlechtteilen zu Stockungen im Produktionsablauf führen kann. Infolgedessen ist die Implementierung eines Qualitätsmanagementsystems erforderlich, das aus automatischen Qualitätskontrollen, Selbstkontrollen durch die Mitarbeiter und Prozesskontrollen besteht.

4.2.5.3 Anwendung

Ein Kanban-System wird grundsätzlich von der Produktion der letzten Fertigungsstufe gesteuert. Unterschreitet dort der Lagerbestand eines bestimmten Materials einen definierten Mindestwert (Meldebestand), wird dies an die vorgelagerte Produktionseinheit bzw. das zuständige Lager gemeldet. In der Folge wird die Fertigung und anschließend die Bereitstellung des Materials für den Einsatzort initiiert.

Im klassischen Kanban-System wird diese Kommunikationskette durch Kanban-Karten realisiert, die mit den gefüllten Transportbehältern an die Senke (Kunde bzw. nachfragende Stelle) geliefert werden. Mit dem Entleeren der Behälter wird die Kanban-Karte in eine Sammelbox für Kanban-Karten gelegt. Die Karten werden in regelmäßigen Abständen an die zuständigen Quellen verteilt. Die Quelle ist folglich für die rechtzeitige Bereitstellung des benötigten Materials bei der Senke verantwortlich.

Nach Erhalt der Kanban-Karte initiiert die Quelle die Produktion bzw. Bereitstellung des auf der Karte spezifizierten Materials und lagert dieses in Kanban-Behältern. Wird die geforderte Menge erreicht, wird der Kanban-Behälter mit der Kanban-Karte in das Pufferlager der Quelle transportiert. Die Senke versorgt sich von dort aus selbst. Durch diesen Prozess wird ein sich selbst steuernder Regelkreis etabliert, der ohne eine zentrale Planungsinstanz auskommt.

An der Verbrauchsstelle muss Platz für mindestens zwei Gebinde jedes Teils bereitgestellt werden. Die Gebindegröße und die Anzahl der Gebinde sind dabei abhängig von den räumlichen Maßen der einzelnen Artikel, dem Materialbedarf pro Tag, dem angestrebten Sicherheitsbestand, der angestrebten Reichweite des Vorrats und somit der Frequenz des Auffüllens sowie dem Platzangebot an der Verbrauchsstelle. Die Vorfertigung und der innerbetriebliche Transport müssen vor Erschöpfung des Vorrats an der Verbrauchsstelle abgewickelt werden.

Es gibt zudem auch Produktionsabläufe, in denen statt nach Verbrauch „auf Halde" produziert wird; beispielsweise Kunststoffteile oder Stanzteile. Das Einrichten der Maschinen (Formenwechsel beziehungsweise Werkzeugwechsel) dauert lange und die Anlaufverluste (Ausschuss) sind hoch. Hier wird entweder nach Durchschnittsverbrauch, aufgrund eines Absatzplans oder eines Regelkreises mit Auslösebestand, Mindestbestand, Höchstbestand und eventuell optimaler Losgröße der Bedarf einer bestimmten Periode befriedigt. Kanban beruht auf sechs einfachen Prinzipien, die beachtet werden sollten, um alle Vorteile nutzen zu können:

- **Klare Regeln:** Alle Vorgaben und Vorgehensweisen müssen transparent kommuniziert werden, damit alle Beteiligten sie verstehen und umsetzen können.
- **Aufgabenlimit:** Die Anzahl der Kanban-Karten muss überschaubar und auf die Anzahl der Aufgaben abgestimmt sein.
- **Workflow:** Der Wertstrom muss fließen, es müssen also immer Kanban-Karten mit dem Status „In Progress" vorhanden und damit Aufgaben in Bearbeitung sein.
- **Kontinuierlicher Verbesserungsprozess:** Alle Kanban-Prozesse sind immer wieder zu hinterfragen, zu analysieren und zu bewerten, um unproduktive Vorgehensweisen aufzudecken und zu eliminieren und so die Effizienz zu erhöhen.
- **Leadership:** Vorgesetzte müssen die Beschäftigten so führen, dass diese sich dafür verantwortlich fühlen, den Workflow aufrechtzuerhalten, und sich aktiv für die Optimierung von Abläufen einsetzen.
- **Modelle:** Die modellhafte Darstellung von Abläufen führt zu einem besseren Verständnis der Prozesse und kann effizientere Lösungen sichtbar machen.

4.2.5.4 Regeln

Aus den oben aufgeführten Prinzipien lassen sich verbindliche Regeln für die Praxis ableiten. Diese sind obligatorisch, um ein reibungsarmes Funktionieren des Kanban-Systems sicherzustellen:

- Material darf nur in der benötigten Menge und mit Kanban-Karte angefordert werden.
- Material darf nicht zu früh angefordert werden, da dies bei eng getakteten Fertigungsschritten und fein austarierten Kapazitäten zu vorzeitigen Lieferungen, unnötigen Wegen und Überbeständen im Zwischenlager führt, was Störungen im Produktionsablauf verursachen kann.
- Fertigungseinheiten dürfen für ihre Abnehmer nicht auf Vorrat produzieren, da dies die Kapazitäten der Produktionsmittel und der Zwischenlager übersteigen würde.
- In der Produktion ist auf höchste Qualität zu achten, da Teile mit Mängeln oder Ausschuss aufgrund der minimalen Bestände in den Zwischenlagern zu Wartezeiten und damit Verzögerungen bei den nachfolgenden Fertigungseinheiten führen.
- Der Kanban-Koordinator hat eine möglichst gleichmäßige Auslastung der Fertigungseinheiten anzustreben, um einen konstanten Wertstrom mit niedrigen Lagerbeständen und optimaler Materialversorgung zu erzeugen.

- Der Kanban-Koordinator hat die Anzahl der Kanban-Karten möglichst gering zu halten, da jede einzelne Karte Materialien und Werte repräsentiert, deren Lagerhaltung und Transport Kosten verursacht.

Zur Einhaltung dieser Regeln sind die Mitarbeiter, die in hohem Maße an den Funktionen des Kanban-Systems beteiligt sind, zu schulen, und die strikte Beachtung dieser Grundvoraussetzungen muss von den Mitarbeitern auch akzeptiert werden.

4.2.5.5 Eignung

Es sei darauf hingewiesen, dass sich Kanban nicht in jedem Fall als adäquates Steuerungsinstrument für die Produktion erweist. Neben den genannten Voraussetzungen für den Einsatz von Kanban ist insbesondere eine auf Kanban ausgerichtete Erzeugnisstruktur erforderlich. Insbesondere Produkte mit hohem Wertanteil und hoher mengenmäßiger Vorhersagegenauigkeit, geringen Nachfrageschwankungen (A/B-Artikel) und niedrigem Anteil an Sonderwünschen eignen sich für die Kanban-Steuerung. Eine große Variantenvielfalt, Einzelfertigung oder häufige Produktänderungen können sich hingegen als problematisch erweisen und sind daher weniger gut geeignet. Im Fertigungsbereich sind nur Produktionsstätten geeignet, die sich durch relativ konstante und niedrige Rüstzeiten, qualifiziertes Personal sowie ausreichende und relativ flexibel disponierbare Kapazitäten auszeichnen.

Bei der Verwendung von Kanban zur Steuerung des externen Einkaufs sind die Eignung der Zulieferer zu hoher Liefertreue sowie eine gleichbleibend hohe Qualität von entscheidender Bedeutung. Die Nichterfüllung der genannten Voraussetzungen und Kriterien kann das Scheitern der Einführung des Kanban-Systems zur Folge haben. Daher ist es von eminenter Wichtigkeit, diese Punkte im Vorfeld kritisch zu begutachten und bei Bedarf Änderungen in den Abläufen vorzunehmen.

Das System erweist sich als außerordentlich geeignet für die einstufige Produktionstiefe, bei der die Versorgung der Fertigungseinrichtungen mit Teilen aus dem Lager im Fokus steht. Eine Reduzierung des Lagerbestands ist mit dieser Methode jedoch nicht unmittelbar verbunden. Generell lässt sich festhalten, dass sich Kanban in den meisten Fertigungsbereichen einsetzen lässt, unabhängig davon, ob die Teile aus dem Lager entnommen oder erst gefertigt werden. In größeren Fertigungsstätten ist eine automatische Bedarfsmeldung durch ein innerbetriebliches Transportwesen erforderlich, welches die Teile aus dem Lager holt. Insbesondere für relativ standardisierte Produkte mit geringer Variantenanzahl bei relativ konstanter Nachfrage ist die Anwendung von Kanban geeignet. Zudem eignet sich Kanban für produzierende Unternehmen, die in einem sich schnell wandelnden Markt tätig sind. Die Reduktion der Eigenkapitalbindung erlaubt es, ohne große Verluste, die Produktpalette zu wechseln, um agil am Markt bestehen zu können. Es ist jedoch nicht für die Einzelfertigung geeignet. Auch der Einkauf von Rohmaterial und Teilen ist damit nicht realisierbar. Der Einsatz bei

Weiterführende Literatur - Bücher:

Shigeo Shingo (1996). *Quick changeover for operators: The SMED system.* Productivity press.

4.3.1.1 SMED - Eine Methode der Rüstzeitreduzierung

Märkte verändern sich, weil sich die Bedürfnisse und Anforderungen der Kunden verändern. War der Endkunde früher mitunter froh, überhaupt ein bestimmtes Produkt zu bekommen, verlangt er heute individualisierte Produkte, die genau auf seine Wünsche zugeschnitten sind. Kundenorientierung ist daher das Gebot der Stunde. Hohe Stückzahlen des immer gleichen Produkts sind am Markt nicht mehr gefragt. Die Produktion muss flexibler werden und sich schnell an die veränderte Nachfrage anpassen.

Für die Unternehmen bedeutet dies, selbst flexibel zu werden. Werden weiterhin hohe Stückzahlen produziert, um die Produktion und die Maschinen auszulasten, landen die Produkte im Lager. Die Bestände wachsen, Kapital wird gebunden, die Liquidität sinkt. Verschwendung und Kosten steigen. Kleinere Losgrößen sind also gefragt. Doch je kleiner die Losgröße, desto mehr Flexibilität ist gefragt und die Zahl der Rüstvorgänge steigt. Damit steigen auch die unproduktiven Stillstandszeiten der Maschine: Die Maschinenverfügbarkeit sinkt. Um sie zu erhöhen, müssen Rüstzeiten als Stillstandszeiten minimiert werden. Kürzere Rüstzeiten ermöglichen kleinere Losgrößen. Die Methode der Rüstzeitverkürzung ist ein zentrales Werkzeug zur Steigerung der Flexibilität und damit der Effizienz. Hier setzt SMED an. Anzustreben ist daher ein schnelles Umrüsten im einstelligen Minutenbereich, also ein **S**ingle **M**inute **E**xchange of **D**ie.

Ein sehr plakatives, aber dennoch anschauliches Beispiel für einen schnellen Rüstvorgang bietet der Motorsport, genauer gesagt die Formel 1 (siehe Bild 4.20). Dort wurde der Boxenstopp im Laufe der Jahrzehnte so perfektioniert, dass das eigentliche Anhalten des Fahrzeugs nur noch wenige Sekunden dauert. Dazu wurden die Abläufe entsprechend organisiert und immer wieder geübt, bis sie von allen Beteiligten nahezu automatisiert ausgeführt werden. Kern des Erfolgs ist aber die Aufteilung und strikte Trennung der organisatorischen Tätigkeiten. Dies betrifft zwei Arten von Tätigkeiten, nämlich solche, die vor- und nachbereitet werden können, während das Auto noch (oder schon wieder) fährt, und solche, die tatsächlich nur bei stehendem Auto erledigt werden können (wie der Radwechsel). Genau diese organisatorische Trennung der Tätigkeiten ist das Kernelement der TPS-Methode.

4.3.1.2 Wichtiges vor der Einführung

Die Einführung von TPS als Methode muss von den Führungskräften ausgehen und von diesen unterstützt werden. Fordern und fördern sowie selbst Vorbild sein sind wichtige Voraussetzungen für eine erfolgreiche Umsetzung. Daher sind folgende Punkte vor

Bild 4.20 Ein idealer Rüstprozess

der Einführung zu beachten: Kommunikation und Transparenz, Identifikation und Kontrolle.

Wichtig bei TPS ist die Kommunikation. Es muss in einfachen, klaren und verständlichen Sätzen gesprochen werden. Fremdwörter oder Schachtelsätze gilt es zu vermeiden, das wirkt akademisch und distanziert. Außerdem führt es zu Unverständnis, was wiederum demotiviert und Desinteresse erzeugt. Es sollte daher nicht der englische Begriff „Single Minute Exchange of Die“, verwendet werden, sondern eher schnelles Rüsten oder schneller Werkzeugwechsel. Man sollte authentisch sein und einfache Begriffe wählen, damit die Methode von allen Mitarbeitenden verstanden, getragen und umgesetzt werden kann. Transparenz und eine offene, wertschätzende Kommunikation sind Voraussetzungen, um Vorbehalte, Ängste und Abwehrhaltungen der Mitarbeiter abzubauen.

Beispielsweise wird die Verkürzung von Rüstzeiten von den Beschäftigten häufig als Reduzierung der für einen Arbeitsgang zur Verfügung stehenden Arbeitszeit, also als Druck, oder als Eingriff in den persönlichen Arbeitsablauf empfunden. Die Mitarbeiter sollten daher von den Vorteilen von TPS überzeugt werden und zusätzlich sollte auch die Arbeitnehmervertretung von Anfang an mit einbezogen werden. Diese kann ebenfalls eine wichtige Rolle bei der Überzeugungsarbeit spielen. Den Beschäftigten sollte klargemacht werden, dass TPS nicht „schneller laufen, schneller arbeiten und weniger Zeit“ bedeutet. Vielmehr geht es darum, weniger suchen zu müssen, Wartezeiten für parallele Arbeitsvorgänge zu nutzen, Wege zu vermeiden, weil alles, was benötigt wird, vor Ort vorhanden ist. Kurz: Verschwendung reduzieren. Wenn die Mitarbeiter das verstehen und später auch den eigenen Nutzen erfahren, kann man sie für diese Vorgehensweise begeistern.

Um die Methode zu erlernen und sicher anwenden zu können, sind Schulungen und Workshops unerlässlich. Alle Mitarbeiter, die TPS anwenden werden, sollten daran teilnehmen. Begonnen werden sollte mit einer Anlage als Pilotprojekt für die Umsetzung. Bei der Zusammenstellung der Workshopteilnehmer sind einige Punkte zu beachten. So ist es wichtig, dass die Erfahrungen der einzelnen Mitarbeiter in den Pilotworkshop einfließen. Denn der Maschinenbediener ist der Profi auf seinem Gebiet. Er kennt die Maschine und hat selbst Ideen und Verbesserungsvorschläge zur Rüstzeitverkürzung. Er weiß am besten, welche Hilfsmittel er zum Rüsten benötigt.

Darüber hinaus wird die Umsetzung der Maßnahmen nur dann langfristig erfolgreich und damit nachhaltig sein, wenn jeder einzelne Mitarbeiter einbezogen wird und sein eigenes Umfeld selbst verbessern kann. Der Rüstworkshop sollte je nach Betriebsgröße mit maximal sechs bis acht Teilnehmern durchgeführt werden. Das Team sollte sich aus Maschinenbedienern der ausgewählten Anlagen, einer Führungskraft (Meister), einem Techniker sowie einem Mitarbeiter aus einem anderen Bereich zusammensetzen, da der Blick von außen oft zu guten Ideen führt.

Die Durchführung des Workshops wird idealerweise per Video aufgezeichnet. Die Aufzeichnung muss von der Geschäftsleitung und der Arbeitnehmervertretung genehmigt werden. Es sollten auch die Beschäftigten geschult werden, die nicht am Workshop teilgenommen haben, aber ebenfalls an der Maschine arbeiten. Hier bietet es sich an, die Ergebnisse von den Workshopteilnehmern präsentieren zu lassen. Dies erhöht die Akzeptanz, da die Methode nicht „von oben verordnet" wird, sondern von überzeugten Kollegen vorgestellt wird.

Eine der wichtigsten Aufgaben, die nach der Durchführung des Workshops zur Rüstzeitverkürzung auf die Führungskräfte zukommt, ist die Absicherung des neu definierten Rüstablaufs. Nicht nur die am Workshop beteiligten Mitarbeiter müssen den neuen Ablauf umsetzen, sondern alle Mitarbeiter, die an der Anlage oder Maschine eingesetzt werden. Eine regelmäßige Überprüfung und Bestätigung des neuen Standard-Rüstablaufs ist unerlässlich. Wichtig ist daher, immer wieder zu den Mitarbeitern zu gehen und sich die Rüstvorgänge vor Ort anzuschauen.

4.3.1.3 Vorgehensweise

Shingo definiert Rüsten als die Zeit vom Ende der Produktion des letzten Gutteils eines Produkts bis zu dem Zeitpunkt, an dem die ersten Gutteile des nächsten Produkts produziert werden (Shingo 1996). Damit werden die Stillstands- und Anlaufphasen der Maschinen berücksichtigt. Rüsten bedeutet also nicht nur das Wechseln von Form- und Bearbeitungswerkzeugen, sondern auch das Einstellen von Prozessparametern und

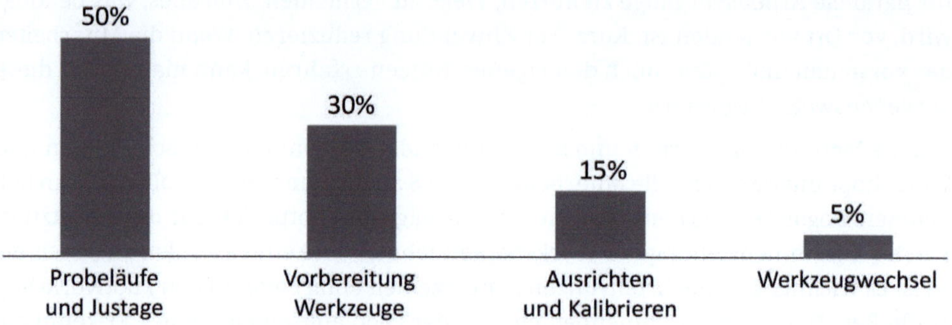

Bild 4.21 Zeitliche Verteilung von Rüsttätigkeiten

das Justieren von Werkzeugen. Die durchschnittliche zeitliche Verteilung der verschiedenen Tätigkeiten eines Rüstvorgangs ist in Bild 4.21 (Bicheno 2004) dargestellt.

Während der Phase Vorbereitung Werkzeuge/Werkstoffe werden die benötigten Teile für den Auftrag zusammengestellt und Auftragsunterlagen ausgefüllt. In der Stufe Montage/Demontage von Werkzeugen findet der eigentliche Werkzeugwechsel statt. In der Phase Ausrichten und Kalibrieren werden die Werkzeuge und Vorrichtungen justiert und die Prozessparameter eingestellt. Bei Probeläufe und Justage werden erste Werkstücke gefertigt und die Maschine wird eingefahren. Werkstücke werden vermessen und Prozessparameter werden nachgestellt.

Shingo unterscheidet bei einem Rüstvorgang zwischen zwei verschiedenen Tätigkeiten. Diese beiden Tätigkeiten sind **interne** Rüsttätigkeiten und **externe** Rüsttätigkeiten (Shingo 1996). Interne Rüsttätigkeiten können ausschließlich bei Maschinenstillstand durchgeführt werden, beispielsweise der Wechsel eines Bohrers. Externe Rüsttätigkeiten können auch bei laufender Maschine ausgeführt werden, beispielhaft ein Werkzeug vorheizen. Die Methode TPS wird in vier Schritten umgesetzt:

- Analyse des Rüstvorgangs
- Trennung interner und externer Rüsttätigkeiten
- Umwandlung interner zu externen Rüsttätigkeiten
- Optimieren der Rüsttätigkeiten

Bevor strukturierte Änderungen am Rüstprozess vorgenommen werden, muss der zu verkürzende Prozess analysiert werden. Bei der Rüstprozessanalyse wird der gesamte Rüstprozess mit einer Videokamera aufgezeichnet. Anschließend werden alle Rüstvorgänge analysiert und in interne und externe Rüstvorgänge unterteilt. Auf diese Weise wird der gesamte Rüstprozess zerlegt. Bei der Trennung in interne und externe Rüsttätigkeiten wird jede einzelne Rüsttätigkeit dahingehend hinterfragt, ob sie extern oder intern durchgeführt werden *muss*.

Externe Rüsttätigkeiten sind so zu organisieren, dass sie während der Maschinenlaufzeit durchgeführt werden. Interne Rüstvorgänge sind ausschließlich während des Maschinenstillstands durchzuführen. Die Dauer des gesamten Rüstvorgangs bleibt unverändert, aber die Stillstandszeit der Maschine wird durch diese Maßnahme in der Regel um 20 %–30 % reduziert. Ziel des dritten Schritts ist es, die internen Rüstvorgänge in externe Rüstvorgänge umzuwandeln. Der vierte Schritt hat zum Ziel, die verbleibenden internen und externen Rüsttätigkeiten zu optimieren. Während in den ersten drei Schritten die Rüstzeitverkürzung überwiegend durch organisatorische Maßnahmen erreicht wird, erfolgt die Umsetzung im vierten Schritt verstärkt durch technische Lösungen, Standardisierung, Vorrichtungen oder Mechanisierung. In Bild 4.22 sind die vier Stufen der Rüstzeitverkürzung zur visuellen Unterstützung dargestellt.

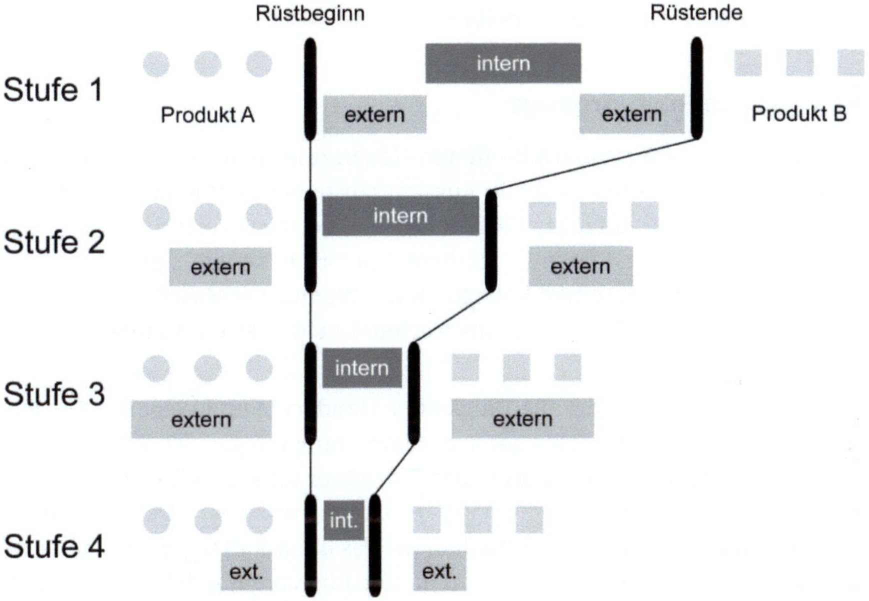

Bild 4.22 Die vier Stufen von SMED

Eine strukturierte Vorgehensweise ist wichtig, um schnell zum Ziel zu kommen und keine Ressourcen zu verschwenden. Es sollten daher bis zu drei Tage für einen initialen Workshop eingeplant werden. Im Vorfeld des Workshops haben die Verantwortlichen die Maschine oder Anlage ausgewählt, an der der Workshop durchgeführt werden soll. Dabei kann zunächst ein weniger komplexer Arbeitsablauf im Mittelpunkt stehen. Generell sollte die Anlage ausgewählt werden, die als Engpass gilt und bei der eine Verbesserung den größten Nutzen verspricht. Anschließend muss ein Workshop-Team zusammengestellt und über den Ablauf und die Vorgehensweise informiert werden. Als Dokumentation und immer wieder verwendbares Beispiel für den typischen Arbeitsablauf beim Rüsten sollte der Rüstvorgang per Video aufgezeichnet werden. Dies hat mehrere Vorteile:

- Die Tätigkeiten lassen sich gut analysieren.
- Die Zeiten können genau erfasst werden.
- Die spätere Analyse wird dadurch detaillierter und aussagekräftiger.

Wichtig dabei ist, den beteiligten Mitarbeitern zu erklären, dass die Videoaufzeichnung nicht für eine Leistungsbeurteilung oder Arbeitsbewertung verwendet wird. Es muss deutlich gemacht werden, dass die Videoaufzeichnung ausschließlich dazu dient, die einzelnen Tätigkeiten aufzuzeichnen, um sie später nachvollziehen und analysieren zu können. Dafür ist es wichtig, im Vorfeld die Zustimmung der Geschäftsleitung und der Arbeitnehmervertretung einzuholen. Im Folgenden werden die vier Stufen der Rüstzeitverkürzung noch einmal genauer beschrieben.

4.3.1.4 Analyse des Rüstvorgangs

Wenn die Mitarbeiter informiert und alle offenen Fragen zum Thema geklärt sind, kann mit der Aufzeichnung des Rüstvorgangs als Ausgangszustand begonnen werden. Unter den Teilnehmenden müssen Aufgaben verteilt werden, beispielsweise das Filmen des Ablaufs. Falls es einen zweiten Maschinenbediener gibt, ist es sinnvoll, dass dieser die Videokamera übernimmt und seinen Kollegen filmt. Wenn zwei Maschinenbediener am Rüstvorgang beteiligt sind, müssen entsprechend beide getrennt aufgenommen werden.

Für die Videoanalyse ist es wichtig, alle Tätigkeiten, Handgriffe und Wege des Einrichters aufzuzeichnen, damit später eine genaue Auswertung möglich ist. Während des Filmens sind keine Ablenkungen zulassen. Der Einrichter muss den Einrichtvorgang so durchführen, wie er ihn im Tagesgeschäft tatsächlich durchführt. Dabei sollte die Videoaufzeichnung auch die Phase des Auslaufens des alten Auftrags sowie den Produktionsanlauf des neuen Auftrags erfassen, da der Rüstvorgang definitionsgemäß mehr als die reine Maschinenstillstandszeit umfasst.

Nach der Durchführung und Aufzeichnung des Rüstvorgangs als Ausgangssituation werden die Filmaufnahmen in der Gruppe ausgewertet. Das Video sollte über einen Beamer gezeigt werden, damit alle eine gute Sicht haben. Zunächst wird eine Übersicht über die durchgeführten Rüsttätigkeiten erstellt. Hier ist zunächst der Mitarbeiter gefragt, der den Rüstvorgang durchgeführt hat. Er muss die einzelnen Tätigkeiten benennen.

Ein neuer Rüstvorgang besteht in der Regel aus einer einzelnen, abgeschlossenen Tätigkeit, wie dem Einlegen eines neuen Werkzeugs (siehe beispielhaft Bild 4.23). Rüstvorgänge dauern in der Regel zwischen zehn und 200 Sekunden. Eine detaillierte Auswertung der Videoanalyse nach Ablaufsekunden ist die Grundlage für eine erfolgreiche Rüstzeitreduzierung.

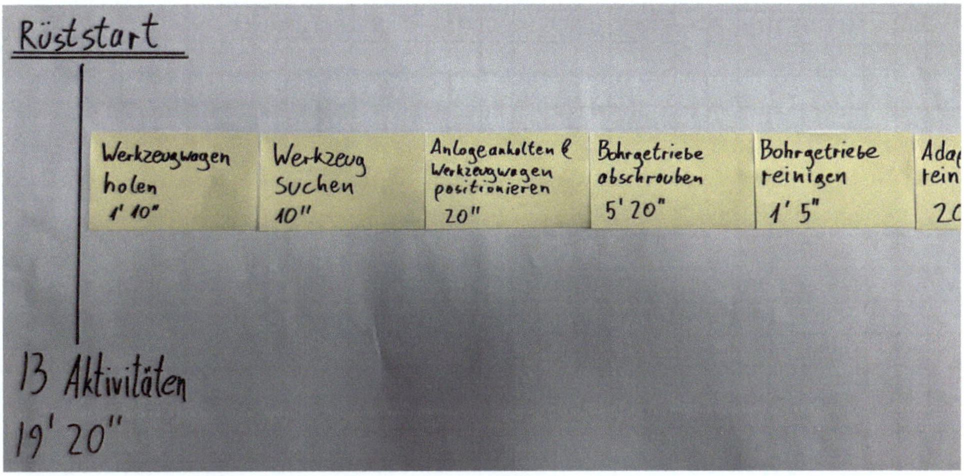

Bild 4.23 Dokumentation einzelner Rüsttätigkeiten

Für die Auswertung empfiehlt es sich, die einzelnen Tätigkeiten mit der benötigten Zeit auf Klebezettel zu schreiben und als Ablauf an eine ausgerollte, quer aufgehängte Tapete zu heften. Das Übertragen auf die Haftnotizen ist zeitaufwendig, hat aber den Vorteil, dass sich die Gruppe sehr intensiv mit den einzelnen Aktivitäten auseinandersetzt. Bereits hier entstehen erste Ideen, Vorschläge und Maßnahmen zur Verbesserung des Ablaufs. Die sich daraus ergebenden Verbesserungsvorschläge sollten auf einem separaten Flipchart festgehalten werden, um sie nicht zu vergessen.

Das Ergebnis ist der Ist-Ablauf des Rüstprozesses, der mit den Klebezetteln an der Wand visualisiert wird. Ein Beispiel eines gesamten Rüstvorgangs kann Bild 4.24 entnommen werden. Daraus ergeben sich die Anzahl der Prozessschritte und die Rüstzeit. Anschließend sind die Anzahl der Tätigkeiten zu zählen (Anzahl der Klebezettel) und daraus durch Addieren der Einzelzeiten die benötigte Gesamtzeit zu errechnen. Auf dieser Basis wird ein neuer, einfacherer und schnellerer Ablauf aus dem Ist-Rüstablauf entwickelt, getestet und durch organisatorische Maßnahmen standardisiert.

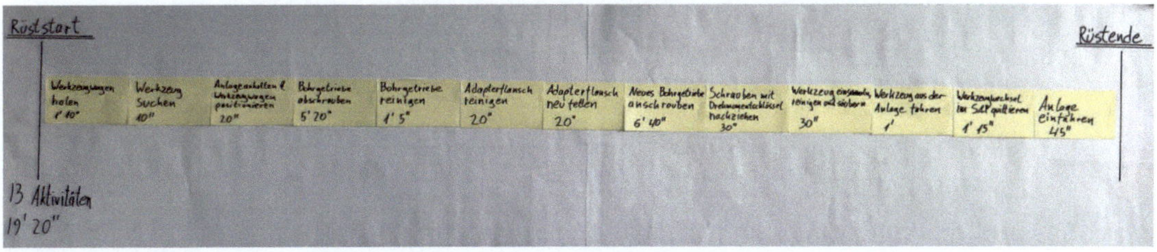

Bild 4.24 Dokumentation des gesamten Rüstvorgangs

4.3.1.5 Trennung interner und externer Rüsttätigkeiten

Anschließend wird zwischen internem und externem Rüsten unterschieden. Externes Rüsten umfasst Tätigkeiten, die bei (noch oder wieder) laufender Maschine oder Anlage durchgeführt werden können. Beispiele sind der Abtransport der gefertigten Teile oder das Abmelden des alten Auftrags. Interne Rüstvorgänge umfassen Tätigkeiten, die nur bei stillstehender Maschine durchgeführt werden können. Beispiele sind die Demontage von zuvor benötigten Vorrichtungen und Werkzeugen oder das Einrichten von Werkzeugen und Vorrichtungen. Da der Rüstvorgang erst abgeschlossen ist, wenn das erste Gutteil des Folgeprodukts gefertigt ist, gehören auch Tätigkeiten wie das Messen und Auswerten der Ergebnisse oder das Korrigieren von Prozessparametern zur Rüstzeit.

Jede Rüstanweisung ist anhand folgender Fragen zu überprüfen: „Ist diese Tätigkeit zwingend erforderlich oder kann sie entfallen?“ Wenn eine Tätigkeit notwendig ist, stellt sich die weitere Frage: „Muss die Tätigkeit bei laufender oder stehender Maschine durchgeführt werden?“

Nach dieser Bewertung erhalten externe Tätigkeiten einen grünen Punkt, interne Tätigkeiten einen blauen Punkt und nicht notwendige Tätigkeiten einen roten Punkt. Alternativ können auch verschiedenfarbige Klebezettel verwendet werden. Siehe dazu Bild 4.25. Letztere sind als Verschwendung zu betrachten und zu eliminieren oder auf das absolute Minimum zu reduzieren.

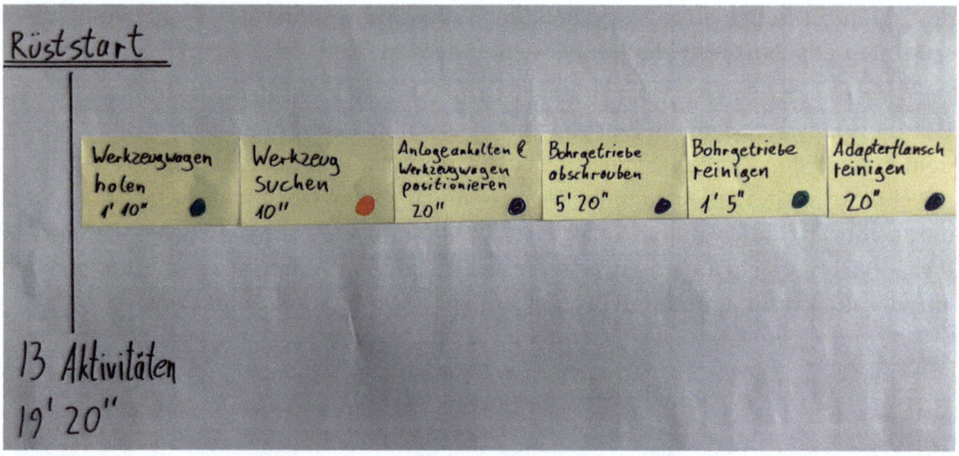

Bild 4.25 Beurteilung der einzelnen Rüsttätigkeiten

Die Klebezettel sind nun nach externen und internen Tätigkeiten zu sortieren. Tätigkeiten, die zu Verschwendung führen, sind aus dem Soll-Rüstprozess zu streichen. Es ist im Team zu diskutieren, wo und wie die innerbetrieblichen Rüsttätigkeiten neu organisiert werden können und sollen. Hier müssen die betroffenen Mitarbeiter ihre Ideen und Vorschläge einbringen, denn sie sind es, die die Maschinen kennen und rüsten. Das Potenzial und das Know-how dieser Experten muss genutzt werden, um einen neuen Ablauf festzulegen. Helfen können hier beispielsweise folgende Fragen:

- Gibt es Tätigkeiten, die ein weiterer Mitarbeiter übernehmen kann?
- Gibt es Tätigkeiten, die zu einem anderen Zeitpunkt durchgeführt werden können?
- Gibt es prozessbedingte Wartezeiten, in denen interne Rüsttätigkeiten durchgeführt werden können, um die Zeit produktiver zu nutzen?

Anschließend wird ein neuer Rüstablauf erstellt. Mit Hilfe von Detailfragen kann der Ablauf neu strukturiert und angeordnet werden. Dafür ist eine neue Tapete an der Wand aufzuhängen. Diese wird benötigt, um die Klebezettel mit den Rüstvorgängen zu einem neuen Ablauf anzuordnen. Dafür sind die Klebezettel von der Ist-Ablauftafel auf die neue Soll-Ablauftafel zu übertragen. Die Abläufe sind gemeinsam mit den Teilnehmern so anzuordnen, dass möglichst viele Tätigkeiten während der Produktion der Anlage durchgeführt werden. Ein Beispiel dieses neu organisierten Rüstprozesses ist in Bild 4.26 visualisiert. Die Erfahrung zeigt, dass Einsparungen zwischen 30 % und 50 % möglich sind.

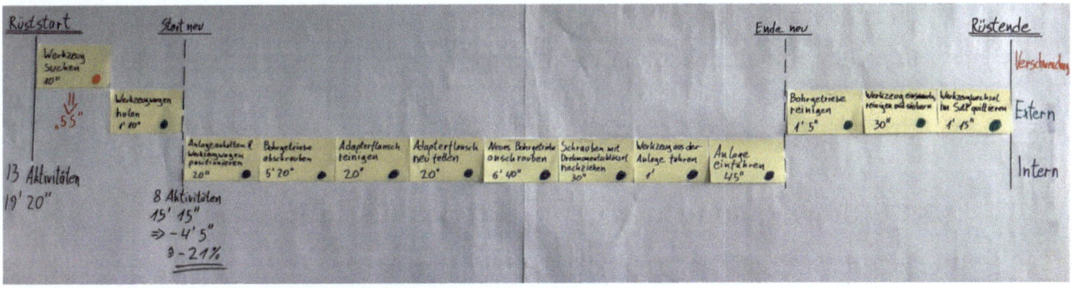

Bild 4.26 Neu strukturierter Rüstablauf

Das Ergebnis des neuen Rüstablaufs ist mit den beteiligten Mitarbeitern zu testen. Der Mitarbeiter, dessen Rüstablauf aufgezeichnet wurde, soll den Rüstablauf nach dem neuen Ablauf nochmals durchführen. Auch dieser neue Ablauf sollte per Video aufgezeichnet werden. So kann ein Vorher/Nachher-Vergleich sehr gut durchgeführt werden. Ebenso muss ein Standard-Rüstablauf mit Hilfe einer Checkliste oder in Form einer Arbeitsanweisung erstellt werden. Dies erleichtert es dem Maschinenbediener, die neuen Rüstvorgänge in der richtigen Reihenfolge durchzuführen. Da der neue Ablauf noch nicht eingespielt ist, ist die Checkliste eine große Hilfe. Sie kann später auch zur Wirksamkeitskontrolle in Form eines Audits verwendet werden.

Der Arbeitsplatz und die Maschine sind so einzurichten, wie es bei der Erstellung des neuen Ablaufs geplant wurde. Nach dem Einrichten sollte sich die Gruppe noch einmal zusammensetzen, um die neuen Erfahrungen sowie neu entstandene Ideen und Vorschläge auszutauschen und zu diskutieren. Der Mitarbeiter wird zwar noch nicht in der Lage sein, den neuen Ablauf sicher umzusetzen. Er wird aber ganz sicher gemerkt haben, dass er durch weniger Laufen, weniger Suchen und schnelleres Umrüsten viel entspannter arbeiten kann.

Entscheidend ist nun, dass die Verfahren, die zu diesen Ergebnissen führen, auch tatsächlich umgesetzt, weiter angewendet und damit nachhaltig eingeführt werden. Hierfür sind drei Maßnahmen entscheidend:

- Ein Umsetzungsplan muss erstellt werden, der Verantwortliche benennt und Fertigstellungstermine enthält. Dies muss realistisch passieren und die betroffenen Mitarbeiterinnen und Mitarbeiter mit einbeziehen. Das Ergebnis ist nicht nur eine schnellere, sondern auch eine nachhaltigere Umsetzung.
- Es müssen auch diejenigen Mitarbeiter über die Ergebnisse informiert werden, die nicht am Workshop teilgenommen haben. Denn Voraussetzung für Standardisierung und Nachhaltigkeit ist, dass alle Mitarbeiter den neuen Prozess kennen und anwenden. Die Ergebnisse sollten zeitnah von den beteiligten Anlagen- und Maschinenführern präsentiert werden, da dann der Austausch unter Kollegen stattfindet und aus Erfahrung und Überzeugung vorgetragene Aspekte eher akzeptiert werden. Der Produktionsleiter hat dagegen die Aufgabe, die Umsetzung zu überprüfen und sicherzustellen.
- Es sollten unverzüglich die Workshops für die nächsten beiden SMED-Stufen geplant werden. Nach der Umsetzung und Einführung in den Produktionsalltag sollte circa vier bis sechs Wochen später der Übergang zur zweiten Stufe erfolgen.

4.3.1.6 Umwandlung interner in externe Rüsttätigkeiten

Der zweite Workshop sollte mit den Teilnehmern des ersten Workshops durchgeführt werden. Folgende Fragen sollten dabei diskutiert werden: „Durch welche technischen Änderungen an der Anlage können interne Tätigkeiten in externe Tätigkeiten umgewandelt werden?“ Dies wird erreicht, indem jede interne Rüsttätigkeit hinterfragt wird und dann Möglichkeiten gefunden werden, diese Tätigkeiten durch externe Tätigkeiten zu ersetzen (siehe Bild 4.27). Dadurch werden sowohl die Maschinenstillstandszeiten als auch der gesamte Rüstprozess verkürzt.

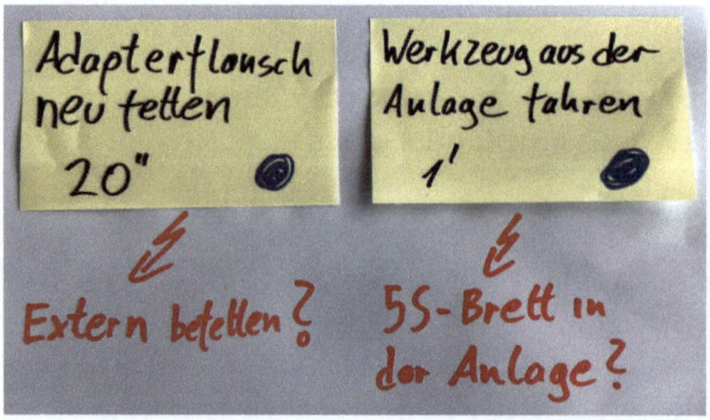

Bild 4.27 Potenzielle externe Rüsttätigkeiten

Es sind auch jene Ideen und Vorschläge zu berücksichtigen, die bereits im ersten Rüstworkshop zu diesem Thema genannt wurden. Die Reduzierung der Zeiten für einzelne Arbeitsgänge steht hier nicht im Vordergrund, da dies der Fokus des letzten SMED-Schritts ist.

4.3.1.7 Optimieren der Rüsttätigkeiten

Der dritte Workshop findet etwa vier bis sechs Wochen nach dem zweiten Workshop statt. Inhalt des dritten Schritts der SMED-Methode sind Überlegungen, wie jeder Prozessschritt oder jede Tätigkeit verkürzt werden kann. Dabei geht es um die Suche nach technischen Hilfsmitteln zur Reduzierung oder um die Anordnung von Werkzeugen in der Anlage. Hilfreich ist die Festlegung von Standards oder Schnellschüssen.

Wie bei den anderen Schritten des SMED kann auch hier auf andere Methoden zurückgegriffen werden, beispielsweise die 5S-Methode (Hirano 1995). Die Vorgehensweise ist analog zu den beiden anderen Workshops. Dafür sind systematisch alle Prozessschritte anhand des neuen Prozessablaufs durchzugehen. Auch hier kann zur besseren Analyse mit Videoaufzeichnungen gearbeitet werden. Hilfreich ist die Frage: „Was musss geändert werden, um diesen Prozessschritt zu verkürzen?“ Die Ideen und Vorschläge sind wieder auf einem Flipchart zu sammeln. Zusammenfassend nochmals kurz die wesentlichen Punkte von SMED:

- Festlegen, welche Maschine als Pilotanlage gerüstet wird.
- Filmen des Maschinenführers beim Rüsten. Der Dreh muss genehmigt sein.
- Alle Tätigkeiten, Handgriffe und Wege des Einrichters sind aufzunehmen.
- Analysieren des Filmmaterials.
- Aufschreiben jeder Tätigkeit samt ihrer Zeit auf Haftzettel.
- Trennen externer und interner Rüsttätigkeiten.
- Entwickeln eines neuen, verschwendungsarmen Rüstablaufs.
- Aufnehmen von Ideen, Maßnahmen und Vorschlägen der Teilnehmer und entwickeln eines realistischen Umsetzungsplans.
- Testen des neuen Ablaufs direkt an der Anlage.
- Die beteiligten Maschinenführer vermitteln die Maßnahmen an die anderen Mitarbeiter.
- Anschließendes Ausführen der SMED-Stufen drei und vier.

4.3.1.8 Umsetzung und Auditierung

Eine Schulung oder ein Workshop reicht nicht aus, um den neuen Rüstablauf nachhaltig einzuführen und umzusetzen. Dazu wird ein Umsetzungsplan erstellt, der alle

Maßnahmen enthält, die noch umgesetzt werden müssen. Während des Workshops werden sich weitere Aktivitäten ergeben, die verbessert werden können. So kann ein weiterer Kollege helfen, alle Vorbereitungen zu treffen, um die internen Rüstvorgänge so gering wie möglich zu halten und den Maschinenbediener beim Rüsten zu unterstützen. Eine weitere Möglichkeit ist der Einsatz ganzer Rüstteams. Diese können für eine Vielzahl von Maschinen eingesetzt werden.

Der Vorteil ist, dass es sich um eine eingespielte Gruppe von Fachkräften handelt, die sich nur mit den Maschinen beschäftigt, diese kennt und eine klare Aufgabenverteilung hat. Dadurch können die Rüstzeiten weiter reduziert werden. Voraussetzung für den erfolgreichen Einsatz eines Rüstteams ist die Sicherstellung der Verfügbarkeit.

Nach der Motivation der Mitarbeiterinnen und Mitarbeiter und der gemeinsamen Erarbeitung eines realistischen Umsetzungsplans kommt den Führungskräften die wichtigste Aufgabe zu, nämlich die Sicherstellung des neu definierten Rüstablaufs. Der neue Ablauf muss nicht nur von den am Workshop teilnehmenden Mitarbeitern umgesetzt werden, sondern von allen Mitarbeitern, die an der Maschine oder Anlage arbeiten. Deshalb muss die Einhaltung des neuen Standards regelmäßig überprüft werden. Die Führungskräfte und Verantwortlichen sollten dafür immer wieder vor Ort sein, um sich den neuen Ablauf anzuschauen und gegebenenfalls nachzubessern.

Im Rüstworkshop wurde eine Rüstablaufcheckliste erstellt, die für das Audit verwendet werden sollte. Für das Audit ist am besten ein Team von mindestens zwei Personen zusammenzustellen; ein Maschinenbediener und eine Führungskraft. Das Audit sollte regelmäßig und im Team durchgeführt werden. Nur so ist eine nachhaltige Umsetzung des neuen Rüstprozesses gewährleistet. Während des Audits sollten die Mitarbeiter folgende Punkte beachten:

- Ein Audit soll den Dialog zwischen Mitarbeitern und Führungskräften fördern.
- Das Audit sollte als Chance zur Verbesserung gesehen werden.
- Beim ersten Audit sollte Raum für Verbesserungen gelassen werden. Das Auditteam muss sich erst formen und eine ähnliche Sichtweise entwickeln.
- Die Ergebnisse sollten direkt mit den Beteiligten am Arbeitsplatz besprochen werden und Maßnahmen für die Umsetzung sollten abgeleitet werden.
- Die Arbeitnehmervertretung sollte beteiligt werden.
- Die Ergebnisse sollten visualisiert und kommuniziert werden.
- Es sollte ein Themenspeicher genutzt werden, um Ideen und Lösungsansätze festzuhalten.

In der Anfangsphase kann wöchentlich auditiert werden, bei kritischen Arbeitsplätzen auch öfter. Im Laufe der Zeit kann die Frequenz dann wieder reduziert werden. Es sollte Schritt für Schritt vorgegangen werden und Maßnahmen zeitnah umgesetzt werden. Nach drei bis fünf Monaten ist gegebenenfalls ein Audit pro Quartal ausreichend.

Fazit:

Die Eliminierung von Verschwendung ist eine der wichtigsten Aufgaben bei der Umsetzung von Lean Production. Sie ist Aufgabe aller Führungskräfte und Mitarbeiter. Die Rüstzeit hat einen direkten Einfluss auf Kennzahlen wie die Maschinenverfügbarkeit und damit auf die Produktivität einer Anlage. SMED ist eine Methode, um Rüstzeiten zu reduzieren und diese Verschwendung zu verringern. Realistischerweise können zwischen 30 % und 50 % der Rüstzeit eingespart werden. Das Ergebnis eines erfolgreichen Rüstworkshops ist, dass die Mitarbeiter/-innen vom persönlichen Nutzen überzeugt sind und die Umsetzung nachhaltig und mit Begeisterung durchführen.

4.3.2 Heijunka

Leitfragen im Umgang mit Heijunka:

- Wie sind die Kundenbedarfe?
- Welche Variante will der Kunde und wann?
- Wie groß sind unsere derzeitigen Losgrößen?
- Wie ist unser EPEI?

Wann benötigen Sie diese Methode?

Heijunka ist ein Konzept, das darauf abzielt, die Produktion auf eine gleichmäßige und kontinuierliche Auslastung auszurichten. Es verwendet verschiedene Methoden, wie Produktionsglättung, Kapazitätsanpassung oder flexible Produktion. Heijunka wird benötigt, wenn die Produktion auf eine gleichmäßige und kontinuierliche Auslastung ausgerichtet werden soll, die Schwankungen in der Nachfrage minimiert werden sollen, die Lagerbestände reduziert werden sollen, die Durchlaufzeit minimiert werden soll oder die Flexibilität und Anpassungsfähigkeit an Kundenanforderungen erhöht werden sollen.

Heijunka steht für die Nivellierung oder Glättung von Produktionsprozessen und spielt eine entscheidende Rolle bei der Optimierung der Produktionsabläufe. Im Kern zielt Heijunka darauf ab, die Produktion so zu gestalten, dass Schwankungen in der Nachfrage und in der Auslastung der Produktionsressourcen minimiert werden. Dies ist besonders wichtig in traditionellen Produktionsumgebungen, wo stark schwankende Nachfragen oft zu ineffizienten Abläufen führen. Diese können durch Überlastung der Maschinen und Mitarbeiter oder durch Leerlaufzeiten gekennzeichnet sein.

Heijunka adressiert diese Probleme, indem es die Produktion stabilisiert und eine gleichmäßige Auslastung der Ressourcen sicherstellt. Diese Methode ist besonders wertvoll in einem volatilen Marktumfeld, in dem Flexibilität und schnelle Reaktionsfähigkeit auf Kundenanforderungen von entscheidender Bedeutung sind. Heijunka weist dabei Parallelen zu dem Logistikkonzept Just in Sequence auf (Hüttmeir u. a. 2009).

Weiterführende Literatur – Fachaufsätze:

Judith Matzka, Maria Di Mascolo und Kai Furmans (2012). „Buffer sizing of a Heijunka Kanban system". In: *Journal of intelligent manufacturing* 23, S. 49–60 oder Andreas Hüttmeir u. a. (2009). „Trading off between heijunka and just-in-sequence". In: *International journal of production economics* 118.2, S. 501–507.

Heijunka basiert auf zwei grundlegenden Prinzipien: der Nivellierung der Produktionsmenge und der Nivellierung der Produktvielfalt. Die Nivellierung der Produktionsmenge zielt darauf ab, die Gesamtproduktionsmenge über einen bestimmten Zeitraum hinweg zu glätten. Dies bedeutet, dass die Produktion konstant gehalten wird, um den durchschnittlichen Kundenanforderungen zu entsprechen, anstatt auf kurzfristige Nachfrageschwankungen zu reagieren.

Die Nivellierung der Produktvielfalt hingegen bezieht sich auf die gleichmäßige Verteilung der Produktion verschiedener Produkttypen über den Produktionszeitraum. Anstatt große Chargen eines einzelnen Produkttyps zu produzieren und dann zu einem anderen Typ zu wechseln, werden die Produkttypen in kleineren, häufigeren Losen hergestellt (siehe Bild 4.28). Heijunka trägt zu einer stabileren Produktionsumgebung bei, reduziert die Notwendigkeit für Lagerhaltung und ermöglicht es, schneller auf Änderungen in der Kundennachfrage zu reagieren.

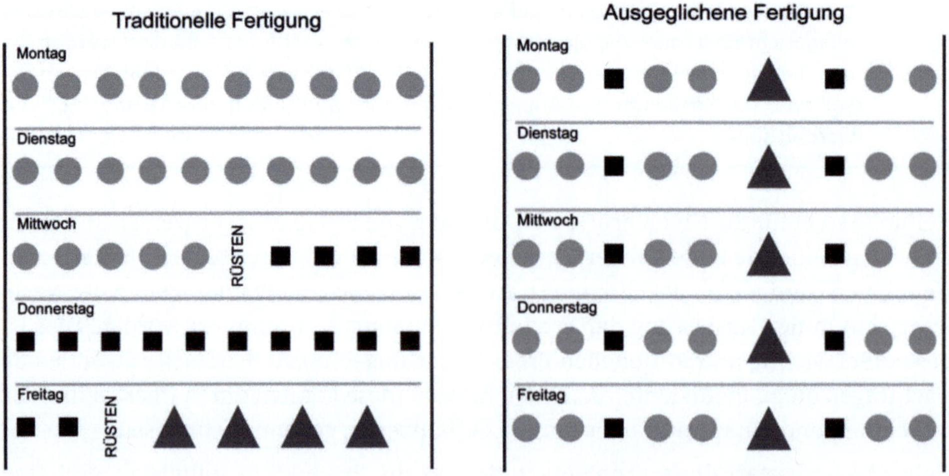

Bild 4.28 Traditionelle und geglättete Produktionsplanung (Liker 2004)

Die Vorteile von Heijunka sind vielfältig. Ein wichtiger Vorteil ist die Reduzierung von Überproduktion und Lagerbeständen. Durch die gleichmäßige Verteilung der Produktionsmengen wird Überproduktion vermieden, was die Lagerbestände erheblich senkt. Zudem verbessert Heijunka die Ressourcennutzung, da eine gleichmäßige Produktionsauslastung zu einer effizienteren Nutzung von Maschinen, Personal und Materialien führt. Ein weiterer Vorteil ist die erhöhte Flexibilität in der Produktion. Da Heijunka kleinere, häufigere Produktionslose ermöglicht, kann das Unternehmen schneller auf Nachfrageänderungen reagieren. Darüber hinaus stabilisiert Heijunka die Lieferkette, da eine gleichmäßigere Nachfrageplanung es auch den Lieferanten ermöglicht, ihre Lieferungen effizienter zu gestalten. Letztlich trägt Heijunka auch zur Qualitätsverbesserung bei, da die Reduzierung von Schwankungen in der Produktion das Risiko von Fehlern und Ausschuss verringert.

Die Einführung von Heijunka in einem produzierenden Unternehmen stellt jedoch eine erhebliche Herausforderung dar. Eine der größten Herausforderungen besteht in der notwendigen kulturellen Veränderung innerhalb des Unternehmens. Die Mitarbeiter müssen verstehen, warum eine gleichmäßige Produktionsauslastung wichtig ist und wie sie zur Verbesserung der Gesamtleistung des Unternehmens beiträgt. Dies erfordert umfangreiche Schulungen und eine kontinuierliche Kommunikation der Vorteile von Heijunka.

Ein weiterer kritischer Aspekt ist die enge Abstimmung mit der Lieferkette. Da Heijunka eine gleichmäßige Produktion erfordert, müssen auch die Lieferanten in der Lage sein, ihre Lieferungen entsprechend zu glätten, was möglicherweise eine Anpassung der Lieferverträge und eine intensivere Zusammenarbeit erfordert.

Die Implementierung von Heijunka in einem produzierenden Unternehmen erfordert einen strukturierten Ansatz, der in mehreren Phasen abläuft. Zunächst ist eine detaillierte Analyse der aktuellen Produktionsprozesse und der Nachfrage erforderlich. Diese Analyse umfasst die Wertstromanalyse, die Nachfragemusteranalyse und eine Bestandsaufnahme der Produktionskapazität.

Basierend auf den Analyseergebnissen wird dann ein Plan zur Produktionsnivellierung entwickelt. Dieser Plan beinhaltet die Festlegung der Taktzeit, die Erstellung eines Heijunka-Produktionsplans und das Design von Heijunka-Boxen, die als visuelle Hilfsmittel dienen, um die Produktion nach einem festgelegten Plan zu organisieren. Um dies umzusetzen, ist die Fähigkeit, kurze Rüstzeiten zu realisieren, unerlässlich (Abschnitt 4.3.1).

Im nächsten Schritt folgt die Durchführung eines Pilotprojekts in einem ausgewählten Produktionsbereich. Dieses Projekt dient dazu, die geplanten Maßnahmen in der Praxis zu testen und die Ergebnisse sorgfältig zu überwachen. Auf Grundlage der Erfahrungen aus dem Pilotprojekt kann die Heijunka-Strategie dann schrittweise auf andere Bereiche des Unternehmens ausgeweitet werden. Ein wesentlicher Teil der Einführung von Heijunka ist auch die Schulung der Mitarbeiter.

Regelmäßige Workshops und Schulungen sind notwendig, damit die Mitarbeiter die neuen Abläufe verstehen und anwenden können. Die Einbindung der Mitarbeiter in die Planung und Umsetzung der Heijunka-Strategie fördert zudem das Engagement und die Akzeptanz. Schließlich ist Heijunka ein kontinuierlicher Prozess, der ständige Überwachung und Anpassung erfordert. Regelmäßige Überprüfungen und kontinuierliche Verbesserungsmaßnahmen (Kaizen, Abschnitt 4.1.3) helfen dabei, den Produktionsprozess ständig zu optimieren.

Ein erfolgreiches Beispiel für die Implementierung von Heijunka ist Toyota, das Unternehmen, das diesen Begriff geprägt und die Methode in seiner Produktion etabliert hat. Durch die gleichmäßige Produktion konnte Toyota die Produktionskosten senken, die Qualität verbessern und schneller auf Veränderungen in der Kundennachfrage reagieren.

Fazit:

Heijunka ist eine wichtige Methode von Lean Production, die Unternehmen dabei hilft, Schwankungen in der Produktion zu glätten und eine stabile, effiziente und flexible Produktionsumgebung zu schaffen. Die Implementierung erfordert sorgfältige Planung, eine enge Zusammenarbeit mit der Lieferkette und ein starkes Engagement der Mitarbeiter. Unternehmen, die Heijunka erfolgreich umsetzen, können ihre Wettbewerbsfähigkeit nachhaltig stärken und sich besser an die dynamischen Anforderungen des Marktes anpassen.

4.3.3 Poka Yoke

Leitfragen im Umgang mit Poka Yoke:

- Welche Fehler können in dem Arbeitsschritt passieren?
- Durch welche Vorrichtung oder Maßnahmen lassen sich diese Fehler faktisch vermeiden?

Wann benötigen Sie diese Methode?

Poka Yoke ist insbesondere sinnvoll für die Produktion mit hohen Anforderungen an Qualität und Sicherheit, für die Produktion mit komplexen Prozessen und für eine Produktion mit hohen Stückzahlen. Poka Yoke zielt darauf ab, die Fehlerquote in einer Produktion zu minimieren, die Qualität von Produkten oder Dienstleistungen zu verbessern, die Sicherheit von Mitarbeitern und Kunden zu erhöhen und die Produktivität und Effizienz zu steigern.

Poka Yoke bezeichnet eine japanische Methode, deren Ursprünge in den 1960er-Jahren liegen und die von Shigeo Shingo, einem japanischen Ingenieur und Managementberater, entwickelt wurde. Der Begriff Poka Yoke lässt sich mit Fehlersicherung oder Fehlervermeidung übersetzen. Diese Methode stellt einen zentralen Bestandteil des TPS dar, welches darauf abzielt, Verschwendung zu minimieren und die Effizienz in Produktionsprozessen zu maximieren.

Die Erkenntnis, dass kein Mensch und auch kein System in der Lage ist, unbeabsichtigte Fehler vollständig zu vermeiden, bildet die Ausgangsbasis für Poka Yoke. Poka Yoke zielt darauf ab, durch den Einsatz einfacher und effektiver Systeme zu verhindern, dass Fehlhandlungen im Fertigungsprozess zu Fehlern am Endprodukt führen. Poka Yoke fokussiert sich auf den Einsatz von technischen Hilfsmitteln. Die Implementierung dieser Lösungen ist in der Regel mit geringen Kosten verbunden und kann ohne Verzögerung erfolgen. Es sei jedoch darauf hingewiesen, dass die Fehlerursachen häufig in einem früheren Stadium des Produktentstehungsprozesses liegen und dort auch mit einem wesentlich geringeren Aufwand verhindert werden können.

Weiterführende Literatur - Bücher:

Jochen Peter Sondermann (2018). *Poka Yoke*. Carl Hanser Verlag und Shigeo Shingo (1986). *Zero Quality Control: Source Inspection and the Poka-Yoke System*. Productivity Press.

Die Grundidee von Poka Yoke besteht in der Vermeidung bzw. sofortigen Erkennung von Fehlern durch einfache, kostengünstige Vorrichtungen oder Maßnahmen. Die Zielsetzung besteht in der Reduzierung der Möglichkeit menschlicher Fehler durch die Gestaltung der Arbeitsumgebung, Prozesse und Werkzeuge derart, dass Fehler entweder unmöglich gemacht werden oder unmittelbar auffallen, sofern sie auftreten. Poka-Yoke-Maßnahmen lassen sich in drei Hauptkategorien einteilen:

1. Vorbeugende Maßnahmen: Diese zielen darauf ab, Fehler von vornherein zu verhindern. Beispiele hierfür sind mechanische Führungen, die sicherstellen, dass Teile nur in einer bestimmten Ausrichtung montiert werden können, oder Softwarebeschränkungen, die verhindern, dass falsche Daten eingegeben werden.
2. Entdeckende Maßnahmen: Diese zielen darauf ab, Fehler sofort zu erkennen, sobald sie auftreten. Hierzu zählen visuelle oder akustische Signale, die den Bediener alarmieren, wenn ein Fehler passiert, sowie Vorrichtungen, die automatisch den Produktionsprozess stoppen, wenn ein Fehler erkannt wird.
3. Mindernde Maßnahmen: Diese Maßnahmen minimieren die Auswirkungen von Fehlern, die nicht verhindert werden können. Ein Beispiel wäre ein System, das fehlerhafte Produkte automatisch aussortiert, bevor sie den nächsten Produktionsschritt erreichen.

Als Beispiele für Poka Yoka aus dem täglichen Leben können Briefumschläge mit Sichtfenster für die Adressen angeführt werden. Die Eintragung der Adresse auf dem Briefkopf gewährleistet, dass der richtige Brief niemals an den unpassenden Empfänger gesendet wird. Sofern Briefkopf und Briefumschlag separat voneinander beschriftet werden, beispielsweise aufgrund der fehlenden Sichtfensterfunktion des Briefumschlags, kann es zu Verwechselungen kommen. In diesem Szenario besteht die Möglichkeit, dass ein Brief in einen nicht dafür vorgesehenen Umschlag gesteckt wird.

In Produktionsbetrieben besteht die Möglichkeit, Vorrichtungen mit besonderen Geometrien oder Orientierungspunkten auszustatten, um zu verhindern, dass Teile falsch herum in die Vorrichtung eingelegt werden. Auch bei der Montage von Bauteilen kann dieses Prinzip Anwendung finden. Asymmetrische Aufbauten oder Rastnasen verhindern eine Fehlmontage. Ein wesentlicher Vorteil von Poka Yoke ist die Steigerung der Qualität und Zuverlässigkeit von Produkten.

Weiterführende Literatur – Fachaufsätze:

Abraham Zhang (2014). „Quality improvement through Poka-Yoke: from engineering design to information system design". In: *International Journal of Six Sigma and Competitive Advantage* 8.2, S. 147–159.

Durch die Reduzierung von Fehlern und Nacharbeiten tragen Poka-Yoke-Maßnahmen dazu bei, die Produktionskosten zu senken und die Kundenzufriedenheit zu erhöhen. Darüber hinaus verbessern sie die Arbeitsbedingungen, indem sie den Stress und die Frustration der Mitarbeiter verringern, die durch häufige Fehler und die damit verbundene Nacharbeit entstehen. Poka Yoke ist zudem ein Beispiel für den kontinuierlichen Verbesserungsprozess (Kaizen), welcher einen Grundpfeiler der Lean Production darstellt. Durch die ständige Identifizierung und Beseitigung von Fehlerquellen erfolgt eine kontinuierliche Optimierung der Produktion. Dies führt zu einer Kultur der ständigen Verbesserung, in der jeder Mitarbeiter aktiv zur Fehlervermeidung beiträgt. Poka Yoke hat sich über die Fertigung hinaus verbreitet und findet Anwendung in Bereichen wie Dienstleistungsprozessen, Gesundheitswesen und IT. In der Softwareentwicklung können Poka-Yoke-Prinzipien beispielsweise eingesetzt werden, um Benutzeroberflächen so zu gestalten, dass Eingabefehler minimiert werden, oder um automatische Prüfungen zu implementieren, die sicherstellen, dass der Code fehlerfrei ist.

Fazit:

Poka Yoke ist eine einfache, aber äußerst effektive Methode zur Fehlervermeidung, die tief in der Philosophie der Lean Production verwurzelt ist. Durch die Kombination von Vorbeugungs-, Entdeckungs- und Minderungsstrategien trägt Poka Yoke dazu bei, die Qualität zu verbessern, Kosten zu senken und die Zufriedenheit der Mitarbeiter und Kunden zu erhöhen.

4.3.4 Low Cost Automation

Leitfragen im Umgang mit Low Cost Automation (LCA):

- Haben wir repetitive Arbeitsschritte?
- Welche Prozessschritte lassen sich automatisieren?
- Gibt es die Möglichkeit, dies mit einfachen Hilfsmitteln zu erreichen?
- Gibt es die Möglichkeit für einfache Mensch-Maschine-Kollaboration?

Wann benötigen Sie diese Methode?

LCA wird benötigt, wenn die Automatisierung von Prozessen und Aufgaben erforderlich ist, aber das Budget begrenzt ist, die Produktivität und Effizienz gesteigert werden sollen, ohne hohe Investitionen zu tätigen, die Flexibilität und Anpassungsfähigkeit an Kundenanforderungen erhöht werden sollen, und die Mitarbeiter von repetitiven und ermüdenden Aufgaben entlastet werden sollen. LCA ist insbesondere sinnvoll in kleinen und mittlere Unternehmen mit begrenzten Ressourcen, Produktion mit einfachen und sich wiederholenden Aufgaben und für Unternehmen, die schrittweise automatisieren möchten.

LCA spielt eine bedeutende Rolle in der Lean Production, da sie eine kostengünstige und effiziente Möglichkeit bietet, Produktionsprozesse zu automatisieren und zu optimieren (Seifermann u. a. 2014). Sie steht im Einklang mit den Grundprinzipien von Lean Production, die darauf abzielen, Verschwendung zu eliminieren, die Effizienz zu steigern und die Wertschöpfung zu maximieren. Gemeinhin wird LCA assoziiert mit Automatisierung mit geringem Finanzeinsatz. Größere Investitionen werden nicht notwendig, da diese angepasste Automatisierung oder Lean Automation, wie die LCA auch genannt wird, auf bestehende Ressourcen bei Technik und Personal zurückgreift. Umgestaltet werden bestehende Arbeitssysteme. Dies erfolgt, indem die vorhandene technische Ausstattung, also Arbeitsmittel wie Maschinen und Anlagen, mithilfe von auf dem Markt erhältlichen Standardkomponenten auf- oder umgerüstet wird.

Um eine problemlose Umstellung zu ermöglichen, werden die Beschäftigten unterwiesen und geschult, um die veränderten oder neuen Abläufe zu bewältigen. Das Ziel ist, die Produktivität zu erhöhen, indem die Kosten für die wertschöpfenden Kernprozesse sowie die Durchlaufzeiten bei der Leistungserstellung reduziert und die Flexibilität bei der Auftragsbearbeitung gesteigert werden. LCA ist eine Möglichkeit, auf sich ändernde Trends und damit auch auf die sich oft rasch ändernden Kundenanforderungen zu reagieren. Denn die Herausforderungen, um im Wettbewerb bestehen zu können, wachsen. Die Produktlebenszyklen werden immer kürzer, die Bedarfsmengen schwanken und die Komplexität der Fertigung nimmt aufgrund der steigenden Varianz der Produkte sowie der Individualisierung der Angebote zu. Die Aufwendungen für Investitionen, um Fertigungseinrichtungen entsprechend umzustellen, sind oft immens.

Ein zentraler Aspekt der LCA ist die Kosteneffizienz. LCA ermöglicht es Unternehmen, Automatisierungslösungen zu implementieren, ohne hohe Investitionen in teure Maschinen und Technologien tätigen zu müssen. Dies ist besonders vorteilhaft für kleine und mittelständische Unternehmen, die möglicherweise nicht über die finanziellen Mittel für traditionelle, hochpreisige Automatisierung verfügen. Durch den Einsatz kostengünstiger, aber effektiver Automatisierungslösungen können Unternehmen ihre Produktionskosten senken und ihre Wettbewerbsfähigkeit erhöhen. Ein weiterer Vorteil der LCA ist die Flexibilität und Anpassungsfähigkeit. LCA bietet eine hohe Flexibilität und Anpassungsfähigkeit, da die Systeme in der Regel modular und einfach zu modifizieren sind.

Dies ist besonders wichtig in einer Lean-Umgebung, wo kontinuierliche Verbesserungen und Anpassungen an sich ändernde Anforderungen und Bedingungen Teil des täglichen Betriebs sind. Ein zentrales Ziel von Lean Production ist die Reduzierung von Verschwendung (Muda, siehe Abschnitt 4.1.2). LCA trägt erheblich dazu bei, Verschwendung zu minimieren, indem sie Prozesse automatisiert, die sonst manuelle Eingriffe erfordern würden. Dies kann die Zykluszeiten verkürzen, die Qualität verbessern und die Notwendigkeit für Nacharbeit oder Ausschuss verringern. Automatisierungslösungen helfen auch, die Arbeitsbelastung der Mitarbeiter zu reduzieren und ergonomische Belastungen zu minimieren, was wiederum die Produktivität und das Wohlbefinden der Mitarbeiter steigert.

Treiber der LCA sind die Beschäftigten. Sie wissen als Experten in ihrem Bereich, am Gemba, dem Ort des Geschehens, welche einfachen und kostengünstigen Lösungen eine große Wirkung entfalten und die Arbeitsabläufe vereinfachen und beschleunigen können. Die Mitarbeiter werden über den kontinuierlichen Verbesserungsprozess eingebunden, um eine schnelle Einführung und Umsetzung von Lösungen zu erreichen. Da viele der Vorschläge von den direkt Betroffenen stammen, ist die Akzeptanz der Maßnahmen hoch; die Veränderungen werden von den so Beteiligten mitgetragen. Bei einer nachhaltigen, kontinuierlichen Optimierung des Wertstroms und der Wertschöpfung durch LCA werden drei Prinzipien verfolgt:

1. Die ergonomische Gestaltung der Arbeitssysteme und der Einsatz einfacher Geräte. Gerade bei repetitiven, sich oft wiederholenden Arbeitsabläufen lassen sich so überflüssige Bewegungen sowie körperliche und psychische Belastungen der Beschäftigten verringern. Zudem kann oft der Personaleinsatz reduziert werden. Verschwendung wird damit vermindert.
2. Das Linienaufbaukonzept. Dabei werden die Prinzipien einfache Installation und Anwendung, sowie Nutzung von kostengünstigem und wiederverwendbarem Material, umgesetzt.
3. Bedarfsgerechte Neuentwicklungen. Sinnvolle Neuerungen werden selbst entwickelt und umgesetzt. Dies betrifft einerseits mechanische Vorrichtungen und automatisierte Steuerungssysteme, etwa durch die Verwendung von Sensoren und Aktoren. Andererseits kann auch die Programmierung von Software oder die Nut-

zung von Informations- und Kommunikationstechnik einbezogen werden. Hier setzt die Low Cost *Intelligent* Automation an.

Die praktische Umsetzung von LCA umfasst verschiedene Ansätze und Technologien. Ein häufiger Ansatz ist die Verwendung einfacher Mechanismen und Vorrichtungen, statt komplexer und teurer Automatisierungssysteme. Beispiele hierfür sind pneumatische oder mechanische Vorrichtungen, die wiederholbare Aufgaben mit minimalem menschlichem Eingriff ausführen können. Ein weiterer Ansatz ist die Nutzung bestehender Technologien. LCA kann durch die Integration und Optimierung vorhandener Technologien erreicht werden, etwa durch den Einsatz von preiswerten Sensoren, Aktuatoren und Steuerungssystemen, die leicht in bestehende Produktionsanlagen integriert werden können.

Die intelligente Variante der LCA beruht auf der Erkenntnis, dass eine Automatisierung bei einigen Abläufen nicht immer günstiger ist als der Einsatz von Menschen. So können beispielsweise bestimmte Tätigkeiten oder Bewegungsabläufe nur mit erheblichem Aufwand automatisiert werden. Dazu gehört etwa das Erkennen der Ausrichtung von Teilen, was beim Bestücken von Maschinen oder bei der Positionierung bei der Montage von Bedeutung ist. Aber auch der Umgang mit kleinen Abweichungen oder Ungenauigkeiten bei Maßen oder das Erkennen von Materialfehlern ist von Menschen eher zu leisten als von Automaten. Ziel dieser Low Cost *Intelligent* Automation ist, diese menschlichen Fähigkeiten mit der Automatisierung zu kombinieren, um optimale Lösungen zu finden. Intelligente Anwendungen können so die Wirtschaftlichkeit eines Unternehmens erhöhen und zum Alleinstellungsmerkmal werden.

Dazu werden, nach Umsetzung der drei grundlegenden LCA-Prinzipien, maschinelle und menschliche Tätigkeiten getrennt. Einerseits werden einzelne elementare Tätigkeiten von Menschen, sogenannte Vorgangselemente, ebenso wie die dazu notwendigen Informationen und deren Verarbeitung auf einfache Automaten übertragen. Diese sollten möglichst im eigenen Unternehmen entworfen werden, damit sie schnell und mit geringen Investitionskosten realisiert und jeweils an neue Gegebenheiten angepasst werden können. Andererseits werden die Betriebsmittel mit intelligenten Systemen ausgestattet, die in der Lage sind, Unregelmäßigkeiten und Störungen zu erkennen. Über deren Auftreten wird dann der Mensch als Bediener informiert. Gegebenenfalls kann die Produktion auch automatisch gestoppt werden, um die Weitergabe von Teilen mit Qualitätsmängeln zu verhindern.

Viele Unternehmen setzen auf einen Do-It-Yourself-Ansatz bei der Implementierung von LCA. Dies bedeutet, dass interne Teams einfache Automatisierungslösungen entwickeln und implementieren, oft unter Verwendung von Open-Source-Hardware und -Software. Dieser Ansatz fördert Innovation und Kreativität und nutzt das Wissen und die Fähigkeiten der Mitarbeiter optimal. Ein weiterer Ansatz zur Umsetzung von LCA ist die schrittweise Automatisierung. Statt eine vollständige Automatisierung auf einmal umzusetzen, kann ein schrittweiser Ansatz gewählt werden. Unternehmen können mit der Automatisierung einfacher Prozesse beginnen und nach und nach komplexere Aufgaben automatisieren. Dies reduziert das finanzielle Risiko und ermöglicht es dem Unternehmen, die Automatisierungsergebnisse kontinuierlich zu bewerten und anzupassen.

LCA bietet eine Reihe von Vorteilen (Gamberini u. a. 2009). So stellt die Verfügbarkeit knapper finanzieller Ressourcen oft keine Einschränkung für LCA dar, die ansonsten geringe Investitionen erfordert und kurze Amortisationszeiten gewährleistet. Eine aufwendige Automatisierung erfordert eine zeitintensive Nutzung, um ausreichend kosteneffektiv zu sein. Häufiges Rüsten kann zu hohen Produktionskosten führen. Andererseits können kleine Produktionschargen, die für kleine und mittlere Industrien typisch sind, mithilfe der LCA rentabel gemacht werden. Bei der LCA geht es um eine gute Ausnutzung der Rohstoffe, einen geringen WIP und einen geringen Ausschuss. Die Arbeitsproduktivität kann erheblich gesteigert werden, vor allem durch die Reduzierung fehlerhafter Produkte, die Ressourcen und Zeit verbrauchen, ohne den Gewinn zu sichern. Geräte, die den LCA-Prinzipien folgen, werden rund um die vorhandenen Maschinen und Personen implementiert, die bereits am Herstellungsprozess beteiligt sind. Daher erfolgen Änderungen schrittweise, reibungslos und sehr kosteneffektiv. Die zur Umsetzung der LCA-Prinzipien verwendeten Technologien sind in der Regel leicht zu verstehen, zu warten und zu aktualisieren. Dadurch sind die Verluste bei Inbetriebnahme oder Ausfällen minimal. LCA-Komponenten sind oft flexibel, wiederverwendbar und sehr gut an Änderungen der Produkteigenschaften oder Marktbedingungen anpassbar. Oft ist der Widerstand der Arbeitskräfte gegen die Umsetzung minimal, da LCA nicht darauf abzielt, menschliche Aktivitäten zu eliminieren; vielmehr verbessert es sie, indem es Ermüdung bei der Arbeit minimiert. LCA beruht damit auf sechs Säulen:

1. Geringe Komplexität
2. Ergonomische Gestaltung, um Bedienerfreundlichkeit zu gewährleisten
3. Robustheit des Systems, also Prozessstabilität
4. Angemessener Automatisierungsgrad
5. Neuentwicklung unter Einbeziehung der eigenen Mitarbeiter
6. Kostenvorteile durch niedrige Investitionen und einfacheren Betrieb und Wartung

Fazit:

LCA spielt eine zentrale Rolle in der Lean Production, indem sie es Unternehmen ermöglicht, Automatisierungslösungen kostengünstig und flexibel zu implementieren. Dies führt zu einer Reduzierung von Verschwendung, einer Verbesserung der Qualität, einer Steigerung der Produktivität und einer besseren Anpassungsfähigkeit an Marktveränderungen. Durch den Einsatz von einfachen, aber effektiven Automatisierungstechnologien können Unternehmen ihre Produktionsprozesse optimieren und ihre Wettbewerbsfähigkeit steigern, ohne hohe Investitionen tätigen zu müssen.

4.3.5 Total Productive Maintenance

Leitfragen im Umgang mit Total Productive Maintenance (TPM):

- Wie viel Zeit steht die Maschine planmäßig zur Verfügung?
- Wie viel Zeit steht die Maschine faktisch zur Verfügung?
- Was sind Stör- und Verlustzeiten?
- Wie hoch sind die Qualitätsquote und die Prozessstabilität?
- Wie viele Varianten müssen auf der Maschine gefertigt werden?
- Wie oft wird gerüstet und wie oft müsste eigentlich gerüstet werden?
- Was sind die entsprechenden Durchlaufzeiten, Taktzeiten und Zykluszeiten?

Wann benötigen Sie diese Methode?

TPM wird benötigt, wenn die Anlagenverfügbarkeit und -zuverlässigkeit maximiert werden soll, die Wartungskosten minimiert werden sollen, die Produktivität und Effizienz gesteigert werden sollen, die Qualität von Produkten oder Dienstleistungen verbessert werden soll und die Sicherheit von Mitarbeitern und Anlagen erhöht werden soll. Durch die Anwendung von TPM können Unternehmen ihre Anlagenverfügbarkeit maximieren, die Wartungskosten minimieren und die Produktivität steigern.

TPM ist ein umfassendes Instandhaltungs- und Produktionsmanagementsystem, das entwickelt wurde, um die Effizienz von Maschinen und Anlagen in der Produktion durch präventive Wartung und die Beteiligung aller Mitarbeiter zu maximieren. Ursprünglich in Japan, insbesondere durch das TPS, entwickelt, ist TPM eine der zentralen Säulen der Lean Production. Ziel ist es, Stillstandszeiten und Maschinenausfälle zu minimieren, um die Produktivität zu steigern und die Produktqualität zu sichern. Durch TPM soll eine vollständige Integration von Wartungsaufgaben in den Arbeitsalltag erfolgen, wobei die Maschinenbediener und Wartungstechniker eng zusammenarbeiten, um die Anlagen stets in einem optimalen Zustand zu halten.

Das Hauptziel von TPM ist die Maximierung der Anlagenproduktivität über den gesamten Lebenszyklus der Maschinen. Dies bedeutet, dass nicht nur ungeplante Ausfälle reduziert, sondern auch geplante Stillstände, langsame Maschinenleistung und Qualitätsprobleme minimiert werden sollen. Der Zweck von TPM ist es, Verluste im Produktionsprozess zu beseitigen, die die Effektivität der Maschinen verringern, und gleichzeitig eine Unternehmenskultur zu fördern, in der die Mitarbeiter Verantwortung für ihre Arbeitsumgebung und die Maschinen, mit denen sie arbeiten, übernehmen. Dadurch wird nicht nur die Verfügbarkeit der Maschinen erhöht, sondern auch die Motivation und das Verständnis der Mitarbeiter für die Funktionsweise der Maschinen gesteigert. Bild 4.29 zeigt die historische Entwicklung von TPM über die letzten Jahrzehnte, basierend auf den jeweiligen Konzepten zu Ihrer Zeit.

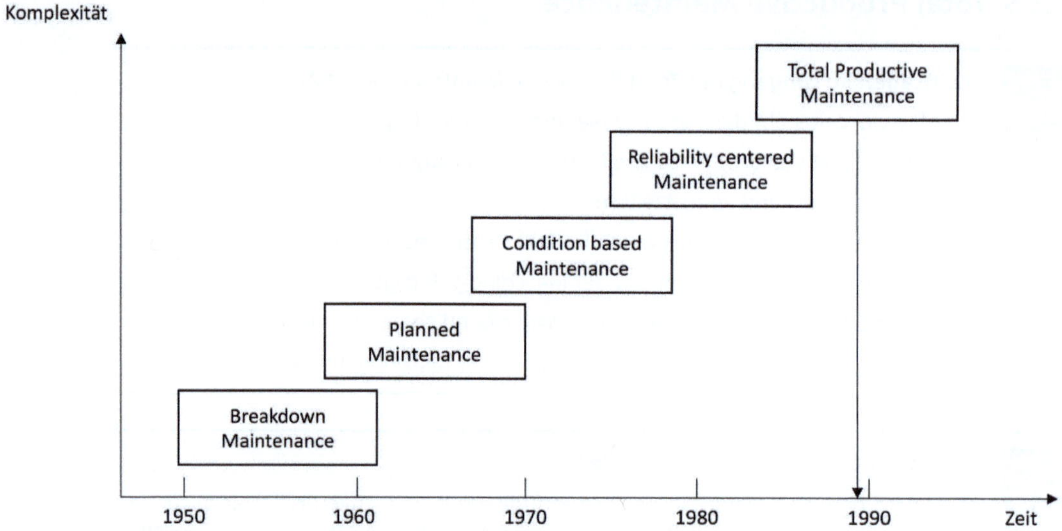

Bild 4.29 Ursprung von TPM (Jain, Bhatti und Singh 2014)

Weiterführende Literatur – Bücher:

Franz J. Brunner (2023). *Japanische Erfolgskonzepte: KAIZEN, KVP, Lean Production Management, Total Productive Maintenance, Shopfloor Management, Toyota Production System, GD3-Lean Development*. Carl Hanser Verlag, Productivity Press Development Team (1996a). *TPM for Every Operator*. Productivity Press oder Productivity Press Development Team (1996b). *TPM for Supervisors*. Productivity Press.

4.3.5.1 Der Aufbau von TPM

TPM basiert auf acht wesentlichen Säulen, die alle auf unterschiedliche Bereiche der Produktions- und Instandhaltungsoptimierung abzielen (Jain, Bhatti und Singh 2014):

1. Die erste Säule, die autonome Instandhaltung, überträgt grundlegende Wartungsaufgaben wie Reinigung, Schmierung und Inspektionen auf die Maschinenbediener selbst. Ziel ist es, die Maschinenbediener in die Lage zu versetzen, selbstständig kleinere Probleme zu erkennen und zu beheben, bevor sie zu größeren Störungen führen. Dadurch wird die Maschinenverfügbarkeit erhöht, und die Wartungstechniker können sich auf komplexere Aufgaben konzentrieren.
2. Die geplante Instandhaltung, die zweite Säule, sorgt dafür, dass regelmäßige, präventive Wartungsmaßnahmen durchgeführt werden, um die Zuverlässigkeit der Maschinen zu gewährleisten. Dies bedeutet, dass Wartungsarbeiten nicht erst dann stattfinden, wenn ein Problem auftritt, sondern in festgelegten Intervallen, basie-

rend auf den spezifischen Anforderungen der Maschinen und ihrer Nutzung. Durch diese systematische Wartung werden Notfallreparaturen minimiert und die Lebensdauer der Maschinen verlängert.

3. Die dritte Säule, die Qualitätswartung, zielt darauf ab, die Maschinenleistung so zu optimieren, dass Qualitätsprobleme vermieden werden. Durch präzise Wartungsprozesse wird sichergestellt, dass Maschinen stabile und gleichbleibend hochwertige Produkte herstellen. Fehlerquellen werden identifiziert und beseitigt, bevor sie die Produktion beeinträchtigen, was letztlich zu einer Verbesserung der Produktqualität führt.
4. Die kontinuierliche Verbesserung bildet die vierte Säule von TPM. Kaizen-Teams, die sich aus Mitarbeitern verschiedener Abteilungen zusammensetzen, arbeiten gemeinsam daran, ineffiziente Prozesse zu identifizieren und schrittweise Verbesserungen umzusetzen. Das Ziel ist es, alle Arten von Verlusten zu minimieren, wie lange Rüstzeiten oder unnötige Wartezeiten, und die Effizienz der Produktion kontinuierlich zu steigern.
5. Die fünfte Säule von TPM umfasst die Schulung und Ausbildung der Mitarbeiter. Eine erfolgreiche Implementierung von TPM erfordert gut geschulte Mitarbeiter, die sowohl in der Bedienung als auch in der Wartung der Maschinen geschult sind. Regelmäßige Schulungen sorgen dafür, dass das Personal stets über die neuesten Technologien und Verfahren informiert ist und in der Lage ist, Probleme proaktiv zu lösen.
6. Ein weiterer wesentlicher Aspekt von TPM betrifft die Sicherheit, Gesundheit und Umweltschutz, die die sechste Säule darstellen. Diese Säule zielt darauf ab, ein sicheres und gesundes Arbeitsumfeld zu schaffen und gleichzeitig umweltfreundliche Produktionsprozesse zu gewährleisten. Durch regelmäßige Wartung und den Einsatz von sicheren Maschinen und Prozessen wird das Risiko von Arbeitsunfällen minimiert.
7. Die Wartungsvorausplanung ist die siebte Säule von TPM. Hierbei geht es darum, schon bei der Planung und Anschaffung von Maschinen sicherzustellen, dass diese wartungsfreundlich und effizient gestaltet sind. Dies verhindert zukünftige Probleme und sorgt dafür, dass die Maschinen leicht zu warten sind und eine hohe Verfügbarkeit aufweisen.
8. Die achte Säule schließlich ist die Anwendung von TPM in administrativen Bereichen. Während TPM traditionell auf die Produktionsabteilungen fokussiert ist, wird durch die Integration der TPM-Prinzipien in die Verwaltung Effizienz auch in diesen Bereichen erhöht. Dazu gehören beispielsweise die Verbesserung der Planungs- und Kommunikationsprozesse sowie die Optimierung administrativer Abläufe, um Verzögerungen und Ineffizienzen zu minimieren.

Die Umsetzung von TPM in industriellen Betrieben erfordert eine sorgfältige Planung und die schrittweise Integration der verschiedenen Säulen in den Produktionsprozess.

Zunächst wird eine umfassende Analyse der bestehenden Produktionsprozesse und Maschinen durchgeführt, um die Hauptursachen für Verluste und Effizienzprobleme zu identifizieren. Auf dieser Basis wird ein TPM-Implementierungsplan entwickelt, der alle acht Säulen umfasst. Ein zentraler Erfolgsfaktor ist dabei die Einbindung aller Mitarbeiter, von der Führungsebene bis hin zu den Maschinenbedienern. Nach der Analyse und Planung erfolgt die Schulung der Mitarbeiter, da TPM nur dann effektiv sein kann, wenn alle Beteiligten die Prinzipien und Werkzeuge von TPM verstehen und anwenden können.

Die Mitarbeiter werden in der Bedienung und Wartung der Maschinen geschult und in die Lage versetzt, einfache Wartungsaufgaben selbstständig zu übernehmen. Dies führt nicht nur zu einer besseren Maschinenverfügbarkeit, sondern fördert auch das Verantwortungsbewusstsein und die Motivation der Mitarbeiter. Ein weiterer wichtiger Aspekt der Implementierung ist die regelmäßige Überwachung und Auswertung der Maschinenleistung. Hierzu werden Kennzahlen wie die Maschinenverfügbarkeit, die Produktionsgeschwindigkeit und die Qualität der produzierten Waren kontinuierlich erfasst und analysiert. Auf Basis dieser Daten werden Optimierungsmaßnahmen ergriffen, um die Produktionsprozesse weiter zu verbessern.

4.3.5.2 Die Gesamtanlagenverfügbarkeit

Die Gesamtanlagenverfügbarkeit (Overall Equipment Effectiveness (OEE)) ist ein Maß für die tatsächliche Produktivität einer Produktionsanlage im Vergleich zu ihrer theoretischen Höchstleistung. In der Literatur zu diesem Thema finden sich neben der OEE auch noch weitere Ansätze, die dem gleichen Zweck dienen. So erwähnen Muchiri und Pintelon (2008) beispielsweise auch die Konzepte der Total Equipment Effectiveness Performance oder das Konzept der Production Equipment Effectiveness. Letztlich hat sich in der Mehrheit der verschiedenen Industrien aber das Konzept der OEE durchgesetzt und es ist zum Quasistandard geworden. Die OEE kann als diejenige Messgröße gesehen werden, mit der sich die Erfolge von TPM quantifizieren lassen.

Je konsequenter TPM verfolgt wird, desto höher sind die Anlagenverfügbarkeiten und desto höher ist die OEE. Der OEE kommt im Rahmen von TPM also eine zentrale Bedeutung zu. Es wird eingesetzt, um Optimierungspotenziale aufzudecken und Verbesserungsmaßnahmen einzuleiten, was letztlich zur Steigerung der Produktionsqualität und -effizienz führt. Die OEE hilft zu verstehen, wie gut eine Anlage arbeitet und wo Verbesserungspotenziale liegen. Die OEE-Berechnung ist hauptsächlich in einer Produktion mit einem hohen maschinellen Anteil interessant. In dieser Art von Produktion bestimmt der Engpass die Ausbringungsmenge der gesamten Produktion. Indem die OEE für die Engpassbereiche berechnet wird, kann die Ausbringung der gesamten Fertigung kalkuliert werden. Die OEE kann einen wesentlichen Beitrag zur Optimierung der Produktion und Steigerung der Produktivität liefern.

Weiterführende Literatur - Fachaufsätze:

Abhishek Jain, Rajbir Bhatti und Harwinder Singh (2014). „Total productive maintenance (TPM) implementation practice: A literature review and directions“. In: *International Journal of Lean Six Sigma* 5.3, S. 293–323 oder Adnan Hj Bakri u. a. (2012). „Boosting lean production via TPM“. In: *Procedia-Social and Behavioral Sciences* 65, S. 485–491.

Die OEE-Kennzahl ist das Produkt der folgenden drei Faktoren, nämlich der Verfügbarkeitsfaktor (VF), der Leistungsfaktor (LF) und der Qualitätsfaktor (QF). Die OEE-Formel lautet folglich OEE = VF × LF × QF. Die OEE kann einen Wert zwischen 0 % und 100 % annehmen. Bild 4.30 zeigt, wie genau sich die OEE zusammensetzt.

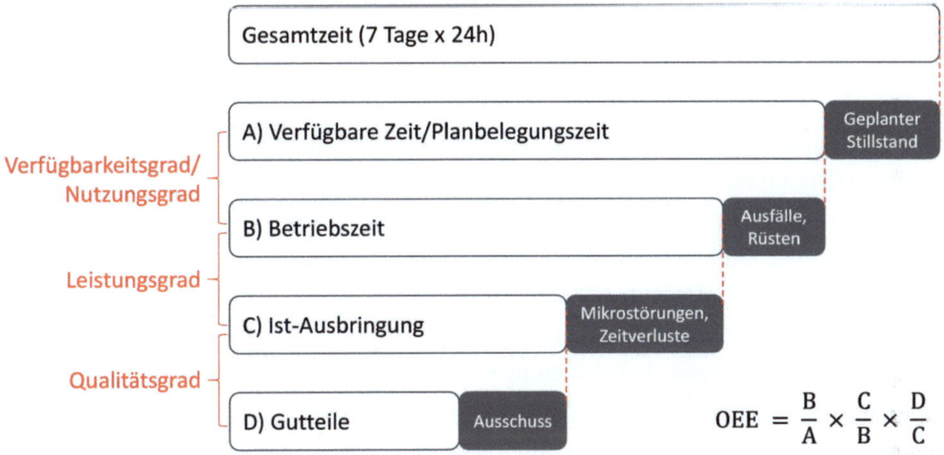

Bild 4.30 Aufbau der Kennzahl OEE

Die OEE ist eine Kennzahl für ungeplante Verluste einer Anlage. Daher sind im ersten Schritt von der Kalenderzeit die geplanten Stillstände abzuziehen. Geplante Stillstände sind beispielsweise keine Belegung (am Wochenende), geplante Wartung, Pausen, Schulungen, Streik. Die zurückbleibende Betriebszeit ist die Basis für die OEE-Berechnung und damit definiert als 100 %. Von diesen 100 % werden nun die Leistungs-, Verfügbarkeits- und Qualitätsverluste abgezogen. Die Inhalte der einzelnen Kategorien der Leistungs-, Verfügbarkeits- und Qualitätsverluste sind nicht allgemeingültig normiert. Diese Verluste müssen im Vorfeld einer OEE-Erfassung pro Unternehmen oder pro untersuchter Anlage definiert werden.

Der Verfügbarkeitsfaktor ist ein Maß für Verluste durch ungeplante Stillstände der Anlage. Er ist wie folgt definiert:

$$\text{Verfügbarkeitsfaktor} = \frac{\text{Verfügbarkeit}}{\text{Planbelegungszeit}} \cdot 100 = x\% \qquad (4.3)$$

Ungeplante Stillstände der Anlage sind beispielsweise fehlendes Personal, Material, mechanische, elektrische, pneumatische, hydraulische Defekte > 5 Minuten oder auch Rüstvorgänge mit erheblicher Rüstzeit.

Der Leistungsfaktor ist ein Maß für Verluste durch verringerte Ausbringung in Stück pro Zeiteinheit. Es wird somit die Zeit aufgenommen, in der die Anlage läuft, aber keine Teile produziert. Im Wesentlichen handelt es sich hier um die Maschinenlaufzeit. Als Ergänzung wird die Zeit addiert, in der die Anlage weniger Teile produziert, als theoretisch möglich ist. Der Leistungsfaktor ist wie folgt definiert:

$$\text{Leistungsfaktor} = \frac{\text{Ist-Leistung [Stück/Zeit]}}{\text{Soll-Leistung [Stück/Zeit]}} \cdot 100 = x\% \tag{4.4}$$

Die Ist-Leistung kann durch zwei Hauptfaktoren beeinflusst werden:

1. Leerlauf und Kurzfriststillstände: Verteilzeit der Mitarbeiter, mechanische, elektrische, pneumatische, hydraulische Defekte < 5 Minuten, Material suchen, kurzfristige Störungen, nicht erfasste Störungen, Maschine ist im Leerlauf.
2. Verringerte Geschwindigkeiten: Anlage kann nicht die theoretische Geschwindigkeit fahren oder Anfahrverluste.

Der Qualitätsfaktor ist der Faktor, der den Verlust durch Schlechtteile darstellt. In diesem Faktor werden alle Verluste definiert, die durch Ausschuss oder Nacharbeit verursacht werden. Er ist wie folgt definiert:

$$\text{Qualitätsfaktor} = \frac{\text{Anzahl Gutteile}}{\text{Ausbringungsmenge}} \cdot 100 = x\% \tag{4.5}$$

Der Qualitätsfaktor wird zum Beispiel beeinflusst durch Nacharbeit, die den Prozess eventuell ein zweites Mal durchlaufen muss, oder auch Ausschuss, der nicht weiterverwendet werden kann.

Zusammengefasst sind die sieben großen Verlustquellen, welche die OEE reduzieren, die folgenden (Muchiri und Pintelon 2008):

1. **Störungen:** Als Störungen werden plötzliche und unerwartete Stillstände der Maschine bezeichnet. Die Störungen können mechanische, elektrische und elektronische, pneumatische oder hydraulische Ursachen haben oder durch eine fehlerhafte Maschinenbedienung sowie Unfälle bedingt sein.
2. **Rüsten:** Produktionszeit geht durch Rüstvorgänge verloren, wenn die Maschine für eine neue Art der Bearbeitung, etwa bei einem Wechsel der Produktvariante, vorbereitet werden muss. Als Rüstzeit ist die gesamte Zeit zwischen dem letzten Gutteil der vorigen Produktion bis zum ersten Gutteil des nachfolgenden Lots zu veranschlagen.
3. **Anlaufschwierigkeiten:** Zeitverluste beim Produktionsstart zu Schichtbeginn oder nach einem Produktwechsel. Die Produktqualität oder die geplante Produktionsmenge wird in diesen Fällen nicht erreicht. Beispielhafte Ursachen sind fehlende Maßhaltigkeit oder eine noch nicht erreichte Betriebstemperatur.

4. **Reduzierte Geschwindigkeiten:** Ist die eingestellte Produktionsgeschwindigkeit geringer als die theoretisch (dauerhaft) mögliche, wird dies als reduzierte Geschwindigkeit oder Taktzeitverlust bezeichnet. In vielen Unternehmen wird diese Verlangsamung damit begründet, dass andere Verluste, wie schlechte Qualität oder Störungen, vermieden werden können. Die dann eingestellten Parameter basieren oftmals auf Erfahrungswerten und nicht auf einer systematischen Ermittlung.
5. **Kurzstillstände:** Kleinere Störungen durch beispielsweise das Verkanten von Teilen, Verklemmen durch Abrieb, verschmutzte Sensoren, mangelnden Teilenachschub, Gespräche unter Mitarbeitern oder Toilettengänge führen im Produktionsablauf zu kurzen Stopps der Maschine oder zu schwankenden Produktionsgeschwindigkeiten. Diese Störungen können sich bei häufigen Wiederholungen zu einer hohen Gesamtverlustzeit aufsummieren.
6. **Qualitätsverluste:** Qualitätsverluste entstehen, wenn die Maschinen und Anlagen Produkte herstellen, die nicht auf Anhieb Gutteile sind. Mit Ausschuss werden Teile bezeichnet, die nicht der vom Kunden verlangten Qualitätsanforderung entsprechen und nur noch verschrottet bzw. entsorgt werden können. Nacharbeit wird nötig bei Teilen, die durch eine weitere Bearbeitung zu einwandfreien Produkten werden können.
7. **Wartung und Instandhaltung:** Idealerweise sind diese beiden Verlustquellen geplante Stillstandszeiten einer Maschine. Wartungen erfolgen gemäß einem Wartungsplan in regelmäßigen Abständen und können somit zeitlich effizient eingeplant werden (z. B. am Wochenende oder bei Produktionsstillständen). Instandhaltungen sind im besten Fall ebenfalls geplant.

Fazit:

TPM ist ein Konzept, das darauf abzielt, die Anlagen und Maschinen durch regelmäßige Wartung und Pflege zu erhalten. Es umfasst verschiedene Aktivitäten, wie regelmäßige Inspektionen und Wartung, predictive maintenance oder Mitarbeiterschulung und -beteiligung. TPM ist insbesondere sinnvoll in Produktionen mit hohen Anforderungen an Anlagenverfügbarkeit und -zuverlässigkeit, Unternehmen mit komplexen Anlagen und Maschinen und Produktionen mit hohen Stückzahlen und auch vielen Produktvarianten.

Teil IV

Methoden bei Problemen im Feld

Qualitätsmanagementmethoden sind entscheidend, um Probleme im Feld effektiv zu identifizieren, zu analysieren und zu lösen, bevor sie sich auf die Kundenzufriedenheit oder die Reputation eines Unternehmens auswirken. Sie bieten strukturierte Ansätze zur kontinuierlichen Verbesserung und Risikominimierung. Einige wichtige Gründe für die Bedeutung von QM-Methoden bei Problemen im Feld sind beispielsweise die Früherkennung von Problemen. Diese Methoden helfen dabei, frühzeitig Probleme zu erkennen, bevor sie sich zu größeren Schwierigkeiten entwickeln. Durch regelmäßige Überwachung und Bewertung können potenzielle Probleme identifiziert und rechtzeitig angegangen werden.

Außerdem bieten diese Methoden strukturierte Ansätze zur Ursachenanalyse von Problemen. Dies ermöglicht es, die zugrunde liegenden Ursachen für Probleme zu verstehen und gezielte Maßnahmen zur Behebung zu ergreifen, anstatt nur oberflächliche Symptome zu behandeln. Ebenso können durch die Anwendung von Qualitätsmethoden Unternehmen einen kontinuierlichen Verbesserungsprozess etablieren. Indem sie wiederkehrende Probleme identifizieren und Lösungen implementieren, können sie ihre Prozesse, Produkte und Dienstleistungen kontinuierlich optimieren.

Der Ablauf der einzelnen Feldmethoden ist in Bild IV.1 illustriert. Die Nutzung ist an das bereits bekannte Plan-Do-Check-Act-Framework angelehnt. Feldthemen beginnen in der Regel mit einer Reklamation. Aus diesem Grund ist das Thema 8D-Bericht im Ablauf auch eine der ersten Methoden, der primär der Dokumentatuion des Fehlers und dessen Bearbeitung in Richtung Kunde dient. Die im Abschnitt der Prozessoptimierung beschriebenen Methoden der Ursachenanalyse werden dabei zur Bearbeitung der Reklamation angewendet.

Die Auswahl der Methode erfolgt unter Berücksichtigung des Umfangs und der Komplexität des jeweiligen Problems. In Ergänzung dazu kann auch das Quality Stream Mapping durchgeführt werden, um potenzielle Defizite an Produkten und bei der Erfüllung von Kundenanforderungen zu identifizieren. Ein geeignetes Framework für wenig komplexe Probleme bieten dabei Problemlösungsmethoden wie der A3, welches, im Gegensatz zum 8D-Bericht, vor allem für die interne Problemlösung und Dokumentation der Prozessoptimierung gedacht ist. Darüber hinaus können auch eher allgemeinere Ansätze aus den M7 oder Q7 unterstützend angewendet werden, um Probleme und ihre Ursachen einzugrenzen.

Im Rahmen dieser Analysen werden in der Regel quantitative Daten ausgewertet. Da der Mensch seine Umwelt vor allem auch durch seinen optischen Sinn wahrnimmt, kommt in dieser Phase der Visualisierung von Daten eine hohe Bedeutung zu, denn der Mensch ist besonders gut darin, visuelle Muster zu erkennen. In der Regel geht dies einher mit der Bestimmung bestimmter deterministischer Statistiken, um die Muster auch besser in Zahlen zu interpretieren. Im Falle von Feldproblemen ist eine Einschätzung der Gravität des Problems von entscheidender Bedeutung. Mithilfe entsprechender Methoden der Zuverlässigkeitsanalysen ist eine zuverlässige Einschätzung der Problemgravität möglich.

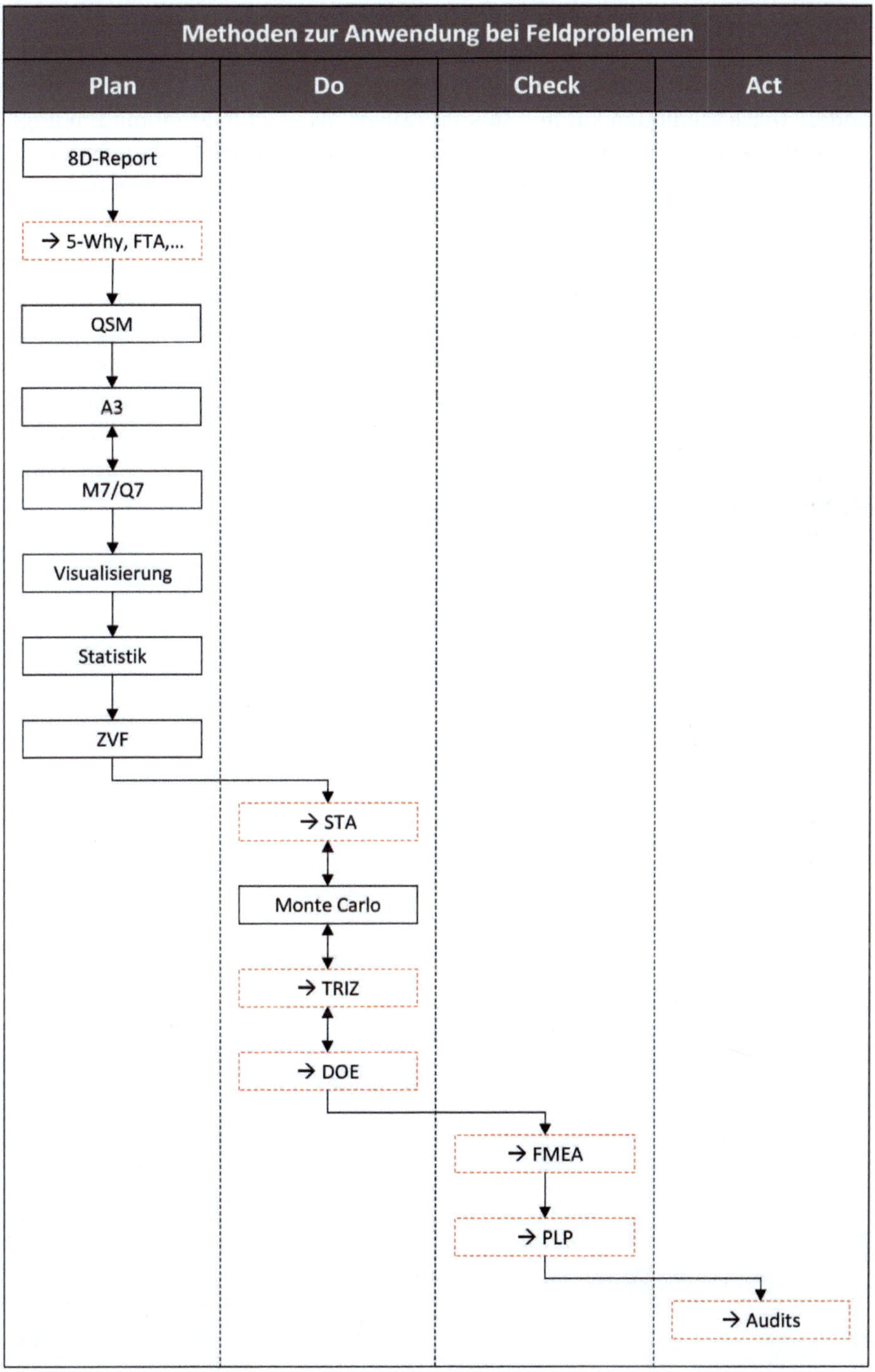

Bild IV.1 Ablauf der Methoden bei Feldeinsätzen (zum Download verfügbar)

Nach Abschluss der Analysephase erfolgt in der Regel die Umsetzungsphase, in der die Ursachen für Feldprobleme und -ausfälle adressiert werden. In Abhängigkeit der Art des Problems können die in der Prozessoptimierung beschriebenen Methoden Anwendung finden. Diese Methoden können sowohl isoliert als auch in Kombination angewendet werden. Exemplarisch seien an dieser Stelle die statistische Toleranzanalyse, häufig in Verbindung mit Monte-Carlo-Simulationen, die Theorie des erfinderischen Problemlösens sowie die statistische Versuchsplanung genannt.

Nach der Implementierung solcher Maßnahmen ist eine Wirksamkeitskontrolle unerlässlich, insbesondere im Kontext von Feldproblemen. Diese kann beispielsweise durch die Aktualisierung begleitender Dokumente wie der FMEA oder des Produktionslenkungsplans erfolgen, in denen relevante Prüfungen zu verankern sind.

Im Rahmen der Überprüfung der Einhaltung der Anforderungen erfolgt als letzter Schritt eine Auditierung der Prozesse und Abläufe mittels entsprechender Produkt- oder Prozessaudits. Diese Vorgehensweise gewährleistet die Erfüllung der kundenrelevanten Produktmerkmale.

5 Methoden zum Einsatz bei Feldausfällen

Der Einsatz von Qualitätsmanagementmethoden ist nicht frei von Überschneidungen. So werden Methoden zur Fehlervermeidung (zum Beispiel FMEA) bereits in der Qualitätsvorausplanung, das bedeutet in sehr frühen Phasen der Produktentwicklung, eingesetzt. Genauso kann die FMEA aber auch eingesetzt werden, wenn, bedingt durch einen Fehler im Feld, Wissen generiert wurde und vorbeugende Maßnahmen erarbeitet werden müssen, um das erneute Auftreten eines Fehlers zu vermeiden. Auch in solchen Fällen kann (und wird) eine FMEA aktualisiert werden. Im Folgenden wird auf jene Methoden eingegangen, die vor allem bei Feldproblemen angewendet werden.

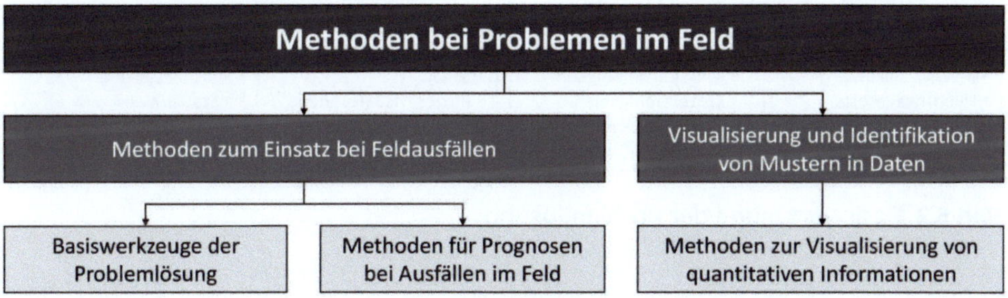

Bild 5.1 Methoden zum Einsatz bei Feldausfällen

5.1 Basiswerkzeuge der Problemlösung

Um Probleme vor Ort effektiv zu analysieren, lösen, dokumentieren und zu kommunizieren, gibt es verschiedene Qualitätsmanagementmethoden, die Unternehmen anwenden können. Die wahrscheinlich am weitesten verbreitete Methode für diesen

Zweck ist der sogenannte 8D-Bericht. Der 8D-Bericht ist eine strukturierte Methode zur Problemlösung, die aus acht Schritten besteht. Diese Methode ermöglicht es Unternehmen, Probleme systematisch zu identifizieren, zu analysieren, temporäre Maßnahmen zu ergreifen, die zugrunde liegenden Ursachen zu beseitigen und langfristige Lösungen zu implementieren. Der 8D-Report beinhaltet auch eine klare Kommunikationsstruktur, um alle relevanten Stakeholder über den Fortschritt der Problemlösung zu informieren. Diese beinhaltet wiederum verschiedene Elemente, wie ein Ursachen-Wirkungs-Diagramm (siehe dazu Abschnitt 3.3.2). Dem 8D-Report liegen oft verschiedene Methoden zugrunde, mit denen die Problemursachen gelöst werden, seien es simple Problemlösungsprozesse wie der A3 oder die sogenannten sieben Management- oder Qualitätswerkzeuge. Durch die Anwendung dieser Qualitätsmanagementmethoden können Unternehmen Probleme vor Ort effektiv dokumentieren, analysieren und kommunizieren, was zu einer schnelleren und effizienteren Fehlerbehebung und letztendlich zu einer höheren Kundenzufriedenheit führt.

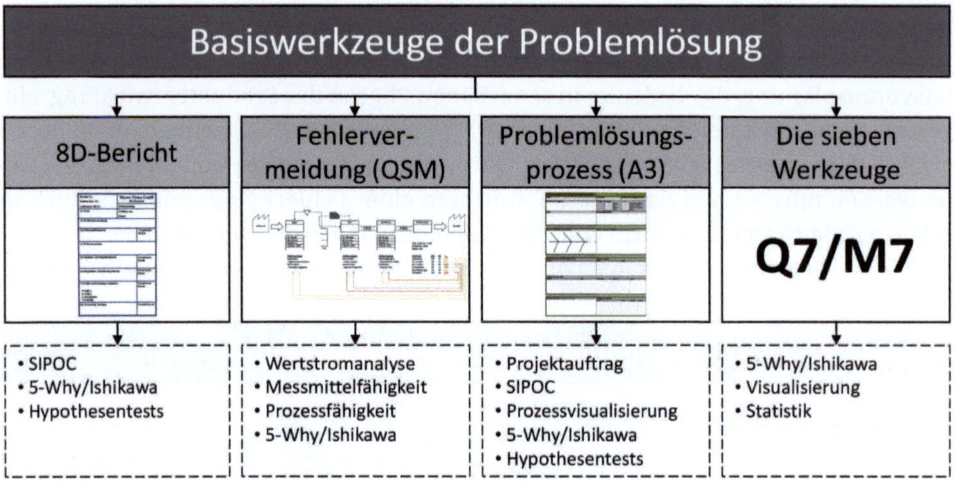

Bild 5.2 Basiswerkzeuge der Problemlösung

5.1.1 Der 8D-Bericht

Leitfragen im Umgang mit dem 8D-Bericht:

- Was ist der Fehler und dessen Ursache?
- Was muss unternommen werden, um sofortige Ruhe zum Kunden zu erreichen?
- Was muss gemacht werden, um die Problemursache abzustellen?
- Wie können wir verhindern, dass das Problem an diesem oder anderen Produkten wieder auftritt?

Wann benötigen Sie diese Methode?

Ein 8D-Bericht wird benötigt, wenn ein Problem oder eine Abweichung in einem Prozess oder Produkt auftritt, die Ursache des Problems identifiziert und behoben werden soll, eine strukturierte und systematische Vorgehensweise zur Problemlösung erforderlich ist und eine Dokumentation des Problemlösungsprozesses erforderlich ist, insbesondere für die direkte Dokumentation in Richtung Kunde.

Ein 8D-Bericht ist ein Dokument, das im Rahmen des Qualitätsmanagements bei einer Reklamation zwischen Lieferant und Kunde (aber auch intern) ausgetauscht wird. 8D steht dabei für die acht obligatorischen Disziplinen (Prozessschritte), die bei der Bearbeitung einer Reklamation erforderlich sind, um das zugrunde liegende Problem zu beheben. Ein 8D-Bericht ist somit Teil des Reklamationsmanagements und dient der Qualitätssicherung beim Lieferanten. Im 8D-Bericht werden die Art der Reklamation, die Verantwortlichkeiten und die Maßnahmen zur Behebung des Mangels festgehalten. Der 8D-Bericht ist u. a. durch den Verband der Automobilindustrie standardisiert. Ähnlich wie bei der Six-Sigma-Methodik wird bei der 8D-Methodik ein systematisches Vorgehen und eine konsequente Dokumentation der einzelnen Lösungsschritte erreicht. Der Ansatz beider Methodiken ist faktenorientiert und stellt sicher, dass Produktfehler auf ihre Ursachen zurückgeführt und dauerhaft abgestellt werden, anstatt nur Symptome zu kaschieren.

Die 8D-Methode überschneidet sich in weiten Teilen mit dem DMAIC-Kernprozess von Six Sigma und kann wie dieser vor allem dann eingesetzt werden, wenn die Ursache eines Problems unbekannt ist oder erst ermittelt werden muss und die Lösung des Problems über das Wissen eines Einzelnen hinausgeht, also ein Team (klassischerweise aus verschiedenen Abteilungen) benötigt wird. Oft ist es auch wichtig, eine schnelle Lösung für ein zeitaufwendiges Problem zu finden. Vor dem Einsatz der Methode sollte jedoch geklärt werden, ob diese aufwendige Methode notwendig ist. Kleinere Probleme können oft durch andere Methoden schneller gelöst werden.

Weiterführende Literatur – Bücher:

Berndt Jung, Stefan Schweißer und Johann Wappis (2025). *8D und A3 – Systematisch Probleme lösen*. Carl Hanser Verlag oder Berndt Jung, Stefan Schweißer und Johann Wappis (2020). *8D – Systematisch Probleme lösen*. Carl Hanser Verlag.

Die 8D-Methode kann nur dann effektiv funktionieren, wenn der 8D-Bericht den Fortschritt der Verbesserungsbemühungen zeitnah dokumentiert und als Arbeitsmittel für die Reklamationsbearbeitung genutzt wird. Fälschlicherweise wird ein 8D-Bericht oft erst nach Abschluss einer Reklamation erstellt, weil der Kunde einen solchen Report verlangt. Manchmal wird die Methode verwendet, um die Ursache von Abweichungen in technischen Prozessen zu finden. Dabei ist zu beachten, dass dies nur möglich ist, wenn der zu untersuchende Prozess zu einem früheren Zeitpunkt (stabil) funktioniert hat. Der 8D-Prozess umfasst die folgenden acht Schritte:

5.1.1.1 D1 – Zusammenstellen eines Teams

Die Teammitglieder sollten über ausreichende Kenntnisse des Prozesses und des Produkts verfügen. Sie sollten auch bereit sein, zusammenzuarbeiten und über die erforderlichen Kenntnisse und Fähigkeiten verfügen, um die Ursachen des Problems zu analysieren, Korrekturmaßnahmen einzuleiten und deren Wirksamkeit zu überwachen.

5.1.1.2 D2 – Problembeschreibung

Das Problem sollte so genau wie möglich definiert werden, indem der Kern des Problems herausgearbeitet und quantifiziert wird.

5.1.1.3 D3 – Sofortmaßnahmen festlegen

Sofortmaßnahmen (engl. containment measures) dienen der Schadensbegrenzung und sollen eine weitere Ausbreitung des Problems verhindern, bis eine dauerhafte Lösung gefunden ist (zum Beispiel durch Sortierprüfung oder 100%-Prüfung von fehlerverdächtigem Material).

5.1.1.4 D4 – Problemursachen identifizieren

Es wird nach Fehlerursachen gesucht und die wahrscheinlichsten Problemursachen (engl. root cause) werden durch Experimente, Tests und Vergleiche identifiziert und nachgewiesen. Um nachhaltig sicherzustellen, dass der gleiche oder ein ähnlicher Fehler nicht wieder auftritt, muss im Rahmen der Fehlerursachenanalyse neben der technischen Ursache auch die organisatorische Ebene betrachtet werden. Dabei orientiert man sich an den drei Bereichen „Warum ist der Fehler aufgetreten?“, „Warum wurde der Fehler nicht entdeckt?“ und „Warum wurde der Fehler nicht verhindert?“. Je nach Problemstellung können in D4 verschiedene Techniken zur Ursachenermittlung eingesetzt werden, beispielsweise die 5-Why-Methode oder das Ishikawa-Diagramm. Details zu einer oder mehreren dieser Ursache-Analysemethoden sind dem Abschnitt 3.3 zu entnehmen.

5.1.1.5 D5 – Planen von Abstellmaßnahmen

Maßnahmen zur Beseitigung der Ursachen (engl. corrective actions) werden identifiziert. Es werden geeignete Maßnahmen ausgewählt und durch Versuche nachgewiesen, dass das Problem effektiv und effizient gelöst werden kann und keine unerwünschten Nebenwirkungen auftreten. Da Korrekturmaßnahmen die Ursachen beseitigen, wird davon ausgegangen, dass ein erneutes Auftreten des gleichen Fehlers nicht mehr möglich ist.

5.1.1.6 D6 – Umsetzen der Abstellmaßnahmen

Die Abstellmaßnahmen können sich auf Prozessparameter, Produktspezifikationen und andere Vorgabedokumente sowie auf Prüfmethoden und die Qualifikation des Personals auswirken. Nach erfolgreicher Umsetzung der Abstellmaßnahmen werden die Sofortmaßnahmen aufgehoben. Für den Bereich der Automobilindustrie ist festgelegt, dass nur prozessverbessernde Maßnahmen als Abstellmaßnahmen im Sinne des 8D-Prozesses zulässig sind. Personelle Maßnahmen wie Ermahnungen, Schulungen oder Trainings gelten nicht als prozessverbessernde Maßnahmen.

5.1.1.7 D7 – Präventionsmaßnahmen

Es ist sicherzustellen, dass gleiche oder ähnliche Fehler in Zukunft ausgeschlossen werden. Die Wirksamkeit der getroffenen Maßnahmen ist über einen angemessenen Zeitraum zu überwachen, wie etwa durch Erhöhung der Prüfschärfe. Hersteller von Produkten für die Automobil- und Luftfahrtindustrie sind aufgefordert, die im Rahmen der Ursachenermittlung neu erkannten Risiken im Entwicklungs- und Fertigungsprozess nach der FMEA-Methode (Abschnitt 2.2.6) zu bewerten und zu minimieren (Risikoanalyse). Auch das Qualitätsmanagementsystem mit seinen festgelegten Verfahren und Regelungen muss ggf. an die neuen Anforderungen angepasst werden.

5.1.1.8 D8 – Würdigen der Teamleistung

Die gemeinsame Anstrengung wird gewürdigt und die Erfahrungen werden ausgetauscht.

Die Disziplinen D1, D2 und D5 sind Teil des Definitionsprozesses bei Six Sigma, wobei Disziplin 5 zusammen mit den Disziplinen D3 und D6 die Verbindung zum Verbesserungsprozess, dem Improve im DMAIC-Projekt, herstellt. Die Disziplin D4 wäre Teil des Mess- bzw. Analyseprozesses, D7 entspricht dem Control im Six-Sigma-Kernprozess, also der Steuerung des Prozesses, um Fehlerwiederholungen auszuschließen. Auch bei DMAIC-Projekten sollte am Ende eines jeden Projekts eine entsprechende Bewertung stehen, also die achte Disziplin nach dem 8D-Bericht. Bild 5.3 zeigt die exemplarische Vorlage eines 8D-Berichts, wie sie industrieüblich verwendet wird. Diese Vorlage ist auf *plus.hanser-fachbuch.de* als Download verfügbar.

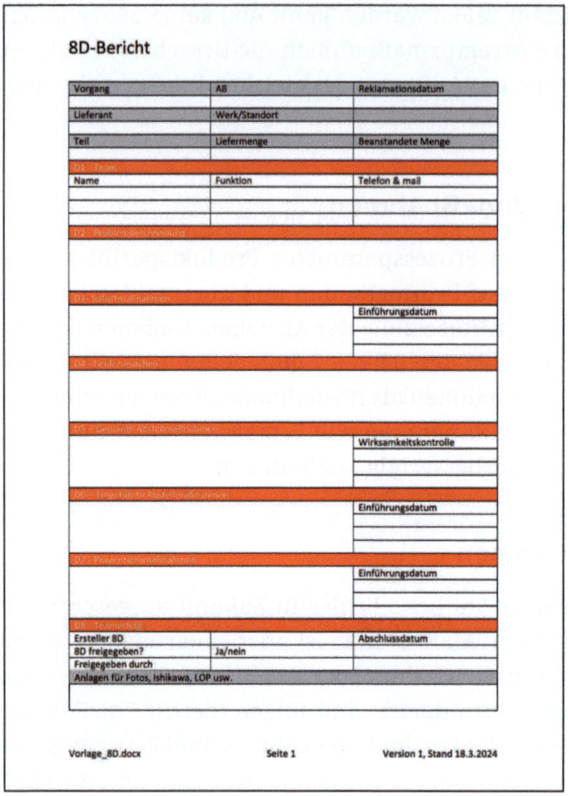

8D-Bericht

Vorgang	AB	Reklamationsdatum
Lieferant	Werk/Standort	
Teil	Liefermenge	Beanstandete Menge
D1 - Team		
Name	Funktion	Telefon & mail
D2 - Problembeschreibung		
D3 - Sofortmaßnahmen		
		Einführungsdatum
D4 - Fehlerursachen		
D5 - Geplante Abstellmaßnahmen		
		Wirksamkeitskontrolle
D6 - Eingeführte Abstellmaßnahmen		
		Einführungsdatum
D7 - Präventionsmaßnahmen		
		Einführungsdatum
D8 - Teamerfolg		
Ersteller 8D		Abschlussdatum
8D freigegeben?	Ja/nein	
Freigegeben durch		
Anlagen für Fotos, Ishikawa, LOP usw.		

Vorlage_8D.docx Seite 1 Version 1, Stand 18.3.2024

Bild 5.3 Vorlage eines 8D-Berichts (zum Download verfügbar)

Fazit:

Der 8D-Bericht ist ein Werkzeug, das in der Qualitätssicherung und im Qualitätsmanagement eingesetzt wird, um Probleme zu identifizieren, zu analysieren und zu lösen. Der 8D-Bericht ist insbesondere sinnvoll und verbreitet in der Automobilindustrie, der Luft- und Raumfahrtindustrie sowie anderen Branchen, in denen Qualität und Sicherheit kritisch sind. Durch die Anwendung des 8D-Berichts können Unternehmen Probleme effizient lösen und ihre Prozesse verbessern.

5.1.2 Methode zur Fehlervermeidung

Leitfragen im Umgang mit Methoden zur Fehlervermeidung:

- Wie stabil sind die Fertigungsprozesse?
- Welche Anforderungen werden überwacht und wie?
- Wie zuverlässig sind die Prüf- und Messmethoden?
- Wie fähig sind die Prozesse?

Wann benötigen Sie diese Methode?

Methoden zur Fehlervermeidung werden benötigt, wenn die Qualität von Prozessen und Produkten verbessert werden soll, die Effizienz und Produktivität von Prozessen gesteigert werden sollen, die Fehlerquote und Nacharbeit minimiert werden sollen und die Transparenz und Übersichtlichkeit von Prozessen erhöht werden sollen. Dabei kommen Methoden wie Quality Stream Mapping (QSM) zum Einsatz, die verwendet werden, um Prozesse zu visualisieren, zu analysieren und zu helfen, Schwachstellen und Verbesserungspotenziale zu identifizieren.

Methoden zur Fehlervermeidung sind heute für produzierende Unternehmen von enormer Bedeutung, da sie eine Vielzahl entscheidender Vorteile bieten. Einer der wichtigsten Aspekte ist die Möglichkeit zur Kosteneinsparung. Fehler, die in späten Produktionsphasen oder gar erst beim Kunden entdeckt werden, sind extrem teuer zu beheben. Neben den direkten Kosten für Nacharbeit oder den Austausch defekter Produkte können auch Kosten für Rückrufaktionen, Garantieleistungen und möglicherweise sogar rechtliche Konsequenzen entstehen. Präventive Methoden sorgen dafür, dass Fehler frühzeitig erkannt und vermieden werden, wodurch diese hohen Folgekosten minimiert werden können. Als Negativbeispiel kann die sogenannte Zehnerregel (Bild 5.4) genannt werden.

Die Zehnerregel illustriert anschaulich, wie finanziell negativ sich ein reaktives Handeln äußert, im Vergleich zur Prävention. Die Zehnerregel veranschaulicht dies mittels der Kosten, welche für die Korrektur von Fehlern zu verschiedenen Phasen des Produktlebenszyklus entstehen. Je später Fehler korrigiert werden, desto teurer sind die

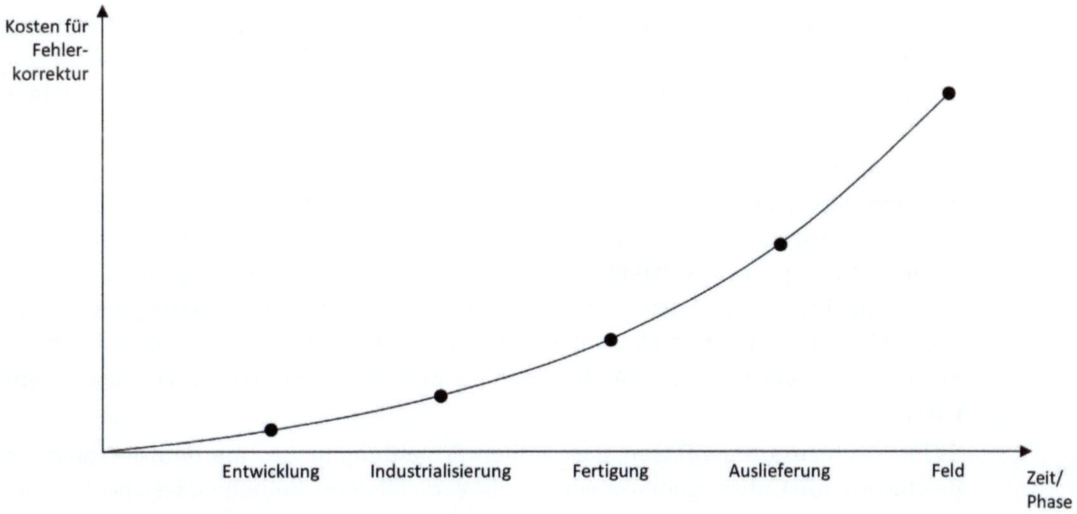

Bild 5.4 Die Zehnerregel

Korrekturkosten. Während der Entwicklung sind diese Kosten noch gering, da hier nur Zeichnungen geändert werden müssen, wohingegen im Feld aufwendige Umtausch- und Rückrufaktionen bedient und bezahlt werden müssen. Als Faustregel wird angenommen, dass sich die Fehlerkorrekturkosten mit jeder Stufe um den Faktor zehn steigern. Daher auch der Name Zehnerregel. Diese Regel zeigt deutlich, wie wichtig es ist, Fehler gänzlich zu vermeiden, oder zumindest so früh wie möglich zu entdecken und zu korrigieren.

Ein weiterer wesentlicher Vorteil der Fehlervermeidung liegt in der Steigerung der Produktqualität. Die Anforderungen an die Qualität von Produkten sind in den letzten Jahren kontinuierlich gestiegen. Kunden erwarten heutzutage fehlerfreie und qualitativ hochwertige Produkte. Methoden wie die Fehler-Prozess-Matrix oder die FMEA ermöglichen es Unternehmen, potenzielle Fehlerquellen bereits in der Planungsphase zu identifizieren und zu beheben, bevor sie in den Produktionsprozess eingreifen. Dadurch wird nicht nur die Qualität des Endprodukts erhöht, sondern auch das Vertrauen der Kunden in die Marke gestärkt.

In einem globalisierten und stark umkämpften Markt verschafft die Fehlervermeidung Unternehmen einen entscheidenden Wettbewerbsvorteil. Unternehmen, die ihre Produktionsprozesse durch präventive Maßnahmen effizienter gestalten und konstant hohe Qualität liefern, können sich von der Konkurrenz abheben. Dies führt unter anderem zu kürzeren Produktionsdurchlaufzeiten, niedrigeren Kosten und einer höheren Kundenzufriedenheit, was in einem stark gesättigten Markt von großer Bedeutung ist.

Zudem spielt die Fehlervermeidung eine Rolle bei der Erfüllung gesetzlicher Vorgaben und Normen. In vielen Branchen, beispielsweise der Medizintechnik, gibt es strenge Regularien, die eingehalten werden müssen. Präventive Maßnahmen helfen, diese Anforderungen zu erfüllen, indem sie sicherstellen, dass ihre Produkte den entsprechenden Qualitäts- und Sicherheitsstandards entsprechen. Dies schützt die Unternehmen nicht nur vor rechtlichen Konsequenzen, sondern bewahrt auch ihr Image vor möglichen Schäden, die durch Produktfehler oder Nichteinhaltung von Vorschriften entstehen könnten.

Die Kundenzufriedenheit und das Vertrauen in die Marke sind ebenfalls Aspekte, die durch Fehlervermeidung positiv beeinflusst werden. Ein Produkt, das Fehler aufweist, kann das Vertrauen der Kunden in die Marke nachhaltig schädigen. Indem Unternehmen durch präventive Methoden eine hohe und gleichbleibende Qualität gewährleisten, stärken sie die Zufriedenheit ihrer Kunden und bauen langfristig eine stabile Kundenbindung auf. Dies ist besonders wichtig in hart umkämpften Märkten, in denen das Vertrauen der Kunden über den Erfolg oder Misserfolg einer Marke entscheiden kann.

Es lässt sich zusammenfassen, dass Fehlervermeidung heute eine zentrale Rolle für produzierende Unternehmen spielt. Es gibt verschiedene Methoden, welche das Thema Prävention und Fehlervermeidung adressieren, wie FMEA, QSM oder die Fehler-Prozess-Matrix. Das Thema FMEA wird in den Abschnitten zur Produktentwicklung beschrieben (Abschnitt 2.2.6), daher werden im Folgenden die beiden letztgenannten Methoden ausführlicher beschrieben.

5.1.2.1 Quality Stream Mapping

QSM ist eine spezialisierte Methode zur Analyse und Optimierung der Qualität in Produktionsprozessen. QSM basiert auf dem Konzept des VSM (Abschnitt 4.1.1), richtet den Fokus jedoch explizit auf die Qualitätssicherung entlang der Wertschöpfungskette. Während VSM darauf abzielt, Verschwendung zu identifizieren und den Wertstrom zu optimieren, befasst sich QSM mit der Identifizierung und Reduzierung von Qualitätsverlusten, um die Zuverlässigkeit der Produktion zu steigern. Der Zweck von QSM liegt darin, qualitätskritische Engpässe, Fehlerquellen und ineffiziente Prüfprozesse sichtbar zu machen und durch gezielte Maßnahmen zu verbessern. Dies führt zu einer Verringerung von Ausschuss, Nacharbeit und Verzögerungen im Produktionsablauf, was die Produktqualität und die Kundenzufriedenheit nachhaltig steigert.

Weiterführende Literatur – Fachaufsätze:

Benjamin Haefner u. a. (2014). „Quality value stream mapping". In: *Procedia Cirp* 17, S. 254–259.

QSM soll den Qualitätsstrom im Prozess oder dem ganzen Unternehmen erkennen, visualisieren und mit seinen bewerteten Risiken darstellen. Zum Qualitätsstrom gehören alle Stellen im Prozess an denen direkte und/oder indirekte Informationen mit einer Beziehung zur Qualität sichtbar werden. Die Visualisierung erfolgt in der Abfolge und Logik des Prozesses. Zu den direkten Informationen gehören alle mess- und beobachtbaren Indikatoren und Ergebnisse zur Qualität des Produktes oder Prozesses.

Zu den indirekten Informationen zählen alle qualitätsrelevanten Einflussgrößen im Prozess oder dessen Teilprodukten. Ebenso werden mögliche fehlende Informationen aufgezeigt. Darüber hinaus findet auch eine gesamtheitliche Berücksichtigung verschiedenster qualitätsrelevanter Indikatoren wie %*GRR*, C_{pk}, RPZ und DPMO statt, wie der exemplarische IST-Qualitätswertstrom in Bild 5.5 zeigt. Hierbei ist DPMO eine Maßeinheit für die Fehlerhäufigkeit, beispielsweise bei industriellen Fertigungsprozessen. Sie ist festgelegt als:

$$1\,\text{DPMO} = \frac{\text{Anzahl Fehler}}{\frac{\text{Anzahl Teile}}{1.000.000} \cdot \text{Anzahl Fehlermöglichkeiten pro Teil}} \tag{5.1}$$

Im Gegensatz zur Angabe der einfachen Fehlerhäufigkeit (beispielsweise PPM) bezieht DPMO die Anzahl der Fehlermöglichkeiten pro einzelnem Teil ein. Damit können einfache und komplexe Fertigungsprozesse besser miteinander verglichen werden.

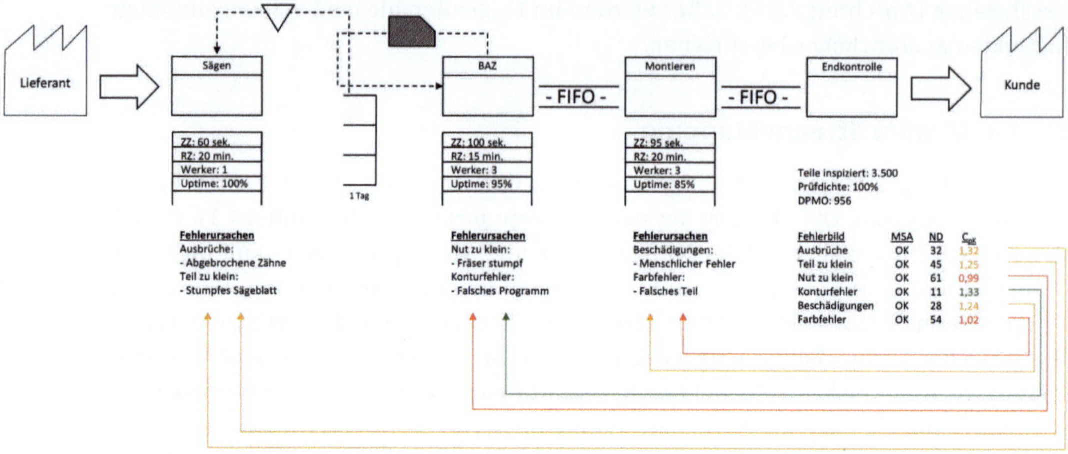

Bild 5.5 Beispiel eines IST-Qualitätswertstroms (Haefner u. a. 2014)

Analog zur Wertstromanalyse beginnt auch QSM mit der Identifikation des Wertstroms, das heißt, der Gesamtablauf eines Produkts von der Rohstoffbeschaffung bis zur Auslieferung an den Kunden wird analysiert. Hierbei werden alle Schritte, die Einfluss auf die Qualität haben, besonders hervorgehoben. Parallel dazu erfolgt die Bestimmung der Qualitätsanforderungen für jede Phase des Produktionsprozesses. Dies umfasst Spezifikationen, Toleranzen und Prüfmethoden, die sicherstellen, dass das Endprodukt den Qualitätsstandards entspricht. QSM stellt mit einer hohen Transparenz den Qualitätsstrom zwischen den Anforderungen an das Produkt und den relevanten Prozessen und Parametern in der Wertschöpfung her. Es hilft rückwärts gerichtet im Fehlerfall, schneller die Ursachen einzugrenzen und zu erkennen.

Sobald der Wertstrom identifiziert und die Qualitätsanforderungen festgelegt sind, wird der Ist-Zustand des Qualitätstroms visualisiert. Diese sogenannte Ist-Zustands-Karte zeigt alle qualitätskritischen Prüfungen, Entscheidungen und Fehlerquellen entlang der Prozesskette. Anhand dieser Karte können ineffiziente Prüfungen, überflüssige Qualitätstests und potenzielle Fehlerquellen erkannt werden. Nach der Erstellung dieser Karte folgt die detaillierte Analyse, um Verlustquellen und Engpässe zu identifizieren. Typische Probleme, die dabei aufgedeckt werden, sind verspätete Fehlererkennungen, unnötige Doppelprüfungen oder eine mangelnde Rückverfolgbarkeit von Fehlerursachen.

Nach der Analyse des Ist-Zustands wird der Soll-Zustand entworfen. Dieser optimierte Prozessablauf sieht vor, dass die Qualitätssicherung effizienter und schlanker gestaltet wird. Beispielsweise können Prüfungen an frühere Prozessschritte verlagert oder durch automatisierte Prüfsysteme ersetzt werden, um menschliche Fehler zu minimieren. Zudem kann die Rückverfolgbarkeit durch eine verbesserte Dokumentation und

Analyse von Qualitätsdaten gestärkt werden. Ziel ist es, die Qualität des Produkts zu maximieren und gleichzeitig unnötige Prüfungen und Nacharbeit zu reduzieren.

Die Implementierung des optimierten Prozesses stellt die nächste Phase des QSM dar. Dies erfordert meist eine Anpassung der bestehenden Arbeitsabläufe, den Einsatz neuer Technologien oder die Schulung der Mitarbeiter, um die neuen Anforderungen zu erfüllen. Wichtig ist, dass nach der Implementierung eine kontinuierliche Überwachung der Qualitätskennzahlen erfolgt, um sicherzustellen, dass die Optimierungen den gewünschten Effekt haben. Zu diesen Kennzahlen zählen etwa die Fehlerquote, die Ausschussrate oder die Zeit, die für die Qualitätsprüfung aufgewendet wird.

Die Einführung von QSM in einem Unternehmen erfordert eine enge Zusammenarbeit aller Abteilungen, die am Produktionsprozess beteiligt sind. Dies umfasst Mitarbeiter aus der Produktion, der Qualitätssicherung, der Logistik und oft auch externe Partner oder Lieferanten. Alle Beteiligten müssen in den Prozess eingebunden werden, da eine umfassende Qualitätsoptimierung nur gelingen kann, wenn alle Prozessschritte und ihre Auswirkungen auf die Qualität verstanden und optimiert werden. Schulungen und regelmäßige Meetings sind entscheidend, um sicherzustellen, dass das gesamte Team die Ziele von QSM unterstützt und kontinuierlich an der Verbesserung der Prozesse arbeitet.

Fazit:

Insgesamt bietet QSM eine strukturierte und visuelle Methode, um die Qualität in Produktionsprozessen zu verbessern. Es hilft, Fehlerquellen zu identifizieren und Maßnahmen zu ergreifen, die nicht nur die Effizienz der Qualitätssicherung steigern, sondern auch die Kosten für Nacharbeit und Ausschuss senken.

5.1.2.2 Fehler-Prozess-Matrix

Die Fehler-Prozess-Matrix (FPM) ist eine Methode zur präventiven Fehlervermeidung und wurde am Fraunhofer-Institut für Produktionstechnik und Automatisierung entwickelt, um bei typischen Randbedingungen von Montageprozessen, wie hoher Anteil manueller Tätigkeiten oder einfache Fügeoperationen, den Erstellungsaufwand einer FMEA spürbar zu verringern. Die FPM zielt darauf ab, potenzielle Fehlerquellen in einem Prozess systematisch zu identifizieren und präventive Maßnahmen abzuleiten. Sie stellt eine strukturierte Methode dar, um Prozessschritte und ihre potenziellen Fehler zu analysieren und gezielt Maßnahmen zu entwickeln, um die Eintrittswahrscheinlichkeit und Auswirkungen dieser Fehler zu reduzieren. FPM dient als präventiver Ansatz zur Verbesserung von Prozessen und zur Sicherstellung einer hohen Produktqualität. Durch die präzise Analyse von Fehlerursachen und deren Verknüpfung mit einzelnen Prozessschritten hilft die FPM, Fehlerkosten zu minimieren.

Beim Grundprinzip der FPM werden die Prozessschritte in einer Achse und die möglichen Fehler in der anderen Achse in der aufgespannten Matrix mit einem Wert für die

Eintrittswahrscheinlichkeit des Fehlers bzw. der Entdeckungswahrscheinlichkeit eines Fehlers verknüpft. Die Wahrscheinlichkeiten für das Eintreten bzw. die Entdeckung eines Fehlers werden wie bei der FMEA mit Zahlenwerten von 1 bis 10 gekennzeichnet, die Zuordnung der Zahlenwerte der Eintrittswahrscheinlichkeit erfolgt über zeitliche Begriffe (täglich, wöchentlich etc.).

Durch die Zeitbasis von einem Jahr kann durch diese Bewertung leicht auf das Erfahrungswissen der Werker zurückgegriffen werden. Durch Verknüpfung mit den geplanten Stückzahlen lässt sich schon während der Planungsphase eine präzise Abschätzung der zu erwartenden Fehlerzahlen erstellen, durch Bewertung der Fehler nach den Fehlerkosten (Nacharbeitsaufwände, Ausschusskosten, Gewährleistungskosten, Prozessstörungen) kann auf einfache Art und Weise die Wirtschaftlichkeit von Änderungen des Prozesses oder zusätzlicher Prüfungen ermittelt werden. Tabelle 5.1 zeigt exemplarisch die verwendeten Auftrittswahrscheinlichkeiten und die Wahrscheinlichkeiten für die Entdeckung des Fehlers.

Tabelle 5.1 Bewertung Auftretens- und Entdeckungswahrscheinlichkeit

Skala	Auftreten	Entdeckung	Entdeckungswahrscheinlichkeit
10	Jedes Teil	Gar nicht	0,0 %
9	Einmal pro Stunde	Sehr niedrig	25,0 %
8	Einmal pro Tag	Niedrig	50,0 %
7	Einmal pro Woche	Niedrig	75,0 %
6	Einmal pro Monat	Mäßig	90,0 %
5	Einmal pro Quartal	Mäßig	95,0 %
4	Einmal pro Halbjahr	Mäßig	97,5 %
3	Einmal pro Jahr	Hoch	99,0 %
2	Über 1 Jahr her	Sehr hoch	99,5 %
1	Keine Erinnerung	Sicher	100,0 %

Das Hauptziel der Fehler-Prozess-Matrix besteht darin, Fehlerpotenziale innerhalb von Prozessen frühzeitig zu erkennen und durch geeignete Maßnahmen zu verhindern. Anders als bei reaktiven Methoden, die sich erst nach Auftreten eines Fehlers mit dessen Beseitigung befassen, verfolgt die FPM einen präventiven Ansatz. Sie zerlegt den Produktionsprozess in einzelne Schritte und analysiert jeden Schritt im Hinblick auf potenzielle Fehlerquellen. Diese Fehler können technischer Natur sein, durch menschliches Versagen verursacht werden oder auf externe Faktoren wie Materialfehler zurückzuführen sein. Auf diese Weise schafft die FPM eine Verbindung zwischen Prozessschritten und den Fehlerarten, die in diesen Schritten auftreten können, wodurch eine gezielte Verbesserung möglich wird.

Der Aufbau der FPM erfolgt in Form einer Tabelle, die in Zeilen und Spalten unterteilt ist. Die Zeilen enthalten die einzelnen Prozessschritte, während die Spalten die möglichen Fehlerarten abbilden. Für jeden Prozessschritt werden die potenziellen Fehler dokumentiert und bewertet. Dies beinhaltet eine Analyse der Fehlerursachen, eine Bewertung der Schwere des Fehlers, eine Einschätzung der Häufigkeit seines Auftretens sowie eine Bewertung, wie leicht der Fehler entdeckt werden kann. Durch die Multiplikation dieser Faktoren entsteht eine RPZ, die angibt, welche Fehler das größte Risiko für den Prozess darstellen und daher als Erstes angegangen werden sollten. Eine beispielhaft gefüllte FPM ist in Bild 5.6 dargestellt.

Komponente	Fehler	Prozessschritt 1	Prozessschritt 2	Prozessschritt 3	Prozessschritt 4	Prozessschritt 5	Prozessschritt 6	Prozessschritt 7	Prozessschritt 8	Prozessschritt 9	Prozessschritt 10
Teil 1	Vergessen	4						1	1		
Teil 1	Vertauscht	5									8
Teil 2	Vertauscht										
Teil 2	Verdreht montiert		5					1			
Teil 2	Vergessen		6					1			
Teil 3	Doppelt verbaut			7							6
Teil 3	Beschädigt			8							1
Teil 4	Vergessen				3					1	
Teil 5	Beschädigt				5		2				

Bild 5.6 Die Fehler-Prozess-Matrix

Der Ablauf der FPM beginnt mit der genauen Erfassung und Beschreibung des Prozesses. Jeder Schritt wird systematisch aufgezeichnet, um sicherzustellen, dass alle relevanten Aktivitäten und potenziellen Fehlerquellen berücksichtigt werden. In der Praxis kann dies durch Workshops oder Meetings mit den beteiligten Teams erfolgen. Sobald die Prozessschritte identifiziert sind, werden die potenziellen Fehler für jeden Schritt aufgelistet. Hierbei wird nicht nur auf vergangene Fehler zurückgegriffen, sondern auch mögliche, bislang noch nicht aufgetretene Fehler werden berücksichtigt. Nachdem die potenziellen Fehler identifiziert wurden, folgt die Analyse ihrer Ursachen. Diese Analyse erfolgt oft mithilfe von Werkzeugen wie dem Ishikawa-Diagramm (Abschnitt 3.3.2) oder der 5-Why-Methode (Abschnitt 3.3.1), um die tieferliegenden Ursachen der Fehler zu verstehen. Durch diese Ursachenanalyse wird ermittelt, ob Fehler durch falsche Arbeitsabläufe, unzureichende Schulungen, Materialprobleme oder andere Faktoren verursacht werden.

Im Anschluss daran erfolgt eine Bewertung der identifizierten Fehler. Hierbei wird für jeden Fehler eine Bewertung in den zwei Kategorien vorgenommen: Auftretenswahrscheinlichkeit (Wie wahrscheinlich tritt der Fehler auf?) und Entdeckungswahrscheinlichkeit (Wie leicht kann der Fehler entdeckt werden?). Diese zwei Faktoren werden dann zur Berechnung der RPZ herangezogen, welche die Dringlichkeit der Fehlerbehebung priorisiert. Je höher die RPZ, desto wichtiger ist es, den betreffenden Fehler zu beheben. Auf Grundlage der RPZ erfolgt die Entwicklung von Maßnahmen zur Fehlervermeidung und -erkennung. Fehlervermeidende Maßnahmen zielen darauf ab, die Ursachen des Fehlers direkt zu beseitigen, zum Beispiel durch Optimierung der Prozessgestaltung oder Schulungen der Mitarbeiter. Fehlererkennende Maßnahmen konzentrieren sich darauf, Fehler frühzeitig zu erkennen, bevor sie den Produktionsprozess nachhaltig stören. Hierzu zählen beispielsweise zusätzliche Prüfungen oder die Implementierung von automatisierten Überwachungssystemen. Auf Basis der Wahrscheinlichkeiten für Auftreten und Entdeckung der Fehler kann anschließend auch der Prozessschlupf und die Nacharbeitsmengen berechnet werden, wie in Bild 5.7 dargestellt ist.

Teile pro Schicht	400
Stunden pro Schicht	8
Schichten pro Tag	2
Produktionstage in der Woche	5
Produktionstage im Jahr	250

Schlupf			100,0%	99,5%	99,0%	97,5%	95,0%	90,0%	75,0%	50,0%	25,0%	0,0%
Potenziell defekte Einheiten pro Tag	Defekte Einheiten pro Jahr	A/E	1	2	3	4	5	6	7	8	9	10
0	0	1	0	0	0	0	0	0	0	0	0	0
0	0	2	0	0	0	0	0	0	0	0	0	0
0,004	1	3	0	0	0	0	0	0	0	1	1	1
0,008	2	4	0	0	0	0	0	0	1	1	2	2
0,016	4	5	0	0	0	0	0	0	1	2	3	4
0,048	12	6	0	0	0	0	1	1	3	6	9	12
0,208	52	7	0	0	1	1	3	5	13	26	39	52
1	250	8	0	1	3	6	13	25	63	125	188	250
16	4.000	9	0	20	40	100	200	400	1.000	2.000	3.000	4.000
800	200.000	10	0	1.000	2.000	5.000	10.000	20.000	50.000	100.000	150.000	200.000

Nacharbeit			100,0%	99,5%	99,0%	97,5%	95,0%	90,0%	75,0%	50,0%	25,0%	0,0%
Potenziell defekte Einheiten pro Tag	Defekte Einheiten pro Jahr	A/E	1	2	3	4	5	6	7	8	9	10
0	0	1	0	0	0	0	0	0	0	0	0	0
0	0	2	0	0	0	0	0	0	0	0	0	0
0,004	1	3	1	1	1	1	1	1	1	1	0	0
0,008	2	4	2	2	2	2	2	2	2	1	1	0
0,016	4	5	4	4	4	4	4	4	3	2	1	0
0,048	12	6	12	12	12	12	11	11	9	6	3	0
0,208	52	7	52	52	51	51	49	47	39	26	13	0
1	250	8	250	249	248	244	238	225	188	125	63	0
16	4.000	9	4.000	3.980	3.960	3.900	3.800	3.600	3.000	2.000	1.000	0
800	200.000	10	200.000	199.000	198.000	195.000	190.000	180.000	150.000	100.000	50.000	0

Bild 5.7 Schlupf und Nacharbeit

Nachdem die Maßnahmen definiert wurden, müssen sie in den Produktionsprozess integriert und ihre Wirksamkeit regelmäßig überprüft werden. Dies erfordert eine enge Zusammenarbeit zwischen den beteiligten Abteilungen und eine kontinuierliche Überwachung der Prozessqualität. Die FPM sollte nicht als einmalige Maßnahme verstanden werden, sondern als Teil eines kontinuierlichen Verbesserungsprozesses. Neue Technologien, veränderte Rahmenbedingungen oder Erkenntnisse aus der Praxis können dazu führen, dass die Matrix regelmäßig aktualisiert werden muss. Die praktische Umsetzung der Fehler-Prozess-Matrix in einem Unternehmen erfordert zunächst eine umfassende Schulung der Mitarbeiter, die an der Erstellung und Analyse der Matrix beteiligt sind. Es ist wichtig, dass die beteiligten Teams ein tiefes Verständnis für den Prozess und die damit verbundenen Risiken entwickeln. Interdisziplinäre Teams aus verschiedenen Abteilungen wie Produktion, Qualitätssicherung und Instandhaltung tragen dazu bei, den Prozess aus unterschiedlichen Perspektiven zu beleuchten und ein umfassendes Bild der Fehlerquellen zu gewinnen.

Fazit:

In der Praxis zeigt sich die Fehler-Prozess-Matrix als ein äußerst nützliches Werkzeug, um nicht nur bestehende Fehlerquellen zu erkennen, sondern auch um die Prozesse kontinuierlich zu optimieren und potenzielle Fehler im Voraus zu vermeiden. Die Matrix hilft dabei, die Effizienz und Qualität von Produktionsprozessen zu steigern, indem sie Schwachstellen aufdeckt und gezielte Maßnahmen zur Prozessverbesserung ermöglicht. Dies führt langfristig zu einer Reduzierung von Ausschuss, Nacharbeit und Produktionsausfällen, was sowohl die Kosten senkt als auch die Kundenzufriedenheit steigert. Insgesamt ist die Fehler-Prozess-Matrix ein unverzichtbares Werkzeug für Unternehmen, die ihre Produktionsprozesse optimieren und eine hohe Qualität ihrer Produkte sicherstellen wollen.

5.1.3 Der Problemlösungsprozess A3

Leitfragen im Umgang mit dem A3-Bericht:

- Was ist der Fehler und dessen Ursache?
- In welchem Prozessschritt ist der Fehler aufgetreten?
- Welche Abstellmaßnahmen gibt es?
- Wie können wir verhindern, dass das Problem an diesem oder anderen Produkten wieder auftritt?

Wann benötigen Sie diese Methode?

Ein A3-Bericht wird benötigt, wenn ein Problem oder eine Abweichung in einem Prozess oder Produkt auftritt, eine strukturierte und systematische Vorgehensweise zur Problemlösung erforderlich ist und eine klare und übersichtliche Dokumentation des Problemlösungsprozesses erforderlich ist. Der A3-Problemlösungsprozess ist ein Werkzeug, das bei Lean Production und im Qualitätsmanagement eingesetzt wird.

Der Problemlösungsprozess A3, auch als A3-Report bezeichnet, erfüllt zwei wesentliche Hauptaufgaben, und dies auf lediglich einer DIN-A3-Papierseite (Chakravorty 2009). Einerseits fungiert der A3-Report als Instrument zur eigenständigen oder teamorientierten Beschreibung, Analyse und Lösung von Problemen. Gleichzeitig übt das Bearbeiten des A3-Reports Einfluss auf die Denkweise der Mitarbeiter aus. Durch die Anleitung des festgeschriebenen Ablaufs im A3-Report, den die einzelnen Analyse- und Handlungsschritte zur Problemlösung nacheinander durchlaufen, entsteht bei den Mitarbeitern ein tieferes Verständnis für die Problematik und die Problemursachen. In der Konsequenz sind die Anwender in der Lage, auch nachhaltige Problemlösungen zu finden und umzusetzen.

Weiterführende Literatur – Bücher:

Berndt Jung, Stefan Schweißer und Johann Wappis (2025). *8D und A3 – Systematisch Probleme lösen*. Carl Hanser Verlag.

Der A3-Report beinhaltet neben einer konkreten Problembeschreibung auch die vier Phasen des Demingkreises. Dabei wird jedes Problem auch als Chance zur Verbesserung nach PDCA verstanden. In der ersten Phase (Plan) erfolgen die Beschreibung des Problems sowie die Analyse der Kernursachen. Zudem werden in dieser Phase ein Zielzustand sowie Messgrößen zur Erreichung dieses Zielzustands festgelegt. In der zweiten Phase (Do) werden die Maßnahmen zur Erreichung des Zielzustands implementiert. Die Wirksamkeit der umgesetzten Maßnahmen wird in der dritten Phase überprüft und ggf. nochmals angepasst (Check). In der vierten Phase (Act) werden sämtliche gesammelten Erfahrungswerte evaluiert und daraus resultierend neue Standards für das künftige Vorgehen abgeleitet, die wiederum als Grundlage für weitere Verbesserungen dienen. Ein exemplarischer A3-Bericht ist in Bild 5.8 illustriert. Ein A3-Report hat eine inhaltliche Nähe zum 8D-Report. Der 8D hingegen wird nach Abschluss des Projekts auch dem Kunden ausgehändigt, wohingegen der A3-Bericht originär für eine rein interne Verwendung gedacht ist.

Häufig folgt die Formatvorlage eines A3-Reports einer Gliederung in sieben bis neun Analyse- und Arbeitsschritte, wobei diese sich am PDCA-Zyklus orientieren. Je nach Aufgabenstellung lassen sich viele verschiedene Vorlagen einsetzen, die u. a. auch einer anderen Gliederung folgen:

1. Der Hintergrund dieser Untersuchung ist die bestehende Problematik mit ihren Auswirkungen auf das Erreichen von Unternehmenszielen. Dabei ist zwingend darauf zu achten, dass die Problembeschreibung für alle am Prozess Beteiligten verständlich und nachvollziehbar ist. Es ist von entscheidender Bedeutung, die Relevanz des Problems zu betonen und die Motivation für die Entwicklung einer Lösung zu verdeutlichen.
2. Die aktuelle Situation wird im Folgenden beschrieben. Es werden Fakten angegeben, die auch detailliert aufgeschlüsselt sein können. Zur Erleichterung des Verständnisses können übersichtliche grafische Elemente wie Bilder, Grafiken, Diagramme, Tabellen oder Hervorhebungen eingesetzt werden. Die Beschreibung dient nicht nur dazu, die Relevanz des Problems für das Unternehmen sichtbar zu machen. Daraus können die Ursachen des Missstands sowie mögliche Hemmnisse bei dessen Bewältigung abgeleitet werden.
3. Der Zielzustand definiert den angestrebten Soll-Zustand als Ziel. Eine präzise Zieldefinition ermöglicht die Entwicklung effektiverer Lösungen, da die Beteiligten bereits während der Erstellung eines Maßnahmenplans verschiedene Ansätze vergleichen und hinterfragen können. Zudem werden Vorbehalte und Widerstände gegen die Umsetzung der Maßnahmen zur Problembehebung verringert, wenn die Zielrichtung allen Beteiligten bewusst ist.

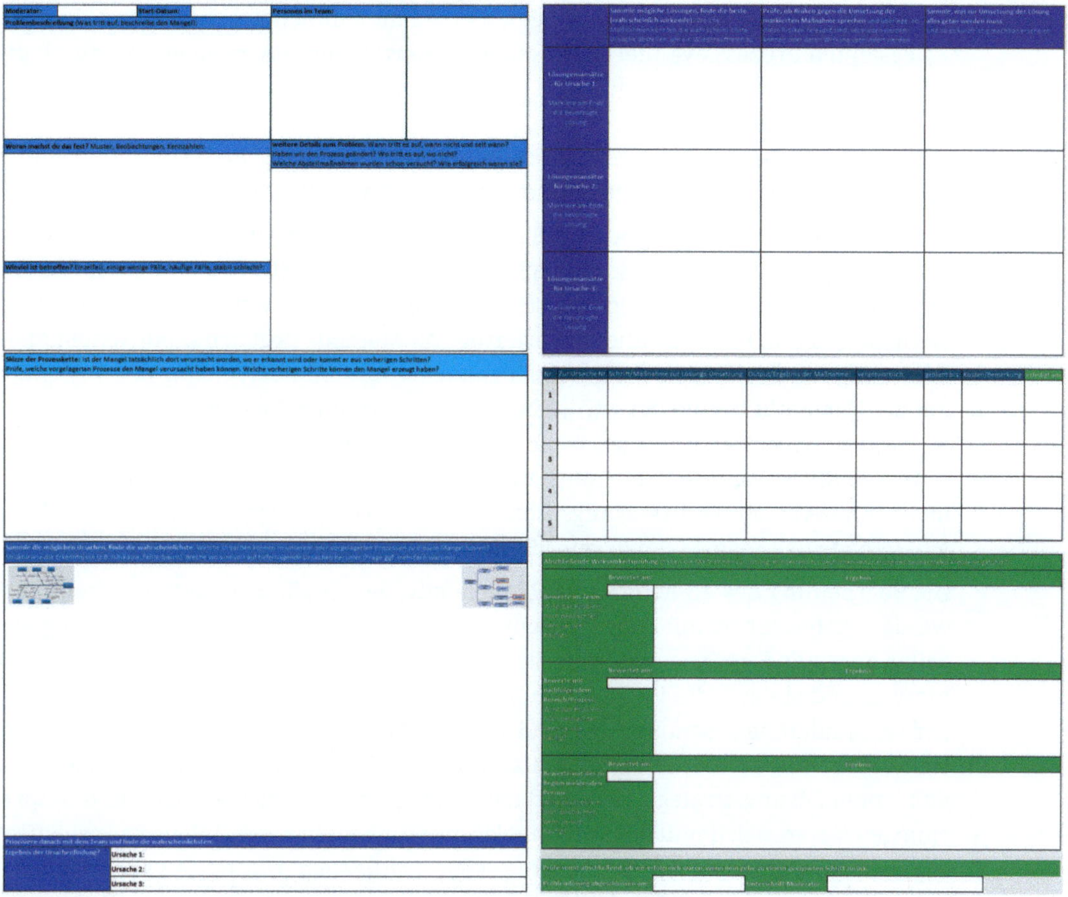

Bild 5.8 Beispiel eines A3-Reports (zum Download verfügbar)

4. Die Ursachenanalyse erfolgt häufig anhand eines Ishikawa-Diagramms. Die übersichtliche Darstellung der Gründe und Wirkgefüge ermöglicht ein rasches Erfassen der Zusammenhänge und schafft Ansatzpunkte zur Erarbeitung wirksamer Gegenmaßnahmen. Das Ziel besteht in der Identifizierung der direkten Einflussfaktoren auf das Problem und der Eliminierung der Kernursachen.
5. Im Folgenden werden Gegenmaßnahmen dargelegt. Die als geeignet erachteten Maßnahmen zur Beseitigung der Problemursachen und zur langfristigen Verbesserung des Ist-Zustands werden in der Folge aufgeführt und begründet.
6. Die Erfolgswirkung der Maßnahmen wird definiert und es wird angegeben, welchen Beitrag sie zur Zielerreichung geleistet haben. Die erzielte Wirkung sollte quantifiziert werden, beispielsweise anhand von Kennzahlen. Die Veränderung wird anschaulich durch einen Vorher-Nachher-Vergleich dargestellt.

7. Die implementierten Veränderungen werden im Rahmen des Follow-ups über den gesamten Prozess evaluiert. Die so identifizierten Verbesserungen sind durch die Implementierung der festgelegten Maßnahmen als Standard zu sichern und weiter voranzutreiben. Das Wissensmanagement hat dabei die Aufgabe, die im Gesamtprozess gesammelten Erfahrungen und Erkenntnisse für andere Probleme und Arbeitsbereiche aufzunehmen und nutz- und anwendbar zu machen.

Nicht alle Probleme in der industriellen Fertigung sind so trivial, dass sie durch ein derart simples Hilfsmittel wie den A3-Report adäquat analysiert und einer Lösung zugeführt werden können. Nichtsdestotrotz sind die unbestreitbaren Vorteile der A3-Methode evident. Ein wesentlicher Vorteil der A3-Methode liegt in der effizienten Identifizierung von Problemen, die durch die intensive Auseinandersetzung der Anwender mit der Thematik begünstigt wird. Ein weiterer Vorteil ist die übersichtliche Darstellung auf einem einzelnen Bogen Papier. Dadurch werden Abläufe und Zusammenhänge verständlich, was wiederum die gezielte Erarbeitung und Umsetzung von Strategien im kontinuierlichen Verbesserungsprozess erleichtert. Darüber hinaus wird durch die A3-Methode der Teamgedanke gefördert.

Die Bearbeitung des A3-Reports erfolgt kollektiv, wobei alle Beteiligten aufgefordert werden, sich intensiv mit dem Problem, seinen Auswirkungen und Lösungsmöglichkeiten auseinanderzusetzen. Dies fördert die Zusammenarbeit, auch über Abteilungen hinweg, und steigert die Effizienz im Arbeitsprozess. Ein weiterer Vorteil besteht in der Variabilität des Formulars. Die individuelle Anpassung an die jeweilige Problemstellung erlaubt Vielfalt und Flexibilität. Die Ausarbeitung einer zielgerichteten und effizienten Lösungsstrategie wird dadurch ermöglicht und auch Projekte und Besprechungen lassen sich damit steuern. Die Verknüpfung mehrerer A3-Reports ermöglicht sogar die Koordination verschiedener Projekte. Schließlich trägt der A3 auch zur Kompetenzerweiterung der Mitarbeiter bei. Die eigenständige Analyse und Lösung von Problemen sowie die Ausführung komplexer Aufgaben fördern die Verantwortungsübernahme und stärken das Selbstwertgefühl.

Fazit:

Der Einsatz des A3-Reports in einer Organisation erfordert von Führungskräften eine Neubewertung ihrer Rolle als Begleiter und Coach ihrer Mitarbeitenden. Zu diesem Zweck ist es unerlässlich, dass sie sich eingehend mit den Mitarbeitern und den wertschöpfenden Prozessen befassen. Dies kann anfänglich zu einer Mehrbelastung führen. Langfristig gesehen führt es jedoch zu einer Entlastung der Führungskräfte, da die Mitarbeiter zunehmend in der Lage sind, Probleme eigenständig zu lösen. Die Kompetenz und Routine der Beschäftigten beim eigenständigen Lösen von Problemen nehmen mit der Zeit zu, sodass ihnen mehr und komplexere Aufgaben übertragen werden können. Die A3-Methode trägt somit auch zur Weiterbildung der Mitarbeiter bei.

5.1.4 Die sieben Qualitäts- und Managementwerkzeuge

Leitfragen im Umgang mit Die sieben Managementwerkzeuge (M7) und Die sieben Qualitätswerkzeuge (Q7):

- Gibt es Zusammenhänge zwischen Daten und Themen?
- Welche Optionen und Szenarien haben wir?
- Was sind die Ursachen eines Themas und wie strukturiert sich dies?
- Welcher Fehler ist aufgetreten und wie häufig?
- Wie verteilen sich die Fehlerschwerpunkte?
- Gibt es Zusammenhänge im Auftreten des Fehlers mit anderen Faktoren?
- Tritt der Fehler auf, wenn gemeinsame Fehlerursachen zusammenkommen?
- Wie stark ist der Zusammenhang zwischen zwei Variablen?

Wann benötigen Sie diese Methode?

M7 und Q7 sind zwei Werkzeugsätze, die in der Qualitätssicherung und im Qualitätsmanagement eingesetzt werden. M7 werden benötigt, wenn strategische Entscheidungen getroffen werden sollen, komplexe Probleme analysiert und gelöst werden sollen und Prozesse und Strukturen optimiert werden sollen. Q7 werden benötigt, wenn die Qualität von Prozessen und Produkten verbessert werden soll, Fehler und Abweichungen identifiziert und behoben werden sollen und Daten analysiert und interpretiert werden sollen.

M7 und Q7 stellen keine eigenständige Problemlösungsmethode für sich dar, sondern sie bündeln jeweils sieben verschiedene Werkzeuge zu einem kleinen Baukasten, der den jeweiligen Anwender für grundlegende Probleme oder Projekte handlungsfähig macht.

Weiterführende Literatur – Bücher:

Matthias Rau und Uwe Stollmayer (2012). *Handbuch QM-Methoden: Die richtige Methode auswählen und erfolgreich umsetzen*. Hrsg. von Gerd F. Kamiske. Carl Hanser Verlag oder Gerhard Linß u. a. (2011). *Qualitätsmanagement für Ingenieure*. Carl Hanser Verlag.

5.1.4.1 Die sieben Managementwerkzeuge

Die M7 sind eine Sammlung von Methoden, die ihre Wurzeln im Operations Research haben. Sie sind eine Erweiterung der Q7 und wurden 1979 von dem japanischen Qualitätssicherungsexperten Shigeru Mizuno veröffentlicht:

1. Das **Portfoliodiagramm** dient der Darstellung von Daten, die beispielsweise bereits im Matrixdiagramm erfasst wurden. Für die Darstellung wird ein Koordinatensystem verwendet. Nachdem eine Korrelation zwischen zwei Faktoren festgestellt wurde, können die Beziehungen quantitativ dargestellt werden. Bei der Arbeit mit dem Portfoliodiagramm werden zunächst die zu vergleichenden Größen festgelegt und diese dann auf Eigenschaften untersucht, die für den Problemlösungsprozess entscheidend sind. Für die grafische Darstellung im Koordinatensystem müssen nun die Messgrößen und die Art der Berechnung der miteinander in Beziehung stehenden Faktoren festgelegt werden.
2. In einem **Affinitätsdiagramm** werden die in einer Diskussion oder im Brainstorming entstandenen Ideen, Vermutungen und Meinungen thematisch zu konzeptionellen Einheiten zusammengefasst. So können mögliche Ursachen, Lösungsansätze und Wirkungszusammenhänge strukturiert dargestellt und alle verwandten oder zusammenhängenden Aspekte geclustert werden. Zu Beginn der Anwendung des Affinitätsdiagramms wird die Problemstellung im Team allgemein dargestellt und für alle Beteiligten verständlich erläutert. Es folgt ein Brainstorming, bei dem sich die Teammitglieder kreativ mit dem Problem auseinandersetzen und alle Ideen, Vorschläge, Hinweise und Vermutungen gesammelt werden. Gemeinsam wird nun entschieden, welche Begriffe zusammengehören und unter welchem Oberbegriff die Ideen jeweils zusammengefasst werden.
3. Das **Relationendiagramm** stellt die Beziehungen, Kausalzusammenhänge und Verknüpfungen zwischen den problemauslösenden Faktoren grafisch dar. Aus dem Diagramm kann abgelesen werden, aus welchen Teilproblemen das Kernproblem resultiert. Nach der genauen Problemdefinition und der Sammlung möglicher Problemursachen wird aus den Ergebnissen ein Gesamtzusammenhang hergestellt. Der Zusammenhang Hauptproblem – Teilprobleme bzw. Problemursachen wird nun systematisch auf einzelne Verbindungen und Wirkungszusammenhänge untersucht. Alle gefundenen Zusammenhänge werden grafisch hervorgehoben, so dass eine Unterscheidung zwischen wichtigen Faktoren mit hoher Wirkung und eher weniger wichtigen Faktoren möglich wird. Diese Unterteilung ist eine Grundvoraussetzung, um den Problemlösungsprozess zielgerichtet voranzutreiben, da deutlich wird, auf welche Punkte sich die Arbeit konzentrieren sollte und welche Punkte eher vernachlässigt werden können.
4. Das **Baumdiagramm** dient dazu, zentrale Problemstellungen logisch in Untergruppen zu gliedern und diese dann zur besseren Visualisierung grafisch darzustellen. Insbesondere bei komplex strukturierten Prozessen oder Abläufen, wie der Entwicklung von Kennzahlen oder der Vorbereitung von Nutzwertanalysen, erweist sich das Baumdiagramm als sehr hilfreich. Bei der Arbeit mit dem Baumdiagramm wird ausgehend vom Thema eine erste Betrachtungsebene festgelegt. Dabei ist besonders darauf zu achten, dass diese erste Hierarchieebene nicht zu detailliert gestaltet wird, da jeder Punkt dieser Hierarchieebene in einer weiteren Unterebene

noch detaillierter beschrieben werden muss. Die Methode wird im Abschnitt 3.3.3 ausführlich beschrieben und daher hier nur kurz dargestellt.

5. Ein **Problem-Entscheidungsplan** dient dazu, Probleme bei der Umsetzung der Lösung zu vermeiden. Bei jedem Zwischenschritt der Lösungsumsetzung können besondere Schwierigkeiten auftreten, für die in diesem Management-Tool Maßnahmen definiert werden, die bereits im Vorfeld zur Fehlervermeidung führen sollen. Nachdem die notwendigen Schritte zur Umsetzung der entwickelten Lösung definiert wurden, werden diese nun in die richtige Reihenfolge gebracht. Dabei ist besonders auf die logische und zeitliche Dimension zu achten. Im Team werden mögliche Probleme gesammelt. Anschließend erarbeitet das gesamte Team für jedes genannte Problem geeignete Gegenmaßnahmen.
6. Das **Matrixdiagramm** stellt die verschiedenen Beziehungen zwischen zwei Faktoren dar. Innerhalb der Matrix werden die Stärke und Ausprägung der jeweiligen Beziehung durch Symbole gekennzeichnet. Nach der Festlegung der Kriterien erfolgt die Beschreibung dieser Kriterien in einzelnen Ausprägungen. Nun wird innerhalb der Matrix geprüft, inwieweit Zusammenhänge zwischen den einzelnen Faktoren bestehen.
7. Der **Netzplan** findet seine Anwendung in der Organisation des Lösungsprozesses. Ziel ist die optimale Planung, Steuerung und Kontrolle der Lösungsumsetzung und der dafür notwendigen Prozesse. Die gesamte Implementierung wird in verschiedene Einzelschritte unterteilt, denen jeweils ein fester Zeithorizont zugeordnet wird. Diese Unterteilungen und die damit verbundenen zeitlichen Abläufe werden anschließend grafisch dargestellt. Zu Beginn erfolgt eine Auflistung aller Einzelaktivitäten, die für eine zielgerichtete Umsetzung der Lösung notwendig sind. Anschließend werden die Start- und Endpunkte der einzelnen Aktivitäten festgelegt. Durch diese Festlegung können schließlich alle Aktivitäten in die richtige Reihenfolge gebracht werden.

5.1.4.2 Die sieben Qualitätswerkzeuge

Die Q7 sind eine Sammlung von Methoden zur Qualitätssicherung, die erstmals um 1943 von Ishikawa Kaoru zusammengestellt wurden. Es handelt sich um eine Reihe von quantitativen Methoden und Werkzeugen zur Identifizierung von Problemen und deren Lösungsmöglichkeiten für eine kontinuierliche Verbesserung in Bereichen wie der Produktion. Die meisten Qualitätsprobleme können durch den Einsatz von sieben grundlegenden quantitativen Instrumenten gänzlich, oder zumindest teilweise, gelöst werden. Sie finden Anwendung in Qualitätszirkeln wie dem PDCA-Zyklus und in QM-Systemen wie der ISO 9001, um Problemlösungsprozesse voranzutreiben. Ziel der Werkzeuge ist es, Fehler und Daten aus Prozessen und Arbeitsabläufen zu sammeln, um diese anschließend möglichst einfach analysieren zu können. Die Q7 sind wirkungsvolle Werkzeuge, die bei richtiger Anwendung leicht zu effektiven Ergebnissen führen. Da alle sieben Methoden an anderer Stelle dieses Buchs ausführlich beschrieben werden, wird hier nur rudimentär und der Aufzählung halber auf jedes der sieben Werkzeuge eingegangen:

1. Das erste der sieben QM-Werkzeuge ist die **Fehlersammelkarte**. Sie dient der Erfassung der Fehlerhäufigkeit. Dies geschieht einfach durch Strichzählung und kann als Grundlage für eine einfache numerische Auswertung dienen. Der Vorteil dieser Methode ist ihre sehr einfache Durchführbarkeit. Keine Vorkenntnisse oder Vorschulung sind für ihren Einsatz erforderlich. Zu den Nachteilen zählt, dass damit keine Analyse der Fehlerursache möglich ist. Mit steigender Anzahl der erfassten Fehler wird der Prozess unübersichtlicher. Die Fehlersammelkarte wird im Abschnitt 3.2.2 ausführlich beschrieben und daher hier nur kurz erläutert.
2. Das **Flussdiagramm** ist das häufigste QM-Tool zur Darstellung von Prozessen und Abläufen. Vor allem als Werkzeug zur ersten Visualisierung eines Prozesses ist dieses Diagramm sehr wertvoll. So können überflüssige oder doppelte Prozessschritte sichtbar gemacht werden. Der Vorteil dieser Methode ist, dass einfache Symbole genutzt werden, um auch umfangreiche Abläufe einfach und übersichtlich darzustellen. Der Detaillierungsgrad kann flexibel angepasst werden. Auch sind keine Vorkenntnisse oder Schulungen erforderlich. Dies hat aber auch Nachteile, nämlich, dass es viel Raum für Interpretation lässt, da es keine einheitlichen Regeln gibt.
3. Ein **Histogramm** ist ein einfaches Balkendiagramm, das eine Häufigkeitsverteilung grafisch darstellt. Die visuelle Aufbereitung hilft dem Betrachter, die Daten zu interpretieren, was auf Basis der reinen Messdaten nicht so einfach möglich wäre. Zu den ganz großen Vorteilen zählt, dass sehr große Datenmengen (im Vergleich zur Fehlersammelkarte) übersichtlich aufbereitet werden können. Außerdem ist die Erstellung relativ einfach, speziell wenn mit entsprechender Software gearbeitet wird, beispielsweise Minitab. Zu den Nachteilen gehört, dass rein mit dem Histogramm keine Fehlerursachenanalyse möglich ist.
4. Die **Qualitätsregelkarte** ist ein weiteres Werkzeug der Q7. In ihr können Messergebnisse über einen längeren Zeitraum dargestellt werden. In Stichproben werden bestimmte Merkmale und deren Ausprägungen erfasst. Dies geschieht im laufenden Prozess unter immer gleichen Bedingungen. Als Vorteil ist zu nennen, dass dadurch eine statisch fundierte zeitliche Erfassung des Prozessverlaufs möglich ist. Nachteile sind, dass kurzfristige Ergebnisse nicht erfasst bzw. berücksichtigt werden können und diese Methode nur für Prozesse angewendet werden kann, die über entsprechende Prozessfähigkeiten verfügen.
5. Das **Pareto-Diagramm** wird vor allem zur Darstellung der Daten der Fehlersammelkarte verwendet. Dieses Diagramm sortiert die Daten nach Relevanz und stellt sie als Balkendiagramm zusammen mit der Summenkurve ihrer Bedeutung dar. Daraus lässt sich ableiten, bei welchem Fehler sofortiger Handlungsbedarf besteht. Dieses Diagramm hat den Vorteil, dass es direkt die kritischen Elemente priorisiert und den Handlungsbedarf aufzeigt.

6. In einem **Korrelationsdiagramm** kann der Zusammenhang zwischen zwei Merkmalen grafisch dargestellt werden. Dazu werden die an einem Prozessschritt paarweise erhobenen Messwerte als Datenpunkte in ein zweiachsiges Diagramm eingetragen. Bei einer ausreichenden Anzahl von Datenpunkten lässt sich ein Muster erkennen, das wiederum Rückschlüsse auf den statistischen Zusammenhang zwischen den Merkmalen zulässt. Ab einer Datenmenge von etwa 30 Datenpaaren kann das Diagramm erstellt werden und Richtung und Stärke eines Zusammenhangs können analysiert werden. Als Nachteil ist zu nennen, dass der mathematische Aufwand zur manuellen Berechnung der Korrelation aufwendig ist. In Zeiten von entsprechender Software (bspw. Minitab) stellt dies jedoch keinen wirklichen Nachteil mehr dar.
7. Das **Ishikawa-Diagramm** gruppiert einen Fehler um mögliche Ursachengruppen und ordnet jede potenzielle Fehlerursache einer dieser Ursachengruppen zu. Diese Gruppen können beispielsweise Bauteile eines Produkts sein. Klassischerweise verwenden die meisten Menschen jedoch die 5M (Mensch, Maschine, Material, Mitwelt und Methode) als Ausgangsgruppen, da sich die 5M als grundsätzlich allgemeingültig herausgestellt haben. Pfeile im Diagramm verdeutlichen die Beziehung zwischen Ursache und Wirkung. Vorteil der Methode ist, dass die wahren Ursachen systematisch ermittelt werden können. Die Methode wird im Abschnitt 3.3.2 ausführlich beschrieben und daher hier nur kurz dargestellt.

Fazit:

M7 und Q7 stellen eine basale Auswahl an Methoden dar, mit denen Unternehmen Probleme einer überschaubaren Komplexitätsklasse lösen können. Sie sind recht einfach anwendbar und lassen sich auf eine Vielzahl von Problemfeldern applizieren. Durch die Anwendung der M7 und Q7 können Unternehmen ihre Prozesse verbessern, die Qualität steigern und die Effizienz erhöhen.

5.2 Methoden für Prognosen bei Ausfällen im Feld

Bei Kundenbefragungen wird der Zuverlässigkeit neben vielen anderen Produkteigenschaften häufig eine besondere Bedeutung beigemessen. Die Gewährleistung einer ausreichenden Produktzuverlässigkeit ist daher ein Schlüsselfaktor für den Unternehmenserfolg. In Zeiten verkürzter Entwicklungszyklen bei gleichzeitig steigenden Produktanforderungen sind hierfür neue Lösungsansätze erforderlich. Neben dem traditionell wichtigen experimentellen Zuverlässigkeitsnachweis gewinnt das gezielte Zuverlässigkeitsdesign, verbunden mit einer rechnerischen Zuverlässigkeitsvorhersage und -optimierung immer mehr in den Mittelpunkt der Entwicklungsaktivitäten. Damit wird ein präventives Vorgehen umgesetzt, das zur Reduzierung des Gesamtaufwands die Verlagerung der Zuverlässigkeitsarbeit in frühe Phasen der Produktentwicklung erfordert. Trotzdem kommt es immer wieder zu Ausfällen im Feld, bei denen sich Entscheider fragen müssen, wie gravierend und kritisch das vorliegende Problem ist. Für diese Situation gibt es dezidierte Methoden, die dabei helfen.

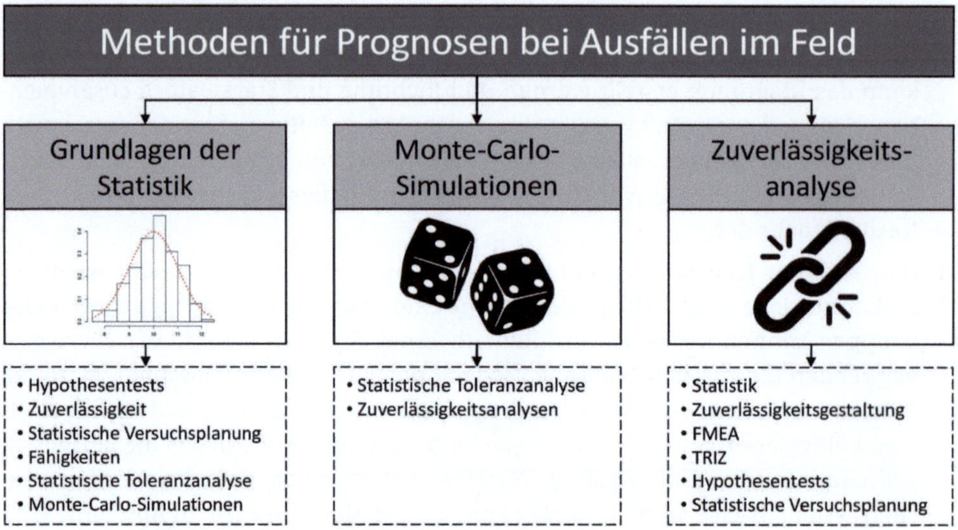

Bild 5.9 Methoden für Prognosen bei Ausfällen im Feld

5.2.1 Grundlagen der Statistik

Leitfragen im Umgang mit den Grundlagen der Statistik:

- Was ist der Unterschied zwischen Mittelwert, Median und Modus?
- Was sind die Unterschiede zwischen diskreten und kontinuierlichen Verteilungsformen?
- Welche unterschiedlichen Verteilungsformen sind gebräuchlich und wann werden diese angewendet?

Wann benötigen Sie diese Methode?

Statistische Grundlagen werden im Qualitätsmanagement benötigt, wenn Daten analysiert und interpretiert werden sollen, Prozesse und Produkte überwacht und kontrolliert werden sollen, Qualität und Zuverlässigkeit von Produkten und Prozessen verbessert werden sollen oder Entscheidungen auf Basis von Daten getroffen werden sollen.

Viele statistische Verfahren werden heute mit Tabellenkalkulationsprogrammen oder anderen Statistikprogrammen durchgeführt. Dabei ist es jedoch wichtig zu wissen, welche Kennzahlen es gibt, wie diese berechnet werden und vor allem, wann welche Kennzahl verwendet werden soll und wann nicht. Im Folgenden soll daher auf die Grundlagen der Statistik eingegangen werden.

Weiterführende Literatur - Technische Berichte:

C/QMM (2016a). *Heft 1 - Grundlagen der technischen Statistik - Kontinuierliche Merkmale*. Techn. Ber. Robert Bosch GmbH und C/QMM (2016b). *Heft 2 - Grundlagen der technischen Statistik - Diskrete Merkmale*. Techn. Ber. Robert Bosch GmbH.

5.2.1.1 Merkmale

Gegenstand statistischer Betrachtungen und Berechnungen in der industriellen Praxis sind in der Regel kontinuierlich veränderliche, messbare Merkmale und diskrete, zählbare Merkmale von Beobachtungseinheiten. Kontinuierliche Merkmale sind messbare oder beobachtbare Eigenschaften (Länge, Gewicht, Temperatur) von Objekten oder Ereignissen (Lebensdauer, Berstdruck). Obwohl eine physikalische Messgröße immer in Form einer Maßzahl und einer Maßeinheit angegeben wird, sind die Maßeinheiten für statistische Betrachtungen von untergeordneter Bedeutung. Merkmale können sehr unterschiedlich sein und dabei in folgende Kategorien unterteilt werden: nominalskalierte Merkmale, ordinalskalierte Merkmale und kardinalskalierte Merkmale. Für die letzte Gruppe existieren dazu noch zwei Unterkategorien: intervallskalliert und verhältnisskalliert.

Ein Merkmal ist **nominalskaliert**, wenn seine möglichen Ausprägungen zwar unterschieden werden können, aber keine natürliche Rangfolge aufweisen. Ein nominalskaliertes Merkmal wird durch eine Beschreibung von Kategorien messbar gemacht, nach der jede Untersuchungseinheit einer Kategorie zugeordnet werden kann. Das Ergebnis einer solchen Operationalisierung wird dann als Nominalskala bezeichnet. Aufgrund der fehlenden Rangfolge ist die Bezeichnung -skala eigentlich nicht angemessen und muss im Zusammenhang mit den anderen Skalenebenen gesehen werden.

Beispiele für nominalskalierte Merkmale sind Augenfarben oder Blutgruppen. Mathematische Operationen mit nominalskalierten Merkmalen funktionieren nicht. Ebenso sind Größenvergleiche mit nominalskalierten Merkmalen nicht sinnvoll. Sinnvoll ist es jedoch, die Häufigkeiten des Auftretens der Kategorien in einer Menge von Untersuchungseinheiten zu bestimmen, die dann Gegenstand der Statistik sind. Als Lageparameter einer solchen Häufigkeitsverteilung kann nur der häufigste Wert, der sogenannte Modalwert, bestimmt werden.

Eine **Ordinalskala** ordnet Variablen mit Ausprägungen, zwischen denen eine Rangfolge besteht. Ordinalskalierte Variablen enthalten sowohl nominale Informationen als auch Informationen über die Rangfolge der Variablenwerte. Beobachtungen zu einem Merkmal mit ordinalem Messniveau können in Bezug auf dieses Merkmal gruppiert und der Größe nach geordnet werden. Werden die Merkmalsausprägungen (Kategorien) durch (Rang-)Zahlen bezeichnet, so werden diese so gewählt, dass die Rangfolge der Zahlen der Rangfolge der Ausprägungen entspricht. Das bedeutet, dass eine Beobachtung oder ein Objekt mit einem höheren Rang auch eine höhere Ausprägung des betrachteten Merkmals aufweist als eine Beobachtung mit einem niedrigeren Rang. Es kann jedoch keine Aussage über die Größe des Merkmalsunterschieds zwischen den Objekten, d. h. über die Abstände zwischen den Rängen, gemacht werden. Bei der Ordinalskala geht es nur darum, eine Reihenfolge oder Rangordnung festzulegen. Bei einem Rennen kann ein erster, zweiter usw. Platz vergeben werden.

Dabei spielt es keine Rolle, ob der Erstplatzierte eine Stunde oder eine Sekunde vor dem Zweitplatzierten im Ziel war. Ein weiteres Beispiel, bei dem Ränge direkt vergeben werden, ist die Zufriedenheit mit einem Produkt. Hier kann unterschieden werden zwischen sehr zufrieden, eher zufrieden, eher unzufrieden oder sehr unzufrieden. Auch wenn die Kategorien durch Zahlen codiert sind, sind mathematische Operationen mit diesen Zahlen nicht sinnvoll, da sie keinen numerischen Wert, sondern eine Kategorie repräsentieren. Da es sich bei Schulnoten in der Regel um ordinal skalierte Merkmale handelt, ist die Bildung von Mittelwerten nicht sinnvoll, wird aber in Bildungseinrichtungen regelmäßig durchgeführt. Qualitative Vergleiche (größer/kleiner als) sind jedoch möglich. Es ist auch möglich, die Häufigkeit des Auftretens von Kategorien in einer Menge von Untersuchungsobjekten zu bestimmen (oder die Häufigkeit des Auftretens von Merkmalsausprägungen, die kleiner oder größer als eine bestimmte Kategorie sind). Als Lageparameter dient hier der Median.

Die **Intervallskala** (eine der drei Kardinalskalen) ist eine Skalenstufe in der Statistik. Sie gehört zum metrischen Messniveau, da die Ausprägungen dieses Skalenniveaus quantitativ durch Zahlen dargestellt werden können. Insbesondere bedeutet dies auch, dass Rangunterschiede und Abstände zwischen Werten gemessen werden können, d. h. quantitative Merkmale gehen in ihren Anforderungen über ordinale oder gar nominale Merkmale hinaus. Bei intervallskalierten Merkmalen können zusätzlich zu den Eigenschaften der Ordinalskala die Abstände zwischen den verschiedenen Merkmalsausprägungen exakt bestimmt werden. Allerdings gibt es für die Intervallskala keinen natürlichen Nullpunkt. Willkürlich festgelegte Nullpunkte, wie bei der Temperaturskala in Grad Celsius, sind keine natürlichen Nullpunkte, während der Nullpunkt der Temperaturskala in Kelvin, der dem absoluten Nullpunkt entspricht, ein natürlicher Nullpunkt ist. Der Unterschied zeigt sich darin, dass 20 Grad Celsius nicht doppelt so viel wie 10 Grad Celsius bedeutet (beispielsweise doppelt so viel Energie). Bei Kelvin hingegen sind die Zahlenwerte tatsächlich proportional: 20 Kelvin bedeuten auch doppelt so viel Energie wie 10 Kelvin. Die Celsius-Temperaturskala ist also intervallskaliert, Kelvin-Temperaturangaben sogar auf der Verhältnisskala, der nächsthöheren Skalenebene.

Die **Verhältnisskala**, auch Proportionalskala genannt, ist die höchste Skalenebene in der Statistik. Sie ist eine metrische Skala, hat aber im Gegensatz zur Intervallskala einen absoluten Nullpunkt (Blutdruck, Temperatur in Kelvin uvm.). Nur auf diesem Skalenniveau sind Multiplikation und Division sinnvoll und zulässig. Es können also Verhältnisse von Merkmalsausprägungen gebildet werden. Auf einer Verhältnisskala werden Merkmalsausprägungen eingetragen, für die gilt, dass die Merkmalsausprägungen als Zahlen dargestellt werden, für die Zahlenwerte ein natürlicher Nullpunkt existiert und die Maßeinheit willkürlich definiert ist (vgl. Absolutskala). Bei Verhältnisskalen entsprechen die Zahlen der Stärke der Merkmalsausprägungen. Zulässige Aussagen sind zum Beispiel „Herr X ist um 15 % gewachsen". Mit Merkmalen, die auf einer Verhältnisskala gemessen werden, können folgende Operationen durchgeführt werden: Identitätsvergleich, Größenvergleich, Addition, Subtraktion, Multiplikation mit einer Zahl (Ergebnis ist ein Merkmalswert), Division zweier Merkmalswerte (Ergebnis ist eine Zahl).

Weiterführende Literatur - Bücher:

Michael Sachs (2021). *Wahrscheinlichkeitsrechnung und Statistik für Ingenieurstudierende an Hochschulen*. Carl Hanser Verlag oder Douglas Altman u. a. (2013). *Statistics with confidence: confidence intervals and statistical guidelines*. John Wiley & Sons.

5.2.1.2 Grundgesamtheit

Die Grundgesamtheit (auch Population) bezeichnet die Menge aller Objekte, über die eine Aussage getroffen werden soll. Grundgesamtheiten werden häufig unvollständig erfasst und näherungsweise beschrieben, zum Beispiel durch eine Teilerhebung in einer Stichprobenerhebung in der Stochastik. Als Grundgesamtheit bezeichnet man in der Statistik die Menge aller statistischen Einheiten (auch Merkmalsträger oder Erhebungseinheiten) mit übereinstimmenden Identifikationskriterien (sachlich, räumlich und zeitlich). Die statistische Einheit ist der Informationsträger für die statistische Erhebung. Unter einer Grundgesamtheit versteht man eine endliche oder unendliche Menge von Beobachtungseinheiten, die im Hinblick auf eine statistische Fragestellung als gleichartig anzusehen sind. Solche Beobachtungseinheiten können auch Beobachtungen oder Ergebnisse von Versuchen sein, die unter gleichen Bedingungen durchgeführt wurden. Beispiele für endliche Grundgesamtheiten sind die Menge der Schüler einer Schule, der Wahlberechtigten eines Bundeslands oder Teile einer Warenlieferung.

5.2.1.3 Stichprobe

Als Stichprobe bezeichnet man eine nach bestimmten Gesichtspunkten ausgewählte Teilmenge einer Grundgesamtheit oder eine Vielzahl von Realisierungen einer Zufallsvariablen, die einer Verteilung folgt. Typischerweise wird die Stichprobe Untersuchungen oder Erhebungen unterzogen, deren Ergebnisse etwas über die Grundgesamtheit oder Verteilung aussagen sollen, aus der die Stichprobe gezogen wurde. Eine Stichprobenerhebung als Alternative zur Vollerhebung wird angewandt, wenn die Untersuchung aller Individuen oder Objekte einer Grundgesamtheit nicht praktikabel ist. Dies ist der Fall bei sehr großen Grundgesamtheiten oder wenn die Stichprobenelemente durch die Untersuchung unbrauchbar werden, wie dies häufig bei Qualitätsprüfungen der Fall ist. Jede Stichprobe ist durch zwei Merkmale gekennzeichnet, ihren Umfang (Stichprobenumfang, Stichprobengröße) und das angewandte Auswahlverfahren (Stichprobenart).

Soll die Stichprobe repräsentativ für die Grundgesamtheit sein, muss das angewandte Auswahlverfahren bestimmte Bedingungen erfüllen und es muss eine Mindeststichprobengröße vorhanden sein. Besondere Bedeutung kommt dabei der Zufallsstichprobe zu. Eine Stichprobe ist also immer eine reale und damit endliche Menge von Dingen oder Ereignissen. Beispiele hierfür sind die Menge der beobachteten Wurfergebnisse von zehn Würfen mit einem Würfel oder die Menge von 50 hergestellten Teilen im Rahmen einer Maschinenfähigkeitsuntersuchung.

5.2.1.4 Modus oder Modalwert

Der Modus, auch Modalwert genannt, ist ein Lageparameter in der deskriptiven Statistik. Er ist definiert als der Wert, der in der Stichprobe am häufigsten vorkommt. Werden beispielsweise die Prüfungsnoten einer Schulklasse erhoben, so entspricht der Modus der am häufigsten vergebenen Note. Damit ist ein Modus genau ein Gipfel der entsprechenden Häufigkeitsverteilung. Ein Modus kommt also nicht seltener vor als irgendeine Ausprägung desselben Merkmals. Im Gegensatz zu anderen Lagemaßen hat der Modus den Vorteil, dass er immer vorhanden ist. Allerdings ist er in der Regel nicht immer eindeutig. Als Notationen für den Modus finden sich meist D oder $\bar{x}_{\mathrm{M}}$.

5.2.1.5 Median

In der Statistik ist der Median $\tilde{x}$, auch Zentralwert genannt, ein Lageparameter. Der Median der Messwerte einer Urliste ist der Messwert, der genau in der Mitte liegt, wenn die Messwerte der Größe nach sortiert werden. Im Allgemeinen teilt ein Median einen Datensatz, eine Stichprobe oder eine Verteilung in zwei gleich große Teile, so dass die Werte in der einen Hälfte nicht größer und in der anderen Hälfte nicht kleiner als der Medianwert sind. Alle Werte werden aufsteigend sortiert. Wenn die Anzahl der Werte ungerade ist, ist die mittlere Zahl der Median. Ist die Anzahl der Werte gerade, wird der Median meist als arithmetisches Mittel der beiden mittleren Zahlen definiert, die dann als unterer und oberer Median bezeichnet werden. Bei $n = (1, 2, 3)$ ist $\tilde{x} = 2$, bei $n = (1, 2, 3, 4)$ ist $\tilde{x} = 2{,}5$.

Eine wichtige Eigenschaft des Medians ist seine Robustheit gegenüber Ausreißern, dies zeigt auch folgendes Beispiel, wo der Median mit arithmetischen Mittelwert verglichen wird. In einer Gruppe von zehn Personen hat jeder ein monatliches Einkommen in unterschiedlicher Höhe. Eine Person erhält 1.000.000 Euro, die anderen neun erhalten 1.000 Euro, 2.000 Euro, 3.000 Euro usw. bis 9.000 Euro. Das arithmetische Mittel, also der Durchschnitt, beträgt in diesem Fall 104.500 Euro. Allerdings verdient nur eine der zehn Personen mehr als diesen Betrag, die anderen neun deutlich weniger. Der Median hingegen liegt bei 5.500 Euro. Fünf Personen verdienen mehr, fünf weniger.

5.2.1.6 Mittelwert

Das arithmetische Mittel $\bar{x}$, auch arithmetischer Mittelwert (umgangssprachlich *Durchschnitt*) genannt, ist ein Lageparameter und beschreibt den Mittelpunkt einer Verteilung durch einen Zahlenwert. Der Mittelwert wird berechnet, indem die Summe der betrachteten Zahlen durch deren Anzahl dividiert wird. Die Merkmalssumme der Merkmalsausprägungen $x_1, x_2, \ldots, x_n$ dividiert durch die Anzahl der Merkmalsträger n

$$\bar{x} = \frac{1}{n}(x_1 + x_2 + \cdots + x_n) = \frac{1}{n}\sum_{i=1}^{n} x_i \tag{5.2}$$

wird als arithmetisches Mittel bezeichnet. Existieren beispielsweise neun Zahlenwerte (3, 4, 5, 5, 6, 6, 6, 7, 8), so berechnet sich der Mittelwert $\bar{x}$ für diese neun Werte wie folgt

$$\bar{x} = \frac{3+4+5+5+6+6+6+7+8}{9} = \frac{50}{9} = 5{,}55 \tag{5.3}$$

5.2.1.7 Spannweite

Die Spannweite ist ein Streuungsmaß und wird als Abweichung zwischen dem größten und dem kleinsten Messwert berechnet: $R = x_{\max} - x_{\min}$. Die Spannweite ist nicht robust gegenüber Ausreißern, sie hängt nur von den Extremwerten ab und verliert mit zunehmendem Stichprobenumfang an Informationsgehalt. Sie wird daher vor allem bei kleinen Stichprobenumfängen verwendet. Sie hat die gleiche Maßeinheit wie die Messwerte selbst. Damit die Differenzbildung sinnvoll ist, müssen diese ein metrisches Skalenniveau haben. Die Spannweite kann auf verschiedene Weise zur Schätzung von Standardabweichungen und zur Angabe von Obergrenzen für Standardabweichungen verwendet werden.

5.2.1.8 Varianz und Standardabweichung

Die Varianz ist ein Maß für die Streuung einer Wahrscheinlichkeitsdichte um ihren Schwerpunkt. Mathematisch ist sie definiert als die mittlere quadratische Abweichung einer realen Zufallsvariablen von ihrem Erwartungswert. Sie ist das Zentralmoment zweiter Ordnung einer Zufallsvariablen. Die Varianz kann mit einem Varianzschätzer,

z. B. der Stichprobenvarianz, bestimmt werden. Die Quadratwurzel der Varianz ist das wichtigste Streuungsmaß in der Stochastik und wird als Standardabweichung bezeichnet. Zu den Eigenschaften der Varianz gehört, dass sie nie negativ ist und sich nicht ändert, wenn die Verteilung verschoben wird.

Die Varianz einer Summe unkorrelierter Zufallsvariablen ist gleich der Summe ihrer Varianzen. Ein Nachteil der Varianz für praktische Anwendungen ist, dass sie im Gegensatz zur Standardabweichung eine andere Einheit als die Zufallsvariable hat. Da sie über ein Integral definiert ist, existiert sie nicht für alle Verteilungen, d. h. sie kann auch unendlich groß sein. Eine Verallgemeinerung der Varianz stellt die Kovarianz dar. Im Gegensatz zur Varianz, die die Variabilität der betrachteten Zufallsvariablen misst, ist die Kovarianz ein Maß für die gemeinsame Variabilität zweier Zufallsvariablen. Somit ergibt sich für die Varianz Folgendes:

$$s_N^2 = \frac{1}{n-1} \sum_{x_i \in N} (x_i - \bar{x})^2 \tag{5.4}$$

Sei $N = \{1, 4, 10\}$, dann ist $n = 3$ und der empirische Mittelwert $\bar{x} = \frac{(1+4+10)}{3} = 5$, was folgende Varianz $s_N^2 = \frac{1}{2}((1-5)^2 + (4-5)^2 + (10-5)^2) = 21$ ergibt. Die Varianz einer Zufallsvariablen wird immer in quadrierten Einheiten angegeben. Dies ist problematisch, da die so gewonnenen quadrierten Einheiten (z. B. cm^2) keine sinnvolle Interpretation zulassen; die Interpretation als Flächenmaß ist in diesem Beispiel unzulässig. Um die gleiche Einheit wie bei der Zufallsvariablen zu erhalten, wird daher in der Regel anstelle der Varianz die Standardabweichung verwendet. Sie hat die gleiche Einheit wie die Zufallsvariable selbst, misst also bildlich gesprochen mit dem gleichen Maß. Die Standardabweichung ist die Quadratwurzel aus der Varianz. Dem oben genannten Beispiel folgend also $s = \sqrt{s_N^2} = \sqrt{21} = 4{,}58$.

5.2.1.9 Gaußsche Normalverteilung

Die Normal- oder Gaußsche Verteilung (nach Carl Friedrich Gauß) ist ein wichtiger Typ stetiger Wahrscheinlichkeitsverteilungen in der Stochastik. Normalverteilte Zufallsvariablen kommen in der Praxis sehr häufig vor. Beispiele sind biologische Größen (Körpergröße innerhalb eines Geschlechts), physikalische Sachverhalte (durchschnittliche Sonnenscheindauer an einem bestimmten Tag des Jahres) oder Qualitätskontrollen (die Länge eines Bretts nach einem Sägeprozess). Ihre Wahrscheinlichkeitsdichtefunktion wird auch als Gaußsche Funktion, Gaußsche Normalverteilung, Gaußsche Verteilungskurve oder einfach Glockenkurve bezeichnet. Sie hat die Form mit dem Erwartungswert μ und der Standardabweichung σ.

Die besondere Bedeutung der Normalverteilung beruht unter anderem auf dem zentralen Grenzwertsatz, der besagt, dass Verteilungen, die durch additive Überlagerung einer großen Anzahl unabhängiger Einflüsse entstehen, unter schwachen Bedingungen näherungsweise normalverteilt sind. In der Messtechnik wird die Normalverteilung häufig verwendet, um die Streuung von Messwerten zu beschreiben. Die Abweichungen der Messwerte vieler natur-, wirtschafts- und ingenieurwissenschaftlicher Prozesse vom Erwartungswert lassen sich in guter Näherung durch die Normalverteilung beschreiben (insbesondere Prozesse, bei denen mehrere Faktoren unabhängig voneinander in verschiedenen Richtungen wirken).

Zufallsvariablen mit Normalverteilung werden zur Beschreibung zufälliger Vorgänge verwendet, wie die Streuung von Messwerten oder die Abweichung vom Sollmaß bei der Fertigung von Werkstücken. Der Erwartungswert kann als Schwerpunkt der Verteilung interpretiert werden. Die Standardabweichung gibt dessen Breite an. Die sogenannte Dichtefunktion einer klassischen Normalverteilung (mit $\mu = 0$ und $\sigma = 1$) ist in Bild 5.10 dargestellt. Werden allerdings Ereignisse untersucht, deren Messgrößen nur positive Werte annehmen können, also Konzentrationen, Massen und Gewichte oder räumliche Größen, dann eignet sich für diese Form der Anwendung eher die Log-Normalverteilung.

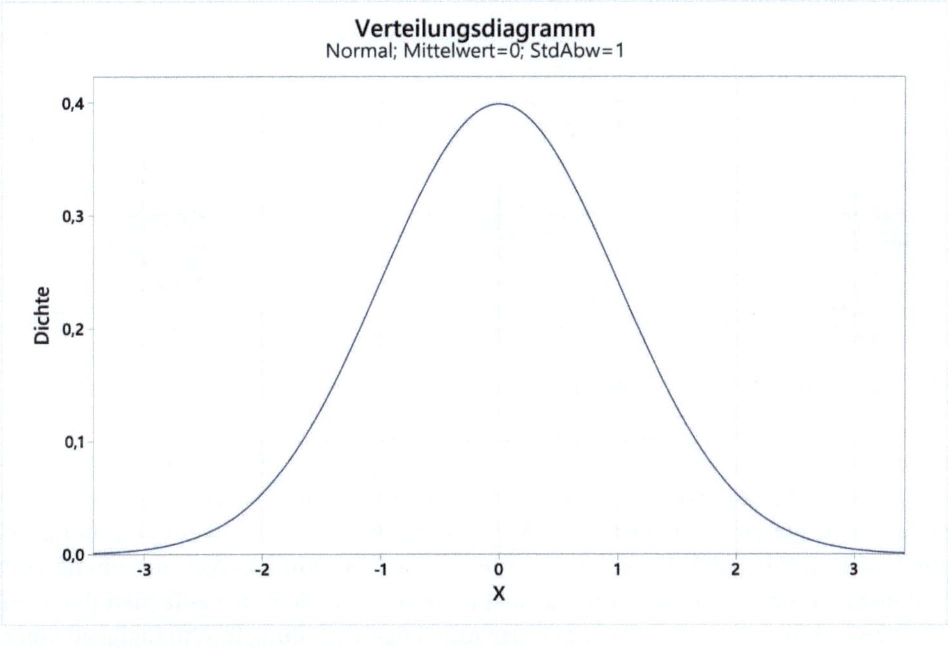

Bild 5.10 Dichtefunktion einer Normalverteilung

Die Fläche, die durch die Kurve der Dichtefunktion und ein bestimmtes Intervall der Merkmalsachse begrenzt wird, entspricht der Wahrscheinlichkeit, mit der die Merkmalswerte der Grundgesamtheit in diesem Intervall liegen. Diese Fläche ist somit ein grafisches Analogon der Wahrscheinlichkeit. Die Gesamtfläche, die von einer beliebigen Wahrscheinlichkeitsdichtefunktion und der Merkmalsachse (zwischen minus unendlich und plus unendlich) begrenzt wird, entspricht immer dem Wert 1 (100 %).

Die Glockenkurve ist die grafische Darstellung der Dichtefunktion der Normalverteilung, die durch

$$f(x) = \frac{1}{a\sqrt{2\pi}}\,\mathrm{e}^{-\frac{(x-b)^2}{2a^2}} \tag{5.5}$$

beschrieben wird. Die Funktion (und damit die Kurve) ist durch die Parameter μ und σ eindeutig bestimmt. Dabei steht μ für den Mittelwert der Verteilung und σ für deren Standardabweichung. Aus der Funktionsgleichung bzw. ihrer grafischen Darstellung lassen sich noch einige Besonderheiten erkennen:

- Die Kurve ist symmetrisch zum Mittelwert μ.
- Die Kurve hat jeweils einen Wendepunkt bei $\mu - \sigma$ und $\mu + \sigma$. Das bedeutet, dass an der Stelle $\mu - \sigma$ die Krümmung der Kurve von der x-Achse weg in eine Krümmung zur x-Achse hin übergeht.
- Die Kurve verläuft von $x = -\infty$ bis $x = +\infty$. Dies ist jedoch nur für eine theoretische Betrachtung interessant. Praktisch bedeutsam ist die Kurve meist nur im Abstand von jeweils etwa drei bis vier Standardabweichungen vom Mittelwert μ nach links und rechts in Bild 5.11. Dort nähert sich die Kurve bereits der x-Achse.

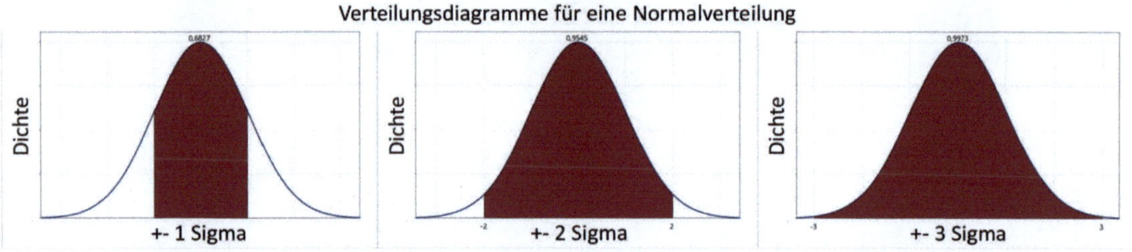

Bild 5.11 Die Flächen unter der Dichtefunktion entsprechen der Wahrscheinlichkeit

Wie bereits erwähnt, entspricht die Fläche unter der Normalverteilung einer unendlichen Anzahl von Messwerten aus einer normalverteilten Grundgesamtheit. Setzt man diese Fläche gleich 1 (entspricht 100 %), so kann ein zwischen zwei Punkten liegender Anteil (in %) ermittelt werden. Werden auf der Merkmalsachse, ausgehend vom Mittelwert μ, nach links und rechts entsprechende Strecken in Vielfachen der Standardabweichung abgetragen, so kann der Anteil der Verteilung in Abhängigkeit von σ angegeben werden. In Bild 5.11 sind diese Anteile für die Bereiche $\mu \pm 1 \cdot \sigma$, $\mu \pm 2 \cdot \sigma$ und $\mu \pm 3 \cdot \sigma$ als rote Flächen hervorgehoben. Dementsprechend ergibt sich für den Bereich $\mu \pm 1 \cdot \sigma$ ein Anteil von 68,3 %, $\mu \pm 2 \cdot \sigma$ ein Anteil von 95,4 % und $\mu \pm 3 \cdot \sigma$ ein Anteil von 99,7 %. Es wird deutlich, dass außerhalb von $\mu \pm 3 \cdot \sigma$ nur noch ein sehr geringer Anteil, nämlich nur 0,3 % der Verteilung liegt.

5.2.1.10 Weitere wichtige stetige und diskrete Verteilungsformen

t-Verteilung: Normalverteilung für kleine Stichprobengrößen. Wie bereits erwähnt, wird die Normalverteilung in vielen statistischen Verfahren verwendet. Bei kleinen Stichprobenumfängen unterschätzt die Normalverteilung jedoch einige statistische Größen. Dieser Effekt kann jedoch ausgeglichen werden, indem bei einigen statischen Verfahren anstelle der Normalverteilung die t-Verteilung (siehe Bild 5.12) verwendet wird. Die t-Verteilung ist eine mit der Normalverteilung verwandte Verteilung. Die t-Verteilung erhält man, wenn man den Mittelwert einer normalverteilten Grundgesamtheit schätzt, wenn der Stichprobenumfang klein und die Standardabweichung der Grundgesamtheit unbekannt ist.

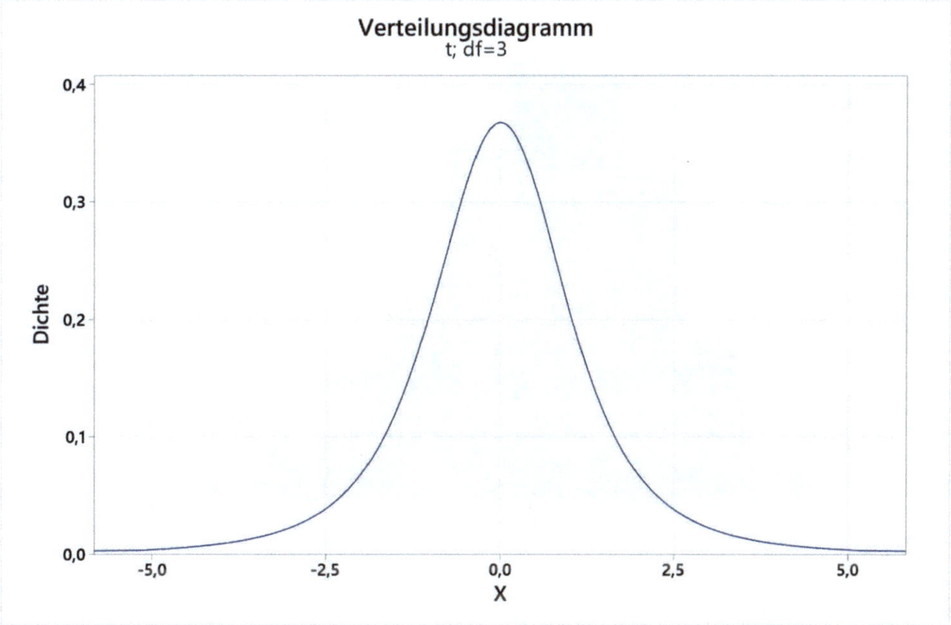

Bild 5.12 Dichtefunktion der t-Verteilung

Diese Verteilung ist dadurch gekennzeichnet, dass sie breitere Enden hat als die Normalverteilung. Mit zunehmendem Stichprobenumfang nähern sich die beiden Verteilungen einander an und sind schließlich identisch. Die t-Verteilung spielt vor allem bei statistischen Analysen eine wichtige Rolle. Sie wird vor allem für Hypothesentests und Konfidenzintervalle benötigt. In diesen Fällen interessiert man sich für die Verteilung des Stichprobenmittelwerts. In der Praxis ist die Varianz für den Stichprobenmittelwert jedoch fast immer unbekannt und wird durch die Stichprobenvarianz geschätzt.

Poisson-Verteilung: kommt zum Einsatz, wann immer Zählgrößen modelliert werden sollen. Die Poisson-Verteilung (benannt nach dem Mathematiker Siméon Denis Poisson) ist eine Wahrscheinlichkeitsverteilung zur Modellierung der Anzahl von Ereignissen, die unabhängig voneinander mit konstanter mittlerer Häufigkeit in einem bestimmten Zeitintervall oder räumlichen Bereich auftreten. Es handelt sich um eine univariate diskrete Wahrscheinlichkeitsverteilung, die einen häufigen Grenzwert der Binomialverteilung für eine unendliche Anzahl von Versuchen darstellt. Sie kann aber auch axiomatisch aus grundlegenden Prozesseigenschaften abgeleitet werden. Die Poisson-Verteilung (Dichtefunktion in Bild 5.13 dargestellt) ist eine diskrete Wahrscheinlichkeitsverteilung, die die Verteilung von Zählgrößen beschreibt. Oder anders ausgedrückt, wie oft ein bestimmtes zählbares Ereignis auftritt, wenn man es sehr oft wiederholt.

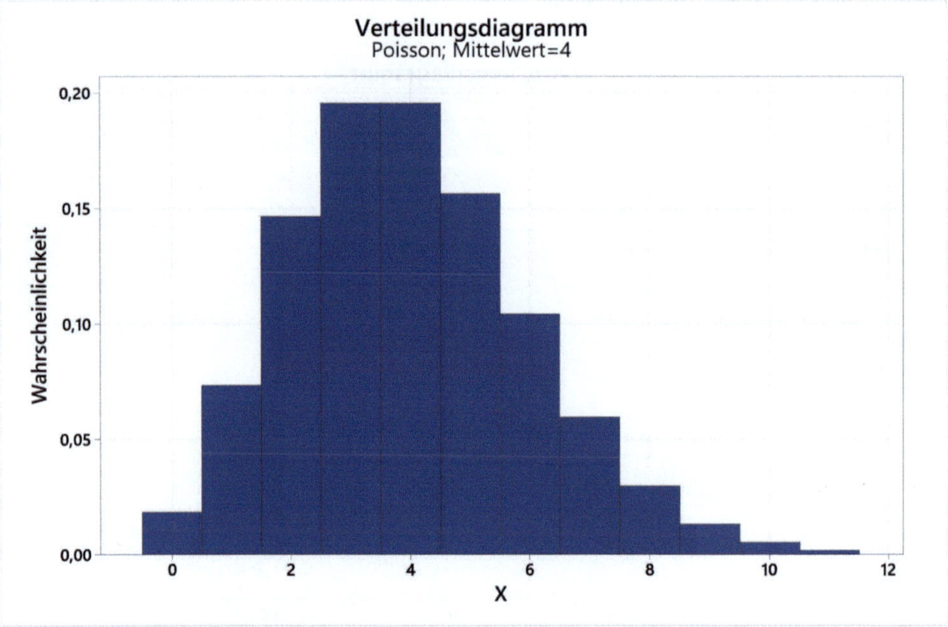

Bild 5.13 Dichtefunktion der Poisson-Verteilung

Der Parameter gibt dabei die mittlere Ereignisrate an. Ein klassisches Beispiel für die Anwendung der Poisson-Verteilung ist die Anzahl der Soldaten der preußischen Armee, die pro Jahr versehentlich durch einen Pferdetritt getötet wurden. Weitere Beispiele sind die Anzahl der Mutationen in einem bestimmten DNA-Strang pro Zeiteinheit oder die Anzahl der Besucher einer Website pro Minute, Stunde oder Tag. Die Poisson-Verteilung P_λ ist eine diskrete Wahrscheinlichkeitsverteilung. Sie wird durch einen reellen Parameter $\lambda > 0$ bestimmt, der den Erwartungswert und gleichzeitig die Varianz der Verteilung beschreibt. Sie ordnet den natürlichen Zahlen $k = 0, 1, 2, \ldots$ die Wahrscheinlichkeiten

$$P_\lambda(k) = \frac{\lambda^k}{k!}\mathrm{e}^{-\lambda} \tag{5.6}$$

zu, wobei e die Eulersche Zahl und $k!$ die Fakultät von k bezeichnet. Der Parameter λ beschreibt anschaulich die bei einer Beobachtung erwartete Ereignishäufigkeit. Die Poisson-Verteilung gibt dann die Wahrscheinlichkeit einer bestimmten Ereignisanzahl k im Einzelfall an, wenn die mittlere Ereignisrate λ bekannt ist.

Exponentialverteilung: Modellierung von Wartezeiten. Die Exponentialverteilung ist eine stetige Verteilung (siehe Bild 5.14), die zur Modellierung der Dauer von zufälligen Zeitintervallen verwendet wird. Der Parameter ist die Anzahl der erwarteten Ereignisse pro Zeitintervall. Der typischste Anwendungsfall der Exponentialverteilung ist die Lebensdauer von Menschen, Maschinenteilen oder auch die Zeit zwischen zwei Anrufen in einem Callcenter. Auch die Lebensdauer von zerfallenden Teilchen in der Physik wird durch die Exponentialverteilung approximiert.

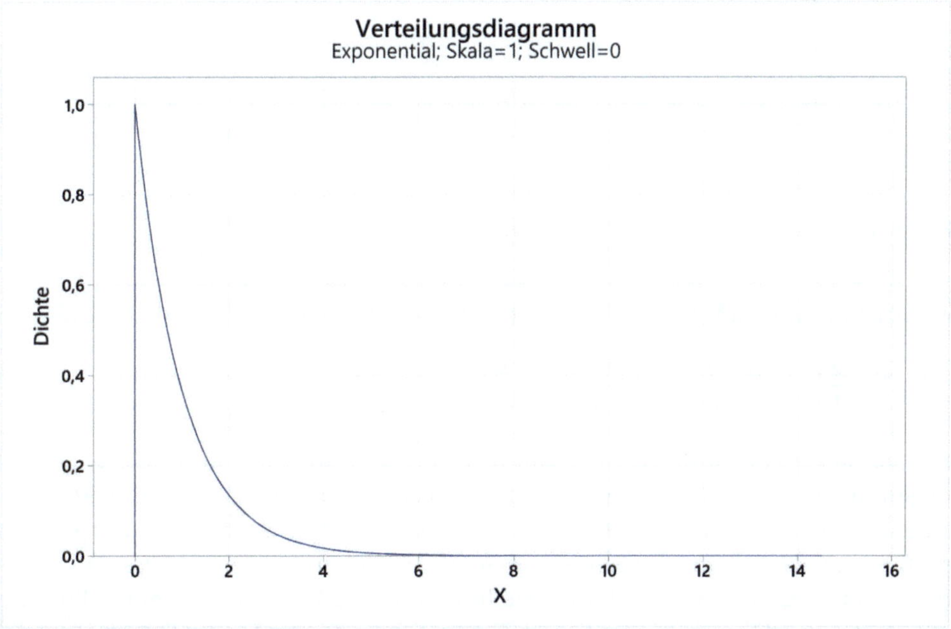

Bild 5.14 Dichtefunktion der Exponentialverteilung

Gleichverteilung: Kommt zum Einsatz, wenn es um gleich wahrscheinliche Ereignisse geht. Die Gleichverteilung (siehe Bild 5.15) ist ein Sonderfall unter den Wahrscheinlichkeitsverteilungen, da sie sowohl als stetige als auch als diskrete Verteilung existiert. Sie beschreibt Ereignisse, bei denen jeder Wert gleich wahrscheinlich ist. Im diskreten Fall tritt jedes mögliche Ergebnis mit der gleichen Wahrscheinlichkeit ein, im stetigen Fall ist die Dichte konstant. Der Grundgedanke einer Gleichverteilung ist, dass es keine Präferenz gibt. Ein typisches Beispiel für eine diskrete Gleichverteilung ist ein fairer Würfel, bei dem jede Seite mit der gleichen Wahrscheinlichkeit vorkommt. Im

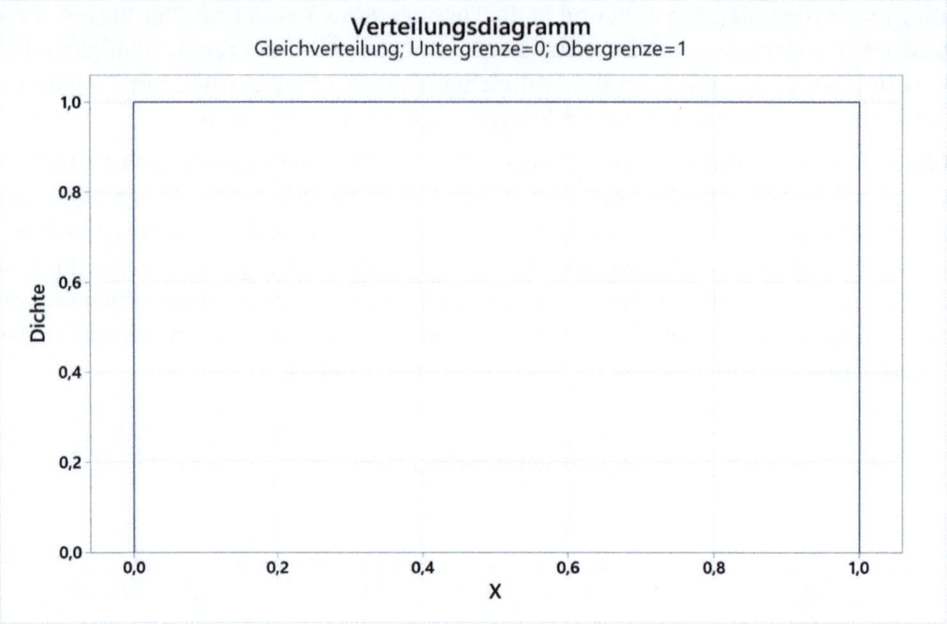

Bild 5.15 Dichtefunktion der Gleichverteilung

einfachen diskreten Fall ist die Wahrscheinlichkeit bei einer Gleichverteilung also

$$P(A) = \frac{|A|}{|\Omega|} = \frac{\text{Anzahl der Elemente von } A}{\text{Anzahl der Elemente von } \Omega} \tag{5.7}$$

Beispielsweise sind die Ergebnisse beim Würfeln nach einem Wurf die sechs möglichen Augenzahlen: $\Omega = \{1, 2, 3, 4, 5, 6\}$. Bei einem idealen Würfel beträgt die Eintrittswahrscheinlichkeit jedes dieser Werte 1/6, da sie für jeden der sechs möglichen Werte gleich groß ist und die Summe der Einzelwahrscheinlichkeiten 1 ergeben muss. Ein weiteres Beispiel für eine stetige Gleichverteilung wäre die Wartezeit auf einen Bus, der alle 10 Minuten fährt, wenn man zu einem zufälligen Zeitpunkt an der Bushaltestelle ankommt.

Weibull-Verteilung: der Spezialist für Zuverlässigkeit. Die Weibull-Verteilung (nach Waloddi Weibull, 1951) ist eine zweiparametrige Familie stetiger Wahrscheinlichkeitsverteilungen auf der Menge der positiven reellen Zahlen. Je nach ihren beiden Parametern ähnelt sie einer Normalverteilung oder asymmetrischen Verteilungen wie der Exponentialverteilung. Sie wird unter anderem zur statistischen Modellierung von Windgeschwindigkeiten oder zur Beschreibung der Lebensdauer und Ausfallhäufigkeit von elektronischen Bauteilen oder (spröden) Werkstoffen verwendet. Als zufällige Lebensdauerverteilung berücksichtigt sie im Gegensatz zur Exponentialverteilung die Vorgeschichte eines Objekts, ist mnemonisch und berücksichtigt die Alterung eines

Bauteils nicht nur bezüglich der Zeit, sondern auch in Abhängigkeit von seiner Nutzung. Sie kann an steigende, konstante und fallende Ausfallraten technischer Systeme angepasst werden.

Es gibt eine zwei- und eine dreiparametrige Weibull-Verteilung. In vielen Anwendungen wird die zweiparametrige Weibull-Verteilung verwendet. Der Skalenparameter ist $1/\lambda > 0$. In einigen Anwendungen, insbesondere bei Zeitabhängigkeiten, wird λ durch seinen Kehrwert, die charakteristische Lebensdauer T ersetzt. T ist bei Lebensdaueranalysen die Zeitspanne, nach der ca. 63,2 % der Einheiten ausgefallen sind. Dieser Wert ist eine Kenngröße der Weibull-Verteilung, $T \times \lambda = 1$. Wird kein Skalenwert angegeben, so wird implizit $\lambda = 1$ angenommen. Der Formparameter oder das Weibull-Modul ist der Parameter $\kappa > 0$. Alternativ wird häufig b oder β verwendet. Typische Werte in der Praxis liegen im Bereich $0{,}25 \leq \kappa \leq 5$. Mit dem Formparameter κ können verschiedene speziellere Wahrscheinlichkeitsverteilungen realisiert werden (siehe Bild 5.16). Für $\kappa = 1$ erhält man die Exponentialverteilung mit konstanter Ausfallrate. Für $\kappa = 2$ erhält man die Rayleigh-Verteilung. Für $\kappa \approx 3{,}602$ ergibt sich eine Verteilung mit verschwindender Schiefe (ähnlich der Normalverteilung).

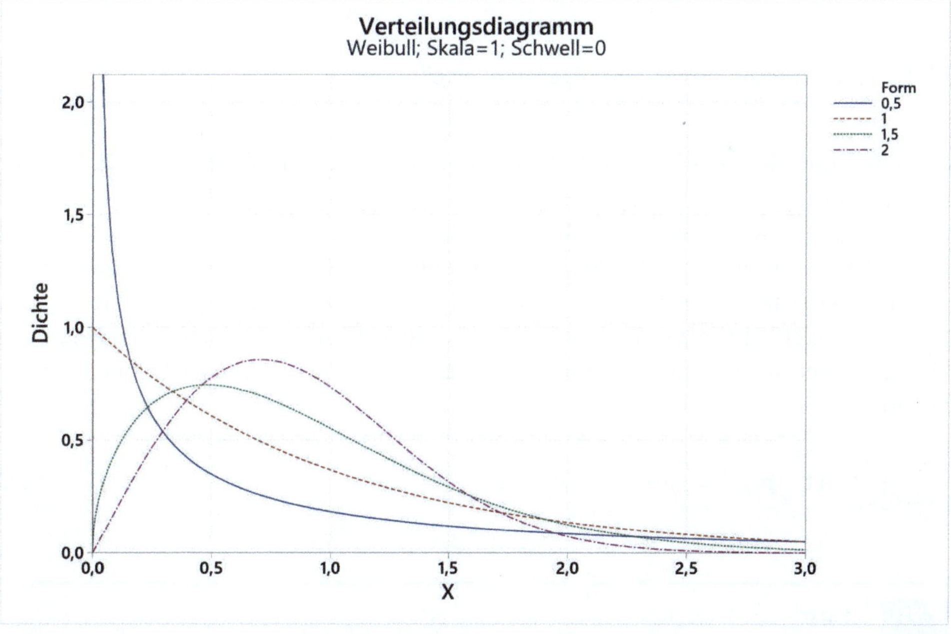

Bild 5.16 Dichtefunktionen von Weibull-Verteilungen

Die Binomialverteilung: Treffer oder nicht. Sie ist eine der wichtigsten diskreten Wahrscheinlichkeitsverteilungen (siehe Bild 5.17). Sie beschreibt die Anzahl der Erfolge in einer Serie von gleichartigen und unabhängigen Versuchen, die jeweils genau zwei mögliche Ergebnisse haben (Erfolg oder Misserfolg). Solche Versuchsserien werden

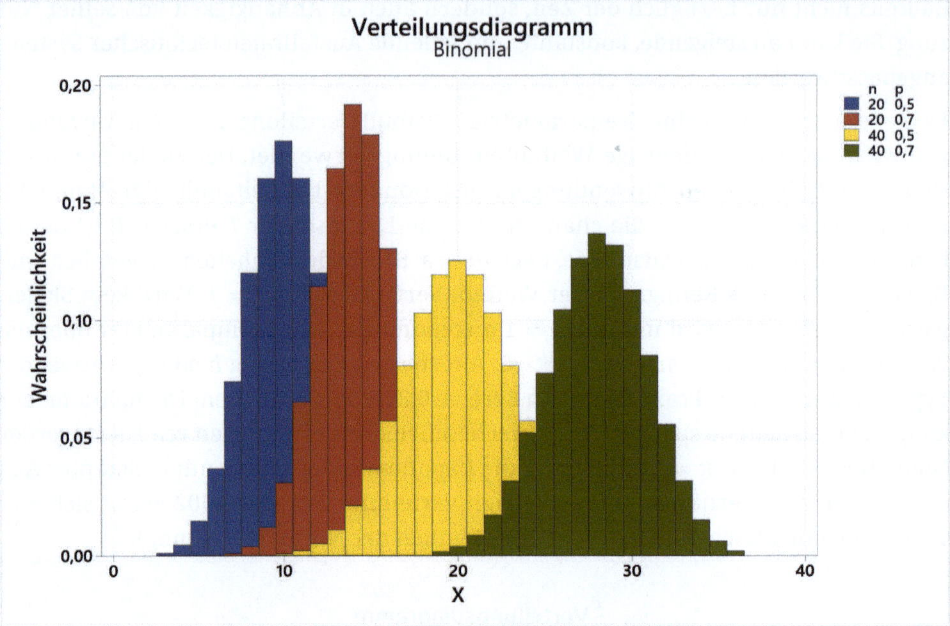

Bild 5.17 Dichtefunktionen von Binomial-Verteilungen

auch Bernoulli-Prozesse genannt. Die Binomialverteilung und der Bernoulli-Versuch können mit Hilfe des Galtonbretts veranschaulicht werden. Dabei handelt es sich um eine mechanische Apparatur, in die man Kugeln wirft. Diese fallen dann zufällig in eines von mehreren Fächern, wobei die Aufteilung der Binomialverteilung entspricht. Je nach Konstruktion sind unterschiedliche Parameter n und p möglich. Wie für eine Wahrscheinlichkeitsverteilung notwendig, müssen sich die Wahrscheinlichkeiten für alle möglichen Werte k zu 1 summieren. Dies ergibt sich aus dem binomischen Lehrsatz wie folgt:

$$\sum_{k=0}^{n} \binom{n}{k} p^k (1-p)^{n-k} = (p + (1-p))^n = 1^n = 1 \tag{5.8}$$

Fazit:

Statistische Methoden sind im Qualitätsmanagement insbesondere sinnvoll in der Prozesskontrolle und -überwachung, Fehleranalyse und -behebung oder der Produktentwicklung und -optimierung. Prozessfähigkeiten (Abschnitt 3.5.2), Regelkarten (Abschnitt 3.5.3), Hypothesentests (Abschnitt 3.5.1) oder Versuchsplanung (Abschnitt 3.4.2) sind nur einige wenige Beispiele, für die Grundlagen der Statistik essenzielle Voraussetzungen sind.

5.2.2 Monte-Carlo-Simulationen

Leitfragen im Umgang mit Monte-Carlo-Simulationen:

- Welche Ereignisse sollen untersucht werden?
- Was sind die Verteilungen hinter den jeweiligen Ereignissen?
- Sind die Verteilungsformen diskret oder kontinuierlich?
- Auf welchen Zufallszahlen basiert die Erstellung der Zufallszahlen?

Wann benötigen Sie diese Methode?

Monte-Carlo-Simulationen werden benötigt, wenn komplexe Systeme oder Prozesse modelliert und analysiert werden sollen, Unsicherheiten und Risiken in die Analyse einbezogen werden sollen, die Auswirkungen von verschiedenen Variablen und Parametern auf das System untersucht werden sollen oder eine große Anzahl von möglichen Szenarien simuliert werden soll.

Die Monte-Carlo-Simulation ist ein statistisches Verfahren, um Unsicherheiten und Zufallsvariablen in komplexen Systemen zu modellieren und zu analysieren. Es handelt sich um eine Methode, bei der durch wiederholte Simulationen mit zufällig generierten Eingabewerten die Verteilung möglicher Ergebnisse eines Systems untersucht wird.

Der Name Monte Carlo stammt von dem berühmten Casino in Monaco, in dem Zufall und Wahrscheinlichkeiten eine zentrale Rolle spielen. Ursprünglich wurde die Monte-Carlo-Methode während des Zweiten Weltkriegs im Rahmen des Manhattan-Projekts zur Entwicklung der Atombombe eingesetzt. Seitdem hat sie sich als vielseitiges Werkzeug in Bereichen wie Finanzwirtschaft, Ingenieurwesen, Qualitätsmanagement und Risikobewertung etabliert.

Grundlage von Monte-Carlo-Simulationen ist das Gesetz der großen Zahlen. Es besagt, dass die relative Verteilung von Zufallsergebnissen sich umso mehr der theoretischen Wahrscheinlichkeit annähert, je häufiger der Prozess unter denselben Bedingungen wiederholt wird. Um das zu verdeutlichen, dient der Münzwurf als Beispiel: Wenn eine Münze zehn Mal geworfen wird, kann es passieren, dass das tatsächliche Verhältnis von Kopf zu Zahl (relative Häufigkeit) deutlich vom erwarteten 50/50-Verhältnis abweicht. Wenn der Münzwurf allerdings 10.000 Mal wiederholt wird, stehen die Chancen sehr gut, dass sich die relative Häufigkeit diesem Wert annähert, das bedeutet, dass Kopf und Zahl jeweils etwa 5.000 Mal auftreten.

Wie anhand des Münzwurfs gezeigt wird, können Zufallsexperimente in ihrer einfachsten Form leicht durchgeführt werden. Alles, was dafür benötigt wird, ist eine Münze, Zeit und vor allem Geduld. In komplexeren Situationen, wie zum Beispiel bei Risikoanalysen, werden jedoch Computerberechnungen mit Monte-Carlo-Algorithmen benötigt.

Die Monte-Carlo-Simulation nutzt Algorithmen, um ein Modell möglicher Ergebnisse zu erstellen. Dadurch kann die relative Verteilung der verschiedenen Szenarien simuliert werden. Für jede Zufallsvariable in diesem Modell wird eine Wahrscheinlichkeitsverteilung erstellt, und dann werden die Ergebnisse Tausende Male neu berechnet. Bei jeder dieser Berechnungen werden verschiedene Zufallszahlen gemäß der verwendeten Wahrscheinlichkeitsverteilung verwendet. Bei der Monte-Carlo-Simulation werden die Simulationen anhand mathematischer Algorithmen generiert. Die Zahlen wirken zufällig, sind aber in Wirklichkeit nur scheinzufällig, da sie von einem Algorithmus abhängig sind.

Weiterführende Literatur – Bücher:

Dirk P. Kroese und Reuven Y. Rubinstein (2012). „Monte carlo methods". In: *Wiley Interdisciplinary Reviews: Computational Statistics* 4.1, S. 48–58 oder Malvin H. Kalos und Paula A. Whitlock (2009). *Monte carlo methods*. John Wiley und Sons.

Die Methodik der Monte-Carlo-Simulation besteht aus mehreren Schritten, welche in Bild 5.18 dargestellt sind. Zunächst wird das Problem definiert und in ein mathematisches Modell überführt. Ein solches Modell beschreibt die Abhängigkeiten zwischen den Eingabevariablen und dem Ergebnis. Die unsicheren Eingabevariablen werden im nächsten Schritt identifiziert und durch Wahrscheinlichkeitsverteilungen beschrieben. Typische Verteilungen sind die Normalverteilung, bei der Werte symmetrisch um

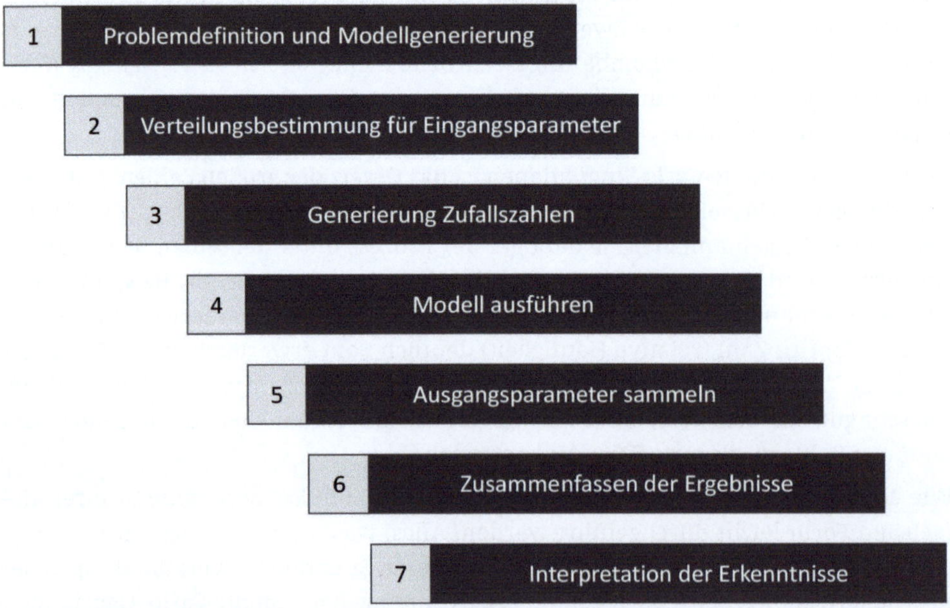

Bild 5.18 Ablauf einer Monte-Carlo-Simulation

einen Mittelwert streuen, oder die Gleichverteilung, bei der alle Werte innerhalb eines Intervalls gleich wahrscheinlich sind. Exponentielle und lognormale Verteilungen kommen ebenfalls häufig zum Einsatz, etwa zur Modellierung von Wartezeiten oder Finanzprozessen.

Anschließend werden mithilfe von Pseudozufallszahlengeneratoren Zufallswerte erzeugt, die diesen Verteilungen folgen. Diese zufälligen Eingabewerte werden in das mathematische Modell eingesetzt, um die entsprechenden Ergebnisse zu berechnen. Dieser Vorgang wird tausendfach oder sogar millionenfach wiederholt. Die Umsetzung erfolgt daher softwaregestützt. Eine gängige Software zur Durchführung von Monte-Carlo-Simulationen ist beispielsweise Crystal Ball.

Der eigentliche Vorteil der Monte-Carlo-Methode besteht darin, dass sie durch die wiederholte Simulation von Szenarien in der Lage ist, komplexe Probleme zu lösen, die analytisch kaum berechenbar sind. Die Ergebnisse der Simulation werden anschließend statistisch ausgewertet. Dabei werden Häufigkeitsverteilungen erstellt, die die Streuung der Ergebnisse visualisieren, und zentrale statistische Kennzahlen wie der Mittelwert, die Standardabweichung und Konfidenzintervalle berechnet. Dies ermöglicht es, Wahrscheinlichkeiten für bestimmte Ereignisse oder Ergebnisse zu bestimmen und fundierte Entscheidungen zu treffen.

Monte-Carlo-Simulationen eignen sich in besonderem Maße zur Berechnung des Erwartungswerts einer Funktion f. Dabei können hochdimensionale Integrale (Monte-Carlo-Integration) auftreten, sofern X ein hochdimensionaler Zufallsvektor ist. Der Kern der Monte-Carlo-Simulation besteht in der Schätzung des Erwartungswerts $E_X[f(X)]$ unter Zuhilfenahme von Stichproben. Die Varianz des Schätzers des Erwartungswerts ist abhängig von der Verteilung der Stichproben. Bei einem praktischen Interesse an der Berechnung eines Mittelwertschätzers ist das Ziel, mit einem möglichst geringen Umfang an Stichproben einen Schätzer mit möglichst geringer Varianz zu erhalten. Dies kann durch Methoden der Varianzreduktion erreicht werden. Die Generierung von Stichproben aus einer Wahrscheinlichkeitsverteilung kann mittels Markov-Ketten-Monte-Carlo-Verfahren (MCMC) erfolgen.

Der zentrale Grenzwertsatz ist die Basis der Monte-Carlo-Konvergenzrate (Hammersley 2013). Die Form der Standardabweichung $\frac{\sigma_W}{\sqrt{n}}$ des Schätzwerts μ_W ist eine zentrale Eigenschaft der Monte-Carlo-Verfahren: Bei größerem n wird das Verfahren präziser. Da in einer Problemstellung, in der μ_W gesucht ist, meistens auch die Standardabweichung σ_W nicht gegeben ist, kann diese durch ihre empirische Form s_W ersetzt werden. Man erhält die Konvergenzrate der Monte-Carlo-Methoden:

$$\frac{\sigma_W}{\sqrt{n}} \approx \frac{s_W}{\sqrt{n}} \tag{5.9}$$

Eine Halbierung der Abweichung erfordert eine Vervierfachung von n. Zur Erhöhung der Präzision um eine Dezimalstelle sind 100-mal mehr Durchführungen vonnöten. Monte-Carlo-Verfahren sind daher sehr gut geeignet zur Annäherung bestimmter Integrale in hohen Dimensionen.

Mathematisch basiert die Monte-Carlo-Simulation auf der Gesetzmäßigkeit großer Zahlen, wonach die simulierten Ergebnisse bei einer hohen Anzahl von Wiederholungen die wahre Verteilung der möglichen Ergebnisse annähern. Darüber hinaus ermöglicht die Methode die Approximation komplexer Integrale, indem Stichproben aus einer Verteilung gezogen und aggregiert werden. Der Erwartungswert eines Modells lässt sich somit näherungsweise durch den Mittelwert der simulierten Ergebnisse berechnen.

Die Anwendungsbereiche der Monte-Carlo-Simulation sind äußerst vielfältig. In der Finanzwirtschaft wird sie zur Bewertung von Optionen, zur Risikoanalyse und zur Simulation von Aktienkursentwicklungen verwendet. Im Ingenieurwesen kommt sie bei der Optimierung von Produktionsprozessen, der Simulation von Materialeigenschaften und der Sicherheitsbewertung von Strukturen zum Einsatz. Im Projektmanagement hilft die Monte-Carlo-Simulation bei der Vorhersage von Projektlaufzeiten und der Analyse von Kostenrisiken. Im Bereich des Qualitätsmanagements und insbesondere bei Six Sigma wird die Methode genutzt, um Prozessstreuungen zu analysieren und die Wahrscheinlichkeit zu bestimmen, dass Prozesse innerhalb festgelegter Toleranzen bleiben.

Die Qualität der Ergebnisse hängt stark von der Wahl der Eingabeverteilungen ab, was in der Praxis eine Herausforderung darstellen kann. Außerdem ist die Beziehung zwischen den generierten Zufallszahlen zufällig. Durch den Einsatz von unterschiedlichen Zufallsgeneratoren werden bei den verschiedenen Simulationen unterschiedliche Verteilungen der Ergebnisse erzeugt. Dadurch ist das Vergleichen der Ergebnisse nicht mehr gewährleistet. Da oftmals keine stichfesten Daten vorliegen, müssen diese geschätzt werden. Gröbere Fehler in diesen Schätzungen führen zu Verzerrungen oder sogar falschen Ergebnissen, woraus anschließend nicht die optimalen Rückschlüsse und Entscheidungen getroffen werden können. Die zugrunde liegenden Annahmen müssen nicht nur der Realität entsprechen, sie müssen auch nachvollziehbar sein und mit den Ansichten des Managements übereinstimmen. Ansonsten fehlt die Akzeptanz der Ergebnisse und die Simulation muss von neuem durchgeführt werden.

Fazit:

Ein Vorteil der Monte-Carlo-Simulation liegt in ihrer Flexibilität, da sie auf nahezu jedes System angewendet werden kann, das Variationen aufweist. Ebenso liefert sie präzise Informationen über die Verteilung von Ergebnissen und ermöglicht die Quantifizierung von Risiken. Dies unterstützt Entscheidungsprozesse, insbesondere bei der Untersuchung von „Was-wäre-wenn“-Szenarien. Die Anzahl der Faktoren und unterschiedlichen Verteilungen, welche verwendet werden können, sind unbeschränkt. Es ist möglich, mehrere Einflussgrößen mit etlichen Ausprägungsmöglichkeiten zu verwenden und die Verteilungen der Monte-Carlo-Simulation bilden die Realität besser und genauer ab als die in der Praxis gängigen Planszenarien. Allerdings hat die Methode auch Nachteile, denn sie ist rechenintensiv, da bei komplexen Systemen eine hohe Anzahl an Simulationen erforderlich ist.

5.2.3 Zuverlässigkeitsanalyse basierend auf Feldausfalldaten

Leitfragen im Umgang mit Zuverlässigkeitsanalysen:

- Wie viele Einheiten sind ausgefallen?
- Wie lange waren die Einheiten jeweils im Einsatz?
- Welchem Verteilungsmuster folgen die Ausfalldaten?
- Welche Ausfallmuster lassen sich erkennen und was kann daraus geschlossen werden?

Wann benötigen Sie diese Methode?

Methoden der Zuverlässigkeitsanalyse werden benötigt, wenn die Zuverlässigkeit von Produkten oder Systemen bewertet werden soll, die Wahrscheinlichkeit von Ausfällen oder Fehlern minimiert werden soll, die Lebensdauer von Produkten oder Komponenten vorhergesagt werden soll oder die Auswirkungen von Fehlern oder Ausfällen auf das Gesamtsystem untersucht werden sollen.

Das Thema Zuverlässigkeitstheorien lässt sich in zwei unterschiedliche Bereiche unterteilen, zunächst die (reaktive) Betrachtung von Felddaten bei tatsächlich bereits aufgetretenen Feldausfällen. Hier geht es vor allem darum, bei Ausfalldaten schnell eine Einschätzung der Situation hinsichtlich des Ausfallverhaltens der (noch) im Feld befindlichen Produkte vornehmen zu können, um schnell gegebene Maßnahmen einleiten zu können. Der andere Bereich der Zuverlässigkeitsuntersuchungen beschäftigt sich mit (präventiven) Methoden, die während der Produktentwicklung eingesetzt werden können, um Risiken zu minimieren und damit entsprechenden Feldausfällen entgegenzuwirken. Der folgende Abschnitt konzentriert sich auf die Analyse der Zuverlässigkeit von Feldausfalldaten. Die Methoden zur Zuverlässigkeitsgestaltung in der Produktentwicklung sind im Abschnitt 2.2.4 beschrieben.

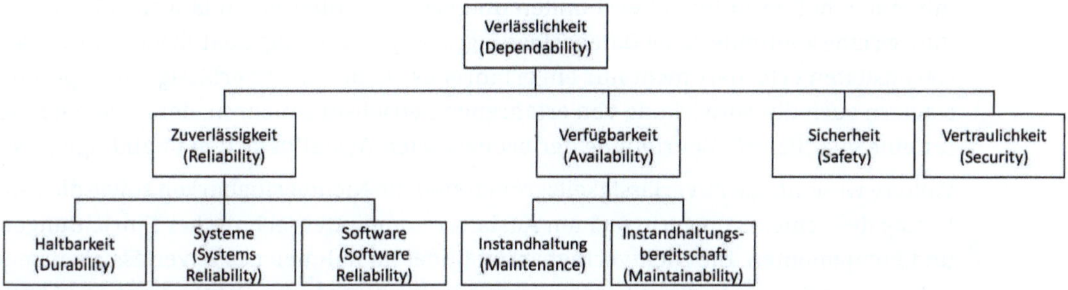

Bild 5.19 Verlässlichkeit und Zuverlässigkeit

Die Analyse von Felddaten hinsichtlich ihrer Zuverlässigkeit kann mittels verschiedener Methoden durchgeführt werden. In diesem Abschnitt werden einige gängige Methoden näher erörtert, wobei die Zuverlässigkeitsanalyse mittels Weibull die wohl bekannteste darstellt. Eine vertiefende Analyse der Thematik kann auf Basis der angegebenen Referenzen erfolgen.

Die Ermittlung verlässlicher probabilistischer Daten ist für die Zuverlässigkeitsanalyse von besonderer Bedeutung. Sie werden aus der Betriebserfahrung im Einsatz der technischen Produkte gewonnen, indem die Häufigkeiten und Ursachen der Ausfälle gleichartiger Produkte systematisch ausgewertet werden. Die Erfahrungen aus diesen Datenerhebungen zeigen, dass das Ausfallverhalten technischer Produkte über ihre Lebensdauern generell drei verschiedene Phasen durchläuft. Zu Beginn des Einsatzes des Produkts treten vermehrt sogenannte Frühausfälle auf, die durch anfängliche Auslegungsschwächen begründet sind und mit zunehmender Betriebserfahrung ausgemerzt werden.

Danach schließt sich die sogenannte Brauchbarkeitsphase an, die durch ein geringes und weitgehend konstantes Ausfallverhalten gekennzeichnet ist. Die Ausfallwahrscheinlichkeit eines solchen Systems ist exponentialverteilt. Am Ende der Lebensdauer treten vermehrt Verschleißausfälle auf, die wiederum zum Anstieg der Ausfallhäufigkeit bis hin zur Unbrauchbarkeit des Produkts führen. Der Verlauf der Ausfallrate ist durch die sogenannte Badewannenkurve charakterisiert (VDI 2017). Zur Modellierung von Zuverlässigkeit, die durch fallende, konstante oder steigende Ausfallraten charakterisiert ist, kann die Weibull-Verteilung mit ihrer diesbezüglich sehr flexiblen Parametrisierung verwendet werden.

MTBF stellt ein Maß für die Zuverlässigkeit von Einheiten dar, welche sich instand setzen lassen. Im Falle einer konstanten Ausfallrate (die Zuverlässigkeitsgröße ist exponentialverteilt; es gibt lediglich Zufallsausfälle) lässt sich der MTBF durch den Kehrwert der Ausfallrate berechnen. Dies trifft ebenfalls auf die Zuverlässigkeitsangabe MTTF zu, welche für nicht reparierbare Einheiten Anwendung findet. Die systematische Erhebung von Zuverlässigkeitsdaten aus der Betriebserfahrung ist in der Regel mit einem hohen Aufwand verbunden und erfordert über einen längeren Zeitraum hinweg eine kontinuierliche Datenerfassung. Die Bereitstellung qualifizierter Zuverlässigkeitsdaten erfordert nicht nur ein erfahrenes Team von Zuverlässigkeitsexperten, sondern auch die Mitwirkung von erfahrenen Betriebsingenieuren, deren Beteiligung für eine qualifizierte Beurteilung der beobachteten Ausfallursachen unabdingbar ist.

Weitere wesentliche Zuverlässigkeitsgrößen sind die Nichtverfügbarkeit sowie die Fehlerrate des gemeinsam verursachten Ausfalls redundanter technischer Einrichtungen und Komponenten. Die Nichtverfügbarkeit findet im Rahmen des Zuverlässigkeitsmodells Anwendung, beispielsweise in Form eines Fehlerbaums. Dieser dient der Abbildung von sogenannten Stand-by-Komponenten, deren Funktion im Anforderungsfall gewährleistet sein soll. Als Beispiel seien hier der Notstromdiesel bei einem Stromausfall, der Brandmelder und die Feuerlöschpumpe im Brandfall genannt. Für diese

Komponenten wird in der Stand-by-Phase in der Regel der passive (nichtselbstmeldende) Ausfall angenommen und mit einer entsprechenden Ausfallrate bewertet. Die Nichtverfügbarkeit als probabilistische Größe ermittelt sich dann aus dem Produkt der Ausfallrate (Annahme: λ ist konstant und $\ll 1$) und der Zeitdauer bis zur nächsten Funktionsprüfung der Komponente. Das Prüfintervall der Komponente geht damit linear in die Nichtverfügbarkeit der Komponente ein. Zusätzlich wird die Nichtverfügbarkeit durch die Instandsetzungszeit bei Ausfall der Komponente als additiver Teil zur Stand-by-Nichtverfügbarkeit bestimmt (aus dem Produkt von Ausfallrate und Instandsetzungszeit).

Weiterführende Literatur – Technische Berichte und Normen:

C/QMM (2021). *Heft 6 – Auswertung von Felddaten*. Techn. Ber. Robert Bosch GmbH, C/QMM (2011). *Heft 13 – Methoden der Zuverlässigkeitsgestaltung, Verifizierung und Validierung*. Techn. Ber. Robert Bosch GmbH und VDI (2017). *VDI 4010:2017-10 – Zuverlässigkeitsverbesserung in der Produktnutzungsphase*. Techn. Ber. Verein Deutscher Ingenieure e. V.

5.2.3.1 Zuverlässigkeitsanalysen mittels Kaplan-Meier-Methode

Die Kaplan-Meier-Methode, auch als Produkt-Limit-Schätzer bezeichnet, stellt ein nichtparametrisches Verfahren zur Schätzung der Überlebensfunktion aus Überlebenszeitdaten dar. Die Kaplan-Meier-Methode findet häufig Anwendung in der medizinischen Forschung, im Qualitätsmanagement sowie in der Zuverlässigkeitsanalyse, um die Zeit bis zum Auftreten eines bestimmten Ereignisses (beispielsweise Tod oder Produktversagen) zu analysieren. Die Kaplan-Meier-Methode ermöglicht eine flexible und anschauliche Untersuchung von Überlebensdaten, insbesondere bei Vorliegen zensierter Daten.

Weiterführende Literatur – Bücher:

David Collett (2023). *Modelling survival data in medical research*. Chapman & Hall, Gerhard Linß (2016). *Qualitätssicherung – Technische Zuverlässigkeit*. Carl Hanser Verlag, David W. Hosmer, Stanley Lemeshow und Susanne May (2008). *Applied survival analysis: regression modeling of time-to-event data*. Bd. 618. John Wiley & Sons und John P. Klein, Melvin L. Moeschberger u. a. (2003). *Survival analysis: techniques for censored and truncated data*. Bd. 1230. Springer.

Die Überlebenszeit und die Zensierung sind von besonderer Relevanz. Die Überlebenszeit bezeichnet die Zeitspanne zwischen einem definierten Startpunkt und dem Auftreten eines interessierenden Ereignisses. Ein Beispiel für eine solche Zeit ist die Zeitspanne zwischen der Diagnose einer Krankheit und dem Tod eines Patienten oder die Zeitspanne zwischen der Herstellung eines Produkts und dessen Versagen. In zahlreichen Studien ist zu beobachten, dass nicht alle Einheiten bis zum Ende der Beobachtungszeit ausfallen. Dies führt zu zensierten Daten. Im Falle einer Rechtszensierung ist das Ereignis für einige Einheiten nicht eingetreten, bevor die Beobachtung endet. Die Berechnung der Überlebenswahrscheinlichkeit erfolgt mittels der Kaplan-Meier-Methode, welche die Überlebensfunktion $\hat{S}(t)$ schätzt. Diese gibt die Wahrscheinlichkeit an, dass ein Individuum oder eine Einheit über die Zeit t hinaus überlebt. Die Schätzung erfolgt durch schrittweise Berechnung der Überlebenswahrscheinlichkeit bei jedem beobachteten Ereigniszeitpunkt. Die Formel zur Berechnung der Überlebensfunktion lautet:

$$\hat{S}(t) = \prod_{t_i \leq t} \left(1 - \frac{d_i}{n_i}\right) \tag{5.10}$$

Dabei sind:

- $\hat{S}(0) = 1$
- t_i: Zeitpunkte, zu denen Ereignisse eintreten
- d_i: Anzahl der Ereignisse zum Zeitpunkt t_i
- n_i: Anzahl der Individuen, die bis kurz vor t_i unter Beobachtung stehen

Die Kaplan-Meier-Kurve stellt eine grafische Darstellung der geschätzten Überlebenswahrscheinlichkeit über die Zeit dar. Die Kaplan-Meier-Kurve visualisiert den Anteil der überlebenden Individuen zu verschiedenen Zeitpunkten und erlaubt eine visuelle Analyse der Überlebensdaten. Die Anwendung der Kaplan-Meier-Methode erfordert zunächst die Datensammlung, d. h. das Sammeln der Daten zu den jeweiligen Zeitpunkten bis zum Ereignis bzw. bis zur Zensierung. Im Anschluss erfolgt die Datenvorbereitung. Im Rahmen der Datenvorbereitung ist insbesondere die Codierung und Zensierung zu nennen, wobei unter Zensierung das Markieren der Datenpunkte zu verstehen ist, bei denen das jeweilige Ereignis nicht eingetreten ist. Zur Veranschaulichung sei ein Beispiel einer Kaplan-Meier-Analyse in Tabelle 5.2 angeführt.

Stellt die Tabelle die Ergebnisse einer klinischen Studie dar, so repräsentiert sie folgendes Geschehen: Anfänglich sind 15 Patienten vorhanden. Sie stehen aber unter Risiko, d. h. bei ihnen ist das Ereignis noch nicht eingetroffen. Tag 1: Ein Patient geht bereits nach einem Tag in der Studie verloren, d. h., er hat die Studie verlassen, ohne dass bei ihm bis dahin das Ereignis eingetreten ist (z. B. letzte Beobachtung 1 Tag vor Studienende).

$$\hat{S}(1) = \frac{15 - 0}{15} = 1 \tag{5.11}$$

Solche durch Zensur verursachten Terme sind immer 1 und werden daher in den folgenden Berechnungen nicht mehr mitgeschrieben. Er wird zensiert, somit stehen

Tabelle 5.2 Beispiel Kaplan-Meier-Tabelle

Objekt	Zeit t [Tage]	1 = Ereignis eingetreten 0 = Zensiert	Unter Risiko $n(t)$	$S(t)$
1	1	0	15	1
2	12	1	14	0,93
3	22	0		
4	29	1	12	0,85
5	31	1	11	0,77
6	36	0		
7	38	0		
8	50	0		
9	60	0		
10	61	1	6	0,64
11	70	1	5	0,52
12	88	0		
13	99	0		
14	110	0		
15	140	0		

nun nur noch 14 Patienten unter Risiko. Tag 12: Bei einem Patienten tritt das Ereignis ein.

$$\hat{S}(12) = \frac{14-1}{14} = 0{,}9286 \tag{5.12}$$

Es stehen nun noch 13 Patienten unter Risiko. Tag 22: Ein weiterer Patient muss zensiert werden. $\hat{S}$ ändert sich nicht:

$$\hat{S}(22) = \hat{S}(12) \tag{5.13}$$

Die Anzahl der Patienten unter Risiko verringert sich auf 12. Tag 29: Bei einem weiteren Patienten tritt das Ereignis ein.

$$\hat{S}(29) = \frac{12-1}{12} \cdot \frac{14-1}{14} = 0{,}9167 \cdot 0{,}9286 = 0{,}8512 \tag{5.14}$$

Es stehen nun 11 Patienten unter Risiko. In diesem Sinne ist die Tabelle weiter zu interpretieren. Deshalb stehen die am längsten beobachteten Patienten am Ende der Kurve. Durch die reduzierte Anzahl an Patienten unter Risiko steigt auch die Unsicherheit der Schätzung für das Risiko zum späteren Zeitpunkt (breiteres Konfidenzintervall). Eine Visualisierung der Tabelle erfolgt in Bild 5.20.

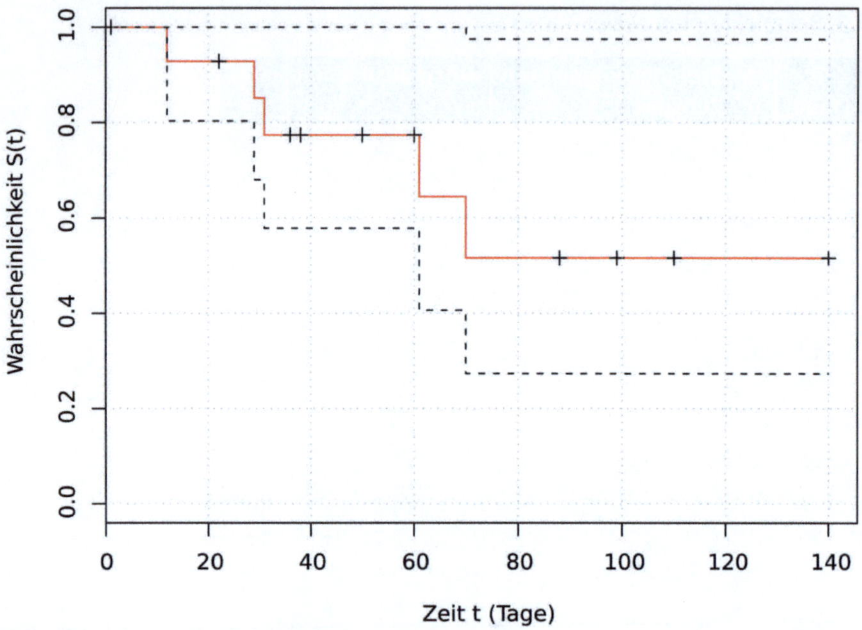

Bild 5.20 Kaplan-Meier-Schätzer

Die Varianz des Schätzers kann im Intervall $t_k \leq t \leq t_{k+1}$ mittels

$$\widehat{\mathrm{Var}}\{\hat{S}(t)\} \approx [\hat{S}(t)]^2 \left\{ \sum_{i=1}^{k} \frac{d_i}{n_i(n_i - d_i)} \right\} \tag{5.15}$$

geschätzt werden.

Konfidenzintervalle dienen der Einschätzung der Unsicherheit in den Schätzungen der Überlebenswahrscheinlichkeit. Eine gängige Methode zur Berechnung von Konfidenzintervallen ist die Verwendung der sogenannten Greenwood-Formel zur Schätzung der Varianz der Überlebensfunktion. Im Rahmen eines Vergleichs von Überlebenskurven erfolgt die Berechnung von Konfidenzintervallen auf Basis der Varianz der Überlebensfunktion. Der Log-Rank-Test findet häufig Anwendung beim Vergleich der Überlebenszeiten zwischen zwei oder mehr Gruppen. Der Test dient der Prüfung auf signifikante Unterschiede in den Überlebenskurven der verschiedenen Gruppen. Das Konfidenzintervall kann wie gewohnt aus der Varianz bzw. dem Standardfehler berechnet werden.

$$\widehat{\mathrm{SE}}\{\hat{S}(t)\} \approx [\hat{S}(t)] \left\{ \sum_{i=1}^{k} \frac{d_i}{n_i(n_i - d_i)} \right\}^{\frac{1}{2}} \tag{5.16}$$

Diese Formel wird auch als Greenwood-Formel oder Greenwoodsche Formel bezeichnet. Das 95%-Konfidenzintervall lautet somit:

$$\left[\hat{S}(t) - 1{,}96 \cdot \widehat{\mathrm{SE}}\{\hat{S}(t)\}; \hat{S}(t) + 1{,}96 \cdot \widehat{\mathrm{SE}}\{\hat{S}(t)\}\right] \tag{5.17}$$

Fazit:

Die Vorteile der Kaplan-Meier-Methode sind ihre Einfachheit und Flexibilität. Die Methode ist relativ einfach anzuwenden und erfordert keine Annahmen über die Form der Verteilung der Überlebenszeiten. Des Weiteren ist sie in der Lage, zensierte Daten effektiv zu verarbeiten, was in vielen praktischen Anwendungen eine häufige Erscheinung ist. Des Weiteren ermöglicht die Kaplan-Meier-Kurve eine anschauliche Darstellung der Überlebenszeiten über die Zeit. Zu den Limitationen der Kaplan-Meier-Methode zählt jedoch, dass bei einer geringen Anzahl an Beobachtungen oder einer signifikanten Ungleichverteilung der Ereigniszeiten eine Schätzung mit einer gewissen Ungenauigkeit behaftet sein kann. Ebenso erfolgt beim Log-Rank-Test lediglich ein Vergleich der Überlebenskurven als Ganzes, wodurch eine geringere Empfindlichkeit gegenüber Unterschieden zu bestimmten Zeitpunkten gegeben ist.

5.2.3.2 Das Crow-AMSAA-Modell

Das Crow-AMSAA-Modell (Crow 1974), benannt nach Dr. Larry Crow und der Army Materiel Systems Analysis Activity (AMSAA), ist ein statistisches Werkzeug zur Analyse und Vorhersage der Zuverlässigkeit von Systemen, die im Laufe der Zeit gewartet und verbessert werden. Dieses Modell, eine spezielle Form des Non-Homogeneous Poisson Process, erlaubt die Modellierung der Ausfallrate eines Systems, die sich über die Zeit ändert. Es wird häufig in der Luft- und Raumfahrt, in der Automobilindustrie und in anderen Bereichen der Ingenieurwissenschaften verwendet, um die Effektivität von Zuverlässigkeitsverbesserungsmaßnahmen zu bewerten.

Weiterführende Literatur – Bücher:

William Q. Meeker, Luis A. Escobar und Francis G. Pascual (2022). *Statistical methods for reliability data*. John Wiley und Sons oder Jerald F. Lawless (2011). *Statistical models and methods for lifetime data*. John Wiley und Sons.

Ein Non-Homogeneous Poisson Process ist ein stochastisches Modell, das die Anzahl der Ereignisse in einem bestimmten Zeitraum beschreibt, wobei die Ereignisrate über die Zeit variieren kann. Dies steht im Gegensatz zum homogenen Poisson-Prozess, bei dem die Ereignisrate konstant ist. Die flexible Natur des Non-Homogeneous Poisson Process ermöglicht die Modellierung von Systemen, deren Zuverlässigkeit sich durch Wartung und Reparatur verändert. Das Crow-AMSAA-Modell basiert auf der Annahme, dass die Ereignisrate $\lambda(t)$ eine Potenzfunktion der Zeit ist:

$$\lambda(t) = \beta t^{\beta-1} \tag{5.18}$$

Hierbei sind β und λ die Modellparameter. Der Parameter β beschreibt die Veränderung der Ausfallrate:

- $\beta > 1$: Die Ausfallrate nimmt mit der Zeit zu (z. B. Abnutzung).
- $\beta < 1$: Die Ausfallrate nimmt mit der Zeit ab (z. B. Verbesserungen durch Wartung).
- $\beta = 1$: Die Ausfallrate bleibt konstant.

Die kumulative Anzahl der Fehler $N(t)$ bis zum Zeitpunkt t wird durch die Formel beschrieben:

$$N(t) = \left(\frac{t}{\lambda}\right)^{\beta} \tag{5.19}$$

Die beschriebene Beziehung erlaubt die Schätzung der Zuverlässigkeit sowie die Vorhersage zukünftiger Fehler. Die Anwendung des Crow-AMSAA-Modells erfordert zunächst die Datensammlung sowie die darauf folgende Datenvorbereitung. Im Rahmen der Datenerhebung ist zunächst die Erfassung der Ausfalldaten erforderlich. Dies impliziert die Erfassung der Zeitpunkte, zu denen Fehler oder Ausfälle im System auftreten. Die zu erfassenden Daten umfassen sowohl die Zeitpunkte der Fehler als auch die Zeiten, in denen keine Fehler auftreten (Zensierungszeiten). Im Anschluss ist eine Kategorisierung der Fehler erforderlich. Eine optionale Kategorisierung der Fehler kann nach Art, Ursache oder Schweregrad erfolgen, um spezifische Muster zu erkennen. Zur Schätzung der Parameter β und λ wird die Maximum-Likelihood-Methode[1)] verwendet. Die Log-Likelihood-Funktion für das Modell, welche zur Maximum-Likelihood-Schätzung herangezogen wird, lautet wie folgt:

$$\log L(\beta, \lambda) = -\lambda T^{\beta} + \beta \sum_{i=1}^{n} \log(t_i) \tag{5.20}$$

Dabei sind:

- T: Gesamtbeobachtungszeit
- t_i: einzelne Ausfallzeiten

Die Werte für β und λ werden durch Maximierung der Log-Likelihood-Funktion geschätzt. Dies erfolgt in der Regel mittels numerischer Optimierungsmethoden. Im Anschluss erfolgt die Modellvalidierung in zwei Schritten. Im Rahmen der Modellvalidierung wird zunächst der Goodness-of-Fit-Test[2)] durchgeführt. Im Rahmen dessen erfolgt eine Evaluierung der Modellpassung hinsichtlich der beobachteten Daten.

1 Die Maximum-Likelihood-Methode bezeichnet in der Statistik ein parametrisches Schätzverfahren. Die Schätzung erfolgt dabei gemäß derjenigen Verteilung, deren Realisierung die beobachteten Daten am plausibelsten erscheinen lässt.

2 Ein Goodness-of-Fit-Test stellt in der schließenden Statistik einen nichtparametrischen Hypothesentest dar, welcher die unbekannte Wahrscheinlichkeitsverteilung einer Zufallsvariablen auf (annäherndes) Folgen eines bestimmten Verteilungsmodells überprüft. Im Fokus steht dabei die Hypothese, dass eine vorliegende Stichprobe aus einer Verteilung mit einer bestimmten Verteilungsfunktion stammt.

Zur Modellvalidierung können grafische Methoden wie Q-Q-Diagramme[3] oder statistische Tests wie der Kolmogorov-Smirnov-Test[4] herangezogen werden.

Des Weiteren ist eine Analyse der Residuen erforderlich. Dies impliziert eine Analyse der Abweichungen zwischen den beobachteten und den vorhergesagten Ausfallzeiten, um etwaige systematische Fehler oder Modellmängel aufzudecken. Die geschätzten Parameter ermöglichen die Verwendung des Crow-AMSAA-Modells zur Vorhersage zukünftiger Ausfälle sowie zur Bewertung der Zuverlässigkeitsverbesserung.

1. **Vorhersage zukünftiger Fehler**: Die kumulative Anzahl der erwarteten Fehler $N(t)$ zu einem zukünftigen Zeitpunkt t kann berechnet werden.
2. **Bestimmung der Ausfallrate**: Die momentane Ausfallrate $\lambda(t)$ zu einem beliebigen Zeitpunkt kann bestimmt werden.
3. **Vergleich von Verbesserungen**: Analyse der Zuverlässigkeitsverbesserung über verschiedene Zeiträume oder nach Implementierung von Wartungsmaßnahmen.

Unter Berücksichtigung der geschätzten Parameter lässt sich die kumulative Anzahl der zu einem zukünftigen Zeitpunkt erwarteten Fehler berechnen. So lässt sich beispielsweise die zu erwartende Anzahl der Fehler in den kommenden sechs Monaten prognostizieren.

Fazit:

Zu den Vorteilen des Crow-AMSAA-Modells zählen seine Flexibilität, Anwenderfreundlichkeit und Anpassungsfähigkeit. Außerdem ist es in der Lage, Systeme mit sich ändernden Ausfallraten zu modellieren, sei es durch Abnutzung oder Zuverlässigkeitsverbesserungen. Und es kann sowohl auf kontinuierliche als auch auf diskrete Daten angewendet werden. Als Einschränkung ist die Annahme einer Potenzfunktion zu nennen. Das Modell basiert auf der Annahme, dass die Ausfallrate eine Potenzfunktion der Zeit ist. Diese Annahme kann jedoch nicht immer zutreffen. Des Weiteren sind Anforderungen an die Daten zu berücksichtigen. Für eine exakte Schätzung der Parameter sind umfangreiche und genaue Ausfalldaten erforderlich. Ebenso ist die Komplexität der Parameterabschätzung als Einschränkung zu nennen. Die Schätzung der Parameter erfordert oft numerische Optimierungsmethoden, die komplex und rechenintensiv sein können.

---

3 Ein Quantil-Quantil-Diagramm, kurz Q-Q-Diagramm, stellt ein exploratives grafisches Werkzeug dar, bei dem die Quantile zweier statistischer Variablen in einem parametrischen Plot gegeneinander aufgetragen werden, um ihre Verteilungen zu vergleichen.

4 Der Kolmogorow-Smirnow-Test stellt ein statistisches Verfahren zur Prüfung der Übereinstimmung zweier Wahrscheinlichkeitsverteilungen dar. Mithilfe dieses Tests kann anhand von Zufallsstichproben untersucht werden, ob zwei Zufallsvariablen eine identische Verteilung aufweisen oder ob eine Zufallsvariable einer zuvor angenommenen Wahrscheinlichkeitsverteilung folgt.

5.2.3.3 Zuverlässigkeitsanalysen mittels Weibull-Analyse

Die Weibull-Analyse ist eine weit verbreitete Methode zur Zuverlässigkeitsanalyse und Lebensdauerprüfung von Produkten und Systemen. Die Weibull-Analyse findet in vielen Bereichen der Ingenieurwissenschaften und der Fertigung Anwendung. Dazu zählen die Identifikation von Ausfallmustern, die Erstellung von Zuverlässigkeitsvorhersagen sowie die Bewertung der Effektivität von Qualitätsverbesserungsmaßnahmen. Die Flexibilität der Weibull-Verteilung erlaubt die Anpassung an verschiedene Arten von Ausfallverhalten, wodurch sie sich als bevorzugte Wahl für die Lebensdauermodellierung erweist.

Am Anfang einer Analyse von Ausfallteilen stehen die Schadteile. Die Schadteilanalyse (Befundung) hat zum Ziel, eine eindeutige Aussage über die Funktionserfüllung des beanstandeten Produkts zu treffen. Das Ergebnis soll zudem Aufschluss darüber geben, ob eine Reklamation anerkannt werden kann oder nicht. Es kann davon ausgegangen werden, dass das beanstandete Produkt zu diesem Zweck im Rahmen einer Standardprüfung oder Belastungsprüfung untersucht werden kann. In einigen Fällen führt jedoch bereits der Eintrag elektrischer, mechanischer oder hydraulischer Energie zu einer vollständigen inneren Zerstörung des Produkts. Erste am Produkt feststellbare Indizien sind beispielsweise der Fehlerort, also der Ort, an dem der Fehler lokalisiert wurde, oder auch die Fehlerart, also die Art des betroffenen Teils.

Weiterführende Literatur – Bücher:

Bryan Dodson (2014). *The Weibull Analysis Handbook*. 2nd. Quality Press, Robert B. Abernethy (2010). *The New Weibull Handbook: Reliability and Statistical Analysis for Predicting Life, Safety, Supportability, Risk, Cost and Warranty Claims*. 5th. Robert B. Abernethy oder D. N. Prabhakar Murthy, Min Xie und Renyan Jiang (2004). „Weibull Models". In: *John Wiley & Sons*.

Aus technischer Sicht geht es im weitesten Sinne darum, festzustellen, warum ein Teil ausgefallen ist. Die Schadteilanalyse kann als eine Art Detektivarbeit bezeichnet werden, welche darauf abzielt, die Abläufe, die zum Ausfall geführt haben, nachzuvollziehen und die Ursache(n) zu identifizieren. In diesem Kontext werden Begriffe wie Ausfall- oder Schadensmechanismus, Schadens-, Ausfall- oder Versagensprozess, Schädigungsmechanismus und Ausfallmodell verwendet. In allen Fällen wird ein physikalischer, chemischer, elektrochemischer oder sonstiger Vorgang bezeichnet, der zu einem Ausfall führt oder geführt hat.

In der Regel werden als Beispiele zeitabhängige Vorgänge wie Materialermüdung, Rissbildung, Migration und Korrosion genannt. Von spontanen Ausfällen durch Überlastung soll an dieser Stelle abgesehen werden. Der Begriff Schädigungsmechanismus bezeichnet demnach Vorgänge, die aufgrund von Belastungen zu einer allmählichen Veränderung der Eigenschaften einer Einheit führen. Das Ziel der Analyse besteht in der systematischen Untersuchung eines Sachverhalts sowie der Ergründung seiner Ursachen. Im Rahmen der Untersuchung werden insbesondere Ursache-Wirkungs-Beziehungen von Produkten, Teilen und Produktionsprozessen analysiert.

Den hohen Erwartungen an die Möglichkeiten der Felddatenauswertung stehen oft stark einschränkende Rahmenbedingungen und Probleme gegenüber, welche die Realisierung der Erwartungen erschweren. Bei einer frühzeitigen Erkennung von Auffälligkeiten im Feldverhalten eines Produkts ist die Datenbasis in der Regel noch relativ gering. Gleichwohl ist es für alle Interessengruppen von essenzieller Bedeutung, bereits in diesem frühen Stadium möglichst verlässliche Prognosen zum weiteren Ausfallverhalten zu erhalten. Es sei jedoch darauf verwiesen, dass bei statistischen Modellierungen und Analysen auf Basis kleiner Datenmengen große Unsicherheiten unvermeidlich sind.

Aus statistischer Sicht ist festzuhalten, dass die Vertrauensbereiche folglich sehr groß ausfallen. Eine ggf. notwendige Aufteilung der wenigen vorhandenen Daten, beispielsweise aufgrund konkurrierender Ausfallmechanismen oder Produktvarianten, verschärft die Situation zusätzlich. Der gegenteilige Fall, d. h. eine rasch zunehmende Anzahl von Ausfällen, stellt für den Statistiker eine erfreuliche Entwicklung dar, da ihm eine umfangreiche Datenbasis seine Arbeit erleichtert. Für den Hersteller bedeutet dies, sich um eine zeitnahe Ermittlung der Grundursachen, eine Eingrenzung der betroffenen Produkte sowie eine effektive Problemlösung zu bemühen.

In Diagrammen, welche als Abszisse eine Zeitachse darstellen, entsprechen die am weitesten rechts liegenden Datenpunkte der maximalen Lebensdauer, die ein Produkt des Datensatzes erreicht hat. Über diesen Zeitpunkt hinausgehende Extrapolationen, die Aussagen über das Verhalten der Produkte zu noch größeren Zeiten ableiten sollen, sind mit Skepsis zu betrachten. Dies gilt insbesondere auch für Produkte, die noch nicht lange im Feld sind.

In der Regel sind Felddaten hinsichtlich der Einsatzzeit der Produkte limitiert. Selbst bei großzügigen Garantiezusagen von Fahrzeugherstellern ist eine Beschränkung der maximalen Fahrleistung in der Regel unumgänglich. Des Weiteren kann die Garantie für bestimmte Fahrzeugkomponenten zeitlich reduziert oder ausgeschlossen sein. Nach Ablauf der Gewährleistungs- oder Garantiezeit erhält der Fahrzeughersteller in der Regel keine Informationen über Ausfälle, sofern er keinen eigenen Pannendienst unterhält.

In der Regel setzen derartige Dienstleistungen jedoch kostenpflichtige Anschlussgarantien oder Schutzbriefe voraus. Die Auswertung von Felddaten wird durch unterschiedliche Garantiezeiten und länderspezifische Gewährleistungsgesetze erschwert. Sofern an den Produkten eines bestimmten Produktionszeitraums bis zu einem Zeitpunkt t nach der Inbetriebnahme keine Ausfälle aufgetreten sind, ist lediglich eine Aussage über die Mindestzuverlässigkeit möglich.

Im Kontext von Felddaten und potenziellen Risiken im Feld ist es von entscheidender Bedeutung, grundlegende Konzepte und Begriffe zu erläutern, um Fehlinterpretationen und Missverständnisse zu vermeiden. In diesem Kontext ist es daher erforderlich, einige umgangssprachliche Formulierungen durch eindeutige Definitionen zu präzisieren. Es lassen sich zwei Arten von Felddaten unterscheiden: Daten zu Belastungen und Ausfällen. Kurz gesagt, werden unter dem Begriff „Belastungen im Feld" diejenigen Belastungen zusammengefasst, denen Produkte im Laufe ihrer Nutzungsdauer ausgesetzt sind, unabhängig davon, ob es zu Ausfällen gekommen ist oder nicht.

Diese Belastungen erlangen eine besondere Relevanz, wenn es darum geht, das zeitliche Ausfallverhalten mathematisch zu modellieren, um valide Vorhersagen treffen zu können. Im Gegensatz dazu beziehen sich Daten zu Feldausfällen auf einen konkreten Sachverhalt, bei dem die Erwartungen an die Produktqualität im Feld nicht erfüllt werden. Die genannten Daten stellen eine wesentliche Grundlage für Auswertungen zur Produktqualität dar. Die Erfassung ist auch aufgrund gesetzlicher Anforderungen zur Feldbeobachtung erforderlich. Daher ist die Implementierung geeigneter Prozesse zur Erfassung und zum Umgang mit Felddaten von essenzieller Bedeutung. Für das Verständnis der Qualität und des Abdeckungsgrads von Felddaten ist es erforderlich, die Schritte zu verstehen, die nach einem Feldausfall erfolgen und bis der Hersteller davon erfährt.

Infolge des Ausfalls bringt der Kunde das Produkt zum Händler. In Abhängigkeit von der Art des Ausfalls (Fehlerursache) und der Dringlichkeit der Reparatur kann es zu einer gewissen Verwischung der echten Ausfallzeit kommen. Im Anschluss sind beim Händler zwei Vorgänge erforderlich: Der Händler ist dazu verpflichtet, die korrekte(n) Fehlerursache(n) zu identifizieren und diese in die Datenbank des Herstellers einzutragen. Des Weiteren ist der Händler dazu verpflichtet, sich an den vom Hersteller vorgesehenen Prozess zum Umgang mit Ausfallteilen zu halten, damit diese beim Hersteller ankommen.

Nach Abschluss der Untersuchung kann dem Ausfall/Fehler eine Grundursache (rootcause) zugeordnet werden, sofern dies nicht bereits anderweitig möglich war. Die Art der verwendeten Felddaten kann folglich einen maßgeblichen Einfluss auf die Ergebnisse haben. Es ist daher von entscheidender Bedeutung, die jeweiligen Unzulänglichkeiten zu verstehen. Viele Hersteller verfügen über die Möglichkeit, Gewährleistungs- oder Felddaten unmittelbar aus eigenen Datenbanken auszuwerten; dies gilt hauptsächlich für die Automobilindustrie.

Im Anschluss sind eine Aufbereitung der Ausfalldaten sowie eine Visualisierung derselben erforderlich. Der erste Schritt in diesem Kontext ist die Erstellung des sogenannten Nevada-Charts. Das sogenannte Nevada-Chart stellt ein Standardformular zur Sammlung von Daten für eine Weibull-Analyse dar. Für jeden Zeitabschnitt, in dem Teile in Betrieb genommen wurden, ist die jeweilige Teileanzahl anzugeben. Zudem ist eine nach Ausfallmonaten geordnete Anzahl der Feldrückläufer zu erfassen. Die Anzahl der Teile „in service“ minus die Anzahl ausgefallener Teile ergibt die Anzahl der noch in Betrieb befindlichen Teile im Feld.

Im Rahmen der Weibull-Analyse werden die noch in Betrieb befindlichen Teile wie Herausnahmen behandelt. Im Folgenden wird ein Beispiel präsentiert (siehe Bild 5.21), in dem 1.750 Teile im März 2016 in Betrieb genommen wurden. Im April 2016 kam es zu drei Ausfällen, welche eine Rücksendung der betreffenden Teile zur Folge hatten. Die übrigen 1.747 Teile befinden sich noch im Betrieb und können potenziell in den folgenden Monaten ausfallen. Im Rahmen der Weibull-Analyse werden alle im Analysezeitraum in Betrieb genommenen Teile, die nicht ausgefallen sind, als Herausnahmen betrachtet. Die Erstellung und Auswertung der Tabelle muss für jede Ausfallart separat erfolgen. Im Anschluss an das Nevada-Chart erfolgt eine Visualisierung in einem Schichtliniendiagramm, auch Isochronendiagramm genannt. Details zum Aufbau und zur Interpretation eines Isochronendiagramms sind im Abschnitt 6.1.1 erläutert.

Anzahl	In Service	Anzahl der Feldrückläufer im Rücksendemonat										
Teile	Datum	Feb 16	Mrz 16	Apr 16	Mai 16	Jun 16	Jul 16	Aug 16	Sep 16	Okt 16	Nov 16	Dez 16
1500	Jan 16	0	3	1	0	2	3	3	1	3	4	1
1750	Feb 16		1	4	1	2	2	3	2	0	2	2
1750	Mrz 16			3	4	2	5	3	4	1	1	2
2000	Apr 16				4	1	2	2	1	2	1	1
2500	Mai 16					0	3	2	1	2	1	1
3000	Jun 16						1	1	2	2	4	3
2500	Jul 16							5	2	2	4	3
1500	Aug 16								1	3	0	2
1500	Sep 16									2	4	1
2500	Okt 16										0	1
3500	Nov 16											1
3500	Dez 16											

Bild 5.21 Beispiel Nevada-Chart

Im Rahmen der Produktbeobachtung in der Nutzungsphase besteht das Ziel, so früh wie möglich auf Basis des aktuellen Ausfallverhaltens eines Produkts im Feld einen Schluss auf die zu erwartende Endbeanstandungsquote zu ziehen. Die Notwendigkeit einer solchen Hochrechnung ergibt sich beispielsweise zum Zwecke der kaufmännischen Abwicklung (auch zur Fertigungsplanung und ggf. zur Planung der Endbevorratung nach Fertigungsauslauf) von Gewährleistungsfällen und im Rahmen der Berichterstattung. Bei Betrachtung einer Darstellung der auf das jeweilige Produktionsdatum bezogenen aktuellen Beanstandungsquoten (Ist-Beanstandungsquoten) zu einem festen Zeitpunkt lässt sich, zumindest bei jüngeren Fertigungsdaten, ein positiver Trend erkennen. Die Beanstandungsquote ist demnach umso kleiner, je jünger das Produktionsdatum ist.

Die Ursache für diesen Effekt ist in der statistischen Verteilung der Zeitintervalle zwischen der Fertigung der Produkte und der Meldung ihrer Ausfälle zu finden. Erst nach Ablauf einer gewissen Zeitspanne, die deutlich über die Gewährleistungsfrist (ggf. zuzüglich einer begrenzten Kulanzzeit) hinausgeht, hat sich die Summe der Beanstandungen asymptotisch einem Endwert angenähert. Im Falle einer einjährigen Gewährleistungsfrist stellt sich der Endwert typischerweise erst nach drei bis vier Jahren ein. Der Zweck der Hochrechnung besteht in der Bestimmung des voraussichtlichen Endwerts der Beanstandungsquote auf Basis einer aktuell gegebenen Beanstandungsquote. Der Endwert lässt sich durch Multiplikation der aktuellen Beanstandungsquote mit dem Hochrechnungsfaktor ermitteln.

Die Ausfallverteilung beschreibt die zeitliche Wahrscheinlichkeitsverteilung, mit der Werkstoffe, elektrische Bauelemente oder mechanische Bauteile ausfallen. Typische Ausfallverteilungen sind die allgemeine Ausfallverteilung, die Badewannenkurve sowie die Weibull-Verteilung. Die allgemeine Ausfallverteilung ist die Exponentialverteilung, welche auf der Exponentialdichtefunktion basiert. Dies resultiert in einer konstanten Gefahrrate.

$$F(t) = \int_0^t \lambda \mathrm{e}^{-\lambda x}\,\mathrm{d}x = 1 - \mathrm{e}^{-\lambda t} \tag{5.21}$$

Der Begriff der Badewannenkurve wird in der Technik zur Beschreibung der Zuverlässigkeit verwendet, wobei das zugrunde liegende Konzept auch auf Lebewesen anwendbar ist. Die Badewannenkurve stellt den Graphen dar, der einem Querschnitt einer Badewanne ähnelt und die mittlere Betriebsdauer zwischen Ausfällen einer bestimmten Funktion abbildet. Diese Funktion besteht aus drei Teilen: Der erste Teil der Kurve stellt eine abnehmende Störungsrate dar, die als frühe Ausfälle oder Säuglingssterblichkeit bezeichnet wird. Der zweite Teil der Kurve stellt eine konstante Störungsrate dar, die als Zufallsausfälle bezeichnet wird. Der dritte Teil der Kurve beschreibt eine zunehmende Störungsrate, die als Alterserscheinungen bezeichnet wird. Alternativ lässt sich die Funktion auch als Funktion der Zeit t darstellen.

$$y(t) = \begin{cases} c_0 - c_1 t + \lambda & 0 \le t \le c_0/c_1 \\ \lambda & c_0/c_1 < t \le t_0 \\ c_2(t - t_0) + \lambda & t_0 < t \end{cases} \tag{5.22}$$

Die Gerätelebensdauer kann typischerweise in einer Diagrammdarstellung als Ausfallrate von technischen Geräten oder Systemen in Abhängigkeit von der Lebensdauer dargestellt werden. Die X-Achse gibt die Zeitspanne t von Beginn der Inbetriebnahme des Geräts wieder, während auf der Y-Achse die Ausfallrate λ (Ausfälle pro Zeitspanne) aufgetragen wird. Die Erhebung zuverlässiger Daten setzt voraus, dass eine hinreichend große Anzahl an Geräten statistisch erfasst wird. Die Ausfallrate zeigt häufig im Verlauf des Lebenszyklus eines Produkts eine Form, die als Badewanne (siehe Bild 2.9) bezeichnet werden kann. Die Ausfallrate zeigt zu Beginn (I) und am Ende (III) der Lebensdauer ein besonders hohes Niveau, während sie im Zeitraum dazwischen (II) niedriger und relativ konstant ist.

Die Phase I ist typischerweise kürzer als die beiden folgenden, wobei Phase II ganz unterschiedliche Zeitdauern aufweisen kann, je nach Auslegung des Produkts. Die

Ursachen für diesen Effekt sind darin zu finden, dass Konstruktions-, Produktions- oder Werkstoffmängel häufig bereits zu Beginn des Betriebs festgestellt werden und zu Schäden führen. Die Geräte, die nicht von den Mängeln betroffen sind, funktionieren zuverlässig, sodass die Kurve in der Mitte abflacht. Gegen Ende der Lebensdauer nehmen Ausfälle und Schäden langsam zu. Die Ursachen hierfür sind hauptsächlich in der Alterung und dem Verschleiß zu finden. Sobald dieser Punkt erreicht ist, sind entweder umfangreichere Instandsetzungsmaßnahmen oder ein Austausch erforderlich. Zur Ermittlung der Lebensdauer können End-of-Life-Tests herangezogen werden, beispielsweise der Highly Accelerated Life Test.

Um die Anzahl der Frühausfälle beim Nutzer zu reduzieren, besteht die Möglichkeit, Geräte bereits vor dem Abschluss der Produktion einer künstlichen Alterung zu unterziehen. Die Geräte werden beispielsweise mit erhöhten Umgebungstemperaturen, erhöhter Betriebsspannung (Burn-in) oder einem Rütteltest betrieben. Die Entwicklung der Geräte erfolgt mit dem Ziel, eine im Vorfeld festgelegte Nutzungsdauer zu erreichen. Das Ende der geschätzten Nutzungsdauer liegt idealerweise am Ende von Phase II, kann sich jedoch durch Schwankungen der Geräte- und Produktionsqualität nach vorne oder hinten verschieben.

Die Erhöhung der bisherigen Lebensdauer sowie die Anpassung an die beabsichtigte Nutzungsdauer erfordern die Kenntnis der in Phase III zuerst ausfallenden Teile. Diese können gezielt verbessert werden. Eine Auswertung der anfallenden Reparaturen ist hierfür unabdingbar. Die Informationen über aufgetretene Fehler müssen systematisch vom Kundendienst (Reparaturen) zur Entwicklungsabteilung weitergeleitet werden, damit bei der Entwicklung neuer Geräte die gleichen Schwachstellen nicht erneut eingebaut werden. Eine unzureichende Intensität kann dazu führen, dass Schwachstellen über mehrere Produktgenerationen hinweg bestehen bleiben. Die Lebensdauer eines Produkts kann durch gezielte Verschlechterung der Qualität der in Phase III und Phase II zuletzt ausfallenden Komponenten verringert werden. Dies kann bei erkanntem Overengineering gewünscht sein.

In der Zuverlässigkeitstechnik kann die kumulative Verteilungsfunktion, die einer Badewannenkurve entspricht, mit einem Weibull-Netzdiagramm analysiert werden. Alternativ dazu kann die Analyse auf einer Zuverlässigkeitskonturkarte erfolgen.

Die Weibull-Verteilung ist durch zwei Parameter definiert: den Formparameter β und den Skalenparameter η. Die kumulative Verteilungsfunktion der Weibull-Verteilung lautet:

$$F(t) = 1 - \mathrm{e}^{-(t/\eta)^{\beta}} \tag{5.23}$$

Die Überlebensfunktion $S(t)$, die die Wahrscheinlichkeit angibt, dass ein Produkt bis zur Zeit t überlebt, ist:

$$S(t) = \mathrm{e}^{-(t/\eta)^{\beta}} \tag{5.24}$$

Die Ausfallrate $\lambda(t)$ wird durch:

$$\lambda(t) = \frac{\beta}{\eta}\left(\frac{t}{\eta}\right)^{\beta-1} \tag{5.25}$$

bestimmt. Die Form der Ausfallrate hängt vom Wert des Formparameters β ab:

- $\beta < 1$: abnehmende Ausfallrate (Frühausfälle)
- $\beta = 1$: konstante Ausfallrate (zufällige Ausfälle, Exponentialverteilung)
- $\beta > 1$: zunehmende Ausfallrate (Abnutzungsausfälle)

Die Lebensdauerdaten der Produkte oder Systeme werden gesammelt. Diese Daten umfassen sowohl vollständige Ausfalldaten als auch zensierte Daten (Produkte, die noch nicht ausgefallen sind). Zur Schätzung der Parameter β und η können verschiedene Methoden verwendet werden, darunter die Maximum-Likelihood-Schätzung (MLE) und die lineare Regression auf logarithmischen Skalen. Die Log-Likelihood-Funktion für die Weibull-Verteilung lautet:

$$\log L(\beta,\eta) = n\log\beta - n\beta\log\eta + (\beta-1)\sum_{i=1}^{n}\log t_i - \sum_{i=1}^{n}\left(\frac{t_i}{\eta}\right)^{\beta}$$

wobei t_i die individuellen Ausfallzeiten und n die Anzahl der Ausfälle sind. Die Werte für β und η werden durch Maximierung der Log-Likelihood-Funktion geschätzt. Eine andere Methode zur Parameterabschätzung verwendet eine lineare Transformation der Weibull-Verteilungsfunktion. Durch logarithmische Transformation kann die Beziehung linearisiert werden:

$$\log(-\log(1-F(t))) = \beta\log t - \beta\log\eta$$

Durch eine grafische Darstellung (Weibull-Plot) können die Parameter β und η geschätzt werden, indem eine Gerade an die transformierten Daten angepasst wird.

Die Anpassung des Weibull-Modells an die Daten kann durch verschiedene Methoden validiert werden. Zum einen durch einen Weibull-Plot: Überprüfung, ob die transformierten Daten eine Gerade ergeben, was auf eine gute Anpassung hinweist. Die andere Möglichkeit ist der Goodness-of-Fit-Test. Statistische Tests wie der Kolmogorov-Smirnov-Test oder der Anderson-Darling-Test können verwendet werden, um die Anpassung zu überprüfen. Mit den geschätzten Parametern lassen sich verschiedene Zuverlässigkeitsmetriken berechnen:

- Überlebensfunktion $S(t)$: Wahrscheinlichkeit, dass ein Produkt bis zur Zeit t überlebt
- Ausfallrate $\lambda(t)$: momentane Ausfallrate zum Zeitpunkt t
- Charakteristische Lebensdauer η: die Zeit, zu der 63,2 % der Produkte ausgefallen sind

Diese Metriken ermöglichen es, die Zuverlässigkeit von Produkten zu bewerten und zukünftige Ausfälle vorherzusagen.

Wie jede Methodik weist auch die Weibull-Analyse sowohl Vorteile als auch Einschränkungen auf. Als Vorteil ist zunächst die Flexibilität zu nennen. Des Weiteren besteht die Möglichkeit der Anpassung an verschiedene Arten von Ausfallverhalten. Zudem ist die praktische Anwendbarkeit von Vorteil. Die Methode erfreut sich in der Industrie einer breiten Akzeptanz und ist in ihrer Funktionsweise hinreichend bekannt. Des Weiteren ist die präzise Schätzung ein Vorteil. Die Zuverlässigkeitsmetriken können zuverlässig geschätzt werden.

Als Einschränkung ist zu nennen, dass die Weibull-Analyse einige Anforderungen an die zu nutzenden Daten stellt. Des Weiteren werden genaue und umfangreiche Ausfalldaten gefordert. Ebenso ist die Parameterschätzung mit gewissen Schwierigkeiten verbunden. Diesbezüglich sei angemerkt, dass auch die Modellanpassung gewisse Anforderungen stellt. Die Wahl der adäquaten Verteilungsform (ein- oder zweiparametrisch) kann mitunter herausfordernd sein.

Fazit:

Die Weibull-Analyse stellt ein wertvolles Instrument zur Analyse der Zuverlässigkeit und Bewertung der Lebensdauer von Produkten dar. Die Möglichkeit der Anpassung an verschiedene Ausfallmuster sowie die Option der Einbeziehung zensierter Daten kennzeichnen die flexible und genaue Methode zur Modellierung der Produktlebensdauer. Obgleich die Datenanforderungen und die Komplexität der Parameterabschätzung gewisse Einschränkungen mit sich bringen, erweist sich die Weibull-Analyse in der Praxis der Zuverlässigkeitsanalyse als ein bevorzugtes Mittel.

6 Visualisierung und Identifikation von Mustern in Daten

In der heutigen digitalen Welt spielen Daten in fast allen Lebensbereichen eine zentrale Rolle. Große Datenmengen werden von Unternehmen, Forschungseinrichtungen, Regierungen und anderen Organisationen gesammelt, um Erkenntnisse zu gewinnen und fundierte Entscheidungen zu treffen. Die Visualisierung dieser Daten ist aus mehreren Gründen entscheidend, um ihre Bedeutung zu erfassen und zu kommunizieren. Erstens ermöglicht die Visualisierung von Daten eine schnellere und intuitivere Interpretation. Durch die Darstellung von Daten in Form von Diagrammen, Grafiken oder interaktiven Visualisierungen können komplexe Informationen auf einen Blick erfasst werden. Dies ist besonders wichtig, wenn große Datenmengen analysiert werden müssen, da das menschliche Gehirn Schwierigkeiten hat, große Mengen an Rohdaten effizient zu verarbeiten. Zweitens erleichtert die Visualisierung von Daten das Erkennen von Mustern, Trends und Ausreißern.

Durch die grafische Darstellung von Daten können verborgene Beziehungen und Abhängigkeiten zwischen verschiedenen Variablen erkannt werden. Dadurch können Analysten fundierte Schlussfolgerungen ziehen und genauere Vorhersagen treffen. Ohne Visualisierung würden diese Muster möglicherweise nicht oder erst zu spät erkannt. Drittens verbessert die Visualisierung von Daten die Kommunikation und Zusammenarbeit zwischen verschiedenen Interessengruppen. Durch die Umwandlung komplexer Daten in ansprechende visuelle Formate können Fachleute aus verschiedenen Disziplinen effektiver miteinander kommunizieren. Dies ist besonders wichtig in multidisziplinären Projekten, in denen Experten aus verschiedenen Bereichen zusammenarbeiten müssen, um gemeinsame Ziele zu erreichen.

Darüber hinaus erleichtert die Visualisierung von Daten die Entscheidungsfindung auf allen Ebenen einer Organisation. Führungskräfte können sich durch anschauliche Visualisierungen schnell einen Überblick über die Leistungsfähigkeit ihres Unternehmens verschaffen und fundierte Entscheidungen treffen. Auf operativer Ebene können Mitarbeiter mithilfe von visuellen Dashboards und Berichten ihre Leistung verfolgen und Verbesserungsmöglichkeiten erkennen. Schließlich trägt die Visualisierung von Daten zur Transparenz und Verständlichkeit bei. Indem komplexe Daten einem breiteren Publikum zugänglich gemacht werden, können Organisationen das Vertrauen der Menschen gewinnen und ihre Entscheidungsprozesse transparenter gestalten.

6.1 Methoden zur Visualisierung von quantitativen Informationen

Der Mensch nimmt seine Umwelt über seine fünf Sinne wahr. Eine ganz bedeutende Aufmerksamkeit kommt dem visuellen Sinn zu. Mit unseren Augen nehmen wir Eindrücke wahr und der Mensch hat im Laufe der Evolution eine fantastische Fähigkeit entwickelt, Muster zu erkennen. Ist uns ein Fremder freundlich gesonnen oder bedeutet eine gewisse Mimik eher Ärger? Diese Eindrücke können Menschen in Bruchteilen von Sekunden erfassen, beurteilen und entsprechende Aktionen oder Reaktionen daraus ableiten.

Der Mensch ist also besonders gut darin, Muster zu erkennen. Dies ist eine Fähigkeit, die auch in der eher rationalen Analyse von Zahlen und Datenreihen zum Einsatz kommt. Vergleichen wir beispielsweise zwei Stichproben miteinander, so geben uns zugehörige Hypothesentests (Abschnitt 3.5.1) und eine Interpretation deren Ergebnisse Aufschluss darüber, ob mit entsprechender Wahrscheinlichkeit ein systematischer Unterschied zwischen den Stichproben besteht, oder auch nicht. Wenn diese Daten aber entsprechend visualisiert werden (beispielsweise mittels eines Boxplots), so erkennt dies das menschliche Auge meist schon sehr schnell und oft noch bevor das Ergebnis jenes Tests vorliegt. Dies unterstreicht die Wichtigkeit, welche die visuelle Darstellung von quantitativen Informationen hat. Wichtig ist zu betonen, dass eine visuelle Darstellung die statistischen Untersuchungen nicht obsolet macht, sie jedoch vielmehr unterstützt und ergänzt. Speziell in der Kommunikation und bei der Vermittlung der Ergebnisse an dritte Personen sind visuelle Darstellungen unerlässlich.

In diesem Abschnitt sollen daher mit einfachen Beispielen die verschiedenen Darstellungsformen erklärt werden, wie verschiedene Arten quantitativer Informationen am besten mit welcher Visualisierungsart vermittelt werden. Die folgenden Abschnitte basieren ganz wesentlich auf den im Kasten unten aufgeführten Büchern, die sich seit vielen Jahren ganz intensiv mit dem Thema Visualisierung beschäftigen und daher zurecht als Standardwerke zur Vertiefung des Themas herangezogen werden können. Ungeachtet der verschiedenen Darstellungsformen und Visualisierungstechniken gibt es einige grundlegende Prinzipien, die in jeder Darstellungsform berücksichtigt werden sollten (Cleveland und McGill 1984). Die grafische Wahrnehmung ist die Fähigkeit des Menschen, Informationen in Diagrammen und Tabellen visuell zu interpretieren. Man kann sagen, dass sowohl quantitative als auch qualitative Informationen im Bild

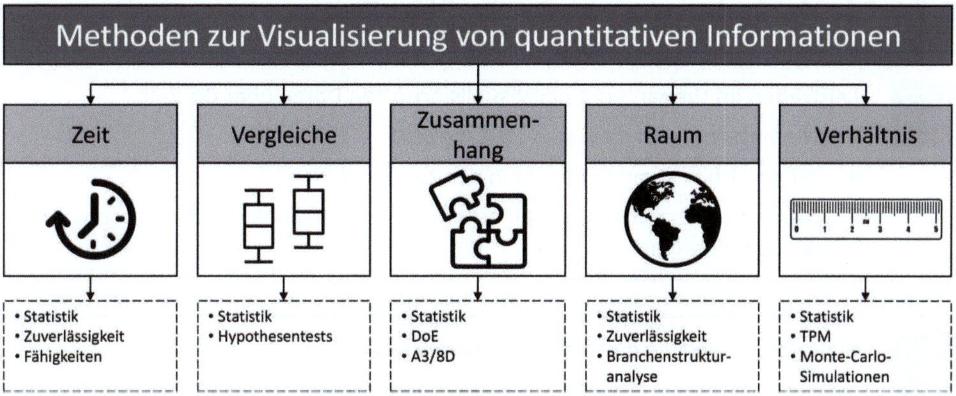

Bild 6.1 Methoden zur Visualisierung von quantitativen Informationen

codiert sind, und die menschliche Fähigkeit, sie zu interpretieren, wird manchmal als Decodierung bezeichnet. Die Bedeutung der menschlichen grafischen Wahrnehmung, d. h. das, was wir leicht erkennen, im Gegensatz zu dem, was unser Gehirn nur schwer entschlüsseln kann, ist von grundlegender Bedeutung für ein gutes statistisches Grafikdesign, bei dem Klarheit, Transparenz und Präzision in der Datendarstellung und -interpretation für das Verständnis der Übersetzung von Daten in ein Diagramm zur Klärung und Interpretation der Wissenschaft wesentlich sind.

Weiterführende Literatur – Bücher:

Stephen Few (2020). *Now you see it. An introduction to visual data sensemaking*. 2. Aufl. Analytics Press, Edward R. Tufte (2018). *The visual display of quantitative information*. 2. Aufl. Graphics Press, Nathan Yau (2013). *Data points. Visualization that means something*. Jon Wiley & Sons, Manuel Lima (2011). *Visual Complexity: Mapping Patterns of Information*. Princeton Architectural Press oder Nathan Yau (2011). *Visualize this. The Flowing Data guide to design, visualization, and statistics*. Jon Wiley & Sons.

Die Experimente von Cleveland und McGill zur Ermittlung der grafischen Elemente, die Menschen am genauesten erkennen, sind ein grundlegender Bestandteil guter statistischer Grafikdesignprinzipien. In der Praxis sind Diagramme, die die relative Position auf einer gemeinsamen Skala anzeigen, am effektivsten. Ein Diagrammtyp, der sich dieses Element zunutze macht, ist das Punktdiagramm. Umgekehrt werden Winkel weniger genau wahrgenommen; ein Beispiel dafür ist das Kreisdiagramm. Der Mensch ordnet Farbtöne nicht von Natur aus. Es kann nur eine begrenzte Anzahl von Farbtönen in einer Grafik unterschieden werden. Grafische Entwürfe, die die visuelle prä-attentive Verarbeitung bei der Zusammenstellung des Diagramms nutzen, sind der Grund dafür, dass ein Bild mehr als tausend Worte sagen kann, da es die Fähigkeit des Gehirns zur Wahrnehmung von Mustern nutzt. Nicht alle Grafiken sind so gestaltet, dass sie die prä-attentive Verarbeitung berücksichtigen.

6.1.1 Die Veränderung von Daten über Zeit

Leitfragen im Umgang mit der Visualisierug von Daten über die Zeit:

- Wie verhalten sich die Daten über die Zeit?
- Zeigen sich bestimmte Muster in den Zeitreihen?
- Lassen sich Veränderungen auf bestimmte Ereignisse zurückführen, bspw. Schichten oder Chargen?

Wann benötigen Sie diese Art der Visualisierung?

Datenvisualisierung über die Zeit wird benötigt, wenn Trends und Muster in Daten über einen bestimmten Zeitraum hinweg identifiziert werden sollen, Veränderungen und Entwicklungen in Daten über die Zeit hinweg visualisiert werden sollen, die Auswirkungen von Ereignissen oder Maßnahmen auf Daten über die Zeit hinweg untersucht werden sollen oder komplexe Datenmengen über die Zeit hinweg vereinfacht und verständlich dargestellt werden sollen.

Eine sehr einfache und intuitive Form der Datenanalyse ist die über die Zeit. Es ist sehr leicht zu verstehen, dass sich Dinge im Laufe der Zeit ändern. So können z. B. in einem Produktionsbetrieb die Prozesse von Schicht zu Schicht unterschiedlich eingestellt sein und somit zu unterschiedlichen Ergebnissen führen. Auch Abnutzungserscheinungen (wie Verschleiß an Maschinen und Anlagen) können eine Funktion der Zeit sein. Daher ist es immer sinnvoll, Daten auch über die Zeit zu analysieren. Dabei ist es nicht immer erforderlich, dass Tages- oder Uhrzeiten im Datensatz enthalten sind. Häufig reicht auch die Reihenfolge der Daten aus, wenn diesen Reihenfolgen im Nachhinein Uhrzeiten oder bestimmte Ereignisse (wie etwa Schichten) zugeordnet werden können. Gängige Analyseformen für die Visualisierung von quantitativen Daten über die Zeit sind beispielsweise:

- **Liniendiagramm**, zur Darstellung von Trends über die Zeit. Einsatz: zur Darstellung von Entwicklungen über die Zeit. Beispielsweise werden Aktienkurse, Verkaufszahlen oder Wetterdaten häufig in Liniendiagrammen visualisiert. Stärke: klare und intuitive Darstellung von Veränderungen, insbesondere bei kontinuierlichen Daten. Es eignet sich besonders für den Vergleich von mehreren Zeitreihen durch Überlagerung von Linien.
- **Flächendiagramm**, kumulativ oder segmentiert, um Veränderungen über die Zeit zu zeigen. Einsatz: zeigt kumulative Veränderungen oder den Anteil verschiedener Kategorien über die Zeit. Oft verwendet in Finanzberichten zur Darstellung von Marktanteilen. Stärke: vermittelt nicht nur Trends, sondern auch die relative Größe der verschiedenen Kategorien durch den Flächenanteil.

- **Zeitstrahl**, für historische Ereignisse oder Projekte. Einsatz: für historische Ereignisse, Projektmeilensteine oder Prozessabläufe. Oft in Geschichts-, Bildungs- oder Projektmanagementkontexten. Stärke: ermöglicht eine chronologische Anordnung, um Abfolgen oder Abhängigkeiten leicht verständlich darzustellen.
- **Kerzendiagramm**, für Zeitreihen in der Finanzanalyse. Einsatz: vor allem in der Finanzanalyse, um Preisbewegungen (u. a. von Aktien) über die Zeit darzustellen. Es zeigt den Eröffnungs-, Schluss-, Höchst- und Tiefstwert für einen Zeitraum. Stärke: kombiniert präzise Informationen mit einer kompakten Darstellung, die visuelle Muster wie Trends oder Volatilität gut sichtbar macht.
- **Gantt-Diagramm** für Projektzeitpläne. Einsatz: wird im Projektmanagement genutzt, um Aufgaben, Zeitpläne und Abhängigkeiten zu visualisieren. Stärke: bietet eine Übersicht über Start- und Endzeiten von Aufgaben und ermöglicht die Nachverfolgung von Fortschritten.

Auf einzelne Formen dieser Visualisierungen wird im Folgenden näher eingegangen.

6.1.1.1 Das Liniendiagramm

Das Liniendiagramm, auch Kurvendiagramm genannt (engl. Time Series Plot), ist die einfachste Form, Daten über Zeit zu visualisieren. Ein Beispiel für ein Liniendiagramm ist in Bild 6.2 dargestellt.

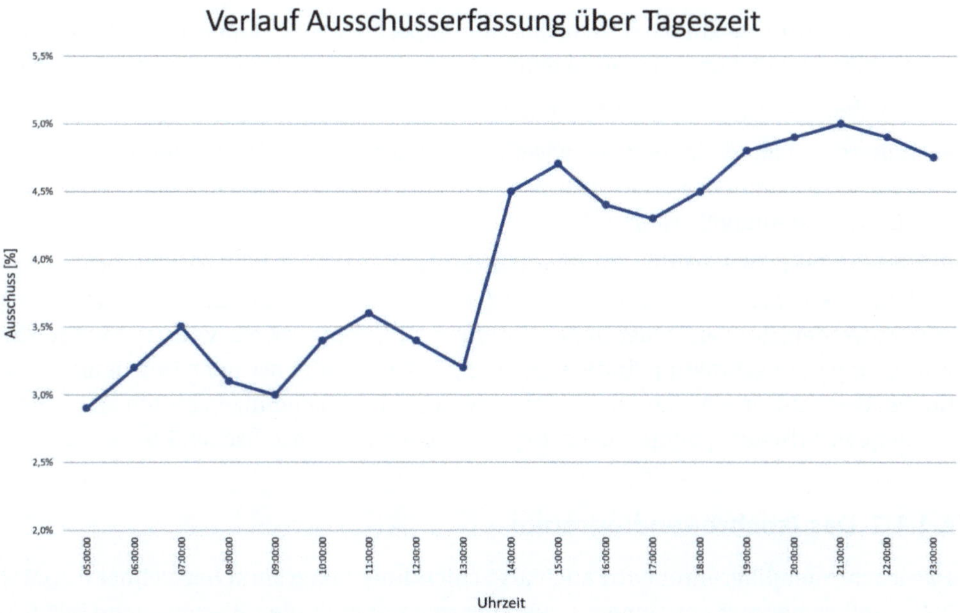

Bild 6.2 Das Liniendiagramm

Ein Liniendiagramm ist die grafische Darstellung des funktionalen Zusammenhangs von zwei (bei zweidimensionaler Darstellung) oder drei (bei dreidimensionaler Darstellung) Merkmalen, wodurch Veränderungen oder Entwicklungen dargestellt werden können. Im Gegensatz zum Streudiagramm kann immer nur ein Wertepaar oder ein Wertetrio dargestellt werden. Werden bei einer Messung genügend Messpunkte erfasst, können diese durch eine Linie verbunden werden. Bei stark streuenden Punkten wird man dazu Linien verwenden, bei erkennbaren Gesetzmäßigkeiten ist in Physik und Technik eine stetig gekrümmte Ausgleichsgrafik die bessere Wahl. Diese Form kann Rückschlüsse auf eine geeignete Funktion zur mathematischen Beschreibung der Gesetzmäßigkeit zulassen. Meist wird das kartesische Koordinatensystem verwendet, es gibt aber auch gekrümmte Koordinatensysteme, z. B. die Tachoscheibe bei Lastkraftwagen oder ein horizontales Antennendiagramm.

Diagramme enthalten oft eine überlagerte mathematische Funktion, die den bestmöglichen Trend der verstreuten Daten darstellt. Diese Ebene wird als Best-Fit-Ebene (oder auch Trendlinie oder Ausgleichsgerade) bezeichnet Es ist einfach, eine Best-Fit-Ebene zu konstruieren, die aus einer Reihe von Liniensegmenten besteht, die benachbarte Datenpunkte miteinander verbinden; eine solche Best-Fit-Ebene ist jedoch in der Regel aus den folgenden Gründen keine ideale Darstellung des Trends der zugrunde liegenden Streudaten:

- Es ist höchst unwahrscheinlich, dass die Diskontinuitäten in der Steigung der Best-Fit-Linie genau mit den Positionen der Messwerte übereinstimmen.
- Es ist höchst unwahrscheinlich, dass der experimentelle Fehler in den Daten vernachlässigbar ist und die Kurve dennoch genau durch jeden der Datenpunkte fällt.
- In jedem Fall kann die Best-Fit-Schicht Trends in den Daten aufzeigen.
- Außerdem können Messungen wie die Steigung oder die Fläche unter der Kurve visuell vorgenommen werden, was zu weiteren Schlussfolgerungen oder Ergebnissen aus der Datentabelle führt.

Ein echter Best Fit Layer sollte eine kontinuierliche mathematische Funktion darstellen, deren Parameter mit Hilfe eines geeigneten Fehlerminimierungsschemas bestimmt werden, das den Fehler in den Datenwerten angemessen gewichtet. Eine solche Kurvenanpassungsfunktion findet sich häufig in Grafiksoftware oder Tabellenkalkulationen. Best-Fit-Kurven können von einfachen linearen Gleichungen bis hin zu komplexeren quadratischen, polynomialen, exponentiellen und periodischen Kurven reichen.

6.1.1.2 Das Isochronendiagramm

Das Isochronendiagramm wird auch als Schichtliniendiagramm bezeichnet (C/QMM 2021), sollte aber nicht mit einem Liniendiagram mit multiplen Werten (siehe Bild 6.3) verwechselt werden, da das Schichtliniendiagramm für eine gänzlich andere Aufgabe konzipiert ist.

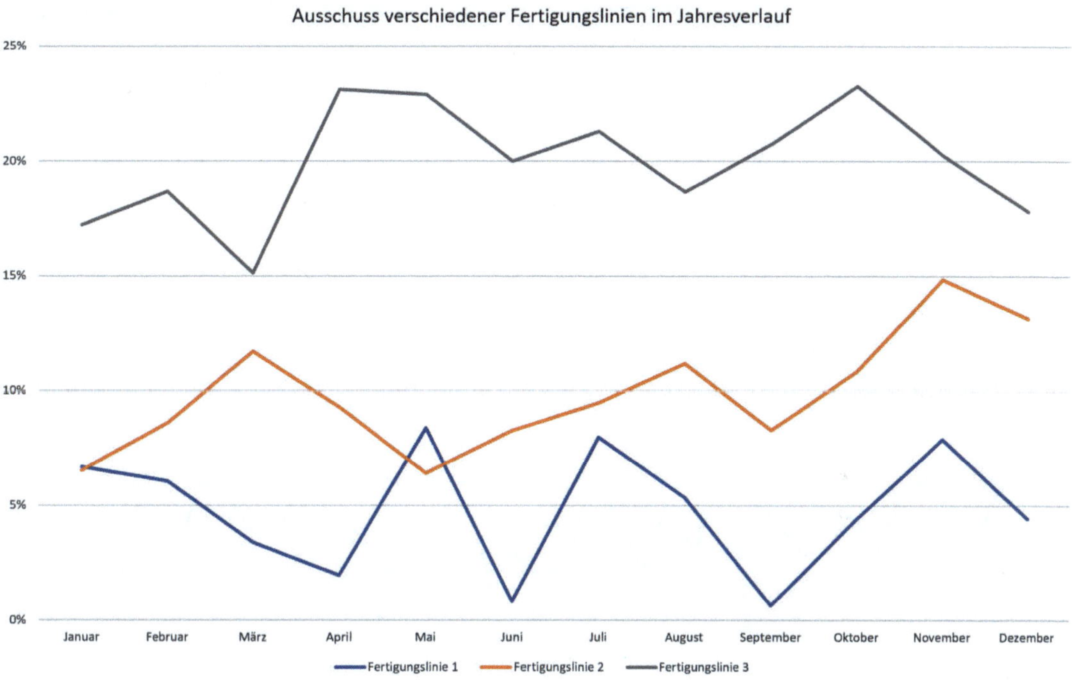

Bild 6.3 Das multiple Liniendiagramm

Primäre Aufgabe und Einsatzzweck von Schichtliniendiagrammen ist die Zuverlässigkeitsanalyse (siehe Abschnitt 5.2.3). Zusammengefasst kann erklärt werden, dass ein Schichtliniendiagramm die grafische Darstellung der aus dem Feld gemeldeten Mängel pro produziertem Produkt in Abhängigkeit vom Alter oder der Einsatzzeit ist. Ein beispielhaftes Schichtliniendiagramm ist in Bild 6.4 dargestellt.

Aufgrund der relativen Betrachtung der Ausfälle zur Anzahl der produzierten Einheiten und aufgrund der Linien gleichen Alters bzw. gleicher Nutzungsdauer ist diese Analyse wesentlich aussagekräftiger, als wenn nur die absolute Anzahl der Ausfälle über die Produktion aufgetragen wird. Nur so ist die zeitliche Entwicklung für Vergleiche überhaupt möglich. In der zeitlichen Betrachtung (der Produktionsmonate) ergibt sich so ein historischer Verlauf der Reklamationen. Aufgrund sich ändernder Teile- und Prozesseigenschaften ergeben sich in der Regel schwankende Verläufe. Damit wird auch die Wirksamkeit von Produkt- und Prozessänderungen erkennbar.

Durch geeignete Hochrechnungsalgorithmen ist es möglich, für Produkte, die dieses Alter noch nicht erreicht haben, den zu erwartenden Wert, beispielsweise 24 Monate nach Produktion, im Schichtliniendiagramm unter Verwendung bereits vorhandener Daten darzustellen. Es ist jedoch zu beachten, dass diese Hochrechnungen umso ungenauer werden, je jünger (Produktionsmonat) die Produkte sind. Betrachtet man die

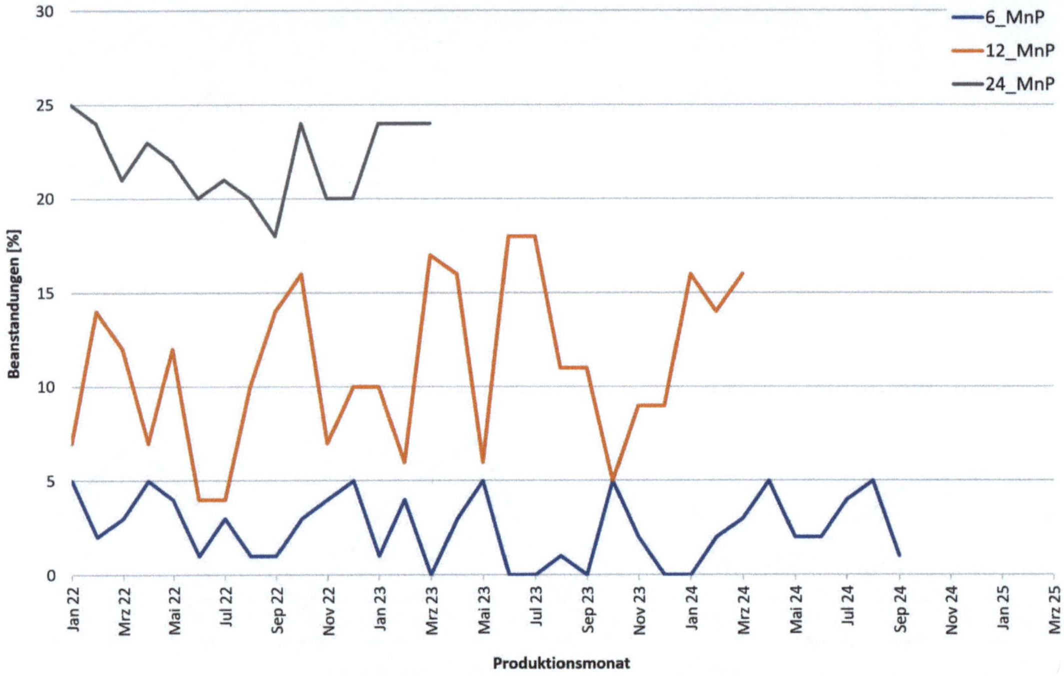

Bild 6.4 Das Isochronendiagramm

Schichtlinien von der Seite, so stellt die dritte Achse das Alter dar. Verbindet man die Schichtlinien innerhalb eines Produktionsmonats miteinander, so erhält man das Weibull-Diagramm im linearen Maßstab. Hier ergibt sich im Gegensatz zur logarithmischen Skala immer eine Kurve. Die Abstände der Schichtlinien zueinander sind also bei normalem Ausfallverhalten grundsätzlich nicht konstant. Bildet man aus den Punkten der Schichtlinie für jeden Produktionsmonat eine Weibull-Gerade im logarithmischen Maßstab, so erhält man ein Gesamtbild, das dem üblichen Weibull-Netz entspricht.

Für die meisten Bauteile und Komponenten beginnt die Alterung in der Regel erst mit der Inbetriebnahme. Die Schichtrichtlinien sollten sich dann korrekterweise auf die Betriebszeit bzw. die sogenannten Month in Service (MIS) beziehen. Dabei wird vernachlässigt, dass ein Produkt nur eine bestimmte Zeit pro Tag in Betrieb ist. Im Gegensatz zur Schichtrichtlinie, die auf dem Alter basiert, werden bei MIS die Fälle jüngeren Linien zugeordnet. Ist ein Produkt beispielsweise sechs Monate alt, lag aber nach Produktionsende noch zwei Monate im Lager, bevor es verkauft wurde, so hat dieses Produkt auch lediglich vier MIS, da der Nutzungsbeginn erst zwei Monate nach dem Verkauf beginnt.

Fazit:

Datenvisualisierung über die Zeit ist sinnvoll für die Identifizierung von Trends und Mustern in Daten über die Zeit hinweg und zur Vorhersage von zukünftigen Entwicklungen auf Basis von historischen Daten. Durch die Anwendung von Datenvisualisierung über die Zeit können Unternehmen Trends und Muster in Daten identifizieren, Veränderungen und Entwicklungen in Daten visualisieren und informierte Entscheidungen treffen.

6.1.2 Die Visualisierung von Vergleichen

Leitfragen im Umgang mit der Visualisierug von Vergleichen:

- Unterscheiden sich verschiedene Datenmengen voneinander, oder nicht?
- Gibt es Muster zwischen den Gruppen?
- Wie sind die Daten jeder einzelnen Gruppe verteilt?

Wann benötigen Sie diese Art der Visualisierung?

Visualisierung von Vergleichen wird benötigt, wenn Vergleiche zwischen verschiedenen Gruppen oder Kategorien durchgeführt werden sollen oder komplexe Datenmengen vereinfacht und verständlich dargestellt werden sollen.

Das Vergleichen von Daten ist eine Erkenntnis, die sich aus einer geeigneten Visualisierung ergeben kann, aber auch das Erkennen von Unterschieden. Wie immer gibt es dafür mehr oder weniger geeignete Visualisierungsformen. Eine Darstellungsform, die nie gewählt werden sollte, ist das Tortendiagramm. Warum es nicht verwendet werden sollte, wird weiter unten erläutert. Gängige Analyseformen für die Visualisierung von Vergleichen sind beispielsweise:

- **Balkendiagramm**, horizontal, um Mengen zu zeigen. Einsatz: für den Vergleich von Mengen oder Häufigkeiten zwischen Kategorien. Stärke: einfach und klar; sowohl absolute Werte als auch Unterschiede sind gut sichtbar.
- **Säulendiagramm**, zur Darstellung von Häufigkeiten oder Werten. Einsatz: ähnlich wie das Balkendiagramm, jedoch vertikal; oft für logische Abfolgen. Stärke: besonders geeignet, wenn geordnete Kategorien im Fokus stehen.
- **Boxplot.** Darstellung von Verteilungen und Ausreißern großer Datenmengen. Einsatz: Zeigt die Verteilung und Ausreißer in einem Datensatz. Stärke: Ideal, um Daten auf einen Blick zu analysieren und Extremwerte zu identifizieren.

- **Violin-Plot.** Erweiterung des Boxplots mit Dichteinformationen. Stärke: Zeigt zusätzlich zur Verteilung die Häufigkeit von Werten.
- **Dotplot.** Alternative zum Histogramm, genaue Werte bleiben sichtbar.

Auf einzelne Formen dieser Visualisierungen wird im Folgenden anhand konkreter Beispiele näher eingegangen.

6.1.2.1 Säulen- und Balkendiagramme

Sollen verschiedene Daten miteinander verglichen werden, bietet sich ein Säulendiagramm an, wie es in Bild 6.5 dargestellt ist. Ein Säulendiagramm ist für diesen Zweck wesentlich besser geeignet als ein sogenanntes Tortendiagramm. Auch wenn ein Tortendiagramm immer wieder für solche Zwecke verwendet wird, oft im Fernsehen zur Visualisierung der Stimmenverteilung nach Wahlen, ist das Tortendiagramm für diese Zwecke leider nicht geeignet und sollte für die Visualisierung von Daten überhaupt nicht verwendet werden.

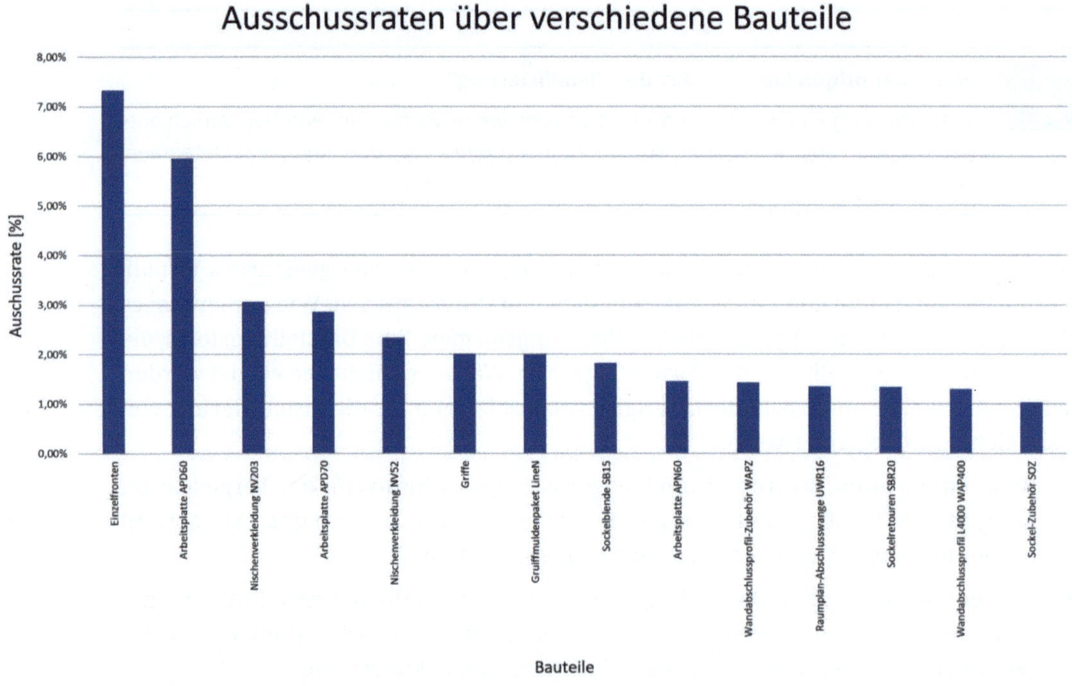

Bild 6.5 Das Säulendiagramm

Ein Säulendiagramm ist einem Tortendiagramm immer vorzuziehen. Das menschliche Auge ist sehr gut darin, auch kleine Höhenunterschiede zu erkennen, daher erkennt das Auge sofort unterschiedliche Säulenhöhen. Dagegen ist das Auge sehr schlecht im

Erkennen von Winkelunterschieden. Vor allem, wenn diese sehr klein sind und nicht alle die gleiche Bezugskante haben. Daher ist ein Säulendiagramm, insbesondere wenn es sich um wenige Säulen handelt, eine sehr einfach darzustellende und sehr einfach zu interpretierende Form der Visualisierung.

Wenn es sich jedoch um sehr viele Datenpunkte handelt oder die Beschriftung der Datenpunkte etwas ausführlicher sein soll, bietet das Balkendiagramm, wie in Bild 6.6 beispielhaft dargestellt, bei gleicher Einfachheit noch mehr Komfort als das Säulendiagramm. Ein Balkendiagramm ist im Prinzip ein um 90° gedrehtes Säulendiagramm. Dies verbessert vor allem die Lesbarkeit, da bei horizontaler Ausrichtung die Überschrift nicht um 90° gedreht werden muss, um die Beschriftung der Kategorien zu lesen.

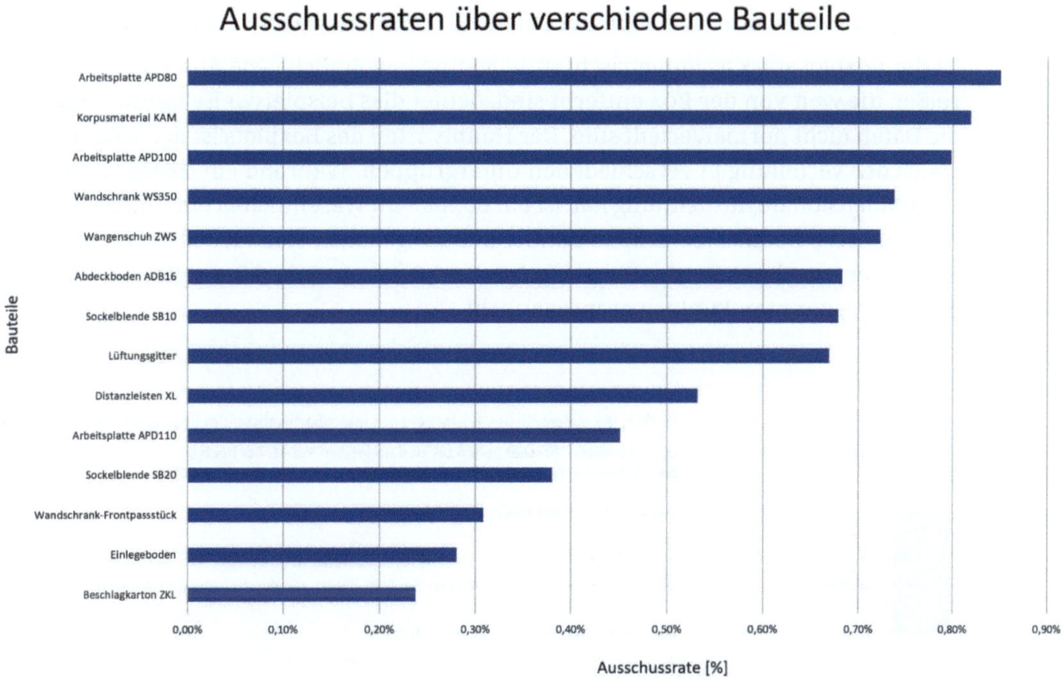

Bild 6.6 Das Balkendiagramm

6.1.2.2 Boxplot

Der Boxplot (auch Box-and-Whisker-Plot) ist ein Diagramm, das zur grafischen Darstellung der Verteilung eines mindestens ordinalskalierten Merkmals verwendet wird. Er fasst verschiedene robuste Streuungs- und Lagemaße in einer Darstellung zusammen. Ein Boxplot soll schnell einen Eindruck davon vermitteln, in welchem Bereich die Daten liegen und wie sie sich über diesen Bereich verteilen. Deshalb werden alle Werte der sogenannten Fünf-Punkte-Aggregation dargestellt, also der Median, die beiden Quartile und die beiden Extremwerte. Ein Boxplot besteht immer aus einem Rechteck, Box genannt, und zwei Linien, die dieses Rechteck verlängern. Diese Linien werden als Antenne oder Whisker bezeichnet und mit einer Linie abgeschlossen.

Boxplots werden aufgrund ihres einfachen Aufbaus vor allem dann verwendet, wenn man sich schnell einen Überblick über vorhandene Daten verschaffen will. Die Verteilung der Daten muss nicht bekannt sein. Die Box gibt den Bereich an, in dem 50 % der Daten liegen, und die Box einschließlich des Whiskers gibt den Bereich an, in dem der größte Teil der Daten liegt. Die Lage des Medians innerhalb der Box gibt an, ob eine Verteilung symmetrisch oder schief ist. Für bi- oder multimodale Verteilungen ist der Boxplot weniger geeignet. Um solche Eigenschaften zu erkennen, empfiehlt sich die Verwendung von Histogrammen. Boxplots mit Whiskern von maximal dem eineinhalbfachen Interquartilsabstand eignen sich auch zur Identifizierung von Ausreißern oder geben Hinweise darauf, ob die Daten einer bestimmten Verteilung unterliegen.

Ist der Boxplot stark asymmetrisch, enthält er ungewöhnlich viele Ausreißer oder Ausreißer, die weit von der Box entfernt sind, deutet dies beispielsweise darauf hin, dass die Daten nicht normalverteilt sind. Der Hauptvorteil des Boxplots ist der schnelle Vergleich der Verteilung in verschiedenen Untergruppen. Während ein Histogramm eine zweidimensionale Ausdehnung hat, ist ein Boxplot im Wesentlichen eindimensional, so dass mehrere Datensätze nebeneinander auf der gleichen Skala leicht dargestellt und verglichen werden können. Ein einfacher Boxplot ist in Bild 6.7 dargestellt, welches die oben genannten Punkte veranschaulicht.

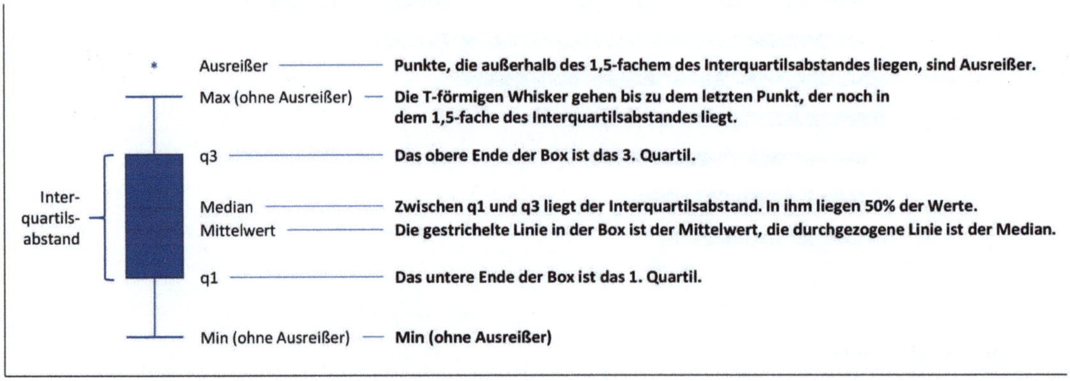

Bild 6.7 Der Boxplot im Detail

Die Whisker stellen die Werte außerhalb der Box dar. Im Gegensatz zur Definition der Box ist die Definition der Antennen nicht einheitlich. Eine mögliche Definition, die auf John W. Tukey zurückgeht, beschränkt die Länge des Whiskers auf maximal das 1,5-Fache des Interquartilsabstands (IQR). Der Whisker endet jedoch nicht genau bei dieser Länge, sondern bei dem Wert in den Daten, der noch innerhalb dieser Grenze liegt. Die Länge des Whiskers wird also durch die Datenwerte und nicht nur durch den Interquartilsabstand bestimmt. Dies ist auch der Grund, warum die Whisker nicht auf beiden Seiten gleich lang sein müssen. Wenn kein Wert außerhalb der Grenze 1,5 × IQR liegt, wird die Länge des Whiskers durch den maximalen und minimalen Wert bestimmt.

Andernfalls werden die Werte außerhalb des Whiskers separat in das Diagramm eingetragen. Diese Werte können dann als ausreißerverdächtig behandelt oder direkt als Ausreißer bezeichnet werden. Häufig werden Ausreißer zwischen 1,5 × IQR und 3 × IQR als milde Ausreißer und Werte über 3 × IQR als extreme Ausreißer bezeichnet. Diese werden dann in der Regel auch im Diagramm anders gekennzeichnet. Eine weitere mögliche Definition ist, dass die Whisker bis zum größten bzw. kleinsten Wert der Daten reichen. In dieser Darstellung sind dann keine Ausreißer mehr erkennbar, da die Box einschließlich der Whisker den gesamten Bereich der Daten abdeckt. In einer weiteren Variante wird der untere Whisker als 2,5%-Quantil und der obere als 97,5%-Quantil berechnet. Damit liegen 95 % aller beobachteten Werte innerhalb der Whisker-Grenzen. In dieser Darstellung gibt es also (je nach Quantilsdefinition) ab einem bestimmten Stichprobenumfang immer einzeln dargestellte Punkte (die dann nicht automatisch als Ausreißer zu interpretieren sind).

In Bild 6.8 zeigt sich die Stärke des Boxplots, da mit ihm extrem viele Datenpunkte visualisiert werden können, ohne die Übersichtlichkeit zu verlieren. In diesem Beispiel

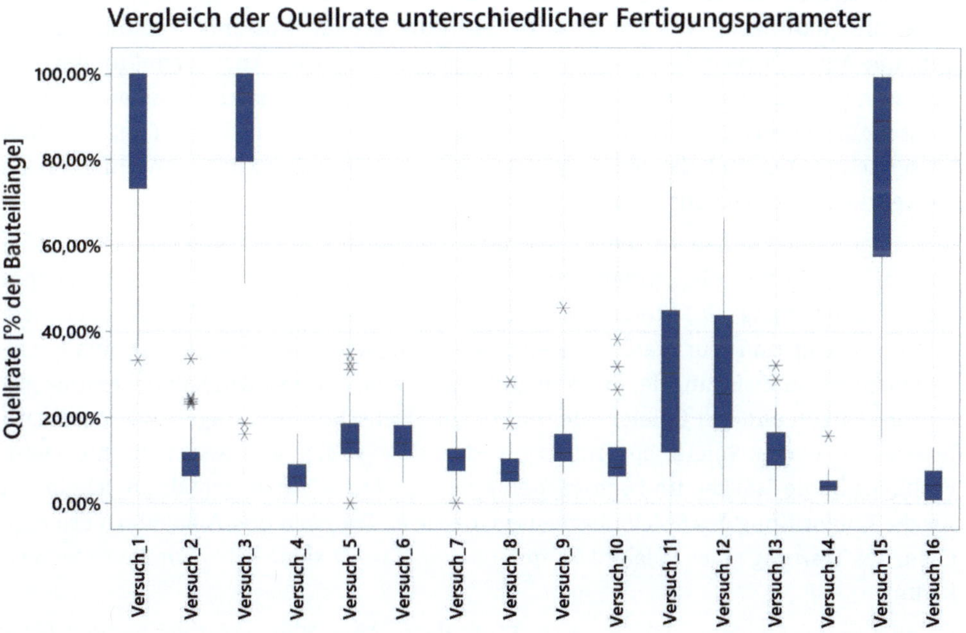

Bild 6.8 Vergleich verschiedener Boxplots

sind die Ergebnisse 16 verschiedener Versuche visualisiert. Es wurde der Einfluss verschiedener Prozessparameter auf die Bauteildichtigkeit untersucht, gemessen anhand der Quellrate des Bauteils.

Jedem Versuch liegen 60 Prüflinge zugrunde. Somit liegen diesem Bild $60 \times 16 = 960$ Datenpunkte zu Grunde. Es lässt sich trotzdem sehr leicht erkennen, dass die Varianz einzelner Versuche höher ist als bei anderen. Und auch die Versuchsreihe, wo die Quellrate am niedrigsten ist, wird sofort ersichtlich.

6.1.2.3 Das Netzdiagramm

Das Netzdiagramm oder Radardiagramm ist die grafische Darstellung der Werte mehrerer gleichwertiger Kategorien in Form eines Spinnennetzes. Dieses Diagramm eignet sich besonders zur Visualisierung von Bewertungen für drei (oder mehr) zuvor festgelegte Kriterien. Jede Kategorie hat eine Achse. Alle Achsen haben die gleiche Ausrichtung; die besseren Werte liegen gleichmäßig in der Mitte oder außerhalb der Strahlen. Die Achsen sind gleichmäßig über 360 Grad kreisförmig angeordnet. Die Werte jeder Reihe werden durch Linien verbunden. Für mehrere Reihen werden unterschiedliche Farben verwendet. Die eingeschlossene Fläche wird oft farbig ausgefüllt. Es müssen mindestens drei Kategorien vorhanden sein, da bei zwei Kategorien alle Linien übereinanderliegen würden und somit keine Verbindung sichtbar wäre. Bei mehr als zehn Achsen wird das Diagramm unübersichtlich. Aber auch bei weniger als vier Achsen leidet die quantitative Wahrnehmung wegen der großen Abstände zueinander. Die optimale Anzahl liegt daher zwischen fünf und sieben Achsen. Auch wenn für einzelne Kriterien eine vergleichende Aussage möglich ist, können mehrdimensionale Mengen nicht mehr verglichen werden. Eine Ausnahme bilden Mengen, die in allen Kriterien besser/schlechter sind als eine Vergleichsmenge. Im Netzdiagramm umschließen sie die Vergleichsmenge vollständig.

Netzdiagramme können im Sport verwendet werden, um die Stärken und Schwächen von Spielern darzustellen, indem verschiedene Statistiken über den Spieler berechnet werden, die entlang der Mittelachse des Diagramms verfolgt werden können. Beispiele sind die Schlag- und Wurfstatistiken eines Baseballspielers. Auf diese Weise entsteht eine zentrale Visualisierung der Stärken und Schwächen eines Spielers, und wenn sie mit den Statistiken anderer Spieler oder dem Ligadurchschnitt überlagert werden, kann man sehen, wo ein Spieler besonders gut ist und wo er sich verbessern könnte. Diese Einblicke in die Stärken und Schwächen eines Spielers können sich als entscheidend für die Entwicklung des Spielers erweisen, da sie es Trainern und Ausbildern ermöglichen, das Training eines Spielers so anzupassen, dass er seine Schwächen verbessern kann.

Netzdiagramme eignen sich in erster Linie dazu, Ausreißer und Gemeinsamkeiten aufzuzeigen, und sie werden für ordinale Messungen verwendet, wobei jede Variable in gewisser Hinsicht besser ist und alle Variablen auf derselben Skala liegen. Umge-

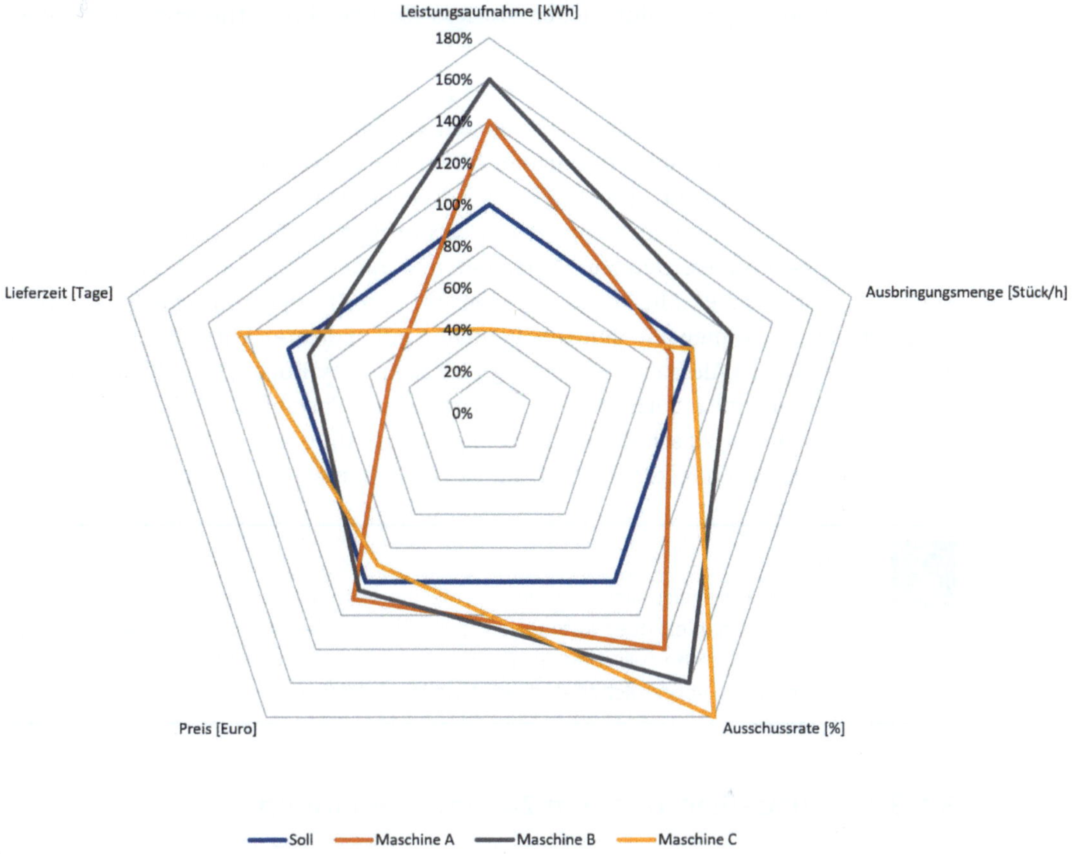

Bild 6.9 Ein Netzdiagramm zum Vergleich von Leitungsdaten

kehrt wurden Netzdiagramme als schlecht geeignet für Kompromissentscheidungen kritisiert, wenn ein Diagramm bei einigen Variablen größer als ein anderes ist, bei anderen aber weniger. Außerdem ist es schwierig, die Länge verschiedener Speichen visuell zu vergleichen, da die radialen Abstände schwer zu beurteilen sind, obwohl konzentrische Kreise als Rasterlinien hilfreich sind. Stattdessen kann man ein einfaches Liniendiagramm verwenden, insbesondere für Zeitreihen.

Netzdiagramme können die Daten bis zu einem gewissen Grad verzerren, insbesondere wenn Flächen ausgefüllt werden, da die enthaltene Fläche proportional zum Quadrat der linearen Maße wird. In einem Diagramm mit 5 Variablen, die von 1 bis 100 reichen, ist beispielsweise die Fläche des Polygons, das von 5 Punkten begrenzt wird, wenn alle Messwerte 90 sind, um mehr als 10 % größer als bei einem Diagramm mit allen Werten von 82. Netzdiagramme können auch den visuellen Vergleich zwischen verschiedenen Stichproben im Diagramm erschweren, wenn ihre Werte nahe beieinander liegen, da ihre Linien oder Flächen ineinander übergehen. Die Beurteilung von Flächeninhalten in Diagrammen gilt gemeinhin als schwierig, siehe Clevelands Hierarchie (Cleveland und McGill 1984).

Netzdiagramme sind hilfreich für kleine bis mittelgroße multivariate Datensätze. Ihr Hauptschwachpunkt ist, dass ihre Wirksamkeit auf Datensätze mit weniger als ein paar hundert Punkten beschränkt ist. Darüber hinaus sind sie in der Regel überwältigend. Außerdem kann das Netzdiagramm bei der Verwendung mehreren Dimensionen oder Stichproben mit zunehmender Anzahl von Stichproben unübersichtlich und schwieriger zu interpretieren werden. Für Zeitreihen und andere Daten kann man Liniendiagramme in Form von Parallelkoordinaten verwenden. Für den grafischen qualitativen Vergleich von zweidimensionalen Tabellendaten mit mehreren Variablen sind Harvey-Kugeln eine gängige Alternative. Der Vergleich in Harvey-Kugeln (und Radardiagrammen) kann durch eine algorithmische Anordnung der Variablen erheblich erleichtert werden, um Ordnung zu schaffen. Eine weitere Alternative ist die Verwendung kleiner Inline-Balkendiagramme, die mit Sparklines verglichen werden können.

Fazit:

Durch die Datenvisualisierung von Vergleichen können Unternehmen Beziehungen zwischen Variablen oder Kategorien identifizieren, Proportionen und Anteile visualisieren, Vergleiche zwischen Gruppen oder Kategorien durchführen und komplexe Datenmengen vereinfachen und verständlich darstellen.

6.1.3 Die Visualisierung von Zusammenhängen

Leitfragen im Umgang mit der Visualisierug von Zusammenhängen:

- Sind zwei oder mehrere Variablen voneinander abhängig und, wenn ja, wie?
- Welche Variablen stehen miteinander in Beziehung?
- Gibt es Wechselwirkungen unter den Variablen?
- Wie stark sind die einzelnen Abhängigkeiten?

Wann benötigen Sie diese Art der Visualisierung?

Datenvisualisierung von Zusammenhängen wird benötigt, wenn Beziehungen zwischen verschiedenen Variablen oder Faktoren identifiziert werden sollen, komplexe Datenmengen vereinfacht und verständlich dargestellt werden sollen, Muster und Trends in Daten visualisiert werden sollen oder Entscheidungen auf Basis von Daten getroffen werden sollen.

Bei der Erkennung von Mustern in quantitativen Informationen ist das Erkennen von Zusammenhängen oder auch Nicht-Zusammenhängen ein ganz zentrales Element. In der quantitativen statistischen Datenanalyse wird dies durch Hypothesentests und die entsprechenden p-Werte ausgedrückt. Es gibt aber auch Möglichkeiten, dies rein visuell zu erkennen, idealerweise als Ergänzung zur statistischen Datenanalyse. Daher werden hier gängige Visualisierungen für diesen Zweck erläutert. Gängige Analyseformen für die Visualisierung von Zusammenhängen sind beispielsweise:

- **Streudiagramm.** (scatter plot) Einsatz: zur Darstellung von Korrelationen zwischen zwei Variablen. Stärke: macht Ausreißer und Korrelationen auf einen Blick sichtbar und eignet sich für explorative Analysen.
- **Korrelationsmatrix.** Einsatz: für die Analyse von Korrelationen zwischen mehreren Variablen, häufig in der Statistik. Stärke: Auf einen Blick können viele verschiedene Variablen miteinander verglichen werden.
- **Blasendiagramm.** Einsatz: Erweiterung des Streudiagramms mit einer dritten Variable. Stärke: kombiniert mehrere Dimensionen in einer einzigen Darstellung und ist hilfreich, um Muster in großen Datensätzen zu finden.
- **Parallele Koordinaten** für multidimensionale Daten. Einsatz: für hochdimensionale Daten, beispielsweise in der Genforschung oder beim Vergleich von Produktmerkmalen. Stärke: ermöglicht den Vergleich von vielen Variablen gleichzeitig, erfordert jedoch eine gewisse Eingewöhnung.
- **Netzwerkdiagramm**, wie soziale Netzwerke oder Beziehungen zwischen Entitäten). Einsatz: zur Visualisierung von Verbindungen vieler Entitäten in sozialen Netzwerken oder bei Kommunikationsflüssen. Stärke: zeigt sowohl die Struktur als auch die Stärke von Beziehungen.

Auf einzelne Formen dieser Visualisierungen wird im Folgenden anhand konkreter Beispiele näher eingegangen.

6.1.3.1 Das Streudiagramm

Ein Streudiagramm, auch Punktwolke genannt (engl. scatter plot), ist die grafische Darstellung von beobachteten Wertepaaren zweier statistischer Merkmale, wie in Bild 6.10 zu sehen ist. Diese Wertepaare werden in ein kartesisches Koordinatensystem eingetragen, wodurch sich eine Punktwolke ergibt. Die Darstellung der Punkte kann durch verschiedene Symbole erfolgen.

Aus der Verteilung der Punkte im Streudiagramm erhofft man sich Informationen über die Abhängigkeitsstruktur der beiden durch die Koordinaten dargestellten Merkmale. Bild 6.10 enthält Punkte, die die beiden Merkmale Vorschub und Ausschuss repräsentieren. Unabhängig vom Vorschub zeigt sich, dass der Ausschuss ungefähr bei 1,3 % liegt. Die Geschwindigkeit des Vorschubs hat also keinen Einfluss auf den Ausschuss. Und anders herum lässt sich ebenso kein Rückschluss ziehen. Bei einem Vorschub von 660 mm/min wurden Ausschusszahlen von unter 1 %, bis hin zu 4 % realisiert. Soll zusätzlich ein drittes Merkmal dargestellt werden, kann dies über die Größe der

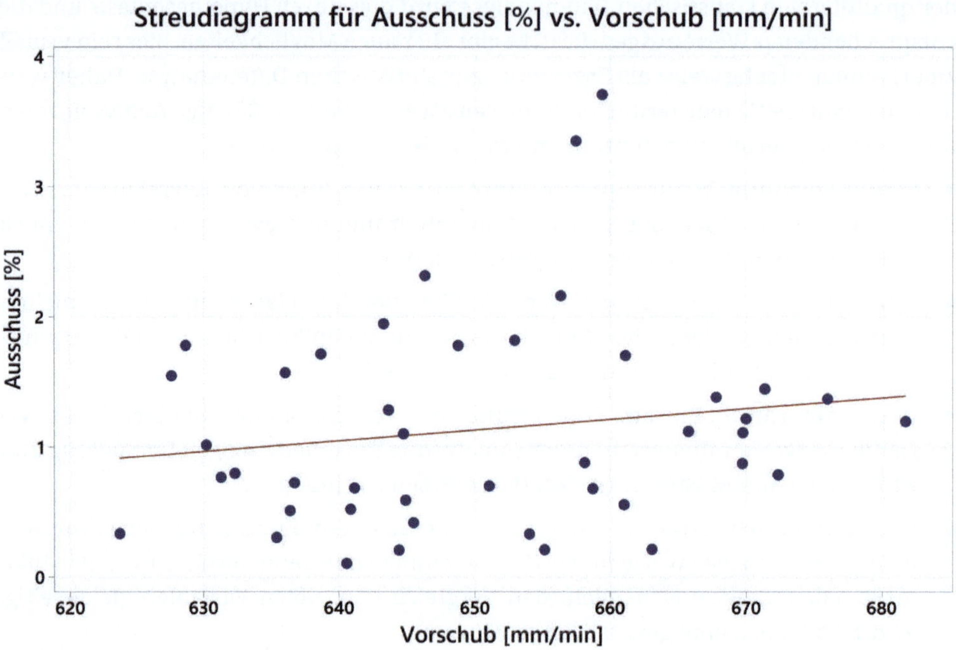

Bild 6.10 Das Streudiagramm

Symbole erfolgen. Der sich daraus ergebende Diagrammtyp wird als Blasendiagramm bezeichnet.

In der Streudiagramm-Matrix (siehe Bild 6.11) eines multivariaten Datensatzes werden für einzelne Variablenpaare jeweils zwei Streudiagramme gezeichnet, die sich auf beiden Seiten der mit Text gefüllten Matrixdiagonalen befinden. Dabei unterscheiden sich die beiden Streudiagramme, die zu einem Variablenpaar gehören, nur darin, welche Variable auf der x-Achse bzw. auf der y-Achse aufgetragen ist. Die entsprechenden Punktwolken auf beiden Seiten der Matrixdiagonalen werden gespiegelt, aber nicht an der o. g. Diagonalen, sondern an ihren jeweiligen x=y-Linien, die alle senkrecht auf der Matrixdiagonalen stehen. In Variationen der Streudiagramm-Matrix werden anstelle der gespiegelten Punktwolken weitere Informationen dargestellt, z. B. Korrelationskoeffizienten.

Das Blasendiagramm (siehe Bild 6.12) kann als eine Erweiterung des Streudiagramms betrachtet werden, bei dem die Symbole mit konstanter Größe durch Kreise mit variabler Größe ersetzt werden, wodurch ein (oder zwei, wenn mit Farben gearbeitet wird) zusätzliche Merkmale für jeden Datenpunkt dargestellt werden können. Jeder Punkt wird im Diagramm durch eine Kreisscheibe (Blase) in einem normalerweise kartesischen Koordinatensystem dargestellt. Zwei der Werte bestimmen den Abszissen- und Ordinatenwert des Mittelpunkts der Scheibe. Der dritte Wert bestimmt die

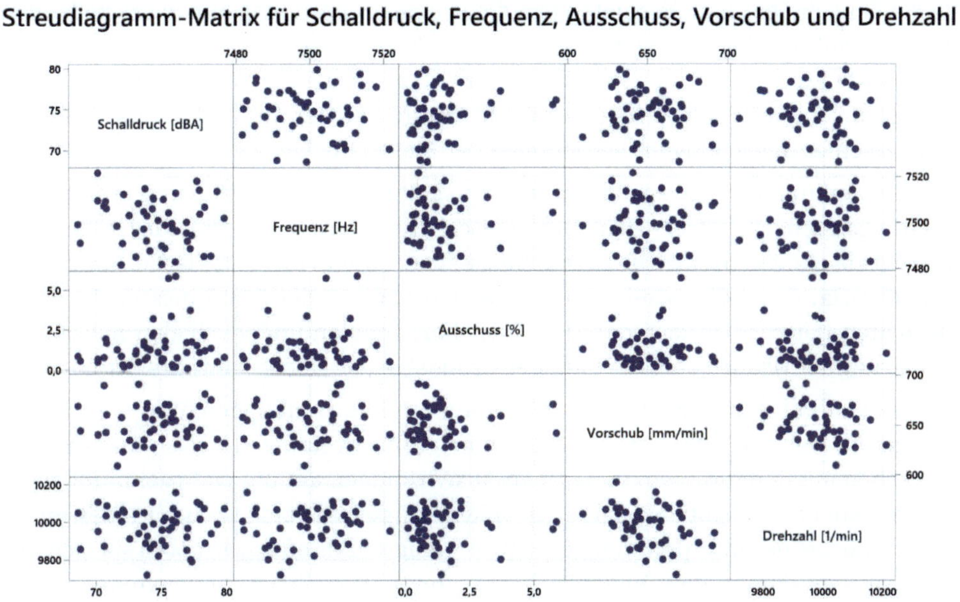

Bild 6.11 Beispiel Streudiagramm-Matrix

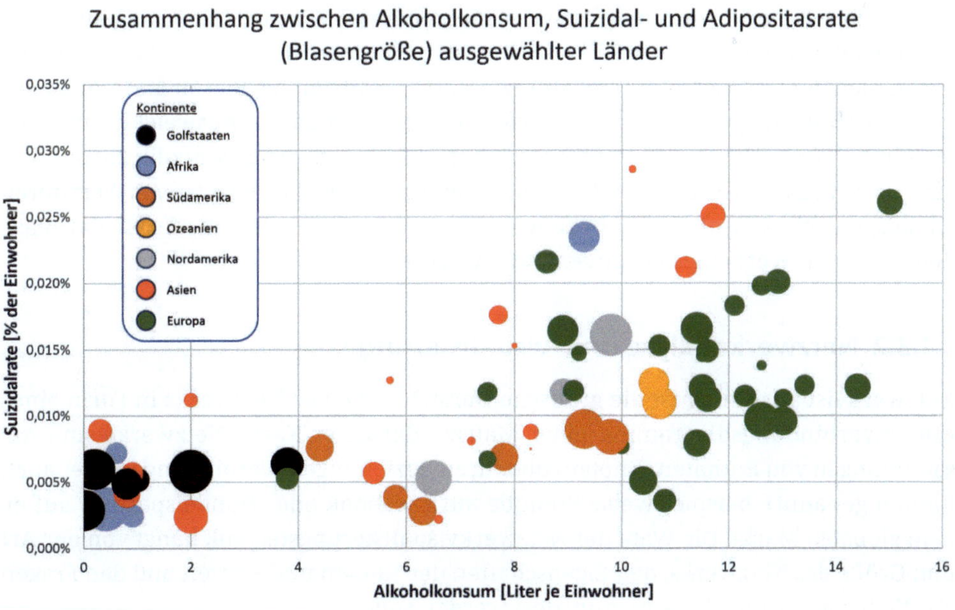

Bild 6.12 Das Blasendiagramm

Größe der Scheibe, zum Beispiel indem die Fläche proportional zum darzustellenden Wert gewählt wird. Ein vierter, in der Regel diskreter Wert, z. B. zur Kategorisierung der Punkte, kann durch die Farbe der Kreisscheibe dargestellt werden. Diese Darstellungsform kann gewählt werden, wenn die Anzahl und der Abstand der Datenpunkte nicht zu einer übermäßigen Überlappung der Blasen führen.

Die Verwendung von Blasen zur Darstellung skalarer (eindimensionaler) Werte kann allerdings auch irreführend sein. Das menschliche Sehsystem nimmt die Größe einer Scheibe am ehesten in Form ihres Durchmessers wahr und nicht als Fläche. Aus diesem Grund verlangen die meisten Diagramme den Radius oder Durchmesser der Blase als dritten Datenwert (nach den Daten der horizontalen und vertikalen Achse). Die Skalierung der Größe von Blasen auf der Grundlage der Fläche kann irreführend sein.

Dieses Skalierungsproblem kann zu extremen Fehlinterpretationen führen, insbesondere dann, wenn der Bereich der Daten eine große Streuung aufweist. Und da viele Menschen mit dem Problem und seinen Auswirkungen auf die Wahrnehmung nicht vertraut sind oder nicht darüber nachdenken, müssen diejenigen, die sich dessen bewusst sind, bei der Interpretation eines Blasendiagramms oft zögern, weil sie nicht davon ausgehen können, dass die Skalierungskorrektur tatsächlich vorgenommen wurde. Daher ist es wichtig, dass Blasendiagramme nicht nur korrekt skaliert sind, sondern auch eindeutig beschriftet sind, um zu dokumentieren, dass die Daten durch die Fläche und nicht durch den Radius oder Durchmesser vermittelt werden.

Es ist wichtig, daran zu denken, dass die Bandbreite der verwendeten Blasengrößen oft willkürlich ist. So wird beispielsweise die maximale Blasengröße häufig auf einen Bruchteil der Gesamtbreite des Diagramms festgelegt und entspricht daher nicht dem tatsächlichen Messwert. Die Darstellung von Datenwerten als Blasen kann nicht auf die Darstellung negativer oder Nullwerte erweitert werden. Als Ausweichlösung greifen einige Anwender von Blasendiagrammen auf die grafische Symbolik zurück, um nichtpositive Datenwerte auszudrücken. Beispielsweise wird ein negativer Wert durch ein ausgewähltes Symbol wie „x" zentriert, um anzuzeigen, dass die Größe der Blase den absoluten Wert eines negativen Datenwerts darstellt.

6.1.3.2 Netzwerkanalyse und -visualisierung

Netzwerkvisualisierung ist die grafische Darstellung eines Netzwerks in Form eines Knotenverbindungsdiagramms, einer Matrix oder einer Karte. Netzwerke sind Ansammlungen von Entitäten (Knoten) und ihren Beziehungen (Verbindungen oder auch Kanten genannt), beispielsweise Freunde auf Facebook oder Handelspartner auf einem globalen Markt. Die Wahl der Netzwerkvisualisierungstechnik hängt von der Art und Größe des Netzwerks, den Eigenschaften der Knoten und Kanten und den Fragen ab, die beantwortet oder kommuniziert werden sollen.

Zu den gebräuchlichsten Techniken gehören Knoten-Link-Diagramme, die sich gut zur Darstellung der Gesamtstruktur und des Vernetzungsgrads eignen, bei großen oder dichten Netzwerken jedoch unübersichtlich werden können. Ein Beispiel für die Visualisierung eines Netzwerks mit ungefähr 400 Knoten und 1.000 Kanten ist in Bild 6.13 dargestellt. Das Netzwerk in dieser Abbildung wurde mittels der Open-Source Software *gephi* visualisiert. Es zeigt den Aufbaustruktur des Vertriebsinnendienstes eines produzierenden Unternehmens. Große Netzwerkvisualisierungen können über 100.000 Knoten und mehrere Millionen Kanten verfügen. In Netzwerkdiagrammen sind einzelne Datenpunkte schwer bis nicht erkennbar. Daher dienen diese Diagramme dem Erkennen von größeren Gruppen und der Entfernung der einzelnen Gruppen zueinander.

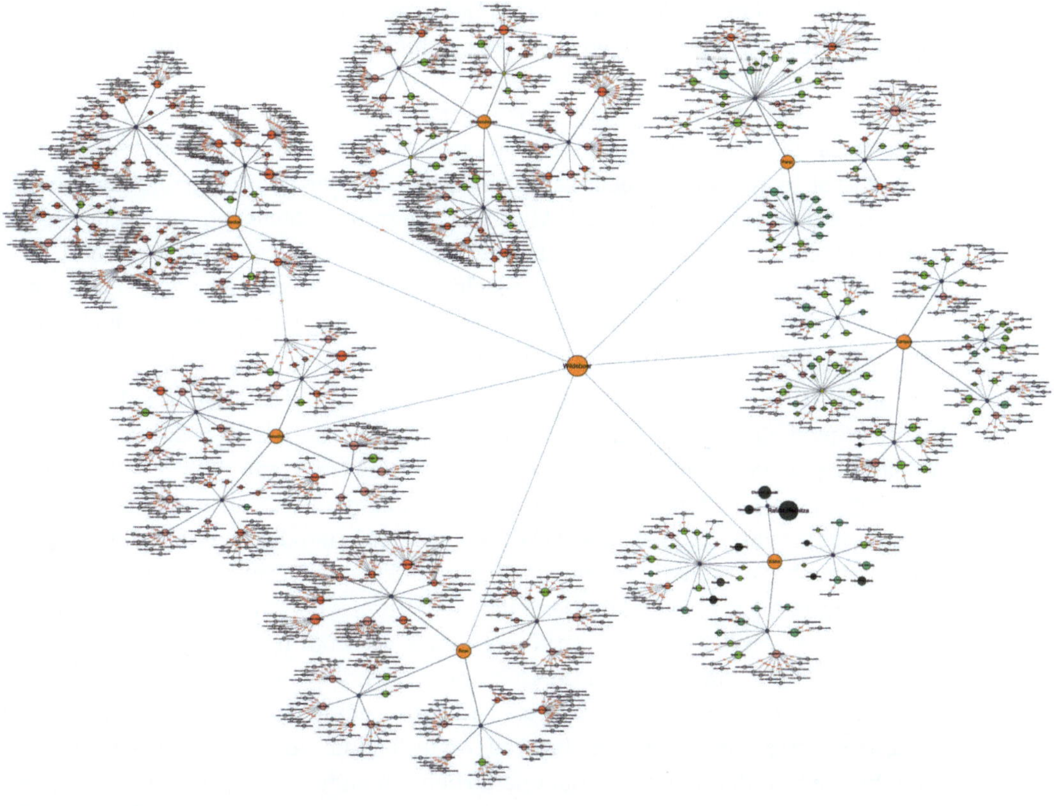

Bild 6.13 Ein Netzwerkdiagramm

Die Visualisierung von Netzwerken stellt eine Herausforderung dar, wenn es sich um Netzwerke handelt, die sich im Laufe der Zeit verändern. Dynamische Netzwerke sind Netzwerke mit Knoten und Verbindungen, die kommen und gehen oder ihre Attribute ändern. Ein Beispiel ist ein dynamisches Netzwerk von politischen Allianzen, Krankheitsübertragungen oder Online-Aktivitäten. Bei der Visualisierung dynamischer Netzwerke werden solche Netzwerke als grafische Objekte dargestellt, die sich mit der Zeit ändern, z. B. als Animation, Zeitachse oder Sequenz. Dies kann helfen zu verstehen, wie sich das Netzwerk entwickelt und wie sich Ereignisse oder Eingriffe auf Struktur und Leistung auswirken. Animationen können einen ansprechenden Eindruck der Netzwerkdynamik vermitteln, können aber kognitiv anspruchsvoll sein. Die Zeitachse bietet eine strukturiertere und sequenziellere Ansicht, kann aber platzintensiv sein. Die Sequenz bietet eine fokussierte und prägnante Ansicht, kann aber unvollständig sein, wenn das Netzwerk mehrere Attribute hat.

Die Visualisierung von Netzwerken stellt ebenso eine Herausforderung dar, wenn es sich um Netzwerke handelt, die mehrere Arten oder Ebenen von Knoten oder Kanten aufweisen, sogenannte Multilayer-Netzwerke. Beispiele für solche Netzwerke sind Nutzer sozialer Medien, Verkehrsmittel und Gehirnregionen. Bei der Visualisierung von mehrschichtigen Netzwerken wird ein mehrschichtiges Netzwerk grafisch dargestellt, um die Vielfalt und Komplexität der Knoten und Verbindungen zu veranschaulichen. Dies kann mit Hilfe eines gestapelten Diagramms, eines Multiplex-Diagramms oder eines hierarchischen Diagramms geschehen. Gestapelte Diagramme bieten eine integrierte Ansicht von mehrschichtigen Netzwerken, können aber aufgrund der überlappenden Schichten verwirrend sein. Multiplex-Diagramme bieten eine einfache Ansicht von mehrschichtigen Netzwerken, können aber aufgrund ähnlicher Verbindungstypen oder Farben verwirrend sein. Hierarchische Diagramme bieten eine organisierte Ansicht von Mehrschichtnetzwerken, können jedoch aufgrund unterschiedlicher Knotengrößen oder -formen unübersichtlich sein.

Eine letzte Herausforderung bei der Visualisierung von Netzwerken besteht darin, sie für die Nutzer zugänglicher und attraktiver zu machen. Bei der interaktiven Netzwerkvisualisierung werden einer Netzwerkvisualisierung Merkmale oder Funktionen hinzugefügt, die es dem Benutzer ermöglichen, das Netzwerk zu bearbeiten, zu erforschen oder zu kommentieren. Beispielsweise kann das Zoomen den Benutzern helfen, sich auf bestimmte Teile oder Aspekte des Netzes zu konzentrieren, während das Filtern dazu beitragen kann, das Rauschen oder die Komplexität zu reduzieren. Hervorheben kann verwendet werden, um Knoten oder Verbindungen hervorzuheben oder zu unterscheiden, und Kommentieren kann verwendet werden, um Text oder Bilder hinzuzufügen oder zu bearbeiten. Diese Techniken können helfen, Netzwerkvisualisierung anzupassen und zu personalisieren, Analysen und Interpretation zu verbessern und die Kommunikation und Zusammenarbeit mit anderen zu erleichtern.

6.1.3.3 Heatmap

Eine Heatmap (engl. heat = Wärme, map = Karte, also Wärmebild, wie bei einer Wärmebildkamera) ist ein Diagramm zur Visualisierung von Daten auf Basis einer (mathematischen) Funktion, die eine zweidimensionale Definitionsmenge (beispielsweise die Punkte einer Hauswand oder einer Landkarte) auf einen Zahlenstrahl (wie die Skala eines Thermometers) abbildet und farblich darstellt. Diese Visualisierung dient dazu, in einer großen Datenmenge intuitiv und schnell einen Überblick zu geben und besonders markante Werte leicht erkennbar zu machen. Der Begriff Heatmap ist unscharf. Er reicht bei enger Auslegung von (hohen) Temperaturen auf einer Landkarte bis hin zu Tree Maps mit unsystematischer Farbcodierung. Der Name Heatmap kommt daher, dass bestimmte Farben mit Temperaturen assoziiert werden. Die Verwendung von Heatmaps geht mindestens auf Toussaint Loua zurück, der 1873 statistische Daten der Pariser Arrondissements in Form einer Tabelle mit schattierten Feldern zunächst schwarz-weiß und später farbig darstellte.

Region\Monat	Apr 2023	Mai 2023	Jun 2023	Jul 2023	Aug 2023	Sep 2023	Okt 2023	Nov 2023	Dez 2023	Jan 2024	Feb 2024	Mrz 2024
Vertriebsregion_1	55 %	54 %	56 %	58 %	56 %	56 %	58 %	56 %	56 %	56 %	54 %	55 %
Vertriebsregion_2	58 %	57 %	59 %	58 %	58 %	58 %	60 %	60 %	57 %	57 %	54 %	56 %
Vertriebsregion_3	55 %	55 %	56 %	57 %	55 %	55 %	58 %	56 %	57 %	57 %	55 %	57 %
Vertriebsregion_4	53 %	55 %	58 %	58 %	56 %	56 %	58 %	56 %	55 %	57 %	55 %	55 %
Vertriebsregion_5	53 %	54 %	56 %	56 %	54 %	54 %	57 %	55 %	54 %	56 %	53 %	56 %
Vertriebsregion_6	63 %	58 %	57 %	57 %	57 %	59 %	61 %	60 %	57 %	59 %	59 %	59 %
Vertriebsregion_7	69 %	67 %	68 %	66 %	65 %	67 %	67 %	66 %	62 %	66 %	63 %	69 %
Vertriebsregion_8	57 %	54 %	58 %	59 %	59 %	61 %	64 %	62 %	59 %	64 %	66 %	64 %
Vertriebsregion_9	85 %	92 %	86 %	87 %	85 %	88 %	89 %	90 %	86 %	92 %	92 %	95 %
Vertriebsregion_10	58 %	55 %	58 %	60 %	58 %	60 %	65 %	63 %	60 %	66 %	63 %	64 %
Vertriebsregion_11	64 %	67 %	66 %	65 %	61 %	62 %	64 %	63 %	61 %	65 %	61 %	61 %
Vertriebsregion_12	67 %	61 %	63 %	65 %	65 %	63 %	69 %	69 %	67 %	67 %	62 %	63 %
Vertriebsregion_13	71 %	72 %	68 %	71 %	68 %	70 %	71 %	73 %	68 %	69 %	69 %	69 %
Vertriebsregion_14	57 %	55 %	59 %	59 %	59 %	61 %	65 %	63 %	61 %	65 %	64 %	61 %
Vertriebsregion_15	100 %	100 %	100 %	100 %	78 %	93 %	88 %	80 %	82 %	93 %	100 %	89 %

Bild 6.14 Eine Heatmap

Bild 6.14 zeigt ein stark vereinfachtes Beispiel einer Heatmap, die mit Hilfe von bedingter Zellformatierung in MS-Excel erstellt wurde. Sie zeigt die Ergebnisse einer langfristigen Kundenzufriedenheitsbefragung in verschiedenen Vertriebsregionen über einen Zeitraum von einem Jahr. Wie sehr schnell zu erkennen ist, unterscheiden sich die Ergebnisse stark zwischen den verschiedenen Vertriebsregionen und auch über die Zeit. Auf diese Weise kann sehr schnell in eine tiefergehende Analyse eingestiegen werden. Diese Form der Heatmap eignet sich daher sehr gut für den relativen Vergleich der Daten untereinander, viel besser, als es die rein quantitative Analyse der Datentabelle allein erlauben würde.

Wenn die abhängige Variable ein Skalar ist, kann sie natürlich auf eine Temperaturskala abgebildet werden. Ordnet man in einem zweiten Schritt einer Temperatur eine Farbe zu, wobei Blau als kalte Farbe, Rot, Orange und Gelb als warme Farben gelten, so erklärt sich der Name Heatmap. Die Zuordnung von Farbe und Temperatur ist kulturell geprägt und nicht zwingend. Die Wahl der Farbskala ist daher willkürlich und liegt im Ermessen des Erstellers der Heatmap. Menschen mit Farbenfehlsichtigkeit können Informationen in einer Heatmap mit bunten Farben schlechter, falsch oder gar nicht wahrnehmen. Dies sollte bei Überlegungen zur Barrierefreiheit berücksichtigt werden. Farben können je nach Ausgabemedium variieren. Jeder Bildschirm stellt Farben anders dar; beim Druck findet ein Wechsel von additiver zu subtraktiver Farbmischung statt, was den Farbeindruck verändert. Die Beschränkung auf monochrome Farbskalen oder Grauwerte kann hier Abhilfe schaffen.

6.1.3.4 Parallele Koordinatendiagramme

Parallele Koordinatendiagramme (engl. parallel coordinate plot) sind eine gängige Methode zur Visualisierung hochdimensionaler Datensätze, um multivariate Daten mit mehreren Variablen oder Attributen zu analysieren, siehe Bild 6.15. Um einen Satz von Punkten im *n*-dimensionalen Raum darzustellen oder zu visualisieren, werden *n* parallele Linien über den Hintergrund gezogen, die Koordinatenachsen darstellen und in der Regel vertikal mit gleichem Abstand ausgerichtet sind. Diese Datenvisualisierung ähnelt der Visualisierung von Zeitreihen, mit dem Unterschied, dass Parallelkoordinaten auf Daten angewendet werden, die nicht mit der chronologischen Zeit übereinstimmen. Daher können verschiedene Achsenanordnungen von Interesse sein, einschließlich der horizontalen Spiegelung von Achsen oder der Invertierung des Attributbereichs.

Das Bild 6.15 zeigt ein Beispiel für ein paralleles Koordinatendiagramm, das die Reklamationsquoten einzelner Mitarbeiter über den Verlauf der Zeit zeigt. Die Zeitachse ist in diesem Beispiel in den senkrechten Linien dargestellt, welche die Reklamationsquote der Mitarbeiter zu verschiedenen Zeitstempeln aufzeigt. Dort ist gut zu sehen, wie verschiedene Mitarbeiter unterschiedlich hohe Reklamationsquoten haben und das diese bei manchen Mitarbeitern über die Zeit stabil (parallel) sind oder sich verändern (positive/negative Steigung).

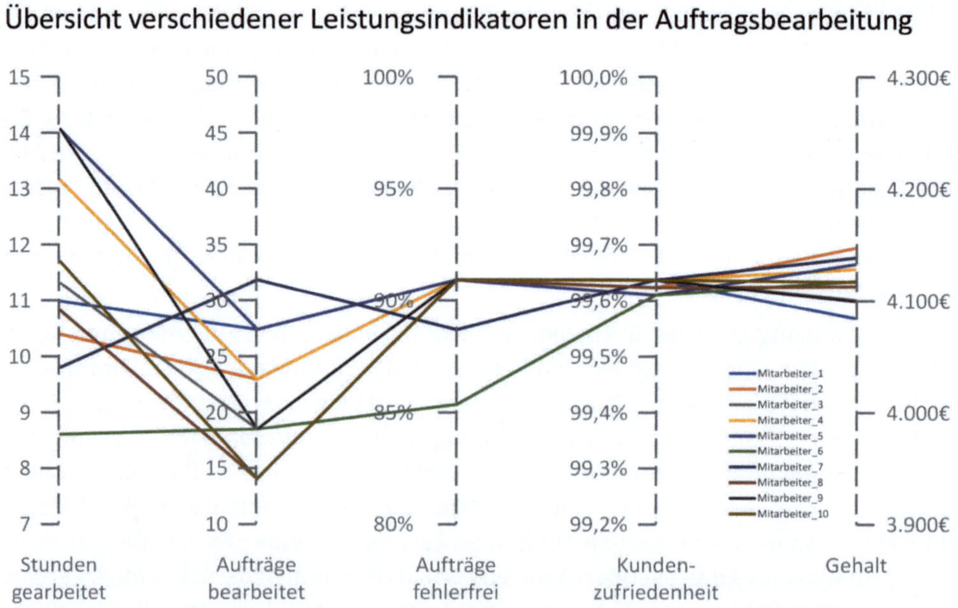

Bild 6.15 Paralleles Koordinatendiagramm

Das Konzept der Parallelkoordinaten wird häufig auf den französischen Mathematiker Philbert Maurice d'Ocagne im Jahr 1885 zurückgeführt. d'Ocagne suchte nach einer Möglichkeit zur grafischen Berechnung mathematischer Funktionen mit Hilfe von Ausrichtungsdiagrammen, den sogenannten Nomogrammen, die parallele Achsen mit unterschiedlichen Skalen verwendeten. So konnte beispielsweise eine Gleichung mit drei Variablen mit Hilfe von drei parallelen Achsen gelöst werden, indem man bekannte Werte auf deren Skalen markierte und dann eine Linie zwischen ihnen zog, wobei die Unbekannte an dem Punkt, an dem die Linie die Skala schneidet, von der Skala abgelesen wurde.

Fazit:

Durch die Visualisierung von Zusammenhängen können Unternehmen Beziehungen zwischen Variablen identifizieren, Muster und Trends in Daten visualisieren, informierte Entscheidungen treffen und komplexe Datenmengen vereinfachen und verständlich darstellen.

6.1.4 Die Darstellung von räumlichen Daten

Leitfragen im Umgang mit der Visualisierug räumlicher Daten:

- Gibt es eine Anhäufung von Einheiten in einer bestimmten geografischen Region?
- Treten Phänomene verstärkt in bestimmten Gegenden auf?
- Welche Mengen werden an welche Orte transportiert?

Wann benötigen Sie diese Art der Visualisierung?

Datenvisualisierung von räumlichen Daten wird benötigt, wenn geografische oder räumliche Informationen visualisiert werden sollen, Beziehungen zwischen räumlichen Daten und anderen Variablen identifiziert werden sollen, räumliche Muster und Trends in Daten visualisiert werden sollen oder Entscheidungen auf Basis von räumlichen Daten getroffen werden sollen.

Die Darstellung quantitativer Informationen in Linien- oder Balkendiagrammen erleichtert die Mustererkennung, ist aber letztlich eine eher abstrakte Form der Visualisierung. Häufig ist es für die Mustererkennung noch hilfreicher, wenn die Daten so real wie möglich visualisiert werden, wenn die Informationen und der Ort des Geschehens übereinandergelegt werden. Dies ist sehr gut mit jeder Form von Geokoordinaten möglich, da diese grafisch ideal mit Hilfe von Landkarten überlagert und visualisiert werden können.

Darüber hinaus gibt es aber noch weitere Darstellungsformen für raumbezogene Daten, die in diesem Abschnitt näher beschrieben werden. Gängige Analyseformen für die Visualisierung von räumlichen Informationen sind beispielsweise:

- **Kartografische Karten**, beispielsweise Choroplethenkarten. Einsatz: Darstellung von geografischen Verteilungen, beispielsweise Bevölkerungsdichte. Stärke: macht räumliche Muster verständlich.
- **Punktkarten.** Darstellung von Orten oder Ereignissen. Einsatz: für die Verteilung von Ereignissen, wie etwa Erdbebenorte. Stärke: zeigt die genaue Position von Datenpunkten.
- **Hexbin-Karten**, geclusterte Punkte als Sechsecke. Einsatz: clustert Punkte, um eine klarere Darstellung zu ermöglichen. Stärke: verhindert Überlagerungen in dichten Daten.
- **Topografische Karten**, wie Höhenlinien oder Geländeinformationen.
- **Flow Maps**, beispielsweise Handelsströme. Einsatz: zeigt Flüsse oder Verbindungen, zum Beispiel Migrationsströme. Stärke: kombiniert geografische und mengenbezogene Informationen.
- **Isolinienkarten**, zum Beispiel Temperatur-, Luftdruckdaten.

Auf einzelne Formen dieser Visualisierungen wird im Folgenden anhand konkreter Beispiele näher eingegangen.

6.1.4.1 Visualisierung mittels Geokoordinaten

Visualisierungen mittels Geokoordinaten werden schon lange genutzt. Eine frühe und wertvolle Karte zur Darstellung von Krankheitsmustern war die berühmte Punktkarte von Dr. Snow (Tufte 2018, S. 24), welche in Bild 6.16 zu sehen ist. In dieser Abbildung sind die elf Wasserpumpen des Gebiets durch Kreuze gekennzeichnet. Snow untersuchte die Verteilung auf der Karte und stellte fest, dass Cholera fast ausschließlich bei Menschen auftrat, die in der Nähe der Wasserpumpe in der *Broad Street* lebten (und von ihr tranken).

Er ließ den Griff der verseuchten Pumpe entfernen und beendete damit die Epidemie in der Nachbarschaft, die mehr als tausend Menschen das Leben gekostet hatte. Die Pumpe befindet sich in der Mitte der Karte, rechts neben dem **d** in Broad Street. Natürlich hätte der Zusammenhang zwischen der Pumpe und der Krankheit mit etwas Glück und harter Arbeit auch durch Berechnung und Analyse ohne Grafiken aufgedeckt werden können. Aber zumindest in diesem Fall liefert die grafische Analyse wesentlich effizientere Aussagen über die Daten als die Berechnung.

Mit aktueller Visualisierungssoftware (z. B. Tableau) ist es heutzutage sehr einfach, quantitative Informationen über geografische Karten zu legen, wie ein einfaches Beispiel in Bild 6.17 zeigt. Dort werden die Transportvolumina einer Spedition nach ihren

Bild 6.16 Snows Visualisierung von Cholera-Erkrankungen

Lieferkoordinaten (Postleitzahlgebiete) visualisiert. So kann sehr schnell verglichen werden, wohin sehr viel Volumen und wohin sehr wenig oder gar kein Volumen transportiert wird. Dies kann zur Auswahl von Zwischenlägern oder anderer Umschlagspunkte als unterstützende Information genutzt werden.

Fazit:

Durch die Visualisierung von räumlichen Daten können Unternehmen räumliche Muster identifizieren, Beziehungen zwischen räumlichen Daten und anderen Variablen visualisieren, informierte Entscheidungen treffen und komplexe räumliche Datenmengen vereinfachen und verständlich darstellen. Dies kann für logistische Auswertungen, Umweltanalysen oder auch im Falle von Ausfallanalysen von großer Hilfe sein.

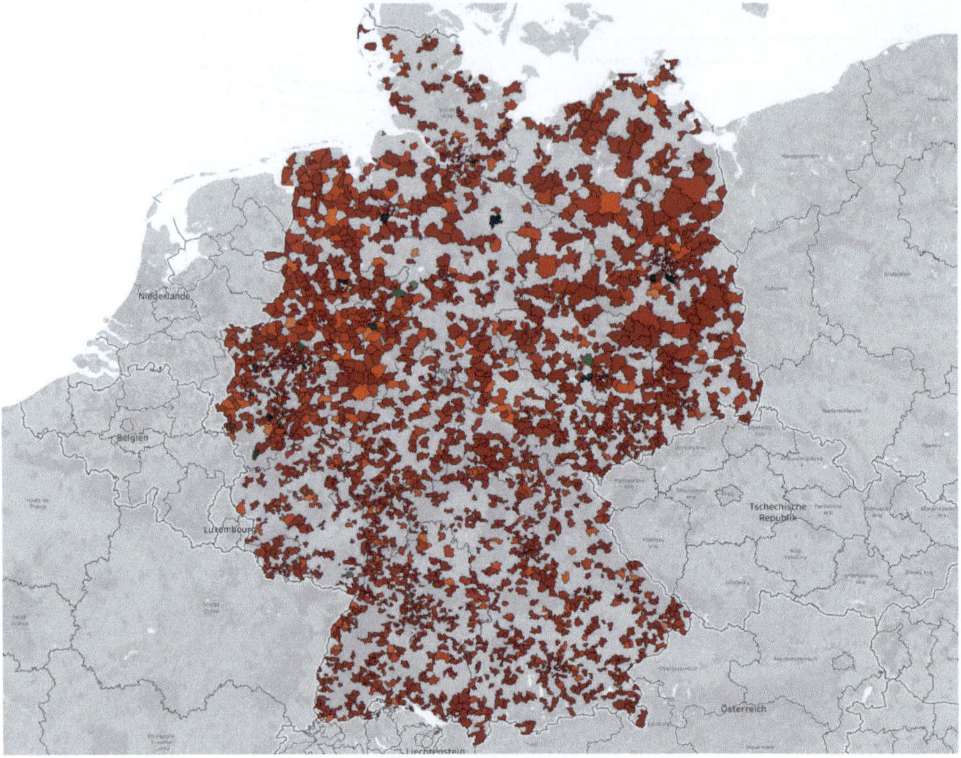

Bild 6.17 Visualisierung von Ausliefermengen nach Postleitzahlgebieten

6.1.5 Die Visualisierung von Verhältnissen und Kompositionen

Leitfragen im Umgang mit der Visualisierug von Verhältnissen und Kompositionen:

- Woraus besteht etwas und zu welchen Anteilen?
- Wie häufig tritt ein Ereignis auf und lässt es sich in Häufigkeitsklassen einteilen?
- Was sind die Kategorien oder Unterkategorien?

Wann benötigen Sie diese Art der Visualisierung?

Datenvisualisierung von Verhältnissen wird benötigt, wenn Anteile oder Proportionen von verschiedenen Komponenten visualisiert werden sollen, Zusammensetzungen oder Strukturen von Daten oder Systemen dargestellt werden sollen, Vergleiche zwischen verschiedenen Gruppen oder Kategorien durchgeführt werden sollen oder komplexe Datenmengen vereinfacht und verständlich dargestellt werden sollen.

Oft ist es wichtig, zu wissen, wie die Verhältnisse von Daten sind oder wie sie miteinander in Beziehung stehen oder auch aus welchen Einzelheiten diese Daten bestehen. Speziell bei Stoff- und Informationsströmen gibt es verschiedene Datenquellen und -senken. Verhältnisse, Zu- und Abflüsse können unterschiedlich visualisiert werden. Eine der bekanntesten Darstellungsformen dafür ist sicher, neben anderen, das sogenannte Sankey-Diagramm. Gängige Analyseformen für die Visualisierung von Verhältnissen sind beispielsweise:

- **Sankey-Diagramm** für Flüsse und relative Mengen. Einsatz: zur Darstellung von Flüssen oder Prozessen, z. B. Energie- oder Materialströme. Stärke: visualisiert nicht nur Flüsse, sondern auch deren relative Bedeutung.
- **Histogramm.** Häufigkeitsverteilung in Klassen. Einsatz: für Häufigkeitsverteilungen, z. B. Alter. Stärke: macht Cluster und Verteilungsmuster sichtbar.
- **Treemap.** Hierarchische Darstellung von Anteilen. Einsatz: zeigt hierarchische Daten und deren relative Größen, beispielsweise Unternehmensabteilungen und deren Budgets. Stärke: macht komplexe hierarchische Strukturen greifbar.
- **Wasserfalldiagramm** zum Zeigen von kumulierten Effekten.
- **Pyramidendiagramm**, zum Beispiel Bevölkerungspyramiden.
- **Sunburst-Diagramm**, zum Zeigen hierarchischer Verhältnisse.
- **Stacked-Bar-Chart**, gestapelte Balkendiagramme, um die Verhältnisse innerhalb von Kategorien zu zeigen.

Auf einzelne Formen dieser Visualisierungen wird im Folgenden anhand konkreter Beispiele näher eingegangen.

6.1.5.1 Das Sankey-Diagramm

Ein Sankey-Diagramm ist eine grafische Darstellung von Mengenströmen. Im Gegensatz zum Fließbild werden die Mengen durch Pfeile dargestellt, die proportional zur Menge dicker sind. Sankey-Diagramme sind wichtige Hilfsmittel zur Visualisierung von Energie- und Stoffströmen sowie von Ineffizienzen und Einsparpotenzialen im Umgang mit Ressourcen.

Die Darstellung kann auch auf sozialwissenschaftliche Daten angewendet werden, die sich im Laufe der Zeit verändern (wie Wählerwanderungen zwischen Parteien). Sankey hat das nach ihm benannte Diagramm eher beiläufig eingeführt und die folgenden Darstellungen orientieren sich daran. Daher gibt es eigentlich keine Regeln für die Erstellung von Sankey-Diagrammen. Dennoch geht man von bestimmten impliziten Annahmen aus. In der Regel werden Mengengrößen dargestellt, die sich auf einen Zeitraum beziehen. Die Mengen sind extensive Größen, d. h. sie können addiert werden. Die Pfeilbreite ist proportional zur dargestellten Menge. Es werden keine Bestandsgrößen berücksichtigt.

Ein klassisches Sankey-Diagramm ist in Bild 2.22 im Abschnitt 2.3.4 zu sehen, wo die Verluste bei der Berechnung eines sogenannten First-Pass-Yield berechnet und visualisiert sind. Die Mengenangaben in einem Sankey-Diagramm können absolut oder relativ sein. Aus Sicht der Informatik sind Sankey-Diagramme Visualisierungen von gerichteten Graphen. Die Knoten des Graphen repräsentieren die Zwischenstufen, während die gewichteten Kanten den Mengenfluss zwischen den Stufen darstellen. Wenn sich die Gewichte der Eingangs- und Ausgangskanten jedes Knotens zu 1 addieren, werden alle Mengenflüsse dargestellt. Abweichend davon werden bestimmte Zu- und Abflüsse explizit weggelassen, wie die Truppenverluste im Minard-Diagramm.

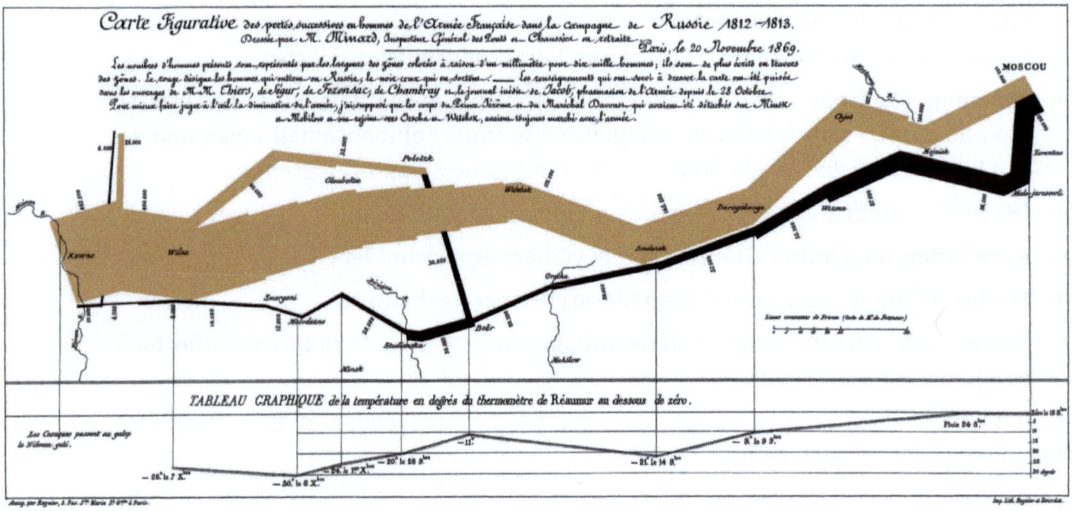

Bild 6.18 Truppenverluste der französischen Armee während Napoleons Russlandfeldzug (Tufte 2018, S. 41)

Bild 6.18 zeigt eine sehr bekannte Darstellung eines Sankey-Diagramms. Der französische Bauingenieur Charles Joseph Minard veröffentlichte 1869 eine Grafik über die Verluste der französischen Armee während Napoleons Russlandfeldzug, die *Carte figurative des pertes successives en hommes de l'Armée Française dans la campagne de Russie 1812–1813*. Diese Kombination von Datenkarte und Zeitreihe stammt aus dem Jahr 1869. Sie zeigt eine Reihe von verheerenden Verlusten, die Napoleon im Russlandfeldzug von 1812 erlitten hatte. Links beginnend an der polnisch-russischen Grenze in der Nähe des Flusses Njemen zeigt die dicke braune Flusslinie die Größe der Grande Armée (422.000 Mann), als sie im Juni 1812 in Russland einmarschierte. Die Breite dieses Bands gibt die Größe der Armee an jedem Punkt der Karte an.

Im September erreichte die Armee mit 100.000 Mann die Stadt Moskau. Die Route von Napoleons Rückzug wird durch das dunklere untere Band dargestellt, das mit einer Temperaturskala und Daten am unteren Rand der Karte verbunden ist. Es war ein kalter Winter und viele erfroren auf dem Rückzug aus Russland. Wie die Grafik zeigt, war die Überquerung der Beresina eine Katastrophe, und die Armee kämpfte sich schließlich mit nur noch 10.000 Mann nach Polen. Gezeigt werden auch die Bewegungen der Hilfstruppen, die den Rücken und die Flanken der vorrückenden Armee schützen sollten. Minards Grafik erzählt mit ihren multivariaten Daten eine reiche, zusammenhängende Geschichte, die weitaus aufschlussreicher ist als eine einzelne Zahl, die sich im Laufe der Zeit bewegt. Verschiedene Variablen werden dargestellt: die Größe der Armee, ihre Position auf einer zweidimensionalen Fläche, die Bewegungsrichtung der Armee und die Temperatur zu verschiedenen Zeitpunkten während des Rückzugs aus Moskau.

Der irische Ingenieur Captain Matthew Henry Phineas Riall Sankey verwendete 1898 eine ähnliche Darstellungsform, um die Energieflüsse bzw. -verluste realer und idealer Dampfmaschinen zu visualisieren. Sankey verwendete diese Darstellungsform nur einmal. Im folgenden Jahrzehnt wurden jedoch ähnliche Informationsgrafiken international verwendet. So wurden 1908 in der Rundschau der Zeitschrift des Vereins deutscher Ingenieure Sankey-Diagramme zum Vergleich der Wärmebilanzen von Dampf-/Gasmaschine und Hochofen/Koksofen veröffentlicht. In größerem Umfang wurden Sankey-Diagramme erstmals von Alois Riedler (1850–1936) verwendet, der mit dieser Darstellungsform die Leistung und die Energieverluste von Kraftfahrzeugen visualisierte.

In den folgenden Jahren gewannen Sankey-Diagramme vor allem in Deutschland an Bedeutung. Hintergrund war, dass Deutschland aufgrund der Reparationszahlungen nach dem Ersten Weltkrieg sparsam mit seinen Ressourcen umgehen musste und ständig bestrebt war, die Energie- und Materialausbeute technischer Prozesse zu verbessern. So wurden Sankey-Diagramme vor allem in der Stahl-, Zement- und Glasindustrie eingesetzt. Im Laufe der Zeit geriet die Darstellungsform des Sankey-Diagramms in Vergessenheit. In jüngster Zeit gewinnt das Sankey-Diagramm durch den zunehmenden Einsatz der Energie- und Stoffstromanalyse bzw. des Stoffstrommanagements und der immer lauter werdenden Forderung nach Steigerung der Material- und Ressourceneffizienz wieder an Bedeutung.

Es gibt aber auch sehr viel einfachere und unkompliziertere Darstellungsformen und Anwendungen von Sankey-Diagrammen, die uns im Alltag begegnen. So werden bei demokratischen Wahlen häufig die Wechselwähler mit Hilfe eines vereinfachten Sankey-Diagramms dargestellt. Wer hat früher welche Partei gewählt und ist dann zu welcher Partei gewechselt? Auch das Praxisbeispiel im Bild 6.19 zeigt eine Anwendung des Lastausgleichs. In diesem Beispiel werden Aufträge, die von verschiedenen Teams eines Vertriebsinnendienstes bearbeitet werden, zwischen diesen Teams umverteilt. Einzelne Teams sind überlastet und haben mehr Aufträge, als sie bearbeiten können. Diese Teams sind als abgebende Teams auf der linken Seite des Bildes zu sehen. Ihre Aufträge werden auf andere Teams verteilt und die aufnehmenden Teams sind auf der rechten Seite der Grafik dargestellt. Auf diese Weise kann sehr schnell qualitativ erfasst werden, welche Teams Aufträge abgeben und wohin.

Bild 6.19 Minimalistische Darstellung eines Sankey-Diagramms

6.1.5.2 Das Histogramm

Ein Histogramm ist eine grafische Darstellung der Häufigkeitsverteilung kardinalskalierter Merkmale. Es erfordert die Einteilung der Daten in Klassen, die eine konstante oder variable Breite haben können. Es werden direkt nebeneinanderliegende Rechtecke von der Breite der jeweiligen Klasse gezeichnet, deren Flächeninhalte die Klassenhäufigkeiten darstellen. Die Höhe jedes Rechtecks stellt dann die Häufigkeitsdichte dar, also die Häufigkeit dividiert durch die Breite der entsprechenden Klasse. Erstmalig tauchte ein Histogramm 1786 in der Arbeit *The Commercial and Political Atlas* des um 1800 lebenden schottischen Ingenieurs und Volkswirts William Playfair auf, der zuvor auch das Balken- und Tortendiagramm einführte.

Anwendung finden Histogramme in der beschreibenden Statistik und in der Bildverarbeitung. Man verwendet Histogramme beispielsweise dann, wenn man den Verlauf der Häufigkeitsverteilung sehen möchte und nicht nur zusammenfassende Daten wie das arithmetische Mittel und die Standardabweichung oder wenn man vermutet, dass mehrere Faktoren einen Prozess beeinflussen, und man diese nachweisen will oder wenn man sinnvolle Spezifikationsgrenzen für einen Prozess definieren möchte. Folgende Schritte sind bei der Konstruktion eines Histogramms nötig:

- Zur Konstruktion eines Histogramms wird der Wertebereich der Stichprobe in k aneinandergrenzende Intervalle geteilt, die Klassen. Dabei ist darauf zu achten, dass die Randklassen nicht offen sind. Das heißt, die erste und die letzte Klasse müssen eine untere bzw. obere Grenze besitzen. Die Klassen müssen nicht gleich breit sein. Allerdings vereinfachen zumindest im Mittelbereich gleich große Klassen die Interpretation. Über jede Klasse wird dann ein Rechteck errichtet, dessen Fläche proportional zur jeweiligen Klassenhäufigkeit ist. Im Histogramm entsprechen diese Klassen der Breite der einzelnen Rechtecke.

- Bei der Erstellung eines Histogramms gibt es zwei Vorgehensweisen, nämlich die Klassenhäufigkeit spiegelt entweder einen absoluten oder einen relativen Wert wider. Der absolute Wert entspricht der Anzahl an Werten, die zu einer Klasse gehören. Der relative Wert hingegen drückt aus, wie viel Prozent der Werte einer Klasse angehören. Je nach Anwendungsfall kann sowohl das Arbeiten mit absoluten als auch mit relativen Werten Vorteile mit sich bringen. Im Histogramm entspricht die Klassenhäufigkeit dem Flächeninhalt der Rechtecke. Oft werden die ermittelten Klassenhäufigkeiten beim Wiederholen der Datenerfassung streuen. So stellt sich, beispielsweise bei einer Wahlprognose, die Frage nach der Präzision der erhobenen Zahlen. Die zu erwartende Schwankungsbreite der Klassenhäufigkeit strebt bei unbegrenzt wachsender Anzahl der Klassen gegen $\sqrt{n_j}$.
- Da die Fläche des j-ten Rechtecks gleich der Klassenhäufigkeit n_j ist, errechnet sich die Höhe des Rechtecks, die sogenannte Häufigkeitsdichte h_j, als Quotient n_j/d_j der Klassenhäufigkeit n_j durch die Klassenbreite d_j. Dies wird unmittelbar klar, wenn man sich überlegt, dass die Fläche eines Rechtecks das Produkt aus Breite (Klassenbreite) und Höhe (Häufigkeitsdichte) ist. Die Klasse mit der größten Häufigkeitsdichte wird Modalklasse genannt. Sind die Klassen gleich breit, so sind Häufigkeitsdichte und absolute bzw. relative Häufigkeiten proportional zueinander. Die Höhen der Rechtecke sind in diesem Fall vergleichbar und (unter Beachtung der Klassenbreite als Proportionalitätsfaktor) als Häufigkeit interpretierbar.
- Um ein Histogramm zeichnen zu können, muss eine genügend große Anzahl an Messwerten einen sinnvollen Verlauf ergeben. Eine falsche Einteilung der Klassen kann zu einer Fehlinterpretation des Histogramms führen. Für die Festlegung der Anzahl der Klassen bzw. Rechtecke existieren verschiedene Faustregeln. Die einfachste Faustregel besagt, dass bei weniger als 50 Messungen fünf bis sieben Balken ausreichen. Bei 50–100 Messungen sind sechs bis zehn Balken zu wählen. Bei 100 bis 150 Messungen gelten sieben bis zwölf Balken als ideal und bei mehr als 250 Messungen sind 10–20 Balken zu wählen. Darüber hinaus gibt es noch einige mathematische Bestimmungsansätze zur Bestimmung der Balkenanzahl.

Im Bild 6.20 sind die individuellen Planungsfehlerquoten von Sachbearbeitern von über 250 Mitarbeitenden visualisiert. Dort ist zu erkennen, dass die meisten Mitarbeitenden eine Fehlerquote von 5 % aufweisen. Einige wenige haben eine Quote von nahe 0 % und ähnlich viele haben eine Fehlerquote von mehr als 15 %. Auch ohne weitere Analysen zeigt sich, dass die Daten nicht normalverteilt sind. Dies ist natürlich auch schon dadurch gegeben, dass es ein einseitig begrenzter Wert ist, da die Fehlerquote nicht kleiner als 0 sein kann. Aber auch die Werte bei 3 % und bei 9 % zeigen nichtnormalverteilte Eigenschaften.

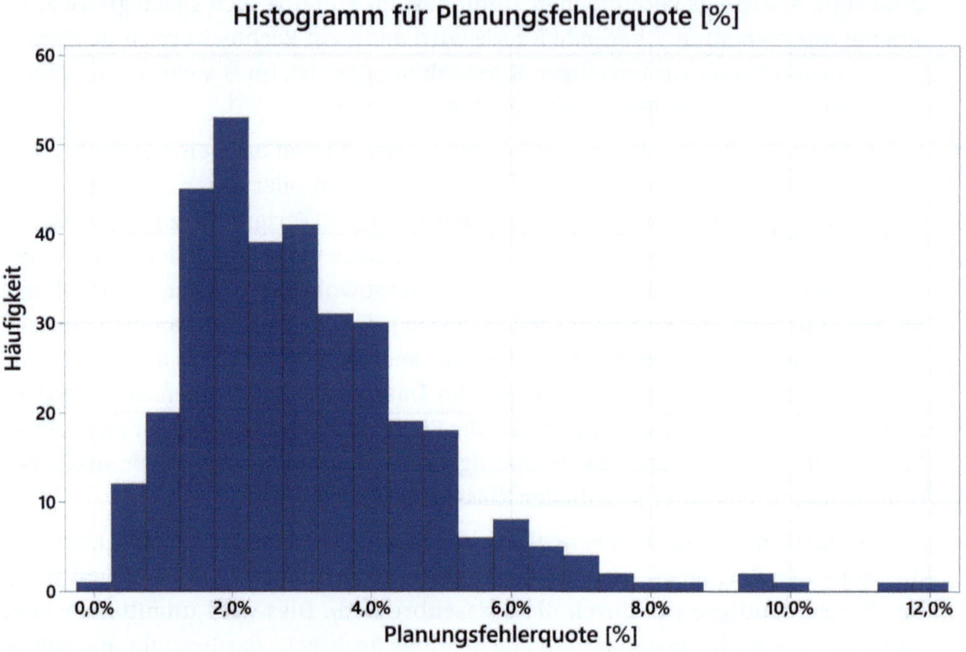

Bild 6.20 Ein Histogramm

Als Alternative zum Histogramm kann auch das sogenannte Punktdiagramm verwendet werden. Ein Punktdiagramm ist ein statistisches Diagramm, das aus Datenpunkten besteht, die auf einer relativ einfachen Skala aufgetragen werden, wobei in der Regel ausgefüllte Kreise verwendet werden. Ein beispielhaftes Punktdiagramm ist in Bild 6.21 dargestellt, welches die Datenpunkte des oben erwähnten Histogramms visualisiert. Es gibt zwei gängige, aber sehr unterschiedliche Versionen des Punktdiagramms. Die erste wurde in handgezeichneten Diagrammen (aus der Zeit vor dem Computer) verwendet, um Verteilungen darzustellen, die bis ins Jahr 1884 zurückreichen. Die andere Version wurde von William S. Cleveland als Alternative zum Balkendiagramm beschrieben, bei der Punkte zur Darstellung der quantitativen Werte in Verbindung mit kategorialen Variablen verwendet werden. Das Punktdiagramm als Darstellung einer Verteilung besteht aus einer Gruppe von Datenpunkten, die auf einer einfachen Skala aufgetragen werden.

Dotplots werden für kontinuierliche, quantitative, univariate Daten verwendet. Die Datenpunkte können beschriftet werden, wenn es nur wenige davon gibt. Punktdiagramme sind eine der einfachsten statistischen Darstellungen und eignen sich für kleine bis mittelgroße Datensätze. Sie eignen sich zum Hervorheben von Clustern und Lücken sowie von Ausreißern. Ein weiterer Vorteil ist die Erhaltung der numerischen Informationen. Bei größeren Datensätzen (20–30 oder mehr Datenpunkte) können die

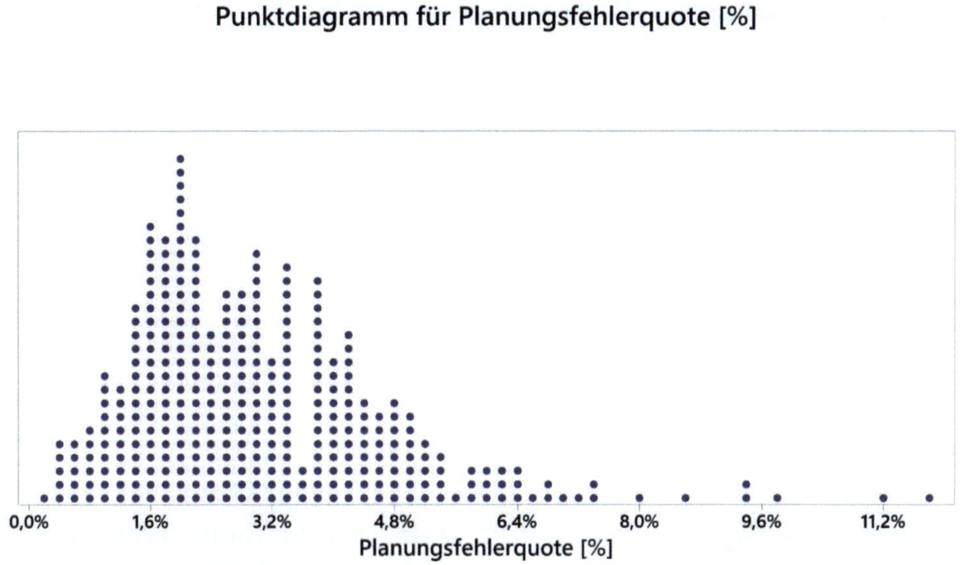

Bild 6.21 Ein Punktdiagramm

entsprechenden Stemplots, Boxplots oder Histogramme effizienter sein, da dot plots ab diesem Punkt zu unübersichtlich werden können. Punktdiagramme unterscheiden sich von Histogrammen dadurch, dass die Punkte nicht gleichmäßig auf der horizontalen Achse verteilt sind. Obwohl die Darstellung einfach zu sein scheint, sind ihre Berechnung und die ihr zugrunde liegende statistische Theorie nicht einfach.

6.1.5.3 Stamm-Blatt-Diagramm

Das Stamm-Blatt-Diagramm ist ein grafisches Hilfsmittel der deskriptiven und explorativen Statistik. Der Entwickler dieses Diagrammtyps ist John W. Tukey. Ähnlich wie das Histogramm oder der Boxplot dient das Stamm-Blatt-Diagramm der Visualisierung von Häufigkeitsverteilungen. Im Unterschied zu diesen bleibt die Darstellung der Werte jeder einzelnen Beobachtung mit der gewünschten Genauigkeit erhalten. Aus einem Stamm-Blatt-Diagramm können statistische Kennzahlen wie Modalwert, Median und Quantile abgelesen werden. Diese Art der Darstellung stößt jedoch bei einer großen Anzahl von Merkmalen an ihre Grenzen. Die Grafik besteht aus zwei Spalten. Die linke Spalte enthält als Stämme die Äquivalenzklassen, in die die rechts als Blätter dargestellten Merkmale eingeteilt sind. Typisch ist eine Klassenbildung nach dem Dezimalsystem, aber auch andere Unterteilungen sind möglich, beispielsweise die ersten beiden Ziffern als Stamm. Als Faustregel für die Anzahl der Äquivalenzklassen gilt $10 \times \log_{10}(n)$, wobei n die Anzahl der Datensätze ist.

Stamm- und Blattdiagramm für Planungsfehlerquote [%] N = 341

20	0	13334455666777778999
108	1	000000111122223333334444444444555555556666666666666677777777777788888888899999999+
(86)	2	0000000001111111122222222222223333344444444455555566666666666777777777888888889999+
147	3	000000011112222222233344444444444444456677777777777788888999
87	4	0000000111111112222233344444556666677888888999
40	5	00001111234445777999
20	6	1124445789
10	7	1339
6	8	6
5	9	337
2	10	
2	11	28

Blatteinheit = 0,001

Bild 6.22 Ein Stamm-Blatt-Diagramm

Ein Stamm-Blatt-Diagramm (siehe Bild 6.22) ist ein Hilfsmittel zur Darstellung quantitativer Daten in einem grafischen Format, ähnlich wie ein Histogramm, um die Form einer Verteilung zu visualisieren. Sie gehen auf die Arbeit von Arthur Bowley in den frühen 1900er-Jahren zurück und sind nützliche Werkzeuge für die explorative Datenanalyse.

Stamm-und-Blatt-Diagramme wurden in den 1980er-Jahren nach der Veröffentlichung von John Tukeys Buch über die explorative Datenanalyse häufiger verwendet. Die Popularität in jenen Jahren ist auf die Verwendung von einzeiligen (Schreibmaschinen-) Schrifttypen zurückzuführen, die es der damaligen Computertechnologie ermöglichten, die Grafiken problemlos zu erstellen. Die besseren grafischen Möglichkeiten moderner Computer haben dazu geführt, dass diese Techniken seltener verwendet werden.

Um ein Stamm-Blatt-Diagramm zu erstellen, müssen die Beobachtungen in aufsteigender Reihenfolge sortiert werden. Danach muss festgelegt werden, was die Stämme und was die Blätter darstellen sollen. Normalerweise enthält das Blatt die letzte Ziffer der Zahl und der Stamm alle anderen Ziffern. Bei großen Zahlen können die Datenwerte auf einen bestimmten Stellenwert gerundet werden, der dann für die Blätter verwendet wird. Die verbleibenden Ziffern links vom gerundeten Stellenwert werden als Stamm verwendet. Das Stamm-Blatt-Diagramm wird in zwei Spalten dargestellt, die durch eine vertikale Linie getrennt sind. Die Stämme werden links von der vertikalen Linie aufgelistet. Es ist wichtig, dass jeder Stamm nur einmal aufgeführt wird und dass keine Zahlen übersprungen werden, auch wenn dies bedeutet, dass einige Stämme keine Blätter haben. Die Blätter werden in aufsteigender Reihenfolge in einer Reihe rechts von jedem Stamm aufgeführt.

Stamm-Blatt-Diagramme sind nützlich, um die relative Dichte und Form der Daten darzustellen und dem Leser einen schnellen Überblick über die Verteilung zu geben. Die numerischen Rohdaten bleiben erhalten. Sie sind auch nützlich, um Ausreißer hervorzuheben und den Modus zu finden. Stamm-Blatt-Diagramme sind nur für mäßig große Datensätze (etwa 15–150 Datenpunkte) nützlich. Bei sehr kleinen Datensätzen kann eine Stamm-Blatt-Darstellung von geringem Nutzen sein, da eine angemessene Anzahl von Datenpunkten erforderlich ist, um definitive Verteilungseigenschaften festzustellen. Ein Punktdiagramm ist für solche Daten möglicherweise besser geeignet. Bei sehr großen Datensätzen wird ein Stamm-Blatt-Diagramm sehr unübersichtlich, da jeder Datenpunkt numerisch dargestellt werden muss. Ein Boxplot oder ein Histogramm kann mit zunehmender Datenmenge besser geeignet sein.

Fazit:

Durch Datenvisualisierung von Verhältnissen und Kompositionen können Unternehmen Anteile und Proportionen visualisieren, Zusammensetzungen und Strukturen von Daten oder Systemen darstellen, Vergleiche zwischen Gruppen oder Kategorien durchführen oder komplexe Datenmengen vereinfachen und verständlich darstellen.

Teil V

Methoden für die Weiterentwicklung von Unternehmen

Beim Thema Qualitätsmanagement und Unternehmensführung geht es um Systeme, mit deren Unterstützung die ganzheitliche Aktivität eines Unternehmens beurteilt und gesteuert werden kann. Eine entscheidende Bedeutung haben die sogenannten Managementsysteme. Die Implementierung von Managementsystemen spielt eine wichtige Rolle in der Führung eines Unternehmens und ist von grundlegender Bedeutung für seine langfristige Stabilität und Wettbewerbsfähigkeit. Managementsysteme bieten einen strukturierten Ansatz zur Organisation, Lenkung und Überwachung von Aktivitäten und Prozessen innerhalb einer Organisation. Sie dienen dazu, Effizienz zu steigern, Risiken zu minimieren, Qualität zu verbessern und gesetzliche Anforderungen einzuhalten.

Durch die Standardisierung und Optimierung von Prozessen können Unternehmen Ressourcen effizienter nutzen und ihre Leistung verbessern. Dies führt zu einer besseren Nutzung von Zeit, Geld und anderen Ressourcen, was letztendlich die Wettbewerbsfähigkeit des Unternehmens stärkt. Darüber hinaus helfen Managementsysteme, Risiken zu minimieren, indem sie Unternehmen dabei unterstützen, potenzielle Probleme frühzeitig zu erkennen und zu bewältigen. Durch die Identifizierung, Bewertung und Kontrolle von Risiken können Unternehmen mögliche Auswirkungen reduzieren und sich auf unvorhergesehene Ereignisse besser vorbereiten.

Bild V.1 Methoden zur Entwicklung von Unternehmen

Ein weiterer wichtiger Aspekt von Managementsystemen ist ihre Rolle bei der Qualitätsverbesserung. Mit einem Qualitätsmanagementsystem können Unternehmen die Qualität ihrer Produkte oder Dienstleistungen überwachen und verbessern, was zu einer höheren Kundenzufriedenheit und einem besseren Ruf führt. Dies wiederum kann zu einer loyalen Kundenbasis und einer verbesserten Marktpositionierung führen. Neben der Effizienzsteigerung, Risikominimierung und Qualitätsverbesserung unterstützen Managementsysteme auch dabei, gesetzliche Anforderungen einzuhalten und Zertifizierungen zu erlangen. Dies stärkt das Vertrauen von Kunden und anderen Stakeholdern und trägt zur langfristigen Stabilität und Nachhaltigkeit des Unternehmens bei.

In diesem Kontext veranschaulicht Bild V.2 die Einordnung der in diesem Teil beschriebenen Methoden. Dabei wird in der horizontalen Achse unterschieden, ob eine

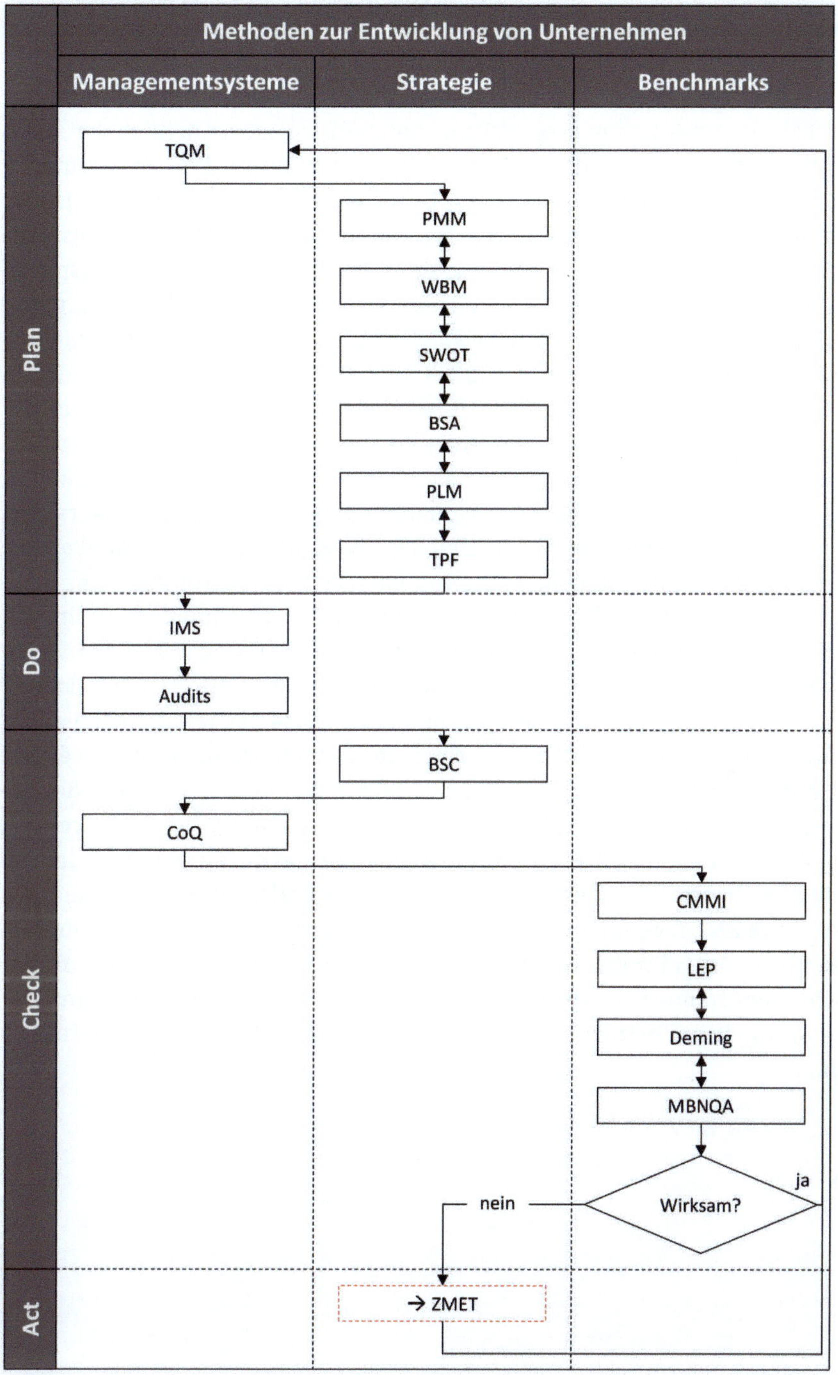

Bild V.2 Methoden im Umfeld der Unternehmenssteuerung
(zum Download verfügbar)

Methode eher zum Bereich der Managementsysteme, der Strategieentwicklung oder dem Benchmarking zählt. Die vertikale Achse folgt dem Prinzip des Plan-Do-Check-Act-Prinzips, wobei der erste Punkt dieses Ablaufs die Definition und Planung des (integrierten) Managementsystems eines Unternehmens ist, einschließlich der zu erreichenden Ziele und der angestrebten Entwicklung. Der Ansatz des TQM kann und muss dabei im Konsens mit der allgemeinen Unternehmensstrategie stehen. In der Folge ist die Anwendung einzelner oder umfassender Strategiemethoden (beispielsweise die SWOT-Analyse) sinnvoll und notwendig. Für die Implementierungsphase von Managementsystemen existiert eine Reihe von Normen, die die Einführung und Umsetzung definieren und unterstützen, beispielsweise die Normen zur Qualität (ISO 9001), Umwelt (ISO 14001) oder Energie (ISO 50001). Die Überprüfung der Effektivität dieser Methoden auf Mikroebene findet anschließend und unmittelbar durch die Anwendung von Audits des Produkts, des Prozesses oder des ganzheitlichen Systems statt. Da Managementsysteme nicht nur vereinzelt wirken, sondern Unternehmen in ihrer Gänze betreffen, werden Veränderungen auch in quantitativer Form wirksam. Dieser Aspekt stellt einen integralen Bestandteil der Überprüfung der Wirksamkeit des gesamten Systems dar. Die Implementierung von Balanced Scorecards stellt eine Möglichkeit zur Messung und Visualisierung der Effekte dar. Darüber hinaus spiegeln sich die positiven Effekte von Qualitätsmanagementsystemen auch in den cost of quality wider, welche dezidiert gemessen und ausgewiesen werden sollten; als Teil der Balanced Scorecard oder auch singulär. Zur Orientierung in der Phase der Wirksamkeitsüberprüfung können und sollten verschiedene Formen des Benchmarkings genutzt werden. Exemplarisch seien an dieser Stelle allgemeine Reifegradmodelle (CMMI) sowie der Abgleich mit definierten Standards genannt, die von externen Fachjurys beurteilt werden, wie es beispielsweise beim Ludwig-Erhard-Preis praktiziert wird. Für den Fall, dass eine Wirksamkeit nicht attestiert werden kann, können Methoden zur Ursachenanalyse, wie beispielsweise ZMET, genutzt werden, um die zugrunde liegenden Problemursachen zu beseitigen. Auch im Falle einer vorhandenen Wirksamkeit ist dieser Ablauf nicht statisch, sondern muss in regelmäßigen Abständen wiederholt werden und der Status quo muss neu hinterfragt werden. Daher ist dieser Ablauf als ein iterativer umzusetzen.

7 Methoden integrierter Managementsysteme

Ein Managementsystem ist ein strukturierter Ansatz zur Organisation, Lenkung und Überwachung von Aktivitäten und Prozessen in einem Unternehmen oder einer Organisation. Es umfasst Richtlinien, Verfahren, Ressourcen und Prozesse, die darauf abzielen, die Ziele der Organisation zu erreichen, Risiken zu minimieren und die Effizienz zu steigern. Managementsysteme können verschiedene Bereiche abdecken, wie zum Beispiel Qualitätsmanagement, Umweltmanagement, Risikomanagement oder Informationssicherheitsmanagement.

Es gibt verschiedene Arten von Managementsystemen, die je nach den Bedürfnissen und Anforderungen einer Organisation implementiert werden können. Einige der am häufigsten verwendeten Managementsysteme sind:

- Qualitätsmanagementsystem (QMS): Ein QMS konzentriert sich auf die Planung, Steuerung und Verbesserung der Qualität von Produkten oder Dienstleistungen einer Organisation. Ein sehr weit verbreitetes Beispiel ist das ISO 9001 Qualitätsmanagementsystem.
- Umweltmanagementsystem (UMS): Ein UMS zielt darauf ab, Umweltauswirkungen zu reduzieren und Umweltleistung zu verbessern, indem Umweltaspekte identifiziert, überwacht und kontrolliert werden. ISO 14001 ist ein weit verbreitetes Umweltmanagementsystem.
- Arbeitssicherheits- und Gesundheitsschutzmanagementsystem: Diese Systeme zielen darauf ab, Arbeitsunfälle und Verletzungen zu verhindern und die Gesundheit und Sicherheit der Mitarbeiter zu gewährleisten. ISO 45001 ist ein bekannter Standard für Arbeitssicherheit und Gesundheitsschutz.

Die Verbreitung eines bestimmten Managementsystems hängt von verschiedenen Faktoren ab, einschließlich der Art der Organisation, der Branche oder auch der Größe. Die ISO 9001, ISO 14001, ISO 45001 und ISO 50001 sind dabei aber besonders verbreitete Standards.

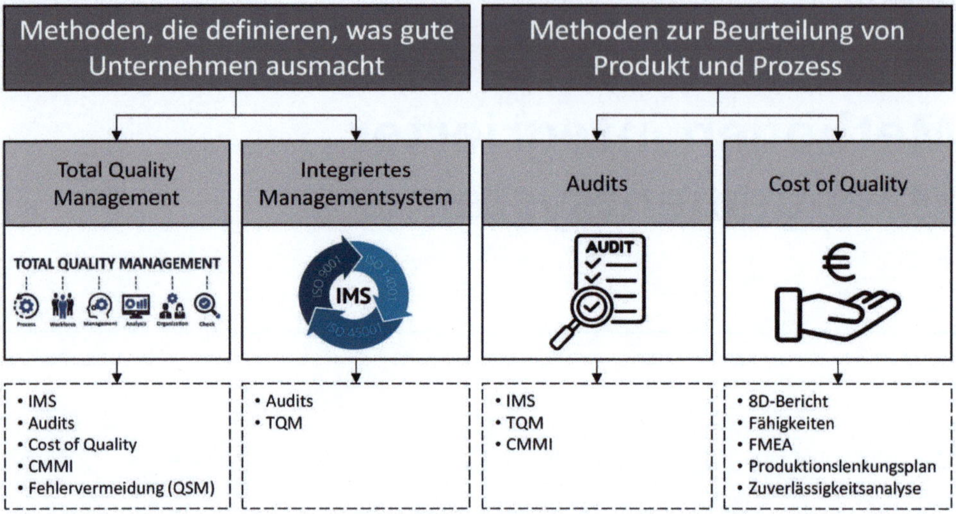

Bild 7.1 Methoden integrierter Managementsysteme

7.1 Methoden, die definieren, was gute Unternehmen ausmacht

Standards werden definiert und üblicherweise in Normen festgehalten. Indem sich Institutionen auf diese Normen einigen, geben sie Orientierung. Normen stellen sicher, dass Produkte und Dienstleistungen bestimmte Qualitätsstandards erfüllen. Durch die Einhaltung von Normen können Unternehmen die Qualität ihrer Produkte und Dienstleistungen sicherstellen und das Vertrauen ihrer Kunden gewinnen. Normen legen gemeinsame Standards und Spezifikationen fest, die die Interoperabilität zwischen verschiedenen Produkten und Systemen ermöglichen. Dies erleichtert den Informationsaustausch und die Zusammenarbeit zwischen verschiedenen Organisationen und Branchen.

Normen enthalten häufig Bestimmungen über die Sicherheit von Produkten, Dienstleistungen und Arbeitsumgebungen. Durch die Einhaltung dieser Normen können Organisationen sicherstellen, dass ihre Produkte und Dienstleistungen sicher sind. Normen helfen, Prozesse zu standardisieren und zu vereinfachen, was zu einer effizienteren Arbeitsweise führt. Normen werden häufig international anerkannt und akzeptiert, so dass Unternehmen ihre Produkte und Dienstleistungen auf globalen Märkten verkaufen können. Durch die Einhaltung internationaler Normen können Unternehmen ihre Wettbewerbsfähigkeit stärken und den Zugang zu neuen Märkten erleichtern.

Einige Ansätze gehen dabei aber auch über Normen hinaus, beispielsweise TQM. TQM ist ein umfassendes Qualitätsmanagementkonzept, das alle Bereiche eines Unternehmens einbezieht, um die Qualität zu verbessern und die Kundenzufriedenheit zu erhöhen. Es ist ein ständiger Prozess, der kontinuierliche Verbesserung, Mitarbeiterbeteiligung und eine starke Führung erfordert. TQM geht über die Anforderungen von ISO 9001 hinaus.

7.1.1 Total Quality Management

Leitfragen im Umgang mit TQM:

- Was sind die Abläufe unseres Unternehmens?
- Wie stellen wir sicher, dass wir stets die Kundenanforderungen erfüllen?
- Sind Verantwortlichkeiten klar geregelt?
- Haben wir Indikatoren, um unser Abläufe zu beurteilen?
- Sind unsere Kunden mit unserer Leistung zufrieden?

Wann benötigen Sie diese Methode?

TQM wird benötigt, wenn eine umfassende Qualitätsstrategie für ein Unternehmen entwickelt werden soll, die Qualität von Produkten und Prozessen kontinuierlich verbessert werden soll, die Kundenzufriedenheit gesteigert werden soll, die Effizienz und Effektivität von Prozessen verbessert werden sollen und eine Kultur der kontinuierlichen Verbesserung im Unternehmen etabliert werden soll. TQM ist ein ganzheitlicher Ansatz, der alle Aspekte eines Unternehmens einbezieht, um die Qualität zu verbessern. Durch die Anwendung von TQM können Unternehmen ihre Wettbewerbsfähigkeit steigern, die Kundenzufriedenheit erhöhen und langfristigen Erfolg sicherstellen.

TQM ist ein umfassender Ansatz zur kontinuierlichen Verbesserung der Qualität von Produkten, Dienstleistungen und Prozessen in einer Organisation. Es geht weit über traditionelle Qualitätskontrollmethoden hinaus und ist eine Philosophie, die darauf abzielt, Qualität zu einem integralen Bestandteil der Unternehmenskultur zu machen. TQM basiert auf der Idee, dass Qualität nicht nur das Ergebnis isolierter Inspektionen oder Korrekturen ist, sondern das Ergebnis eines gut durchdachten und systematischen Ansatzes für die gesamte Organisation. TQM bezeichnet die durchgängige, fortwährende und alle Bereiche einer Organisation erfassende, aufzeichnende, sichtende, organisierende und kontrollierende Tätigkeit, die dazu dient, Qualität als Systemziel einzuführen und dauerhaft zu garantieren.

Um zum Erfolg zu führen, benötigt TQM die volle Unterstützung aller Mitarbeiter. Jeder Mitarbeiter von der Führungsebene bis zur Basis hat eine Rolle bei der Sicherstellung und Verbesserung der Qualität. Dies geschieht durch Schulung, Befähigung und die Schaffung einer Kultur, die Offenheit für Ideen und kontinuierliches Lernen fördert. Ein weiteres wichtiges Merkmal von TQM ist die Kundenorientierung. Organisationen sollten nicht nur die aktuellen Bedürfnisse ihrer Kunden verstehen, sondern auch ihre zukünftigen Erwartungen antizipieren. Dies erfordert eine enge Zusammenarbeit mit den Kunden, um Feedback zu sammeln und Produkte oder Dienstleistungen kontinuierlich anzupassen und zu verbessern.

TQM basiert somit auf der Idee der kontinuierlichen Verbesserung. Organisationen sollten ständig nach Möglichkeiten suchen, ihre Prozesse zu optimieren und die Qualität zu steigern. Dies geschieht durch die Anwendung von Methoden wie Six Sigma (Kapitel 3) oder Lean Management (Kapitel 4), um Probleme zu identifizieren, Ursachen zu analysieren und Lösungen zu implementieren. Ein weiterer wichtiger Aspekt von TQM ist das prozessorientierte Denken. Statt isolierter Abteilungen, die unabhängig voneinander arbeiten, betrachtet TQM die Organisation als ein System von miteinander verbundenen Prozessen. Durch die Optimierung dieser Prozesse können Verschwendungen reduziert, die Effizienz gesteigert und die Qualität verbessert werden. TQM erfordert außerdem eine datengestützte Entscheidungsfindung. Organisationen sammeln und analysieren kontinuierlich Daten, um Trends zu identifizieren, Probleme frühzeitig zu erkennen und fundierte Entscheidungen zu treffen. Hierbei können Qualitätsmetriken, statistische Methoden und andere Tools zur Datenanalyse zum Einsatz kommen. TQM betont die Bedeutung von Führung und Management. Führungskräfte sollten eine klare Vision für Qualität haben und die Werte und Prinzipien von TQM vorleben und unterstützen. Außerdem sollten sie Ressourcen bereitstellen, um die Umsetzung zu ermöglichen.

Das Ziel von TQM ist es, eine Kultur der Exzellenz zu schaffen, in der Qualität nicht nur ein Ziel ist, sondern eine Selbstverständlichkeit. Durch die konsequente Anwendung von TQM-Prinzipien können Organisationen ihre Wettbewerbsfähigkeit steigern, Kundenloyalität aufbauen und langfristigen Erfolg sicherstellen. Zu den wesentlichen Prinzipien der TQM-Philosophie zählen:

- Qualität orientiert sich am Kunden.
- Qualität wird durch Mitarbeiter aller Bereiche und Ebenen erzielt.
- Qualität umfasst viele Dimensionen, die durch Kriterien operationalisiert werden müssen.
- Qualität ist kein Ziel, sondern ein Prozess, der nie zu Ende geht.
- Qualität bezieht sich auf Produkte und Dienstleistungen, vor allem aber auf die Prozesse zur Erzeugung derselben.
- Qualität setzt aktives Handeln voraus und muss erarbeitet werden.

Die Entwicklung von TQM verfolgte im Laufe der Zeit mehrere Entwicklungsstufen, von den Anfängen in Japan, bis hin zu einer Berücksichtigung in einer ISO-Norm:

- **Erfindung in den USA:** William Edwards Deming war ein Pionier im Bereich des Qualitätsmanagements und forschte in den 1940er-Jahren auf diesem Gebiet. Nach dem Zweiten Weltkrieg wurde er in den USA jedoch weitgehend ignoriert, da die Maximierung des Produktionsvolumens angesichts der weltweit reduzierten Produktionskapazitäten im Fokus stand. In Japan, das durch den Krieg zerstört worden war, fanden seine Arbeiten dagegen mehr Beachtung. Das TQM wurde schnell zu einer viel beachteten Managementphilosophie. Bereits 1951 wurde ein japanisches Unternehmen mit dem Deming-Preis (siehe Abschnitt 9.2.2) für besonders hohe Qualitätsanforderungen ausgezeichnet.

- **Weiterentwicklung in Japan:** In den folgenden Jahrzehnten eroberten die Japaner mit qualitativ hochwertigen und dennoch preisgünstigen Produkten Marktanteile auf der ganzen Welt. Die US-Unternehmen warfen einen Blick nach Japan und stießen dabei auf die Deming'sche Qualitätsphilosophie. In den 70er- und 80er-Jahren wurde diese schließlich auch bei namhaften US-amerikanischen Unternehmen angewendet. Malcolm Baldrige setzte sich vor allem von staatlicher Seite für Qualität in Unternehmen ein. 1987 rief der US-Kongress eine Auszeichnung für Organisationen mit hohen Anforderungen an Qualität und Leistung ins Leben. Bis heute wird der Baldrige Award (Abschnitt 9.2.3) jährlich verliehen. Dieser Preis basiert auf einem Qualitätsmodell, das auf den Ideen von Deming beruht und durch die Befragung zahlreicher Unternehmen stetig weiterentwickelt wird.
- **Weiterentwicklung in Europa:** Das Konzept wurde auch in Europa übernommen. Im Jahr 1988 gründeten 14 große Unternehmen die European Foundation for Quality Management (EFQM), die sich zum Ziel setzte, ein europäisches Modell für Qualitätsmanagement zu entwickeln. Das sogenannte EFQM-Modell für Business-Excellence wird bis heute von der Organisation betreut und an die Praxis angepasst. Neben der EFQM hat die International Organization for Standardization in ihrer 9000er-Reihe im Jahr 1994 erstmals die DIN EN ISO 9004 Richtlinie veröffentlicht, welche das TQM-Modell beschreibt. Im Jahr 2018 wurde diese Richtlinie aktualisiert und gilt mittlerweile als Alternative zum EFQM-Ansatz. Im Gegensatz zur EFQM wird im Rahmen der ISO Business Excellence kein Preis vergeben und die Umsetzung der Richtlinie ist ebenfalls nicht zertifizierbar.

Das meist verbreitete TQM-Konzept in Deutschland ist das EFQM-Modell. Die EFQM ist eine gemeinnützige Organisation, die sich für die Verbreitung und Anwendung von Qualitätsmanagementsystemen nach dem EFQM-Modell einsetzt. Die EFQM wurde 1989 mit Unterstützung der Europäischen Kommission gegründet, um einen europäischen Rahmen für Qualitätsmanagement zu entwickeln (vergleichbar mit dem Malcolm-Baldrige-Modell in den USA und dem Deming-Preis in Japan). 14 europäische Unternehmen gründeten die EFQM als niederländische Stiftung. Gründungsmitglieder waren unter anderem Bosch, British Telecom, KLM oder Volkswagen.

Die EFQM hat rund 470 Mitgliedsunternehmen und -organisationen in 55 Ländern und 50 Branchen. Schätzungen zufolge arbeiten weltweit über 30.000 Unternehmen mehr oder weniger eng nach den Prinzipien der EFQM. In einer Langzeitstudie über einen Zeitraum von mehreren Jahren wurde nachgewiesen, dass sich Unternehmen wirtschaftlich besser entwickeln, wenn sie nach Qualitätsmanagementmodellen wie dem EFQM-Modell arbeiten (Hendricks und Singhal 2000).

Das EFQM-Modell wurde als Rahmenrichtlinie für die Selbstbewertung von Organisationen und als Grundlage für den European Quality Award (heute EFQM Excellence Award) eingeführt. Dieser Preis wurde erstmals 1992 verliehen. Das EFQM-Modell ist in Europa weit verbreitet, wurde 2024/2025 grundlegend überarbeitet und dient als Bewertungsmaßstab für viele nationale und regionale Qualitätspreise, beispielsweise den Ludwig-Erhard-Preis in Deutschland. Unternehmen nutzen das EFQM-Modell, um auf der Grundlage von Selbstbewertungen Stärken und Verbesserungspotenziale zu erkennen, zu fördern und ihren Geschäftserfolg zu verbessern.

Das einfache Modell (2013 bis 2019) umfasste die drei Säulen Menschen, Prozesse und Ergebnisse. Um dauerhaft exzellente Ergebnisse zu erzielen, werden alle Mitarbeitenden in einen Verbesserungsprozess eingebunden. Durch die permanente Beobachtung aller Prozesse werden Informationen über den aktuellen Stand, die kontinuierliche Verbesserung und zukünftige Trends erarbeitet. Das EFQM-Modell ist ein Werkzeug, das Hilfestellung beim Aufbau und bei der kontinuierlichen Weiterentwicklung eines umfassenden Managementsystems gibt. Es soll helfen, eigene Stärken, Schwächen und Verbesserungspotenziale zu erkennen und die Unternehmensstrategie darauf auszurichten.

Die Grundidee des EFQM-Modells (siehe Bild 7.2) basiert darauf, dass gutes Management in einem Unternehmen nur erfolgreich durchgesetzt werden kann, wenn die Prozesse strukturiert organisiert sind. Das EFQM-Modell hat insgesamt neun Kriterien entwickelt, die die Grundlage für das Qualitätsmanagement bilden. Diese neun Kriterien teilen sich in die beiden folgenden Gruppen auf: fünf sogenannte *Befähiger*kriterien und vier *Ergebnis*kriterien. Die fünf Befähigerkriterien sind Führung, Strategie, Belegschaft, Partner und Prozesse.

- **Führung:** Nach dem EFQM-Modell geht das umfassende Qualitätsmanagement von der Führung des Unternehmens aus. Hier werden die Visionen entwickelt, die dann in die Zielvorgaben umgewandelt werden. Neben der Entwicklung der Zieldefinition kommt der Unternehmensleitung die Aufgabe zu, das Managementsystem zu kontrollieren. Bei Bedarf unterbreiten Führungskräfte Verbesserungsvorschläge.
- **Strategie:** Eine Strategie ist erforderlich, um die gesteckten Erwartungen in die Praxis umsetzen zu können. Bei der strategischen Ausrichtung bilden die Fähigkeiten und die Leistungen der gesamten Belegschaft eine wichtige Rolle. Um den Leitgedanken des Unternehmens nie aus dem Blick zu verlieren, muss dieser ständig überprüft und gegebenenfalls aktualisiert werden.
- **Belegschaft:** Die Belegschaft muss bedarfsgerecht eingesetzt werden. Eine wichtige Voraussetzung hierfür ist die Organisation der Personaleinsatzpläne. Die Mitarbeiter werden entsprechend ihrem Wissen und ihren Fähigkeiten eingesetzt. Ziel ist es, die Kollegen so einzubinden, dass sie eigenverantwortlich handeln können.
- **Partner:** Die Partner setzen sich aus Geschäftspartnern und Lieferanten zusammen. Ist das eigene Unternehmen abhängig von anderen Unternehmen, muss auch

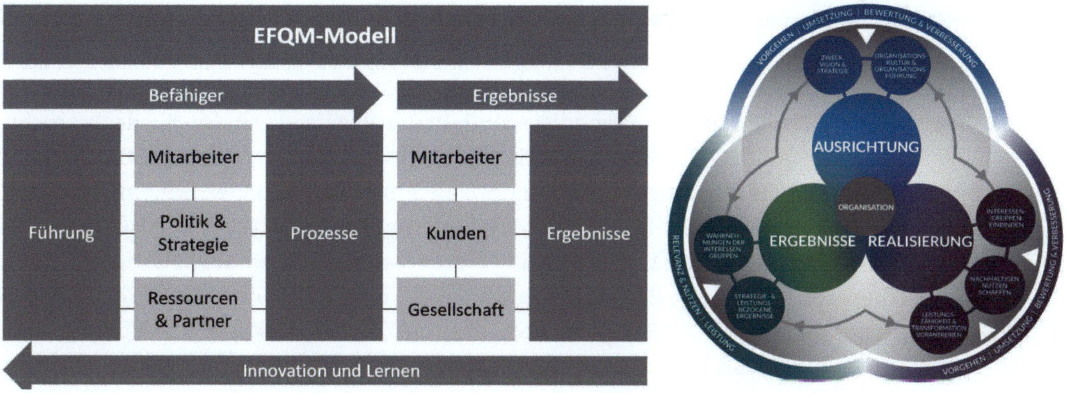

Bild 7.2 Das EFQM-Modell in den Versionen von 2019 (links) und 2025 (rechts)

hier ein wirkungsvolles Qualitätsmanagement eingeführt werden. Um den Produktionsprozess zu beschleunigen, kann mit dem Lieferanten beispielsweise das Just-in-time-Verfahren vereinbart werden.

- **Prozess:** Der Prozess muss von der Unternehmensführung so gesteuert werden, dass die Kunden zufrieden sind. Werden die Käufer beispielsweise um ein Feedback gebeten, kann das Unternehmen stärker auf deren Bedürfnisse eingehen.

Die vier Ergebniskriterien sind kundenorientierte Ergebnisse, mitarbeiterorientierte Ergebnisse, stakeholderorientierte Ergebnisse und Schlüsselergebnisse.

- **Kundenorientierte Ergebnisse:** Die kundenorientierten Ergebnisse sollen zeigen, wie die Kunden das Unternehmen wahrnehmen. Werden ihre Bedürfnisse und Wünsche befriedigt? Sind sie mit der Qualität der Produkte zufrieden? Was kann verbessert werden?
- **Mitarbeiterorientierte Ergebnisse:** Auch die mitarbeiterorientierten Ergebnisse darf das Unternehmen bei einer umfassenden Qualitätsanalyse nicht vernachlässigen: Fähigen Mitarbeitern müssen Karrierechancen eröffnet werden. Außerdem muss die Chancengleichheit gewahrt bleiben.
- **Stakeholderorientierte Ergebnisse:** Stakeholderorientierte Ergebnisse müssen beachtet werden, wenn unternehmensexterne Personen eigene Interessen haben könnten. Dies kann bei einer Aktiengesellschaft der Fall sein. Die Aktionäre sind an der Ausschüttung einer hohen Dividende interessiert.
- **Schlüsselergebnisse:** Zu den Schlüsselergebnissen, die ein umfassendes Management unterstützen, zählen die Überprüfung der Rentabilitätsszahlen und die Feststellung des Marktanteils. Mit Ermittlung dieser Faktoren kann ein Unternehmen feststellen, inwieweit die Maßnahmen des umfassenden Qualitätsmanagements gegriffen haben.

Das EFQM-Modell macht zwar einige Vorgaben, in der praktischen Anwendung unterliegen die Anwenderinnen und Anwender jedoch einer Selbstbewertung. Das bedeutet, dass Sie gemeinsam mit allen Beteiligten selbst einschätzen können, wie gut die einzelnen Maßnahmen und Ergebnisse sind. In der Regel verwenden Sie dazu ein System mit insgesamt 1000 Punkten. Bei der Selbstbewertung verteilen Sie 500 mögliche Punkte auf die fünf Befähigerkriterien und 500 Punkte auf die vier Ergebniskriterien. Wichtig ist, dass Sie und alle anderen Beteiligten bei der Analyse und Punktevergabe kritisch vorgehen. Für die Endbewertung werden alle EFQM-Modellkriterien mit 10 % gewichtet, mit Ausnahme der kundenorientierten Ergebnisse und der Schlüsselergebnisse. Diese werden mit 15 % gewichtet, d. h. mit jeweils maximal 150 Punkten. Für die Anwendung des EFQM-Modells gibt es derzeit keine offizielle EFQM-Zertifizierung. Stattdessen können Unternehmen eine Selbstbewertung durchführen und diese von geschulten EFQM-Prüfern und -Prüferinnen, sogenannten Validatoren, überprüfen lassen.

Fazit:

TQM ist ein ganzheitlicher Ansatz zur kontinuierlichen Verbesserung der Qualität von Produkten und Prozessen. Ziel ist es, die Kundenzufriedenheit zu steigern und die Effizienz und Effektivität von Prozessen zu verbessern. Durch die Einbeziehung aller Mitarbeiter und die Fokussierung auf kontinuierliche Verbesserung soll eine nachhaltige Qualitätskultur im Unternehmen etabliert werden. TQM umfasst Aspekte wie Kundenorientierung, Prozessoptimierung und Mitarbeiterbeteiligung, um langfristigen Erfolg zu sichern.

7.1.2 Integriertes Managementsystem

Leitfragen im Umgang mit integrierten Managementsystemen:

- Wie können wir reproduzierbare Abläufe sicherstellen?
- Wie verhindern wir, dass Schlechtteile zum Kunden gelangen?
- Wie müssen die Abläufe gestaltet werden, dass die Wertschöpfung den Anforderungen der Kunden entsprechen?
- Wie können wir dabei die Belastung der Umwelt so minimal wie möglich halten?
- Was müssen wir unternehmen, damit wir dabei so wenig Energie wie möglich verbrauchen?

Wann benötigen Sie diese Methode?

Ein integriertes Managementsystem ist von Nutzen, wenn mehrere Managementsysteme (z. B. Qualitäts-, Umwelt-, Gesundheits- und Sicherheitsmanagement) in einem

Unternehmen existieren, eine einheitliche und effiziente Verwaltung dieser Systeme erforderlich ist, die Komplexität und die Risiken im Unternehmen minimiert werden sollen und die Effizienz und die Produktivität des Unternehmens verbessert werden sollen.

Ein integriertes Managementsystem fasst Instrumente zur Erfüllung von Anforderungen verschiedener Bereiche (beispielsweise Qualität, Umwelt- und Arbeitsschutz) in eine einheitliche Struktur, um der Leitung und Überwachung von Organisationen zu dienen. Die Nutzung von Synergien und die Bündelung von Ressourcen ermöglichen im Vergleich zu einzelnen, isolierten Managementsystemen ein schlankeres und effizienteres Management. In der Regel wird von einem bestehenden Managementsystem ausgegangen, zumeist dem Qualitätsmanagement, und die anderen Systeme werden integriert.

Die Struktur der ISO 9001 orientiert sich an der Struktur anderer ISO-Normen zur Beschreibung von Managementsystemen, wie beispielsweise der ISO 14001 oder der ISO 50001. Da alle drei Managementsysteme auf der Harmonized Structure basieren, kann jede dieser Normen problemlos in ein bestehendes Managementsystem integriert werden, das auf diesen Normen basiert. Daher wird in diesem Zusammenhang häufig der Begriff des integrierten Managementsystems verwendet, um die Umsetzung der drei Normen 9001, 14001 und 50001 in einem Unternehmen zu beschreiben.

Weiterführende Literatur - Normen:

DIN (2015b). *DIN EN ISO 9001:2015-11 - Qualitätsmanagementsysteme - Anforderungen (ISO 9001:2015)*. Techn. Ber. Deutsches Institut für Normung e. V., DIN (2015a). *DIN EN ISO 14001:2015-11 - Umweltmanagementsysteme - Anforderungen mit Anleitung zur Anwendung (ISO 14001:2015)*. Techn. Ber. Deutsches Institut für Normung e. V. oder DIN (2018). *DIN EN ISO 50001:2018-12 - Energiemanagementsysteme - Anforderungen mit Anleitung zur Anwendung (ISO 50001:2018)*. Techn. Ber. Deutsches Institut für Normung e. V.

7.1.2.1 Die Norm DIN EN ISO 9001

Die DIN EN ISO 9001 ist eine international anerkannte Norm für Qualitätsmanagementsysteme (QMS), die von der Internationalen Organisation für Normung entwickelt wurde. Sie legt die Anforderungen an ein QMS fest, das eine Organisation in die Lage versetzt, die Kundenzufriedenheit zu erhöhen, die Qualität ihrer Produkte und Dienstleistungen zu verbessern und ihre Geschäftsprozesse wirksam zu lenken.

Die ISO 9001 folgt einem strukturierten Ansatz, der auf dem Plan-Do-Check-Act-Zyklus basiert. Dieser Zyklus ermöglicht es Organisationen, ihr QMS kontinuierlich zu verbessern und die Effektivität ihrer Prozesse zu steigern. Die Norm legt eine Reihe von Anforderungen fest, die Organisationen dabei unterstützen, ein QMS zu implementieren, das den Anforderungen ihrer Kunden und den gesetzlichen Anforderungen entspricht. Die grundlegenden Anforderungen der ISO 9001 umfassen u.a:

- **Kontext der Organisation:** Die Organisation muss den Kontext ihrer Tätigkeit verstehen und die Bedürfnisse und Erwartungen ihrer Kunden sowie die relevanten gesetzlichen Anforderungen berücksichtigen.
- **Leitung:** Die oberste Leitung muss das QMS aktiv unterstützen und eine Qualitätspolitik festlegen, in der die Qualitätsziele und -verpflichtungen der Organisation definiert werden.
- **Planung:** Die Organisation muss Verfahren für die Planung von Qualitätszielen und die Umsetzung von Maßnahmen zur Erreichung dieser Ziele entwickeln.
- **Unterstützung:** Die Organisation muss sicherstellen, dass sie die erforderlichen Ressourcen für die Umsetzung und Aufrechterhaltung des QMS bereitstellt und die Kompetenz ihres Personals sicherstellt.
- **Betrieb:** Die Organisation muss die erforderlichen Prozesse einführen, um die Anforderungen ihrer Kunden zu erfüllen und die Qualität ihrer Produkte und Dienstleistungen sicherzustellen.
- **Leistungsbewertung:** Die Organisation muss die Leistung ihres QMS regelmäßig bewerten, um sicherzustellen, dass es wirksam funktioniert und kontinuierlich verbessert wird.
- **Verbesserung:** Die Organisation muss Maßnahmen ergreifen, um ihr QMS auf der Grundlage der Ergebnisse der Leistungsbewertung und der Rückmeldungen ihrer Kunden kontinuierlich zu verbessern.

Die ISO 9001 bietet den Organisationen, die sie anwenden, zahlreiche Vorteile. Einige der wichtigsten Vorteile sind beispielsweise eine höhere Kundenzufriedenheit. Durch die Einführung eines QMS nach ISO 9001 können Organisationen sicherstellen, dass ihre Produkte und Dienstleistungen den Anforderungen ihrer Kunden entsprechen und deren Erwartungen erfüllen. Dies führt zu höherer Kundenzufriedenheit und langfristiger Kundenbindung. Ebenso vorteilhaft sind effizientere Geschäftsprozesse. ISO 9001 stellt klare Anforderungen an die Planung, Durchführung und Überwachung von Geschäftsprozessen, was zu einer besseren Organisation und Effizienz führt. Durch die Identifizierung und Eliminierung von Verschwendung und ineffizienten Prozessen können Organisationen Kosten senken und ihre Rentabilität steigern. Ein weiterer Aspekt ist Glaubwürdigkeit und Wettbewerbsfähigkeit. Die Zertifizierung nach ISO 9001 ist ein weltweit anerkanntes Gütesiegel, das das Engagement einer Organisation für Qualität und Kundenzufriedenheit demonstriert. Dies kann dazu beitragen, das Vertrauen der Kunden zu stärken, neue Geschäftsmöglichkeiten zu schaffen und die Wettbewerbsfähigkeit auf dem Markt zu verbessern. Nicht zu unterschätzen ist auch der Aspekt der kontinuierlichen Verbesserung. Die ISO 9001 legt einen klaren Rahmen für kontinuierliche Verbesserung fest, indem sie Organisationen ermutigt, ihre Prozesse und Leistungen regelmäßig zu überprüfen und zu optimieren. Durch die Umsetzung von Verbesserungsmaßnahmen können Organisationen ihre Effektivität steigern und sich kontinuierlich weiterentwickeln. Letztlich führt die ISO 9001 auch zu einer einheitlichen Arbeitsweise. Sie schafft eine einheitliche Arbeitsweise und ein gemeinsames Verständnis von Qualitätsstandards innerhalb der Organisation. Dies erleichtert die Zusammenarbeit zwischen verschiedenen Abteilungen und Teams und trägt dazu bei, Missverständnisse und Fehler zu reduzieren.

Fazit:

Die ISO 9001 bietet einen klaren Rahmen für die Entwicklung, Umsetzung und Überwachung eines Qualitätsmanagementsystems, das Organisationen in die Lage versetzt, ihre Qualität und Kundenzufriedenheit kontinuierlich zu verbessern. Durch die Anwendung dieser Norm können Organisationen eine Reihe von Vorteilen erzielen, einschließlich verbesserter Kundenzufriedenheit, effizienterer Geschäftsprozesse, erhöhter Glaubwürdigkeit und Wettbewerbsfähigkeit sowie kontinuierlicher Verbesserung und einheitlicher Arbeitsweise.

7.1.2.2 Die Norm DIN EN ISO 14001

Die DIN EN ISO 14001 ist eine international anerkannte Norm für Umweltmanagementsysteme (UMS), die Organisationen dabei unterstützt, ihre Umweltleistung zu verbessern, Umweltauswirkungen zu reduzieren und gleichzeitig ökonomische und soziale Ziele zu erreichen. Diese Norm folgt einem Plan-Do-Check-Act-Zyklus und bietet einen Rahmen für kontinuierliche Verbesserung des Umweltmanagements.

Ein Unternehmen wird dazu angehalten, eine betriebliche Umweltpolitik, Umweltziele und ein Umweltprogramm festzulegen sowie ein entsprechendes Managementsystem zu etablieren, das bei der Zielerreichung Unterstützung leistet. Als Instrument zur Beschreibung von Umweltauswirkungen hat sich die Stoffstromanalyse bewährt. Der Ansatz der Cleaner Production hilft, basierend auf der Analyse von Stoff- und Energieströmen, Optionen und Ziele zur Reduktion von Abfällen, Abwasser und Emissionen zu erarbeiten.

Um die angestrebte Umweltleistung zu erzielen, ist es für ein Unternehmen essenziell, basierend auf seiner Umweltpolitik (d. h. seinen Zielsetzungen hinsichtlich Umweltschutz) ein Umweltmanagementsystem zu etablieren und umzusetzen. Die kontinuierliche Verbesserung des Umweltmanagementsystems und der Umweltziele wird durch regelmäßige Überprüfungen sichergestellt.

Es sei darauf hingewiesen, dass die Norm keine absoluten Anforderungen für die Umweltleistung festlegt. Es wird jedoch betont, dass die Einhaltung der Verpflichtungen, die sich die Organisation in ihrer Umweltpolitik auferlegt hat, obligatorisch ist. Eine wesentliche Neuerung in der überarbeiteten ISO 14001 stellt jedoch die Forderung dar, dass die Zusage erteilt werden muss, auch geltende rechtliche Verpflichtungen einzuhalten.

Die Grundlagen der ISO 14001 umfassen die Kontextanalyse der Organisation, die Führung durch die oberste Ebene, die Planung von Zielen und Prozessen, die Bereitstellung von Ressourcen und Unterstützung, den Betrieb des Systems, die Bewertung der Umweltleistung und die kontinuierliche Verbesserung.

Die Implementierung der ISO 14001 erfolgt in mehreren Schritten. Zuerst erfolgen eine gründliche Kontextanalyse und Planung, bei der interne und externe Umweltaspekte identifiziert und Umweltziele festgelegt werden. Dann entwickelt die Organisation das Umweltmanagementsystem entsprechend den Anforderungen der Norm. Eine umfassende Schulung der Mitarbeiter zu Umweltthemen und -verfahren ist ebenfalls von entscheidender Bedeutung.

Nach der Implementierung überwacht die Organisation kontinuierlich ihre Umweltleistung durch interne Audits und die Bewertung von Umweltleistungskennzahlen. Managementbewertungen werden regelmäßig durchgeführt, um die Effektivität des Umweltmanagementsystems zu bewerten und Verbesserungsmöglichkeiten zu identifizieren.

Die Zertifizierung nach ISO 14001 erfolgt durch unabhängige Zertifizierungsstellen, die die Konformität des Umweltmanagementsystems mit den Anforderungen der Norm überprüfen. Der Prozess umfasst eine Antragstellung, eine Dokumentenprüfung, ein Vor-Ort-Audit und schließlich die Zertifizierungsentscheidung. Nach der Zertifizierung führen die Zertifizierungsstellen regelmäßige Überwachungsaudits durch, um sicherzustellen, dass das Umweltmanagementsystem weiterhin den Anforderungen der Norm entspricht.

Fazit:

Die ISO 14001 offeriert einen Rahmen für Organisationen, um ihre Umweltleistung zu verbessern und langfristige Nachhaltigkeit zu fördern. Durch die Implementierung eines UMS nach ISO 14001 können Organisationen nicht nur Umweltziele erreichen, sondern auch ihre Wettbewerbsfähigkeit und langfristige Stabilität stärken.

7.1.2.3 Die Norm DIN EN ISO 50001

Die DIN EN ISO 50001 ist eine international anerkannte Norm für Energiemanagementsysteme (EnMS), die Organisationen dabei unterstützt, ihre Energieeffizienz zu verbessern und Kosten zu senken. Diese Norm legt Anforderungen und Leitlinien fest, um ein systematisches und kontinuierliches Energiemanagement zu etablieren, das auf der Identifizierung von Energieeinsparpotenzialen, der Umsetzung von Maßnahmen zur Effizienzsteigerung und der Überwachung der Energieleistung basiert.

Gemäß der geltenden Rechtsverordnung ist die Einführung eines Energiemanagementsystems für alle Unternehmen mit einem Endenergieverbrauch über 7,5 GWh ab dem

1. Januar 2024 verpflichtend. Die Grundlage für diese Verpflichtung bildet das Energieeffizienzgesetz. Für alle anderen Unternehmen besteht die Möglichkeit, ein Energiemanagementsystem freiwillig einzuführen. Ein systematisches Energiemanagement setzt voraus, dass die Energieflüsse in einem Unternehmen erfasst werden (Energiequellen, Energieeinsatz, Energieverbraucher) und der Stand der Energieeffizienz, insbesondere der für den gesamten Energieverbrauch bedeutsamen Anlagen, Einrichtungen und Prozesse, bewertet wird.

Diese Erfassung bildet die Grundlage für die Umsetzung sowohl technischer Maßnahmen zur Verbesserung der Energieeffizienz als auch von strategischen und organisatorischen Managementansätzen. Die Implementierung dieser Maßnahmen zielt darauf ab, die energiebezogene Leistung eines Unternehmens systematisch und auf lange Sicht zu optimieren. Die Implementierung eines Energiemanagementsystems ist für Organisationen sämtlicher Größenordnungen und Branchen sinnvoll, sofern diese einen signifikanten Energieverbrauch aufweisen.

Das Ziel der Norm besteht darin, Organisationen dabei zu unterstützen, ihre energiebezogene Leistung durch den Aufbau entsprechender Systeme und Prozesse zu verbessern. Dadurch sollen ungenutzte Energieeffizienzpotenziale erschlossen, Energiekosten verringert und der Ausstoß von Treibhausgasen (bspw. CO_2-Emissionen) sowie andere Umweltauswirkungen von Energieverbräuchen reduziert werden. Damit leistet das EnMS auch einen wesentlichen Beitrag zum Umwelt- und Klimaschutz. Darüber hinaus trägt die Norm dazu bei, dass Deutschland sein Ziel, den Primärenergieverbrauch bis 2020 um 20 % und bis 2050 um 50 % gegenüber 2008 zu senken, erreichen kann.

Die Organisationen werden dazu angeleitet, eine Energiepolitik als strategische Vorgabe zu entwickeln, diese in operative Energieziele zu übersetzen und mit Aktionsplänen für die Zielerreichung zu sorgen. Auf Unternehmensebene ließe sich der Energiebedarf mit Hilfe eines konsequenten Energiemanagements um 20 % oder mehr reduzieren. Vorgaben für die Bestandsaufnahmen, die Einführung und die Umsetzung sowie die regelmäßige Überprüfung sollen dabei helfen, die selbst gesteckten Ziele und Vorgaben auch zu erreichen. Die Einhaltung der Anforderungen kann gegenüber Dritten durch eine Zertifizierung nachgewiesen werden.

Für Unternehmen mit hohem Energieverbrauch besteht zudem die Möglichkeit, ihre eigenen Stromkosten nach der Ausgleichsregelung des §64 Erneuerbare-Energien-Gesetz (EEG) zu reduzieren. Die Sensibilisierung der Mitarbeiter und speziell der Führungsebene für ein gradliniges und langfristiges Energiemanagement wird durch das von der Norm vorgegebene Vorgehen gefördert. Durch die Ausschöpfung von Einsparpotenzialen sollen Wettbewerbsvorteile sowie ein Imagegewinn für die Organisation generiert werden. Die Abschnitte eins bis drei der Norm beinhalten demnach den Anwendungsbereich, Verweise auf andere Normen sowie Begriffe. Die Anforderungen an ein EnMS sind in den Kapiteln vier bis zehn wie folgt dargelegt:

- Kapitel 4: Kontext der Organisation
- Kapitel 5: Führung
- Kapitel 6: Planung
- Kapitel 7: Unterstützung
- Kapitel 8: Betrieb
- Kapitel 9: Bewertung der Leistung
- Kapitel 10: Verbesserung

Die Gesamtverantwortlichkeit für das implementierte Energiemanagementsystem muss beim Topmanagement verortet sein. Zudem sind die Benennung eines Energiebeauftragten bzw. eines Energieteams sowie die Formulierung der angestrebten Energiepolitik erforderlich. Diese schriftliche Deklaration sollte die Zielsetzungen der Energiepolitik explizit formulieren. Die Energiepolitik muss innerhalb des Unternehmens kommuniziert werden. Das Energieteam nimmt hierbei die Funktion eines Bindeglieds zwischen Management und Mitarbeitern ein. In dieser Phase erfolgt zudem eine Erstbewertung der Energiesituation, bei welcher die Ermittlung der eingesetzten Energieträger, der Energienutzung und die Energiekosten im Mittelpunkt stehen. Die Umsetzung der ISO 50001 erfordert die Berücksichtigung und Einhaltung aktueller Gesetze, Regelungen und Verordnungen, wie beispielsweise die Energieeinsparverordnung.

Die Zertifizierung nach ISO 50001 erfolgt durch unabhängige Zertifizierungsstellen, die die Konformität des EnMS mit den Anforderungen der Norm überprüfen. Der Zertifizierungsprozess umfasst eine Antragstellung, eine Dokumentenprüfung, ein Vor-Ort-Audit und schließlich die Zertifizierungsentscheidung. Nach der Zertifizierung führen die Zertifizierungsstellen regelmäßige Überwachungsaudits durch, um sicherzustellen, dass das EnMS weiterhin den Anforderungen der Norm entspricht. Die Zertifizierung wird durch akkreditierte Zertifizierungsorganisationen durchgeführt. Der Vorteil einer solchen Zertifizierung liegt in der Gewissheit, die sich für die Organisation aus der Zertifizierung über die Funktionalität und Effizienz des implementierten Energiemanagementsystems ergibt. Darüber hinaus trägt sie zur Verbesserung der Außendarstellung bei, indem sie ein Bekenntnis zu umweltorientiertem Handeln und eine demonstrative Engagementbereitschaft für den Bereich Energie vermittelt.

Fazit:

Die ISO 50001 ermöglicht einen strukturierten und systematischen Ansatz zur Verbesserung der Energieeffizienz und zur Reduzierung des Energieverbrauchs in Organisationen. Durch die Implementierung eines EnMS nach ISO 50001 können Organisationen nicht nur Kosten senken und ihre Umweltleistung verbessern, sondern auch ihre Wettbewerbsfähigkeit stärken und langfristige Nachhaltigkeit fördern.

7.2 Methoden zur Beurteilung von Produkt oder Prozess

Audits spielen in der heutigen Geschäftswelt eine entscheidende Rolle, insbesondere im Bereich des Qualitätsmanagements und der Managementsysteme. Ein Audit ist eine systematische Überprüfung von Prozessen, Systemen oder Einrichtungen, um deren Konformität mit festgelegten Standards oder Anforderungen zu bewerten. Es gibt verschiedene Arten von Audits, darunter interne, externe und Zertifizierungsaudits. Hauptziele von Audits sind die Überprüfung der Einhaltung von Standards, die Identifizierung von Verbesserungspotenzialen, die Bewertung der Effektivität von Prozessen und Systemen, die Aufdeckung von Schwachstellen und Risiken sowie die Gewährleistung von Transparenz und Vertrauenswürdigkeit von Organisationen.

Audits können verschiedene Methoden und Techniken umfassen, einschließlich Interviews, Inspektionen, Überprüfung von Dokumenten und Aufzeichnungen, Beobachtung von Arbeitsabläufen und Vergleich mit festgelegten Standards und Best Practices. Sie sind von entscheidender Bedeutung für Unternehmen, um die Qualität von Produkten und Dienstleistungen sicherzustellen, Kundenanforderungen zu erfüllen, Risiken zu minimieren, die Einhaltung von Vorschriften zu gewährleisten, das Vertrauen von Kunden und Stakeholdern zu stärken, die Effizienz von Prozessen zu verbessern und die kontinuierliche Verbesserung zu fördern.

Im Rahmen von Managementsystemen wie ISO 9001 spielen Audits eine zentrale Rolle. Sie dienen dazu, die Wirksamkeit des Managementsystems zu überwachen, zu bewerten und zu verbessern. Bei der Durchführung von Audits ist es wichtig, bewährten Verfahren zu folgen und Herausforderungen wie Ressourcenknappheit, Widerstand gegen Veränderungen und komplexe Compliance-Anforderungen zu bewältigen.

7.2.1 Audits

Leitfragen im Umgang mit Audits:

- Was sind die Prozessvorgaben?
- Wer ist Prozesseigner?
- Was sind die Prozesskennzahlen?
- Welche Chancen und Risiken hat der Prozess?

Wann benötigen Sie diese Methode?

Audits werden benötigt, wenn die Einhaltung von Gesetzen, Vorschriften und Standards überprüft werden soll, die Effektivität von Prozessen und Systemen bewertet werden soll, Risiken identifiziert und minimiert werden sollen und die Qualität und Zuverlässigkeit von Produkten oder Dienstleistungen sichergestellt werden sollen.

Ein Audit untersucht, ob ein Managementsystem die an es gesetzten Anforderungen erfüllt und ob es wirksam ist. Im Englischen bedeutet Audit Bücherprüfung oder Rechnungsprüfung, dies geht zurück auf lateinisch audire = hören, da die öffentliche Bücherprüfung ursprünglich mündlich vorgetragen wurde.

Weiterführende Literatur – Normen:

VDA (2023). *VDA QMC Band 6 Teil 3 Prozessaudit*. Techn. Ber. Verband der Automobilindustrie oder VDA (2008). *VDA QMC Band 6 Teil 5 Produktaudit*. Techn. Ber. Verband der Automobilindustrie.

7.2.1.1 Systemaudits

Systemaudits spielen eine zentrale Rolle im Qualitätsmanagement und in Managementsystemen. Diese systematischen Überprüfungen sind entscheidend, um die Einhaltung von Standards, die Effizienz von Prozessen und Verbesserungspotenziale in Organisationen zu bewerten. Ein Systemaudit umfasst eine gründliche Überprüfung von Prozessen, Verfahren und Systemen, um sicherzustellen, dass sie den festgelegten Standards und Anforderungen entsprechen. Diese Audits können intern oder extern durchgeführt werden, wobei interne Audits von Mitarbeitern oder Teams der Organisation und externe Audits von unabhängigen Parteien wie Kunden oder Zertifizierungsstellen durchgeführt werden.

Hauptziel von Systemaudits ist es, die Konformität mit Normen und Vorschriften sicherzustellen, Schwachstellen und Risiken aufzudecken und Verbesserungspotenziale zu identifizieren. Durch die Durchführung von Audits können Organisationen sicherstellen, dass ihre Prozesse und Systeme effizient und effektiv sind und die Anforderungen ihrer Kunden und anderer Interessengruppen erfüllen.

Um ein Systemaudit durchzuführen, werden verschiedene Methoden und Techniken eingesetzt, darunter Interviews mit Mitarbeitern, Inspektionen von Einrichtungen und Dokumenten, Überprüfung von Aufzeichnungen und Daten, Beobachtung von Arbeitsabläufen und Vergleiche mit festgelegten Standards und Best Practices. Diese Methoden helfen den Auditoren, ein umfassendes Bild der Organisation und ihrer Prozesse zu erhalten und potenzielle Probleme oder Abweichungen von den Standards zu identifizieren.

Interne Audits, auch als „1st Party Audits“ oder Selbstaudits bezeichnet, sind Prüfungen, die eine Organisation intern durchführt, um ihre eigenen Prozesse, Systeme und Abläufe zu bewerten. Diese Audits sind Teil des internen Qualitätsmanagementsystems und dienen dazu, sicherzustellen, dass die Organisation ihre festgelegten Standards, Richtlinien und Qualitätsziele erfüllt. Externe Kundenaudits, auch als „2nd Party Audits“ bekannt, sind Prüfungen, die von Kunden einer Organisation durchgeführt werden, um sicherzustellen, dass die Lieferanten die vereinbarten Qualitätsstandards erfüllen. In diesem Kontext agiert der Kunde als Prüfer und bewertet die Prozesse,

Produkte oder Dienstleistungen des Lieferanten. Externe Zertifizierungsaudits, auch als „3rd Party Audits" bezeichnet, sind Prüfungen, die von unabhängigen Organisationen durchgeführt werden, um die Konformität einer Organisation mit bestimmten Normen, Standards oder Zertifizierungen zu bewerten. Im Gegensatz zu internen oder Kundenaudits sind 3rd Party Audits unabhängig und werden von externen Zertifizierungsstellen durchgeführt.

Die Bedeutung von Systemaudits für Unternehmen sollte nicht unterschätzt werden. Sie spielen eine entscheidende Rolle bei der Sicherstellung der Qualität von Produkten und Dienstleistungen, der Erfüllung von Kundenanforderungen, der Minimierung von Risiken, der Einhaltung gesetzlicher Vorschriften und Normen sowie der Stärkung des Vertrauens von Kunden und anderen Interessengruppen. Darüber hinaus ermöglichen Systemaudits es Organisationen, Verbesserungspotenziale zu identifizieren und kontinuierliche Verbesserungen durch die Optimierung ineffizienter Prozesse und die Implementierung von Best Practices zu fördern.

Im Kontext von Managementsystemen wie ISO 9001 sind Systemaudits ein wesentlicher Bestandteil des PDCA-Zyklus (Abschnitt 4.1.7). Sie dienen der Überwachung, Bewertung und Verbesserung der Wirksamkeit des Managementsystems und tragen dazu bei, dass die Organisation ihre Ziele effektiv erreicht und kontinuierlich optimiert.

Bei der Durchführung von Systemaudits ist es wichtig, bewährte Verfahren zu befolgen und Herausforderungen wie Ressourcenknappheit, Widerstand gegen Veränderungen und komplexe Compliance-Anforderungen zu bewältigen. Eine klare Planung, eine sorgfältige Vorbereitung, die Auswahl qualifizierter Auditoren und eine angemessene Dokumentation der Ergebnisse sind entscheidend für den Erfolg von Audits.

Fazit:

Insgesamt sind Systemaudits für Organisationen von entscheidender Bedeutung, um die Qualität, Effizienz und Konformität ihrer Prozesse und Systeme sicherzustellen. Sie bieten eine Möglichkeit zur kontinuierlichen Verbesserung und zum Aufbau von Vertrauen und Glaubwürdigkeit bei Kunden und Stakeholdern.

7.2.1.2 Prozessaudits

Ein Prozessaudit ist eine systematische Bewertung eines bestimmten Prozesses innerhalb eines Unternehmens. Das Ziel von Prozessaudits ist es, die Konformität mit Standards und Vorschriften sicherzustellen, Schwachstellen und Risiken aufzudecken und Verbesserungspotenziale zu identifizieren. Durch die Durchführung von Prozessaudits können Organisationen sicherstellen, dass ihre Geschäftsprozesse effizient und effektiv sind und den Anforderungen ihrer Kunden und anderer Interessengruppen entsprechen. Dies trägt dazu bei, die Qualität von Produkten und Dienstleistungen zu verbessern, Kundenanforderungen zu erfüllen, Risiken zu minimieren und gesetzliche Anforderungen zu erfüllen.

Prozessaudits spielen eine wichtige Rolle im Qualitätsmanagement und in Managementsystemen, um die Effektivität von Geschäftsprozessen zu bewerten und sicherzustellen, dass sie den definierten Standards und Anforderungen entsprechen. Die Auditform des Prozessaudits wird oftmals durchgeführt, wenn ein Managementsystem bereits längerfristig im Unternehmen implementiert ist. In diesem Fall erfolgt ein Übergang von System- zum Prozessaudit. Bei dieser Auditform wird die Prozess- und Verfahrensqualität unter Berücksichtigung von Prozess-, Arbeits- oder Verfahrensanweisungen oder Kundenanforderungen sowie -vereinbarungen beurteilt.

In einem Prozessaudit wird hinterfragt, ob alle Prozessschritte korrekt und effizient durchgeführt werden, oder ob alle relevanten Normen, Standards und internen Vorgaben eingehalten sind oder ob es Risiken oder Engpässe gibt, die die Prozessleistung beeinträchtigen? Ein Prozessaudit ist eine systematische Überprüfung von Geschäftsprozessen, um deren Konformität mit definierten Standards, Richtlinien zu bewerten und Verbesserungspotenziale aufzudecken.

Eine besondere Form des Prozessaudits ist jene, die nach dem Band 6.3 des Verbandes der Automobilindustrie e. V. (VDA) durchgeführt wird. Der VDA hat mit dem Band 6.3 einen spezifischen Standard für Prozessaudits entwickelt, der besonders in der Automobilbranche Anwendung findet, sich aber auch darüber hinaus in anderen Branchen und Industrien als Quasistandard etabliert hat. Die Besonderheiten eines 6.3-Prozessaudits sind:

- **Fokus auf die gesamte Lieferkette:** Das Audit betrachtet nicht nur die eigene Produktion, sondern auch vor- und nachgelagerte Prozesse, einschließlich Lieferantenbewertung.
- **Bewertung anhand eines Punktesystems:** Jeder Prozess wird anhand eines standardisierten Bewertungsschemas analysiert, das eine objektive Vergleichbarkeit ermöglicht.
- **Klar definierte Prozessschritte:** Die Struktur des Audits umfasst sieben Hauptprozesse, von der Projektplanung (P1) über die Produktion (P5) bis hin zum Kundenservice (P7).
- **Risikoorientierung:** Besondere Aufmerksamkeit gilt Prozessen mit hohem Risiko für Qualitätseinbußen oder Ausfälle.
- **Kategorisierung in verschiedene Auditarten:** Das Audit kann als Potenzialanalyse, Produktentwicklungsprozess- oder Serienprozessaudit durchgeführt werden.

Ein Prozessaudit unterscheidet sich vom Systemaudit in seiner Zielsetzung und seinem Umfang. Während ein Systemaudit sicherstellt, dass ein Unternehmen ein funktionierendes Managementsystem hat, prüft ein Prozessaudit, ob ein bestimmter Prozess in der Praxis effektiv abläuft. Die Unterschiede beider Auditarten sind in Tabelle 7.1 gegenübergestellt.

Tabelle 7.1 Gegenüberstellung Prozess- und Systemaudit

Merkmal	Prozessaudit	Systemaudit
Ziel	Bewertung eines spezifischen Prozesses hinsichtlich	Überprüfung des gesamten Managementsystems auf Normkonformität Effizienz und Konformität
Fokus	Einzelne Prozesse, bspw. Fertigung oder Logistik	Gesamtes Qualitätsmanagementsystem (zum Beispiel ISO 9001)
Bewertungskriterien	Prozessperformance, Effizienz, Risiken und Chancen	Struktur, Dokumentation, Umsetzung der Normanforderungen
Ergebnisse	Identifikation von Schwachstellen im Prozess, Verbesserungspotenzial	Konformitätsbewertung des Systems, Zertifizierungsfähigkeit

Fazit:

Ein Prozessaudit ist ein wichtiges Instrument zur Qualitäts- und Effizienzsteigerung einzelner Prozesse und hilft Unternehmen, ihre Produktion und Abläufe kontinuierlich zu verbessern. Das VDA-6.3-Prozessaudit bietet eine strukturierte und vergleichbare Bewertung speziell für die Automobilindustrie. Im Gegensatz dazu betrachtet ein Systemaudit das gesamte Qualitätsmanagementsystem und stellt sicher, dass es den normativen Anforderungen entspricht. Beide Auditarten ergänzen sich und tragen zur langfristigen Wettbewerbsfähigkeit eines Unternehmens bei.

7.2.1.3 Produktaudits

Ein Produktaudit ist eine systematische Prüfung eines Produkts, mit dem Ziel, dessen Konformität mit bestimmten Anforderungen oder Standards zu ermitteln. Ein Produktaudit wird in verschiedenen Phasen des Produktlebenszyklus durchgeführt, um die Aufrechterhaltung der Produktqualität und Konformität mit den relevanten Standards zu gewährleisten. Ein Produktaudit wird beispielsweise durchgeführt, wenn im Betrieb Fehler an fertigen Produkten festgestellt werden oder durch den Kunden Fehler bei bereits ausgelieferten Produkten reklamiert werden. Es fungiert somit als Instrument des Managements zur unabhängigen Bewertung von Produkten aus der Perspektive der Kunden und zur Absicherung gegen Haftungsfälle im Zusammenhang mit Produkt- und Sachmängeln. Die Überprüfung erfolgt mittels einer Stichprobe, die der Komplexität und Fertigungsstückzahl des Produkts angemessen ist.

Im Rahmen dessen erfolgt eine Begutachtung der Produktqualität in Bezug auf die Kundenanforderungen, die technischen Spezifikationen sowie die angewandten Fertigungs- und Prüfverfahren. Im Falle einer internen Auditierung setzt sich die Auditorengruppe aus Mitarbeitern sämtlicher technischer Bereiche des Betriebs zusammen.

Es ist essenziell, dass diese Personen sowohl über die erforderlichen fachlichen Kompetenzen als auch über die notwendigen sozialen Fähigkeiten verfügen, um diese Aufgabe adäquat zu erfüllen. Zudem sollten sie nicht in unmittelbarer Verantwortung für die Fertigung des zu auditierenden Produkts stehen.

Ein Produktaudit stellt eine geeignete Methode dar, um eine valide Aussage über die Qualitätslage des Unternehmens zu treffen. Zudem kann es als Managementwerkzeug zur unabhängigen Bewertung von Produkten aus Kundensicht sowie zur Absicherung gegen Produkt- und Sachmängelhaftungsfälle eingesetzt werden. Die Planung und Durchführung von Produktaudits ist von entscheidender Bedeutung, um valide Aussagen über die Qualitätslage des Unternehmens treffen zu können. Basierend auf diesen Faktoren erfolgt die Festlegung des Auditprogramms, einschließlich der Häufigkeit, des Stichprobenumfangs und der erforderlichen Ressourcen (Personal, Prüfmittel, Teile usw.).

Die Durchführung der Audits erfolgt durch einen qualifizierten Produktauditor. Im Fokus der Prüfung steht die Bewertung der Produktqualität in Bezug auf die Kundenanforderungen, die technischen Spezifikationen sowie die angewandten Fertigungs- und Prüfverfahren. Von signifikanter Relevanz ist in diesem Kontext die Kennzeichnung der im Rahmen der Auditierung entnommenen Produkte, um im Reklamationsfall eine zweifelsfreie Rückverfolgbarkeit zu gewährleisten.

Die Bewertung erfolgt anhand eines Punkteschemas, das je nach Unternehmen und Produkten festgelegt wird. In der Regel wird dabei zwischen A-, B- und C-Fehlern unterschieden, wobei A-Fehler die geringste und C-Fehler die höchste Schwere darstellen. Die eingesetzten Auditoren sollten dabei die Fehlerschwere im direkten Vergleich möglichst gleich bewerten. Bei der Durchführung der Produktaudits ist die Auditorenqualifikation zu berücksichtigen. Grundsätzlich gilt der Leitsatz: Was jemand nicht selber versteht/kann, kann er auch nicht auditieren.

Analog zum Prozessaudit ist auch das Produktaudit in dem VDA-Band 6.5 detalliert beschrieben, dieser Band richtet sich in erster Linie an die Automobilindustrie. Der Band 6.5 Produktaudit beschreibt die Vorgehensweise zur risikobasierten Planung, Umsetzung und Verbesserung von Produktaudits, so wie in Tabelle 7.2 dargestellt.

Tabelle 7.2 Ablauf eines Produktaudits nach VDA 6.5

Phase	Inhalt
Auditprogramm	Planung eines risikobasierten Auditprogramms inkl. Ressourcen
Auditplan	Stichprobenumfang, Zeitpunkt und zu auditierende Merkmale planen
Produktaudit	Produktaudit durchführen
Auswertung	Klassifizierung von Abweichungen und Zusammenfassung für Management Review
Korrektur	Ursachenanalyse, angemessene Maßnahmen und Wirksamkeitsprüfung

Die Erstellung des Auditprogramms sollte risikoorientiert erfolgen. Zu diesem Zweck empfiehlt sich die Entwicklung einer Entscheidungsmatrix, die die relevanten Risiko-Einflussfaktoren berücksichtigt und aus der sich eine Priorität für die Durchführung der Produktaudits ableiten lässt. Die Einflussfaktoren oder Kriterien hierfür sind unternehmensspezifisch anzupassen und können bei Bedarf ergänzt werden.

Zu den potenziellen Einflussfaktoren zählen beispielsweise die Anzahl an Reklamationen intern wie extern, die Komplexität der Produkte oder Ergebnisse, Kundenzufriedenheitsuntersuchungen, interne Qualitätskennzahlen oder auch Ergebnisse vorangegangener Audits. Darüber hinaus sind bei der Planung der Produktaudits verschiedenste Ereignisse mit potenziellem Einfluss auf die Produkte zu berücksichtigen, wie beispielsweise Verlagerungen, Lieferantenwechsel oder Personalwechsel.

Aus dem Auditprogramm wird der Auditplan oder die Produktaudit-Checkliste abgeleitet. Der Auditplan muss neben der Prüfmethode und den zu verwendenden Prüfmitteln auch Punkte beinhalten, die Prüfmerkmale, Spezifikation, Prüfmethode, Prüfmittel und Stichprobengröße umfassen. Darüber hinaus sind zusätzliche Festlegungen bezüglich der Entnahme der zu prüfenden Teile aus der Produktion erforderlich. In der Regel erfolgt die Entnahme der Teile aus der Produktion nach Priorität der Auditziele oder nach dem Zufallsprinzip. Dabei ist zu berücksichtigen, dass die zu entnehmenden Produkte bereits alle erforderlichen Prüfungen durchlaufen haben und einen ab- bzw. auslieferungsfähigen Zustand erreicht haben.

Bei der Entnahme ist eine Kennzeichnung der Produkte entsprechend der internen Festlegung erforderlich, um eine sichere Ausschleusung und die spätere Rückverfolgbarkeit der Mess- und Prüfergebnisse zu gewährleisten. Beim Transport der Teile aus der Produktion ist darauf zu achten, dass die Prüfmerkmale nicht beeinträchtigt werden. Nach Abschluss des Audits können die Produkte, die keine Beeinträchtigung aufweisen, dem Serienprozess wieder zugeführt werden.

Die Auswertung des Produktaudits wird in einem Auditbericht dokumentiert. Der Auditbericht sollte Punkte wie Abweichungen, standardisiert und gewichtet nach Fehlerklasse, beispielsweise Einhaltung oder Nichteinhaltung der Produktmerkmale, Fehlerort und Fehlerart sowie die Schwere des Fehlers umfassen. Des Weiteren sind Informationen zur Ermittlung von Kennzahlen für die Bewertung der Produktqualität zu dokumentieren, wie Qualitätsklassen, Summe der Beanstandungspunkte oder Fehlerquoten.

Für die Bewertung der Abweichungen können unterschiedliche Perspektiven berücksichtigt werden, wie die Perspektive der Kundschaft oder die rein technische Sicht. Daraus werden Fehlerklassen wie A-, B- oder C-Fehler gebildet und die Abweichungen den Fehlerklassen zugeordnet. Die Ergebnisse werden zusammengefasst und als Eingabe für das Management Review bereitgestellt.

Es sei darauf hingewiesen, dass Korrekturmaßnahmen entweder an den auditierten Produkten oder auch an weiteren Serienprodukten notwendig werden können und von dem Produktauditor überwacht werden. Die Korrekturmaßnahmen müssen gemäß der gängigen Praxis auf die Vermeidung der Fehlerursachen ausgerichtet sein. Eine strukturierte Ursachananalyse ist ein wesentlicher Faktor bei der Festlegung von wirksamen Maßnahmen. Die Lenkung der Korrekturmaßnahmen aus den Produktaudits muss in den unternehmensinternen Vorgaben beschrieben sein. Folgende Aspekte müssen in dieser Beschreibung enthalten sein:

- Reaktion bei Verletzung gesetzlicher Anforderungen
- Bearbeitungsmethode bezogen auf die Fehlerklasse
- Bearbeitungsmethode in Abhängigkeit der Häufigkeit des Fehlers
- Reaktionsgeschwindigkeit
- Zu verwendende Ursachenanalysemethoden oder Problemlösungsmethoden
- Verantwortlichkeiten für den Korrekturmaßnahmenprozess
- Vorgehensweise zur Bewertung der Wirksamkeit der getroffenen Korrekturmaßnahmen

Die Erkenntnisse aus den Produktaudits werden anschließend für den Wissenstransfer und lessons learned bereitgestellt.

Fazit:

Ein Produktaudit ist eine Überprüfung von Produkten auf Übereinstimmung mit Anforderungen und Standards. Ziel ist es, die Qualität und Zuverlässigkeit von Produkten sicherzustellen. Dabei wird der Fokus auf Produktqualität, Sicherheit, Funktionalität, Zuverlässigkeit und Einhaltung von Vorschriften und Standards gelegt. Durch ein Produktaudit können Schwachstellen und Verbesserungspotenziale identifiziert werden, um die Kundenzufriedenheit zu steigern, Reklamationen und Garantieansprüche zu reduzieren und die Produktqualität und Zuverlässigkeit zu verbessern.

7.2.2 Gesamtqualitätskosten

Leitfragen im Umgang mit Gesamtqualitätskosten:

- Wie hoch sind meine Gesamtqualitätskosten?
- Welchen Anteil haben die Kosten für gute bzw. schlechte Qualität?
- Wie hoch sind die Anteile für Prävention bzw. Detektion?

Wann benötigen Sie diese Methode?

Die Gesamtqualitätskosten sind dann relevant, wenn die Gesamtkosten von Qualität und Fehlern in einem Unternehmen ermittelt werden sollen, die Effizienz von Qualitätsmanagementmaßnahmen bewertet werden soll, die Kosten von Fehlern und Nacharbeiten minimiert werden sollen und die Rentabilität von Investitionen in Qualität verbessert werden soll.

Die Gesamtqualitätskosten (GQK) bezeichnen die Kosten, die mit der Sicherstellung der Qualität eines Produkts oder einer Dienstleistung verbunden sind. Diese Kosten umfassen nicht nur die direkten Kosten der Fehlervermeidung und Fehlerkorrektur, sondern auch die Kosten der Fehlerverhütung sowie die Kosten, die durch nicht rechtzeitig erkannte und korrigierte Fehler entstehen. Somit setzen sich die GQK aus den Kosten für *gute* Qualität und Kosten für *schlechte* Qualität zusammen. Dies wird in Bild 7.3 dargestellt.

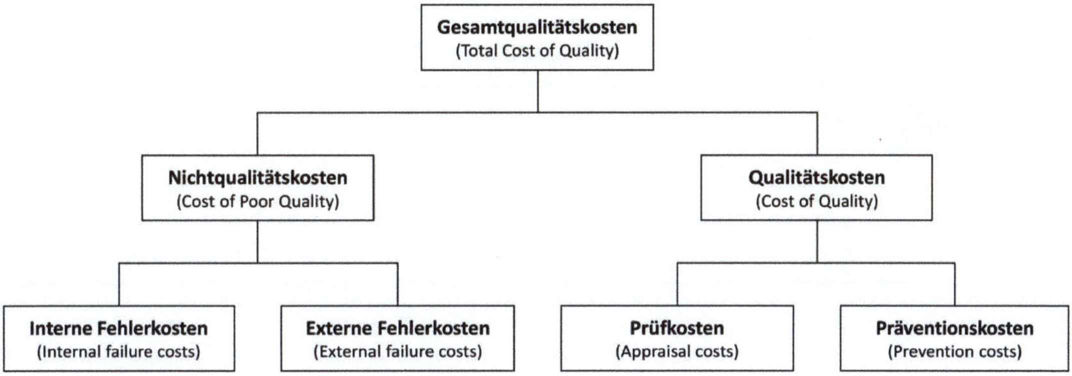

Bild 7.3 Zusammensetzung Gesamtqualitätskosten

GQK ist ein wichtiges Konzept im Qualitätsmanagement und wird häufig zur Bewertung der Effektivität von Qualitätsprozessen und -systemen verwendet. Die GQK können in vier Hauptkategorien unterteilt werden:

- **Präventionskosten:** Diese Kosten entstehen, um Fehler und Mängel zu vermeiden, bevor sie auftreten. Dazu gehören Kosten für Aus- und Weiterbildung, die Entwicklung von Qualitätsstandards und -verfahren, Qualitätsplanung und -prüfung sowie die Implementierung von Qualitätsmanagementsystemen. Präventionskosten tragen dazu bei, die Häufigkeit von Fehlern zu verringern und die Gesamtkosten für Qualität zu senken.
- **Prüfkosten:** Diese Kosten entstehen durch die Überprüfung von Produkten oder Dienstleistungen, um sicherzustellen, dass sie den Qualitätsstandards entsprechen. Dazu gehören Kosten für Inspektionen, Tests, Audits und andere Qualitätssicherungsmaßnahmen. Prüfkosten sind notwendig, um die Qualität der Produkte und Dienstleistungen zu überwachen und sicherzustellen, dass sie den Anforderungen und Erwartungen der Kunden entsprechen.
- **Interne Fehlerkosten:** Diese Kosten entstehen, wenn Fehler oder Mängel in einem Produkt oder einer Dienstleistung erkannt und behoben werden, bevor sie den Kunden erreichen. Dazu gehören die Kosten für die Fehlerbehebung, Nacharbeit, Ausschuss und Verschrottung sowie die Kosten für die Bearbeitung von Kundenreklamationen und Retouren. Interne Fehlerkosten können erheblich sein

und umfassen sowohl direkte Kosten (Arbeitszeit und Material) als auch indirekte Kosten (Produktionsausfallzeiten und Imageverlust).

- **Externe Fehlerkosten:** Diese Kosten entstehen, wenn Fehler oder Mängel erst nach der Auslieferung eines Produkts oder einer Dienstleistung an den Kunden erkannt werden. Dazu gehören Kosten für Garantieansprüche, Produktrückrufe, Schadenersatzforderungen, Rechtskosten und Imageverlust. Externe Fehlerkosten sind häufig die teuersten Qualitätskosten, da sie nicht nur direkte finanzielle Kosten umfassen, sondern auch das Vertrauen der Kunden und den Ruf der Organisation beeinträchtigen können.

Fazit:

Die Erfassung der GQK ist insbesondere sinnvoll zur Bewertung der Effektivität von Qualitätsmanagementmaßnahmen, zur Identifizierung von Kostenreduzierungspotenzialen durch Qualitätsverbesserungen, zur Optimierung von Prozessen und Reduzierung von Fehlern oder zur Bewertung der Rentabilität von Investitionen in Qualität.

8 Methoden zur Entwicklung einer Strategie

Eine Strategie ist ein langfristiger Plan, welcher darauf abzielt, bestimmte Ziele oder Ergebnisse zu erreichen. In der Regel umfasst eine Strategie die Analyse des *Status quo*, die Definition von Zielen, die Auswahl geeigneter Maßnahmen sowie die Überwachung des Fortschritts, um sicherzustellen, dass die Ziele erreicht werden. Strategien sind von entscheidender Bedeutung, da sie dazu beitragen, Ressourcen effektiv und effizient einzusetzen und die grundlegende Ausrichtung einer Organisation oder eines Unternehmens zu definieren. Eine Strategie unterstützt dabei, Prioritäten zu definieren, Risiken zu managen und sicherzustellen, dass alle Beteiligten auf ein gemeinsames Ziel hinarbeiten.

Eine gut entwickelte und implementierte Strategie gewährleistet, dass ein Unternehmen nicht nur auf aktuelle Marktbedingungen reagiert, sondern auch proaktiv handelt, um seine langfristigen Ziele zu erreichen. Aus diesem Grund werden im Folgenden

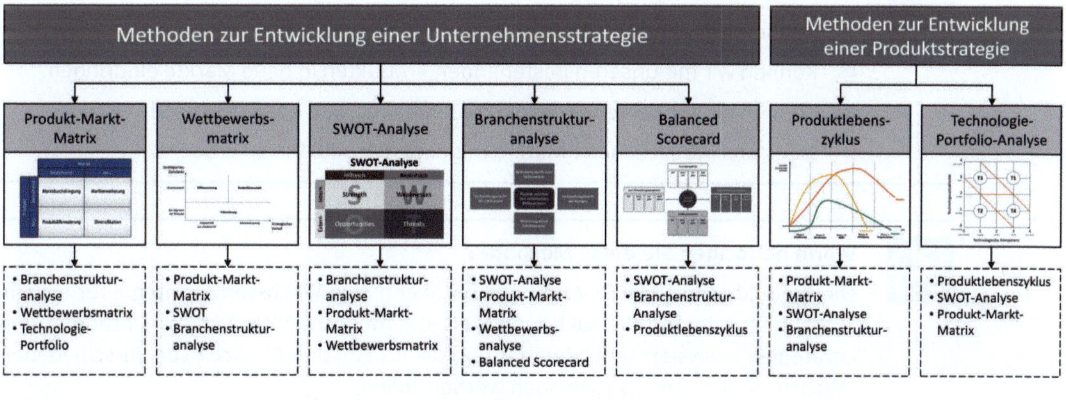

Bild 8.1 Methoden zur Entwicklung einer Strategie

verschiedene Methoden erläutert, mit denen sowohl eine Unternehmensstrategie, als auch eine Produktstrategie erarbeitet werden kann.

Weiterführende Literatur – Bücher:

Heiko Asum und Klaus Kerth (2023). *Die besten Strategietools in der Praxis: Welche Werkzeuge brauche ich wann? Wie wende ich sie an? Wo liegen die Grenzen?* Carl Hanser Verlag

8.1 Methoden zur Entwicklung einer Unternehmensstrategie

Die Unternehmensstrategie stellt das übergeordnete Konzept zur Steuerung des Gesamtbilds sowie der langfristigen Ausrichtung des Unternehmens dar. Die Unternehmensstrategie bezieht sich auf das gesamte Unternehmen und definiert die langfristigen Ziele, die Ausrichtung sowie den Weg, den das Unternehmen als Ganzes einschlagen möchte. Die Unternehmensstrategie umfasst Entscheidungen über die Abgrenzung der Geschäftsbereiche, die Auswahl der Märkte, die Entwicklung von Wettbewerbsstrategien, die Ausgestaltung der Unternehmenskultur sowie die Allokation der Ressourcen auf höchster Unternehmensebene. Die Unternehmensstrategie beantwortet grundlegende Fragen, beispielsweise hinsichtlich der Märkte, auf denen das Unternehmen tätig sein möchte, der Positionierung gegenüber Wettbewerbern sowie der Investitionen, die erforderlich sind, um langfristig erfolgreich zu sein.

8.1.1 Die Produkt-Markt-Matrix

Leitfragen im Umgang mit der Produkt-Markt-Matrix:

- Können wir Marktanteile in bestehenden Märkten erhöhen?
- Können wir mit unseren bestehenden Produkten in neue Märkte eindringen?
- Können wir für bestehende Märkte neue Produkte entwickeln oder einführen?
- Ist es uns möglich, neue Märkte mit neuen Produkten zu erobern?

Wann benötigen Sie diese Methode?

Die Produkt-Markt-Matrix wird benötigt, wenn eine Wachstumsstrategie für ein Unternehmen oder ein Produkt entwickelt, die möglichen Wachstumsrichtungen und -strategien analysiert und bewertet und die Risiken und Chancen von verschiedenen Wachstumsstrategien abgewogen werden sollen.

Die Produkt-Markt-Matrix, auch als Ansoff-Matrix bezeichnet, stellt ein Instrument zur strategischen Unternehmensführung dar (Ansoff u. a. 1957). Sie kann als das erste Analyseraster zur Strategieselektion bezeichnet werden und war in den 1960er- und 1970er-Jahren das vorherrschende strategische Denkmuster. Sie kann einem Management, welches eine Wachstumsstrategie präferiert, als Instrument zur Planung des intendierten Wachstums dienen. Die Produkt-Markt-Matrix analysiert die Potenziale und Risiken von vier möglichen Produkt-Markt-Kombinationen:

Tabelle 8.1 Exemplarische Produkt-Markt-Matrix (Ansoff u. a. 1957)

	Bestehende Produkte	Neue Produkte
Bestehende Märkte	Marktdurchdringung	Produktentwicklung
Neue Märkte	Marktentwicklung	Diversifikation

Für die Marktdurchdringung strebt ein Unternehmen eine Expansion innerhalb eines bestehenden Markts an, indem der Marktanteil bereits etablierter Produkte durch gezielte Marktbearbeitung erhöht wird. Dies erfolgt im Wesentlichen durch eine Steigerung der Absatzmenge bei bestehenden Kunden, den Verkauf der Produkte an neue Kunden, die Gewinnung von Kunden, die zuvor bei der Konkurrenz gekauft haben, oder eine Kombination dieser Möglichkeiten.

Der Einsatz dieser Strategie ist mit einem geringen Risiko verbunden, da sie auf bereits vorhandenen Ressourcen und Fähigkeiten aufbauen kann. Allerdings ist das Wachstum in der Regel begrenzt. Bei einer Sättigung des Markts ist ein Strategiewechsel erforderlich, um weiteres Wachstum zu generieren. Der Marktdurchdringungsgrad lässt sich wie folgt berechnen:

$$\text{Marktdurchdringungsgrad} = \frac{\text{Anzahl Kunden}}{\text{Summe potenzieller Kunden}} \cdot 100\,\% \qquad (8.1)$$

Je geringer der Marktdurchdringungsgrad eines Unternehmens ist, umso mehr Marktpotenzial kann es im Rahmen des Marketings für sich ausschöpfen.

Bei der Produktentwicklung zielt die Strategie der Unternehmen darauf ab, die Bedürfnisse des bestehenden Markts durch die Einführung neuer Produkte oder die Entwicklung zusätzlicher Produktvarianten zu befriedigen. Diese Vorgehensweise kann für Unternehmen vorteilhaft sein, deren Stärke sich weniger auf spezifische Produkte als auf spezifische Kundensegmente bezieht. Die Aneignung neuer Fähigkeiten sowie die Unwägbarkeit des Erfolgs der Neuentwicklung gehen mit deutlich höheren Risiken einher als die Marktdurchdringung.

Ein Unternehmen strebt bei der Marktentwicklung eine Vergrößerung der Zielgruppe für bereits bestehende Produkte durch die Erschließung neuer Marktsegmente oder neuer geografischer Regionen (regional, national, international) an. Diese Strategie erweist sich für Unternehmen als empfehlenswert, die ihre Kompetenzen und Philosophie in erster Linie auf ein spezifisches Produkt ausgerichtet haben und weniger auf einen spezifischen Markt. Die Expansion in einen neuen, unbekannten Markt ist jedoch mit einem höheren Risiko verbunden als eine bloße Marktdurchdringung.

Unter den vier betrachteten Wachstumsstrategien weist die Produktdiversifikation das größte Risiko auf. Die Entwicklung eines neuen Produkts ist nur ein Aspekt der Produktdiversifikation. Gleichzeitig muss auch die Erschließung neuer Märkte erfolgen. In einzelnen Fällen kann die Möglichkeit eines hohen Return on Investment jedoch als Rechtfertigung für eine Diversifikationsstrategie herangezogen werden. Weitere Vorteile können in der Möglichkeit eines Einstiegs in eine potenziell attraktive Branche sowie in der Reduktion des allgemeinen Geschäftsportfolio-Risikos liegen. In Abhängigkeit vom Grad der Risikobereitschaft lassen sich drei Typen der Diversifikationsstruktur unterscheiden:

1. **Horizontale Diversifikation:** Die Erweiterung des bestehenden Produktprogramms erfolgt mit Produkten, die in einem sachlichen Zusammenhang mit dem ursprünglichen Produktprogramm stehen.
2. **Vertikale Diversifikation:** Dies entspricht einer Vergrößerung der Tiefe des Produktprogramms, entweder in Richtung Absatz, d. h. eine Vorwärtsintegration, oder in Richtung Herkunft der Produkte, sprich eine Rückwärtsintegration.
3. **Laterale oder diagonale Diversifikation:** Hierbei erfolgt der Vorstoß in gänzlich neue Markt- und Produktgebiete. Dies erfordert eine Verlagerung des Fokus des Unternehmens aus der traditionellen Branche heraus und eine Investition in weit entfernte Geschäftsfelder. In diesem Kontext besteht keine Verbindung zum bisherigen Geschäftsbetrieb. Diese Form des Diversifikationsprozesses wird im Rahmen des strategischen Marketings als diejenige mit dem höchsten Risiko betrachtet. Als gelungenes Beispiel kann der Einstieg von Mannesmann Ende der 1980er-Jahre in den Mobilfunksektor betrachtet werden.

Fazit:

Die Produkt-Markt-Matrix berücksichtigt einige Faktoren nicht, sodass der Aussagewert des Modells folgenden Einschränkungen unterliegt. Die Generierung von Strategien ist auf wachsende Märkte sowie die Extrapolation und pragmatische Verbesserung der momentanen Unternehmenssituation beschränkt. Die Analyse interner Schwächen und Stärken der mit dieser Strategie arbeitenden Unternehmen wird nicht durchgeführt. Die Dimension der Konkurrenz, kunden- und wettbewerbsbezogene Aspekte bleiben unberücksichtigt. Die Abstimmung der einzelnen strategischen Geschäftseinheiten hinsichtlich der Auslastung ihrer Ressourcen sowie ihrer Risikosituation wird in diesem Modell nicht berücksichtigt.

8.1.2 Die Wettbewerbsmatrix

Leitfragen im Umgang mit der Wettbewerbsmatrix:

- Agiert unser Unternehmen nur in einem Segment der Branche oder branchenweit?
- Auf welchen Kriterien basiert unser strategischer Vorteil?

Wann benötigen Sie diese Methode?

Porters generische Wettbewerbsstrategien werden benötigt, wenn eine Wettbewerbsstrategie für ein Unternehmen oder ein Produkt entwickelt werden soll, die Positionierung im Markt bestimmt werden soll und die Wettbewerbsvorteile identifiziert und genutzt werden sollen.

Michael E. Porter hat ein Modell vorgestellt, das als Wettbewerbsmatrix oder Porters generische Wettbewerbsstrategien (Porter 1997) bekannt wurde. Dieses Modell bietet Unternehmen eine strukturierte Herangehensweise, um ihre Position im Markt zu analysieren und eine klare Wettbewerbsstrategie zu wählen.

Porters Modell unterscheidet drei generische Strategien, die Unternehmen nutzen können, um einen nachhaltigen Wettbewerbsvorteil zu erlangen: Kostenführerschaft, Differenzierung und Fokussierung (Murray 1988), wie auch in Bild 8.2 dargestellt. Jede dieser Strategien bietet Unternehmen eine unterschiedliche Möglichkeit, sich von der Konkurrenz abzuheben und sich erfolgreich im Markt zu behaupten.

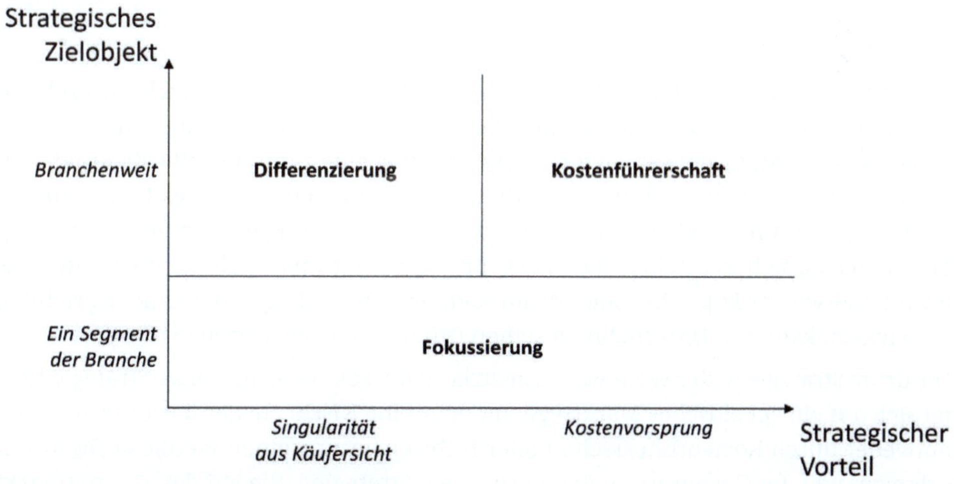

Bild 8.2 Porters Wettbewerbsmatrix

Der Kern des Modells liegt in der Überlegung, dass ein Unternehmen durch die Wahl einer klar definierten Strategie entweder kosteneffizienter als die Konkurrenz arbeiten oder sich durch einzigartige Produkte und Dienstleistungen differenzieren kann. Diese Strategien werden durch Porters Konzept der Wertschöpfungskette (Porter 2008) ergänzt, das aufzeigt, wie Unternehmen ihre Aktivitäten entlang der Wertschöpfung organisieren können, um Wettbewerbsvorteile zu realisieren.

Die Kostenführerschaft-Strategie zielt darauf ab, die geringsten Produktions- und Betriebskosten in einer Branche zu erreichen. Unternehmen, die sich für diesen Ansatz entscheiden, versuchen, durch Effizienzsteigerungen, Innovationen und Skaleneffekte ihre Kosten zu minimieren. Dies ermöglicht es ihnen, ihre Produkte zu niedrigeren Preisen als die Konkurrenz anzubieten.

Um Kostenführerschaft zu erreichen, müssen Unternehmen in der Lage sein, ihre Kostenstrukturen genau zu kontrollieren, große Produktionsmengen zu erzielen und gleichzeitig ihre Betriebsprozesse effizient zu gestalten. Der Erfolg dieser Strategie hängt davon ab, dass das Unternehmen seine Effizienz steigert, ohne die Qualität seiner Produkte zu beeinträchtigen. Andernfalls besteht die Gefahr, dass Kunden auf Produkte von Konkurrenten ausweichen, die möglicherweise ein besseres Preis-Leistungs-Verhältnis bieten.

Eine alternative Strategie ist die Differenzierung. Unternehmen, die sich auf Differenzierung konzentrieren, versuchen, Produkte oder Dienstleistungen anzubieten, die sich von den Angeboten der Konkurrenz abheben. Dies kann durch innovative Merkmale, höhere Qualität, besseres Design oder außergewöhnlichen Kundenservice geschehen. Der Hauptvorteil der Differenzierungsstrategie liegt darin, dass Kunden bereit sind, höhere Preise für Produkte zu zahlen, die sie als einzigartig oder besonders wertvoll empfinden.

Um erfolgreich zu differenzieren, müssen Unternehmen stark in Forschung und Entwicklung investieren, um Innovationen zu fördern und ihre Produkte kontinuierlich zu verbessern. Außerdem spielt die Markenbildung eine zentrale Rolle, da Kunden in der Regel Premiumpreise nur für Produkte bezahlen, die ein starkes Image und eine hohe Bekanntheit aufweisen. Die größte Herausforderung bei der Differenzierung besteht darin, sicherzustellen, dass die Unterscheidungsmerkmale für die Kunden relevant und schwer kopierbar sind. Wenn Konkurrenten erfolgreich ähnliche Produkte entwickeln, kann das Unternehmen seinen Differenzierungsvorteil verlieren.

Die dritte Strategie in der Wettbewerbsmatrix ist die Fokussierung. Diese Strategie richtet sich auf ein spezifisches Marktsegment oder eine Nische, in der das Unternehmen entweder durch Kostenführerschaft oder Differenzierung einen Wettbewerbsvorteil erlangen will. Im Gegensatz zu den vorherigen Strategien, die auf den Gesamtmarkt abzielen, konzentriert sich die Fokussierungsstrategie auf eine klar abgegrenzte Zielgruppe oder einen bestimmten Marktsektor. Dies kann etwa eine geografische Region, eine bestimmte Kundengruppe oder ein spezielles Produktsegment sein.

Unternehmen, die sich auf eine Nischenstrategie stützen, sind oft kleiner als ihre Konkurrenten und nutzen ihre tiefgehende Marktkenntnis, um den spezifischen Bedürfnissen ihrer Zielgruppe gerecht zu werden. Fokussierungsstrategien sind besonders erfolgreich, wenn das ausgewählte Segment nicht groß genug ist, um das Interesse größerer Wettbewerber zu wecken, aber dennoch ausreichend profitabel ist. Allerdings ist auch diese Strategie nicht ohne Risiken: Wenn das Segment schrumpft oder unattraktiv wird, kann das Unternehmen in eine Abhängigkeit geraten, die seine Wettbewerbsfähigkeit gefährdet. Zudem könnte ein größerer Konkurrent das Potenzial der Nische erkennen und versuchen, in diesen Markt einzudringen.

Ein zentrales Element von Porters Theorie ist die Warnung, dass Unternehmen eine klare Wahl treffen müssen, welche der drei Strategien sie verfolgen wollen. Ein Unternehmen, das versucht, gleichzeitig Kostenführerschaft und Differenzierung zu erreichen, läuft Gefahr, in der Mitte stecken zu bleiben. Dies bedeutet, dass es weder seine Kosten optimal kontrollieren noch sich ausreichend differenzieren kann, um einen echten Wettbewerbsvorteil zu erzielen. Unternehmen ohne klare Strategie riskieren, ineffizient zu werden und in ihrem Markt an Boden zu verlieren, da sie keine klaren Prioritäten setzen und ihre Ressourcen möglicherweise falsch einsetzen.

Die Anwendung der Wettbewerbsmatrix in der Praxis erfordert eine umfassende strategische Analyse. Unternehmen müssen sowohl ihre internen Ressourcen und Fähigkeiten als auch die externen Marktbedingungen berücksichtigen, um die geeignete Strategie zu wählen. Modelle wie die SWOT-Analyse oder die Branchenstrukturanalyse können dabei helfen, die eigenen Stärken, Schwächen, Chancen und Bedrohungen zu identifizieren sowie die Wettbewerbsdynamiken in der Branche zu verstehen. Sobald eine Strategie gewählt wurde, muss diese konsequent umgesetzt und die gesamte Organisation auf das Ziel ausgerichtet werden, sei es durch Kosteneffizienz oder durch Differenzierung.

Fazit:

Die Wettbewerbsmatrix ist eine der einflussreichsten Theorien der strategischen Unternehmensführung. Sie bietet Unternehmen einen klaren Rahmen, um ihre Wettbewerbsposition zu analysieren und gezielt Wettbewerbsvorteile zu entwickeln. Die Wahl zwischen Kostenführerschaft, Differenzierung oder Fokussierung hängt von zahlreichen Faktoren ab, darunter die Marktbedingungen, die Größe des Unternehmens und die verfügbaren Ressourcen. Entscheidend ist, dass Unternehmen eine klare, konsistente Strategie verfolgen und ihre Aktivitäten darauf ausrichten, um langfristig im Wettbewerb erfolgreich zu sein.

8.1.3 Die SWOT-Analyse

Leitfragen im Umgang mit der SWOT-Analyse:

- Was sind die Schwächen unserer internen Abläufe und Prozesse?
- Welche Stärken haben wir in unseren internen Abläufen und Prozessen?
- Welche Gefahren existieren marktseitig?
- Welche potenziellen Möglichkeiten haben wir am Markt?

Wann benötigen Sie diese Methode?

Die SWOT-Analyse wird benötigt, wenn die Stärken und Schwächen eines Unternehmens oder Projekts identifiziert werden sollen, die Chancen und Risiken im Markt oder Umfeld analysiert werden sollen, eine Strategie entwickelt werden soll, um die Stärken zu nutzen und die Schwächen zu überwinden und die Chancen zu nutzen und die Risiken zu minimieren.

Die SWOT-Analyse ist ein weit verbreitetes Instrument in der strategischen Unternehmensplanung. Es ermöglicht die strukturierte Untersuchung interner und externer Faktoren, die den Erfolg eines Unternehmens beeinflussen können. Der Begriff SWOT steht für Stärken (**S**trengths), Schwächen (**W**eaknesses), Chancen (**O**pportunities) und Risiken (**T**hreats), wie in Bild 8.3 visualisiert.

Die SWOT-Analyse ist ein zentrales Element im Repertoire der strategischen Planung, die Unternehmen dabei unterstützt, ihre Ressourcen und Fähigkeiten zu bewerten sowie potenzielle Marktchancen und -risiken zu identifizieren. Die systematische Erfassung und Analyse dieser Faktoren hilft Organisationen, ihre strategische Ausrichtung zu gestalten, indem sie eine Balance zwischen internen Stärken und Schwächen und externen Chancen und Risiken herstellt.

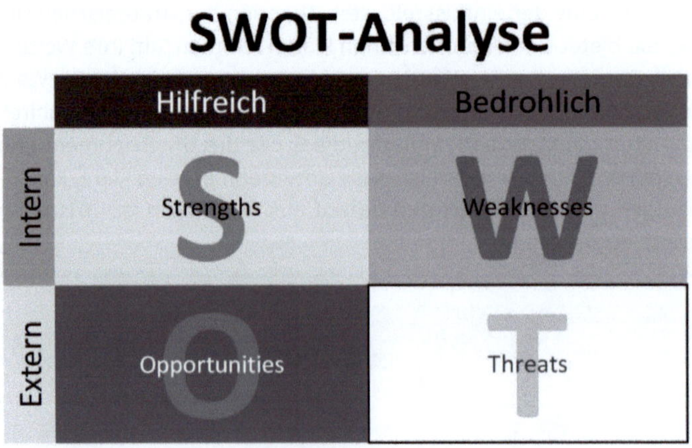

Bild 8.3 Die SWOT-Analyse

Die SWOT-Analyse wurde als Mittel zur systematischen Einschätzung der Wettbewerbskräfte eines Unternehmens entwickelt und hat sich seither als universelles Instrument etabliert. Ihr Zweck liegt darin, strategische Optionen auf der Grundlage einer umfassenden Bewertung der Umwelt (externe Faktoren) und der internen Situation (interne Faktoren) eines Unternehmens zu identifizieren und zu entwickeln.

Die Ursprünge der SWOT-Analyse lassen sich nicht eindeutig auf eine spezifische Publikation zurückführen, und es gibt keine allgemein akzeptierte erste schriftliche Quelle, die die Methode detailliert beschreibt. Eine weite Verbreitung der SWOT-Analyse geschah in den 1970er- und 1980er-Jahren, als das Modell zunehmend in Lehrbüchern und der Managementliteratur populär wurde (Andrews und David 1987; Andrews u. a. 1973).

8.1.3.1 Elemente der SWOT-Analyse

- **Stärken (Strengths)** stellen die positiven internen Faktoren eines Unternehmens dar, die ihm im Vergleich zu seinen Wettbewerbern einen Vorteil verschaffen. Diese Faktoren sind häufig auf Ressourcen, Fähigkeiten oder Wettbewerbsvorteile zurückzuführen. In der Praxis geht es bei der Erfassung der Stärken darum, die Merkmale und Kompetenzen eines Unternehmens zu identifizieren, die es einzigartig machen. Beispiele für Stärken sind Marktführerschaft, Technologie oder Fachwissen. Unternehmen mit einer dominierenden Marktposition können Skaleneffekte und eine starke Markenwiedererkennung nutzen. Ein Unternehmen, das über fortschrittliche Technologien oder proprietäre Patente verfügt, kann Innovationen schneller vorantreiben. Kompetente und qualifizierte Mitarbeiter ermöglichen eine effektive Umsetzung von Unternehmensstrategien. In der Praxis sollten Unternehmen ihre Stärken nicht nur identifizieren, sondern auch darauf abzielen, diese gezielt zu maximieren und auszubauen. Dies kann durch strategische Investitionen in Forschung und Entwicklung, Personalentwicklung oder Marketing geschehen.
- **Schwächen (Weaknesses)** sind die internen Faktoren, die ein Unternehmen im Wettbewerb benachteiligen oder seine Effizienz mindern können. Diese können struktureller, organisatorischer oder ressourcenbezogener Natur sein und erfordern eine genaue Analyse, um ihre potenziellen Auswirkungen auf die Unternehmensleistung zu verstehen. Beispiele sind veraltete Technologien, finanzielle Instabilität oder geringe Markenbekanntheit. Veraltete Systeme können die Produktivität mindern. Mangelnde Liquidität kann das Wachstum einschränken und das Risiko von Insolvenzen erhöhen. Unternehmen, die keine starke Marktpräsenz haben, können Schwierigkeiten haben, neue Kunden zu gewinnen. Schwächen sollten durch gezielte Maßnahmen angegangen werden, wie etwa durch Investitionen in technologische Modernisierung, Effizienzsteigerung und die Stärkung der Markenidentität.

- **Chancen (Opportunities)** sind externe Faktoren, die ein Unternehmen nutzen kann, um seine Marktposition zu verbessern oder neue Wachstumsfelder zu erschließen. Sie resultieren häufig aus sich verändernden Marktbedingungen, technologischen Innovationen oder gesellschaftlichen Trends. Die Identifizierung von Chancen erfordert ein tiefes Verständnis der Branchenumgebung sowie der zugrunde liegenden wirtschaftlichen und regulatorischen Rahmenbedingungen. Beispiele für Chancen sind wachsende Märkte, technologische Fortschritte oder verändertes Verbraucherverhalten. Expansion in aufstrebende Märkte bietet Unternehmen die Möglichkeit, ihren Kundenstamm zu vergrößern. Neue Technologien ermöglichen es Unternehmen, effizienter zu arbeiten und innovative Produkte zu entwickeln. Unternehmen sollten ihre Stärken nutzen, um Chancen zu ergreifen, und proaktive Maßnahmen zur Markterschließung oder Produktentwicklung ergreifen.
- **Risiken (Threats)** sind die externen Faktoren, die das Wachstum oder den Erfolg eines Unternehmens gefährden können. Sie entstehen durch Wettbewerb, wirtschaftliche Unsicherheiten oder regulatorische Änderungen und sind oft schwer vorherzusagen. Beispiele für Risiken sind intensiver Wettbewerb, wirtschaftliche Abschwächung oder regulatorische Änderungen. Neue Marktteilnehmer können die Marktanteile bestehender Unternehmen gefährden. Rezessionen oder inflationäre Tendenzen können die Kaufkraft der Verbraucher mindern. Neue Gesetze oder Vorschriften, insbesondere im Umweltbereich, können die Betriebskosten erhöhen und Geschäftsmodelle in Frage stellen. Risiken sollten durch risikomindernde Maßnahmen wie Diversifikation, Kostenkontrolle oder Absicherung gegen Marktvolatilität adressiert werden.

In der strategischen Planung ermöglicht die SWOT-Analyse eine Grundlage für die Entwicklung von langfristigen Unternehmenszielen. Durch die Verknüpfung von Stärken mit Chancen können Unternehmen Wachstumsstrategien entwickeln, die ihre Wettbewerbsvorteile maximieren. Gleichzeitig ermöglicht die Analyse von Schwächen und Risiken, potenzielle Hindernisse frühzeitig zu erkennen und Gegenmaßnahmen zu ergreifen.

Bei der Einführung neuer Produkte dient die SWOT-Analyse als Leitfaden, um sicherzustellen, dass die neuen Produkte auf den Stärken des Unternehmens aufbauen und gleichzeitig Chancen im Markt nutzen. Beispielsweise können Unternehmen ihre technologische Expertise nutzen, um Produkte zu entwickeln, die auf aktuelle Markttrends reagieren, während gleichzeitig potenzielle Risiken durch neue Wettbewerber erkannt und gemindert werden. Durch die systematische Untersuchung von Bedrohungen können Unternehmen Pläne entwickeln, um diese zu mildern.

8.1.3.2 Vorgehensweise

Die allgemeine Vorgehensweise beginnt mit der Umwelt- und Unternehmensanalyse. Aus der Kombination der Analysen lassen sich dann verschiedene strategische Konsequenzen ableiten. In der externen Analyse wird die Unternehmensumwelt untersucht, man spricht auch von Umweltanalyse. Die Chancen bzw. Gefahren kommen von außen und ergeben sich aus Veränderungen im Markt, in der technologischen, sozialen oder ökologischen Umwelt. Die Umweltbedingungen sind für das Unternehmen vorgegeben, die hier wirkenden Kräfte sind weitgehend exogen. Das Unternehmen beobachtet oder antizipiert diese Veränderungen und reagiert darauf mit Strategieanpassung.

Stärken bzw. Schwächen beziehen sich auf das Unternehmen selbst, ergeben sich also aus der Selbstbeobachtung des Unternehmens. Man spricht deshalb auch von der Inweltanalyse. Nun wird versucht, den Nutzen aus Stärken und Chancen zu maximieren und die Verluste aus Schwächen und Gefahren zu minimieren. Hierzu wird gezielt nach folgenden Kombinationen gesucht, danach wird gefragt, welche Initiativen und Maßnahmen sich daraus ableiten lassen. Stärke-Chancen-Kombination: Welche Stärken passen zu welchen Chancen? Wie können Stärken genutzt werden, so dass sich die Chancenrealisierung erhöht? Stärke-Gefahren-Kombination: Welchen Gefahren können wir mit welchen Stärken begegnen? Wie können vorhandene Stärken eingesetzt werden, um den Eintritt bestimmter Gefahren abzuwenden? Schwäche-Chancen-Kombination: Wo können aus Schwächen Chancen entstehen? Wie können Schwächen zu Stärken entwickelt werden? Schwäche-Gefahren-Kombination: Wo befinden sich unsere Schwächen, und wie können wir uns vor Schaden schützen?

Es können durchaus mehrere Stärken zur Realisierung einer Chance oder Vermeidung einer Gefahr eingesetzt werden. Die größten Bedrohungen sind auch dort zu vermuten, wo eine Kombination von Schwächen einer oder mehreren Gefahren gegenübersteht. Aufgrund dieser Kombinationen müssen dann passende Strategien entwickelt und aufeinander abgestimmt werden. Hierbei handelt es sich sicher um den anspruchsvollsten Teil des Vorgehens.

8.1.3.3 Häufige Fehler im Umgang mit der SWOT-Analyse

Entscheidend für den Erfolg sind konkrete und am Ziel ausgerichtete Maßnahmen, die konsequent umgesetzt werden müssen. Die folgenden Fehler können häufig in veröffentlichten SWOT-Analysen beobachtet werden. Beispielsweise die Durchführung einer SWOT-Analyse, ohne davor ein Ziel zu vereinbaren. SWOT-Analysen sollten immer bezogen auf ein Ziel erstellt und nicht abstrakt gehalten werden. Wird der gewünschte Soll-Zustand nicht vereinbart, werden die Teilnehmer unterschiedliche Soll-Zustände erreichen, was zu schlechteren Resultaten führt. Ein anderes Beispiel ist, dass externe Chancen mit internen Stärken verwechselt werden. Sie sollten streng auseinandergehalten werden.

SWOT-Analysen werden nicht selten mit Strategien verwechselt, wobei SWOT Zustände beschreibt, Strategien hingegen Aktionen. Um diesen Fehler zu vermeiden, sollte möglichst bei Chancen an günstige Bedingungen gedacht werden und bei Risiken an ungünstige Bedingungen. Bei der SWOT-Analyse wird keine Priorisierung vorgenommen. Es lassen sich keine konkreten Maßnahmen ableiten, Maßnahmen werden also weder beschlossen noch umgesetzt.

Fazit:

Die SWOT-Analyse ist ein unverzichtbares Werkzeug in der strategischen Unternehmensplanung, da sie eine ganzheitliche Betrachtung der internen und externen Unternehmensfaktoren ermöglicht. Sie ist flexibel, leicht verständlich und kann sowohl für Gesamtunternehmensstrategien als auch für spezifische Projekte oder Produkte verwendet werden. Durch die strukturierte Analyse der Stärken, Schwächen, Chancen und Risiken können Unternehmen ihre strategischen Optionen besser verstehen und fundierte Entscheidungen treffen.

8.1.4 Die Branchenstrukturanalyse

Leitfragen im Umgang mit der Wettbewerbsmatrix:

- Agiert unser Unternehmen nur in einem Segment der Branche oder branchenweit?
- Auf welchen Kriterien basiert unser strategischer Vorteil?

Wann benötigen Sie diese Methode?

Porters generische Wettbewerbsstrategien werden benötigt, wenn eine Wettbewerbsstrategie für ein Unternehmen oder ein Produkt entwickelt werden soll, die Positionierung im Markt bestimmt werden soll und die Wettbewerbsvorteile identifiziert und genutzt werden sollen.

Die Branchenstrukturanalyse, auch bekannt als Porters Five Forces, wurde von dem US-amerikanischen Wirtschaftswissenschaftler Michael E. Porter entwickelt (Porter 1979). Sie ist ein grundlegendes Werkzeug der strategischen Unternehmensführung und dient dazu, die Wettbewerbsintensität und die Attraktivität einer Branche systematisch zu analysieren. Diese Analyse bildet die Grundlage für die Entwicklung von Wettbewerbsstrategien, die Unternehmen helfen, ihre Position in der Branche zu stärken und langfristig erfolgreich zu sein. Die Ergebnisse dieser Analyse fließen oft als Umweltanalyse in eine SWOT-Analyse ein, wobei die Kräfte beschrieben werden, die von der externen Umwelt auf die Unternehmung einwirken.

Porter bezeichnet diese Kräfte als Mikroumwelt, um sie von dem allgemeineren Begriff der Makroumwelt abzugrenzen. Sie setzen sich aus den Kräften zusammen, die in der Umgebung eines Unternehmens wirken und dessen Fähigkeit beeinflussen, die Kundenbedürfnisse zu erfüllen und Gewinne zu generieren. Eine Modifikation einer dieser Kräfte bedingt in der Regel eine erneute Bewertung des Markts durch eine Geschäftseinheit unter Berücksichtigung der Gesamtänderung der Brancheninformationen. Die Attraktivität der Branche als Ganzes ist kein Indikator für die Rentabilität einzelner Unternehmen.

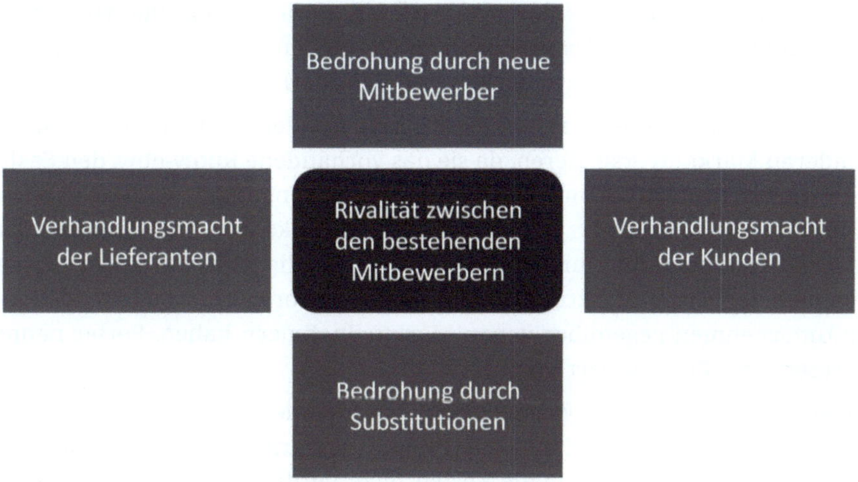

Bild 8.4 Porter's Branchenstrukturanalyse (Kaufmann 2021)

Die fünf Kräfte, welche Porter identifiziert hat, lassen sich in zwei Kategorien einteilen. Die erste Kategorie umfasst drei Kräfte aus dem horizontalen Wettbewerb, nämlich die Bedrohung durch Ersatzprodukte oder -dienstleistungen, die Bedrohung durch etablierte Konkurrenten und die Bedrohung durch neue Marktteilnehmer. Die zweite Kategorie umfasst zwei weitere Kräfte, nämlich die Verhandlungsmacht der Lieferanten und die Verhandlungsmacht der Kunden. Porter entwickelte sein Fünf-Kräfte-Rahmenwerk als kritische Reaktion auf die zu dieser Zeit populäre SWOT-Analyse, die er als wenig rigoros und ad-hoc empfand.

Das Ziel der Branchenstrukturanalyse ist es, ein tiefes Verständnis der Dynamiken innerhalb einer Branche zu entwickeln, die die Wettbewerbsfähigkeit und die Rentabilität der darin tätigen Unternehmen beeinflussen. Indem die fünf zentralen Kräfte analysiert werden, die in einer Branche wirken, können Unternehmen fundierte Entscheidungen über ihre Strategie treffen. Die Branchenstrukturanalyse zielt darauf ab, die langfristige Rentabilität einer Branche zu bewerten und zu verstehen, wie sich externe Kräfte auf die Wettbewerbsbedingungen auswirken. Unternehmen können durch diese Analyse herausfinden, welche Kräfte besonders stark ausgeprägt sind und welche Schwächen sie in ihrer eigenen Strategie ausgleichen müssen. Zudem hilft die Analyse, Marktveränderungen frühzeitig zu erkennen und darauf zu reagieren. Die fünf Kräfte der Branchenstrukturanalyse sind folgende:

1. **Bedrohung durch Wettbewerber:** Diese Kraft analysiert, wie wahrscheinlich es ist, dass neue Unternehmen in die Branche eintreten. Niedrige Markteintrittsbarrieren führen dazu, dass neue Wettbewerber leichter in den Markt eintreten können, was den Wettbewerb verschärft und die Rentabilität bestehender Unternehmen senkt. Neue Marktteilnehmer üben durch ihren Wunsch, Marktanteile zu gewin-

nen, Druck auf die bestehenden Unternehmen einer Branche aus. Dies wiederum übt Druck auf die Preise, die Kosten und die Investitionen aus, die für die Aufrechterhaltung eines Unternehmens in der Branche erforderlich sind.

Die Bedrohung durch neue Marktteilnehmer ist besonders groß, wenn sie von einem anderen Markt diversifizieren, da sie das vorhandene Know-how, den Cashflow und die Markenidentität nutzen können, was die Rentabilität der bestehenden Unternehmen belastet. Marktzutrittsschranken schränken die Bedrohung durch neue Marktteilnehmer ein. Durch hohe Schranken ist die Bedrohung durch neue Marktteilnehmer gering. Marktzutrittsschranken sind Vorteile, die bestehende, etablierte Unternehmen gegenüber neuen Marktteilnehmern haben. Porter nennt sechs wesentliche Zugangsbarrieren:

- Skalenerträge: Skalenerträge sind überproportionale Senkungen der Gesamtkosten, bei Erhöhung der Produktionsmenge je Periode (d. h. wenn sich bei doppelter Produktionsmenge die Kosten nicht verdoppeln, sondern weniger ansteigen). Das Vorhandensein von Skalenerträgen zwingt Neuzugänge, mit hohem Kapitalaufwand und Risiko einzusteigen, und provoziert damit u. U. starke Reaktionen der Marktteilnehmer.
- Produktdifferenzierung: bedeutet, dass die etablierten Unternehmen Markenidentifikation, Kundenloyalitäten u. ä. Marketingziele schon realisiert haben. Um solche Faktoren zu bewältigen, muss der Neuzugang zusätzliche Kosten für Werbung in Kauf nehmen.
- Kapitalerfordernisse: bedeutet, dass der Zugang in die Branche wesentliche Investitionen erfordert. Besonders, wenn diese Kosten im Falle eines Fehlschlages nicht mehr zurückgewonnen werden können *(sunk costs)*, stellen solche Kapitalerfordernisse eine wesentliche Hürde für Neuzugänge dar.
- Wechselkosten: Wechselkosten bedeutet, dass der Kunde beim Wechsel vom Produkt des einen Lieferanten zu dem eines anderen Kosten in Kauf nehmen muss, beispielsweise für Maschinenumstellungen. Damit stellen Wechselkosten eine Methode dar, die Kundentreue zu erhöhen (Lock-in-Effekt).
- Zugang zu Vertriebskanälen: Eine Zugangsbarriere kann durch den erschwerten Zugang zu Vertriebskanälen dargestellt werden, wenn zum Beispiel der Neuzugang sich Vertriebskanäle sichern muss und dafür zusätzliche Kosten in Kauf nehmen muss. Dies ist typisch für Supermärkte, wo Anbieter für die Regalfläche zahlen müssen.
- Kostennachteile unabhängig von Skalenerträgen: Dies ist Porters Sammelbegriff für Kostennachteile. Seiner Darstellung nach stammen diese von:
  - Proprietärer Produkttechnologie, beispielsweise Patente.
  - Begünstigtem Zugang zu Rohmaterial. Quasi ein natürliches Monopol. Porter nennt nur Rohmaterial, aber es kann als Zugang zu Ressourcen ausgelegt

werden, wie die Landerechte auf Flugplätzen, wo eine Fluggesellschaft Vorteile vor anderen erzielen kann.

- Etablierte Unternehmen haben häufig schon die Standorte besetzt, die den leichtesten Zugang zu Rohmaterial, Märkten, Distributoren erlauben.
- Subventionen geben etablierten Unternehmen häufig anhaltende Vorteile.
- Eine Lernkurve zeigt sich, wenn bei einer steigenden Produktion die Kosten nicht direkt proportional mit ansteigen, sondern ein Lerneffekt die Kosten senkt. Hier haben Unternehmen, die schon große Mengen produziert haben, einen Vorteil vor Neuzugängen.

2. **Verhandlungsmacht der Lieferanten:** Untersucht, wie stark Lieferanten in der Lage sind, Preise zu diktieren oder die Qualität der gelieferten Güter und Dienstleistungen zu beeinflussen. Wenn es nur wenige Lieferanten gibt oder sie schwer ersetzbare Produkte anbieten, besitzen sie eine hohe Verhandlungsmacht, was zu höheren Kosten für die Unternehmen in der Branche führen kann. Die Verhandlungsmacht der Lieferanten wird auch als Markt der Inputs bezeichnet.

   Die Lieferanten von Rohstoffen, Komponenten, Arbeitskräften und Dienstleistungen können eine Quelle der Macht über das Unternehmen sein, wenn es nur wenige Substitute gibt. Wenn Sie Kekse herstellen und es nur einen Anbieter von Mehl gibt, haben Sie keine andere Wahl, als es von diesem zu kaufen. Lieferanten können sich weigern, mit dem Unternehmen zusammenzuarbeiten, oder überhöhte Preise für einzigartige Ressourcen verlangen. Eine Lieferantenbranche ist mächtig, wenn die folgenden Faktoren vorliegen:

   - Die Branche wird von wenigen Firmen dominiert und ist stärker konzentriert als die kaufende Branche.
   - Für die von der abnehmenden Branche bezogenen Produkte oder Dienstleistungen besteht eine geringe Substitutionsgefahr.
   - Die abnehmende Branche stellt keinen wichtigen Kunden für die liefernde Branche dar.
   - Die gelieferten Produkte/Dienstleistungen stellen einen wesentlichen Beitrag für die Kundenbranche dar.
   - Die Produkte/Dienstleistungen der liefernden Branche sind differenziert oder haben Wechselkosten aufgebaut.
   - Die liefernde Branche kann glaubwürdig mit Vorwärtsintegration in die Kundenbranche drohen.

3. **Verhandlungsmacht der Kunden:** Misst die Fähigkeit der Kunden, Preise zu drücken und bessere Bedingungen zu verlangen. Eine hohe Verhandlungsmacht der Kunden ist gegeben, wenn es viele Anbieter gibt, die Produkte leicht austauschbar sind oder die Kunden über umfangreiche Informationen und Alternativen verfü-

gen. Eine starke Kundenmacht kann die Margen eines Unternehmens reduzieren. Die Verhandlungsmacht der Kunden wird auch als Output-Markt bezeichnet.

Unternehmen können Maßnahmen ergreifen, um die Nachfragemacht zu verringern, zum Beispiel durch die Einführung eines Treueprogramms. Die Nachfragemacht ist groß, wenn die Käufer viele Alternativen haben. Sie ist gering, wenn sie nur wenige Wahlmöglichkeiten haben. Eine Käufergruppe ist mächtig, wenn die folgenden Umstände zutreffen:

- Die Kundengruppe zeichnet sich durch eine hohe Konzentration aus oder tätigt signifikante Käufe im Verhältnis zum Gesamtumsatz der Branche.
- Die bezogenen Produkte oder Dienstleistungen sind standardisiert oder undifferenziert, wie beispielsweise Benzin.
- Die Kunden müssen lediglich geringe Umstellungskosten in Kauf nehmen.
- Kunden können mit Rückwärtsintegration in die Zulieferbranche drohen.
- Die bezogenen Produkte oder Dienstleistungen sind für die Qualität der Produkte und Dienstleistungen der Kunden von untergeordneter Bedeutung.
- Die Kunden verfügen über vollständige Informationen.

4. **Bedrohung durch Ersatzprodukte:** Hierbei geht es um die Gefahr, dass alternative Produkte oder Dienstleistungen die bestehenden Angebote ersetzen könnten. Diese Bedrohung ist hoch, wenn die Ersatzprodukte preisgünstiger sind oder bessere Leistungen bieten. Die Verfügbarkeit und Attraktivität von Substituten können den Preisdruck in einer Branche erhöhen und somit die Profitabilität senken. Bei einem Substitutionsprodukt wird eine andere Technologie verwendet, um denselben wirtschaftlichen Bedarf zu decken.

   Leitungswasser ist beispielsweise ein Substitut für Coke, aber Pepsi ist ein Produkt, das dieselbe Technologie (wenn auch mit anderen Inhaltsstoffen) verwendet, um mit Coke zu konkurrieren, also kein Substitut. Eine verstärkte Werbung für das Trinken von Leitungswasser könnte den Kuchen sowohl für Coke als auch für Pepsi schrumpfen lassen, während eine verstärkte Werbung für Pepsi den Kuchen wahrscheinlich vergrößern würde (den Konsum aller Erfrischungsgetränke erhöhen), während Pepsi einen größeren Marktanteil auf Kosten von Coke erhält. Der Einfluss von Substituten ist groß, wenn die Bereitschaft der Käufer zur Substitution hoch ist. Markentreue kann sehr wichtig sein, wie im obigen Beispiel von Coke und Pepsi, aber auch vertragliche und rechtliche Hindernisse sind von Bedeutung. Ebenso relevant sind die Wechselkosten des Käufers.

5. **Wettbewerbsintensität innerhalb der Branche:** Diese Kraft analysiert den Grad des Wettbewerbs unter den bestehenden Unternehmen. Hoher Wettbewerb führt oft zu Preiskämpfen, verstärktem Marketingaufwand und geringeren Gewinnmargen. Die Wettbewerbsintensität wird durch Faktoren wie die Anzahl der Wettbewerber, die Wachstumsrate der Branche und die Differenzierung der Produkte beeinflusst. In den meisten Branchen ist die Intensität der Konkurrenz der wichtigste

Faktor für die Wettbewerbsfähigkeit der Branche. Um ein Produkt erfolgreich zu vermarkten, ist es wichtig, die Konkurrenten der Branche zu verstehen.

Die Positionierung hängt davon ab, wie die Öffentlichkeit ein Produkt wahrnimmt und wie sie es von den Produkten der Wettbewerber unterscheidet. Ein Unternehmen muss die Marketingstrategien und die Preisgestaltung seiner Konkurrenten kennen und auf etwaige Änderungen reagieren können. Die Rivalität zwischen den Wettbewerbern ist in der Regel hart und die Rentabilität der Branche ist gering, wobei folgende Faktoren eine Rolle spielen können:

- Es existiert eine Vielzahl an Konkurrenten, die sich in ihrer Ausrichtung ähnlich wie das eigene Unternehmen positioniert haben. Als Beispiel können Bäcker angeführt werden, die über nahezu identische Produktionsmittel, Rezepte und Zutaten verfügen. Der Wettbewerb ist in der Regel intensiv.
- Das Wachstum der Branche ist als langsam zu beschreiben, exemplarisch sei hier der Lebensmittelsektor in Deutschland angeführt, dessen Umsatz aufgrund einer Veränderung der Konsumgewohnheiten nur geringfügig wächst.
- Eine Erhöhung der Kapazität ist lediglich in großen Volumina möglich. Als Beispiel kann hier die Automobilindustrie angeführt werden, die lediglich in ganzen Werken vergrößern kann.
- Die Branche ist durch eine Vielzahl an Wettbewerbern mit diversifizierten Produkten gekennzeichnet. Zudem erfolgt eine Produktdifferenzierung.
- Es bestehen hohe strategische Risiken, beispielsweise im Bereich der Energie.
- Es sind hohe Marktaustrittsbarrieren zu verzeichnen, beispielsweise spezialisierte Betriebsmittel, Fixkosten der Stilllegung, emotionale Barrieren (zum Beispiel die der Gründungsgeschichte) oder staatliche oder gesellschaftliche Barrieren (Post oder Bahn).

Gemäß Porter ist der Rahmen der fünf Kräfte auf der Ebene der Branche anzuwenden. Der Begriff Branche bezeichnet eine Zusammenfassung von Unternehmen, die ähnliche oder verwandte Produkte oder Dienstleistungen anbieten und somit als Käufer auf einem gemeinsamen Markt auftreten. Für ein Unternehmen, das in einer einzigen Branche tätig ist, ist es empfehlenswert, zumindest eine Analyse der fünf Wettbewerbskräfte für seine Branche zu erstellen. Porter betont, dass für diversifizierte Unternehmen die Auswahl der Branchen, in denen das Unternehmen konkurrieren wird, von entscheidender Bedeutung für die Unternehmensstrategie ist.

Porters Ansatz ist nicht gänzlich frei von Einschränkungen (Grundy 2006). Das Modell der fünf Wettbewerbskräfte genießt an Wirtschaftshochschulen große Anerkennung, während es bei praktizierenden Managern weniger Anklang findet. In seiner Abhandlung wird die These aufgestellt, dass das Modell trotz einer Reihe von Gründen, die gegen eine größere Verbreitung sprechen, durchaus noch Entwicklungspotenzial aufweist.

Fazit:

Die Branchenstrukturanalyse ist ein unverzichtbares Werkzeug in der strategischen Unternehmensführung. Sie bietet Unternehmen die Möglichkeit, ihre Wettbewerbsumgebung systematisch zu untersuchen und fundierte strategische Entscheidungen zu treffen. Durch die Analyse der fünf zentralen Kräfte, die den Wettbewerb in einer Branche beeinflussen, können Unternehmen ihre Chancen und Risiken besser einschätzen und Strategien entwickeln, um in einem zunehmend komplexen und dynamischen Marktumfeld erfolgreich zu sein.

8.1.5 Die Balanced Scorecard

Leitfragen im Umgang mit der Balanced Scorecard (BSC):

- Wie können wir unsere Strategie darstellen und sichtbar machen?
- Wie operationalisieren wir unsere Strategie und machen sie messbar?
- Wie können und müssen wir steuern, um mit unserer Strategie auf Zielkurs zu bleiben?

Wann benötigen Sie diese Methode?

Die BSC wird benötigt, wenn eine umfassende Strategieumsetzung und -überwachung erforderlich ist, die Leistung eines Unternehmens oder einer Organisationseinheit aus verschiedenen Perspektiven bewertet werden soll, die Strategie und die Ziele des Unternehmens oder der Organisationseinheit kommuniziert und umgesetzt werden sollen und die Leistung und die Ergebnisse des Unternehmens oder der Organisationseinheit kontinuierlich verbessert werden sollen.

Die BSC ist ein vielschichtiges Instrument des strategischen Managements und der Unternehmenssteuerung. Sie wurde Anfang der 1990er-Jahre von Robert S. Kaplan und David P. Norton entwickelt (Kaplan und Norton 2007), um Unternehmen eine Methode an die Hand zu geben, ihre strategischen Ziele mit operativen Maßnahmen zu verknüpfen und den Fortschritt in verschiedenen Leistungsdimensionen zu messen.

Die BSC verfolgt einen ganzheitlichen Ansatz und erweitert die klassische, auf finanzielle Kennzahlen ausgerichtete Steuerung um weitere Perspektiven, die für die nachhaltige Umsetzung einer Strategie entscheidend sind. Der Name verdeutlicht bereits das Hauptanliegen des Instruments, nämlich eine ausgewogene Balance zwischen verschiedenen Aspekten der Unternehmensleistung herzustellen. Die BSC berücksichtigt nicht nur die finanzielle Sicht, sondern bezieht auch Faktoren wie Kundenzufriedenheit, Prozessqualität und Innovationsfähigkeit mit ein, wie in Bild 8.5 dargestellt. Ziel ist es, durch diesen integrativen Ansatz ein ausgewogenes System zur Leistungsmessung

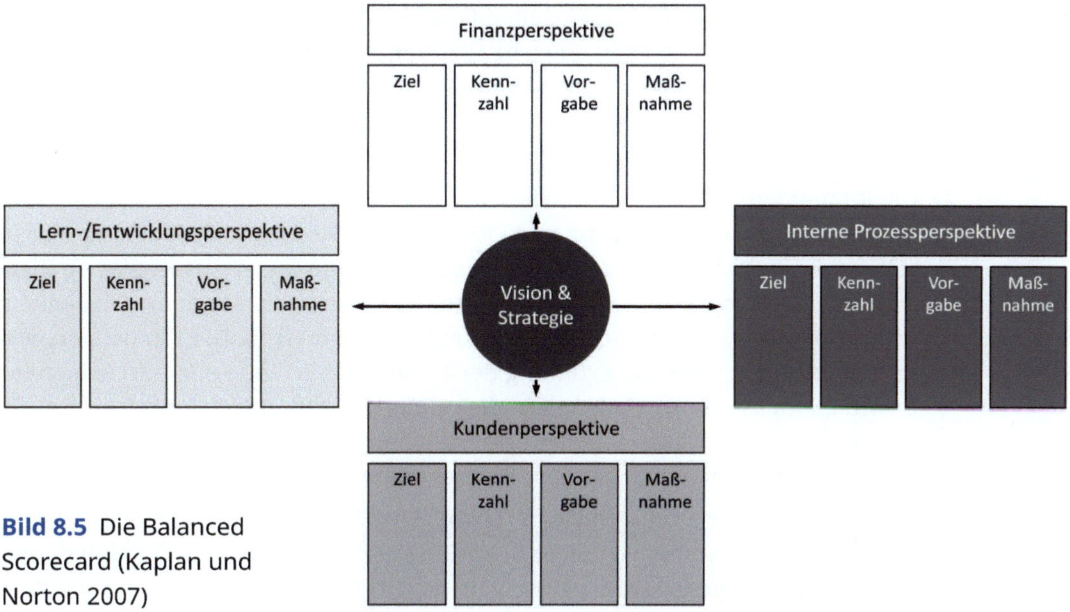

Bild 8.5 Die Balanced Scorecard (Kaplan und Norton 2007)

und Steuerung zu schaffen, das die langfristige Wettbewerbsfähigkeit eines Unternehmens sicherstellt.

Die BSC wurde entwickelt, um den strategischen Erfolg eines Unternehmens nicht allein durch finanzielle Kennzahlen zu messen, sondern auch nichtfinanzielle Leistungsindikatoren einzubeziehen, die einen direkten Einfluss auf die Wertschöpfung haben. Die klassische finanzielle Perspektive wird durch drei weitere Perspektiven ergänzt, um so ein Gleichgewicht zwischen kurz- und langfristigen Zielen, externen und internen Faktoren sowie objektiven und subjektiven Messgrößen zu erreichen.

Diese umfassende Betrachtung soll sicherstellen, dass Unternehmen nicht nur in der Gegenwart erfolgreich sind, sondern auch auf zukünftige Herausforderungen vorbereitet werden. Kaplan und Norton betonten, dass die BSC als ein Bindeglied zwischen Strategie und operativem Geschäft fungiert. Sie stellt sicher, dass die strategischen Ziele auf allen Unternehmensebenen bekannt und verständlich sind und dass die Unternehmensaktivitäten auf die übergeordnete Strategie abgestimmt werden. Dies bedeutet, dass die BSC nicht nur ein Instrument zur Erfolgsmessung ist, sondern auch als Wegweiser dient, um die Unternehmensstrategie gezielt umzusetzen und weiterzuentwickeln.

Das Modell der BSC basiert auf vier zentralen Perspektiven, die jeweils eine spezifische Dimension der Unternehmensleistung repräsentieren:

1. Die Finanzperspektive ist die klassische Dimension der Leistungsmessung und zeigt, ob die Implementierung der Unternehmensstrategie zu einem finanziellen Erfolg führt. Sie umfasst Kennzahlen wie Umsatzwachstum, Rentabilität oder Kapitalrendite. Die Hauptfrage dieser Perspektive lautet: „Wie sollen wir gegenüber

unseren Kapitalgebern auftreten, um finanziellen Erfolg zu erreichen?“ Die Finanzperspektive bleibt auch im Rahmen der BSC zentral, da finanzielle Ergebnisse nach wie vor ein direktes Maß für den Erfolg eines Unternehmens darstellen. Die BSC fordert jedoch, dass finanzielle Ziele im Einklang mit den weiteren Perspektiven erreicht werden, um langfristige Stabilität zu gewährleisten.

2. Die Kundenperspektive konzentriert sich auf die Beziehung zu den Kunden und die Erfüllung ihrer Bedürfnisse und Erwartungen. Die Kernfrage lautet hier: „Wie sollen wir gegenüber unseren Kunden auftreten, um unsere strategischen Ziele zu erreichen?“ In dieser Perspektive werden Faktoren wie Kundenzufriedenheit, Kundenbindung, Marktanteil und Markenimage gemessen. Die Kundenperspektive verdeutlicht, dass die Erfüllung der Kundenbedürfnisse ein entscheidender Erfolgsfaktor ist, da zufriedene Kunden nicht nur zur Umsatzsteigerung beitragen, sondern auch einen nachhaltigen Wettbewerbsvorteil sichern können. Die BSC fordert Unternehmen auf, ihre Kundenstrategie präzise zu definieren und zu überwachen, um die Kundenorientierung kontinuierlich zu verbessern.
3. Die interne Prozessperspektive bezieht sich auf die Effizienz und Qualität der internen Geschäftsprozesse, die entscheidend für die Wertschöpfung und die Kundenzufriedenheit sind. Die zentrale Frage dieser Perspektive lautet: „In welchen Geschäftsprozessen müssen wir exzellent sein, um unsere Kunden- und Finanzziele zu erreichen?“ Die interne Prozessperspektive umfasst typischerweise Kennzahlen zur Produktions- und Prozessqualität, zur Liefergeschwindigkeit, zur Innovationskraft sowie zur Einhaltung von Zeit- und Kostenzielen. Die BSC verdeutlicht, dass es für den Erfolg eines Unternehmens entscheidend ist, die eigenen Prozesse kontinuierlich zu optimieren und an die sich verändernden Anforderungen anzupassen. Ein effizientes Prozessmanagement kann nicht nur Kosten senken, sondern auch die Flexibilität und Reaktionsfähigkeit des Unternehmens stärken.
4. Die Lern- und Entwicklungsperspektive (auch Mitarbeiter- und Innovationsperspektive) zielt auf die langfristige Sicherung der Innovations- und Anpassungsfähigkeit des Unternehmens ab. Sie stellt die Frage: „Wie können wir unsere Fähigkeiten und Potenziale weiterentwickeln, um langfristig erfolgreich zu sein?“ Diese Perspektive umfasst Faktoren wie Mitarbeiterzufriedenheit, Innovationsrate und Wissenstransfer. Die Lern- und Entwicklungsperspektive betont, dass Unternehmen nur dann langfristig erfolgreich sein können, wenn sie in ihre Mitarbeiter und ihre Innovationskraft investieren. Diese Perspektive der BSC zielt darauf ab, die Organisationskultur zu stärken und den Wissens- und Kompetenzaufbau zu fördern, um auch in einem dynamischen Marktumfeld wettbewerbsfähig zu bleiben.

Die BSC wird umgesetzt, indem für jede Perspektive spezifische Ziele, Kennzahlen, Zielwerte und Maßnahmen definiert werden. Dieser Ansatz stellt sicher, dass die Strategie konkret und messbar in das operative Geschäft übertragen wird, und macht die BSC zu einem handlungsorientierten Instrument. Anhand der definierten Ziele und Kennzahlen können Unternehmen den Fortschritt ihrer Strategieumsetzung überwachen und bei Abweichungen gegensteuern. Außerdem wird durch die Zuordnung von Zielwerten und Maßnahmen Transparenz geschaffen und die Verantwortlichkeiten werden klar geregelt.

Die BSC ist in ihrer Umsetzung anspruchsvoll und erfordert eine hohe Disziplin und konsequente Führung. Zu den Herausforderungen zählen beispielsweise die Komplexität. Die Entwicklung und Implementierung einer BSC können zeit- und ressourcenintensiv sein, insbesondere wenn das Unternehmen keine klar definierten strategischen Ziele hat. Darüber hinaus kann es schwierig sein, die richtigen Kennzahlen und Zielwerte zu finden, insbesondere für qualitative Aspekte wie Kundenzufriedenheit oder Mitarbeiterentwicklung. Die BSC erfordert eine offene Unternehmenskultur und die Bereitschaft der Mitarbeiter, Veränderungen anzunehmen. Die Unternehmensführung muss die BSC aktiv leben und kommunizieren, um deren Akzeptanz zu sichern.

Fazit:

Die BSC ist ein wertvolles Instrument zur Umsetzung und Steuerung von Unternehmensstrategien. Durch ihre strukturierte Vorgehensweise ermöglicht sie Unternehmen eine umfassende, auf die Strategie ausgerichtete Leistungsbewertung und fördert eine nachhaltige und ausgewogene Unternehmensführung. Indem die BSC finanzielle und nichtfinanzielle Perspektiven integriert, bietet sie eine langfristig orientierte und flexible Steuerungsmethode.

8.2 Methoden zur Entwicklung einer Produktstrategie

Die Produktstrategie zielt auf die Optimierung und den Erfolg eines spezifischen Produkts ab und ist an der übergeordneten Unternehmensstrategie ausgerichtet. Die Produktstrategie ist spezifischer und fokussiert sich auf die Entwicklung und das Management eines bestimmten Produkts oder einer Produktlinie innerhalb des Unternehmens. Die Produktstrategie definiert die Gestaltung, Positionierung, Bewerbung und den Vertrieb eines Produkts mit dem Ziel, die Bedürfnisse der Zielkunden zu erfüllen und gleichzeitig eine Überlegenheit gegenüber dem Wettbewerb zu erreichen. Die Produktstrategie beantwortet Fragestellungen bezüglich der Zielgruppe, der zu entwickelnden Funktionen und Vorteile sowie der Differenzierungsmerkmale gegenüber Wettbewerbsprodukten. Die Produktstrategie zielt darauf ab, den Erfolg eines spezifischen Produkts sicherzustellen. Diesbezüglich können beispielsweise die Steigerung der Verkaufszahlen, die Erhöhung des Marktanteils, die Verbesserung der Kundenzufriedenheit oder die Maximierung der Rentabilität eines Produkts genannt werden. Der Zeithorizont der Produktstrategie erstreckt sich über einen kürzeren bis mittelfristigen Zeitraum, wobei der Lebenszyklus des Produkts in der Regel als zeitliche Orientierung dient. Ihre Flexibilität erlaubt eine Anpassung an Marktveränderungen oder neue Wettbewerber.

8.2.1 Produktlebenszyklus

Leitfragen im Umgang mit dem Produktlebenszyklus:

- In welcher Phase befindet sich das Produkt?
- Lohnt es sich, weiter in das Produkt zu investieren?
- Können wir Erträge aus dem Produkt abschöpfen?
- Welches sind die strategisch relevanten Produkte unseres Unternehmens?

Wann benötigen Sie diese Methode?

Das Modell des Produktlebenszyklus wird benötigt, wenn die verschiedenen Phasen im Lebenszyklus eines Produkts analysiert und verstanden werden sollen, Strategien für die Markteinführung, den Vertrieb und die Weiterentwicklung eines Produkts entwickelt werden sollen und die Ressourcenallokation und Investitionsentscheidungen für ein Produkt geplant werden sollen.

Der Produktlebenszyklus stellt ein Konzept der Betriebswirtschaftslehre dar, welches eine Produktstrategie beschreibt. Diese umfasst den Prozess von der Markteinführung eines marktfähigen Produkts bis zu dessen Produkteliminierung aus dem Markt. Die Produktlebenszeit bezeichnet demgegenüber die Zeitspanne von der Herstellung des Produkts bis zu dem Zeitpunkt, ab dem die Erwirtschaftung eines negativen Grenzertrags zu verzeichnen ist. Der Produktlebenszyklus unterteilt die Lebensdauer eines Produkts am Markt in mehrere Phasen, welche die Hauptaufgaben der aktiven Produktpolitik im Rahmen des Lebenszyklus-Managements (engl. product life cycle management) darstellen. Der Produktlebenszyklus findet in den meisten Fällen bei Konsumgütern Anwendung.

8.2.1.1 Phasenbasierter Produktlebenszyklus

Die Produktlebenszyklus-Theorien basieren auf den Arbeiten von Raymond Vernon, welche das Leben eines Produkts auf dem Markt in fünf Phasen unterteilen, wie auch in Bild 8.6 dargestellt ist: die Einführungsphase, die Wachstumsphase, die Reifephase, die Sättigungsphase sowie die Rückgangs- bzw. Degenerationsphase:

- Mit Beginn der Einführungsphase erfolgte seitens des Unternehmens eine Bekanntmachung des neuen Produkts mittels Werbung. Folglich ist ein Anstieg der Umsätze zu verzeichnen. In dieser Phase können aufgrund der vorangegangenen Kosten für die Produktentwicklung sowie der anhaltenden Kommunikationsausgaben noch keine Gewinne erzielt werden. In dieser Phase erfolgt die entscheidende Weichenstellung hinsichtlich der Akzeptanz des Produkts auf dem Markt. Der Imageaufbau basiert auf den Aussagen der Marktkommunikation. Bei Produkten, die bereits eine

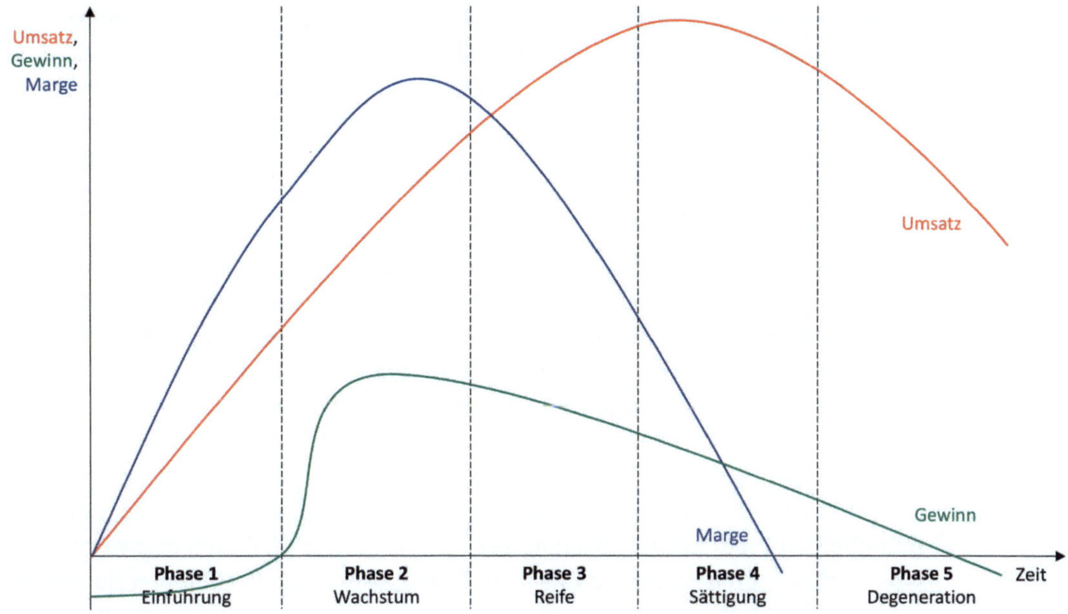

Bild 8.6 Die fünf Phasen des Produktlebenszyklus

hohe Nachfrage aufweisen, kommt es in der Anfangsphase mitunter zu Fertigungsengpässen. Die Einführungsphase gilt als abgeschlossen, sobald der Break-Even-Point erreicht ist, sprich die Erlöse die Kosten ausgleichen. In einigen Fällen wird eine zusätzliche Phase vor dem eigentlichen Produktlebenszyklus integriert, in der die Produktentwicklung stattfindet. Diese wird in der Literatur auch als Entwicklungsphase bezeichnet.

- Mit Beginn der Wachstumsphase werden erstmals Gewinne erzielt, obschon die Aufwendungen für Promotion und Kommunikation weiterhin auf hohem Niveau verbleiben. Diese Phase ist durch signifikantes Wachstum gekennzeichnet, welches durch Werbemaßnahmen beschleunigt wird. Die Preis- und Konditionenpolitik erfährt eine Bedeutungszunahme. Auch die Konkurrenz wird auf das Produkt aufmerksam, wodurch das sogenannte Free-Rider-Problem entsteht.
- Die Reifephase stellt in der Regel die längste Marktphase dar. Diese Phase generiert den höchsten Profit. Gegen Ende der Reifephase ist ein Rückgang der Gewinne zu verzeichnen, der auf eine Zunahme der Konkurrenz zurückzuführen ist. Obgleich die Wachstumsraten rückläufig sind, verfügen die Unternehmen nach wie vor über einen signifikanten Marktanteil. Derartige Gewinne können durch ein geeignetes Erhaltungsmarketing sowie durch Produktvariationen gesichert bzw. weiter ausgebaut werden.

- In der Regel manifestiert sich zu einem späteren Zeitpunkt die Sättigungsphase. Das Produkt durchläuft eine Phase der Stagnation, in der das Marktwachstum zum Erliegen kommt. Dies führt zu einem Rückgang der Umsätze und Gewinne. Durch Modifikationen kann der Versuch unternommen werden, eine größere Anzahl von Kunden zu gewinnen. Die Sättigungsphase findet ihr Ende, sobald die Umsatzerlöse die Deckungsbeitragsgrenze wieder unterschreiten, was bedeutet, dass keine Gewinne mehr erzielt werden können.
- Im Anschluss folgt die Rückgangsphase, auch Degeneration genannt. Der Markt schrumpft, sodass ein Umsatzrückgang zu verzeichnen ist, der durch gezielte Marketingmaßnahmen nicht kompensiert werden kann. Infolgedessen verliert das Produkt Marktanteile, verzeichnet ein negatives Wachstum und die Gewinne sinken. Eine Bereinigung des Portfolios ist erforderlich, sofern Verbundbeziehungen zu anderen Produkten bestehen (Economies of Scope). Eine verspätete oder unzureichende Reaktion führt zu unnötigen Kosten für ein Produkt, dessen Umsatz weiter sinkt. Im Falle einer sich abzeichnenden Rückgangsphase kann ein Relaunch des betreffenden Produkts in Erwägung gezogen werden. Im Rahmen dessen erfolgen eine Modifikation des Produkts sowie eine Neupositionierung. Die Intention dieser Maßnahme besteht darin, dass das Produkt einen weiteren Lebenszyklus durchläuft. Wird kein Relaunch initiiert, endet die Rückgangsphase mit der Abkündigung und dem Produktionsende des Produkts.

Die Theorien beschreiben sowohl die Einführung neuer Produkte auf dem Markt als auch die kontinuierliche Anpassung bereits eingeführter Produkte an die sich wandelnden Marktbedingungen. Eine bereits vorhandene Produktlinie wird um eine weitere Variante ergänzt, wobei auch die Aufnahme neuer Produktlinien erfolgt, die horizontal, vertikal oder lateral in Beziehung zu den bisherigen stehen. Schließlich werden wirtschaftlich nicht mehr tragfähige Produkte aus dem Markt genommen.

Die Lebensdauer langlebiger und in ihrer Variantenvielfalt sich stetig erweiternder Güter erstreckt sich über einen langen Zeitraum. Zu den Produkten, die in diesem Kontext zu nennen sind, zählen insbesondere technische Gebrauchsgüter wie Fahrzeuge, Fernseher, Handwerkzeuge und Haushaltsgeräte sowie Investitionsgüter wie Maschinen, medizinische Geräte, technische Arbeitsmittel und Werkzeuge. Im Verlauf ihres Bestehens erfahren diese Produkte kontinuierliche Ergänzungen hinsichtlich ihrer Ausstattungen und Funktionen sowie technische Verbesserungen. Um eine Differenzierung zwischen Änderungen und dem Bauzustand eines Produkts zu ermöglichen, wird in der Automobilindustrie beispielsweise das Baujahr des Fahrzeugs angegeben.

8.2.1.2 Portfolioanalyse der Boston Consulting Group

Innerhalb der Betriebswirtschaftslehre hat sich zur Darstellung das zweidimensionale Vier-Felder-Portfolio mit relativen Dimensionen als De-facto-Standard und Synonym für den Begriff Produktlebenszyklus etabliert. Eine der bekannteste Vorgehensweisen dabei ist sicher die der Boston Consulting Group (BCG), wie in Bild 8.7 zu sehen ist. Das

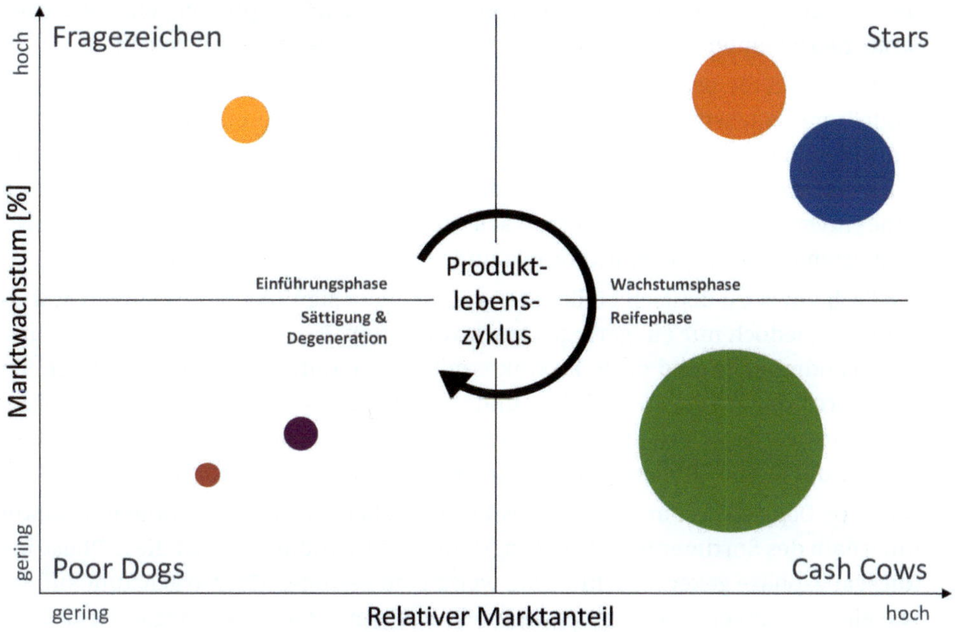

Bild 8.7 Portfolioanalyse der Boston Consulting Group

Grundmodell in zweidimensionaler Visualisierung mit einfachen absoluten Dimensionen nach Umsatz und Zeit findet weiterhin für eine Vielzahl von Einzelbetrachtungen Verwendung. Die Planung eines Produktlebenszyklus obliegt dem strategischen Management von Unternehmen.

In Abhängigkeit von der Stärke durchläuft ein Produktlebenszyklus vier bis sieben Phasen, wobei nicht alle Phasen durchgängig durchlaufen werden. Die in der Wirtschaftswissenschaft anerkannten Planungs- und Beobachtungsmodelle sind gleichwohl nicht allgemeingültig empirisch nachweisbar. Die verschiedenen Darstellungen dienen in erster Linie der Veranschaulichung des Zusammenhangs zwischen Produktlebenszyklus und Kostenerfahrungskurve sowie Erlös und Marktattraktivität, wobei insbesondere die Relevanz von Wettbewerbsvorteilen in den verschiedenen Phasen der Marktteilnahme betont wird. Das grundlegende Phasenmodell ordnet den Produktlebenszyklus nach Umsatz und Zeitablauf, während in der Praxis häufig die BCG-Matrix zum Einsatz kommt, welche ein Koordinatensystem mit dynamischen Parametern verwendet, nämlich dem Marktanteil und dem relativen Marktwachstum:

- Die als Fragezeichen bezeichneten Produkte stellen eine Gruppe von Newcomern unter den Produkten dar. Im Diagramm des Grundmodells ist die Einführungsphase gekennzeichnet. Zu Beginn ihrer Existenz weisen sie eine geringe Wachstumsrate auf, die jedoch mit der Zeit ansteigt. Allerdings ist ihr relativer Marktanteil gegenwärtig noch als sehr gering zu bezeichnen. In dieser Phase übersteigen die

Investitionen den Umsatz-Cashflow signifikant. Es wird empfohlen, eine offensive Strategie zu wählen, um das Produkt zu einem Star weiterzuentwickeln.

- Die Stars sind die brillanten Sterne des Unternehmens, im Diagramm des Grundmodells mit Wachstum gekennzeichnet. Sie haben nicht nur einen hohen relativen Marktanteil, sondern auch ein hohes Marktwachstum. Sie befinden sich in einem stark wachsenden Segment und sollten möglichst lang Stars bleiben. In sie muss daher investiert werden, um mitzuwachsen. Sie werden dann später zu Cash Cows. Ansonsten verlieren sie Marktanteile und werden zu Question Marks.
- Die Cash Cows, zu deutsch Melkkühe, weisen einen signifikanten relativen Marktanteil auf, jedoch nur ein geringes Marktwachstum. In der grafischen Darstellung des Grundmodells sind diese Produkte mit einem Reifegrad gekennzeichnet. Sie generieren den höchsten Cashflow und sollten ohne weitere Investitionen ausgeschlachtet werden. Die empfohlene Strategie ist, die aktuelle Position beizubehalten und die damit verbundenen Erträge zu generieren und zu maximieren.
- Die Poor Dogs stellen am Ende ihres Produktlebenszyklus die Problemprodukte innerhalb des Sortiments dar. Im Diagramm des Grundmodells ist diese Phase als Rückgangsphase gekennzeichnet. Sie weisen ein geringes Marktwachstum auf, sowie einen geringen relativen Marktanteil. Des Weiteren besteht sogar die Gefahr, dass sie einen Verlust einfahren. Die empfohlene Vorgehensweise in dieser Situation ist die Einführung von Innovationen oder die Elimination der betroffenen Produkte.

Laut Angaben der Urheber nutzen seit den 1980er-Jahren etwa 75 % aller größeren Unternehmen die Portfoliomatrix bei Investitionsentscheidungen und in der Strategieentwicklung. Dabei wird sie nicht nur zur Betrachtung des Produktlebenszyklus an sich eingesetzt, sondern auch zur Analyse weiterer unternehmensinterner und -externer Einflussfaktoren. Die Betrachtung der Marktwachstumsrate, welche im Modell der BCG als gegebener Faktor angesehen wird, ist jedoch mit gewissen Schwierigkeiten verbunden. In der Tat besteht für ein Unternehmen die Möglichkeit, das Marktwachstum durch geeignete Marketingmaßnahmen positiv zu beeinflussen.

Des Weiteren ist die Anwendung des Portfolios lediglich in überschaubaren Oligopolmärkten mit wenigen, großen Anbietern sinnvoll. In Wettbewerbsmärkten mit einer Vielzahl von Anbietern, die sich hinsichtlich ihrer Größe unterscheiden, erweisen sich die Dimensionen Marktwachstum und Marktanteil als unzureichend. Ein weiterer Kritikpunkt ist die eingeschränkte Anwendbarkeit der BCG-Analyse auf die eigenen Produkte.

Fazit:

Die Portfolioanalyse präsentiert ein momentanes Bild des Portfolios und eignet sich folglich zur Reflexion und gegebenenfalls Modifikation des eigenen Portfolios. Allerdings bietet sie nur eine limitierte Möglichkeit zum Benchmarking mit dem Marktführer bzw. dem stärksten Konkurrenten, falls man selbst der Marktführer ist.

8.2.2 Die Technologie-Portfolio-Analyse

Leitfragen im Umgang mit der Technologie-Portfolio-Analyse (TPA):

- Was sind unsere Kerntechnologien?
- In welche Technologien sollen wir weiter investieren und sie ausbauen?
- Von welchen Technologien und Prozessen sollten wir uns ggf. langfristig trennen?
- Gibt es alternative Technologien oder Substitute?

Wann benötigen Sie diese Methode?

Die TPA wird benötigt, wenn die technologischen Fähigkeiten und Ressourcen eines Unternehmens bewertet und optimiert werden sollen, die strategische Bedeutung von Technologien für das Unternehmen bestimmt werden soll, Investitionsentscheidungen für Technologien getroffen werden sollen und die Technologierntwicklung und -implementierung geplant werden sollen.

Die TPA ist ein Instrument, das Unternehmen dabei unterstützt, ihre technologischen Ressourcen systematisch zu bewerten und strategische Entscheidungen über deren Weiterentwicklung, Nutzung oder Aufgabe zu treffen. Entwickelt von Wolfgang Pfeiffer (Pfeiffer und Dögl 1990), verbindet sie technologische und strategische Überlegungen, um die Wettbewerbsfähigkeit eines Unternehmens langfristig zu sichern. Ziel ist es, eine klare Übersicht über die Bedeutung und den Wert einzelner Technologien zu schaffen und eine gezielte Allokation von Ressourcen zu ermöglichen.

Die TPA verfolgt mehrere Ziele. Sie hilft Unternehmen, ihre begrenzten Ressourcen effektiv einzusetzen, indem sie auf Technologien konzentriert werden, die ein hohes Marktpotenzial und strategische Relevanz besitzen. Zum anderen dient sie der strategischen Positionierung, indem sie Unternehmen aufzeigt, welche Technologien entscheidend für ihren Erfolg sind und welche zukünftig an Bedeutung gewinnen könnten. Darüber hinaus fungiert die Analyse als Frühwarnsystem, das technologische Trends aufzeigt und Unternehmen die Möglichkeit gibt, rechtzeitig darauf zu reagieren. Schließlich bietet die TPA eine strukturierte Grundlage für Entscheidungen, etwa ob eine Technologie weiterentwickelt, lizenziert, in Kooperation ausgebaut oder aufgegeben werden sollte.

Die Methode basiert auf einer zweidimensionalen Betrachtung von Technologien, wobei zwei zentrale Dimensionen analysiert werden: die technologische Attraktivität und die technologische Kompetenz (oder auch die Ressourcenstärke) des Unternehmens. Die technologische Attraktivität bewertet das Marktpotenzial einer Technologie, insbesondere ihre Fähigkeit, Differenzierungsvorteile zu schaffen oder neue Märkte zu erschließen. Faktoren wie Marktgröße, -wachstum und strategische Bedeutung für die Branche spielen dabei eine wichtige Rolle. Die technologische Kompetenz des Unternehmens bezieht sich hingegen auf das vorhandene Know-how und die Fähigkeiten, die Technologie effizient einzusetzen. Dazu zählen unter anderem bestehende Investitionen, die technologische Erfahrung und die Innovationskraft des Unternehmens.

Durch die Kombination dieser beiden Dimensionen entsteht ein zweidimensionales Portfolio, das Technologien in vier Kategorien einteilt:

- Zukunftstechnologien (T1) zeichnen sich durch eine hohe Attraktivität und eine hohe Kompetenz aus. Sie bieten großes Potenzial für Wettbewerbsvorteile und sollten intensiv gefördert werden.
- Schlüsseltechnologien (T3) hingegen besitzen ebenfalls eine hohe Attraktivität, doch das Unternehmen verfügt noch nicht über ausreichende Kompetenz in diesem Bereich. Hier besteht Handlungsbedarf, um durch Investitionen, Kooperationen oder Lizenzen aufzuholen.
- Basistechnologien (T4), die zwar eine hohe Kompetenz aufweisen, aber geringere Attraktivität besitzen, sollten genutzt werden, solange sie einen Beitrag zur Wertschöpfung leisten. Große Investitionen sollten jedoch vermieden werden.
- Schließlich gibt es Verlusttechnologien (T2), die weder attraktiv noch kompetenzbasiert sind. Diese sollten aufgegeben werden, um Ressourcen freizusetzen.

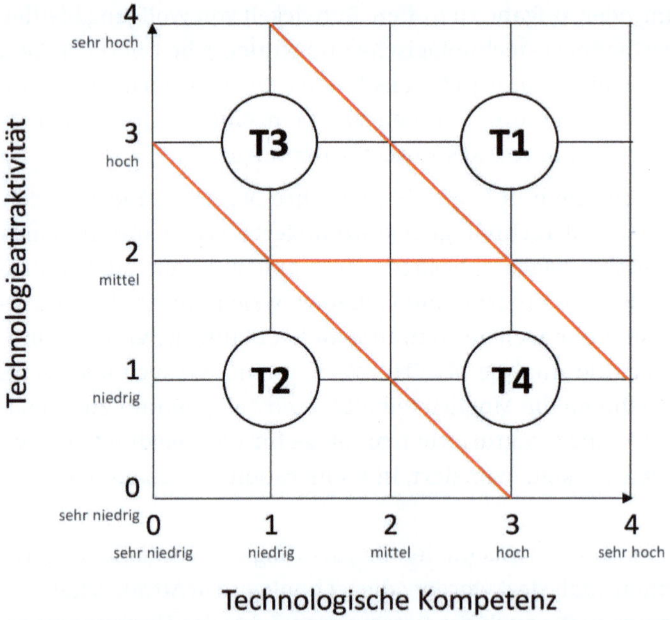

Bild 8.8 Die Technologie-Portfolio-Analyse

Die Umsetzung der TPA setzt eine Datenbasis voraus. Dazu gehören Informationen über technologische Trends, Marktstudien sowie eine interne Bewertung der eigenen Kompetenzen. Zudem ist es wichtig, klare und messbare Kriterien für die technologische Attraktivität und Kompetenz zu definieren, um die Technologien bewerten zu können. Ein interdisziplinäres Team aus Technologieexperten, Marktforschern und Strategen ist entscheidend, um eine Analyse durchzuführen. Gleichzeitig muss die TPA in den Kontext der übergeordneten Unternehmensstrategie eingebettet sein, um sicherzustellen, dass die Ergebnisse zur Erreichung langfristiger Ziele beitragen.

Das Ergebnis der TPA ist ein visuelles Portfolio, das die Position jeder Technologie innerhalb der beiden Dimensionen darstellt. Dieses Portfolio bietet eine klare Entscheidungsgrundlage, welche Technologien gefördert, aufrechterhalten oder aufgegeben werden sollten. Darüber hinaus ermöglicht es einen Überblick über technologische Trends und die strategische Position des Unternehmens im Wettbewerb.

Fazit:

Die TPA bietet eine strukturierte Methodik zur Entscheidungsfindung, ermöglicht die frühzeitige Erkennung von Trends und hilft, Ressourcen gezielt auf zukunftsorientierte Technologien zu lenken. Gleichzeitig hat die Methode auch ihre Grenzen. So ist die Bewertung von Technologien oft subjektiv und hängt von den gewählten Kriterien und der Qualität der Daten ab. Zudem können sich Attraktivität und Kompetenz einer Technologie durch externe oder interne Veränderungen rasch ändern, weshalb die Analyse regelmäßig aktualisiert werden muss. Für große und diversifizierte Unternehmen kann die Bewertung aller relevanten Technologien außerdem äußerst komplex werden. Zusammenfassend lässt sich sagen, dass die TPA ein leistungsstarkes Werkzeug für das strategische Technologie- und Innovationsmanagement darstellt. Sie ermöglicht es Unternehmen, ihre technologischen Ressourcen gezielt zu steuern, Chancen frühzeitig zu erkennen und ihre langfristige Wettbewerbsfähigkeit zu sichern.

9 Methoden zum Vergleich eines Zustands gegen ein Ideal

Im industriellen Umfeld sind Benchmarking-Methoden von großer Bedeutung, da sie es Unternehmen ermöglichen, ihre Leistung und Prozesse mit denen ihrer Wettbewerber oder den Besten in der Branche zu vergleichen. Abgesehen von klassischen Benchmarkings können sich Unternehmen auch an Normen oder Reifegradmodellen orientieren. Der Vergleich mit einem Ideal soll als Orientierung dienen und zeigen, wo Unternehmen gut aufgestellt sind und wo noch Verbesserungspotenzial liegt. Benchmarking kann Unternehmen helfen, ihre strategischen Ziele und Prioritäten zu überprüfen und anzupassen, indem sie die Leistung anderer Unternehmen in Bezug auf ähnliche Ziele bewerten.

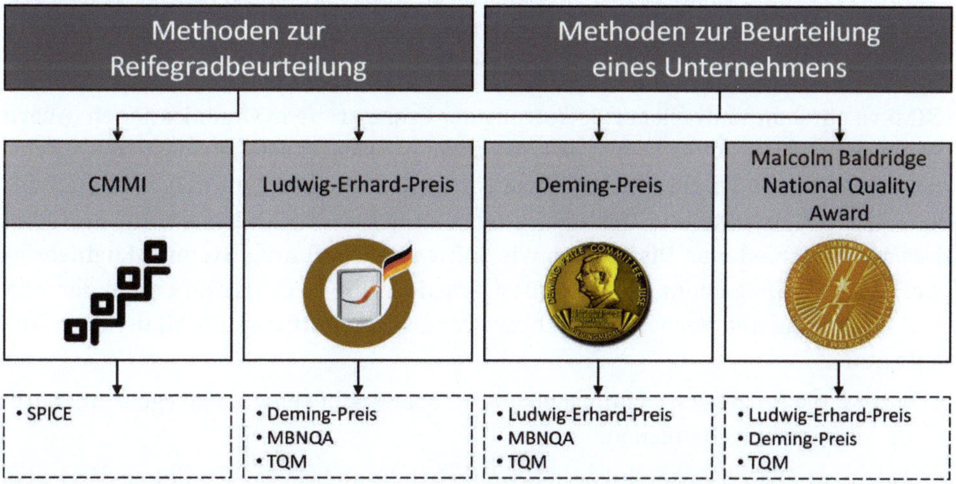

Bild 9.1 Methoden zum Vergleich eines Zustands gegen ein Ideal

9.1 Methoden zur Reifegradbeurteilung

Es gibt verschiedene Methoden, um Prozesse zu bewerten und Verbesserungspotenziale zu identifizieren. Die gängigste Methode für die Bestimmung der Prozessreife sind sogenannte Reifegradmodelle. Durch dezidierte Anforderungskataloge werden die verschiedenen Prozesse beurteilt und einer Reifegradlogik unterzogen und eingeordnet.

9.1.1 Capability Maturity Model Integration

Leitfragen im Umgang mit Capability Maturity Model Integration (CMMI):

- Wie gut sind unsere Prozesse?
- Welche Stufen gibt es, um unsere Prozesse zu verbessern?
- Was muss erfüllt werden, um sich auf die nächsthöhere Stufe zu verbessern?
- Was kennzeichnet exzellente Prozesse und exzellente Unternehmen?

Wann benötigen Sie diese Methode?

CMMI wird benötigt, wenn die Prozesse und Fähigkeiten eines Unternehmens oder einer Organisation im Bereich Softwareentwicklung, Systementwicklung oder Dienstleistungen bewertet und verbessert werden sollen, die Qualität und Effizienz der Prozesse und Produkte gesteigert werden sollen, die Risiken im Bereich Softwareentwicklung oder Systementwicklung minimiert werden sollen und die Zertifizierung oder Bewertung durch externe Parteien erforderlich ist.

CMMI ist ein Rahmenwerk zur Bewertung der Prozessreife in Organisationen (Ahern, Clouse und Turner 2004). Es wurde entwickelt, um sicherzustellen, dass Organisationen ihre Prozesse verbessern und ihre Fähigkeiten steigern können, um qualitativ hochwertige Produkte und Dienstleistungen zu liefern. CMMI basiert auf Best Practices aus verschiedenen Disziplinen wie Softwareentwicklung, Systems Engineering oder Projektmanagement. Es bietet Best Practices, die Organisationen bei der Analyse, Bewertung und Verbesserung ihrer Prozesse unterstützen. CMMI definiert fünf Reifegrade:

1. **Initial:** Die Prozesse sind informell und ad hoc. Es gibt keine festgelegten Standards oder Kontrollmechanismen.
2. **Managed:** Die Prozesse sind bereits weitgehend stabilisiert und dokumentiert, aber es gibt noch Raum für Verbesserungen.
3. **Defined:** Die Prozesse sind gut definiert und dokumentiert. Es gibt klare Standards und Verfahren, die befolgt werden.

4. **Quantitatively Managed:** Die Prozesse werden quantitativ gemessen und kontrolliert, um ihre Leistung kontinuierlich zu verbessern.
5. **Optimizing:** Die Organisation strebt kontinuierlich nach Verbesserung und Innovation ihrer Prozesse.

CMMI wird häufig in Form von Assessments angewendet, bei denen die Prozesse anhand eines standardisierten Bewertungsmodells beurteilt werden. Diese Assessments können intern durchgeführt werden, um Verbesserungsbereiche zu identifizieren, oder extern, um den Reifegrad einer Organisation im Vergleich zu Industriestandards zu bestimmen. Darüber hinaus dient CMMI als Leitfaden für die Entwicklung von Prozessverbesserungsplänen und als Referenzrahmen für die Auswahl von Best Practices, die den spezifischen Bedürfnissen einer Organisation am besten entsprechen.

Durch die Anwendung von CMMI können Organisationen ihre Effizienz steigern, Risiken reduzieren, Kosten senken und die Qualität ihrer Produkte und Dienstleistungen verbessern. CMMI ist kein starres Regelwerk, sondern ein flexibles Rahmenwerk, das Organisationen dabei unterstützt, ihre Prozesse an ihre spezifischen Bedürfnisse anzupassen. Es besteht aus verschiedenen Modellen, die auf unterschiedlichen Bereichen wie Entwicklung, Service, Beschaffung und Einkauf basieren. Diese Modelle können je nach Branche und Anforderungen der Organisation angepasst werden. Die Anwendung von CMMI erfolgt in mehreren Schritten:

- **Vorbereitung:** Die Organisation bestimmt ihre Ziele für die Prozessverbesserung und identifiziert die relevanten Bereiche, die sie bewerten und verbessern möchte.
- **Bewertung:** Die Organisation führt eine Selbstbewertung oder eine externe Bewertung durch, um den aktuellen Reifegrad ihrer Prozesse zu bestimmen. Dies beinhaltet die Bewertung anhand der definierten Kriterien und das Sammeln von Daten zur Leistung der Prozesse.
- **Analyse:** Basierend auf den Ergebnissen der Bewertung identifiziert die Organisation Stärken, Schwächen und Verbesserungsbereiche ihrer Prozesse. Dies kann dazu beitragen, Prioritäten für die Prozessverbesserung festzulegen.
- **Planung:** Die Organisation entwickelt einen Prozessverbesserungsplan, der Ziele, Maßnahmen und Zeitpläne für die Umsetzung der Verbesserungen festlegt. Dabei werden auch Ressourcen und Verantwortlichkeiten zugewiesen.
- **Umsetzung:** Die Organisation setzt den Prozessverbesserungsplan um, wobei sie sich an bewährten Praktiken und Richtlinien aus dem CMMI-Framework orientiert. Dies kann Schulungen, Änderungen an den Arbeitsabläufen, Einführung neuer Tools oder Technologien umfassen.
- **Überwachung und Messung:** Die Organisation überwacht kontinuierlich die Leistung ihrer Prozesse und misst den Fortschritt bei der Umsetzung der Verbesserungen. Dies ermöglicht es, Anpassungen vorzunehmen und sicherzustellen, dass die Ziele erreicht werden.
- **Bewertung und Anpassung:** Periodisch führt die Organisation Bewertungen durch, um den Fortschritt zu überprüfen und den Prozessverbesserungsplan bei

Bedarf anzupassen. Dies stellt sicher, dass die Organisation kontinuierlich lernt und sich verbessert.

Durch die Anwendung von CMMI können Organisationen nicht nur ihre Prozesse optimieren, sondern auch eine Kultur der kontinuierlichen Verbesserung etablieren, die ihnen hilft, wettbewerbsfähig zu bleiben und den sich ständig ändernden Anforderungen des Marktes gerecht zu werden. Genau vor diesem Hintergrund hat CMMI Reifegradmodelle entwickelt, die es Unternehmen ermöglichen, den Reifegrad ihrer Prozesse zu bewerten. Gerade im Zusammenhang mit Lean Production sind solche Reifegradmodelle ein beliebtes Instrument, um die Entwicklung einzelner Methoden und Prozesse zu bewerten. Am Beispiel der Ursachenanalyse wird gezeigt, wie ein Unternehmen CMMI nutzen kann, um den Reifegrad von Methoden zur Ursachenanalyse zu bewerten. Zur Beurteilung, wie weit ein Unternehmen im Einsatz der verschiedenen Methoden zur Ursachenanalyse ist, können folgende Reifegradstufen als Orientierung dienen:

1. Initial: Keine systematische Anwendung von Methoden zur Ursachenanalyse. Im Unternehmen werden Probleme aufgrund von Erfahrung und Versuch-und-Irrtum gelöst. Eine systematische oder methodische Herangehensweise ist nicht ausgeprägt. Methoden zur Ursachenanalyse sind nicht bekannt.
2. Managed: Mindestens eine Methode zur strukturierten Ursachenanalyse wurde geschult und das Wissen über die Methode ist im Unternehmen, oder mindestens in einem ersten Bereich, vermittelt.
3. Defined: In einem Pilotbereich des Unternehmens werden diese Methoden zur Ursachenanalyse auch tatsächlich bei der Problemlösung angewandt und umgesetzt. Das Vorgehen ist beschrieben, dokumentiert und etabliert.
4. Quantitatively Managed: Im gesamten Unternehmen werden Ursachen von Problemen ausschließlich mittels einer adäquaten Methode behoben. Kennzahlen werden erhoben, wie viele Probleme pro Monat abgestellt wurden oder wie sich bestimmte Kennzahlen, beispielsweise Feldreklamationen, entwickeln, seitdem die Methode strukturiert eingesetzt wird.
5. Optimizing: In jedem Unternehmensbereich gibt es Schlüsselpersonen, die Methodenspezialisten bezüglich Ursachenanalyse sind und welche alle beschriebenen Methoden beherrschen und im Unternehmen weitertragen, so dass im Unternehmen nicht ausschließlich eine Methode zur Ursachenanalyse verwendet wird. Jedes Problem wird mit einer adäquaten Problemlösungsmethode gelöst.

Fazit:

CMMI bietet ein Framework für die Bewertung und Verbesserung von Prozessen in fünf Reifegraden. Durch die Anwendung von CMMI können Unternehmen ihre Prozesse und Fähigkeiten verbessern, die Qualität und Effizienz ihrer Produkte und Dienstleistungen steigern, Risiken minimieren und die Zuverlässigkeit ihrer Produkte und Dienstleistungen erhöhen und eine höhere Kundenzufriedenheit erreichen.

9.2 Methoden zur Beurteilung eines Unternehmens

Es gibt verschiedene Methoden, um ein Unternehmen hinsichtlich verschiedener Faktoren zu beurteilen, sei es Effizienz, Produktivität oder Qualität. Beispielsweise kann ein Branchenbenchmarking angewendet werden, welches den Vergleich eines Unternehmens mit anderen Unternehmen innerhalb derselben Branche beinhaltet, unabhängig davon, ob es direkte Wettbewerber sind oder nicht. Unternehmen können dadurch branchenspezifische Trends und Best Practices identifizieren und strategische Entscheidungen treffen, um wettbewerbsfähig zu bleiben. Andere Möglichkeiten sind, das eigene Unternehmen hinsichtlich bestimmter Aspekte entweder selbst zu beurteilen oder fremdbeurteilen zu lassen, und diese Beurteilung durch eine Fachjury bestätigen zu lassen oder nicht. Speziell im Bereich des Qualitätsmanagements sind verschiedene solcher Qualitätsauszeichnungen etabliert, über die verschiedenen Kontinente hinweg.

9.2.1 Ludwig-Erhard-Preis

Leitfragen zum Ludwig-Erhard-Preis (LEP):

- Wo haben wir Stärken und Schwächen?
- Wo sind andere Unternehmen besser/schlechter als wir?
- Was sind Referenzen für gute Praktiken?
- Wie gut sind unsere Abläufe hinsichtlich Führung, Strategie, Mitarbeiter, Prozesse und anderer relevanter Aspekte?

Wann benötigen Sie diese Methode? Der LEP ist relevant, wenn ein Unternehmen oder eine Organisation nach Exzellenz im Qualitätsmanagement strebt, die Qualität und Effizienz der Prozesse und Produkte verbessert werden sollen, ein Unternehmen sich mit anderen in Bezug auf Qualität und Exzellenz vergleichen möchte und eine Auszeichnung für herausragende Leistungen im Qualitätsmanagement angestrebt wird.

Qualitätsmanagement als Führungsmethode, strategische Unternehmensplanung sowie die Ermittlung von Kundenerwartungen und -zufriedenheit können dazu beitragen, die Leistungsfähigkeit eines Unternehmens zu verbessern. Um die Zukunftsfähigkeit zu sichern, müssen die Effizienz und Wettbewerbsfähigkeit von Unternehmen und Organisationen gesteigert werden. Bund, Länder und Gemeinden sind aufgefordert, den Standort Deutschland international wettbewerbsfähig zu halten sowie die Rahmenbedingungen für die Wirtschaft konsequent zu verbessern.

Der LEP fördert die Auseinandersetzung mit den Ideen des TQM (siehe Abschnitt 7.1.1). Es handelt sich um einen ganzheitlichen Ansatz des Managements von Unternehmen und Organisationen, der zur Zukunftssicherung beiträgt. Er schließt die Lücke zwischen den einzelnen Landespreisen in Deutschland und dem European Excellence Award. Der Preis stellt sich dem Vergleich mit anderen bedeutenden Auszeichnungen wie dem Malcolm Baldrige National Quality Award (siehe Abschnitt 9.2.3) sowie dem Deming Preis (siehe Abschnitt 9.2.2). Der Ludwig-Erhard-Preis basiert auf dem EFQM-Modell.

Der LEP ist eine renommierte Auszeichnung für herausragendes Qualitätsmanagement in Unternehmen und Organisationen in Deutschland. Er wurde nach Ludwig Erhard benannt, einem deutschen Politiker und Ökonomen, der als Vater des deutschen Wirtschaftswunders gilt. Die Initiative Ludwig-Erhard-Preis e. V. vergibt den Preis seit 1997 und nutzt dabei den Ansatz der EFQM. Die Initiative Ludwig-Erhard-Preis e. V. wird von Spitzenverbänden der deutschen Wirtschaft getragen, darunter die Bundesvereinigung der Deutschen Arbeitgeberverbände, Bundesverband der Deutschen Industrie, die Deutsche Industrie- und Handelskammer sowie die technisch-wissenschaftlichen Vereine Deutsche Gesellschaft für Qualität, Verein Deutscher Ingenieure und der Ludwig-Erhard-Stiftung.

Die Initiative fördert die Verbreitung der Idee des deutschen Qualitätspreises und gestaltet im Rahmen eines Komitees, einer Jury und eingesetzter Arbeitskreise alle Aktivitäten zur Durchführung des Ludwig Erhard Preises. In den Gremien wirken zahlreiche Experten aus verschiedenen Bereichen der deutschen Wirtschaft und Wissenschaft ehrenamtlich mit. Die Initiative wird somit von vielen Unternehmen, Institutionen und Persönlichkeiten unterstützt.

Der LEP wird in verschiedenen Kategorien vergeben, wie Unternehmen, öffentliche Verwaltungen oder Non-Profit-Organisationen. Die Bewertung erfolgt anhand strenger Kriterien des Qualitätsmanagements und der Unternehmensführung, die sich an international anerkannten Standards orientieren. Der LEP ist eine der angesehensten Auszeichnungen für Qualitätsmanagement in Deutschland und bietet den Preisträgern Anerkennung für ihre Leistungen. Die Kriterien, nach denen die Bewerber beurteilt werden, umfassen unter anderem:

- **Führung und Strategie:** Hier wird bewertet, ob das Unternehmen eine klare Vision und Strategie hat, die auf die Bedürfnisse der Kunden und Stakeholder ausgerichtet ist. Auch die Fähigkeit der Führungskräfte, eine Kultur der Exzellenz und Innovation zu fördern, wird untersucht.
- **Kundenorientierung:** Die Zufriedenheit der Kunden und die Erfüllung ihrer Anforderungen stehen im Mittelpunkt dieses Kriteriums. Es wird geprüft, wie das Unternehmen auf Kundenfeedback reagiert und seine Produkte oder Dienstleistungen kontinuierlich verbessert, um die Kundenerwartungen zu übertreffen.
- **Prozessmanagement:** Hier geht es darum, wie effizient und effektiv die Geschäftsprozesse des Unternehmens gestaltet sind. Es wird untersucht, ob klare Prozesse

definiert sind, die kontinuierlich überwacht, analysiert und verbessert werden, um Fehler zu minimieren und die Qualität zu maximieren.

- **Innovations- und Lernorientierung:** Die Fähigkeit des Unternehmens, kontinuierlich Innovationen voranzutreiben und aus Erfahrungen zu lernen, ist ein wichtiger Aspekt. Es wird bewertet, ob das Unternehmen offen für neue Ideen ist, Risiken eingeht und sich aktiv um kontinuierliche Verbesserung bemüht.
- **Mitarbeiterbeteiligung und -entwicklung:** Die Einbeziehung und Entwicklung der Mitarbeiter spielen eine entscheidende Rolle für den Erfolg eines Unternehmens. Es wird untersucht, ob die Mitarbeiter motiviert, qualifiziert und aktiv in die Prozesse des Unternehmens eingebunden sind.

Die Bewerber werden von einem unabhängigen Expertengremium bewertet. Dieses prüft die eingereichten Unterlagen und führt auch vor Ort Audits durch, um einen umfassenden Einblick in die Arbeitsweise und Leistungsfähigkeit des Unternehmens zu erhalten.

Fazit:

Der LEP ist ein deutscher Qualitätspreis, der Unternehmen auszeichnet, die herausragende Leistungen im Qualitätsmanagement erbracht haben. Er basiert auf dem EFQM-Modell und bewertet Unternehmen in verschiedenen Kategorien.

9.2.2 Deming-Preis

Leitfragen zum Deming-Preis:

- Wo haben wir Stärken und Schwächen?
- Wo sind andere Unternehmen besser/schlechter als wir?
- Was genau wollen unsere Kunden und was begeistert sie?
- Was kennzeichnet unsere Produkte und womit setzen wir uns von unseren Wettbewerbern ab?
- Sind unsere Führung, Strategie und Prozesse herausragend?

Wann benötigen Sie diese Methode?

Der Deming-Preis ist ein japanischer Qualitätspreis, der Unternehmen auszeichnet, die herausragende Leistungen im Qualitätsmanagement erbracht haben. Er basiert auf den Prinzipien von W. Edwards Deming und bewertet Unternehmen in verschiedenen Kategorien. Der Deming-Preis ist insbesondere in Japan sehr angesehen und wird von Unternehmen angestrebt, die sich in der Qualitätsmanagement-Exzellenz hervorheben möchten.

Der Deming-Preis ist eine renommierte Auszeichnung im Bereich des Qualitätsmanagements. Er wurde erstmals 1951 von der japanischen Union of Japanese Scientists and Engineers (JUSE) ins Leben gerufen und wird jährlich an Unternehmen in Japan vergeben, die herausragende Leistungen in der Qualitätsverbesserung und Unternehmensführung demonstrieren. Der Deming-Preis wird an Organisationen verliehen, die sich durch ihre Fähigkeit auszeichnen, die Prinzipien des TQM (siehe Abschnitt 7.1.1) erfolgreich umzusetzen. Diese Prinzipien umfassen die kontinuierliche Verbesserung, die Kundenorientierung, die Einbeziehung aller Mitarbeiter, die prozessorientierte Herangehensweise sowie eine systematische und datengestützte Entscheidungsfindung.

Der Deming-Preis wurde ins Leben gerufen, um die Arbeit von William Edwards Deming im Nachkriegs-Japan zu würdigen. Sein Erfolg beruht hauptsächlich auf der Erkenntnis, dass die Beseitigung von Fehlerquellen der Schlüssel zur Verbesserung der Produktqualität ist. Der Deming-Preis legt den Schwerpunkt auf die Identifizierung und Beseitigung von Mängeln durch Teamarbeit und war der erste Preis, der auf die Selbsteinschätzung der Bewerber setzte. Diese Methode wurde von anderen Preisen wie dem European Quality Award und dem EFQM European Excellence Award übernommen.

Während anfänglich nur japanische Unternehmen den Preis verliehen bekamen, wurde der Preis 1984 auch für Unternehmen in Übersee geöffnet. Es gibt keine vorgegebene Anzahl möglicher Preisgewinner, sondern die Auszeichnung wird an alle Nominierten verliehen, die mindestens eine bestimmte Punktzahl in den von der Jury berücksichtigten Kategorien erreichen. Bewerber für den Preis, die die Ansprüche noch nicht erfüllen, haben im Laufe von drei Jahren noch zweimalig die Möglichkeit, die erforderliche Punktzahl im Rahmen einer fortgeführten Beobachtung durch die JUSE zu erreichen. Die Kriterien für die Vergabe des Deming-Preises sind streng und umfassen verschiedene Aspekte der Unternehmensführung und Qualitätsmanagementpraktiken. Dazu gehören unter anderem:

- **Führungsengagement und -verantwortung:** Das Topmanagement muss eine klare Vision für die Qualität haben und aktiv daran arbeiten, sie in der gesamten Organisation zu implementieren.
- **Kundenorientierung:** Organisationen müssen ein tiefes Verständnis für die Bedürfnisse und Erwartungen ihrer Kunden haben und sich kontinuierlich bemühen, diese zu erfüllen oder zu übertreffen.
- **Mitarbeiterbeteiligung und -entwicklung:** Alle Mitarbeiter sollten in den Qualitätsverbesserungsprozess eingebunden sein und die Möglichkeit haben, ihr Potenzial zu entfalten und zur kontinuierlichen Verbesserung beizutragen.
- **Prozessmanagement:** Organisationen sollten ihre Prozesse verstehen, dokumentieren, analysieren und kontinuierlich verbessern, um eine effiziente und qualitativ hochwertige Produktion zu gewährleisten.

- **Ergebnisorientierung:** Die Bewertung des Erfolgs sollte nicht nur auf finanziellen Kennzahlen beruhen, sondern auch auf anderen wichtigen Aspekten wie Kundenzufriedenheit, Mitarbeiterbeteiligung und Innovationsfähigkeit.

Fazit:

Unternehmen, die den Deming-Preis erhalten, werden für ihre hervorragende Leistung und ihren Einsatz für Qualität und Exzellenz anerkannt. Der Preis dient nicht nur als Auszeichnung, sondern auch als Ansporn für andere Organisationen, ihre Qualitätsmanagementpraktiken zu verbessern und nach höchsten Standards zu streben.

9.2.3 Malcolm Baldridge National Quality Award

Leitfragen zum Malcolm Baldrige National Quality Award (MBNQA):

- Wo haben wir Stärken und Schwächen?
- Wo sind andere Unternehmen besser/schlechter als wir?
- Was sind Referenzen für gute Praktiken?

Wann benötigen Sie diese Methode?

Der MBNQA ist eine Möglichkeit für Unternehmen, die sich mit anderen Unternehmen oder mit Referenzprozessen vergleichen wollen, um zu evaluieren, wie gut die Unternehmensprozesse sind und wo das eigene Unternehmen noch Verbesserungspotenzial hat.

Der MBNQA ist ein 1987 per Gesetz durch den amerikanischen Kongress eingeführter nationaler Qualitätspreis. Seinen Namen erhielt er nach dem 1987 verstorbenen US-amerikanischen Handelsminister Malcolm Baldrige. Der Preis hat unter den weltweit existierenden Qualitätsauszeichnungen einen sehr hohen Stellenwert und wird vom amerikanischen Präsidenten verliehen. Mit dem MBNQA werden US-Organisationen aus den Bereichen Wirtschaft, Gesundheitswesen, Bildung und *Non-Profit* für hervorragende Leistungen ausgezeichnet.

Der MBNQA ist die höchste formale Anerkennung für herausragende Leistungen von öffentlichen und privaten US-Organisationen. Er wird vom Baldrige Performance Excellence Program verwaltet, das beim National Institute of Standards and Technology (NIST), einer Behörde des US-Handelsministeriums, angesiedelt ist und von diesem verwaltet wird. Das Baldrige Performance Excellence Program und die damit verbundene Auszeichnung wurden durch den Malcolm Baldrige National Quality Improvement Act von 1987 eingeführt. Das Programm und die Auszeichnung wurden nach Malcolm Baldrige benannt, der während der Reagan-Regierung von 1981 bis zu seinem Tod im

Jahr 1987 Handelsminister der Vereinigten Staaten war. Die erste Auszeichnung wurde am 13. November 1988 verliehen. Im Jahr 2010 wurde der Name des Programms in Baldrige Performance Excellence Program geändert. Der Preis wird nicht für bestimmte Produkte oder Dienstleistungen verliehen.

Anfang und Mitte der 1980er-Jahre erkannten viele führende Vertreter der US-Industrie und der Regierung, dass eine erneute Betonung der Qualität notwendig war, um auf einem expandierenden und wettbewerbsorientierten Weltmarkt bestehen zu können. Der „Malcolm Baldrige National Quality Improvement Act“, welcher am 20. August 1987 in Kraft trat, wurde durch die Maßnahmen des National Productivity Advisory Committee entwickelt. Die gemeinnützige Forschungsorganisation APQC organisierte die erste Produktivitätskonferenz des Weißen Hauses und war 1987 maßgeblich an der Schaffung des MBNQA beteiligt.

Der MBNQA ist ein Exzellenzstandard, der amerikanischen Unternehmen helfen soll, wettbewerbsfähige Qualität zu erreichen. Im Herbst 1987 entwickelte Dr. Curt Reimann, der erste Direktor des Malcolm-Baldrige-National-Quality-Programms, zusammen mit seinen Mitarbeitern am NIST einen Rahmen für die Durchführung des Preises. Dies beinhaltete ein Bewertungsschema sowie Vorschläge für den heutigen Baldrige Award. In den ersten drei Jahren wurde der MBNQA gemeinsam von APQC und der American Society for Quality verwaltet. Die American Society for Quality ist auch weiterhin bei der Verwaltung des Award-Programms im Auftrag des NIST behilflich. Jährlich können bis zu 18 Auszeichnungen in sechs Kategorien vergeben werden: Produktion, Dienstleistung, kleine Unternehmen, Bildung, Gesundheitswesen und gemeinnützige Organisationen. Bis 2016 erhielten 106 Organisationen insgesamt 113 Auszeichnungen, darunter sieben Wiederholungsgewinner.

Das Baldrige Excellence Framework besteht aus drei Teilen: Kriterien für Performance Excellence, Grundwerte und Konzepte sowie Bewertungsrichtlinien. Das Rahmenwerk hat zwei Hauptzwecke: (1) Organisationen bei der Bewertung ihrer Verbesserungsbemühungen, der Diagnose ihres gesamten Leistungsmanagementsystems und der Identifizierung ihrer Stärken und Verbesserungsmöglichkeiten zu helfen und (2) Baldrige-Award-Empfänger zu identifizieren, die als Vorbild für andere Organisationen dienen können.

Das Rahmenwerk und seine Kriterien verbessern die organisatorischen Leistungspraktiken, -fähigkeiten und -ergebnisse. Sie erleichtern die Kommunikation und den Austausch von Informationen über bewährte Praktiken zwischen US-Organisationen aller Art und dienen als Instrument für das Verständnis und das Management von Leistung sowie für die Planung und die Nutzung von Lernmöglichkeiten. Das Rahmenwerk bietet Organisationen einen integrierten Ansatz für das Leistungsmanagement. Dadurch wird Kunden und Stakeholdern ein höherer Wert geboten, was zur Nachhaltigkeit der Organisation beiträgt. Gleichzeitig verbessern sich die Effektivität und die Fähigkeiten der Organisation und es findet organisatorisches und persönliches Lernen statt.

Das Rahmenwerk bietet Organisationen einen integrierten Ansatz für das Leistungsmanagement, der dazu führt, dass Kunden und Stakeholdern ein immer höherer Wert geboten wird, der zur Nachhaltigkeit der Organisation beiträgt, die Effektivität der Organisation verbessert und die Fähigkeit zum organisatorischen und persönlichen Lernen fördert. Die Kriterien für hervorragende Leistung basieren auf einer Reihe von Grundwerten: Systemorientierte Sichtweise, Visionäre Führung, Kundenorientierte Exzellenz, Wertschätzung der Menschen, Organisatorisches Lernen und Agilität, Fokus auf Erfolg, Management für Innovation, Management durch Fakten, Gesellschaftliche Verantwortung, Ethik und Transparenz und Wertschöpfung und Ergebnisse. Die Fragen, aus denen sich die Kriterien zusammensetzen, stehen für sieben Aspekte der Unternehmensführung und -leistung: Führung, Strategie, Kunden, Messung, Analyse und Wissensmanagement, Arbeitskräfte, Betrieb und Ergebnisse.

Fazit:

Der MBNQA ist ein US-amerikanischer Qualitätspreis, der Unternehmen für herausragende Leistungen in den Bereichen Qualität und Exzellenz auszeichnet. Er unterstützt Unternehmen darin, ihre Qualität und Leistungsfähigkeit zu verbessern.

Literatur

Abernethy, Robert B. (2010). *The New Weibull Handbook: Reliability and Statistical Analysis for Predicting Life, Safety, Supportability, Risk, Cost and Warranty Claims*. 5th. Robert B. Abernethy.

Ahern, Dennis M., Aaron Clouse und Richard Turner (2004). *CMMI distilled: a practical introduction to integrated process improvement*. Addison-Wesley Professional.

Ahmad, Muhammad Ovais, Jouni Markkula und Markku Oivo (2013). „Kanban in software development: A systematic literature review". In: *2013 39th Euromicro conference on software engineering and advanced applications*. IEEE, S. 9–16.

AIAG (2010). *Measurement Systems Analysis (MSA)*. Techn. Ber. Automotive Industry Action Group.

Ali, Sajid, Antonio Pievatolo und Rainer Göb (2016). „An overview of control charts for high-quality processes". In: *Quality and reliability engineering international* 32.7, S. 2171–2189.

Altman, Douglas u. a. (2013). *Statistics with confidence: confidence intervals and statistical guidelines*. John Wiley & Sons.

Andrews, Kenneth Richmond und Donald Kirk David (1987). *The concept of corporate strategy*. Bd. 3. Irwin Homewood.

Andrews, Kenneth Richmond u. a. (1973). *Business policy: Text and cases*. RD Irwin Homewood.

Ansoff, H. Igor u. a. (1957). „Strategies for diversification". In: *Harvard business review* 35.5, S. 113–124.

Antony, Jiju (2001). „Improving the manufacturing process quality using design of experiments: a case study". In: *International Journal of Operations and Production Management* 21.5–6, S. 812–822.

Asum, Heiko und Klaus Kerth (2023). *Die besten Strategietools in der Praxis: Welche Werkzeuge brauche ich wann? Wie wende ich sie an? Wo liegen die Grenzen?* Carl Hanser Verlag.

Bai, Do Sun, M. S. Kim und S. H. Lee (1989). „Optimum simple step-stress accelerated life tests with censoring". In: *IEEE transactions on reliability* 38.5, S. 528–532.

Bailom, Franz u. a. (1996). „Das Kano-Modell der Kundenzufriedenheit". In: *Marketing: ZFP; journal of research and management* 18.2, S. 117–126.

Bakri, Adnan Hj u. a. (2012). „Boosting lean production via TPM". In: *Procedia-Social and Behavioral Sciences* 65, S. 485–491.

Behrens, Werner und Peter M. Hawranek (1991). *Manual for the preparation of industrial feasibility studies*. United Nations Industrial Development Organization Vienna.

Bertram, Horst, Adolf-Peter Bröhl und Peter Blönnigen (1993). „Der Vorgehensstandard (V-Modell)". In: *CASE in der Praxis: Softwareentwicklungsumgebungen für Informationssysteme*, S. 55–71.

Bicheno, John (2004). *The new lean toolbox: towards fast, flexible flow*. Production, Inventory Control, Systems und Industrial Books (PICSIE Books).

Birolini, Alessandro (2007). *Reliability engineering*. Bd. 5. Springer.

Bossert, James L. (2021). *Quality function deployment: The practitioner's approach*. CRC Press.

Brunner, Franz J. (2023). *Japanische Erfolgskonzepte: KAIZEN, KVP, Lean Production Management, Total Productive Maintenance, Shopfloor Management, Toyota Production System, GD3-Lean Development*. Carl Hanser Verlag.

Chakravorty, Satya S. (2009). „Process improvement: using Toyota's A3 reports". In: *Quality Management Journal* 16.4, S. 7–26.

Chan, Lai-Kow und Ming-Lu Wu (2005). „A systematic approach to quality function deployment with a full illustrative example". In: *Omega* 33.2, S. 119–139.

Chechurin, Leonid und Yuri Borgianni (2016). „Understanding TRIZ through the review of top cited publications". In: *Computers in Industry* 82, S. 119–134.

Cleveland, William und Robert McGill (1984). „Graphical Perception and Graphical Methods for Analyzing Scientific Data". In: *Journal of the American Statistical Association* 79.387, S. 531–544.

Collett, David (2023). *Modelling survival data in medical research*. Chapman & Hall.

Collins, David H. u. a. (2013). „Accelerated test methods for reliability prediction". In: *Journal of Quality Technology* 45.3, S. 244–259.

Component Technical Committee (2011). *Guidelines for Part Average Testing*. Techn. Ber. Automotive Electronics Council.

Component Technical Committee (2012). *Guidelines for Statistical Yield Analysis*. Techn. Ber. Automotive Electronics Council.

Cooper, Robert G. (2022). „The 5-th generation stage-gate idea-to-launch process". In: *IEEE Engineering Management Review* 50.4, S. 43–55.

Cooper, Robert G. (2024). „Stage-Gate is Not Waterfall... Find Out Why & How". In: *IEEE Engineering Management Review*.

Cooper, Robert G., Scott J. Edgett und Elko J. Kleinschmidt (2002a). „Optimizing the stage-gate process: what best-practice companies do—I". In: *Research-Technology Management* 45.5, S. 21–27.

Cooper, Robert G., Scott J. Edgett und Elko J. Kleinschmidt (2002b). „Optimizing the stage-gate process: What best-practice companies do—II". In: *Research-Technology Management* 45.6, S. 43–49.

C/QMM (2011). *Heft 13 – Methoden der Zuverlässigkeitsgestaltung, Verifizierung und Validierung*. Techn. Ber. Robert Bosch GmbH.

C/QMM (2015). *Heft 15 – Fehlzustandsbaumanalyse FTA*. Techn. Ber. Robert Bosch GmbH.

C/QMM (2016a). *Heft 1 – Grundlagen der technischen Statistik – Kontinuierliche Merkmale*. Techn. Ber. Robert Bosch GmbH.

C/QMM (2016b). *Heft 2 – Grundlagen der technischen Statistik – Diskrete Merkmale*. Techn. Ber. Robert Bosch GmbH.

C/QMM (2019a). *Heft 10 – Fähigkeit von Mess- und Prüfprozessen*. Techn. Ber. Robert Bosch GmbH.

C/QMM (2019b). *Heft 9 – Maschinen- und Prozessfähigkeiten*. Techn. Ber. Robert Bosch GmbH.

C/QMM (2020). *Heft 7 – Statistische Prozessregelung SPC*. Techn. Ber. Robert Bosch GmbH.

C/QMM (2021). *Heft 6 – Auswertung von Felddaten*. Techn. Ber. Robert Bosch GmbH.

C/QMM (2022). *Heft 5 – Statistische Tolerierung*. Techn. Ber. Robert Bosch GmbH.

Crow, Larry H. (1974). „Reliability analysis for complex repairable systems". In: *Reliability and biometry* 13.6, S. 379–410.

Crow, Larry H. (1984). „Methods for assessing reliability growth potential". In: *Annual Reliability and Maintainability Symposium, 1984. Proceedings.* IEEE, S. 484–489.

Dietrich, Edgar und Alfred Schulze (2009). *Statistische Verfahren zur Maschinen-und Prozessqualifikation*. 6. Aufl. Carl Hanser Verlag.

DIN (1979). *DIN 40 080:1979-04 – Verfahren und Tabellen für Stichprobenprüfung anhand qualitativer Merkmale (Attributprüfung)*. Techn. Ber. Deutsches Institut für Normung e. V.

DIN (2007). *DIN 61025:2007 – Fehlzustandsbaumanalyse*. Techn. Ber. Deutsches Institut für Normung e. V.

DIN (2009a). *DIN 69901-1:2009-01 Projektmanagement – Projektmanagementsysteme – Teil 1: Grundlagen*. Techn. Ber. Deutsches Institut für Normung e. V.

DIN (2009b). *DIN 69901-5:2009-01 Projektmanagement – Projektmanagementsysteme – Teil 5: Begriffe*. Techn. Ber. Deutsches Institut für Normung e. V.

DIN (2014). *DIN ISO 2859-1:2014-08 – Annahmestichprobenprüfung anhand der Anzahl fehlerhafter Einheiten oder Fehler (Attributprüfung) – Teil 1: Nach der annehmbaren Qualitätsgrenzlage (AQL) geordnete*

Stichprobenpläne für die Prüfung einer Serie von Losen. Techn. Ber. Deutsches Institut für Normung e. V.

DIN (2015a). *DIN EN ISO 14001:2015-11 – Umweltmanagementsysteme – Anforderungen mit Anleitung zur Anwendung (ISO 14001:2015)*. Techn. Ber. Deutsches Institut für Normung e. V.

DIN (2015b). *DIN EN ISO 9001:2015-11 – Qualitätsmanagementsysteme – Anforderungen (ISO 9001:2015)*. Techn. Ber. Deutsches Institut für Normung e. V.

DIN (2018). *DIN EN ISO 50001:2018-12 – Energiemanagementsysteme – Anforderungen mit Anleitung zur Anwendung (ISO 50001:2018)*. Techn. Ber. Deutsches Institut für Normung e. V.

DIN ISO (2016). *DIN ISO 22514-1:2016 – Statistische Methoden im Prozessmanagement – Fähigkeit und Leistung – Teil 1: Allgemeine Grundsätze und Begriffe*. Techn. Ber. Deutsches Institut für Normung e. V.

DIN ISO (2019). *DIN ISO 22514-2:2019 – Statistische Verfahren im Prozessmanagement – Fähigkeit und Leistung – Teil 2: Prozessleistungs- und Prozessfähigkeitskenngrößen von zeitabhängigen Prozessmodellen*. Techn. Ber. Deutsches Institut für Normung e. V.

Dodson, Bryan (2014). *The Weibull Analysis Handbook*. 2nd. Quality Press.

Eaidgah, Youness u. a. (2016). „Visual management, performance management and continuous improvement: A lean manufacturing approach". In: *International Journal of Lean Six Sigma* 7.2, S. 187–210.

Erlach, Klaus (2010). *Wertstromdesign*. Springer.

Evans, David H. (1974). „Statistical tolerancing: The state of the art: Part I. Background". In: *Journal of Quality Technology* 6.4, S. 188–195.

Evans, David H. (1975). „Statistical tolerancing: The state of the art: Part II. Methods for Estimating Moments". In: *journal of quality technology* 7.1, S. 1–12.

Few, Stephen (2020). *Now you see it. An introduction to visual data sensemaking*. 2. Aufl. Analytics Press.

Fin, Julio Cesar u. a. (2017). „Improvement based on standardized work: an implementation case study". In: *Brazilian Journal of Operations and Production Management* 14.3, S. 388–395.

Friedrich, Jan u. a. (2009). *Das V-Modell XT*. Springer.

Gallego, Guillermo, David D. Yao und Ilkyeong Moon (1993). „Optimal control of a manufacturing process that involves trial runs". In: *Management science* 39.12, S. 1499–1505.

Gamberini, Rita u. a. (2009). „Low cost automation and poka yoke devices: tools for optimising production processes". In: *International journal of productivity and quality management* 4.5–6, S. 590–612.

Gamweger, Jürgen u. a. (2009). *Design for Six Sigma: kundenorientierte Produkte und Prozesse fehlerfrei entwickeln*. Carl Hanser Verlag.

Geiger, Gerhard, Ekbert Hering und Rolf Kummer (2020). *Kanban: Optimale Steuerung von Prozessen*. Carl Hanser Verlag.

George, Michael L. u. a. (2004). *The Lean Six Sigma Pocket Toolbook: A Quick Reference Guide to 100 Tools for Improving Quality and Speed*. McGraw-Hill Education.

Gloger, Boris und Carsten Rasche (2024). *Scrum Think big: Scrum für wirklich große Projekte, viele Teams und viele Kulturen*. Carl Hanser Verlag.

Grundy, Tony (2006). „Rethinking and reinventing Michael Porter's five forces model". In: *Strategic change* 15.5, S. 213–229.

Grässler, Iris u. a. (2021). „V-model based development of cyber-physical systems and cyber-physical production systems". In: *Procedia CIRP* 100, S. 253–258.

Grönlund, Johan, David Rönnberg Sjödin und Johan Frishammar (2010). „Open innovation and the stage-gate process: A revised model for new product development". In: *California management review* 52.3, S. 106–131.

Haefner, Benjamin u. a. (2014). „Quality value stream mapping". In: *Procedia Cirp* 17, S. 254–259.

Halim, Nurul Hayati Abdul u. a. (2015). „Standardized work in TPS production line". In: *Jurnal Teknologi* 76.6.

Hammersley, John (2013). *Monte carlo methods*. Springer Science und Business Media.
Hendricks, Kevin B. und Vinod R. Singhal (2000). „The impact of total quality management (TQM) on financial performance: evidence from quality award winners". In: *Quality Progress* 33.4, S. 35–42.
Hermans, Johanna und Yang Liu (2013). „Quality management in the new product development: A PPAP approach". In: *Quality Innovation Prosperity* 17.2, S. 37–51.
Hirano, Hiroyuki (1995). *5S for Operators: 5 pillars of the visual workplace*. CRC Press.
Hopp, Wallace J. und Mark L. Spearman (2004). „To pull or not to pull: what is the question?" In: *Manufacturing and service operations management* 6.2, S. 133–148.
Hosmer, David W., Stanley Lemeshow und Susanne May (2008). *Applied survival analysis: regression modeling of time-to-event data*. Bd. 618. John Wiley & Sons.
Hossain, Emam, Muhammad Ali Babar und Hye-young Paik (2009). „Using scrum in global software development: a systematic literature review". In: *2009 Fourth IEEE International Conference on Global Software Engineering*. Ieee, S. 175–184.
Höhn, Reinhard und Stephan Höppner (2008). *Das V-Modell XT: Grundlagen, Methodik und Anwendungen*. Springer.
Hüttmeir, Andreas u. a. (2009). „Trading off between heijunka and just-in-sequence". In: *International journal of production economics* 118.2, S. 501–507.
IATF (2016). *IATF 16949:2016 – Anforderungen an Qualitätsmanagementsysteme für die Serien- und Ersatzteilproduktion in der Automobilindustrie*. Techn. Ber. International Automotive Task Force.
IEC (2011). *IEC 61508:2010 – Funktionale Sicherheit sicherheitsbezogener elektrischer/ elektronischer/ programmierbarer elektronischer Systeme*. Techn. Ber. International Electronical Comission.
Ilevbare, Imoh M., David Probert und Robert Phaal (2013). „A review of TRIZ, and its benefits and challenges in practice". In: *Technovation* 33.2–3, S. 30–37.
Institute, Project Management (2021). „A Guide to the Project Management Body of Knowledge (PMBOK Guide) – Seventh Edition and The Standard for Project Management". In: Project Management Institute.
International Electrotechnical Commission (2005). *IEC-61160 – Design Review*. Techn. Ber. International Electrotechnical Commission.
Ioana, Apafaian Dumitrita, Egri Diana Maria und Veres Cristina (2020). „Case study regarding the implementation of one-piece flow line in automotive company". In: *Procedia Manufacturing* 46, S. 244–248.
ISO (2018). *ISO 26262-1:2018 Road vehicles – Functional Safety – Part 1: Vocabulary*. Techn. Ber. International Organization for Standardization.
Jain, Abhishek, Rajbir Bhatti und Harwinder Singh (2014). „Total productive maintenance (TPM) implementation practice: A literature review and directions". In: *International Journal of Lean Six Sigma* 5.3, S. 293–323.
Jumbad, Vitthal und Arvind Chel (2018). „Strategic use of control plan as a process audit tool in automotive industry: A case study". In: *AIP Conference Proceedings*. Bd. 2018. 1. AIP Publishing.
Jung, Berndt, Stefan Schweißer und Johann Wappis (2020). *8D – Systematisch Probleme lösen*. Carl Hanser Verlag.
Jung, Berndt, Stefan Schweißer und Johann Wappis (2025). *8D und A3 – Systematisch Probleme lösen*. Carl Hanser Verlag.
Juran, Joseph M. und A. Blanton Godfrey (2010). *Juran's Quality Handbook*. 6. Aufl. McGraw-Hill Education.
Kalos, Malvin H. und Paula A. Whitlock (2009). *Monte carlo methods*. John Wiley und Sons.
Kano, Noriaki (1984). „Attractive quality and must-be quality". In: *Journal of the Japanese society for quality control* 31.4, S. 147–156.
Kaplan, Robert S. und David P. Norton (2007). *Balanced scorecard*. Springer.

Kartha, C. Peeth (2004). „A comparison of ISO 9000: 2000 quality system standards, QS9000, ISO/TS 16949 and Baldrige criteria". In: *The TQM magazine* 16.5, S. 331–340.

Kaufmann, Traute (2021). „Branchenstrukturanalyse (Porter's Five Forces)". In: *Strategiewerkzeuge aus der Praxis: Analyse und Beurteilung der strategischen Ausgangslage*. Berlin, Heidelberg: Springer Berlin Heidelberg, S. 37–47.

Kerzner, Harold (2022). *Project Management: A Systems Approach to Planning, Scheduling, and Controlling*. Jon Wiley und Sons.

Kirby, Jeffrey G., Douglas A. Furry und Donald K. Hicks (1988). „Improvements in design review management". In: *Journal of construction engineering and management* 114.1, S. 69–82.

Kirschling, Günter (2013). *Qualitätssicherung und Toleranzen: Toleranz- und Prozessanalyse für Entwicklungs- und Fertigungsingenieure*. Springer.

Klein, John P., Melvin L. Moeschberger u. a. (2003). *Survival analysis: techniques for censored and truncated data*. Bd. 1230. Springer.

Kleppmann, Wilhelm (2020). *Versuchsplanung: Produkte und Prozesse optimieren*. Carl Hanser Verlag.

Kosina, Jan (2015). „Shainin methodology: an alternative or an effective complement to six sigma?" In: *Quality Innovation Prosperity* 19.2, S. 18–31.

Kowalski, Arkadiusz, Robert Waszkowski und V. Ratushnyi (2020). „The use of Lean Manufacturing principles to improve production processes by better designing of assembly cells". In: *IOP Conference Series: Materials Science and Engineering*. Bd. 916. 1. IOP Publishing, S. 012053.

Kroese, Dirk P. und Reuven Y. Rubinstein (2012). „Monte carlo methods". In: *Wiley Interdisciplinary Reviews: Computational Statistics* 4.1, S. 48–58.

Krugh, Matthew u. a. (2017). „Measurement of operator-machine interaction on a chaku-chaku assembly line". In: *Procedia Manufacturing* 10, S. 123–135.

Kukulies, Jan und Robert Schmitt (2018). „Stabilizing production ramp-up by modeling uncertainty for product design verification using Dempster – Shafer theory". In: *CIRP Journal of Manufacturing Science and Technology* 23, S. 187–196.

Kunio, Shirose (1995). *TPM team guide*. Productivity Press.

Lang, Conny und Marita Schöps (2022). *Praxisleitfaden Projektmanagement: Tipps, Tools und Tricks aus der Praxis für die Praxis*. Carl Hanser Verlag.

Lawless, Jerald F. (2011). *Statistical models and methods for lifetime data*. John Wiley und Sons.

Lei, Howard u. a. (2017). „A statistical analysis of the effects of Scrum and Kanban on software development projects". In: *Robotics and Computer-Integrated Manufacturing* 43, S. 59–67.

Liker, Jeffrey K. (2004). *The Toyota Way – 14 Management Principles from the World's Greatest Manufacturer*. McGraw-Hill.

Lima, Manuel (2011). *Visual Complexity: Mapping Patterns of Information*. Princeton Architectural Press.

Linß, Gerhard (2016). *Qualitätssicherung – Technische Zuverlässigkeit*. Carl Hanser Verlag.

Linß, Gerhard u. a. (2011). *Qualitätsmanagement für Ingenieure*. Carl Hanser Verlag.

Lu, Peng und Xuerui Yang (2021). „Research on the Highly Accelerated Stress Screening (HASS) Test Process of Civil Aircraft Airborne Equipment". In: *IOP Conference Series: Materials Science and Engineering*. Bd. 1043. 5. IOP Publishing, S. 052007.

Mack, Oliver u. a. (2015). *Managing in a VUCA World*. Springer.

Madauss, Bernd-J. (2025). *Project Management: A comprehensive description of Theory and Practice*. Springer Nature.

Mannewitz, Frank (2016). *Statistische Toleranzberechnung: Leitfaden zur systematischen Anwendung–Studienausgabe*. utb GmbH.

Marksberry, Phillip, Cheng-Hao Chang und Yukang Liu (2011). „Managing the quality circle process: a new investigation of Toyota's QC practices". In: *International Journal of Productivity and Quality Management* 8.2, S. 113–133.

Marnada, Primadhika u. a. (2022). „Agile project management challenge in handling scope and change: A systematic literature review". In: *Procedia Computer Science* 197, S. 290–300.

Matos, Sandra und Eurico Lopes (2013). „Prince2 or PMBOK – a question of choice". In: *Procedia Technology* 9, S. 787–794.

Matzka, Judith, Maria Di Mascolo und Kai Furmans (2012). „Buffer sizing of a Heijunka Kanban system". In: *Journal of intelligent manufacturing* 23, S. 49–60.

Meeker, William Q., Luis A. Escobar und Francis G. Pascual (2022). *Statistical methods for reliability data*. John Wiley und Sons.

Meyna, Arno u. a. (2023). *Sicherheit und Zuverlässigkeit technischer Systeme*. Carl Hanser Verlag.

MIL (1989). *MIL-STD-105E: Military Standard – Sampling Procedures and Tables for Inspection by Atttributes*. Techn. Ber. United States defense standard.

Mobin, Mohammadsadegh u. a. (2019). „An approach for design verification and validation planning and optimization for new product reliability improvement". In: *Reliability Engineering and System Safety* 190, S. 106518.

Muchiri, Peter und Liliane Pintelon (2008). „Performance measurement using overall equipment effectiveness (OEE): literature review and practical application discussion". In: *International journal of production research* 46.13, S. 3517–3535.

Murray, Alan I. (1988). „A contingency view of Porter's 'generic strategies'". In: *Academy of management review* 13.3, S. 390–400.

Murthy, D. N. Prabhakar, Min Xie und Renyan Jiang (2004). „Weibull Models". In: *John Wiley & Sons*.

Mykleburst, Thor und Tor Stålhane (2021). *Functional safety and proof of compliance*. Springer.

Nataraj, Sukrut und Mohammed Ismail (2017). „Quality enhancement through first pass yield using statistical process control". In: *International Journal of Productivity and Quality Management* 20.2, S. 238–253.

Ohno, Taiichi (2019). *Toyota production system: beyond large-scale production*. Productivity press.

Parker, Jeremy S. und Jonathan D. Moseley (2008). „Kepner-tregoe decision analysis as a tool to aid route selection. part 1". In: *Organic Process Research and Development* 12.6, S. 1041–1043.

Parry, Glenn C. und Charles E. Turner (2006). „Application of lean visual process management tools". In: *Production planning and control* 17.1, S. 77–86.

Pascu, Cristina Ileana u. a. (2018). „Aspects about the quality control at first article inspection (FAI) for parts obtained by materials composites used in the railway sector". In: *Advanced Engineering Forum*. Bd. 27. Trans Tech Publ, S. 262–267.

Permana, Putu Adi Guna (2015). „Scrum method implementation in a software development project management". In: *International Journal of Advanced Computer Science and Applications* 6.9, S. 198–204.

Pfeifer, Tilo und Robert Schmitt (2021). *Masing Handbuch Qualitätsmanagement*. Carl Hanser Verlag.

Pfeiffer, Werner und Rudolf Dögl (1990). „Das Technologie-Portfolio-Konzept zur Beherrschung der Schnittstelle Technik und Unternehmensstrategie". In: *Strategische Unternehmungsplanung/Strategische Unternehmungsführung: Stand und Entwicklungstendenzen*, S. 254–282.

Pfeufer, Hans-Joachim (2021). *FMEA – Fehler-Möglichkeits- und Einfluss-Analyse nach AIAG und VDA*. Carl Hanser Verlag.

Porter, Michael E. (1979). „How Competitive Forces Shape Strategy". In: *Harvard Business Review* 57.2, S. 137–145.

Porter, Michael E. (1997). „Competitive strategy". In: *Measuring business excellence* 1.2, S. 12–17.

Porter, Michael E. (2008). *Competitive advantage: Creating and sustaining superior performance*. Simon & Schuster.

Pressman, Roger S. (2014). *Software Engineering: A Practitioner's Approach*. McGraw-Hill.

Pyzdek, Thomas und Paul Keller (2014). *The Six Sigma Handbook*. 4. Aufl. McGraw-Hill Education.

Rau, Matthias und Uwe Stollmayer (2012). *Handbuch QM-Methoden: Die richtige Methode auswählen und erfolgreich umsetzen*. Hrsg. von Gerd F. Kamiske. Carl Hanser Verlag.

Rising, Linda und Norman S. Janoff (2000). „The Scrum software development process for small teams". In: *IEEE software* 17.4, S. 26–32.

Romero, David u. a. (2019). „Rethinking jidoka systems under automation & learning perspectives in the digital lean manufacturing world". In: *IFAC-PapersOnLine* 52.13, S. 899–903.

Rother, Mike und John Shook (2003). *Learning to see: value stream mapping to add value and eliminate muda*. Lean enterprise institute.

Sachs, Lothar (2013). *Statistische Auswertungsmethoden*. Springer.

Sachs, Michael (2021). *Wahrscheinlichkeitsrechnung und Statistik für Ingenieurstudierende an Hochschulen*. Carl Hanser Verlag.

Sandeepsoni, D., Rajkumar Duhan und Sunil Duhan (2015). „Quality circle: A methodology to identify scope of quality improvement through Kaizen approach". In: *International Journal of Modern Engineering Research* 5.7, S. 43–51.

Saravanos, Antonios und Matthew X. Curinga (2023). „Simulating the software development lifecycle: The Waterfall model". In: *Applied System Innovation* 6.6, S. 108.

Sarkar, Ashok, Arup Ranjan Mukhopadhyay und Sadhan Kumar Ghosh (2013). „Issues in Pareto analysis and their resolution". In: *Total Quality Management and Business Excellence* 24.5–6, S. 641–651.

Sauerwein, Elmar und Elmar Sauerwein (2000). *Das Kano-Modell der Kundenzufriedenheit*. Springer.

Schneider, Paul und Maik Schlickel (2023). „Das 5-Why hinter dem 5-Why: Bildbasierte Tiefeninterviews als Ergänzung zur klassischen Ursachenanalyse". In: *QZ – Qualität und Zuverlässigkeit* 68.6, S. 32–34.

Schneider, Paul und Fabian J. Sting (2020). „Employees' perspectives on digitalization-induced change: Exploring frames of industry 4.0". In: *Academy of Management Discoveries* 6.3, S. 406–435.

Seifermann, Stefan u. a. (2014). „Evaluation of work measurement concepts for a cellular manufacturing reference line to enable low cost automation for lean machining". In: *Procedia CIRP* 17, S. 588–593.

Shainin, Richard D. (1993). „Strategies for technical problem solving". In: *Quality Engineering* 5.3, S. 433–448.

Sharma, Kapil Dev und Shobhit Srivastava (2018). „Failure mode and effect analysis (FMEA) implementation: a literature review". In: *J Adv Res Aeronaut Space Sci* 5.1–2, S. 1–17.

Shimizu, Hirokazu, Yuichi Otsuka und Hiroshi Noguchi (2010). „Design review based on failure mode to visualise reliability problems in the development stage of mechanical products". In: *International journal of vehicle design* 53.3, S. 149–165.

Shingo, Shigeo (1986). *Zero Quality Control: Source Inspection and the Poka-Yoke System*. Productivity Press.

Shingo, Shigeo (1996). *Quick changeover for operators: The SMED system*. Productivity press.

Siebertz, Karl, Thomas Hochkirchen und David van Bebber (2010). *Statistische Versuchsplanung*. Springer.

Smith, John und Mary Johnson (2020). „Implementing Quality Assurance Agreements in the Automotive Industry". In: *International Journal of Automotive Technology and Management* 8.3, S. 231–245.

Smolnik, Tim und Thorsten Bergmann (2020). „Structuring and managing the new product development process-review on the evolution of the Stage-Gate process." In: *Journal of Business Chemistry* 2.

Solanki, Mihir und Darshak Desai (2020). „Competitive advantage through Six Sigma in sand casting industry to improve overall first-pass yield: a case study of SSE". In: *International journal of lean six sigma* 12.3, S. 477–502.

Sommerville, Ian (2015). *Software Engineering*. Addison-Wesley.

Sondermann, Jochen Peter (2018). *Poka Yoke*. Carl Hanser Verlag.

Sterneckert, Alan B. (2003). *Critical incident management*. Auerbach Publications.

Takeda, Hitoshi (2014). *Das synchrone Produktionssystem: Just-in-time für das ganze Unternehmen*. Vahlen.

Team, Productivity Press Development (1996a). *TPM for Every Operator*. Productivity Press.

Team, Productivity Press Development (1996b). *TPM for Supervisors*. Productivity Press.

Team, Productivity Press Development (2002). *Kaizen for the Shop Floor: A Zero-Waste Environment with Process Automation*. Productivity Press.

Tezel, Algan, Lauri Koskela und Patricia Tzortzopoulos (2016). „Visual management in production management: a literature synthesis". In: *Journal of manufacturing technology management* 27.6, S. 766–799.

Thomas, Edward V. (2015). *A Statistical Perspective on Highly Accelerated Testing*. Techn. Ber. Sandia National Lab.(SNL-NM), Albuquerque, NM (United States).

Thun, Jörn-Henrik, Martin Drüke und Andre Grübner (2010). „Empowering Kanban through TPS-principles – an empirical analysis of the Toyota Production System". In: *International Journal of Production Research* 48.23, S. 7089–7106.

Tufte, Edward R. (2018). *The visual display of quantitative information*. 2. Aufl. Graphics Press.

Ullrich, Lars u. a. (2024). „Expanding the Classical V-Model for the Development of Complex Systems Incorporating AI". In: *IEEE Transactions on Intelligent Vehicles*.

VDA (2008). *VDA QMC Band 6 Teil 5 Produktaudit*. Techn. Ber. Verband der Automobilindustrie.

VDA (2019). *AIAG und VDA FMEA-Handbuch Design-FMEA, Prozess-FMEA, FMEA-Ergänzung – Monitoring und Systemreaktion*. Techn. Ber. Verband der Automobilindustrie VDA.

VDA (2020a). *Band 2, Sicherung der Qualität von Lieferungen: Produktionsprozess- und Produktfreigabe (PPF)*. Techn. Ber. Verband der Automobilindustrie VDA.

VDA (2020b). *Band 4 – Sicherung der Qualität in der Prozesslandschaft. Abschnitt 2: Risikoanalysen*. Techn. Ber. Verband der Automobilindustrie VDA.

VDA (2021). *Qualitätsmanagement in der Automobilindustrie. Band 5: Mess- und Prüfprozesse. Eignung, Planung und Management.* Techn. Ber. Verband der Deutschen Automobilindustrie (VDA).

VDA (2023). *VDA QMC Band 6 Teil 3 Prozessaudit*. Techn. Ber. Verband der Automobilindustrie.

VDA Working Group 13 (2023). *Automotive SPICE Process Assessment/Reference Modell*. Techn. Ber. Verband der Automobilindustrie VDA.

VDI (2017). *VDI 4010:2017-10 – Zuverlässigkeitsverbesserung in der Produktnutzungsphase*. Techn. Ber. Verein Deutscher Ingenieure e. V.

Vesely, William E. u. a. (1981). *Fault tree handbook*. Systems und Reliability Research, Office of Nuclear Regulatory Research.

Vukomanovic, Mladen, Michael Young und Sven Huynink (2016). „IPMA ICB 4.0 – A global standard for project, programme and portfolio management competences". In: *International journal of project management* 34.8, S. 1703–1705.

Wagner, M., W. Unger und Wolfgang Wondrak (2006). „Part average analysis – A tool for reducing failure rates in automotive electronics". In: *Microelectronics Reliability* 46.9–11, S. 1433–1438.

Wolfartsberger, Josef (2019). „Analyzing the potential of Virtual Reality for engineering design review". In: *Automation in construction* 104, S. 27–37.

Yau, Nathan (2011). *Visualize this. The Flowing Data guide to design, visualization, and statistics*. Jon Wiley & Sons.

Yau, Nathan (2013). *Data points. Visualization that means something*. Jon Wiley & Sons.

Zaltman, Gerald und Robin Higie Coulter (1995). „Seeing the voice of the customer: Metaphor-based advertising research". In: *Journal of advertising research* 35.4, S. 35–51.

Zhang, Abraham (2014). „Quality improvement through Poka-Yoke: from engineering design to information system design". In: *International Journal of Six Sigma and Competitive Advantage* 8.2, S. 147–159.

Abkürzungsverzeichnis

AEC Automotive Electronic Council
AP Action Priority
APQP Advanced Product Quality Planning
AQL Acceptable Quality Level
AIAG Automotive Industry Action Group
ASIL Automotive Safety Integrity Levels
BSC Balanced Scorecard
CMMI Capability Maturity Model Integration
CtQ Critical to Quality
DfSS Design for Six Sigma
DMAIC Define Measure Analyze Improve Control
DPMO Defects Per Million Opportunities
DoE Design of Experiments
DRBFM Design Review Based on Failure Mode
DV Design Verification
DVP&R Design Verification Plan and Report
EFQM European Foundation for Quality Management
EMPB Erstmusterprüfbericht
EPEI Every Part Every Interval
FMEA Failure Mode and Effects Analysis
FPM Fehler-Prozess-Matrix
FPY First Pass Yield
FTA Fault Tree Analysis
FUSI Funktionale Sicherheit
GR&R Gage Repeatability and Reproducibility
HALT Highly Accelerated Life Testing
HASS Highly Accelerated Stress Screening

HoQ House of Quality

IATF International Automotive Task Force

ICB Individual Competence Baseline

IPMA International Project Management Association

JiT Just-in-Time

LCA Low Cost Automation

LEP Ludwig-Erhard-Preis

M7 Die sieben Managementwerkzeuge

MBNQA Malcolm Baldrige National Quality Award

MSA Measurement System Analysis

MTBF Mean Time Between Failure

MTTF Mean Time To Failure

MTTR Mean Time To Repair

OEE Overall Equipment Effectiveness

OEG obere Eingriffsgrenze

OPF One Piece Flow

OSG obere Spezifikationsgrenze

OWG obere Warngrenze

PAA Part Average Analysis

PAT Part Average Testing

PDCA Plan Do Check Act

PEP Produktentwicklungsprozess

PFD Prozessflussdiagramm

PMBOK Project Management Body of Knowledge

PMI Project Management Institute

PPAP Production Part Approval Process

PPM Parts Per Million

PRINCE2 Projects in Controlled Environments

PLP Produktionslenkungsplan

PPF Produktionsprozess- und Produktfreigabeverfahren

PSW Part Submission Warrant

PV Process Validation

PVP&R Process Validation Plan and Report

Q7 Die sieben Qualitätswerkzeuge

QFD Quality Function Deployment

QSM Quality Stream Mapping

QSV Qualitätssicherungsvereinbarungen

RGM Reliability Growth Management

RPZ Risikoprioritätszahl

SGP Stage Gate Process

SIL Safety Integrity Levels

SMED Single Minute Exchange of Die

SPC Statistical Process Control

SPICE Software Process Improvement and Capability Determination

TPA Technologie-Portfolio-Analyse

TPM Total Productive Maintenance

TQM Total Quality Management

TPS Toyota Produktionssystem

TRIZ Theorie des erfinderischen Problemlösens

UEG untere Eingriffsgrenze

USG untere Spezifikationsgrenze

UWG untere Warngrenze

VDA Verband deutscher Automobilhersteller

VSD Value Stream Design

VSM Value Stream Mapping

WIP Work in Progress

ZMET Zaltman Metaphor Elicitation Technique

Downloadmaterial

Auf *plus.hanser-fachbuch.de* stehen Ihnen folgende Dateien zum Download zur Verfügung:

- Ablauf der Methoden bei Feldeinsätzen
- Ablauf der Methoden bei Lean Production
- Ablauf der Methoden bei Six Sigma DMAIC
- Beispielhafte Vorlage eines DVP&R
- Das Prozessreferenzmodell von Automotive SPICE nach VDA Working Group
- Der QM-Methodenkompass
- Entscheidungshilfe zur Auswahl geeigneter Hypotesentests
- Formblatt einer FMEA
- Methoden für die Entwicklung von Produkt und Prozess
- Methoden im Umfeld der Unternehmenssteuerung
- Vorlage 5-Warum
- Vorlage der Widerspruchsmatrix
- Vorlage eines 8D-Berichts
- Vorlage eines A3-Problemlösungsprozesses
- Vorlage eines Ishikawa-Diagramms
- Vorlage eines Projektauftrags
- Vorlage MSA für attributive Merkmale
- Vorlage MSA Verfahren 1
- Vorlage MSA Verfahren 2
- Vorlage MSA Verfahren 3
- Vorlagebeispiel eines PLP

Der Autor

Dr. rer. pol. Dipl.-Wirt.-Ing. Dipl.-Ing. (FH) **Maik Schlickel** ist Master Black Belt und Leiter Qualitätsmanagement und Nachhaltigkeit bei nobilia-Werke J. Stickling GmbH & Co. KG. Maik Schlickel arbeitet seit über 20 Jahren in verschiedenen Funktionen des Qualitätsmanagements und war zuvor in der Elektrotechnik- und Automationsindustrie bei Weidmüller Interface GmbH und der Automobilzulieferindustrie bei Hella KGaA (jetzt Forvia) tätig.

Er begann seinen beruflichen Werdegang mit einer Ausbildung zum Werkzeugmechaniker, worauf ein Studium der Produktionstechnik an der Technischen Hochschule OWL folgte. Anschließend absolvierte er ein weiteres Studium des Wirtschaftsingenieurwesens an der Universität Paderborn und eine Promotion im Bereich Operations Management an der WHU – Otto Beisheim School of Management, in der er sich mit der Operationalisierung von Unternehmensstrategie befasste.

Aktuell forscht Maik Schlickel zu den Themen Ideengenerierung und Wissensmanagement und publiziert diese in internationalen Fachzeitschriften wie *Harvard Business Review, QZ – Qualität und Zuverlässigkeit oder dem Academy of Management Journal.*

E-Mail: *maik.schlickel@ing-schlickel.de*
LinkedIn: *https://www.linkedin.com/in/maik-schlickel-846605a*

Index

5S-Methode *278*
5-Why *88, 181*
8D-Bericht *359*

A

A3-Report *371*
Action Priority *95*
Affinitätsdiagramm *376*
Agile Methoden *34*
Alternativhypothese *227*
Andon *302*
Andon-Board *302*
Annahmestichproben *125*
ANOVA → Varianzanalyse
Ansoff-Matrix → Produkt-Markt-Matrix
APQP *136*
Arithmetische Tolerierung *109*
Arrhenius-Gleichung *79*
Attributive Prüfprozessfähigkeit *172*
Audit *474, 476, 477*
Ausfallquote *70*
Ausfallrate *70*
Ausfallwahrscheinlichkeitsdichtefunktion *70*
Automotive Core Tools *143*
Automotive SPICE *41*
Autonome Automation → Jidoka
Autonome Instandhaltung → Total Productive Maintenance

B

Badewannenkurve *69, 400*
Balanced Scorecard *500*
Balkendiagramm *427*
Baumdiagramm *376*
BCG-Matrix → Portfolioanalyse
Bemusterung *116*
Besondere Merkmale *91*
Bildbasierte Interviews *199*
Binomialverteilung *393*
Blasendiagramm *434*
Blockbildung *216*
Branchenstrukturanalyse *494*

C

Chaku-Chaku *292*
CMMI *514*
Cohens Kappa *174*
Control Plan → Produktionslenkungsplan
ConWIP *311*
Cost of Poor Quality *481*
Cost of Quality *481*
Critical to Quality *66*
Crow-AMSAA-Modell *405*
Cumulative Flow Diagram *41*

D

Demingkreis → Plan Do Check Act
Design for Six Sigma *66*
Design of Experiments → Statistische Versuchsplanung
Design Review *112*
Design Review Based on Failure Mode *97*
Design Verification *101*
Design-FMEA *90*
Dichtefunktion *110*
DICOV → Design for Six Sigma
Differenzierungsstrategie *488*

DMADV → Design for Six Sigma
DPMO *365*
DVP&R *101*

E

EFQM *463*
Eingriffgrenzen *252*
Einzelmaß *106*
Einzelstückfluss *266, 291*
End-of-Life-Tests *74*
Energiemanagementsystem *470*
Erstbemusterung *116, 139*
Erstmusterprüfbericht *119*
Erwartungswert *397*
European Foundation for Quality Management *518*
Every Part Every Interval *294*
Experiment *209*
Exponentialverteilung *391*
Externe Fehlerkosten *482*
Externe Rüsttätigkeit *326*

F

Fähigkeitsindex *237*
Fail-Safe-Prinzip *61*
Failure Mode and Effects Analysis *86*
Failure-In-Time *195*
Faktor *212*
Faktorstufe *212*
Feasibility Studies *58*
Fehler 1. Art *227*
Fehler 2. Art *227*
Fehlerbaumanalyse *188*
Fehlerfortpflanzungsgesetz *108*
Fehler-Prozess-Matrix *367*
Fehlersammelkarte *178, 378*
First Pass Yield *137*
First Time Through → First Pass Yield
Fleiss Kappa *174*
Fließfertigung *289*
Flussdiagramm *378*
FMEA → Failure Mode and Effects Analysis
Fokussierung *488*
Fraktionell-faktorieller Versuchsplan *223*
FTA → Fehlerbaumanalyse
Funktionale Sicherheit *60*
Funktionsmodellierung *207*

G

Gaußsche Normalverteilung *386*
Gemba *342*
Geplante Instandhaltung → Total Productive Maintenance
Gesamtanlagenverfügbarkeit → Overall Equipment Effectiveness
Gleichverteilung *391*
Good-Die-Bad-Neighbourhood *256*
Grundgesamtheit *383*

H

Halbleiterindustrie *254*
Heatmap *438*
Heijunka *335*
High Accelerated Life Testing *76*
Highly Accelerated Stress Screening *79*
Histogramm *378, 448*
House of Quality *50*
Hypothesentest *226*

I

IATF 16949 *143*
Idealitätskonzept *207*
IDOV → Design for Six Sigma
Individual Competence Baseline *20*
Innovationsprinzipien *205*
Interne Fehlerkosten *481*
Interne Rüsttätigkeit *326*
Intervallskaliertes Merkmal *382*
IPMA → Projektmanagement
Ishikawa-Diagramm *88, 185, 379*
Isochronendiagramm *422*
ISO 9001 *467*

ISO 14001 *469*
ISO 50001 *470*

J

Jidoka *304*
Just in Sequence *336*
Just in Time *315, 322*

K

Kaizen *271*, → Kontinuierlicher Verbesserungsprozess
Kanban *266, 314*
Kanban-Boards *283*
Kanban-Methode → Agile Methoden
Kaplan-Meier-Methode *401*
Kennzahlen *500*
Kepner-Tregoe *150*
Konsumentenrisiko *131*
Kontinuierlicher Verbesserungsprozess *272, 340*
Korrelationsdiagramm *379*
Kostenführerschaft *488*
Kundenanforderung *112, 120*
Kundentakt *264*
Kurzzeitfähigkeit *240*

L

Langzeitfähigkeit *240*
Lastenheft *55*
Linearität *175*
Liniendiagramm *421*
Logische Operatoren *188*
Losgröße *323*
Low Cost Automation *341*
Ludwig-Erhard-Preis *517*

M

Machbarkeitsstudie *58*
Malcolm Baldrige National Quality Award *521*
Managementsystem *456*
Markov-Ketten-Monte-Carlo *397*
Maschinenfähigkeit *233, 238*
Matrixdiagramm *377*
Maximum-Likelihood-Methode *406*
Mean Time Between Failure *195, 400*
Mean Time To Failure *195, 400*
Mean Time To Repair *195*
Measurement System Analysis *163*
Median *384*
Messmittelfähigkeit *163*
Michael E. Porter *487*
Minitab *210*
Mittelwert *385*
Modus *384*
Monte Carlo Simulation *110*
Monte-Carlo-Simulationen *395*

N

Nachbemusterung *116*
Nelson-Regeln *253*
Netzdiagramm *430*
Netzwerkdiagramm *436*
Netzwerkplan *377*
Nivellierte Produktion → Heijunka
Nominalskaliertes Merkmal *381*
Non-Homogeneous Poisson Process *405*
Normal *166*
Nullhypothese *227*
Nullserienbemusterung *116*

O

One Piece Flow → Einzelstückfluss
One-factor-at-a-time *210*
Operator Balance Chart *298*
Ordinalskaliertes Merkmal *381*
Orthogonales Feld *224*
Overall Equipment Effectiveness *348*

P

Parallele Koordinatendiagramme *440*
Pareto-Diagramm *378*
Pareto-Prinzip *106, 179*
Part Average Testing *254*

Part Submission Warrant *143*
Parts per Million *365*
Parts-per-Million *237*
Pflichtenheft *55*
Pilotlauf → Produktionsprobelauf
Plackett-Burman-Versuchsplan *223*
Plan Do Check Act *286*
Poisson-Verteilung *389*
Poka Yoke *338*
Porters Five Forces *494*
Portfolioanalyse *506*
Portfoliodiagramm *376*
Prävention *87*
Präventivkosten *481*
PRINCE2 → Projektmanagement
Problem-Entscheidungsplan *377*
Process Validation *101*
Product Life Cycle Management *504*
Production Part Approval Process *139*
Production Trial Run *134*
Produktaudit *477*
Produktdesign *102, 112*
Produktentwicklung *23*
Produktionslenkungsplan *122*
Produktionsprobelauf *135*
Produktionsprozess- und Produktfreigabeverfahren *139*
Produktlebenszyklus *504*
Produkt-Markt-Matrix *485*
Produktmerkmal *123*
Produktstrategie *504*
Produzentenrisiko *130*
Project Management Institute *13*
Projektauftrag *156*
Projektmanagement *12*
Proportioalskaliertes Merkmal *383*
Prozessaudit *476*
Prozessfähigkeit *230, 244, 255*
Prozessfähigkeitsuntersuchung *231*
Prozessflussdiagramm *83*
Prozess-FMEA *91*
Prozessmerkmal *123*
Prozessregelkarte *251*
Prüfkosten *481*
Prüfmittelüberwachung *163*
Prüfplan *120*
Pull-Prinzip *309*
Punktdiagramm *450*
Push-Prinzip *307*
PVP&R *103*
p-Wert *227*

Q

Qualitätsmanagementsystem *467*
Qualitätsregelkarte *245, 246, 378*
Qualitätssicherungsvereinbarung *132*
Qualitätsstrom → Quality Stream Mapping
Qualitätsvorausplanung *122*
Qualitätszirkel *274*
Quality Function Deployment *50*
Quality Stream Mapping *365*

R

Randomisierung *216*
Reifegradmodell *42, 516*
Rejectable Quality Limit *131*
Relationendiagramm *376*
Reliability Growth Management *73*
Requalifizierungsbemusterung *117*
Response Surface Design *215*
Response-Surface-Methode *224*
Ressourcen *509*
Ressourcenanalyse *207*
Risikoprioritätszahl *89, 369*
Robustheit *225*
Rate *134*

S

Safety Integrity Level *61*
Sankey-Diagramm *138, 445*
Säulendiagramm *426*
Scatter plot *433*

Schlanke Produktion → Toyota Production System
Schließmaß *106*
Schnelles Rüsten *322, 337*
Scope *157*
Screening-Versuchsplan *222*
Scrum *34*
Shainin RedX *150*
Shewhart-Karte *249*
Sicherheitslebenszyklus *65*
Sieben Managementwerkzeuge *375*
Sieben Qualitätswerkzeuge *377*
Signal to noise ratio → Signal-Rausch-Verhältnis
Signal-Rausch-Verhältnis *223*
Signifikanzniveau *227*
SIPOC *159*
SMART *157*
SMED → Schnelles Rüsten
Spannweite *385*
Spezifikationsgrenze *230*
Stage-Gate-Prozess *23*
Stakeholder *157*
Stamm-Blatt-Diagramm *451*
Standard Work *296*
Standardabweichung *386*
Statistical-Yield-Analysis *256*
Statistische Prozessregelung *242*
Statistische Toleranzanalyse *105*
Statistische Versuchsplanung *209*
Step-Stress-Tests *76*
Steuergröße *211, 212*
Stichprobe *383*
Stichprobenumfang *128*
Störgröße *212*
Strategie *500*
Sudden-Death-Tests → End-of-Life-Tests
Swimlane *83, 84*
SWOT *490*
Systemaudit *474*

T

Taguchi-Methode *210, 223*
Technische Machbarkeit *112*
Technologie-Portfolio-Analyse *509*
Testplan *103*
Time-to-Market *24*
Toleranzkette *106*
Total Productive Maintenance *345*
Total Quality Management *461*
Toyota Production System *259, 272*
TQM *520*
Trail-and-Error *210*
TRIZ *203*
t-Test *228*
t-Verteilung *389*

U

Umweltmanagementsystem *469*
Ursache-Wirkungs-Diagramm → Ishikawa-Diagramm
Urwertkarte *246*
U-Zellen *292*

V

Validierung *103*
Value Stream Mappping → Wertstromanalyse
Varianz *385*
Varianzanalyse *217*
Verfahren 1 *166*
Verfahren 2 *168*
Verfahren 3 *171*
Verifikationstest *102*
Verifizierung *103*
Verschwendung *263, 269*
Verschwendungsfreier Arbeitsplatz *278*
Visual Management *282*
Visualisierung *418*
V-Modell *30*
Vollständig-faktorieller Versuchsplan *218*
Vorlagestufen *144*
VUCA *322*

W

Wahrscheinlichkeit *395*
Wahrscheinlichkeitsverteilung *106*
Walter A. Shewhart *242, 286*
Wasserfallmodell *26*
Wechselwirkung *219*
Weibull-Analyse *408*
Weibull-Verteilung *392*
Wertschöpfung *268*
Wertstromanalyse *263*
Wettbewerbskräfte *491*
Wettbewerbsmatrix *487*
Widerspruchsanalyse *204*
William Edwards Deming *520*
Work in Progress *291*

Z

Zaltman Metaphor Elicitation Technique *199*
Zehnerregel *363*
Zentraler Grenzwertsatz *108*
Zielgröße *211*
Zufallszahlen *395*
Zuverlässigkeitsanalysen *399*
Zuverlässigkeitsgestaltung *69*
Zuverlässigkeitskenngröße *195*